序

一、回顾一些历史的细节

二十年过去了，但我觉得不能说“弹指一挥间”。时间的流逝确实很快，可我们所有的人，都应该始终牢记历史，记住我们走过的路，甚至记住那些很琐碎的细节，因为未来的力量，就来自历史的细节。

二十年来金融法中心的发展凝聚了许多人的心血，虽然她只是一个小小的虚体单位，却在北大法学院的学科建设方面发挥了重要作用，也在整个中国的金融法制建设中，扮演过角色。

1992 年，白建军老师和我一起组建北大金融法研究中心。那一年，正好是老法学楼启用，北大法律系从四院迁入新楼，金融法中心的办公地点，就设在一楼经济法教研室里间的一个小隔断里，仅有 5 平米。白老师和我都不在这里坐班，外聘的小王同志帮我们看着这巴掌大的地方。中心开会时，老师和学生都来了，借外间大屋（经济法教研室）的沙发，大家讨论起问题来热火朝天。后来，小王要考试，不能全日制工作，我们就请学生来轮流值班。再后来，请了退休的牛老师帮忙。多年以后，牛老师因身体原因也不再坚持，又请退休的范老师来帮我们，直到今日。

条件简陋到了极点，但白老师和我，以及中心的其他老师、一届又一届的博士生、硕士生，都雄心勃勃。1993 年我们开始招硕士生，1997 年开始招博士生，从这里走出来很多极其优秀的学生——我对金融法中心的学生，要求不够严，因为我觉得北大的学生都聪明，所以我总是“点到即止”，但对我们的学生，我总是不吝惜给最好的评价，我希望为学生们创造更高的平台，老师就是梯子。

中心的师生还共同创办了半月刊的《金融法苑》，后来改为月刊，现在成半年刊了，不过，质量还是有保证的。那时，白老师和我还曾设想，能不能在学校周边找块地，筹集资金，盖一个金融法培训楼？可惜，我们光敢想，没能落实，还是胆子不够大，没有领会小平同志南巡讲话的精神，没敢出去“杀一条血路”。现在回头来看，20 世纪 90 年代初创业的那些人，除了“进去的”、“没了的”，现在好多不都在财富杂志的排行榜上了吗？那个时代是一个能创造奇迹的时代，一个人的性格、胆略、格局，决定了能走什么样的路。我们都是老老实实的教员，所以也就把金融法中心办成了一个老老实实做研究、带学生的地方。

中心办起来，有了人，还得有钱。当时大家都穷，老板不多，要筹集资金也不容易。但是，内地和香港的一些企业，非常支持金融法中心发展，共捐给我们 40 多万元。在 90 年代中期，这 40 多万的钱就是很大一个数了，比方说，那时在北大中关园一室一厅公房的月租金才人民币 3 块多钱。现在，一个月租金得 3000 元了吧？那时候我们拿到 40 万，感觉自己能做很多的事了。

草创阶段，我们都年轻。我才三十多岁，能熬夜，还能大口干白酒，干起活来不怕累，而且比现在少抱怨，特别容易满足。如果做出了一点小成果，比如，看到自己的学生写了一篇好文章，心里便高兴好几天。90 年代的多数家庭，都几口人住一间房，没有私家车，手机只属于极少数人，多数忙人就在腰里挂一个传呼机，收到信息，就四处急着找公用电话，给人家回电。那时的公用电话是优质资产，现金流也不小，只可惜那时国内投行还不发达。

我记得法律系有一位老教授，有一天在路上碰到我就问，"小吴，你每天在系里忙，怎么这么欢实?"在老先生眼里，我大概不是疯了，就是傻了！我在这方面有点迟钝，当时感觉不到，没日没夜，就扑在工作上了，老先生是在心疼我呢。

现在的生活，比那时好多了：我们有了房子、车子、手机（也换了好几代了），网络都进手机了。我想一下，除了脑袋上缺头发，什么都不缺了，可我比起二十年前，更幸福了吗？显然没有。我觉得，一个人不论年龄大小，也不管别人怎么看，只要能找到自己乐此不疲地喜欢做的事，那才叫幸福。

1992 年也许是中国历史上的转折之年，邓小平南巡了。南巡之后，国内金融市场快速发展。上海证券交易所开业两年多，深圳交易所开业一年多的时间，两个交易所以及无数的证券公司、银行都急需人才。那一年的八月十日，在深圳发生了"8.10"事件，中国证监会的成立和这个事件就有关系。此前，股市的监管工作由人民银行代劳。另有一批"海归"回国发展股市。他们在中信等大国企的支持下，成立了一个半民半官的办公室，简称"联办"。他们日夜加班，也同样不知道累，证券监管的架构就这样搭了起来。那时我国证券市场还只有 8 只股票，上证指数才 300 多点。1992 年中国证监会刚成立，第一届主席刘鸿儒，从人行副行长的位置上调来，60 多岁，中央财政拨款还没有到，他就找学生借钱，在保利大厦租了几间屋办公，没有武警站岗，非常平民化。事业单位，其实就应该这样。

以上就是我回忆起来的一些历史细节。

二、金融法课程

这部分我还继续回忆。回忆我们的金融法课程建设情况。

早在上个世纪 80 年代中期，北大法律系（1997 年后改称法学院）就开设了《金融法概论》。到我们金融法中心成立的时候，这门课已讲了五、六年了。最早开这门课的老师是李健生，他是我 78 级的同班同学。1989 年后，老同学李健生出国了，系里让我接手，继续开这门课。1993 年我出版了《金融法概论》，这是我的第一本书，自己珍惜得不得了，所以封面都是我自己设计的，我选择了黑色的底子，标题烫金。看小样还可以，但印出书来一看，我就傻了：怎么看都有点像“厚黑学”一类的地摊书？当时金融法的教材还很少，这本书销路不错，没给北大出版社赔钱。

这二十年来，我们北大法学院的金融法课程真正实现了大发展。我们已经能够分别开设证券法、银行法、国际金融法等，讲课的老师，年轻有为，脑子特别清楚，而且也都有丰富的国际国内研究经历和很高的理论追求。此外，我们还有许多专题课，请了很多业界、学界的高人来办讲座，我就经常去学习。

我个人喜欢的东西很多，喜欢新知识、新技术。我们的老师芮沐先生更是这样，他到 80 多岁 90 岁，还在学习最新款的电脑，还会去中关村的电子游戏厅观摩，所以我写的回忆文章题目就叫《百岁的青春》。所以在我的设想中，我们金融法的课程体系，不能太专，要杂一点、博一点，要讲那些纯技术的东西，但又不能让北大的学生就学一点技术。在北大，最大的优势就是我们是真正的综合性大学。金融法本身就是交叉学科，金融与法律要交叉，兼容并蓄，同时呢，法律还要与经济学、社会学、政治学、国际关系学关联起来，与功底深厚的文史哲学科，和各种外国语学科以及庞大的理科、工科、医学相互交流。只有这样，我们北大的金融法课程才能吸引人，我们培养的人才才有特点，人家一看，就知道这是北大熏陶出来的。

三、我国金融市场

北大金融法中心的发展，与 20 年来快速发展的中国金融市场是同向的、同行的。金融法中心比过去大了很多，我国的金融市场也比过去增大了许多倍。1992 年沪市规模还不到百亿人民币，现在沪市已达十五万亿。沪指 1992 年底才 700 多点，现在 2200 多点。如果仅看指数，不十分理想，但现在盘子大了，这个不得了。

现在商业银行的规模也成百倍增长了，我们看排行榜，中国的银行都名列前茅，成了全世界最大最赚钱的银行。去年我国 M2 发了 100 多亿人民币，是世界增发货币最多的国家。增发货币多，说明投资额大。我国在城镇房地产和公共基础设施建设方面的投资，已经超过欧美的总和。这些数字，争议很大，但我想，有问题，但从大面上看，还是有好处的，有了这么持续的投资，才有今天我国家庭自有住房率89%的高水平。美国才62%，欧洲更低。中国人自古追求居者有其屋，美国的精英其实也相信“家庭自有住房率越高，社会越安定”的观点，还出台刺激住房贷款的法规，鼓励房地产投资。这事儿复杂，带来了很多严重的矛盾，但总的来说你必须承认成就。

中国金融市场的空前规模、快速发展以及极高的复杂程度，为我们开展金融法研究提供了最广阔的舞台。我们的老师和学生，既会说一些“外国话”，又扎根在中国，于是我们过去发展得不错，而且注定未来还将大发展。我们要帮助中国金融市场解决各类问题，在解决这些问题的过程中，我们的研究就会为全世界所关注，我们的学生就会成为市场上最受欢迎的。

四、我国的金融法律

过去20年，金融领域新出现的各类法律法规数以万计。在过去10年间，立法机关和地方政府颁布的金融类法律法规和规章就多达28820件，平均每年颁布2800多件，每天颁布7件以上。确实高产，但这个我们都能理解，金融是一个高度复杂、特别精细的领域，政府就是想管得细、管具体。同时呢，金融行业发展变化特别快，2007年的时候，我们谁能预料到2008年的华尔街金融危机？反正法学界没人在事先作出预判。

我最近看文章，经济学家、金融学家的文章，几乎每个月都有人说，美国经济快好起来了，可等几天出来最新数据一看，还是不够好，美国的金融市场还比较疲软。可见，在金融领域，变化很快，而且难以预计。所以立法只好不断地在后面跟，立法的数量于是也就巨大。

法律法规这么多，效果可不太好说。如果立法效果好的话，那一定不用接二连三没完没了。如同人有病，就得吃药，病没治好，药就不能停，不得不一付药接着另一付药吃。只是，千万别把病人吃成了药罐。

提高立法质量，改善执法环境，这些都是大题目。我不相信有什么一劳永逸的办法，或者是有一个诀窍，一通百通。所以，过去我带研究生，都愿意带着大家到处跑，或者一个专题一个专题地讨论，就事论事，多研究点小问题，少谈点大理论。但我也想，还是有一个大道理要讲，就是我们这些“法律人”，要接地气。毛主席他老人家说过：“要想知道梨子的滋味，就要亲口吃一吃”，“天下最有真知的，是亲身实践着的人”。涉及金融市场的立法，不同于其他立法，照搬外国的任何经验，都要小心。应该更加考虑到我国社会的特殊性，更加符合我国文化传统习惯和社会主义市场经济的实际，这样立法的质量才能更高，更符合实际，执法也才可能有效。

五、二十年以后

前面四小节，大约都在回忆前二十年，同时，借回忆，给我们的学生讲一点自己的感悟。未来二十年呢？也就是到 2032 年，那时中国的经济生产总值应该超过美国了，这我完全相信。那将是人类历史上了不起的一件事情，曾经领先过世界的古老国度，在沉沦了一百多两百年以后，又一次领先了。我们这一代人能看到并且参与创造这一历史，真让人激动！

作为一个教员，我不仅希望中国经济上强，更希望中国在教育上强。教育才是中国的命根子。现在北大最好的学生，还拼命想到美国的一流大学去深造，因为那里的教育就是比我们强。二十年后呢？二十年后，我当然还会努力送我们的学生出去开眼界，但会不会有美国最好的学生，天天给我写邮件“套磁”，希望我给他发个北大金融法中心的 offer？这是我的梦，我未来不做行政服务工作了，还要回到金融法中心来努力，努力圆自己的这个梦。我相信这也是金融法中心所有老师和历届学生的梦。

我国是世界第一人口大国（二十年以后，印度应该是第一了），最富有的资源是人力资源，最稀缺的也是人才。如何把“人”培养成为“人才”，并且使人才成长为优秀人才、创新人才、领军人才，这将是我国未来二十年最大的挑战。世界大国、强国之间的竞争，将集中在优秀人才资源的竞争。人不中用，或者中用的人都走了，我们哪怕积累了再多财富，也会坐吃山空。

二十年后我早已退休了，但学习没有止境，为年轻人服务、铺路，也是没有止境的。我依然会学习，而且主要是向年轻人学习，向我的学生们学习。过去二十年间，学生们教给我很多，比如网络技术、手机应用、自媒体、微信群、蓝牙、数据搜索、流行音乐、视频动画、微博，这些都是学生教我的，还有新的商业模式、投资理念和法律制度，也是学生在刺激着我、推动着我去学习。今后二十年，只要我还存在，就将继续跟随学生的脚步，争取不掉队。

我要真诚地感谢白建军老师，感谢中心的所有老师。感谢小王同志，也感谢我的长辈牛老师和范老师。我还要感谢从 1993 年以来的历届毕业生，你们群英荟萃、星光灿烂，看到你们的成就，是我一生中最高兴的事情。

祝愿金融法中心有更加美好的未来，祝愿每一位曾与中心结缘的人，幸福平安。

吴志攀　鞠躬致谢

2013 年 6 月 13 日

目　　录

第一辑　金融大观

第二辑　公司治理

第三辑　证券规制

第四辑　衍生工具

第五辑　银行法苑

第六辑　民间金融

第一辑

金融大观

从中国犯罪率数据看罪因、罪行与刑罚的关系*

白建军**

一般认为，犯罪率持续上升，说明犯罪趋于严重，国家自然应该增加刑罚资源的投入，加大打击力度。① 20年来，中国犯罪率也呈上升趋势，平均每年增长10%以上，超过了不少时期全国GDP的增长。② 与之相应，也应该引发或将引发刑罚力度的提升。

然而，一些案件（如众所周知的“许霆案”）由于存在明显特殊的犯罪原因，法院的最终量刑往往比较适度。③ 于是，人们会问：现实世界中，这种“罪出有因”而得到宽宥的案件到底有多普遍？如果十分普遍，到底该怎样理解犯罪本身和法律规定对刑罚宽严的决定性作用？到底如何从理论上解释“罪因—罪行—刑罚适用”三者之间的关系？

在这样的问题上，犯罪学与刑法学两个学科之间虽鸡犬之声相闻，却老死不相往来。犯罪学对犯罪原因、规律的研究已有许多成熟理论，刑法学对刑罚适用的研究更是宏大精深。然而两家之间一向缺少对话，基于自由选择和个人责任假定，刑法研究一般不会过多纠缠犯罪的社会原因；同理，基于自身的学科定位，犯罪学也不会“越权”研究刑罚的适用问题。这样一来，“罪因—罪行—刑罚适用”的关系便成为研究上的一个盲区。

而这正是本研究的切入点。这个研究的直接意义是，为宏观刑事政策的宽严调整提供决策依据——刑罚资源的投入到底如何在法律范围内考虑犯罪率数据的

---

* 本文是全国优秀博士论文奖资助项目“刑法与犯罪控制实验室”的阶段性研究成果。

** 白建军，工作单位：北京大学法学院。

① 根据意大利犯罪学家菲利的“犯罪饱和法则”（恩里科·菲利：《犯罪社会学》，郭建安译，北京：中国人民公安大学出版社，1990年，第56—57页），如果实际犯罪率远离理想犯罪率而逼近最低或最高犯罪率水平时，就引发相应的社会反应。（参见汪明亮：《“严打”的理性评价》，北京：北京大学出版社，2004年，第86—89页。）

② 本文所用公开的原始犯罪统计数据，除文中另有注明外，均来源于中国法律年鉴社历年公开出版的《中国法律年鉴》。

③ 参见（2008）穗中法刑二重字第2号刑事判决书。

消长变化和犯罪规律的影响。

基于有限的经验观察和对罪与罚之间水涨船高式常识性理解的怀疑,本研究的理论假设是,动员刑罚而对犯罪做出反应的力度,与犯罪案件的多少之间不完全均衡、对应。国家刑罚资源的投入不完全取决于犯罪数量的消长,而与犯罪率的内在结构以及宏观犯罪原因有关。如果犯罪数量的增长在较大程度上是社会因素影响的结果,刑罚资源的投入不仅不会机械地相应增长,反而会受到严格控制。这种不均衡背后,应该蕴含着更加深刻的均衡。

这个“非均衡性假设”意味着厘清以下三点。第一,犯罪的多少和犯罪的轻重是两个有关但不同的概念:犯罪总数的上升不一定等于严重犯罪的上升,犯罪的数量和质量都是反映犯罪问题的重要指标。第二,犯罪是悖德性的结果,也可能是宏观社会环境作用的结果。然而,微观上犯罪的恶害显而易见,宏观上社会环境对犯罪的影响却时强时弱,人们不一定总能直接感觉到犯罪与社会环境之间的相关。① 第三,罪为因,刑为果,刑因罪而动,天经地义,法有明文。可刑罚适用者是否因“罪出有因”而对违法者从轻发落,刑法本身并无硬性规定。只要不超出法定刑幅度,刑罚资源的增减都无可厚非。总之,在本假设中,犯罪的数量质量如何、与宏观社会环境到底有无显著相关、刑法到底作何反应,都是不确定的。在大跨度时间空间范围内,对大样本经验现象进行观测,也许能证实这一假设,也许只能部分证实这一假设,也许什么也证实不了。

为此,本研究以中国犯罪率的宏观数据代表犯罪本身的消长变化,用中国各种宏观经济数据代表社会经济条件,②用官方司法数据推算出的重刑率以及最高人民法院案例样本数据代表刑罚适用状况。③ 研究的检验逻辑是,如果能够观察到犯罪率的明显增长,又能够测量到犯罪率与各项社会经济数据之间的高度统计相关,而

---

① 近年来,西方犯罪学中出现了一种关于犯罪率的历史或然性理论,认为犯罪率的变动是非线性的、不确定的、不可预测的。对此,有学者对美国犯罪率进行了统计分析,结果证实,该理论缺乏足够的证据支持,而关于犯罪率的传统理论,即认为犯罪率是有规律可循、可预测的,依然得到足够的证据支持。(参见 David McDowall and Colin Loftin, Are U. S. Crime Rate Trends Historically Contingent?" *Journal of Research in Crime and Delinquency*, vol. 42, no. 4, 2005, pp. 359 - 383。)

② 本文所用社会、经济、人口、自然地理等统计数据,除文中另有注明外,均来源于中华人民共和国国家统计局编、中国统计出版社出版的《中国统计年鉴》历年版本。

③ 最高人民法院案例是来自最高人民法院各业务厅、研究机构、出版单位、网站等权威机构公开发布、发表的全部真实审判案例。最高人民法院、最高人民检察院:《中国案例指导》,北京:法律出版社;最高人民法院办公厅:《中华人民共和国最高人民法院公报》,北京:人民法院出版社;最高人民法院中国应用法学研究所:《人民法院案例选》,北京:人民法院出版社;国家法官学院、中国人民大学法学院:《中国审判案例要览》,北京:中国人民大学出版社、人民法院出版社;《人民法院裁判文书选》,北京:法律出版社;最高人民法院网站(www. court. gov. cn);最高人民法院各刑事审判庭:《刑事审判参考》,北京:法律出版社,等等。

且同时观测到重刑率和样本数据中刑罚量的平均趋势得到适度控制，才意味着非均衡性假设可能成立。而这个假设如果得到证实，可能丰富甚至改变关于犯罪与刑法本身的某些常规理解。

一、犯罪率：1988—2007

为检验罪因、罪行与刑罚适用之间的关系，首先要在准确把握犯罪率的内部构造和指标意义的基础上，对近20年来中国的犯罪率进行科学观察。犯罪率是每十万人口中的犯罪案件数或犯罪人数。作为相对数，犯罪率似乎使不同时空的犯罪严重程度获得了可比性。其实，从犯罪率的内在构成来看，犯罪率相等，犯罪状况未必一样。

首先，犯罪率中的犯罪数(分子)只是各类犯罪的总和，并不自动反映重罪与轻罪的比例。数量上等值，质量上未必同一。其次，犯罪率中的分母是被简化为10万的人口数，并未显示人口结构。因此，通常使用的犯罪率只能描述犯罪对每个可能的被害人带来的危害，而无法反映刑法的每个潜在评价对象有多大可能实施犯罪。因为总人口中并不是每个可能的被害人都有能力成为加害人，用犯罪率来表示犯罪状况，还应考虑人口结构因素，从总人口中减去不具刑事责任能力的人口数。[①] 第三，犯罪率的计算依据只是已知犯罪的数量，而无法反映犯罪暗数的影响。所谓犯罪暗数，就是潜伏犯罪的估计值。所谓潜伏犯罪，就是确已发生，但未被记录到官方犯罪统计中去的犯罪。犯罪暗数的客观存在意味着，犯罪率代表的只是犯罪实际规模的一部分而非全部。

至于犯罪的实际规模与已知规模之间的差额到底有多大，与许多因素有关。首先，官方犯罪记录的制作与民众报案过程中的某些主观因素有关。[②] 其次，破案率的

---

① 事实上，尽管1998年以来，中国法院一审审结刑事案件年均增长率为4.61%，但同期全国人口出生率却呈下降趋势(年平均下降2.81%)，一审审结刑事案件数与出生率之间的皮尔逊相关系数为-0.958 ($p=0.000$)。不难看出，人口出生率越高，说明人口总数中无刑事责任能力的自然人的比例越大。反之，人口出生率越低，说明人口总数中达到刑事责任年龄的个体比重相对越大。于是，出生率与犯罪率之间的这种高度负相关就意味着，犯罪率上升可能与有能力犯罪的人在人口总数中的比例相对增多有关。这时，如果一个社会一方面成功推行人口控制政策，另一方面又仅仅根据犯罪率的上升而加大刑事惩戒力度，其合理性值得研究。

② 有学者通对美国民众报案率的研究后发现，报案率的高低与犯罪的危害程度、报案人的意愿、报案人与嫌疑人的关系、报案人对警察尊重程度、报案人的种族和社会地位等因素有关：警察对重罪的认定记录多于轻微犯罪；报案人明确要求警察采取行动时，明显地影响官方犯罪记录；受害人与嫌疑人关系越远，警方报案记录认定也越高；报案人越尊重警察，被官方接受其报案的可能性也越高；犯罪报告中不出种族歧视；警方在法定重大犯罪案件中较支持白领阶层。(参见陈小波：《犯罪率的制造》，《江苏公安专科学校学报》2001年第3期。)

高低、刑事司法统计数据制作过程受人为因素干预的程度，都与犯罪率的误差大小有关。[①] 另外，犯罪暗数的大小，还与犯罪类型的属性有关。通常，凶杀、伤害、抢劫等暴力人身犯罪和盗窃、诈骗等财产犯罪的暗数比较低，而经济犯罪、职务犯罪、白领犯罪的暗数比较高。由于犯罪率通常只是犯罪实际规模的一部分，所以，描述犯罪现象时，就应该尽可能选用能在最大程度上消减犯罪暗数影响的犯罪率。目前，可供选择的犯罪率有：以公安机关立案数计算的犯罪率、以公安机关破案数计算的犯罪率、以检察机关批捕数计算的犯罪率、以检察机关提起公诉数计算的犯罪率、以法院一审收案数计算的犯罪率、以法院终审定罪数计算的犯罪率。[②] 其中，尽管立案不一定破案，破案不一定批捕，批捕不一定起诉，起诉不一定收案，收案不一定定罪，但由于犯罪暗数的存在，这六种犯罪率中，以公安机关立案数计算的犯罪率相对最接近于犯罪实际。从一定意义上说，以法院终审定罪数计算的犯罪率更接近于国家对犯罪做出反应的反映，而以公安机关立案数计算的犯罪率才更接近于犯罪现象本身的反映。

综上，需要一种既反映数量规模又反映质量特征，既显示司法机关依法认定的犯罪现状又接近确已发生的犯罪现实的综合性犯罪率指标体系。首先，犯罪率可以分为毛犯罪率与重罪率。毛犯罪率就是以轻罪与重罪的总和为犯罪数计算的犯罪率，主要反映犯罪现象的总规模；而重罪率就是以重罪数为犯罪数计算的犯罪率，主要反映犯罪现象的质量。犯罪率还可以分为被害率和加害率。被害率就是以每十万潜在的被害人为基数计算的犯罪率，而加害率就是以每十万潜在的犯罪人即达到刑事责任年龄的人口数为基数计算的犯罪率。

根据这两个划分，便有以下四种意义上的犯罪率：(1)毛被害率，即以总人口为基数，以公安机关立案数为犯罪数计算的犯罪率，反映潜在的被害人遭受犯罪侵害的概率。(2)毛加害率，即以 15 岁以上人口总数为基数，以公安机关立案数为犯罪数计算的犯罪率，反映潜在的具有刑事责任能力的人实施犯罪行为的概率。[③] (3)重罪被害率，即以总人口为基数以法院判决 5 年以上有期徒刑、无期徒刑、死刑的人数为犯罪数计算的犯罪率，反映潜在的被害人遭受严重犯罪侵害的概率。(4)重罪加害率，即以 15 岁以上人口数为基数，以法院判决 5 年以上有

---

① 有研究报告指出：由于犯罪率往往与地方政府主管部门的政绩有关，因此难免有虚的成分；有些地方的犯罪统计实际上执行"不破不立"的办法，即只有破了的案子才算在犯罪率的范围内。（参见朱景文主编：《中国法律发展报告——数据库和指标体系》，北京：中国人民大学出版社，2007 年，第 15 页。）

② 参见朱景文主编：《中国法律发展报告——数据库和指标体系》，第 13 页。

③ 由于《中国统计年鉴》中只以 15 岁以上人口数为人口年龄结构的统计指标，因此，此处只能用其近似地反映具有刑事责任年龄的人口数。

期徒刑、无期徒刑、死刑的人数为犯罪数计算的犯罪率，反映潜在的犯罪人实施严重犯罪的概率。[①]

问题是，怎样应用这个综合指标体系描述中国犯罪问题的现状？表 1 和图 1 分别以数字和图形形式展示了中国的犯罪率数据。

表 1　中国 20 年来的犯罪率

年　份	毛被害率	毛加害率	重罪被害率	重罪加害率
1988	75.5	105.8	10.4	14.5
1989	177.3	244.3	14.9	20.5
1990	193.9	271.2	18.8	26.3
1991	204.3	291.1	15.9	22.7
1992	135.1	186.3	14.6	20.2
1993	136.4	170.3	14.7	18.3
1994	138.6	191.2	17.4	24.0
1995	139.6	187.3	18.2	24.4
1996	130.8	178.1	23.5	32.0
1997	130.5	175.8	16.9	22.8
1998	159.2	213.1	12.0	16.0
1999	178.8	238.2	12.5	16.7
2000	287.0	379.6	12.9	17.1
2001	349.3	453.9	14.8	19.2
2002	337.6	432.4	12.5	16.0
2003	340.0	429.7	12.3	15.5
2004	363.0	450.7	11.3	14.0
2005	355.5	450.7	11.5	14.6
2006	354.0	434.0	11.7	14.3
2007	363.9	443.2	11.5	14.0

① 为保持统计口径上的前后一致，这里仍以 15 岁以上人口数为基数。但按照中国刑法规定，不满 18 周岁的人犯罪不适用死刑。所以，其结果只能近似地反映犯罪现实。

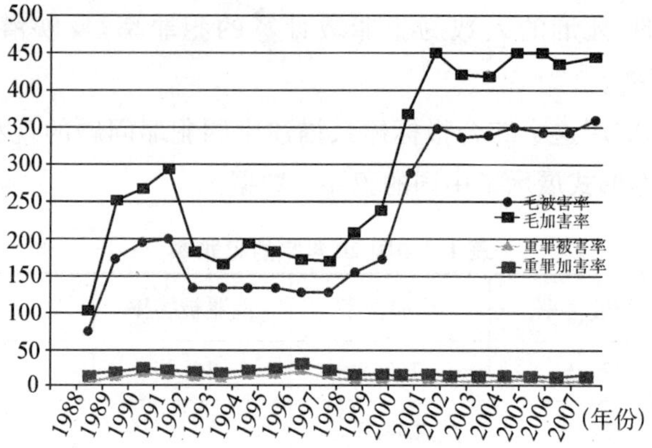

图1 中国20年来的犯罪率

说明：表1及图1的数据是根据《中国法律年鉴》和《中国统计年鉴》历年版本原始数据计算而来。其中，毛被害率、毛加害率、重罪被害率、重罪加害率皆为十万分比。

基于数据观察可以看出，20年来全国犯罪率总体上升趋势明显，1988年全国每十万人中只有75.5个公安机关立案的刑事案件，到了2007年，全国每十万人口中就有363.9个公安机关立案的刑事案件，后者是前者的4.8倍。中国20年来犯罪率的内在结构具有两个显著特征：一是毛犯罪率的增速大大高于重罪率的增速，两者之间近似于“剪刀差”状。证据是，20年来毛被害率的年平均增长率为12.3%，毛加害率的年平均增长率为11.5%。而这一时期的重罪被害率的年平均增长率为2.1%，重罪加害率的年平均增长率为1.6%。二是加害率与被害率之间基本同步消长。证据是，毛被害率与毛加害率之间的相关系数高达0.996（$p=0.000$），而且，重罪被害率与重罪加害率之间的相关系数也高达0.989（$p=0.000$），说明加害率与被害率的同步性比较明显。发现中国犯罪率“剪刀差”现象的直接意义是，我们不应笼统地说犯罪问题趋于严重或者轻缓，而应当分别观察轻微犯罪与严重犯罪的范围、规模和走势有何不同。否则，仅仅看到毛犯罪率上升便决策加大刑罚资源的投入，或者仅仅根据重罪率下降便放松犯罪控制，都可能误导刑罚适用的宽严导向。

进一步看，有两个问题值得深究：其一，从总量上看，面对犯罪率的高速增长，人们一定想知道，20年来中国社会中哪些因素导致了犯罪率的增长？本文第二部分将把犯罪率放在宏观社会经济背景中考察，试图发现某些客观解释。其二，从内部构造来看，犯罪率真的意味着轻微犯罪的上涨和严重犯罪的持平甚至相对下降吗？本文第三部分将把刑事司法放在社会背景中进行考察，试图回答重罪率的持平现象到底应归因于严重犯罪本身得到了控制还是刑罚资源投入的适度控制。

二、犯罪的社会归因

在影响犯罪率变化的各种外部因素中，学界关注最多、争议最大的是犯罪与经济的关系。各种观点可以归结为三类。第一是正相关说，即认为犯罪将伴随着经济的发展而增多，如“同步增长论”认为市场经济的发展与犯罪现象增加是同步上升的，“代价论”认为犯罪的增长是市场经济发展和社会进步所必须支付的代价，“相对增长论”认为在市场经济发展的过程中，由于缺乏管理经验和管理制度上的不完善，在一定时间、一定范围、一定条件下，某些犯罪可能增加。① 此说还被一些经验研究所证实，发现经济因素是影响犯罪率最根本的因素，②一个国家的犯罪状况的严重程度与其社会经济发展的总体水平和结构协调与否有显著关联，总体水平和结构差异各自和交互地决定一国宏观的犯罪状况。③ 第二是负相关说，认为犯罪会随着经济的发展而减少，如“反比论”认为犯罪伴随着社会主义市场经济的发展而不断减少。④ 第三是无关说，认为犯罪率与经济发展的基本指标 GDP 之间不存在相关关系。⑤

经济状况到底能否解释犯罪的消长？人们到底因物质财富匮乏而犯罪，还是因物质财富丰富而犯罪？如果认为经济发展使得人们仓廪衣食等基本生存需要得到满足而放弃犯罪的意念，而穷困潦倒必生盗贼，那么，犯罪与经济发展之间就应当呈反比关系：经济发展程度越高，犯罪率应该越低，反之，经济越不发达，犯罪率则越高。与此相反，如果认为经济发展使得人们不得不面对越来越大的物质诱惑，于是富可生贪，而贫却不能移志，那么，犯罪与经济发展之间就应当呈正比关系：经济发展程度越高，犯罪率应该相应越高，反之，经济越不发达，犯罪率则相应越低。

对这一争论，最好的参与不是“我认为如何如何”，而是让科学规范的检验逻辑和客观真实的数据自己说话。⑥ 为此，本研究坚持两个研究策略。其一，时间序列数据与空间分布数据相互印证。有些研究试图将结论建立在某一个片面观察的基

---

① 参见康树华：《比较犯罪学》，北京：北京大学出版社，1994 年，第 469—470 页。

② 参见谢旻荻、贾文：《经济因素对犯罪率影响的实证研究》，《中国人民公安大学学报》2006 年第 1 期。

③ 参见罗煜、冯玉军：《犯罪与现代化——法律经济分析的宏观视角》，《制度经济学研究》2005 年第 3 期。

④ 参见康树华：《比较犯罪学》，第 469—470 页。

⑤ 李丽生：《中国犯罪率与经济增长的相关分析和犯罪率预测》，《浙江公安高等专科学校学报》2000 年第 4 期。

⑥ 例如，有学者对美国 1960 年到 2005 年间的犯罪率与通胀率之间的关系进行了统计分析，证实了两者之间的高度相关性。（参见 Chor Foon Tang and Hooi Hooi Lean, Will Inflation Increase Crime Rate? New Evidence from Bounds and Modified Wald Tests," *Global Crime*, vol. 8, no. 4 (Nov. 2007), pp. 311 - 323。）

础之上。较常见的做法是,以连续若干年份的犯罪率与相应年份的GDP数据为基础进行相关分析或回归分析,用其统计显著值和相关系数来证实或证否犯罪与经济之间的联系。而科学的基本特征之一就是可重复性,如果某一组样本的观察结果无法重复出现在其他样本中,就很难说现象之间存在规律性联系。

在本研究中,横纵相互验证的具体做法是,一方面对若干连续年份全国犯罪率数据与同时段全国各项经济数据之间的关系进行纵向的相关、回归分析,另一方面在该时段内选取若干时点,分别对全国31个省市(区)的犯罪率以及各项经济数据之间的关系进行横向的相关、回归分析。最后对横纵各组样本的分析结果进行比较,相互印证率越高,越能在较大程度上接受所得结论。反之,则只能全部或部分放弃原假设。① 其二,多元分析。仅有横纵数据的相互印证,还无法最终确信犯罪率变化的某些解释。有的研究以犯罪率为因变量,以GDP、人口密度、基尼系数中的某个变量为自变量,进行两两之间的相关分析。当见到相关系数较高的统计结果时,便认定犯罪可以被某某因素的变动解释。应该承认,作为复杂的社会现象,犯罪肯定不是某一个原因单独作用的结果,用单一因素解释犯罪问题不论在方法论上还是在实体理论上早已陈旧。即使犯罪与某现象两两之间存在高度的统计相关性,实际上也可能并无关联。某个统计结论是否虚假相关,需要引入控制变量,才能发现事物之间的真实联系。因此,本研究将采用多元分析的理论和方法对犯罪率以及各项社会经济数据进行综合处理,观察多个因素的共同作用对犯罪率有何影响。

(一)自变量:影响犯罪率的五个社会现象

为了检测犯罪与外部事物之间的相关性,初步列入自变量的因素有如下几项。(1)人均GDP,即人均国内生产总值,指按市场价格计算的一个国家(或地区)所有常住单位在一定时期内生产活动的最终成果,常被用于代表经济发展的主要指标。人均GDP与犯罪率之间的关系是犯罪现象经济学解释的最常见指标。(2)城镇人口率,即城镇人口占总人口的比率。城镇人口率越高,说明城市化程度越高。有理论认为,城市化是现代化的必然结果,而高犯罪率又是城市化的必然结果。如果研究证实,犯罪率与城市化率之间呈高度相关关系,这种理论才可能被证实。(3)人口密度,即单位面积土地上居住的人口数。如果犯罪是人们之间利益冲突的结果,

---

① 按照这一横纵交错的检验计划,全国连续年份的犯罪数据可以从《中国法律年鉴》各年版本的统计资料部分顺利查找到,而该年鉴的"地方法制"部分中只是部分地刊出了某些省份的犯罪统计资料。为获取各省市的相关统计资料,本研究还查阅参引了全国31个省市的"某某省统计年鉴"以及"某某省年鉴",如《北京统计年鉴》或《北京年鉴》。

那么,人口密度的大小就应该与冲突机会的大小呈正相关关系,进而与犯罪率的高低呈正相关关系。(4)职工平均工资。(5)城镇居民年人均收入。(6)农村居民年人均收入。观察这些年均收入水平的目的是,从微观角度检验犯罪与经济的关系。如果犯罪为贫困所致,犯罪率与这些指标之间的关系就应该呈现高度负相关关系,即收入水平越低,则犯罪率越高。反之,如果犯罪是高度物质文明和社会富裕的结果,犯罪率与这些指标之间的关系就应该呈高度正相关关系,即收入水平越高,则犯罪率越高。应该知道,社会经济总量的消长,并不必然带来城乡居民收入水平的同步消长。所以,应该对城市居民与农村居民收入水平与犯罪率之间的关系进行分别检验。(7)农村家庭恩格尔系数。"恩格尔系数"是指食物支出金额在消费性总支出金额中所占的比例。(8)城镇家庭恩格尔系数。一般认为,恩格尔系数的高低指示着人们在最基本生存需要满足的基础上有多大的支付能力用于各种物质、精神需要的满足。因此,如果犯罪率与恩格尔系数呈正比,可能意味着犯罪是这些基本生存需要以外的其他需要无法得到满足的结果。(9)人口自然增长率,是指在一定时期内(通常为一年)人口自然增加数(出生人数减死亡人数)与该时期内平均人数(或期中人数)之比。引入这一变量的理论假设是,由于人口自然增长率与社会资源的人均占有量有关,而犯罪又可能与资源分配和争夺有关,所以,在控制社会经济总量(如人均 GDP)的情况下,人口自然增长率应该与犯罪率呈显著正相关关系。(10)城乡消费水平比,是指以农村居民消费支出为 1 计算的城镇居民消费支出对农村居民消费支出的倍数。(11)城乡收入比,是指以农村居民收入为 1 计算的城镇居民收入对农村居民收入的倍数。一直以来,社会不平等分配都是犯罪的一种理论解释。而城乡差别又是社会分配的重要侧面,所以,如果犯罪率与城乡差别之间呈现显著关系,则在一定程度上证实了犯罪是不平等分配的结果这一假设。(12)卫生机构数,即医院、卫生院(所、站)以及检疫机构的数量。这个指标间接反映了社会保障的范围、规模。如果研究发现犯罪率与卫生机构数量之间呈显著相关,也从一个侧面证实了犯罪现象与社会保障之间的关联性。(13)离婚率。离婚率的高低既是家庭作为社会细胞的稳定程度的指标,也在一定程度上反映了一个社会的自由、开放程度。不论怎样理解,犯罪率到底与离婚率之间有无统计上的显著相关性,是进一步理论阐释的事实基础。(14)刑法修订,反映 1997 年大规模刑法修订前后犯罪定义体系的不同对犯罪率的影响。在犯罪定义学看来,犯罪从某种意义上说是犯罪定义的结果。因此,除了上述社会经济、人口因素以外,本研究也试图检验这一假设能否成立,即观察刑法修订与否对犯罪率消长有无统计意义上的显著影响。

上述关系的初步检验逻辑是,尽管相关不一定成立因果,但无相关一定不存在因果关系。因此,犯罪率作为因变量与这些自变量之间简单的两两相关分析是接下来多元分析的必要准备。这个探索性观察的结果请见表2。

表2 横向与纵向犯罪率简单相关分析之间的相互印证

与犯罪率相关的因素	1988—2007年全国	1998年各地区	2003年各地区	2007年各地区	归纳
人均GDP	0.825	0.839	0.708	0.764	+
城镇人口率	0.436*	0.721	0.448	0.713	+
人口密度	0.794	0.653	0.476	0.626	+
职工平均工资	0.853	0.763	0.54	0.551	+
城镇居民年人均收入	0.831	0.726	0.767	0.842	+
农村居民年人均收入	0.79	0.804	0.758	0.834	+
农村家庭恩格尔系数	−0.928	−0.554	−0.441	0.4	+
城乡收入比	0.807	−0.352**	−0.448	−0.521	?
城乡消费水平比	0.501	−0.346**	−0.432	−0.506	?
人口自然增长率	−0.823	−0.63	……	……	—
城镇家庭恩格尔系数	−0.867	……	……	……	—
卫生机构数	0.596	……	……	……	—
离婚率	0.8	……	……	……	—

说明:

1. 考虑到犯罪暗数的因素,此处“犯罪率”即毛被害率,即以潜在被害人总数为基数,以公安机关立案数为犯罪数计算的犯罪率。

2. 本表数据根据《中国统计年鉴》各年版本、地方各省市统计年鉴各年版本以及《中国法律年鉴》各年版本原始数据计算而来。

3. 表中数字代表各种现象与犯罪率之间的相关程度(皮尔逊相关系数),越接近于1说明关系越强,“—”代表呈反比关系。如果未加特别说明,其显著性水平均符合统计学要求($p<0.05$),“……”代表与犯罪率无关。

4. *代表 $p=0.055$;**代表 $p=0.057$。

5. 最后一栏“归纳”中的符号代表纵向各年份数据与横向各地区数据的统计结果之间是否能通过相互印证性检验。“+”代表横纵各组数据统计结果均证实某个关系的显著存在;“—”代表横纵各组数据统计结果部分不够显著,无法确信某个关系的存在;“?”代表横纵各组数据统计结果之间虽然关系显著但方向不一致。

从表2数据可见，横向三个时点的地方数据与纵向20年间的全国数据都一致证实与犯罪率显著相关的变量有如下几项。(1)人均GDP;(2)城市化程度;(3)人口密度;(4)职工平均工资收入;(5)城镇居民年人均收入水平;(6)农村居民年人均收入水平;(7)农村家庭恩格尔系数。例如，人均GDP水平、城市化程度越高，则每十万潜在被害人暴露在犯罪侵害之下的概率就越大。特别重要的是，不仅这些指标越高的年份犯罪率就越高，而且，这些指标越高的省市，犯罪率也相应越高，反之，犯罪率就越低。农村家庭恩格尔系数与犯罪率之间呈高度负相关关系，即农村家庭食物支出在总费用支出中所占比例越高，则犯罪率越低，每十万潜在被害人暴露在犯罪侵害之下的概率就越小。这个关系也同样通过了横向与纵向观察的交互检验。

有趣的是，某些纵向上看显著的关系，由于横向地区因素的引入，有的消失了，有的改变了相关的方向。消失的关系有：虽然全国纵向数据相关分析结果表明，人口自然增长率以及城镇家庭恩格尔系数与犯罪率呈反比关系，卫生机构数量以及离婚夫妇数量与犯罪率呈正比，但横向各省市数据相关分析结果却未见显著关系。改变了方向的关系有：尽管全国纵向数据相关分析的结果表明，城乡收入比以及城乡消费水平比与犯罪率之间呈高度正相关关系，即城乡差别越大的年份，犯罪率越高，但引入横向地区因素以后所呈现的显著关系是，城乡差别越大的省市，犯罪率越低。其原因尚待进一步分析，但我们无法确信城乡差别与犯罪率变化之间的关系。

在进入多元分析之前还应注意到，被简单相关分析证实有关的变量之间可能存在“多重共线性”的可能性，即多个自变量之间高度线性相关的情况。[①] 经检验，人均GDP与职工平均工资之间的相关系数高达0.996，与城乡居民年均收入的相关系数分别高达0.998和0.985。职工平均工资与城乡居民平均收入之间的相关系数分别高达0.992和0.968。城乡居民平均收入之间的相关系数高达0.990。这几个检验结果的经验意义是，宏观上GDP水平越高，微观上“职工平均工资”、“城镇居民年人均收入”、“农村居民年人均收入”等几个指标也相应越高。因此，在接下来的多元分析中，不必重复使用这几个不相独立的多余变量。这样，有理由进入下一步多元分析的自变量有：“人均GDP”、“城市化程度”、“人口密度”、“城乡家庭恩格尔系数”，以及仅用来比较纵向各年份数据的“刑法修订”。完成上述观察后，我们可以着手以下多元分析了。

(二) 毛犯罪率的多元回归分析

根据多元线性回归分析，在多个自变量相互控制的情况下，原先简单相关分析

---

① 郭志刚主编：《社会统计方法——SPSS软件应用》，北京：中国人民大学出版社，1999年，第49—50页。

结果显示有关的影响,既可能仍然存在也可能消失。因此,多元分析方法与其说是用多个因素解释某现象,不如说是从多个同时作用的因素中筛选沉淀出真正有效影响因变量变化的因素。换个角度看,作为因变量,毛犯罪率由毛被害率与毛加害率构成。在多元分析中,有效影响毛被害率变化的自变量,不一定也能有效影响毛加害率的高低;在以纵向各年份毛犯罪率为因变量的多元分析中显著存在的关系,不一定同样出现在以横向各地区毛犯罪率为因变量的多元分析中。表 3 展示的是根据这一检验思想所进行的 8 次多元线性回归分析的结果。

表 3　毛犯罪率的多元回归分析及其结果

因变量	R^2	R^2_{adj}	最终有效变量
1988—2007 年全国毛被害率	0.862	0.853	农村家庭恩格尔系数(Beta=－01928)
1988—2007 年全国毛加害率	0.82	0.809	农村家庭恩格尔系数(Beta=－01906)
1998 年各地区毛被害率	0.705	0.694	人均 GDP (Beta=01839)
1998 年各地区毛加害率	0.683	0.672	人均 GDP (Beta=01827)
2003 年各地区毛被害率	0.566	0.535	人均 GDP (Beta=11093)、城市人口率(Beta=－01462)
2003 年各地区毛加害率	0.502	0.466	人均 GDP (Beta=11092)、城市人口率(Beta=－01540)
2007 年各地区毛被害率	0.584	0.57	人均 GDP (Beta=01764)
2007 年各地区毛加害率	0.509	0.492	人均 GDP (Beta=01713)

说明:

1. "R2"即多元线性回归确定系数,这个值越接近于 1,说明模型对犯罪率的高低解释力越强。
2. "R2adj"即调整的确定系数,反映了模型的拟合优度。进入模型的变量不一定都有统计意义,当无统计意义的变量过多进入模型时,调整的确定系数会"惩罚性"地减小。
3. "Beta"是标准化回归系数,反映变量之间相对作用的大小。
4. "最终有效变量"即 p 值小于 0.05 的变量,是模型中多个变量里真正显著影响犯罪率消长的因素。
5. 考虑到"刑法修订"只对纵向不同年份的比较有意义,"人口密度"只对横向各地区的比较有意义,所以,四个模型的构成略有不同。

表 3 数据显示的第一个经验含义是,在以纵向各年份全国毛被害率和毛加害率为因变量的两次多元线性回归分析中(表中第一、第二行),"人均 GDP"、"城市化程度"、"刑法修订"三个变量的作用都消失了,不具有统计意义。只有"农村家庭恩格尔系数"对毛被害率和毛加害率都表现出显著影响,呈高度负相关关系。就是说,农村家庭恩格尔系数越高的年份,则毛犯罪率越低。反之,农村居民的食物支出比重越低的年份,则毛犯罪率越高。而这个系数所反映的恰好是一国的经济发展水平——恩格尔系数越高,说明居民不得不为食物支出可支配金额中相对较大

的部分，从而间接说明经济发展水平相对较低。反之，只有当居民有更多的资金用于食物以外的支出时，才标志着国家经济水平的相对提高。因此，恩格尔系数与毛犯罪率呈反比这个事实可以转换成“经济发展水平与毛犯罪率呈正比”。这意味着，经济发展水平越高，则恩格尔系数越低，则犯罪率随之越高；反之，经济越落后，则恩格尔系数越高，则犯罪率越低。

表3数据显示的第二个经验含义是，在横向三个时点全国各地区毛犯罪率的6次多元线性回归分析中，“城市化程度”、“人口密度”、“农村家庭恩格尔系数”三个变量的影响都因不具有统计意义而不见了。尽管强度系数不同，始终显示出最强的关系就是毛犯罪率与人均GDP之间的高度正相关关系。就是说，人均GDP越高的地区，不论是毛被害率还是毛加害率都相应越高；反之，人均GDP越低的地区，毛犯罪率也就相应越低。这个结果恰好与上述时间序列的观察形成呼应——不论从纵向数据来看还是从横向数据来看，经济发展总量水平“横竖”都是毛犯罪率的最强解释。①

（三）犯罪与经济

上述多元分析结果证实，经济发展与毛犯罪率之间呈高度正相关关系。回应上文提出的问题，这一结果显然不支持犯罪与经济发展之间关系的负相关说和无关说。但问题是，即使引入了多元分析，但统计上相关的现象之间，不一定都具有因果联系。在此基础上还要进一步回答，为什么经济发展伴随着犯罪率的上升？否则，刑事政策的制定将面临某种两难境地：一方面，如果为了减少犯罪而放弃发展经济，显然是荒唐的；另一方面，如果承认犯罪是经济发展的必然代价，又似乎意味着，不应由犯罪人对犯罪承担全部的道德责任。

其实，从某种意义上说，中国正在经历着有些发达国家曾经经历过的某些发展阶段。因此，回顾一下这些国家学者所做过的观察，可以透过国家间的某些异同，看到一些肉眼看不到的规律。美国学者帕克等人提出，道德规范对人的控制随着非正式社会关系的不断解体而逐渐消失，这个过程叫做社会解组。② 社会解组理

① 有研究证实，长江三角洲、珠江三角洲、环渤海三大经济圈是当前中国经济最发达、人口最稠密、城市化程度最高的地区，同时也是中国犯罪高发、万人犯罪率最高的地区。2002—2004年，三大经济圈的刑事案件数量分别为1746389起、1921146起、2224555起，占全国刑事案件的比例分别为40.3%、43.7%、47.1%。就刑事案件万人发案率而言，2004年全国平均为36.3，三大经济圈为49.5。其中，长三角地区为73.4，珠三角地区（广东省）为62.0，北京、天津、辽宁分别为58.4、43.0、42.0。（参见夏德才：《中国三大经济圈地域环境与犯罪》，《犯罪研究》2006年第2期。）

② 杰克·D.道格拉斯、弗兰西斯·C.瓦克斯勒：《越轨社会学概论》，张宁、朱欣民译，石家庄：河北人民出版社，1987年，第77—83页。

论所描述的，正是经济高速发展的社会中，道德规范的强大作用是怎样悄悄减弱的过程。[①] 美国学者默顿认为，社会在为人们规定了通行价值目标的同时却没有给人们提供足够的实现价值目标的手段。于是，用非法手段去实现社会价值目标便成为他们的必然选择。[②] 1982年，美国学者布劳夫妇在《不平等的代价：都市结构与暴力犯罪》一书中提出，贫富悬殊造成的相对剥夺感和社会不公感会导致愤怒情绪和犯罪行为。受到相对剥夺的人们，会自然而然地被激怒，并通过实施犯罪行为来发泄他们的敌意。[③] 按照相对剥夺理论，即使经济总量发展，如果分配结构不合理，由相对剥夺感导致的不满同样会引发犯罪率的上升。相比而言，犯罪率与经济发展之间也不是在每一个国家都高度相关。[④] 1983年，美国学者阿德勒对1970年到1975年间瑞士、日本等10个国家进行了比较研究，结果发现这10个国家有几个共同点：家庭和亲属关系都比较牢固，社会成员在家庭里普遍感到安全和支持；集体和集体意识得到强化；警察、法院、监狱等正式监督体系与非正式监督体系相适应。而这10个国家都是低犯罪率国家，于是，阿德勒得出结论，低犯罪率这一结果可以从这些属性的存在得到解释。[⑤] 可见，犯罪率上升并不是经济发展的直接结果，经济发展并不必然导致犯罪增多。只有在经济发展与“社会解组”、“社会异常”、“相对剥夺”并存的情况下，才可能导致犯罪率的上升。

由此反观中国国情，本研究数据观察所涉及的20年间，中国的经济发展仍属劳动密集型，导致大量农村人口涌向城市，并伴随其他人口流动。加之收入差距的拉大，使越来越多的人感受到收入的绝对上升和同时的相对下降。结果，非正式社会控制的减弱和不满、不公感的强化二者相交织，其相乘效应才是犯罪率上升的内在原因。中国学者张小虎基于基尼系数、变异全距、分位法等贫富差距的测量结果分析中国犯罪率上升的原因时也指出，中国目前的社会并非一个菱形结构的社会（中产社会），而是一个近似金字塔形的社会，贫富差距正在急剧拉大，已趋近于两

---

① 有学者对584个美国城市1960、1970、1980年的犯罪率数据进行了经验研究。结果证实，社会解组理论比犯罪机会理论更具解释力。（参见 Terance D. Miethe, Michael Hughes and David McDowall, Social Change and Crime Rates: An Evaluation of Alternative Theoretical Approaches," *Social forces*, vol. 70, no. 1(Sep. 1991).

② Stuart H. Traub and Craig B. Little, eds., *Theories of Deviance*, Itasca, IL.: F. E. Peacock Publishers, Inc., 1985, pp. 107 - 138.

③ 吴宗宪：《西方犯罪学》，北京：法律出版社，1999年，第470—471页。

④ 例如，同属发达国家的美、英、法、德、日五国1996年、1998年、2000年及2002年的犯罪率相比，美、英、法、德均为日本的数倍之多。（参见孙峰华、史爱均、李世泰：《世界犯罪的现状及其地理特征》，《世界地理研究》2006年第1期）

⑤ 汉斯·约阿希姆·施奈德：《犯罪学》，吴鑫涛、马君玉译，北京：中国人民公安大学出版社，1990年，第33页。

极化。[1] 因此，中国犯罪与经济之间的高度相关性是有条件的，关键不在于人均 GDP 的高低，而在于伴随着经济增长的非正式社会控制的减弱和资源分配结构的失衡。从这个意义上说，犯罪不能完全归因于犯罪人的恶害，社会本身也负有一定意义上的责任。

三、社会反应的非均衡性

既然犯罪在一定意义上也应归因于社会，那么，社会是如何对此"负责"的呢？按照本文假设，这时社会将以适度的刑事反应，调整罪因、犯罪与社会之间的关系。换句话说，刑罚资源投入的大小不一定与犯罪率的高低成正比。如果真的如此，除了证明社会经济因素对纵向和横向犯罪率的变化构成重要影响以外，还需要证明重刑率是否有明显下降的趋势。根据中国司法机关犯罪统计的统一口径，5 年以上有期徒刑、无期徒刑及死刑为重刑。因此，重刑率就是以法院一审审结刑事案件数为基数，以法院判决 5 年以上有期徒刑、无期徒刑、死刑的人数为犯罪数计算的犯罪率，反映已审结刑事案件中罪犯被适用重刑的概率。[2] 如果一方面犯罪率持续上升在很大程度上是社会经济因素作用的结果，另一方面社会又仅仅根据犯罪率的上升而强化刑事惩戒力度，非均衡性假设将被证否。所幸，数据分析得到的第一个结果是，20 年来中国重刑率的年平均增长率为－2.1％，毛被害率与重刑率之间的相关系数为－0.836（$p=0.000$）；毛加害率与重刑率之间的相关系数为－0.810（$p=0.000$）。这说明，犯罪率与重刑率之间的发展趋势相反——犯罪率上升，重刑率下降。问题是，重刑率的下降是怎么发生的？图 2 数据显示了中国 20 年间重刑率的变化过程。

由图 2 可见，中国重刑率开始下降趋势的拐点是 1997—1998 年，而当时中国刑事法制进程中最重大的事件是 1997 年刑法的颁布施行。那么，一部法律的颁布施行能否导致犯罪统计的显著变化？芝加哥大学教授、《政治经济学评论》主编莱维特的一项研究表明，真正导致美国 20 世纪 90 年代青少年犯罪率降低的主要原因是，1973 年罗伊威德法案出台后美国堕胎合法化对新生人口成长环境和平均人口素质的改善，从而间接导致了潜在罪犯数量的急剧减少。[3] 此前的通说有：经济

---

① 张小虎：《转型期犯罪率明显增长的社会分层探析》，《社会学研究》2002 年第 1 期。

② 严格地讲，案件数和人数是分析单位的两个不同概念，但限于现有官方司法统计数据的统计口径，只能近似地据此计算重刑率。

③ John J. Donohue Ⅲ and Steven D. Levitt, The Impact of Legalized Abortion on Crime", *The Quarterly Journal of Economics*, vol. 116, no. 2 (May 2001).

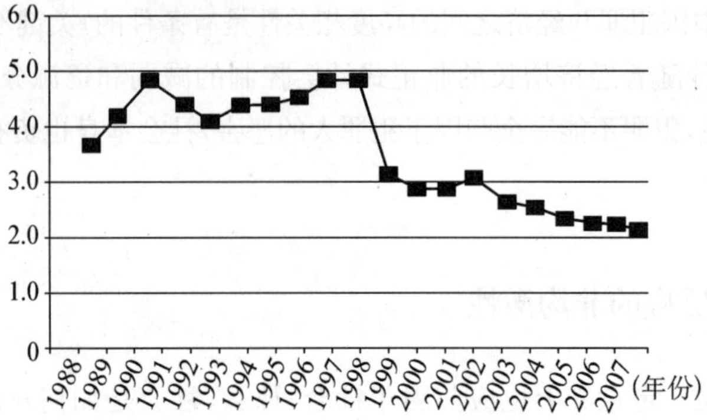

图 2　中国 20 年来的重刑率

的发展和生活水平的提高，警力投入的加强，教育的普及等。作者驳斥了这些解释，并用不同州、不同时期的数据，检验了新假说的多个意蕴，该文产生了很大的影响。现在，尽管我们无法断定，1997 年刑法的施行就是重刑率开始下降的唯一原因，尽管在一个较长的统计周期中刑事法制的变化是个过程，但重刑率下降始于这个时点也是不争的事实。一方面，以 1997 年刑法为界的前十年中，全国公安机关年平均刑事案件立案数为 1714722 件，而后十年年均立案数为 3988818 件，后者是前者的 2.3 倍；前十年的法院刑事案件一审年均收案数为 445401 件，而后十年年均收案数为 623454 件，后者是前者的 1.4 倍；前十年的每十万人口年均发案数 146.2 件，而后十年每十万人口年均发案数为 308.8 件，后者是前者的 2.1 倍。[①] 而另一方面，1997 年刑法颁布以前的十年中，平均每年被判重刑的人数为 194881 人，而后十年中平均每年被判重刑的人数为 157973 人，两个均值的独立样本 T 检验结果为 $p < 0.05$，说明差异显著。这表明，尽管社会因素推动了犯罪率的上升，刑罚投入却没有因犯罪的增多而加大，新刑法实施以后重刑率的确明显下降。不过，何以见得新刑法的颁布施行与重刑率下降之间的相关性显著有效呢？为此，我们以 20 年来全国纵向重刑率为因变量，以“刑法修订”、“人均 GDP”、“城市人口率”、“农村家庭恩格尔系数”、“城市家庭恩格尔系数”等几个变量为自变量进行多元回归分析。[②] 结果，最终符合统计有效性要求的变量分别是“城市人口率”(Beta＝－0.906)、“刑法修订”(Beta＝－0.768)、“城市家庭恩格尔系数”(Beta＝－0.664)，模型的回归决定系数 R2＝0.961，即三个变量共同解释了 96.1%的重刑率的变化。其中，在与其他两个经济因素共同作用下，“刑法修订”与

① 公安机关立案数和法院一审收案数原始数据来源为《中国法律年鉴》各年版本。

② 由于公开出版物中只公布了部分省市的重罪数，所以，无法进行横向重罪率分析。

重刑率的变化之间相关性显著。

然而，上述数据分析结果还要面对一个可能的追问：重刑率降低的真正原因到底是刑罚本身变得适度轻缓了，还是严重犯罪本身减少了？如果是后者，就不能认为刑罚资源的投入得到了控制。或者说，到底是犯罪变了，还是犯罪的定义变了，这本身就是个问题。应该承认，严重犯罪本身的真实变化无法通过重罪率的升降得到说明，因为正式犯罪统计根据宣告刑计算而来，其中的轻重划分已经嵌入了来自犯罪定义的影响。基于不同的刑事政策，同样的罪行可能被判 5 年以上刑罚，也可能被判 5 年以下刑罚。而在刑法方面，通过量化比较发现，1979 年刑法的平均刑量为 176.10，约为 15 年有期徒刑到无期徒刑之间的刑罚，方差为 38512.23。[①]而截止到修正案六的 1997 年刑法的平均刑量为 157.79，同样约为 15 年有期徒刑到无期徒刑之间的刑罚，但平均值略低于 1979 年刑法，方差为 30455.99，刑量的离散程度也小于 1979 年刑法。这样看来，似乎是由于 1997 年刑法轻于 1979 年刑法，使得样本中的后十年无论重罪率还是重刑率都走低。但进一步的观察又发现，新刑法中有几个常见犯罪的法定刑高于 1979 年刑法：故意伤害罪法定刑上限由原来的无期徒刑变为死刑，盗窃罪法定刑上限由原来的 5 年有期徒刑变为死刑，交通肇事罪法定刑上限由原来的 7 年有期徒刑变为 15 年有期徒刑。而这几个常见犯罪的发案率很高，因此，用刑法的轻重变化解释重刑率的下降证据不足。于是，既无法测量严重犯罪本身的实际变化，又不能用刑法本身的变化解释重刑率的下降，研究进入了死胡同。

不过，观察法官群体的司法实践使陷于困境的研究看到了希望。我们对 641 个最高人民法院示范性案例的宣告刑刑量进行了实证分析，[②]结果发现，第一，对 222 个抢劫罪案例进行的刑量测量结果显示，其中加重构成案件的平均刑量为 223.72，大约相当于 20 年有期徒刑与无期徒刑之间的刑罚，略低于该罪法定刑（10 年有期徒刑到死刑）中线。第二，对 148 个盗窃罪示范性案例进行的刑量测量结果显示，其中加重构成案例的平均刑量为 101.14，大约相当于 114 个月有期徒刑，明显低于该罪加重构成法定刑（3 年有期徒刑到死刑）中线。第三，对 138 个故意伤害罪示范性案例进行的刑量测量结果显示，其中加重构成组的平均刑量为 112.03，大约相当于 126 个月有期徒刑，明显低于该罪加重构成法定

① 用 SPSS 程序语言表达的法定刑刑量计算公式为：COMPUTE 加权刑量＝SQRT(刑罚上限 * ((刑罚上限－有期下限)/2＋有期下限)). EXECUTE. 可见，法定刑上限和中值是比较法定刑刑量的核心指标。

② “示范性案例”、宣告刑刑量模型及几个常见犯罪的平均刑量请参见白建军：《量刑基准实证研究》，《法学研究》2008 年第 1 期。

刑(3 年有期徒刑到死刑)中线。第四,对 133 个贪污受贿示范性案例进行的刑量测量结果显示,其中犯罪数额在 10 万元以上案例的刑量均值为 182.62,大约相当于 18 年有期徒刑,明显低于 10 年有期徒刑到死刑的法定刑中线;数额在 5 万元以上不满 10 万元案例的刑量均值 51.38,大约相当于 60 个月有期徒刑,恰好位于 5 年有期徒刑到无期徒刑的法定刑底线;数额在 5 千元以上不满 5 万元案例的刑量均值为 22.10,大约相当于 24 个月有期徒刑,大大低于 1 年到 10 年有期徒刑的法定刑中线。尽管上述示范性案例均为 1997 年刑法以后的案例,尚无证据表明该刑法颁布前十年的法官量刑实践是否低于法定刑中线,但该刑法颁布后的十年间,常见犯罪加重构成的宣告刑平均刑量普遍低于法定刑中线已是不争的事实。这至少说明,法官群体的确不约而同地在司法实践中积极主动地控制刑罚资源的过量投入。

四、罪与罚非均衡的理论追溯

本来,刑罚的直接原因应该是犯罪,两者之间的高度相关性既合理又合法。但是,为什么我们看到的不完全如此?对此,还需从理论上加以阐释。首先,犯罪是按照一定主观图式组织建构起来的事实,而不是纯客观自在的对象。组织建构犯罪的主观图式至少包括:法律法规、犯罪理论、刑法学说、司法制度、证据规则、执法体制、风俗习惯、舆论报道、网络民意、政策导向、道德传统、法学教育、犯罪文学、程序规则、律师市场等。这些主观图式通过筛选、分类、排序,使一些行为举止被赋予某种犯罪的意义,从而组织建构了犯罪。换个角度看,实际上有两个意义上的犯罪,一是客观自在的犯罪,另一个是主观定义的犯罪。主观定义的犯罪随着政治法律、司法制度、法学理念等主观图式的不同而不同,因而具有多变性、主观性和地方性。① 而客观自在的犯罪是理论上、抽象的、无法最终彻底把握到的犯罪。尽管主观定义的犯罪在不断趋于完善,接近客观自在的犯罪,但二者永远不可能重合。在笔者看来,犯罪定义既不能完全还原为定义对象,也无法彻底还原为定义者的主体性。没有被组织的事实或者组织事实的主观图式,都无所谓犯罪。正如美国学者吉尔兹所说:"不论法律依据的是什么,它都不是全部真相。法律事实并不是自然

---

① 这里所谓的"地方性",按照美国学者吉尔兹的说法"不只是指空间、时间、阶级和各种问题,而且也指特色(accent),即把对所发生的事件的本地认识与对可能发生的事件的本地想象联系在一起。这种认识与想象的复合体,以及隐含于对原则的形象化描述中的事件叙述,便是我所谓的法律认识。"(参见克利福德·吉尔兹:《地方性知识:事实与法律的比较透视》,梁治平编:《法律的文化解释》,北京:三联书店,1994 年,第 126 页。)

生成的，而是人为造成的，一如人类学家言，它们是根据证据法规则、法庭规则、判例汇编传统、辩护技巧、法官雄辩能力以及法律教育成规等诸如此类的事物而构设出来的，总之是社会的产物。”[①]就是说，“任何地方的‘法律’都是对真实进行想象的特定方式的一部分。”[②]都是“建设性的”、“构造性的”和“组织性的”而非“反映性的”。[③]

第二，既然犯罪是按照一定主观图式组织建构起来的事实，那么，计算到犯罪率中的所谓犯罪也应当是被某种主观图式组织建构起来的事实，这就解释了为什么有时犯罪率变化的原因不是犯罪本身而是犯罪定义的改变。如果这样的话，罪案多少与刑罚轻重之间的不均衡现象，也应该可以用这种组织建构的过程来解释，这种不均衡也许正是关于犯罪的主观图式发生改变的结果。于是问题便成为：20年来，组织建构犯罪事实的主观图式有哪些特点和变化？沿着这个思路走，自然想起一个人们熟悉的刑法学常识：犯罪是行为人自由意志和选择的结果。否则，就没有理由对其发动刑罚惩戒。然而，正如西方伦理学史在道德行为评价依据问题上经历了从神学预定论到自由意志论再到启蒙学者的决定论的历史演进一样，[④]在刑法领域中，也经历或正在发生着从自由意志说到环境决定论和社会责任说的发展。在依法对犯罪行为定罪量刑的同时，人们依据的不再仅仅是法律条文，还会想到犯罪原因。犯罪图式的这些变化，正在悄然改变着社会对犯罪案件做出的反应。其结果之一便是，实定法以及追求体系精美、形式理性的规范法学不再是用来定罪量刑的唯一根据，而更宏观的社会环境及其影响因素越来越多地成为刑罚适用实际上的参照物之一。至此，上文展示的两方面事实之间的某种联系逐渐显露出来：刑罚力度之所以没有伴随着犯罪率的上升而水涨船高，是因为人们注意到了犯罪率上升背后的社会经济原因，注意到了伴随经济发展而出现的非正式社会控制减弱和资源分配结构失衡等问题对个体犯罪的现实影响。而这种影响既然已经被上文大量数据分析结果所证实，就不可避免地反映到刑罚适用者的头脑中。至少，越是不可避免地受某种外部因素的影响，犯罪行为的发生就越可能得到理解甚至同情。于是，关于犯罪问题的主观图式变了，犯罪率的内在结构也随之发生改变。

---

① 克利福德·吉尔兹：《地方性知识：事实与法律的比较透视》，梁治平编：《法律的文化解释》，第 80 页。

② 克利福德·吉尔兹：《地方性知识：事实与法律的比较透视》，梁治平编：《法律的文化解释》，第 94 页。

③ 克利福德·吉尔兹：《地方性知识：事实与法律的比较透视》，梁治平编：《法律的文化解释》，第 129—130 页。

④ 启蒙思想家伏尔泰说过：“我能做我希望做的事情的时候，我是自由的；但是，我必然希望我所希望的。”（参见梯利：《西方哲学史》，葛力译，北京：商务印书馆，1995 年，第 422 页。）

第三，由于中国刑法的法定刑幅度很大，法官的刑罚裁量余地较大，因此，适度控制重刑的适用并不违法。然而，面对犯罪率上升的事实，刑罚力度不升反降，这样的选择是不是理性的？换个角度发问，仅仅因为犯罪不可避免或情有可原就收缩刑罚投入，会不会导致犯罪因成本降低而变本加厉？[①] 理论上当然无法排除这种可能性，但在更大的社会结构背景中考察犯罪问题，还要回到更前提性的问题上来——犯罪到底是什么？一种理论认为，犯罪即罪行，因此，刑事惩戒意味着对危害行为的报应。[②] 另一种理论认为，犯罪即罪人，因此，社会应着眼于对犯罪人的教育改造，以期预防犯罪从而保护社会。[③] 前者强调刑法的社会保护立场和对犯罪的打击，后者更看重刑法的被告保护立场和对法官权力的限制。而笔者认为，犯罪即加害与被害之间的互动，因此，法律应站在中立的立场上合理调整加害被害关系，法的中立性是加害—被害关系的科学反映。从这个意义上说，宏观上积极能动地平衡犯罪与社会之间的冲突，也是刑法中立性的必然要求。在这个视野下，当犯罪率的上升在较大程度上是社会因素作用的结果时，刑罚力度的适当控制就可以理解为刑法中立立场的体现。相反，如果这时无视犯罪自身规律而仅仅根据犯罪率上升便加大刑罚力度，反而会加剧犯罪与社会之间的紧张关系，甚至导致恶性循环。如此说来，这种情况下的犯罪数量与刑罚力度之间形式上看似不均衡，实际上却彰显了法的中立性，而法的中立性又意味着更深刻的均衡。这种追求的动力并非全部源于自上而下的贯彻，而是在很大程度上来自法官群体对社会现实的集体认知和实践理性。[④] 这个过程恰如吉尔兹所言："通过把行为置于更大的分类甄别意指系统(frames of signification)——实用上的、道德上的、表达上的……法律上的——之内而促使其行为具有意义的方式，是他们通过根据那些大的意义系统去组织行为而维持或力图维持那些系统的方式。"[⑤]

---

① 贝克尔认为，犯罪人像正常人一样，在进行犯罪行为时也评价犯罪机会的预期收益，选择可能获得最大收益的行为。当某人从事违法行为的预期效用超过将时间及另外的资源用于从事其他活动所带来的效用时，此人便可能违法。(参见加里·S.贝克尔：《人类行为的经济分析》，王业宇、陈琪译，上海：上海三联书店、上海人民出版社，1995年，第63—64页。)

② 参见贝卡里亚著，黄风译：《论犯罪与刑罚》，北京：中国大百科全书出版社，1993年，第3页。

③ 参见菲利：《实证派犯罪学》，郭建安译，北京：中国政法大学出版社，1987年，第24页。

④ 法官群体的实践理性与立法者(或政策制定者)的价值权衡虽有联系但毕竟有所不同。前者所面对的是大量具体个案，后者面对的是抽象个罪中的罪刑关系。前者所导致的不均衡是指现实中犯罪数量与刑罚投入力度之间的不均衡，中介因素是社会经济影响；而后者所要求的罪刑均衡是指理论上犯罪质量(严重性)与刑法评价严厉性之间的均衡性，中介因素是个体责任能力。因此，这里的均衡与否是两个语境下的罪与罚的关系，不发生矛盾与否的问题。(参见白建军：《罪刑均衡实证研究》，北京：法律出版社，2004年，第29—35页。)

⑤ 克利福德·吉尔兹：《地方性知识：事实与法律的比较透视》，梁治平编：《法律的文化解释》，第90页。

五、结论

上述证据表明,第一,中国自 1988 年到 2007 年的 20 年间,毛犯罪率总体上升趋势明显。第二,伴随着经济的高速增长,非正式社会控制的减弱和资源分配结构的失衡是犯罪增多的重要原因。第三,面对这种情况,社会用刑罚对犯罪做出的反应表现出适度克制和轻缓,5 年有期徒刑以上刑罚的适用相对比较审慎。基于这些证据之间的客观逻辑联系,关于罪案与刑罚的非均衡性假设基本得到了证实——刑罚力度不一定与犯罪的多少成正比,倒是与犯罪的社会成因有关。这至少意味着,全社会刑事案件总量不应是宏观刑事政策决策的全部依据,综合考虑犯罪原因和规律,平衡犯罪与被害的关系,也是决策科学化的必然要求。

在大尺度的司法实践中,犯罪率的消长不是刑事反应的全部根据,罪与罚的前因后果也不可避免地对刑事司法构成显著影响——社会经济因素对犯罪的影响又影响着刑事司法实践。从理论上看,既然犯罪率及其内在构造的改变与关于犯罪的主观图式的改变有关,那么,关于犯罪的主观图式的调整和控制也应该是所谓犯罪控制的应有之义。这个意义上的犯罪控制过程,实际上是一个控制社会控制的过程,包括了犯罪知识论的改造过程,以及刑法运行方式的整合过程。无论怎样,其对象都不仅仅是犯罪行为或犯罪率本身。刑事司法中的法条主义也无法独自解决全部犯罪问题,[①]因为法官既是法学家同时又是社会学家,他们适用法律时不仅会做出法律判断,还不可避免地推测司法的社会效果。这种充满实践理性的集体认知在司法理念上也许是实用主义的,[②]但如果一种理论没有用,或者无助于良好社会效果的实现,它又在何种意义上可以被我们奉为真理呢?

---

① 美国学者波斯纳认为,按照法条主义,司法决定都是由"法律"(the law)确定的,而这个法律被理解为一套在正宗法律材料中表达的,或是可以通过逻辑操作从这些材料中衍生出来的已有的规则。(参见理查德·波斯纳:《法官如何思考》,苏力译,北京:北京大学出版社,2009 年,第 38 页。)

② 在波斯纳看来,实用主义是依据后果做出决定(法律的或是其他的),而不是以三段论方式根据前提展开演绎……在法律上,实用主义指的是依据司法判决所能产生的效果做出决定,而不是依据某一法条或判例的语言,或依据更一般的某个先前存在的规则。因此,实用主义是法条主义的对立面。(参见理查德·波斯纳:《法官如何思考》,第 37 页。)

竞争、冲突与协调
——金融混业监管模式的选择*

廖　凡**

在我国经济以前所未有的水平高速发展并逐渐融入全球市场的背景下，良好和健全的金融体系的重要性日益凸显。我国金融业目前正处在一个重要转折期，也处在一个重要发展期，完善金融监管体制，提高金融监管能力成为刻不容缓的任务。其中，如何应对因金融创新和混业发展而加剧的监管部门之间的竞争与冲突，构建适应我国国情和现实需要的混业经营监管体制，就是一个相当突出的问题。

2003年《商业银行法》修订和2005年《证券法》修订时，以"国家另有规定的除外"的但书形式，为混业经营的进一步发展预留了空间。但是，对于与此相应的金融监管体制的调整，立法部门并未明确化，只作了原则性的规定。笔者认为，从中国目前的现实情况出发，建立分业监管基本格局基础上的协调机制，解决关键监管冲突，同时保持适度监管竞争，是较为可取和可行的选择。

本文分为五个部分。第一部分讨论金融监管的竞争和冲突的原因、表现形式和可能导致的结果。第二部分简要分析金融集团的发展对于金融竞争和冲突的影响。在此基础上，第三部分讨论作为应对方案的金融监管协调的两种路径。第四部分结合我国金融监管体制的演变与特点，论证较之单一监管架构，分业监管基础上的协调机制更为可取，并就我国金融监管协调机制的健全和完善提出建议。最后是一个简短的结论。

一、金融监管竞争与冲突

(一) 金融监管竞争

在金融监管权被多个监管机构分享的任何体制下，监管机构之间的竞争都不

* 本文原载于《北京大学学报(哲学社会科学版)》2008年第3期。

** 廖凡，北京大学法学院金融法研究中心2002级博士，工作单位：中国社会科学院。

可避免。实践永远不会始终被规则束缚。即使是在严格的分业经营、分业监管体制下,金融创新以及由此产生的非传统金融产品也会带来产品定性和监管权归属的问题;而在混业经营体制下,无论是采取全能银行还是控股公司形式,不同性质金融业务之间的相互交叉和渗透都大为加强,使得金融监管的竞争更加凸显。

按照公共选择理论,公共政策的生成并非基于抽象的"公共利益",而是不同利益集团各自特殊利益角力和妥协的结果。不同金融监管机构一方面不可避免的会更多受到各自监管范围内利益集团的压力和影响,另一方面,自身在争取监管权限和监管资源方面也有其特定利益。因此,现实中金融监管机构总是倾向于尽力维持自己的监管范围,同时积极进入和消减其他监管机构的势力范围。这种监管竞争被形象的称为"地盘之争"(turf war)。

金融监管竞争被广为诟病的一个可能产物是所谓"竞次"现象(race to the bottom),即监管机构为了取悦本部门利益集团、吸引潜在监管对象或扩展监管势力范围,竞相降低监管标准,以致削弱整体监管水平,损害投资者和社会公共利益。一般来说,监管机构越多,监管结构越复杂,竞次风险就越大。与此相关的另一个可能后果是"监管套利"(regulatory arbitrage),即提供相同产品的不同金融机构因受到不同监管者的监管,造成规则、标准和执法实践上的不一致,从而导致金融机构尝试改变其属性,以便将自己置于监管标准最宽松或者监管手段最平和的监管机构管辖之下。

不过,笔者认为,不应高估上述问题的严重性。一方面,在监管机构数量有限、监管体制相对集中的情况下,竞次问题并不会十分突出;同时,通过为各监管机构设定更为清晰的监管目标和任务,并建立有效的问责机制,让监管机构为自己的监管失败承担责任,也可以抑制竞次倾向。另一方面,由于监管套利主要是同以经营机构作为监管权限划分标准的"机构监管"模式相联系,因此,通过向着眼于金融产品/业务的"功能监管"模式转变,并加强不同监管机构之间的协调,这一问题也有可能加以解决。

与此同时,基于传统的"分权与制衡"理念、金融机构的选择自由以及对于监管弹性的追求,金融监管竞争也存在诸多拥趸。他们认为,首先,面对日益细分和复杂的金融市场,监管机构难免出现判断错误,有鉴于此,不同监管机构分工合作的多头监管比集中判断的单一监管更有利于减少监管决策中的失误。其次,在综合监管体制下,由于不再存在不同监管机构之间的制衡,将没有力量制约单一监管机构可能的过度监管,从而不可避免地导致监管趋向严厉和僵化,对于市场需求的反应日益迟钝。监管竞争的支持者认为,保护金融经营者免受这种潜在的"监管狂热"之害的关键,就是确保其有多个监管机构可供选择,这种选择自由可以有效制约监管政策的武断和反复。

（二）金融监管冲突

金融监管冲突可以在两层意义上加以理解。在基本意义上，金融监管冲突是指由于监管权限本身的划分不清，或者由于金融创新的发展超出既有规则框架，而导致不同监管机构之间职权/职责的冲突。如果说前者属于立法疏漏，那么后者则是市场实践发展的必然结果。这方面一个直观的例子，就是边缘金融产品或替代金融产品的出现。这些金融产品兼具不同传统金融产品的特征，难以完全归入任何传统金融部门。监管冲突既可以表现为积极冲突，即不同监管机构竞相实施监管，从而造成监管重复，也可以表现为消极冲突，即不同监管机构均回避或遗漏监管，从而形成监管真空。

在另一层意义上，或许也是更深刻的意义上，金融监管冲突是指不同监管机构之间因为监管目标、监管理念、监管方法（手段）乃至监管文化方面的差异，在监管实践中所体现出的矛盾和分歧。当监管领域出现交集时，这种分歧可能演变为现实的冲突；即使是在画地为牢的情况下，金融市场和投资者整体上也可能会因为这种分歧而受到不利影响。

从监管目标上看，由于银行同宏观经济的密切联系，银行监管者将防范系统风险、维护系统稳定作为核心目标；保险监管者将保护保单持有人的利益作为核心目标；证券监管者则对投资者保护，确保市场公平、效率和透明，以及减少系统性风险三个目标给予同等重视。与监管目标相适应，银行和保险监管机构侧重于确保被监管机构清偿能力的审慎性监管，而证券监管者在审慎性监管之外，更注重通过对业务经营行为的监管，确保市场的公平、效率和透明。在监管目标、理念和方法上的差异，经过长期实践，形成了各监管机构不同的监管风格或者说监管文化。与较为温和内敛的银行和保险监管不同，证券监管机构通常更为强硬，强调信息披露和自律监管，依靠更为激进的执法手段处罚不当行为人，遏制违规行为。这种立足于严格披露要求和严厉执法措施的监管文化，与银行和保险监管者侧重监管对象安全与稳定的更为“家长式”(paternalistic)的监管文化相去甚远。[①]

二、金融集团的发展及其影响

作为金融混业经营载体的金融集团(financial conglomerates)近年来在全球范

① 参见杨勇：《金融集团法律问题研究》，195 页，北京大学出版社 2004 年版。

围内的迅速发展，既使金融监管竞争与冲突问题变得更为现实，同时也对其有所强化。目前对金融集团并无普遍适用的法律定义，就其基本内涵而言，大致是指具有统一协调的组织结构，主要业务为金融业务，并且在银行、证券、保险业务中至少从事两种业务的企业集团。金融集团形式多样，代表性类型包括全能银行型、银行母公司型和金融控股公司型。金融集团的发展对于金融监管提出了一系列问题，如集团结构复杂、集团缺乏透明度、集团内交易带来的风险传播和利益冲突等。在金融集团银证联营乃至银、证、保联营的情况下，针对同一集团的审慎监管和业务经营监管之间的分歧会更为明显，系统性稳定目标与投资者保护目标之间的冲突会更加频繁，不同监管方法和监管文化之间的碰撞也会更加激烈。

在我国这样一个金融法律制度尚不发达，金融监管经验尚不丰富的国家，金融集团发展的影响更多的体现在加剧了监管的消极冲突，即因没有监管部门有效实施监管而形成的监管真空。我国虽然尚无金融集团立法，但事实上的金融集团已经广泛存在，其中既有历史形成的特例，也有近年来金融市场变化及金融混业政策逐步开放的产物。由于缺乏明确规范，我国金融集团的形态和结构不一而足，大致可以分为三类：(1)由纯粹控股公司控股下属金融机构形成的金融集团；(2)由金融机构设立/控股其他金融机构形成的金融集团；(3)由大型企业控股金融机构形成的混合集团。我国金融集团在立法滞后情况下的事实发展及其对监管消极冲突的加剧作用，在德隆事件中表露无遗。德隆旗下有 200 余家关联或控制企业，除工商企业外，还包括商业银行、证券公司，信托公司、租赁公司等金融机构，几乎涉足了国内所有金融业务领域。金融与产业以及金融机构之间的资金融合，是德隆能够迅速膨胀的重要原因。德隆事件充分显示了金融集团的发展对于监管消极冲突的强化效果：金融集团的监管权限、市场准入资质及许可、金融业务与工商业务的联营限制、集团内部关联交易的控制（“防火墙”制度）等关键制度均未建立，使得监管操作无章可循，监管对象有机可乘；而监管沟通与信息共享以及应急协调机制的缺位，则使得集团风险没有得到及时的识别、评估和化解，导致损失扩大。

三、金融监管协调的两种路径

金融监管内在的竞争和冲突，尤其是金融集团的发展带来的强化效果，使得金融监管协调机制成为题中应有之义。面对金融机构界限的日益模糊，以经营机构作为监管基础的传统的机构监管方法逐渐向以业务/产品作为监管基础的功能监管方法转变，在此基础上通过不同方式来协调监管实践。

(一) 从机构监管到功能监管

所谓机构监管(entity regulation)是指将金融机构类型作为划分监管权限的依据,即同一类型金融机构均由特定的监管者监管:银行监管由银行监管者负责,证券公司监管由证券监管者负责,保险公司监管由保险监管者负责。这是历史上金融监管的主要方式。在机构监管体制下,特定类型金融机构的所有监管事项由相应机构监管者统一负责,而不论其涉及何种金融业务。机构监管有其合理性,但随着金融机构业务多元化,尤其是金融集团的出现,机构监管方法逐渐不适应现实发展。最突出的表现就是,银行、证券公司、保险公司等往往提供功能相似的金融产品,而这些业务却受到不同监管机构按照不同标准进行的监管,形成监管差别;监管上的差别会导致激励方面的差异,在其他市场条件不变的情况下,会使得市场竞争条件出现差别,不利于公平竞争。

相比之下,功能监管(functional regulation)的基本理念是,相似的功能应当受到相同的监管,而不论这种功能由何种性质的机构行使。在金融监管领域,功能监管概念最早出现在20世纪80年代早期的美国,在此之后成为美国历次金融改革法案的必备话题,并最终在1999年的《金融服务现代化法》(Gramm-Leach-Bliley Act,以下简称GLBA)中得以确立。GLBA"规定了功能监管,由州和联邦银行监管者监督银行业务,州和联邦证券监管者统辖证券业务,州保险委员会负责保险经营和销售……将最有经验的监管者置于其最熟悉的金融业务监管领域"。[①] 为了体现功能监管理念,GLBA废除了联邦证券法对于商业银行的适用豁免,要求商业银行的大部分证券业务转交单独的关联机构或子公司进行,并接受SEC的监管。同时,为了解决功能监管下金融创新产品在监管归属上的潜在争议,GLBA第205节专门规定了对"新混合产品"(new hybrid product)的监管权:原则上新混合产品归属SEC监管,但SEC在制订规则之前,应就与新混合产品有关的证券商注册要求与联邦储备委员会(以下简称"联储")协商并取得一致。

在适应金融机构业务多元化、强化业务监管方面,功能监管优势明显。但是,在涉及整体风险和清偿能力的审慎性监管方面,功能监管并不能完全满足需要。这一点在金融集团的监管上体现得尤为突出:在各功能监管机构对金融集团各种业务实施功能监管的同时,还需要有一个机构从整体上把握金融集团的风险和清偿能力,实施审慎性监管。为此,GLBA明确规定联储作为金融控股公司的总体监管者,或所谓"伞形监管者"(umbrella regulator),对于金融控股公司及其子公司拥

---

① James A. Leach, Modernization of Financial Institutions, 25 *Iowa J. Corp. L.* 681,688(2000).

有法定监管权，有权基于审慎性需要，对其财务、风险和合规情况等进行检查，并随时要求其提交有关报告。

（二）单一监管：最佳选择？

截至2005年，已有至少50个国家在不同程度上确立了综合监管体制：或者设立全面负责所有金融部门监管的单一机构，或者赋予特定机构监管至少两个主要金融部门的权限。[①] 尽管早在20世纪80年代就已在北欧国家出现，但综合监管这种结构性改革的真正催化剂和焦点是1997年英国金融服务局（Financial Services Authority, FSA）的建立。下文的讨论将主要围绕以英国FSA模式为代表的单一监管模式展开。

尽管单一监管的拥趸列举了其诸多优势，如更好的监控跨部门金融风险、更有效的监管金融集团、有利于降低监管成本等，但正如有学者所指出的，在所有支持单一监管的主要论证中，都能发现其一系列相应的缺点。[②] 因此，笔者不拟对单一监管的优劣逐一辨析，而是试图从以下三个角度观察其是否一定是金融监管的最佳选择：(1)金融监管者选择单一监管的主要理由是什么，以及这些理由是否充分；(2)单一监管之于金融竞争与冲突的影响如何；(3)单一监管有效发挥作用所需的外部条件如何。

在世界银行对实行综合监管的国家进行的一项抽样调查中，问题之一是采取综合监管的主要理由。各国监管者选择最多的两个理由是：(1)更好地对朝着全面混业发展的金融体系进行监管；(2)将规模经济和范围经济（economies of scale and scope）最大化，降低监管成本。[③] 选择第一个理由的监管者认为，金融混业的发展不仅在模糊金融机构的界限，也在模糊金融业务/产品的界限，传统的金融业务疆界正在消失，因此分业监管已经不可行。然而，研究表明，不同行业的核心金融业务仍然是可以清晰区分的。例如，银行业的核心业务是吸收活期存款和发放商业信贷，以及二者在期限、利率等方面的差异，或者说不匹配性（mismatch），这一核心特征是其他金融业务所不可取代的。[④] 具有显著差别的核心业务的存在，是功能

---

① *See* Elizabeth F. Brown, Why the United States Needs a Single Financial Services Agency, 14 U. *Miami Bus. L. Rev.* 1,92-93(2005).

② 参见约瑟夫J.诺顿：《全球金融改革视角下的单一监管者模式：对英国FSA经验的批判性重估》，廖凡译，载《北大法律评论》第7卷第2辑（2006年6月），第544页。

③ *See* José de Luna Martínez & Thomas A. Rose, International Survey of Integrated Financial Sector Supervision, World Bank Policy Research Working Paper 3096 (July 2003).

④ *See* Jonathan R. Macey, The Business of Banking: Before and After Gramm-Leach-Bliley, 25 *Iowa J. Corp. L.* 691,707-709(2000).

监管必要性和合理性的基础。第二个理由同样不充分。一方面,并无确凿数据表明综合监管机构的运营成本低于之前各监管机构的运营成本之和,从而体现出规模经济。另一方面,经验表明,综合监管者内部的组织结构仍然趋向于反映传统的机构界限,而不是在更为广泛的权限范围内对监管资源重新进行全面配置;这种仅仅是“将不同监管机构放在同一个屋顶下”的做法其是否能够实现范围经济,值得怀疑。①

尽管单一监管可以消除监管机构之间的地盘之争,防止竞次现象,但监管制衡却也随之失去。结构的庞杂和权力的集中易于强化单一监管机构的官僚性,使监管趋向于固执和严厉,而对市场需求无动于衷。同时,在单一监管机构内部仍按传统机构界限划分部门的情况下,代表不同金融领域的各部门之间的机构内竞争依然存在,强势部门(如银行监管部门)有可能获得单一机构的主导权,从而产生片面监管的风险。同样的,反映传统监管机构特征的各部门之间在监管理念、监管方法和监管文化方面的冲突并不会因机构整合而自然消失,只不过由机构间冲突内化为机构内冲突。缓解这一问题的方法是整合监管规则,即以统一的监管方法和规则,取代各部门所依赖的传统方法和既有规则。然而,规则整合的难度更甚于机构整合;在设立综合监管机构的国家中,只有极少数制定了适用于整个金融体系监管的统一规则。

在单一监管模式有效发挥作用的外部条件方面,研究显示,金融监管集中程度/可能性与制度环境良好程度成正比,与市场规模和中央银行的参与程度成反比。② 换言之,这意味着:(1)制度环境越成熟,“良治”(good governance)程度越高,越易于实现综合监管;(2)市场规模越大,越不易于实现综合监管;(3)中央银行在金融监管体系中的角色越积极,越不易于实现综合监管。这一研究结果对于意欲效仿单一监管的国家不无参考价值。

四、我国的制度选择与完善

(一) 分业监管抑或单一监管

理解一国金融监管体制最好的方法是用历史的眼光来观察。美国坚持功能监管基础上的伞形监管架构,拒绝集中监管,固然体现了历史形成的牢固传统,英国

---

① 参见诺顿:《全球金融改革视角下的单一监管者模式:对英国 FSA 经验的批判性重估》,前注 4,第 567 页。

② *See* Donato Masciandaro, Financial Supervision Architectures and the Role of Central Banks, 18 *Transnat'l Law.* 351,367 - 68(2005).

采用单一监管架构、整合监管权力,在很大程度上也是历史形成而非刻意设计的结果。这一原则,既适用于对我国现有金融监管体制的分析,也适用于对可能的借鉴与移植的探讨。

改革开放以来,我国金融经营和监管体制大致经历了"混业经营,混业监管"—"混业经营,分业监管"—"分业经营,分业监管"三个阶段。现行金融分业监管体制的确立,如果从 1995 年《商业银行法》颁布起算,不过十余年;如果从 1998 年保监会成立和《证券法》颁布起算,还不到十年;而如果从 2003 年银监会成立起算,则不过短短数年。目前各监管部门还处在做好各自领域的基础监管工作,完善分业监管体制的阶段,更需要的是总结监管经验,巩固既有成果,获取更多的分业监管收益,而不是在缺乏足够论证和经验支持的情况下贸然启动监管整合。

总结我国目前对于分业监管体制的诟病,其实主要集中在两个方面:第一,不能有效监管金融集团;第二,不能有效应对以形形色色理财产品为代表的金融创新的发展。但是,通过确立功能监管原则,并在此基础上建立法定监管协调机制,上述两个问题都可以得到解决,下文将作进一步讨论。相反,基于如下理由,我国目前并不适于建立单一监管体制。

首先,我国金融市场尚处于发育阶段,金融部门之间的差异多于共性,绝大部分金融机构之间还有着清晰的划分,远未发展成熟到需要/可以由单一机构实行一体化监管的程度。其次,如上所述,单一监管有两层含义,即机构的统一和规则的统一。如果仅仅整合机构,那么所形成的综合机构与伞形架构其实区别不大,并不能充分发挥综合监管的长处。然而,鉴于我国现有三大监管机构的规模,即使仅仅进行机构整合,也将意味着巨大的变革成本。至于监管规则的统一,考虑到我国金融市场和金融法律制度的实际情况,更是极不现实。再次,以四大国有商业银行为代表的存款类金融机构目前仍然在金融业内占据统治地位,金融业仍然以银行为主导,实力上的显著不均可能导致银行业监管部门在单一机构中获得压倒性优势,使得监管资源分配或监管政策设计出现倾斜。最后,由于我国金融监管体制建立的时间较短,加之金融业国有比重较大,监管部门同金融机构之间的关系比较复杂,监管独立性并未充分确立。在这种情况下,相对于多头监管,大一统的单一监管模式更有可能为行政干预和利益集团监管俘获创造条件。

因此,从我国目前实际出发,单一监管并不适宜,保持和完善现有的分业监管体制,是更为明智的选择。至于因金融创新和金融集团发展而加剧的金融监管冲突,则可以通过加强机构间监管协调来解决。

(二) 金融监管协调机制的完善建议

1. 建立人民银行主导的法定监管协调架构

2003年通过的《银行业监督管理法》和修订后的《中国人民银行法》对金融监管协调机制作了原则性规定。其中,《银行业监督管理法》第6条和《中国人民银行法》第35条规定银监会和人民银行应当在相互之间及同其他金融监管机构之间建立监管信息共享机制,《中国人民银行法》第9条则授权/责成国务院建立金融监管协调机制。但是,迄今为止的金融监管协调仅限于银监会、证监会和保监会不定期召开的监管联席会议,停留在政策层面,不是法定机制,内容也以"务虚"为主,实际收效甚微。事实上,从本文第三部分关于金融监管协调的分析中不难发现一个共性的特征,即存在一个总体意义上的监管者,对金融机构进行总体监督和控制;惟其如此,金融监管协调才具有坚实的平台。反观上述法律有关协调机制条款,并未创设这样一个监管主体,甚至也没有提供推定出这样一个总体监管者的余地,难以形成真正有效的监管协调。既然按照上文分析,我国并不适宜实行单一监管,那么当务之急,便是确定功能监管基础上的伞形监管者。

目前来看,最适合担任伞形监管者的,莫过于中国人民银行。中央银行在金融监管中的必要性和重要性毋庸置疑,即使是在实行综合监管的国家,中央银行在发布和修订有关审慎性法规、授予或吊销金融机构牌照以及制定有关金融系统整体的重要法律方面也继续发挥重要作用。出于有效履行货币政策职能、防范和化解系统性风险,有效行使最后贷款人职能,以及发挥比较优势和降低监管成本等考虑,中央银行需要行使一定的金融监管职能。同时,肩负宏观经济良好运行职责的中央银行,也能够更好的在防范金融风险与允许适度风险行为以保持宏观经济活力之间保持平衡,而不像并不承担宏观经济职能的其他监管机构那样,存在过度压制风险以防止金融机构倒闭的倾向。就我国实际情况而言,一方面银监会、证监会和保监会分业而治,缺乏人民银行那样的超然地位;另一方面,人民银行历史上曾经是金融市场的全面监管者,银监会、证监会和保监会的监管职能均袭自人民银行,人民银行拥有"三会"所不及的影响力。伞形监管者的职责,由人民银行承担最为适宜。

有鉴于此,应由国务院根据《中国人民银行法》第9条的授权,以行政法规的形式确认人民银行总体监管者的地位,建立人民银行主导下的常设金融监管协调架构。在此架构下,对各种金融理财产品以"功能"为基础协调监管,并由人民银行作为金融控股公司的法定监管者。

2. 协调金融理财产品监管

目前我国金融机构推出的各类金融理财产品,是金融创新的集中体现,也是监管乱局的源头之一。现有的理财产品涵盖各种金融机构,包括商业银行的人民币和外币代客理财业务、信托投资公司的资金信托业务、基金管理公司的基金管理业务和委托资产管理业务、证券公司的定向资产管理业务和集合资产管理业务、保险公司的投资连接保险和万能保险业务等。各类理财产品虽然在法律性质上虽然尚无清晰界定,但都具有相当程度的信托色彩,在功能、运行机制和监管思路方面也大体一致。[①] 然而,由于缺乏监管协调,各监管部门在这一领域基本上是按照机构监管的原则各自为政,在投资金额起点、期限设置、能否保本、能否有固定收益、能否转让流通以及能否跨地区分支机构经营等基本问题上各执一词,既不利于相关业务的顺利开展,更不利于有效监管和投资者保护。

为解决这一问题,需要改变监管方法,由机构监管转向功能监管。对于已有的理财产品,根据其基本功能(如信托),由人民银行会同"三会"协商确定基本监管规则,报请国务院以行政法规形式发布,作为该领域监管依据。在此基础上,有权监管机构根据相关产品的具体功能,可以制定实施细则;如果在实施中出现分歧,同样经由协商解决,如无法取得一致,可以通过常设协调架构中的争议解决机制,由人民银行报请国务院裁断。对于将来的金融创新,也依据功能原则加以协调监管:任何监管部门对可能涉及其他部门权限的混合金融产品制订规则时,应事先与该部门及人民银行进行协商,达成一致;如无法取得一致,则可诉诸争议解决机制。

3. 明确金融集团监管权限

严格说来,即使是在 2003 年和 2005 年《商业银行法》和《证券法》修订之前,我国法律也并未明文禁止通过控股公司的形式建立金融集团。《商业银行法》第 43 条禁止商业银行"从事信托投资和证券经营业"或"向非银行金融机构和企业投资",但并不禁止其他企业投资控股商业银行;《证券法》第 6 条要求"证券公司与银行、信托、保险业务机构分别设立",而控股公司之下的作为独立法人的子公司,理论上也符合"分别设立"的要求。可见,至少对于金融控股公司这种形式而言,其实一直不存在法律障碍。修订中增加"国家另有规定的除外"的但书,只是为更多形式的金融集团(如银行母公司型)和金融混业预留空间。这样,对于金融集团一方面立法未予整体禁止,另一方面却又没有相应规则加以规范,导致我国金融集团无序发展,形成监管空白。目前的主监管制度既无法律约束力,也难以清晰划分监管权限,作用有限。以立法形式明确对金融集团的监管权限和分工,已是势在必行。

我国目前的金融集团模式不一,在监管上也应有相应区别:对于金融控股公司,即由纯粹控股公司控股不同金融机构形成的金融集团,按照上述监管协调架

---

① 参见郭雳:《中国银行业创新与发展的法律思考》,55—72 页,北京大学出版社 2006 年版。

构，由人民银行作为伞形监管者，负责金融控股公司整体监管；各金融子公司的业务，则由各监管机构按照功能原则进行相应监管。对于金融机构作为母公司形成的金融集团（如银行母公司型），由母公司的功能监管机构（如银监会）在并表基础上对母公司进行监管，其金融子公司则由其他相应功能监管机构监管。

五、结论

金融监管竞争与冲突是与金融监管相始终的话题，金融集团的发展使得这一话题更加引人注目。如何应对和解决，并不存在绝对的理论标准或实践坐标，而是取决于一国需要/能够在多大程度上容纳监管竞争，以及在何种意义上消弭监管冲突。金融监管协调机制的构建，正如金融监管模式的选择一样，受制于一国独特的国情，受制于其在政治、经济、历史、金融市场和监管资源方面的条件。在这个意义上，每个国家都有其不同于其他国家的、选择或不选择某种模式的理由。

我国近年来金融集团和金融创新的发展不断挑战既有的监管体制，也提出了监管协调的迫切要求。惟其如此，我们更需要对实践中究竟需要解决什么问题以及如何解决这些问题进行冷静分析，而不是贸然移植“先进”模式。当此分业监管体制全面确立时日尚短，制度成本收益尚待进一步把握之际，保持制度的连续和稳定，应当成为优先考虑的目标。在现有的分业监管格局下，通过确立功能监管原则，并在此基础上建立中央银行主导的伞形监管架构，足以解决目前实践中存在的主要问题。这应该成为当前以及将来一段时期内我国监管体制的基本定位。

构建面向消费者的金融机构说明义务规则*

何　颖**

一、问题的提出

(一) 金融机构不当说明行为充斥市场

在金融放松管制的趋势下，我国金融机构的跨行业竞争、内外资机构间竞争日益激化。与此同时，金融领域诸如误导销售、不公平条款等侵害消费者权益的现象也日益突显出来。其中，又以金融机构虚假说明、不说明重要事项等不当说明问题最为突出，备受社会公众诟病。概括而言，不当的说明行为主要包括两类：其一是虚假说明。例如，银行把保险产品当作存款产品销售给前来银行办理存款业务的消费者，“存单变保单”致使消费者遭受不必要的损失。① 近两年银行代理销售保险产品渠道已成为保险销售投诉的“重灾区”，针对销售误导等问题的纠纷层出不穷。统计显示，截至 2010 年底，保监会处理群众来信来访有效投诉达到 9374 件，其中投诉销售误导等不诚信行为的有 1323 件。② 其二是不说明重要事项。例如，一些银行在向客户推荐理财产品时，始终强调产品的本金相对安全，以及预期收益率可以达到“××%”，而对产品潜在的风险构成、可能引发亏损的因素却很少说明。甚至于通过一些“技术处理”故意误导投资者，比如把预期收益率说成收益率等等。③ 根据银行业的公开数据，2008 年度有高达 34 款到期的银行理财产品出现了零收益或负收益。④ 2009 年头 3 个月到期的 900 余款产品中，又有 7 家银行 37

＊ 本文系教育部人文社科研究项目(10YJC820041)的阶段性研究成果。全文发表于《法学》2011 年第 7 期。

＊＊ 何颖，北京大学法学院金融法研究中心 2004 级博士，工作单位：华东政法大学经济法学院。

① 田文会、李玉敏：《工行三万存单变保单遭客户投诉，银行否认误导》，《每日经济新闻》2011 年 3 月 16 日。

② 陈圣莉：《销售误导频遭投诉，险企成 3·15‘重灾区’》，《经济参考报》2011 年 3 月 18 日。

③ 曲由由：《‘夸大产品收益’成顽疾，邮储银行‘误导率’居高》，《经济参考报》，2011 年 1 月 14 日。

④ 参见中国社会科学院金融研究所理财产品中心：《2008 银行理财产品评价报告》，第 8 页。

款产品出现了零收益及负收益状况，占比达4.1%。[①] 这使得那些对银行宣称的高额收益率产生误信而盲目购入的投资者损失惨重，进而引发了公众对银行理财产品的广泛不满。

(二) 金融监管规范力不从心

对此，银监会、保监会等各金融监管部门出台了大量监管规范性文件，致力于严厉打击金融机构的不当说明行为。但是，这些规则日益严厉和完善的监管规范的实际效果却并不那么理想。

就银行理财产品业务而言，2004年8月光大银行推出了国内第一个银行理财产品，银监会紧随其后于2005年出台了《商业银行个人理财业务管理暂行办法》以及《商业银行个人理财业务管理指引》(以下简称《办法》、《指引》)以及《商业银行个人理财业务风险管理指引》三项针对该项新型业务的监管规范。这三个文件详细规定了银行在理财产品业务中应当遵守的信息披露规则，明确要求银行向客户提供的文件资料，以及说明收费方式、投资方式，并进行风险揭示。自此，银监会基本上每年都会发布相关通知，内容无外是反复强调银行开展理财业务中应当向投资者进行规范说明，禁止误导销售行为。[②] 但是，上述监管规范的施行并没有获得预想的效果。2008年，国内银行理财业务在全球金融危机冲击下暴露出大规模的银行理财产品"零收益"问题。[③] 与银行理财产品相关的消费者纠纷也逐年递增。在银行理财业务相对发达的上海，2009年—2010年间仅上海市第一中级人民法院及其辖区受理的银行理财产品纠纷案件即高达80件，其中大部分纠纷皆与银行风险揭示不足、夸大收益等销售中的说明不力问题有关。[④] 而与这些内容接近的监管规范文件不断密集出台，本身也显示出监管者对于金融机构不当经营行为的监管困境。

同样在保险业市场，为了规范保险业的产品销售活动，消除保险机构不实说明等误导销售行为，保险业监督管理委员会自2000年以来发布了大量行政规章和规范性文件。然而时至今日，国内保险销售人员的不实告知、意外劝诱、承诺额外利

---

① 参见银率网2009年2月份理财产品市场月报。资料来源：http://www.bankrate.com.cn/。

② 2006年6月，中国银行业监督管理委员会发布了《关于商业银行开展个人理财业务风险提示的通知》；2007年11月，又发布《关于调整商业银行个人理财业务管理有关规定的通知》；2008年4月，再次发布《中国银监会办公厅关于进一步规范商业银行个人理财业务有关问题的通知》。2009年7月，银监会再次发布《关于进一步规范商业银行个人理财业务投资管理有关问题的通知》。

③ 参见何颖：《银行理财产品信息披露制度探析——从理财产品零收益事件切入》，《转变经济增长方式与经济法》，立信会计出版社2010年11月出版。

④ 陈静：《上海法院：银行理财产品纠纷多发吁加强风险防范》，中国新闻网，2010年12月28日。

益等违规行为仍然是监管重点。早在 2000 年，保监会即发布了《关于规范人身保险经营行为有关问题的通知》，明确规定“保险公司必须在投保书中以足够引起注意的方式加印‘投保人、被保险人声明’，声明投保人、被保险人在决定投保之前已经认真阅读并理解了包括签名要求、前三年度退保金额、犹豫期和保险条款的各项内容，声明下方应有投保人、被保险人本人签名。”2001 年，针对市场上投资连接保险等新型保险产品销售时的不当说明等问题，保监会又专门出台了《人身保险新型产品信息披露管理暂行办法》，详细规定了保险公司在销售上述保险产品时的风险提示、告知费用开支等说明义务。但是，2002 年—2003 年的“平安投连险”退保风波等事件表明，上述行政监管规范并没能有效制止保险行业的误导销售等违规行为。同样，2007 年的《关于加强投资连结保险销售管理有关事项的通知》，也没能够引导国内投资型保险行业跳出“五年一个轮回”的怪圈。随着 2008 年国内股市出现逆转，投资连结保险账户出现大幅“缩水”，在天津、山东等地又出现了集中投诉和集体退保现象，几家中小保险公司的投连险退保率甚至超过了 50%。[①] 2009 年，保监会再次修订了该《暂行办法》，重新整合了投资型保险产品销售过程的信息披露义务规则，并加强了行政处罚的力度，旨在进一步规范保险公司宣传销售行为，遏制销售误导。2011 年 3 月，银监会、保监会又联合出台了《商业银行代理保险业务监管指引》，对银行保险产品销售的各个环节做出明确要求。但是，经历过前述一系列监管政策改革，人们对于这些监管规范是否能够彻底解决保险公司等的销售误导问题，显然无不存在疑问。

二、金融机构说明义务规则的缺失

（一）金融机构说明义务规则并非强制性信息披露规则

随着我国金融监管职能被分别配置到银监会、保监会和证监会这些专门机构以来，国务院以及地方政府出台的规范金融机构行为和市场交易规则的金融行政规范数量增长十分有限，取而代之的是三大监管机构日益膨胀的行政规章类规范。事实上，目前我国有关金融机构说明行为的规则也主要集中在“一行三会”的金融行政监管文件当中。应当承认，由于我国金融资源基本上集中在国家手中，金融体系并非产生于自发形成的金融市场，从而决定了我国金融体制改革是一场政府主导型的制度变迁。政府主导改革的优势显而易见，行政规范性文件可以缓解法律

---

① 俞燕：“投连险退保风波再起中国保监会严查销售误导”，《第一财经日报》2008 年 10 月 17 日。

修改慢、滞后于金融业现状的问题。有学者精辟地指出，在我国，因为金融法律颁布之后不容易及时修改，而金融市场发展变化较大，法律经常表现出与现实情况的不适应。由于不能立即修改法律，也难以通过立法解释和司法解释来实现修订。所以就出现了行政主管部门制定暂行规定、变更原来立法的情形。这样就容易出现一些形式上不适宜，但客观上又顺应经济发展的法。[①] 但随着金融产业的急速发展，在加速变革的金融体系下，金融行政规章等规范性文件与生俱来的缺陷日益突显出来。

第一，金融机构信息披露规则的公法属性使得这些规则无法为消费者所直接援引以维护其合法权益。作为民事规范的金融机构说明义务与作为行政监管规则的金融机构强制性信息披露义务是两回事：金融监管机关与金融机构之间是行政监管与被监管的关系，强制性信息披露义务属于金融行政监管规范；消费者与金融机构之间则是平等主体之间的民事交易关系，金融机构对消费者的说明义务属于民事规范，需要法律的明确规定。作为监管规范的信息披露义务，虽然两项义务都是出于对信息的需求而产生，但是由于信息受体与信息利用目的的不同，相对方对信息的内容等各方面也就有不同的要求。强制性信息披露义务虽然规定得比较详尽，但是这些披露规则并非是以投资者的信息需求为对象来设计。第二，金融机构信息披露规则为监管活动而设计，往往考虑不到消费者对交易信息的真实需求。"关于披露的立法应主要面向专业人士，监管者应连同专业人士一起制定披露的要求"。[②] 监管机关要求金融机构披露信息是为了全面和正确把握金融系统的真实情况，并在此基础上制定具体的规章制度和执行其行政监管职能。而监管机关与金融机构无论是在专业知识水平、实践经验等各方面都是旗鼓相当，因此强制性信息披露义务只限于对信息本身的真实、准确、完整等质量要素，但是忽视了消费者的交易需求。金融商品是看不见摸不着的服务性商品，金融机构的口头和书面说明是消费者了解商品性状和做出交易判断的主要依据。并且，具有高度专业性的金融商品使得消费者即便能够获取真实可靠的交易信息，也无法真正理解这些信息。所以，法律对经营者向消费者的说明义务应当提出更高的要求。金融机构除了要保证信息自身质量之外，还必须关注消费者对信息的接受和掌握能力。较之金融机构对监管者的信息披露标准而言，金融机构对消费者所提供的信息除了必须真实、准确、完整和具有及时性以外，还应当满足诸如针对性、可理解性、可获得

---

① 吴志攀：《回顾总结我国金融法制建设第一个十年》，资料来源：http://www.fidpku.com/news/2006-05-17/content_3071.htm。

② 参见郭锋主编：《虚假陈述证券侵权赔偿》，91—101页，法律出版社2003年12月出版。

性等更高的说明要求。

第三,金融监管规范规定的是金融机构对监管者的行政义务,违反该义务产生的是金融机构对监管者的行政责任,金融机构并不因此对消费者承担任何义务和法律责任。行政责任旨在惩罚一般违法行为,而民事责任旨在对消费者的损失进行赔偿。金融机构如果违反监管规范所规定的强制性信息披露义务,需要承担相应的行政责任,并且法律对于其中性质恶劣、危害严重的行为还会处之以一定的刑事责任。但是,金融监管规范并不涉及金融机构对消费者的民事责任问题。“无救济、无权利”,如果没有关于民事责任的规定,金融机构即便存在违法行为、侵害了消费者权益也不需要向投资者承担任何法定的民事责任。由于强制性信息披露规则缺乏金融机构对消费者的民事损害赔偿责任的内容,因此无法有效防止金融机构的欺骗性交易行为,从而金融机构工作人员或其代理人为了完成业务量和获取更多的业务提成,会倾向于通过夸大收益水平、不告知重要事项等不实告知行为以诱引消费者做出交易决定。除了民事责任的规定,为了促进交易稳定和维护消费者权益,有关金融机构对消费者的说明义务规则往往也配置有冷静期规则等机制赋予消费者更大的交易自主性和选择权。

正如本文开篇所及,我国近年来日益严苛的金融机构信息披露监管规则接二连三地出台,却无法有效地制约并消除金融市场上层出不穷的不当说明行为。究其根源,在于金融机构强制信息披露规则的行政监管法属性所形成的固有局限性。如果仅仅对该类规则进行修补和完善,金融机构不当说明对公众合法权益造成侵害的问题将始终得不到解决。2008 年香港地区发生的雷曼迷你债券风波即是一个典型例子。香港地区出台的《证券及期货事务监察委员会持牌人或注册人操守准则》等行政监管规范虽然早已规定了金融机构在销售金融商品时的适合性规则。但是由于行政规范的性质局限,加之效力层次低下,已有的这些规范显然无法遏制金融机构的违规行为,最终导致了大规模的消费者投诉和赔偿纠纷。①

(二)我国有关金融机构说明义务的规范评析

我国目前有关金融机构说明义务的法律规范较为有限,无法为金融消费者提供应有的法律保障。

我国《消费者保护法》第 19 条规定,“经营者应当向消费者提供有关商品或者服务的真实信息,不得作引人误解的虚假宣传。经营者对消费者就其提供的商品或者服务的质量和使用方法等问题提出的询问,应当做出真实、明确的答复。”该条

---

① 何颖:《金融交易的适合性原则研究》,13—18 页,《证券市场导报》2010 年第 2 期。

规定了经营者提供真实信息的说明义务，明确禁止了经营者虚假宣传的行为，并且强调了经营者面对消费者询问的如实回答义务，从而成为经营者履行说明义务的法律依据。但是，消费者在专业知识、金融交易经验、学习精力等方面的弱势地位，使得该条规则在金融交易领域往往无用武之地。

在金融立法领域，我国现行《商业银行法》除了第 31 条规定商业银行应当向顾客公告存贷款利率，第 49 条要求商业银行公告营业时间之外，即没有任何关于说明义务的规定。经过大幅度修订的 2009 年《保险法》一大亮点即是加强了对投保人和受益人合法权益的保护规则，其中即包括对保险公司说明义务的强化。并且，新法 17 条将保险人的说明义务规则具体化为对保险合同的书面交付及说明义务，从而加强对投保人利益的保护。但是，对于说明事项的具体内容和基本要求，新《保险法》仍未有完整规定，而新法进一步加强对免责条款不说明即不生效的规定，又有过度保护之嫌，从而备受学界诟病。① 此外，新修订的 2006 年《证券法》详尽规定了证券业者的信息披露规则，包括证券首次公开发行前的预披露、核准发行后的公告和公开发行募集文件、变更信息的披露以及新股发行中的信息披露等，并且应当保证信息的真实、准确、完整和及时。

相较而言，日本的金融制度改革教训和经验值得借鉴。20 世纪 90 年代开始的日本金融"大爆炸"改革及随之而来的国内银行业危机使日本较早地认识到了金融消费者的权利诉求及构建保护规范体系的必要性，其在金融消费者保护立法的构建方面也走在了前面。2004 年开始的第二阶段金融制度改革致力于"金融服务法"的统一化进程，以从功能性角度着眼对现行的纵向分割的行业立法进行横向化和柔软化改造，从而鼓励金融创新和市场竞争；与此同时重点贯彻金融消费者的保护理念，进一步加强和完善金融消费者保护规则。其代表性立法便是 2001 年施行的日本《金融商品销售法》以及 2006 年《金融商品交易法》的相关规定。这些立法改革举措得到了消费者的认可，日本官方问卷反馈信息显示公众对金融机构的服务和商品满意度有了明显提高。②

2001 年日本《金融商品销售法》第 3 条从保护金融消费者的合法权益角度出发，明确规定了金融机构的说明义务。而 2006 年日本《金融商品交易法》的亮点之一，即是确立了一系列保护投资领域消费者权益的规则体系。其中即包括金融机构说明义务的规定，即通过规定标识的公示义务、缔约前的书面交付义务、缔约时

① 例如，吴勇敏、胡斌："对我国保险人说明义务制度的反思和重构——兼评新《保险法》第 17 条"，《浙江大学学报》(人文社会科学版)第 40 卷，2010 年 5 月，88—96 页。

② 参见何颖："浅析日本的金融消费者保护制度改革"，《日本学刊》2011 年第 1 期，93—105 页。

的书面交付义务、劝诱的禁止行为等一系列规则，确立了系统化的金融机构说明义务体系。

三、金融机构说明义务的基本要求——以日本为借鉴

针对消费者的金融机构说明义务规则，除了在法律性质和责任后果方面与监管者对金融机构施行的强制性信息披露规则有着本质区别以外，在其条文内容上更需要贯彻对消费者权益的倾斜保护。为了满足消费者对信息的需求，法律对于金融机构的说明义务应当提出更高的要求。通过考察日本2001年《金融商品销售法》、2006年《金融商法交易法》等相关法律规范，我们注意到，这些立法除了要求金融机构所提供的信息要达到真实、准确、完整、及时这些强制性信息披露规则的内容以外，还应当特别强调信息的针对性，可理解性和可获得性这三项基本内容的落实。

（一）说明信息的针对性——关于“重要事项”的规定

首先，金融机构向消费者说明的信息应当具有针对性。由于金融消费者在专业水平、学习精力、交易经验等方面的主观局限性，海量的信息对于消费者而言等于没有信息；而金融商品复杂的构成、大量的专业表述以及风险因素的多样性也会让有心收集和消化这些信息的消费者无从下手。因此在金融商品交易活动中，金融机构不仅应当主动向消费者提供交易信息，而且其所提供的信息必须具有针对性。也即，金融机构对于足以影响消费者交易决策的“重大事项”应当事无巨细的主动提供，对于其他次要的信息则不应长篇累牍地描述。在金融法领域，对于重要性标准的文字表述至少可以回溯至美国1933年证券法有关注册登记要求的规定，此后这个概念通过美国证券交易委员会的规则和法院判例逐渐确立起来。而包括SEC. v. Texas Gulf Sulphur (1968)、TSC Industries v. Northway (1976)、Basic Inc. v. Levinson (1988)等美国法院的判例对于重大性的认定起了实质性的推动作用。美国证券交易委员会在对Regulation C进行修改之后，将重要性标准限定为“一个理性投资者在决定是否购买注册证券时会认为该信息很重要的实质可能性。”[①]也即，那些足以阻止投资者做出对证券的购买决定的事实，即为具有重大性。在日本金融立法中，金融机构应当说明的“重要事项”也与消费者的交易判断相挂钩。具体如下：

---

① 参见齐斌：《证券市场信息披露法律监管》，157—164页，法律出版社2000年版。

第一，金融商品是无形的商品，金融商品的使用价值表现为金钱的供给、结算、运用、风险规避等金融功能。因此，消费者在做出购买特定金融商品的决定时至少应当掌握下列与该商品的使用价值有关的信息：

1. 该商品的具体金融功能。放松管制的金融改革使得金融机构的创新活动十分频繁，其中包括一些兼具若干种金融功能的创新型商品，突破了人们对存款、保险、证券等基础金融商品的传统认识。消费者在接触这些新型金融商品并考虑购入时，首先应当能够正确把握其金融功能，从而避免错误的交易决定。

2. 该金融商品的具体构成。20 世纪 90 年代，日本有关认股权证、证券投资信托、外汇保证金交易等金融商品的大量侵权案件中，金融机构大多提示了本金损失风险，但是对于商品的结构与内容等基本事项却未向消费者进行说明，从而导致后者的错误交易判断并受损。[①] 这些案件进而提醒立法者应当将金融商品的构成信息也纳入"重要事项"的范畴。特别是较之基础金融商品而言，金融衍生品因为其特殊的杠杆性结构从而具有更高的风险性。投资者即可以小博大获取高额回报，然而一旦判断失误也将招致重大损失。此时，对该商品"重大事项"的说明义务就应当包括对商品构成的说明。如果消费者没有准确掌握上述信息，则会因为对该金融商品的功能产生误解而做出错误的交易判断。随着 2006 年日本《金融商品交易法》的出台，2001 年日本《金融商品销售法》也进行了同步修订。修订后的《金融商品销售法》对"影响顾客判断的重要事项"做了进一步强化，将有关金融商品的组成中因为利率等指标、金融机构经营状况或财务状况变动等原因，而可能受到不利影响的部分的相关信息也纳入重要事项中去。

3. 该金融商品的具体利益、权利及其行使：大部分金融商品交易并非"一榫子"买卖，将会在消费者与金融机构之间形成一定期间的持续性合同关系，因此有关合同到期日、合同行权期间等的规定也是消费者不可忽视的重要事项。此外，金融商品交易具有较高的专业性和风险性，因此在合同中往往可能配置有诸如冷静期制度、消费者合同撤销权、合同解除权等条款，以给予交易相对人一些挽回损失的机会。消费者如果能够及时掌握这些信息并加以适当利用，必将更好的维护自身合法利益，反之则会稀里糊涂地蒙受损失。以权证交易为例，权证(Warrant)是一种具有到期日及行使价或其他执行条件的金融衍生工具。权证持有人可于约定的期间或到期日，以当初约定的价格认购或沽出权证的标的资产。权证产品具有较高的杠杆特性，它的涨跌幅度要高于标的证券的涨跌幅度。所有的权证到了该

---

① 「新しい投資サービス法制—金融商品取引法の成立」34 頁の松尾発言、商事法務 No. 1774。[日]清水俊彦「改正金販法と取引の仕組みの説明義務(1)」参照、金融法務事情 No. 1776。

权证的行权日都可以按照它的规定行权，问题是值不值得行权（对自己有没有利）。但是，消费者因为主观错误或者金融机构的不当销售行为将权证误认为股票需蒙受投资损失的案例不胜枚举。对此，日本《金融商品销售法》第3条第1项(4)规定，该项金融商品销售存在权利期限或者有关该项金融商品销售的协议将要到期，金融商品销售业者应当说明这些事实。

4. 该金融商品在发挥相应金融功能的同时可能面临的资金风险，通常表现为投资本金的全面损失甚至超额损失，或者因支付对价的上涨而形成的金钱损失。

金融商品是与金钱有关的一类特殊商品，市场行情、金融机构的经营状况、信用状况等各类情势的变化都会令金融商品的价格、收益等发生变化，进而形成购入者的金钱损失。消费者购入与资金运用有关的金融商品，无论是存款、证券还是兼具投资性质的非证券类商品，皆可能面临投资成本全面损失，甚至损失超出本金的风险。并且，资金损失风险往往与投资收益成正比，金融商品的预期收益越高，其面对的损失风险也越大。除了投资类金融商品以外，消费者在购入消费信用、支付结算等其他金融商品或服务时，也会遭遇金钱损失风险。例如，信用贷款商品的购入者因为市场利率的上涨而需支付更高的利息作为对价。因此，有关金融商品的资金风险信息应当是影响消费者交易判断的重要事项之一。

日本《金融商品销售法》(2006年修订)有关重要事项的说明义务主要都是围绕资金风险展开的。根据第3条的规定，“影响顾客判断的重要事项”包括：(1)由于利息、通货的价格、金融商品市场的行情等指标的变动而可能导致本金损失的，应当说明该项风险、相关指标以及金融商品因为指标变动而受到直接影响的重要部分。比如中期国债基金、股票、变额保险、外汇存款等投资类或具有投资性质的金融商品都可能面临利率变动、汇率升降等市场风险。(2)由于利息、通货的价格、金融商品市场的行情等指标的变动而可能导致超过本金的损失的，应当说明该项风险、相关指标以及金融商品因为指标变动而受到直接影响的重要部分。(3)由于金融商品销售者或其他金融机构的业务变动或财务状况发生变化而可能导致顾客本金损失的，应当就该项风险进行解释，并说明有关金融商品销售者经营不善甚至破产、或是金融消费者负债过度等相关主体的情况，以及金融商品因为该变动而受到直接影响的重要部分。(4)由于金融商品销售者或其他金融机构的业务变动财务状况发生变化而可能导致超过本金的损失，应当就该项风险进行解释，并说明有关金融商品销售者经营不善甚至破产、或是金融消费者负债过度等相关主体的情况，以及金融商品因为该变动而受到直接影响的重要部分。(5)和(6)除了上述的情形之外，政令规定的其他可能直接影响顾客购买有关金融商品的决定，应当说明该项风险以及相关事实，以为将来出现的新型金融商品预留一些规则空间。(7)金融商品的权利行使期间、解约期间。

日本2006年《金融商品交易法》在列举本金损失风险的事项之外，又把"本金损失将超过委托保证金等的数额上限"的事项纳入说明义务内容之中。该法第37条之3列举了"影响顾客判断的重要事项"：(1)金融业者的商号、名称及住所，(2)金融业者的章程以及注册登记编号，(3)金融商品交易合同的概要，(4)手续费、报酬等需要消费者一方支付的对价，(5)金融商品交易行为可能因为利率、币值等金融商品市场的相关指标的变动而招致损失的，应当说明该事项；(6)本金损失将超过委托保证金等的数额上限的，应当说明该情况，(7)其他可能影响消费者交易判断的重要事项。

第二，金融消费者除了对金融商品的功能有正确把握以外，还需要了解其的价格，以在该金融商品的收益水平与投入成本之间进行衡量，判断其性价比是否合适自己。因此，涉及某项金融商品的收益水平，及其收费规则等影响金融商品价格的因素，也是消费者必需了解的重要事项。金融消费者如果不考虑自身承受能力即接受高价的金融商品，则会引发严重后果。对此，日本2006年《金融商品交易法》37条之3关于缔约前说明义务的规定，其"重要事项"的内容之一即是"作为顾客支付对价手续费、报酬等内阁府令规定的事项"。

第三，影响消费者做出金融商品交易判断的重要信息还包括金融机构的基本情况，其内容除了金融机构的商号、名称、住所等内容，甚至还扩展到了该金融机构的经营状况、加入的行业协会以及投资者保护团体等内容。对此，日本2006年《金融商品交易法》第37条之3关于"影响顾客判断的重要事项"的列举内容中即包括这样的信息，"一、金融商品交易业者的商号、名称、姓名以及住所；二、金融商品交易业者业务概要、联系方法、所加入的金融商品交易业协会名称、认可的投资者保护团体的名称等事项"。2005年修订后的日本《保险业法》也要求保险代理人、保险经纪人等在推销保险产品前向顾客先行告知自身的基本信息。例如，该法第294条规定，"保险代理人在进行保险募集之前，应先向顾客明确告知以下事项：所属保险公司的商号、名称或姓名、作为保险代理人还是缔约媒介的身份，以及其他内阁府令规定的事项"。

(二) 说明信息的可获得性——关于"书面交付"与"标志揭示"

其次，金融交易的对象看不见摸不着，除了信息的内容应当具有针对性且易于理解以外，消费者获得说明信息的途径是否通畅、是否有效等也是不能忽视的问题。在金融交易中，向不特定的金融消费者进行面对面说明需要消费金融机构大量人力成本和时间成本，从而仅仅依赖口头说明方式就显得不太切合实际，特别是,金融商品交易合同的内容往往十分丰富且专业性强,口头说明方式不仅极易使消费者产生误解,而且由于未形成文字,无论对于消费者的维权还是金融机构避免讼争都十分不利。因此,金融机构提供的说明信息还应当具有可获得性。具体而言,至少包含两个层面的要求:

第一,金融机构的信息应当做成书面文件。首先,金融机构采取口头说明方式固然方便,但是这种“一次性说明”行为显然无法令消费者真正掌握所需的信息。包含大量专业信息的金融商品交易只有采用书面说明方式才能够真正便利消费者。特别是,通过消费者在书面说明文件上的签字,在一定程度上可以保证消费者确已阅读并理解了相关的说明内容。其次,何时交付相关的书面说明文件也需要加以考虑。例如,如果是一些影响交易决定的信息,应当在交易决定做出之前提供给消费者,否则就失去了说明的意义。2001 年日本《金融商品销售法》第 3 条规定了金融机构在销售金融商品时应当向顾客履行说明义务,但是该条并未对说明的具体形式加以规定。近年来日本金融立法近年来纷纷将金融机构的说明义务具体化为书面交付义务、公示义务等书面说明要求。其中以 2006 年日本《金融商品交易法》的规定为代表。该法改进了 2001 年《金融商品销售法》的规定,将金融机构的说明义务落实为“缔约前的书面交付义务”、“缔约时的书面交付义务”以及“契约存续期间的书面交付义务”,从而确立了系统性的书面说明规则。具体而言,“缔约前的书面交付义务”指金融业者在与消费者缔结金融商品交易合同之前,应当向后者交付记载有重要事项的书面文件。该法第 37 条之 3 有关缔约前的书面交付义务的规定则适用于所有投资类金融商品交易活动。根据该条规定,金融商品交易业者应当在缔约之前向顾客交付记载有“影响顾客判断的重要事项”的书面文件。此外,该法第 40 条之 2 第 4 号规定了金融商品交易业者在接受顾客的证券交易订单时,应当发行承诺执行证券最优方针的书面文件交付义务。“缔约时的书面交付义务”指在金融商品交易合同成立之时,金融业者应当尽快将金融商品交易合同做成书面文件并交付给顾客。对此,《金融商品交易法》第 37 条之 4 规定,金融商品交易业者在金融商品交易契约成立时,应当毫不延误地作成书面文件并交付给顾客。此外,该法第 40 条之 2 第 5 号还规定金融商品交易业者在契约成立同时应当向顾客交付记载有执行证券最优方针内容的书面文件。“存续期间的书面交付义务”主要指的资金运用状况报告书等契约履行期间相关说明和证明文件的书面交付要求,包括《金融商品交易法》37 条之 5 有关保证金受领证书的交付规则、第 37 条之 6 书面解约规则、第 42 条之 7 资金运用报告书的定期交付规则等等。

需要指出的是,随着人类科技进步特别是电子技术的迅猛发展,当代各种各样的电子介质已经与传统的纸张介质并驾齐驱,在包括金融业等各行业发挥着重要作用。因此,书面交付规则理应将电子介质纳入进来。对此,2006 年日本《金融商品交易法》有关缔约前的书面交付、缔约时的书面交付以及存续期间的书面交付规则皆规定:经顾客的同意,金融商品交易业者也可以利用电子信息处理系统等其他通讯技术向顾客提供书面记载事项,并且同样亦视为书面交付。①

第二,金融机构的书面说明除了交付给消费者书面文件以外,还应在营业场所等公示必要的书面说明材料,以便消费者及时获取所需的信息。作为辅助性的说明,日本 2006 年《金融商品交易法》等立法在书面交付义务以外,还规定了金融机构在其经营场所的标志揭示义务。所谓"标志揭示",即是在营业场所张贴标有本机构的业务性质等基本情况的说明性文字,以使消费者方便迅速地了解该金融机构的基本信息。《金融商品交易法》第 36 条之 2 及第 66 条之 8 分别规定了金融商品交易业者以及金融商品经纪人的标志揭示义务。即,金融商品交易业者或金融商品经纪人应当在营业场所或事务所的醒目之处按内阁府令规定的格式向公众公示其业务标志。对此,日本《金融商品销售法施行令》第 12 条也规定,金融商品销售者应当在营业所、事务所等场所醒目之处公示劝诱方针,以供顾客阅览。并且,日本《银行法》第 52 条之 40 规定,银行代理人在其营业场所或事务所的醒目之处按内阁府令规定的格式向公众公示其业务标志。《保险业法》272 条之 8 规定,小额短期保险业者,应当在事务所醒目这处根据内阁府令规定的样式公示该项业务标志。银行、保险公司等经营的投资类金融商品,则准用《金融商品交易法》的标志揭示义务规定。

(三) 说明信息的可理解性

再次,金融机构说明义务规则应当贯彻可理解性要求。如果信息没有被消费者所理解或导致误解,就需要重新审查金融机构的说明规则是否足够。金融商品的信息具有很强的专业性,普通人没有相应的知识背景和训练往往无法理解。考虑到消费者只具有一般生活经验、非专业背景,所以金融机构履行说明义务还需要结合消费者的理解能力,尽量不用晦涩艰深的专业术语,而是选择简单易懂的表述加以说明。

金融机构说明的信息对于消费者而言是否易于理解,主要依赖于说明对象的主观感受,很难在法律条文中用确定的语言加以描述或者加以量化。对此,日本金融立法主要采用的是概括性规定。例如,日本 2001 年《金融商品销售法》第 3 条第 2 项规定,"经营者在履行上述说明义务时,应当根据顾客的知识、经验、财产状况

① 见该法第 37 条之 3—5、第 40 条之 2、第 42 条之 7。

以及缔约目的等因素，以顾客能够理解的方法和程度进行说明。”2006 年日本《金融商品交易法》则没有专门针对说明信息的可理解性进行规定。

不过，为了方便消费者对重要事项引起注意和易于理解，日本金融立法的内阁府令等具体规定对书面说明时使用的语言、字体大小等进行了详尽的规定，在一定程度上为“可理解性”提供了具有操作性的依据。例如，《关于金融商品交易业的内阁府令》第 79 条规定了缔约前书面交付的方式，即对于《金融商品交易法》第 37 条第 3 项（缔约前说明义务）所列出的必须记载的事项，应当使用日本工业规格 Z8305 规定的 8 磅以上大号字体，以明了易懂的语言加以正确记载。并且，对其中的(4)(5)(6)三项特别重要的事项，更要求以 12 磅以上的大号字体突出显示。①

四、结语

总之，金融机构强制性信息披露规则因其固有的缺陷，无法给予消费者应有的法律保护。并且，金融行政监管规范由于分业立法所限，从而缺乏对于信息“针对性”要求及“重要事项”的系统性和概括性规定，因此必然存在挂一漏万的地方。②这些也正是单靠日益膨胀的金融监管规范无法有效约束金融机构不当说明行为的根源所在。针对当前我国金融市场日益泛滥的金融机构不当说明弊病，我国有必要借鉴日本在《金融商品销售法》、《金融商品交易法》等法律规范中有关金融机构说明义务规则的立法经验和做法，让金融消费者及时获得具有针对性、可理解性、可获得性的真实有效的信息，才能从根本上解决金融市场不当说明行为日益泛滥的问题。

---

① 日本「金融商品取引業等に関する内閣府令」，平成十九年八月六日内閣府令第五十二号。

② 以说明义务规则的“针对性”要求为例，我国金融监管规范中也有些类似规定。比如，银监会于 2005 年施行的《商业银行个人理财业务风险管理指引》规定，“商业银行向客户提供的所有可能影响客户投资决策的材料，商业银行销售的各类投资产品介绍，以及商业银行对客户投资情况的评估和分析等，都应包含相应的风险揭示内容。风险揭示应当充分、清晰、准确，确保客户能够正确理解风险揭示的内容。”此后，银监会在 2008 年发布的《关于进一步规范商业银行个人理财业务有关问题的通知》以及 2009 年发布的《关于进一步规范商业银行个人理财业务投资管理有关问题的通知》两份文件中，又进一步要求商业银行向消费者披露的资金投向、投资品种等与理财产品有关的重要事实。可是，这些监管规范对于理财产品的权利行使方式及行使期限、银行免责事由等等其他足以影响消费者交易决定的事项并未涉及。如果再进一步比较不同金融商品经营活动的监管规范，又可以发现这些规范对于不同的金融商品的“重要事项”披露规则各不相同，同样也没有一个统一完整的标准。

认真对待金融司法
——中国法院处理金融案件的学术观察*

黄　韬**

一、问题的提出：超越“法”院的“公共政策法院”

近三十年来，中国金融交易活动经历了一个从国家高度计划管制到市场化程度逐步拓展，并且资产存量和交易规模呈现几何级数增长的发展历程。对于法学领域的研究来说，金融市场在广度和深度上的延展也在客观上要求出现一种更加有效的法律之治模式来逐渐代替计划经济体制之下的权力之治模式①。所以，毫不奇怪的是，中国金融市场发展的每一步似乎都在证明现实金融法律规则的稀缺性，用一句“俗话”来说就是，法律制度的变革落后于市场的发展。为此，长期以来，中国金融法研究的“主旋律”始终是围绕着立法活动而展开的，研究的热点也基本追随着立法者的工作成果。若以《商业银行法》、《证券法》、《证券投资基金法》、《信托法》、《银行业监督管理法》、《保险法》等重大金融法律的出台为时间节点，我们会发现在每一部法律出台之前，学者的研究方向和旨趣基本上在于提供立法对策和政策建议，再辅之以对域外相关立法的翻译和介绍；而在一部重大金融法律出台之后，大量的研究成果就集中性地表现为对该部法律的评价、解释、批评以及各种关于今后修改法律的建议。

---

* 基金项目：国家社会科学基金青年项目《证券市场法治化进程中的法院角色研究》(12CFX073)；教育部人文社会科学研究青年项目《中国证券市场规范发展的司法环境研究》(12YJC820040)；上海交通大学文科科研创新项目《证券市场法治化进程中的法院角色》(11QN08)；上海交通大学SMC-晨星青年学者奖励计划《中国转型背景下的法学、经济学和金融法交叉研究》；上海交通大学青年教师科研起步基金项目《我国证券市场监管权力配置和监管资源分配的法律制度研究》；上海交通大学凯原法学院教师国际交流资助计划《法律经济学研究与教学》。

** 黄韬，北京大学法学院金融法研究中心2006级博士，工作单位：上海交通大学凯原法学院。

① 对于中国金融市场的法治化转型的观察，应当放在整个中国金融体系的变革过程中来进行，也就是说，可以从“金融抑制”模式转向“金融深化”模式的发展路径来审视中国金融法律制度的变迁。参见黄韬：《“金融抑制”与中国金融法治的逻辑》，法律出版社2012年6月版。

这样的一种现象其实反映了过去以及当下中国金融市场转轨过程中的“立法饥渴”，法学研究者在这样的一种环境下会不自觉地希望扮演为金融立法活动献言献策的“参谋”或者论断其好坏的“评判”角色，去“正确地”建构起人们脑海中的那一幅完美金融法律制度的图卷，尽管在主导金融立法的社会精英们——主要是来自金融界，而非法律界——看来，他们其实并不需要这么多的“参谋”和“评判”。但从现实的意义来说，这样的一种研究取向也是无可厚非的，因为近三十年来中国法学的复活和成长自始就是被立法活动“带动”的，而立法又是被经济和社会的现实所逼出来的。

不过，当现在回过头去看中国金融法律领域研究的时候，我们应当反思这种以现实立法活动为轴而展开的“应景式”研究是不是具有足够的自觉性以至于能够贡献真正学术意义上的观点和思想？围绕着中国金融市场的立法活动而展开的研究进路往往包含着以下的假设：立法者制定出来的金融法律规则已经被很好地执行了，或者说这种纸面上的法和金融市场实际运作中的法是一致的。但是这一假设往往与现实有太大的出入，我们常常会遇到法律条文上写的是一回事，而实际执行中又是另一回事①。有鉴于此，单纯的立法对策性研究可能对于金融市场来说并不一定有太大(至少不如想象中的那么大)的实际作用②，因此研究中国金融法问题不妨从法律的实际运作出发，超越纸面的法律，去发现哪些是现实中真正发挥作用的金融市场游戏规则。所以，一个可能对学术研究有实质性贡献的领域就是对金融司法问题的研究③，具体说来就是，以正在高速发展的中国金融市场为特定背景，去考察法院在其中扮演了一个什么样的角色，并用理论的语言以及符合逻辑的方式对各种有关司法的现象加以描述和解释。

法学理论向来重视司法活动在整个法律体系运作中的重要性。在德沃金看来，法院是法律帝国的首都，法官则是这个帝国的王侯④。法国社会学家布迪厄则认为，法律的社会实践事实上就是“场域”运行的产物，这个场域的特定逻辑是由两

---

① 有学者观察到，仅从法律条文来看，中国对投资者权利的法律保护程度是非常高的，与发达国家和新兴市场国家相比相差无几，甚至高于法国和德国，但在法律执行质量上，中国基本上是世界上最低的，进而把这种低水平的法制和高速度的金融发展同时并存的现象称为“中国之谜(China Puzzle)”。*See* Franklin Allen, Jun Qian, Meijun Qian, “Law, Finance and Economic Growth in China”, University of Pennsylvania, Working Paper, 2002.

② 事实上，已经有学者注意到了过度关注成文法律文本对于法学研究的弊端，并主张法学研究和法学教育从立法主义转向法律适用主义(参见黄卉：《“一切意外都源于各就各位”——从立法主义到法律适用主义》，载《读书》，2008年第11期)，尽管这里“法律适用主义”的研究路径不能完全等同于对“司法问题”的关注，但是作为法律适用的“中介”，对法院的研究是与“法律适用主义”息息相关的。

③ 需要说明的是，本文所说的金融司法问题，其范围限定在法院这一组织范畴内，未作特别说明的情况下，不包括检察院这一在中国法上具有司法机构身份的组织。

④ 德沃金著，李常青译：《法律帝国》，361页，中国大百科全书出版社，1996年1月第1版。

个要素决定的，一方面是特定的权力关系，另一方面是司法运作的内在逻辑。前者为场域提供了结构并安排场域内发生竞争性斗争，后者一直约束着可能行动的范围并由此限制了特定司法解决办法的领域①。对于金融市场而言，健全的司法体制是非常重要的，这似乎是一句正确的废话。金融活动市场化程度的提高必然意味着对高质量司法机制的更大需求。在发展中国家，随着大部分经济交易从国家的公共行政领域转移到市场领域，私人部门要求更好地界定权利和义务——这种需求是前所未有的。在这种背景下，人们越来越明显地看到，对于健康的经济发展而言，司法与基础建设和工厂一样重要。司法制度包括解释和运用法律、法规的所有机制，它是一个主要的桥梁；通过它，人们可以感觉到法律制度对经济的影响②。对处于前所未有转型阶段中的中国金融市场而言，长期来看，一个符合其发展需要的司法组织和司法机制将是保证其顺畅运转的制度基础。因此，从司法的角度研究金融市场的法律制度毫无疑问是具有现实意义的一项工作。

将法院的司法行为作为研究的核心，而不是再以立法活动或者作为立法活动结果的法律文本为主线去思考中国金融法治的问题并不是说司法的重要性已经超过了立法。研究法院在中国金融法律制度变迁过程中的角色扮演并非是因为法院已经居于一个非常重要的地位以至于我们不能再忽视之。恰恰相反，在当下的中国，一个客观事实是，在金融市场上，法院在很多场合下并没有发挥应有的作用，至少离人们所期待的那种理想模式(ideal type)下的法院形态还有不小差距。正是在这一现实背景下，法院被金融法研究者“有理由地”忽视了。那么，是不是因为法院看上去的“不起眼”(或者是“不顺眼”)就可以使我们不认真对待它了？实务工作者也许可以如此，例如中国的金融监管者在制定规章的时候基本上不必担心来自司法的审查，因为中国的法院没有被授予审查这类抽象性法律文件的权力；但是对于金融法学研究者来说，不能因为认定现实法院作用的有限性(况且这种认定很有可能是出于主观的)从而就无视之。就社会科学的研究而言，如果能够发现、厘清并描述实际生活中的情景和现象，进而给予其理论上的解释，并在可能的情况下力图将这种解释推广到更宽泛的领域，这就是一项有学术意义的工作。

笔者的出发点不在于呼吁各方各面去关注并承认一个健全的司法体制对中国金融发展所具有的重要价值并设计一系列因应的对策来确保这种重要性的体现，

---

① 布迪厄著，强世功译：《法律的力量：迈向司法场域的社会学》，496—545页，载《北大法律评论》第2卷第2辑。

② [美]艾德加多·巴斯卡哥利亚、威廉·赖特利夫著，赵世勇、罗德明译：《发展中国家的法与经济学》，50页，法律出版社2006年9月第1版。

因为这项工作本应当由政治家和社会活动家来完成，它不是法学研究者的“主业”，事实上法学研究者也没有能力去完成这项他们力所不能及的任务。金融司法领域研究的核心目的应当在于：梳理中国金融市场演化过程中法院的行为、立场和表现，并对各种外在表相给出符合真实世界和理论逻辑的解释。通过一系列已经实际发生的金融司法现象，我们会发现如下现实：中国法院对于金融市场而言，它并不是如经典教科书所描绘出的那一个单纯的适用法律以解决争议的国家机构，而是扮演了一个国家公共政策制定者和实施者的角色；无论是出于外部的期待，还是从自身的价值设定来看，处于当下国家转型期间的中国法院都远远超越了一个“法”院的身份，它不允许、也不被允许仅仅充当一个正确适用既有金融法律规则来处理金融案件的司“法”机关，而是以它的各种实际司法行为彰显了其“公共政策法院”的定位。如果要更加广义地进行拓宽，当下我们观察到的法院状况很大程度上也就是中国“政法传统”之下的一个具体写照，也正是因为“政”在“法”之前，所以公共政策对于中国法院来说不是可有可无的装饰品，而是实实在在的“主营业务”了。

一个超越“法”院的“公共政策法院”，而且是“中国式的公共政策法院”，这一点即是本文对于当下中国法院在金融市场法律制度变迁过程中角色扮演的客观事实判断。如果脱离了这一事实判断，而是仅仅把国外法院的行为模式、自身的憧憬、教科书的描绘作为判断尺度，进而去审视中国法院的话，那就会很自然地提出种种对法院的批评，例如司法不独立，法官处理金融案件的能力欠缺，投资者保护不力等等。这些批评不一定错，甚至很对，但这不是一种“认真对待金融司法”的态度。所谓“认真对待金融司法”并不排斥批评，甚至有可能还会批评得更加激烈，但“认真对待金融司法”的态度一定是更加重视对现实金融司法现象的理论总结和解释，而不仅仅是说“这样不对”或者“应该那样”。为此，金融司法领域研究所要阐释的问题就是：作为“公共政策法院”的司法机构，它在中国金融市场法律制度变迁过程中的外在表征有哪些？是什么样的因素造就了我国金融市场上所存在着的这个“公共政策法院”？“公共政策法院”各种行为模式所折射出的“政法传统”为何还具有如此强大的生命力？以及，“公共政策法院”的存在对于中国金融市场而言，它的实际后果体现又应当如何评价？

在确立了研究目标之后，在这里也要特别强调研究的宏观背景。从司法角度分析现实的中国金融法律问题除了是一个“另类”的研究角度选取之外，它还可能意味着更多地关注同时处于政治、经济转型阶段的金融市场和司法体系这两者之间碰撞出来的“火花”（也就是作为研究对象的各种金融司法现象）。透过这些“火花”，研究者有可能发现其中某些规律性的东西，而且是在特定国家（中国）的特定阶段（社会经济由管制和计划向自治和市场转型的时期）才有的东西。这和法治发达国家对金融司法问题的关注和研究是完全不同的。例如，在普通法国家，法学研究本身就带有一定程度的司法导向，因为法院通过司法裁判而创制大量重要的金融法律规则，从而不可避免地成为法学研究者的聚焦点。我国则不尽相同。例如，既有的研究成果表明，中国法院会拒绝或限制受理某些金融争议案件；法院会像立法机关一样制定金融法律规则；强调“大局”的法院司法权力行使还会力求凸显其政治上的功能……这些问题基本上是当下中国特有的，因此如何结合中国自身的政治经济社会环境来给予其恰当的解释就有可能是一种带有原创性因素的思维历程体验，从中自然也就能体会到学术研究的乐趣所在。再衍生下去的话，这样的一种解释金融司法现象的分析过程也许在不经意间可能为法律制度（金融法制度或司法制度）的变革提供某种理论上的指引，从而降低制度变迁的成本，当然这只是金融司法问题研究的副产品，而非目的所在。

笔者对于金融司法问题的关注最初也是直观地来自和金融市场有关的一系列司法事件，例如令证监会成为行政诉讼案件被告的 2000 年凯立案件和 2002 年陆家豪案件；引发关于民间融资正当性讨论的河北孙大午案件和最近的浙江吴英案件；外资银行进入中国市场之后发生的关于银行收费合法性的争议（代表性的案件是 2005 年上海律师吴卫明诉上海花旗银行储蓄合同纠纷案）；触及巨大利益分配，而招致商业银行“群起攻之”的 2001 年最高法院关于福建省中福实业股份有限公司等与中国工商银行福州市闽都支行借款担保纠纷案的判决以及 2005 年《最高人民法院关于人民法院民事执行中查封、扣押、冻结财产的规定》；当然还有 2001 年遭致证券市场参与者和法学界共同“声讨”的《最高人民法院关于涉证券民事赔偿案件暂不予受理的通知》。这些中国金融市场发展过程中出现的著名司法事件为金融司法的研究提供了作为事实材料的依据，而基于这些金融司法事件，笔者期望提供有说服力的解释，当然这些解释不只是针对上述事件本身，而是着眼于以这些事件为显著代表的转型时期中国法院在司法权力行使过程中的各种外在表现，以及由此司法体系“由内而外”凸显出来的一种强烈的公共政策属性。

二、相关研究领域的文献回顾

笔者观察到，在我国法学学术界既有的研究成果中，从法院的角度去审视中国金融市场法律制度及其变迁历程的论述并不多见，尤其是金融司法领域的系统性研究至今仍然是付之阙如。2009 年 12 月 5 日在中国人民大学法学院召开的“稳定与创新：后危机下的金融司法论坛”是迄今国内仅有的以司法为主题而召开的金融法领域的学术会议，但是收入论文集的 39 篇论文中仅有 8 篇论文的主题是与司法

(包含仲裁)相关,这其中的若干篇论文也只是从某个具体的司法行为出发来探讨金融法律制度的完善,而非着眼于影响金融法律制度变迁的司法体制本身。

中国金融市场上发生的一些著名司法案例引发了学者的关注,并对其进行金融法律制度或司法制度上的分析,如凯立诉证监会案件[①],中福实业公司担保案件[②],宇通集团国有股权司法拍卖案件[③],上市公司天歌科技系列诉讼案件[④]等。作为涉及普通投资者权益保护的一个重大问题,证券民事赔偿诉讼的问题吸引了包括法学者、经济学者、司法界以及金融实务界的持续性关注[⑤],并由此引发了关于我国金融市场公共执法和私人执法两者关系的讨论[⑥]。出于提升司法专业性和独立性的考虑,不少学者提出了关于设立专业性金融审判机构的理论设想[⑦]。此外,学者的研究在微观上还涉及了法院对自律监管机构行为的审查问题[⑧]、司法对金融企业治理的的介入[⑨];在宏观上探讨了法院行为的政治性意义[⑩]。域外的相关成果则对金融司法的研究提供了基础理论方面的参考,其中涉及:司法制度对经济金融发展的积极作用[⑪],司法独立对金融市场的长期价值[⑫],关于证券市场集团诉讼机制的不

---

① 例如,刘燕:《走下"自由裁量权"的神坛——重新解读凯立案及"自由裁量权"之争》,载《中外法学》,2002年第5期;湛中乐、李凤英:《证券监管与司法审查——海南凯立公司诉中国证监会案的法律分析》,载《中国法学》,2002年第5期;冰之:《重新审视海南凯立状告证监会》,载《法制日报》,2001年7月26日。

② 例如,侯猛:《最高法院规制经济的功能——再评"中福实业公司担保案"》,载《法学》2004年第12期。

③ 例如,王建文:《国有股司法拍卖对中国商法的特殊制度价值》,载范建主编:《商事法律报告(第一卷)》,中信出版社,2004年9月第1版。

④ 例如,李明良:《证券市场热点法律问题研究》,商务印书馆2004年10月第1版,第10章。

⑤ 例如,耿立航:《群体诉讼与司法局限性——以证券欺诈民事集团诉讼为例》,载《法学研究》2006年第3期;陈志武、王勇华:《从中国的经历看司法改革与资本市场的关系》,载梁治平主编:《国家、市场、社会——当代中国的法律与发展》,中国政法大学出版社2006年1月第1版。

⑥ 例如,汤欣:《私人诉讼与公司治理》,载《清华法学》,2007年第3期。

⑦ 例如,王兰军:《建立独立的金融司法体系防范化解金融风险——兼论组建中国金融法院、中国金融检察院》,载《财经问题研究》,2000年9月;林强、杨庆炎、许文玲:《组建金融法院确保金融安全——关于组建中国金融法院的构想》,载《福建金融》2003年第6期。

⑧ 例如,卢文道:《证券交易所自律管理论》,北京大学出版社2008年2月第1版,第五章"诉讼论:证券交易所自律管理的司法介入"。

⑨ 例如,商镇:《商业银行公司治理的司法介入》,载《法律适用》,2008年第12期。

⑩ 例如,鲁篱:《论最高法院在宏观调控中的角色定位》,载《现代法学》2008年第6期。

⑪ e. g., Ibrahim F. I. Shihata, The Role of Law in Business Development, 20 *Fordham International Law Journal* 1577, 1997; Bernard Black, The Legal and Institutional Preconditions for Strong Securities Markets, 48 *UCLA Law Review* 781, 2002; Luc Laeven and Giovanni Majnoni, "Does Judicial Efficiency Lower the Cost of Credit?", World Bank Working Paper 3159, 2003. 又如,汤姆·金斯伯格、汤姆·尤伦著,李增刚译:《法律与经济发展:我们知道什么? 我们不知道什么?》,载黄少安主编《制度经济学研究》(第十四辑),经济科学出版社,2007年2月。

⑫ e. g., Richard Posner, *Economic Analysis of the Law*, *Little Brown*, 1973. 又如,陈弘毅:《"领汇上市告吹"事件:一个关于"法律与社会"的个案》,载张士宝主编:《法学家茶座》(第八辑),2005年7月第1版。

同评价①,以及从权力配置结构的角度分析金融监管领域司法权的地位问题②等。

至于金融司法问题研究所涉及的关于中国司法制度问题的探讨,学者们在过去的十余年间投入了大量的研究精力,以至于司法制度已经成了我国法学学术界的"显学",各类著述层出不穷,其中不乏从社会科学的方法和视角来切入讨论的学术成果,其中既有针对我国基层法院体制的分析③,也有专门关于最高法院的理论研究④;既有具体针对法院某一方面社会功能的法理解读⑤,也有通过考察司法体系的外部制约条件来剖析法院的行为模式⑥。尤其是,近年来我国司法体制的变革方向引发了学界的高度关注,在关于司法能动⑦,司法与政治的关系⑧,我国的"政法传统"对当下司法行为的影响⑨等方面都有不少的论述问世。

三、区别于司法功能分析的公共政策研究取向

金融司法问题的研究一方面可以基于我国法学学术界既有的关于司法体制的

---

① e. g., Stephen J. Choi, The Evidence on Securities Class Actions, 57 *Vanderbilt Law Review*, 2004.

② e. g., Katharina Pistor & Chenggang Xu, Incomplete Law — A Conceptual and Analytical Framework and its Application to the Evolution of Financial Market Regulation, *Journal of International Law and Politics*, Vol. 35, No. 34, 2003; Katharina Pistor & Chenggang Xu, "Fiduciary Duty in Transitional Civil Law Jurisdictions: Lessons from the Incomplete Law Theory", SSRN Working paper No. 343480, 2002; Katharina Pistor & Chenggang Xu, Law Enforcement under Incomplete Law: Theory and Evidence from Financial Market Regulation, *SSRN* Working paper No. 396141, 2004; Katharina Pistor & Chenggang Xu, "Governing Stock Markets in Transition Economies Lessons from China", SSRN Working paper No. 628065, 2004; Katharina Pistor & Chenggang Xu, "The Challenge of Incomplete Law And How Different Legal Systems Respond to It", Paper prepared for the Project Le Bijuridisme: Une approche économique, 2004.

③ 例如,苏力:《送法下乡——中国基层司法制度研究》,中国政法大学出版社2000年10月第1版。

④ 例如,侯猛:《中国最高人民法院研究——以司法影响力切入》,法律出版社,2007年4月第1版;左卫民等著:《最高法院研究》,法律出版社,2004年11月第1版等。

⑤ 例如,朱景文:《中国诉讼分流的数据分析》,载《中国社会科学》,2008年第3期;董皞:《司法解释论》,中国政法大学出版社,1999年1月第1版;苏力:"最高法院、公共政策与知识需求",载《道路通向城市:转型中国的法治》,法律出版社,2004年5月第1版;强世功:《立法者的法理学》(第六章),读书·生活·新知三联书店,2007年9月第1版等。

⑥ 例如,章武生等著:《中国群体诉讼理论与案例评析》,法律出版社2009年11月第1版;唐应茂主编:《法院的表现:外部条件和法官的能动性》,法律出版社,2009年2月第1版等。

⑦ 例如,苏力:《关于能动司法与大调解》,载《中国法学》2010年第1期;顾培东:《能动司法若干问题研究》,载《中国法学》2010年第4期等。

⑧ 例如,孙笑侠:《司法的政治力学——民众、媒体、为政者、当事人与司法官的关系分析",载《中国法学》2011年第2期;杨建军:《法治国家中司法与政治的关系定位》,载《法制与社会发展》,2011年第5期。

⑨ 例如,赵明:《从历史的深处走来——漫议转型时期的当代中国政治与司法改革》,载《政法论丛》2008年第3期;陈杭平:《论中国法院的"合一制"——历史、实践和理论》,载《法制与社会发展》2011年第6期等。

宏观性研究成果，并将研究的范围限定为金融市场法制变迁这一特定领域，但同时在另一方面，则是可以期待在此基础之上，超越对司法社会功能的分析，去探寻处于国家大转型时期的我国法院和法官在不同场合之下的各种行为选择背后的那个“公约数”。在笔者看来，这个“公约数”就是中国法院的公共政策属性，即一个超越“法”院的“公共政策法院”，一个带有鲜明转型时代特征的“中国式的公共政策法院”。通过对我国法院所扮演的公共政策制定和执行者这一角色的展示和解释，才能够揭示转型时期司法在政治体系和金融市场中的角色定位以及背后的种种促成性因素。

金融市场中法院和法官的各种行为反映了司法社会功能的多样性，例如提供争端解决服务，创制金融法律规则，制约行政权力，乃至政治职能的发挥等等。但是，我们不应该割裂地看待法院在金融法律制度变迁过程中的多重性功能的承担，这样就不能全面性地理解我国法院在整个国家中的角色扮演和定位，无法对处于转型背景下的中国法院的特殊性有深刻的体会，因而要在一个超越司法职能视角的总体性的逻辑框架内审视中国的法院，即“公共政策法院”。

如果还是从法院的不同功能属性的区分为出发点来研究司法现象，那我们的思路往往会被这样的问题牵引：在处理金融案件的时候，中国法院和法官的权力到底是太大了还是太小了？然而，在现实中国金融市场的发展过程中，我们始终面对的是各种“复杂司法现象”，若沿着传统的司法功能分析路径，那就无法提出一个贯穿始终的理论分析框架去解释和分析当下的真实状况。

事实上，就处于转型时期的中国法院而言，我们很难笼统地说司法权力是太大了，还是太小了。在一个方面，中国的法院不仅是一个裁判者，它还是一个立法者，可以脱离争议个案来制定抽象性的法律规则；在裁判案件时，法院可以“理直气壮”地超越当事人之间争议的公平解决这一目标而实现它所理解的社会正义与和谐；面对某些它认为难办的案件，法院还可以高挂“挡箭牌”，将争议阻挡在法院的院墙之外，从这个角度来看，似乎中国法院的权力十分之大，甚至可以认为法院已是现实金融市场上不应被忽视的利益集团。同时，在另一方面，在面对新型金融案件的时候，我国的法官没有办法像普通法国家的法官那样通过个案的裁判来创制法律规则；在通常情况下，现实法院和法官的行为必须要确保其司法裁判与执政党和政府推行的金融政策保持高度的一致，例如对于不良金融争议案件的处理就很明显地反映了这一点；另外，在金融机构市场退出的法律实践中，行政部门的“风头”也大大盖过了法院，由此来看，你也可以说司法权力空间被其他的政治力量压缩了。

正是基于上述的原因，要精确地考察、分析中国金融市场变迁过程中的法院和法官，就应当超越传统的司法功能分析方法，去寻找法院和法官行为模式的内在逻辑，这就是本文所要探讨的“公共政策”问题。正如前文已经交代的，“公共政策”是处于国家大转型时期的我国法院和法官在不同场合之下的各种行为选择背后的那个“公约数”。

其实，“公共政策”并非像看起来那样是一个抽象的概念，相反，它是非常具体的，它反映在日常法院法官的行为选择之中，并通过种种司法现象而表现出来。以金融市场的问题为范围，我国法院在司法实践中所追求的公共政策目标大致有：维护金融司法公正；保障金融交易的安全；促进金融市场的发展；防止国有金融资产流失；提升金融市场的法治化程度；投资者保护；为金融中心建设提供良好的司法环境；维护市场和社会的稳定等等。其中有些公共政策目标本身就是法院正确适用法律所能够直接达致的，例如“金融市场投资者保护”以及“保障金融产品的交易安全”；而有些公共政策目标则明显具有“超越”经典意义上司法者目标的涵义，例如“防止国有金融资产的流失”以及“促进金融市场发展”，原因就在于这些公共政策目标中包含了并非用法律话语所能界定的内容，比如说如何定义国有金融资产的“流失”以及何谓金融市场的“发展”。无论是上述何种公共政策目标类型，都理应是以当下中国为背景研究金融司法问题所无法回避的，至于这些公共政策目标的现实效果（后果）如何，也是无法从抽象理论层面给予回答的，而是必须通过经验的研究。

四、基于真实司法现象的金融法研究

一项有现实意义的金融司法问题研究必然无法脱离对真实世界司法现象的观察，否则的话，又将陷入“空对空”的口号呼喊，或者整日热衷于提出各种各样看起来总是正确的，但实际上并没有用的政策建议。在本文的这一部分内容中，笔者将结合之前的相关研究，以若干现实金融司法现象为例，说明如何透过这些现象考察我国法院和法官在处理金融案件时候的行为逻辑。

首先不妨选取近年来频繁发生的不良金融债权争议案件作为样本，将其作为考察现实司法运作的切入点，因为从中可以观察、解读以及评价我国的法院在这类特定案件处理过程中如何表现出“公共政策法院”的特点，尤其是“中国式公共政策法院”的特点。笔者通过对比分析两种具有对立倾向性的司法政策的具体表现（即适用于国有银行向金融资产管理公司剥离不良债权的“宽松性”司法政策以及四大金融资产管理公司向社会投资者转让不良金融债权而引发的“紧缩性”司法政策）来引出法院公共政策价值体现的话题，并从理论上解释为什么会出现这种截然的差异，换句话说，法院所要彰显的其自身公共政策价值，背后的一系列逻辑是什么，怎样看待政法制度与权力结构之中法院和法官的“大局意识”；法院和法官的行为是否体现了一种最大化自身利益的理性人选择;法院和法官所受到的外界影响和压力如何内化为司法权力的行使方式;以及,法院缘何成为了补充立法规制和行政监管不足的"替代产品"。进一步地,这一分析将显示我国法院和法官因为给自身的定位从而需要面对的一些难题,包括司法权能扩张带来的自由裁量空间膨胀能不能得到有效控制;以个案公正作为推行公共政策的成本所付出的代价是否值得;以及,司法部门应当如何寻找自身在整体性权力系统内的定位。同时,通过对比法治成熟国家的司法制度来凸显中国法院"特色性"的公共政策价值发挥渠道,由此可以解释"中国式的公共政策法院"的生成机制①。

如果我们把研究视角转换到法院的立案阶段,并把研究对象定位于那些司法权力所不愿意覆盖的金融争议案件。笔者希望通过考察那些无法通过司法程序解决的金融争议案件并进行案件类型上的总结,从这一特别的视角来揭示司法权力的行使逻辑,进而发现中国的法院在当下对金融法律制度变迁的影响,而这种影响也必然是"公共政策法院"的一种客观表现维度。在这一问题上,笔者将总结在我国,哪些金融争议案件没有机会通过法院的程序进行解决或者在进入法院的过程中被设置了某些人为的限制,进而将会解释为什么在我国法院会出现这样一种对金融案件的司法筛选机制,指出其中的具体原因包括现实金融法律规则的供给不足、法院回应金融市场变化与发展的能力偏弱、转型市场经济体的背景因素、确保金融市场和社会生活安定性的政治考量以及法院和法官的内在利益驱动等②。

笔者还要探讨的是,在既往的中国金融法律体制沿革过程中,转型时期的中国法院是以何种形式充当了一个立法者的身份以及在这一点背后的政治、经济和社会原因。这一问题的研究将凸显出,中国法院和法官在金融法律规则创制过程中的作用发挥渠道和方式是带有非常鲜明的地域个性和时代特征的。正基于此,我们会发现金融规则的创制毫无疑问是全方位地融入了中国法院的公共政策制定和实施。可以说,司法部门的金融法律规则创制活动本身就是"完善我国金融法律体制"这样一种"公共政策"的落实。为此,我们可以归纳中国法院创制金融法律规则的主要表现形式,包括司法解释以及除它之外的司法文件,同时还探讨了法院判决在目前我国司法体制下的地位和效力,并分析我国法院在行使金融法律规则创制权力方面的特点,进而试图解释为什么中国法院会成为金融立法者。笔者给出的

---

① 参见黄韬:《中国法院处理不良金融债权争议案件的政治维度——基于法律经济学的思考路径》,载《制度经济学研究》,2009 年第 4 期;黄韬:《中国式的公共政策法院——以我国法院对金融案件的处理为例》,载《社会科学研究》2011 年第 5 期。

② 参见黄韬:《中国法院受理金融争议案件的筛选机制评析》,载《法学家》2011 年第 1 期。

解释是:一方面是因为法院有更加迫切的需要去创制金融法律规则,另一方面这也是中国式司法体系管理模式的必然产物。同时,笔者将会分析中国法院扮演金融立法者角色之后可能带来的体制性问题,具体包括:在司法体系外部可能因为法院职能边界扩展导致的权力之间的关系失衡以及在司法体系内部进一步强化法院的行政化运作模式[①]。

若把研究指向司法组织领域,我们可以探讨近来成为金融司法领域热门话题的专业性金融司法审判组织(包括金融法院和金融法庭)。事实上,设立专业性金融审判组织的背后蕴含着通过司法组织重构来实现"提升司法专业性"、"保障司法独立性"、"司法为金融中心建设服务"这一系列公共政策话语,换句话说,诸如设立专业性金融审判组织这样的司法组织改革,其正当性并非建立在既有的成文法律制度变革,而是基于具有鲜明时代特色的公共政策实施的需要。在这个过程中,"中国式公共政策法院"的诸多特性再一次得以显现。为此,有必要分析我国金融界、司法界人士提出这样的一种制度设计建议是出于什么样的考量(一方面是期望提升金融案件审理的专业性,另一方面则是克服司法的地方保护主义)以及在现实中国的政治法律制度背景下,这样的一种法院组织的"创新"可能受制于哪些内外因素以至于有可能无法完全符合人们的理想预期,通过设立专业性金融审判组织来追求司法审判"专业性"和"独立性"的目标并非如理论设想那般地容易[②]。

如果将研究视角聚焦在我国法院在行使司法权力过程中与行政部门之间的关系,我们可以选取金融机构市场退出机制这一专门的法律领域,以此为具体例证,在这个范围之内探讨司法权力和行政权力这两者在行使过程之中的彼此关系,即"权力版图"问题,通过揭示司法权力在金融市场退出法律机制实际运行过程中表现出来的那一系列带有鲜明时代色彩和地域烙印的特质,由此描绘出一个转型时期"中国式公共政策法院"的直观,而非抽象的外在形象。如果在金融机构市场退出法律机制之中,对行政权扩张和司法权收缩的现实图景进行一个全景式描述,可以选取的角度包括:行政权力对启动金融机构市场退出程序的影响;作为金融机构市场退出中间环节的行政处置程序;行政权力在金融机构司法破产程序启动阶段的介入;破产程序全过程中监管部门的影响力体现;以及行政部门主导的金融机构市场退出风险补偿和保障机制。对于这些金融司法现象,我们可以从金融机构的特殊属性,司法权与行政权的固有属性差异,金融机构市场退出涉及的特有问题以

① 参见黄韬:《作为金融立法者的中国法院》,载《厦门大学法律评论》,2012年刊;黄韬:《中国最高法院的司法文件:现状、问题与前景》,载《法学论坛》,2012年第4期。

② 参见黄韬:《专业性金融审判组织的理论剖析》,载《上海金融》,2012年第1期。

及转型期中国金融市场等多个角度对这样的一种现实权力分配格局给出相应的理论解释。在此基础上,我们才可以分析我国金融机构退市过程中“强行政、弱司法”的格局所可能带来的问题,包括:法律缺位与行政权力的软约束;行政处置阶段对相关利益主体的权利漠视;行政权力介入与道德风险的滋生;以及由法院的“三中止”措施而引发的各种问题①。

此外,若以著名的金融司法案例为研究对象,我们则可以选取2000年发生的海南凯立公司因寻求公开发行股票未果而提起的以中国证监会为被告的行政诉讼案件作为研究样本,从该案件我们可以分析和讨论中国法院对于金融争议案件的审理是否真的对金融市场的法治环境改善发挥了有效的作用,即是否实现了外界赋予其的公共政策目标。通过对海南凯立公司诉中国证监会一案的案情进行细致的剖析,我们可以进一步理解案件发生的社会经济制度背景。事实上,凯立诉证监会一案的重要历史价值不在于法院的判决本身,而在于这起案件所折射出的转型时代我国金融市场法律制度的大环境以及由此能够引发的相关反思。更进一步的是,若进一步对凯立案发生之后的中国证券市场法治化进程进行总结分析,实际上我们不得不面对这样一个尴尬的结果:当初人们所预期的凯立案将对中国证券市场产生的积极效应在事实上已经落空了。基于这样的讨论,我们可以看到,在我国证券市场股票发行制度领域,监管者的实质性审查权力与现代金融市场的法治化要求这两者之间存在着无法避免的紧张和矛盾,这也就制约了我国法院在对于金融市场的法治化程度的提升方面发挥积极性的作用②。

关于证券市场投资者保护这一公共政策目标的实现一直是我国金融法学界关注的焦点。理论上来讲,法院依法审理金融争议案件这一司法职能行使的本身就附带了追求实现“投资者保护”这一公共政策目标的内容;另一方面,在投资者保护问题上,法院与行政性金融监管部门之间基本上也存在着关于这一公共政策的共识,也就是说,在各个公权力部门所认同的应然层面上,司法政策与金融政策是具有一致性的。然而,笔者的研究却要从这么一个真实法律现象出发,即:我国法院在证券市场投资者保护方面所发挥的作用并非如理论推演那般,而是出现了“司法失灵(judicial failure)”的情况。换句话说,被认为应当排在法院优先考量顺位的“投资者保护”这项关乎金融市场健康发展的公共政策在司法实践中却没有很好地

---

① 参见黄韬:《我国金融机构市场退出法律机制中的“权力版图”——司法权与行政权关系的视角》,载《中外法学》,2009年第6期;黄韬:《金融机构退市与法院的“三中止”决定》,载《上海金融》,2009年第9期。

② 参见黄韬:《法院真的推动了法治进程吗?——中国法院审理金融行政案件引发的制度性反思》,载《行政法学研究》,2011年第2期。

被实现。那么，这背后的原因又是什么呢？而且，更关键的是，处于大转型时代的中国证券市场上，究竟是什么样的机制起到了一个替代司法机制来实施投资者保护这一公共政策的作用？是行政性金融监管机构吗？为此，笔者的研究将围绕回答上述问题而层层展开，首先介绍经济学的研究成果之所以会认为法院对金融市场发展起着重要作用的原因，以便与中国证券市场投资者保护的现实作对照性的分析；然后对证券市场国家监管的权力配置格局进行概括，并引出所要讨论的通过法院的证券市场"私人执法"模式的话题，强调应当从市场机制、行政监管机制和司法机制这三者的复合视角去看待监管问题。针对金融学领域的一项新兴理论——不完备法律学说对于证券市场上国家权力最优配置的观点以及该理论关于为什么会出现"司法弱势"这一现象的解释，笔者提出了一个系统性批评，认为该理论既有无法克服的内在逻辑性矛盾，同时又无法对中国证券市场的现实权力结构提供足够的解释力。笔者研究的一个结论是：在处于经济转型大环境之下的中国证券市场上，是国家的政治性资源调动而非监管者的依法监管活动作为一项替代机制承担了"司法失灵"条件下的投资者权益保护的职能①。

简而言之，通过描述和解释法院和法官在中国金融法律制度形成和变迁过程中所彰显出来的公共政策属性，笔者的研究意在强调法院和法官的行为决策是由转型金融市场和司法结构中的各种现实约束条件，以及法院和法官最大化自身利益的行为出发点所决定的，并试图探索这样的现实约束条件具体有哪些以及它们是通过什么样的途径而表现出来的。

五、关于金融司法问题的研究方法和研究工具

金融司法问题的研究有必要强调实证性分析(positive analysis)的方法，而并非仅仅以传统的那种规范性分析(normative analysis)为主的理论进路，即把研究的直接目标定位于厘清并解释现实的金融司法现象，而非试图去设计一套在理论上完美的制度体系。也就是说，研究的核心着眼点是"为什么如此(Be)"，而不是"应当如何(Should Be)"。

固然，任何研究者对于现实问题总有基于自身理念的憧憬、盼望和期待，但是对于严肃的学术研究来说，如果对于现实的法律制度运行状况(不只是纸面上的法律那么简单)及其背后的逻辑没有清晰认识和理解的话，你又怎么能保证开出的那

---

① 参见黄韬：《为什么法院不那么重要？——中国证券市场的一个观察》，载苏力主编：《法律和社会科学》第九卷，2012年。

一剂“药方”是对症下药的呢？反过来说，如果能把复杂的客观法律现象用有效的理论工具进行描述和解释的话，那就会相对容易地发现“病灶”在哪里，也就有可能提出更切合实际的改进方案，同时对未来制度变迁过程中的阻碍性因素能够做到事先的充分预判和心理准备，而不是仅仅从抽象概念和理论原则出发来提出改造现实的宏伟蓝图。正如有学者所主张的：如果你认为你说出的理论很特别，那你最好先说出新发现的事实——这种新的事实应该是规范的研究程序运作的结果，并得到规范的描述和展示①。从这个意义上来说，这一领域的研究应当从现实的金融司法现象出发，而不是从抽象理论出发，因而基本上是经验主义的，而非建构主义的路径。

就中国金融市场上与司法制度相关的问题研究而言，目前的状态是，学者们对于大量金融司法现象的关注度还远远不够，甚至很多领域根本还处于“未开垦”的状态。在这种背景下，一种建设性的研究路径选择是首先去勾勒出一幅相对完整的关于中国金融司法的“现实地图”并对其中的各种“地形构造”给出符合现实和逻辑的理论解读，也只有实现这样一个基本目标之后，才有可能进一步地去提出有针对性的制度改革方案，甚至在笔者看来，后一项任务只不过是前一项工作的自然延伸而已，以至于在各种社会条件具备的情况下，并不一定需要理论研究者的介入就可能会付诸实现。因此，科学的研究方法要求我们对于法院在中国金融市场上所扮演角色的考察始终坚持从各种客观的金融司法现象出发，用现实问题来引导理论研究的展开，不去人为地制造新的概念或理论话语体系，避免削足适履般地用抽象的理论学说而框住了复杂又生动的现实法律生活②。

正是因为把研究目标定位为“解释现实世界”，而非“改造现实世界”，金融司法问题研究的主线就应当是对与中国金融市场有关的各种司法活动外在表现进行庖丁解牛般的剖析，试图发现内在的因果联系，即：是当下中国金融市场和司法体系中哪一个或哪一些因素才导致了我们所关注的那些金融司法现象的产生，以至于使得中国的法院不仅仅是“法”院，而是“公共政策法院”。需要说明的是，这种对于因果联系的理论解读在表面上很容易被误解为是一种为现实制度及其相关实践进行辩护的做法。然而，我们应当意识到“存在即合理”谈的是因果关系上的合理，不是正当性或可欲不可欲上的合理。许多人把这两种合理混为一谈，就容易出问题。这里实际上牵涉一个如何看待现实的问题，是否要面对现实的问题。对此要有一种社会科学的

---

① 白建军：《少一点“我认为”，多一点“我发现”》，载《北京大学学报（哲学社会科学版）》，2008 年 1 月。

② 这里强调的是研究和揭示现实问题的背后逻辑，不应从先验的标准出发，而是要以制度的实际运行效果作为评价标准，但并不是说被历史所检验过的，符合效率要求的抽象理论原则（如司法独立、法官职业化、正当程序等）在中国一定会因为所谓的现实“国情”而被抛弃或削弱。

态度，直面问题，不回避问题，发现其中的因果关系，然后你才有可能实际地从因果关系链上去解决这些问题，而不是空谈理想和可欲[①]。也正是为了避免给人以这样一种误解，一方面有必要对每一个现实金融司法现象进行因果联系上的解释，同时也有必要指出这样的一种现实状况又存在着哪些不利于金融市场发展的消极因素。

在这里，还需要说明的是，笔者所主张的实证性分析方法不应该被狭义地理解为基于访谈、调研、抽样统计等活动而进行的量化分析。事实上，对于中国金融司法问题的研究不可避免地需要从现实金融和司法活动中收集研究材料，但是有价值的材料获取并不一定意味着研究者要亲身进入研究对象的活动场所，甚至与研究对象"打成一片"。相反，采用问卷、访谈等形式来获取关于研究对象的资料，尽管看起来都是一手的，但要保证其对特定研究的有效性，必须消除技术上的一系列障碍，例如问卷设计或者抽样方法的可靠性，访谈对象的全面性和代表性，统计技术运用的科学性等等，只有做到了这几点，才能说获取的一手资料是符合客观真实情况的，否则，这样的一种获取研究资料的方法不仅无助于研究的展开，甚至还会误导研究者本人。理论上来说，研究当下中国金融司法问题的一个捷径是进入到法院，观察法院和法官个体的各种行为及其行为的结果，但是考虑到中国司法体制的某些阶段性特征，当研究者希望全面掌握一项或一类司法活动的来龙去脉，甚至是要获取相关的量化数据时，各种客观的制约因素就浮现出来了，例如司法的透明度问题以及数据的完整性问题。在这种情况下，他所直接获取或者通过一定的统计或抽样方法而获取的资料很有可能是经过人为过滤和筛选的，如果忽视了这一点，就可能造成进入到法院的研究者陷入"不识庐山真面目"或者"只见树木，不见树林"的窘境。若希望通过言语的沟通来了解法院工作人员的立场或想法，那也是要冒一定的"学术风险"的，一方面这需要通过实施一定的激励机制来保证访谈对象的"真心流露"，而不是随便应付或者说一些冠冕堂皇的话，另一方面还要避免由于"掏心掏肺"的访谈而使得研究者不自觉地由同情式地理解访谈对象而演变成为访谈对象行为正当性的论证者。如果研究者不能确保排除上述种种客观或主观因素的干扰的话，那么与其通过各种光鲜的研究手法来"包装"自身的研究结论，还不如做一个与研究对象保持距离的清醒观察者。

在研究工具的选择上，笔者倾向于采取实用主义(pragmatism)的立场，因此对于那种认为法律概念之间的关系才是法律和法律思想精髓的形式主义[②]采取排斥

① 苏力:《批评与自恋:读书与写作》，270页，法律出版社 2004年3月第1版。

② 关于法律形式主义的界定，参见波斯纳著，苏力译:《法理学问题》，567—568，页中国政法大学出版社，2002年1月第1版。

态度。在对不同现象和问题的分析过程中，可以根据实际情况的需要而使用经济学、社会学、政治学等社会科学的分析工具。当然，金融司法问题研究的基本定位毫无疑问是一种法学的研究，因为其研究的对象——中国金融法律制度变迁中的法院行为及其结果——是一个法律现象。在对研究对象进行分析的过程中，来源于法学以外的社会科学分析工具的适时和适当使用能够更好地为这一研究的目标实现而服务，以弥补法学研究方法的内在不足和对中国现实问题的回应乏力，从而让读者更清楚、也更容易地理解现象与现象之间的因果联系，但是也没有必要标榜这样的研究是一项关于法律经济学、法律社会学或其他法律××学的研究，毕竟把理论研究中的分析工具抬到与理论研究本身同样的高度实在是有可能喧宾夺主了。

引入社会学的思考方式有助于我们去探索现实中各色各样的金融司法现象背后的共同时代背景，具体来说就是处于经济转轨条件下的金融市场和处于政治转轨条件之下司法体制。如果脱离了这个时代大背景，仅仅针对特定的法律规则去阐述理论看法的话，那就有可能陷入形而上的空洞或停留于不切实际的理想。法律的终极原因是社会的福利，未达到其目标的规则不可能永久性地证明其存在是合理的①。因此，有必要意识到法律不是在真空中运行的，检验其运行好坏的标准也不是规则自身的逻辑美感。对于法院的解析不只是基于相关的法律规则，而是应当基于金融市场当下对司法行为的反应以及长期来看所能导致的结果(即各种与金融司法相关的社会现象)。只有具备了这样一种思维模式，才有理论上的空间去讨论是什么样的内外制约因素决定了法院和法官之所以这样行而不是那样行，从而对现实的金融司法现象给予有说服力的解释。

经济学分析工具的引入在此项研究中的一个重要价值在于，我们应当认识到法院都是由一个个活生生的人组成的，他们的行为动机是最大化自身的收益(包括政治上的和经济上的)②，从而避免了在过往的诸多研究中有把法院和法官"客体化"的倾向。在笔者看来，法院和法官本身就是司法制度形成和变迁的主动性因素，他们在过去、现在和将来都是制度的创造者之一。我们应当承认法官的行为无非是对外部约束条件的自然反应而已，并非简单地是由职业素养和道德水准的高或者低所决定的，在这个层面上，对于法院和法官的研究应当"祛魅"，既不美化拔

---

① 本杰明·卡多佐著，苏力译:《司法过程中历史、传统和社会学方法的作用》，载《中外法学》，1997年第6期。

② 经济学研究方法对于理性人的假设未必百分之百地符合实际，但是作为一个"参照系"或"基准点"，它本身的重要性不在于是否准确无误地描述了现实，而在于建立了一些让人们更好地理解现实的标尺，这类似于物理学上关于无摩擦状态的假定。参见钱颖一:《现代经济学与中国经济改革》，2—4页，中国人民大学出版社，2003年8月第1版。

高,也不一棍子打死,重要的是看到什么是导致各种司法现象出现的制度环境因素。例如,对于法院主动收缩自身权力,不愿介入某些金融争议案件的处理这一金融司法现象,如果仅仅把司法部门看作因为独立性的不存在而"被决定"的一个部门,那可能就是一种不完整的观察。事实上,在绝大多数情况下,法院权力的主动收缩未必是来自外部的硬性要求,而是在最大化自身利益过程中的主动选择。进一步讲,之所以会出现中国的法院和法官在行为方式上与法治发达国家的法院和法官差异甚大的情况,表面上看受诸如司法独立性、法官职业化程度、法院职能强弱等外部评价标准所影响,但归根结底还是因为不同法域的法官在效用函数上的截然差异。

六、结语

金融司法领域的研究把背景定位在中国经济转型过程中的金融市场和政治转型过程中的司法制度,希望从中探索法院在金融法律制度变迁过程中的角色扮演,因而在学术上的贡献主要可能体现为金融法研究和司法制度研究这两个方面。

从金融法研究的角度来说,金融司法问题的研究并非围绕着金融立法活动而展开,在对传统的"立法中心主义"的研究路径进行反思的基础上,着重于分析法院的行为和表现在中国金融法律制度演化过程中所实际起到的作用。这一理论视野的拓展有助于金融法的研究者更加全面地观察法律制度,尤其从法律制度的实践以及由此带来的或好或坏的经济社会效果,而不是从法律制度的文本出发来理解我们这个时代的金融市场游戏规则。也就是说,这项研究不再是把法院和法官当成一个给定的"常量",而是一个会受各种因素影响的"变量"。

进一步地,在金融司法问题的研究过程中,所关注的金融法律制度除了正式制度之外,还必然会包括各种金融司法实践中的非正式制度。有些制度虽然是正式的,但由于种种非正式制度的制约,实际上正式制度反而是无效的,只不过是纸面上的制度;而非正式制度总是因为其在生活中起了作用,才被人们认定为制度,因此,非正式制度一般来说都是实际产生影响的制度[①]。对于金融法的研究来说,如果把思维仅仅局限在正式制度上,就不免被白纸黑字上"美好"的规则所误导;相反,若能将视角拓展至金融司法领域,我们就会更容易地发现哪些法律规则不过是立法上的"装潢"而已,哪些文本上的法律规则能得到有效地适用,而又有哪些非正式制度虽然未曾出现在立法文本上,却实实在在地体现着其效力。其实,我们可以

① 苏力:《送法下乡》,73页,中国政法大学出版社2000年10月第1版。

经常观察到现实的成文法律规则可能只是对此前的“习惯做法”给予的一种事后合法性追认而已。从这个角度讲，司法实践中的非正式制度往往是先于法律文件中的正式制度而发挥实际作用的。金融法学如果仍是走法教义学和传统法解释学的老路，就不能很好地理解金融法在金融实践中到底是如何运作的。其实按照法律现实主义的理念，金融法学研究的对象就是金融法秩序，或“行动中金融法现象”[①]。为此，打开面向司法的研究之窗，把金融法从静态的法律规则话语之中“解放”出来，把研究导向与中国金融市场直接相关的那些现实司法问题正是笔者的一个初衷。

从司法制度研究的角度来说，透过对金融司法问题的研究，展示在我们面前的一个现实是：中国的法院不是那种“标准模板”中的法院，而是在国家体制内“化身”成为了公共政策制定和执行者。透过金融市场法律制度变迁的实践，我们所看到的不仅仅是中国法院所负担的种种司法职能，而是会意识到，法院和法官在既定约束条件之下所作出的各种司法行为（无论是纠纷解决、规则创制，或者是公权力制约、投资者权利保护等等方面）的特征都带有强烈的公共政策属性。在对各种金融司法现象的展示、概括和解释的基础上，可以“深挖”出政治经济转型大背景之下，是哪些司法体系外部和内部的因素共同造就了现实的中国法院，使其以一个“公共政策法院”的面目示人。也正是这样的原因，在研究方法上，笔者强调法院和法官的主体性，这不是指法律关系上的主体地位，主要是希望突出法院是影响中国金融法律制度形成和变迁的一个重要的主动性因素，而不是被动接受外在的各种制度安排，被动地从事着各项司法工作，因此提倡注重在研究过程中考察法院和法官的利益所在和行为动机，分析其行为背后的成本和收益。本文特别强调的一点是，我国法院的公共政策属性体现并非来源于外部的强制性要求，而是因为一个彰显公共政策价值的司法系统符合了现实法院和法官最大化自身利益的理性需求，这才是关键因素所在。这一在社会科学领域被称为“方法论个体主义（methodological individualism）”的思路[②]应当贯穿金融司法问题研究的始终，原因就在于，这样才能找到现实制度形成的诱因（incentive）究竟是什么。如果离开了这一点，我们有可能又陷入就公共政策谈公共政策那样的空泛性整体主义话语之中，无视法院和法官自身的利益诉求，那就肯定不是一种“认真对待金融司法”的态度了。

---

① 张建伟：《“法律与金融”交叉研究漫谈（下）》，载《金融法苑》第77辑，中国金融出版社2008年12月第1版。

② Jon Elster认为“社会生活的基本单位是个体的人类行为”，“要解释社会传统和社会的变革，便是要证明它们如何从个人的行为和互动的结果里所浮现。这个观点通常被称为方法论的个人主义，在我看来这是再真实不过了”。*See* Jon Elster, *Nuts and Bolts for the Social Sciences*, Cambridge University Press, 1989, p. 13.

另外，这里还要特别说明的是，中国的法院体系就好比一整块大的拼图，而不同类型的案件就是组成该拼图的各个部分，也许我们很难把不同类型的案件置于同样的理论话语之中去解说①，即使这么做了，也有可能得到的只是宏大叙事般地理论原则或政治纲领；而如果把研究的对象限定于特定的案件类型（例如金融案件），那由此带来的分析深刻性就有可能是可得的，但付出的代价就是理论总结的普适性。这是一个研究中国司法问题所无法回避的两难。金融司法领域的研究并不致力于解决这一两难，而是很明确地希望把研究对象限定为“司法拼图”中的专门一块——金融案件，也就是说并非要去奢望研究的结果具有超越特定研究对象的普遍适用性（当然也并不一概排除这种可能性）。但重要的是，这样的一种研究视角选取有可能揭示当代中国司法问题的宽泛性，具体来说，金融案件在当下即便不是中国法院所要面对的最主要的，那也一定是重要性快速增长的一种案件类型。换句话说，研究中国司法问题就不能只看到我国法院“乡土”的那一面，在21世纪的今天，我们必须看到一个“摩登”的中国法院，它面对的是越来越多的商业活动引致的纠纷，而不是越来越多的家长里短，这是现代化的趋势所必然决定的。我们没有任何理由非得把现实的法院框在“乡土”的层面，以此来显示“中国特色”的研究进路，其实“摩登”的法院也很“中国”，甚至比“乡土”的法院更“中国”②。因此，“认真对待金融司法”，去观察和研究中国法院对金融案件的处理，事实上也就是致力于认真剖析“司法拼图”中那有意无意地被忽略的一块，避免窄化司法研究的对象。笔者也相信，随着中国现代化进程的逐渐深化，尤其是整个国家城市化和商业化的程度与日俱增，并伴随着“陌生人社会”取代“熟人社会”成为主流的大环境，中国的法院将会越来越“摩登”，所以研究法院对金融案件处理的重要性也将日益凸显。

---

① 显然，对于像基层法院审理的人身伤害案件和高级法院乃至最高法院受理的国际贸易争端这样类型差异极大的司法案件，学者很难用一式一样而且又不乏细致缜密的理论框架去同时容纳它们，最多只是抽象谈论司法独立、法官素质、判决执行等理论“大路货”。

② 至少从不同类型案件所涉及的社会财富总量来看，难道就能认为金融、贸易、投资纠纷解决的重要性不如农村借贷、家庭矛盾、社区物业这类争议？对于牵涉更多利益在内的案件，从理论上来讲，就更能够展现当下中国法院制度的某些“特色”。

论中投公司海外投资的法律监管问题
——以美国为研究视角

苏 盼*

一、作为主权财富基金的中投公司

中国投资有限责任公司(China Investment Corporation — CIC)是中国主权财富基金的代表。[①] 关于主权财富基金(Sovereign Wealth Funds — SWFs)的具体含义,2008 年 10 月,国际货币基金组织(International Monetary Fund — IMF)在智利的圣地亚哥制定出一套主权财富基金普遍接受的原则和做法(Generally Accepted Principles and Practices — GAPP),又称"圣地亚哥原则"。圣地亚哥原则将主权财富基金的含义概括为:由广义政府(包括中央政府与各级地方政府)拥有的为实现宏观经济目的而设立的投资基金或安排(不一定采取设立基金的方式),它们持有、管理或处理资产,并运用一系列投资战略以实现金融目标。主权财富基金的资金来源通常由国际收支顺差、官方外汇业务、私有化收益、财政盈余以及商品出口收入(如石油)等资产构成。[②]

---

* 苏盼,北京大学法学院金融法研究中心 2012 级博士。

① 除此之外,有观点认为我国主权财富基金还包括中国外汇储备管理局旗下的中国华安投资有限公司,因为美国主权财富基金研究所(Sovereign Wealth Fund Institute)2010 年 11 月发布的数据将其列为世界排名第四大的主权财富基金。此外,还有国家社会保障基金、中非发展基金也在其列。http://www.swfinstitute.org/fund-rankings/. 最后访问日期为 2012 年 10 月 28 日。

② 主权财富基金国际工作组:《普遍接受的原则和做法》,第 3 页,资料来源:http://www.iwg-swf.org/pubs/chn/gapplistc.pdf, 2012 年 10 月 28 日最后访问。主权财富基金建立的目的有不同之处,可划分为 5 类:(1)为避免自然资源枯竭后导致经济出现较大波动,利用基金的盈利来增加国家收入,目的在于跨期平滑国家财富,如创建于 1990 年的挪威政府养老基金;(2)借助设立基金对巨额外汇储备进行分流,缓解本币的升值压力,冲销本国或本地区过剩的流动性,如创建于 2007 年的中国投资有限责任公司;(3)为应对老龄化社会,健全养老保险体系,跨代平滑国民财富,如创建于 2000 年的卡塔尔投资局;(4)为应对经济危机等类似不可预测的冲击,稳定社会的发展。如创建于 1953 年的科威特投资局;(5)为配合国家的发展战略,支持本国的行业改造和发展,增强本国企业的国际竞争力,如创建于 1974 年的新加坡淡马锡公司。*See* David Miles, *Sovereign Wealth Funds and Bond and Equity Prices Morgan Stanley Research Global*, June 2007. 转引自黄中文等:《主权财富基金》,8 页,中华工商联合出版社,2011 年 1 月第 1 版。

主权财富基金最早起源于1953年科威特成立的投资委员会(Kuwait Investment Board),主要是利用科威特出口石油的收益进行全球投资。① 五十多年来主权财富基金迅猛发展,特别集中于发展中国家,而IMF早在2007年就预测,五年内全球主权财富基金的资金数额可达10万亿美元。② 主权财富基金的投资主要是海外投资,③主要投资于国际债券、国际股票、大宗商品采购等,并进行了对外的直接投资。各主权财富基金在创立之初主要投资于固定收益类产品,近年来的投资更加活跃,投资组合也日益多元化,外国直接投资越来越成为主权财富基金的首选。根据联合国贸易和发展会议公布的数据,自1987年到2009年,主权财富基金在海外直接投资流量(主要是跨国并购,绿地投资极为有限)达到820亿美元,而740亿美元都是近五年来投资的,并且呈上升之势。④

中投公司成立于2007年9月29日,是依照《中华人民共和国公司法》设立的从事外汇资金投资管理业务的国有独资公司。中国财政部通过发行特别国债的方式筹集15500亿元人民币,购买了相当于2000亿美元的外汇储备作为中投公司的注册资本金。中投公司具有两大职能:一方面要通过海外投资获得较高回报,实现外汇储备的保值增值;⑤另一方面是代表国务院行使对其全资子公司——中央汇金投资有限责任公司的股东权利。⑥

中投公司的对外投资可以成为全球主权财富基金投资的一个缩影,从投资规模上看,中投排在全球主权财富基金的前列,它主要基于经济和财务目的,以被动

---

① 在1965年,科威特投资委员会并入投资管理局下的投资办公室,负责经营"未来世代基金"(Future Generation Fund),科威特政府每年把石油收入的10%划入该基金。参见高洁:《主权财富基金论》,第38页,中国金融出版社,2010年5月第1版。

② Simon Johnson, The Rise of Sovereign Wealth Funds, *Finance and Development*, September 2007, Volume 44, Number 3.

③ 大多数主权财富基金之所以进行海外投资,是因为(1)如果主权财富基金投资于本国的非政府金融资产,容易将外部资源收入的波动性转嫁到国内经济,当国内经济上升时,主权财富基金的投资会进一步拉升国内总需求、刺激通胀;当国内经济下降时,基金投资的撤出又会加剧经济紧缩;(2)如果投资于政府发行的本币或外币债券,由于主权财富基金的资金来源为政府收入,这种做法等同于政府向自身举债。另外,一般不允许主权财富基金从事借贷业务,不为政府债务提供担保。参见益言:《主权财富基金:发展、治理与投资策略》,载《中国金融》2009年第11期。

④ 数据根据联合国贸易和发展会议发布的2008、2009及2010年世界投资报告整理,http://www.unctad.org/en/Pages/Publications/WorldInvestmentReports (1991—2009). aspx. 2012年10月28日最后访问。

⑤ 中投公司用于海外投资的资金,不二次结汇再投资到国内,对国内总需求和货币政策不会产生冲击作用。海外投资可以带动国内企业的海外投资与协同投资,并有助于减缓外汇储备增长速度,稳定人民币汇率水平。参见谢平、陈超:《主权财富基金、宏观经济政策协调与金融稳定》,载《金融研究》2009年第2期。

⑥ 中央汇金公司于2003年12月16日由国务院设立,主要是投资并持有国有重点金融企业的股权。事实上中央汇金的重要股东职责由国务院行使,其董事会、监事会成员由国务院任命,对国务院负责。

投资、财务投资为主,追求长期的、稳定的和可持续的风险调整后回报。[①] 根据中投公司公布的年报显示,2007 年至 2010 年,中投的累计投资达到 1147 亿美元,基准投资组合结构为现金和现金产品、股权投资、固定收益投资和另类投资。因为中投公司的注册资本金来源于财政部发行的特别国债,为了争取每年的投资回报可以覆盖特别国债的利息支付需求,[②]中投有压力和动力进行高回报但也是高风险的投资。从其年报公布的数据来看,2008 年底股权投资仅占 3.2%的份额,但是到了 2009 年底,股权资产已经占到了最大份额,达到 36%,继而在 2010 年上升至 48%。截至 2010 年底,中投公司的全球组合分散投资中股权部分的地域分布以北美为主导(占到 41.9%),行业分布较为分散,但是金融、能源、材料、资讯科技、工业等领域占投资比重相对较大。尽管因受到金融危机的不利影响,中投公司在 2008 年经营亏损(年度收益率为−2.1%),但是在 2009 年与 2010 年的全球组合投资业绩表现中均达到 11.7%的年度收益率。[③]

因为中投公司在美国所作的投资占有相当的比重,中投公司赴美投资必须接受美国国内法的监管。而由于美国的特殊地位,其对主权财富基金的法律监管也将影响到其他发达国家,所以本文着眼于美国作为投资东道国的立场对主权财富基金展开的监管。[④]

---

① 参见中投公司公布的章程摘要:http://www.china-inv.cn/governance/articles.html,2012 年 10 月 28 日最后访问。

② 财政部共发行了 8 期总额为 15502.28 亿元的特别国债,国债各期的平均利息在 5%左右,全部由中投公司负担。根据各期特别国债的发行额和年利率测算,中投 2008 年一年就需承担 682.88 亿元的利息。中投公司董事长楼继伟曾坦言,按照工作日计算,中投平均每个工作日要赚 3 亿元人民币来为这 2000 亿美元资本金付息。参见《财政部可能为中投垫付特别国债首期付息 129 亿元》,载《21 世纪经济报道》2008 年 2 月 29 日。

③ 参见中投公司在其网站上发布的 2008 年、2009 年以及 2010 年的公司年报,http://www.china-inv.cn/resources/resources.html,2012 年 10 月 28 日最后访问。

④ 除本文关注的国内法监管外,美国还于 2008 年 3 月 20 日同新加坡和阿联酋签订了多边监管规则——“华盛顿约定”,主要就主权财富基金的监管达成了九项共识,其中五项约束投资母国,四项约束投资东道国。其核心是美国接受主权财富基金的投资,但主权财富基金必须接受美国的监管。五项主权财富基金行为准则是:第一,主权财富基金投资必须是纯商业运作,不能有任何政治目的;第二,主权财富基金必须加大其投资目的、财务信息、资产配置、回报率等方面的信息披露;第三,主权财富基金必须加强内部监管,建立完善的治理结构和风险管理系统;第四,主权财富基金必须保证与私营领域公平竞争;第五,主权财富基金必须遵守投资东道国的监管规则和披露要求。对投资东道国的四项约束规定是:第一,东道国不能对主权财富基金的证券投资和外国直接投资设置保护主义障碍;第二,东道国必须确保投资政策和准则的可预测性与公开性;第三,东道国不得对有关投资者区别对待;第四,以“国家安全”为由对主权财富基金相关交易进行的限制,必须是出于真实的国家安全风险。“华盛顿约定”的内容请参见新浪财经网的相关报道和综述,2012 年 10 月 28 日最后访问,http://finance.sina.com.cn/world/gjjj/20080322/15014655562.shtml.

二、美国法下的主权财富基金监管框架

美国对自由主义市场的崇尚使得其对具有浓重政府背景和主权特性的主权财富基金保持恐惧，对主权财富基金的担忧以彼得森国际经济研究所的埃德温·杜鲁门(Edwin M. Truman)在2007年美国国会听证会上的证词为代表：[①]第一，政府对投资的不当管理将损害其自身经济，而国际财富从传统工业化国家(如美国)向非工业化国家进行转移和重新分配，可能会对由西方国家主导的国际秩序和体系构成挑战；第二，政府对投资的控制与管理具有政治或经济目的，比如试图将国有化推向全球；第三，在主权财富基金争取政治或经济目标过程中，将刺激投资东道国的金融保护主义；第四，主权财富基金管理全球资产，政府主导可能引发市场混乱和不确定性。第五，财富从私人向公众(政府)转移，带来了不同于传统私人部门的决策机制，主权财富基金国家的投资可能涉及腐败，破坏市场机制。[②] 而对于"政府"的理解，"自由主义"的逻辑是要区分民主政府与集权政府，正如在2008年的达沃斯论坛上，有人指出要对主权财富基金进行限制，因为"有90%的投资是按照商业惯例进行的，但还有10%可能就不是……在很大程度上，这取决于控制基金的政府是民主的还是集权的。挪威和新加坡当然是民主的，但是中国、俄罗斯和海湾国家，可能就不是这样"。[③]

基于此种"威胁论"的基调，美国对主权财富基金的投资展开了严密的监管，由于对外直接投资占据了主权财富基金对外投资的主要方面，因此本文更加关注东道国对主权财富基金的直接投资的监管。

(一) 国家安全审查制度

对外国投资的关注最重要的是国家安全方面的审查，美国的国家安全审查制度的发展，包括对外资监管法律法规的修订和完善，突出反映了发达国家对新兴经

① 美国国会针对主权财富基金举行过数次听证会，自2007年11月至2008年9月，共计7次，主题主要涉及主权财富基金对美国经济和国家安全的影响，并讨论相应的管制框架。http://www.gpo.gov/fdsys/browse/collection.action? collectionCode=CHRG. 2012年10月28日最后访问。

② *See* Edwin M. Truman, Sovereign Wealth Fund Acquisitions and Other Foreign Government Investments in the United States: Assessing the Economic and National Security Implications, Testimony before the Committee on Banking, Housing, and Urban Affairs United States Senate, November 14,2007. 2012年10月28日最后访问，

http://banking.senate.gov/public/index.cfm? FuseAction=Files.View&FileStore_id=e4fe589e-90aa-46e0-afe9-1efb57fcd69c.

③ 转引自黄中文等：《主权财富基金》，184页，中华工商联合出版社，2011年1月第1版。

济体政府资本所进行的海外投资的畏惧和防范。美国对外国直接投资的国家安全审查制度主要体现于总统对外资的审查与限制权力，而为其提供服务的是美国的外国投资委员会（Committee on Foreign Investment in the United States — CFIUS）。① 最初是基于对欧佩克（Organization of the Petroleum Exporting Countries — OPEC）在美国投资可能怀有政治目的的疑虑，美国总统福特在 1975 年设立了外国投资委员会，授权其监控外资对国家安全的影响，但当时总统及委员会都没有审查并限制外资并购的实际权力。1988 年，国会在《综合贸易与竞争法》中引入《埃克森-弗洛里奥修正案》（the Exon-Florio provision，该法案构成对 1950 年《国防生产法》第 721 条款的修正②），规定总统有权调查可能影响国家安全的外资并购案件，对于有可靠证据表明取得控制权的外国实体可能采取危害美国国家安全的行为时，总统有权中止或禁止此项交易，而该程序的决定可免受司法审查。③ 其后，美国财政部于 1991 年颁布了《埃克森-弗洛里奥修正案》的实施细则，规定并购方可自愿向 CFIUS 提交主动申请被审查的通知。④ 在 1992 年，国会又修订了《埃克森-弗洛里奥修正案》，形成《伯德修正案》（the " Byrd Amendment "），它规定只要代表外国政府或受其控制的实体可能取得对相关美国公司的控制，且可能影响美国国家安全时，CFIUS 就会介入实质审查。⑤ 2005 年中海油试图收购

---

① 外国投资委员会（CFIUS）实际是一个由美国国会授权美国总统，再由美国总统授权财政部牵头，是一个由国防部、能源部、国家安全委员会等 16 个政府部门共同组成的联合执法机构。其监管内容为对任何来自外国的可能威胁美国国家安全的企业进行控制，并依据国家安全的理由建议美国总统停止或否决交易，甚至包括否决已经完成的交易。*See* James K. Jackson, CRS Report for Congress: The Committee on Foreign Investment in the United States, http://assets.opencrs.com/rpts/RL33388_20080408.pdf, 2012 年 10 月 28 日最后访问。

② 之所以《埃克森-弗洛里奥修正案》是对《国防生产法》的修正，是因为从 1980 年到 1987 年，CFIUS 多是应美国国防部要求做出审查。特别是 1983 年日本公司收购美国某钢铁制造企业、1985 年另一日本公司试图收购美国一军用品生产企业，以及 1987 年一法国公司收购美国某涉密的电脑配件企业这些涉及国防领域的案件引发了法案的修改。See James K. Jackson, CRS Report for Congress: The Committee on Foreign Investment in the United States, p. 7, http://assets.opencrs.com/rpts/RL33388_20080408.pdf, 2012 年 10 月 28 日最后访问。

③ Omnibus Trade and Competitiveness Act of 1988，转引自杨鸿：《美国国家安全审查对主权基金的监管及其启示——结合美国国家安全审查相关规则最新改革的分析》，载《河北法学》2009 年第 6 期。

④ 但现实中，外国投资者一般都会主动向 CFIUS 递交请求审查的通知，因为即使不主动通知，他们的投资（并购）交易也可能受到最终的总统审查。

⑤ Public Law 102 - 484, October 23, 1992.

美国优尼科公司[①]以及2006年阿联酋迪拜港口世界公司(Dubai Ports World)收购英国航运公司的六个美国港口运营权[②]等事件,促使美国于2007年通过了《外国投资与国家安全法》(Foreign Investment and National Security Act of 2007—FINSA),细化了安全审查程序并扩大了审查的范围和强度,进一步加强了对外国政府投资的审查规制,也强调了国会对审查程序的监控。2008年11月,财政部根据布什总统的授权颁布了最新执行条例,细化了外资审查的一些重要规则。

作为受外国政府控制的主权财富基金投资属于CFIUS的特别监管规则管辖范围。[③] 根据1992年的《伯德修正案》,代表外国政府或受其控制的实体在美国进行投资交易,可能控制美国公司并影响美国国家安全时,CFIUS就可以进行实质调查。对同样的涉及控制权转移的私人投资,只有CFIUS初步审查认为其威胁美国国家安全时才进行实质调查。[④] 而2007年《外国投资与国家安全法》及其执行条例专门规定了"外国政府控制的交易"这一概念,主要指可能控制美国企业的外国政府、代表外国政府或受其控制的实体所进行的交易,"受外国政府控制的实体"包括但不限于外国政府机构、国有企业、政府养老基金和主权财富基金。[⑤] 而只要是外国政府控制的交易,不论是否可能影响国家安全都必须直接进行实质调查程序。但它同时规定了一个例外,即财政部与审查程序中某负责机构共同认定该交易不会损害到美国的国家安全。[⑥] 另外一点,之前如果外国并购仅以投资为目的,且取

---

① 2005年6月,中海油出价185亿美元拟收购美国第九大石油公司尤尼科,但美国众议院援引《埃克森-弗洛里奥修正案》,认为该项收购可能影响美国的国家安全,因为作为国有企业的中国石油公司在苏丹、伊朗等"支持恐怖主义"的国家也有商业业务,中海油可能转让从尤尼科处获得的技术,进而影响美国的反恐行动。在2005年7月,美国国会通过了能源法案新增条款,要求政府在120天内对中国的能源状况进行研究,之后再决定是否批准此项并购。最终,中海油主动放弃了此次收购。相关案情请参见新浪财经网的专题报道:《中海油竞购优尼科》,2012年10月28日最后访问,http://finance.sina.com.cn/nz/lnzhyykn/index.shtml.

② 案例介绍参见人民网报道:《阿联酋公司收购美国港口经营权终告失败》,2006年3月12日,http://world.people.com.cn/GB/14549/4190500.html,2012年10月28日最后访问。

③ 2007年《外国投资与国家安全法》将安全审查的对象分成两部分,一个是一般(私人企业)的投资,另一个是受政府控制的投资。*See* Public Law 110-49-Foreign Investment and National Security Act of 2007 Section 721 (b)(1).

④ CFIUS的审查程序实际分为初步审查与实质调查两个步骤。初步审查是实质调查的前置程序,通常由并购方自愿向CFIUS提交通知,但CFIUS也可自行提起该程序。在30天期限内,若CFIUS初步审查认为并购将威胁或损害美国国家安全时才再进入实质调查程序;实质调查期限为45天,CFIUS决定是否采取措施并向总统提交建议。总统在15天内最终决定是否采取措施。See Executive Order of the Exon-Florio provision, No. 12661, 54 F.R. 779, 1989.

⑤ *See* Federal Register/Vol. 73, No. 236/Monday, December 8, 2008/Notices.

⑥ *See* FINSA SEC. 2 United States security improvement amendments; clarification of review and investigation process. (b)(2)(D).

得低于10%的普通股，就不需要受到CFIUS的审查。2007年新法案明确规定同时满足“仅以消极投资为目的”①与“所购权益低于10%”这两个标准才不受CFIUS审查。也就是说，如果CFIUS对外资的投资目的存有疑虑，不论其入股多少，都可以进行审查。②

除《埃克森-弗洛里奥修正案》规定的12项具体审查因素外，③CFIUS还审查外国投资对美国关键基础设施和关键技术等的影响，而法案中规定的“关键基础设施”是指一旦运行受阻就会对美国的国家安全（包括国家经济安全和国家公共卫生或安全）构成毁灭性影响的一切有形或虚拟的系统和资产；“关键技术”是指对美国国防以及其他领域具有核心作用的关键技术和组件。④ 如此宽泛的定义加重了外国投资在美国所受的审查。

就主权财富基金在美国所做的并购交易而言，新法案出台之前为了规避10%股权的比例限制，很多主权财富基金都将股权刚好控制在10%以下。比如我国中投公司在2007年5月入股黑石集团（又称“佰仕通集团”—The Blackstone Group），以及2007年12月并购摩根士丹利公司（Morgan Stanley）都是将股份限制在9.9%以下。新法案修改后，CFIUS如果对直接投资的目的产生疑虑，就会启动强制性审查，无疑主权财富基金在美国的投资将受到更为严格的限制。

中投公司也将一起投资美国电力企业的并购交易向CFIUS进行了申报。2009年11月6日，中投宣布通过其全资子公司（Terrific Investment Corporation）向美国爱依斯电力公司（AES Corporation，从事发电和配电业务）投资15.8亿美元，以每股12.6美元的配售价格购买该公司1.255亿股股票，约占该公司15%的

---

① 新法案执行条例举例说明，通过合同安排获得重要事项决定权，或取得董事会一个席位，都不属于消极投资。此处可概括理解为不以获取控制权为目的的投资。See 31 CFR Part 800—Regulations Pertaining to Mergers, Acquisitions, and Takeovers by Foreign Persons, 2008.

② 参见李霞、李惠民《主权财富基金的投资行为与中国主权财富基金的投资策略》，载《时代金融》2008年第12期。

③ 《埃克森-弗洛里奥修正案》规定的这12项审查因素包括：(1)满足国防需要的国内产品；(2)满足国防需要的国内产业，包括人力资源、产品、技术、服务等；(3)外国人对满足国家安全需要的国内产业的控制；(4)可能影响到军工产品、设备、技术或生化武器的交易，以及被美国国防部认定为对美国国家利益“构成地区军事威胁”的交易；(5)对美国技术领先地位构成安全影响的交易；(6)对美国关键基础设施造成安全影响的交易；(7)关键基础设施包括重大能源资产；(8)对美国关键技术可能产生影响；(9)由外国政府控制的交易；(10)由外国政府控制的交易要考察：(a)该国是否为核不扩散遵守国，(b)该国在反恐方面的合作与努力成效，(c)该国对军事技术进行转移或分拆的可能性；(11)对美国能源和其他关键资源可能产生长期影响；(12)其他由美国总统或外国投资委员会认定应予考虑的因素。*See* James K. Jackson, *CRS Report for Congress: The Committee on Foreign Investment in the United States*, pp. 13 - 14, http://assets.opencrs.com/rpts/RL33388_20080408.pdf. 2012年10月28日最后访问。

④ Public Law 110 - 49 - Foreign Investment and National Security Act of 2007 Section 721 (a)(6),(7).

股份。按照协议,中投公司将任命一名董事进入爱依斯电力公司董事会。后中投分别向美国外国投资委员会(CFIUS)、美国联邦能源管理委员会(FERC)和纽约州公共2009年服务委员会(NYPSC)提交了交易申请,“公司的透明度与专业水准促成了监管审批的加快完成”,最终于2010年3月完成交割。[①]

(二) 行业准入限制——以银行业准入限制为例

美国对外国资本进入所采取的监管还包括特定行业的准入限制,特别是“敏感行业”和“重要战略资产”,主权财富基金的直接投资也受到这类行业准入的限制。以我国主权财富基金为例,鉴于中投公司的子公司中央汇金主要对中国的商业银行持股,[②]这将影响到中投对外投资的行业选择,因此本文选取美国银行业的外资准入规则来进行分析。[③]

1978年的美国《国际银行法》(International Banking Act of 1978)规定,[④]直接或间接在美国设有分支机构的外国银行,必须遵守1956年的美国《银行控股公司法》(Bank Holding Company Act of 1956)[⑤]的相关规定。中投公司通过与中央汇金公司的股权关系,间接持有中国银行、中国工商银行和中国建设银行在美国开设的子行和分支机构的权益,因此也有可能需要遵守美国《银行控股公司法》的相关规定。

根据美国《银行控股公司法》的规定,美国联邦储备委员会(“美联储”,Federal Reserve Board — FRB)有权审查银行控股公司的投资,此类投资包括:(1)直接或者间接拥有银行类机构的所有权或25%以上控制权;(2)获取了任命董事会中的

---

① 参见中投公司新闻报道以及《2009年年度报告》的披露,2012年10月28日最后访问,http://www.china-inv.cn/resources/resources.html.

② 中投公司披露的2009年年报显示,中央汇金在2009年分别对国家开发银行持股48.7%,对中国工商银行持股35.3%,对中国农业银行持股50.0%,对中国银行持股67.5%,对中国建设银行持股57.0%。资料来源:《中投公司2009年年度报告》第39页,2012年10月28日最后访问,http://www.china-inv.cn/include/resources/CIC2009annualreport.pdf.

③ 更多关于美国其他行业,如交通(航空和海运)、通信、自然资源和能源、矿产、农业等领域对主权财富基金的准入限制规则,美国审计总署对此做过综述整理。*See* United States Government Accountability Office, Sovereign Wealth Funds: Laws Limiting Foreign Investment Affect Certain U.S. Assets and Agencies Have Various Enforcement Processes, May 2009, http://www.gao.gov/new.items/d09608.pdf. 2012年10月28日最后访问。

④ 除文中谈到的这一点,法案规定外国银行还需受到母国全面的或整体基础上的监管(Banks must generally be subject to comprehensive supervision on a consolidated basis by appropriate authorities in home country). See 12 U.S.C. § 3106, International Banking Act, as amended by the Foreign Bank Supervision Enhancement Act of 1991.

⑤ 美国《银行控股公司法》监管对象是“银行控股公司”,既包括美国也包括外国的此类公司。该法后来经过修订,see 12 U.S.C. § 1842.

多数董事的控制权;(3)美联储认定的对银行的经营和政策制定能够施加“控制性影响力”。[①] 对于“控制性影响力”的认定,美联储考虑因素包括了投资规模、投资者介入管理的程度、投资者与银行或银行控股公司的业务关系、显示重大影响管理或经营之意图或能力的其他相关因素,该法规定“被投资机构拥有不超过5%有投票权的股份或不超过10%的总股份”,[②]则可以被认定为没有控制力。如果外国投资违反了监管规则,《国际银行法》规定美联储可以下令关闭任何外国银行在美国设立的分支机构(如果该分支机构是联邦颁发的执照,美联储可以建议货币监理署(Office of the Comptroller of the Currency — OCC)关闭)。[③] 而《银行控股公司法》也规定了相应的民事及刑事责任。[④]

《银行控股公司法》规定了豁免条款,一个是上述监管不适用于美国政府或外国政府的直接投资,但被外国政府所控制的公司并不在这一例外之列。1988年,由意大利政府控制的 Istituto Per La Ricostruzione Industriale(IRI)银行向美联储申请对某美国银行的并购案的许可,美联储运用了这一规定判定了IRI银行不在该法案规定的例外之列。因为美联储认为,在外国政府控制或全资拥有的实体拟收购美国银行的情况下,外国政府不应被视为“银行控股公司”,但外国政府全资拥有的公司,如IRI,则必须接受美国《银行控股公司法》的管辖。[⑤] 因此,作为受政府控制的主权财富基金,如果投资于美国银行类机构,符合相应条件的,同样需要得到美联储的事先许可,并遵守该法案的其他相关规定。

另一项豁免是《银行控股公司法》第2(a)(5)(A)条项下的不被认定为“银行控股公司”的豁免。中投公司在2007年投资摩根士丹利时,摩根士丹利只是投资银行(受到的监管较少),中投的投资不会致其本身形成“银行控股公司”的地位,也就不需要接受美联储的监管。但是2008年金融危机后,摩根士丹利转型成为银行控股公司,可以兼营商业银行业务并需受到美联储的监管。中投因为与中央汇金的关系也可能被认定为“银行控股公司”,如果中投与摩根士丹利的交易符合《银行控

---

① *See U. S. C.* § 1841 (a)(2).

② 这里的10%不仅指单一投资者持股10%的情形,也包括了若干投资者持股均不超过10%,但相互联合,持股总比例超过10%以实现共同控制的情形,从而消除了投资者对10%限额规避的可能性。转引自范铭超:《美国对主权基金投资银行业的法律监管》,载《改革与战略》2010年第2期。

③ *See* United States Government Accountability Office, Sovereign Wealth Funds: Laws Limiting Foreign Investment Affect Certain U. S. Assets and Agencies Have Various Enforcement Processes, May 2009. p. 56, http://www.gao.gov/new.items/d09608.pdf. 2012年10月28日最后访问。

④ Supra note 50.

⑤ Letter from William W. Wiles, Secretary of the Board, to Patricia S. Skigen (August 19,1988). 转自章毅:《法律调整视野下的中国主权财富基金》,载《学术界》2008年第6期。

股公司法》的规定，那么美联储就可以介入对此笔交易的监管。[①] 2010 年 8 月，中投对投资摩根士丹利的部分美国存托凭证（American Depositary Receipt — ADR）转换为流通股，最终超过了 10%的有投票权股份，美联储审查了中投公司提供的报告，鉴于中投对摩根士丹利投资的消极性（不以取得控制权为目的），以及中投已在其母国（中国）受到合理监管等因素，美联储最终同意中投对摩根士丹利的此笔超过 10%有投票权股份的并购交易。[②]

（三）竞争法与反垄断法方面的规定

主权财富基金的对外直接投资，需要考虑被投资国家的反垄断法规和相关的申报规定。

美国 1976 年的《反垄断促进法案》（亦称《哈特-斯科特-罗迪诺反垄断法》，Hart - Scott - Rodino Act of 1976）及其修订后的法案规定，在进行并购之前，如果相关交易达到一定的门槛，[③]则交易方应该向反垄断审查机构提交报告，如果报告提交 30 天内监管机构未作出反对，则交易可以进行，否则进入反垄断程序。另外，法案规定了豁免申报标准：交易完成后，交易主体一方拥有公司有表决权的股份在 10%以下，或者交易仅以投资为目的。判断一笔交易是否“仅为投资目的”，应该视具体情况而定。例如，如果交易一方获得另一方的一名或多名董事会成员席位，则不能认定为“仅为投资目的”，因为并购方拥有董事会成员资格就可以影响董事会的决定，进而影响公司的发展。[④] 美国的反垄断机构是公平交易委员会（Federal Trade Commission — FTC）和美国司法部反垄断处（Antitrust Division of the Department of Justice — DOJ）。

以中投公司在美国的两大并购交易为例，2007 年收购黑石集团与摩根士丹利的股份都没有超过 10%，并且是消极性投资不以获得控制权为目的，不存在市场垄断和违反公平竞争的情形。

---

① 12 U. S. C. § 1842(a)(3).

② *See* Federal Reserve System, China Investment Corporation Beijing, People's Republic of China — Order Approving Acquisition of an Interest in a Bank Holding Company. August 31, 2010. 关于该条令的详细内容可参见美联储网站信息，2012 年 10 月 28 日最后访问，http://www.federalreserve.gov/newsevents/press/orders/order20100831a1.pdf.

③ 这些门槛包括：(1)超过 2392 亿美元（注：该金额连同其他讨论的金额限制，每年都会进行调整，以反映它相对于上一财政年度美国国民生产总值的比例变化）的任何法案规定的交易；(2)交易一方拥有至少 1196 亿美元的总资产规模或是总销售额的规模，并且另一方拥有至少 1200 万美元的总资产规模或是总销售额，同时交易的价值超过 5980 万美元的交易；(3)在对其资产和销售进行评估的时候，应考虑包括一方实际控制的而与之相关联的实体经济。转引自徐丹玉：《中国投资公司在美国投资的法律问题研究》，上海外国语大学硕士论文，2009 年 9 月。

④ 转引自彭岳：《主权财富基金难题：争议、方案与评价》，载《金陵法律评论》2009 年第 2 期。

针对主权财富基金的反垄断审查有一起非常著名的案例，即 1988 年英国垄断与并购委员会(Monopolies and Mergers Commission)对科威特政府收购英国石油公司(British Petroleum)案的反垄断审查。英国在反垄断方面的监管机构为 1999 年设立的竞争委员会(Competition Commission—CC，由垄断与并购委员会发展而来)，[①]根据英国 2002 年《企业法案》(Enterprise Act 2002)的规定，英国公平贸易委员会(Office of Fair Trading — OFT)有权审查并购交易是否会不利于市场竞争，[②]而竞争委员会有权进行深度调查，并可以基于市场充分竞争受到损害的理由阻止并购交易的发生，或者要求并购方减持股份。在 1987 和 1988 年间，科威特投资管理局通过机构投资者和公开市场陆续购入英国石油公司的股票，最终达到 21.6%的份额。随后，垄断与并购委员会介入对此事的调查，并认为科威特的持股将显著影响英国石油公司的决策。而英国石油公司作为英国最大、世界第三大的石油公司，对英国的经济具有十分重要的作用，如果英国石油公司受到外国政府，尤其是石油大国科威特的控制，将构成对英国公共利益的重大影响。最终委员会要求科威特投资管理局持有英国石油公司的股票不得超过 10%(9.9%的水平)，并限定其在 1 年内完成减持(1 年的期限后来被延长至 3 年)。[③] 除上述几个方面的规制外，主权财富基金一旦成为美国上市公司的股东，还需要满足公开披露方面的要求。比如，1968 年美国通过的《威廉姆斯法案》在其 1934 年《证券交易法》中加入了著名的“5%规则”——如果某人受益地持有超过根据《证券交易法》进行登记的某一种类证券的 5%，则需在证券收购之后 10 天之内，向发行人、美国证监会以及相关证券交易所公布投资者的身份、经营情况以及背景材料。[④] 中投公司购买爱依斯公司 15%股权，爱依斯在其 2009 年年报中详细披露了该项交易。[⑤] 另外，在公司治

---

① 竞争委员会于 1999 年由《竞争法案》(the Competition Act of 1998)设立，替代了之前的垄断与并购委员会(Monopolies and Mergers Commission)，竞争委员会的主要权力来自 2002 年的《企业法案》(the Enterprise Act of 2002)。更多信息可参见：http://www.competition-commission.org.uk/. 2012 年 10 月 28 日最后访问。

② 关于公平贸易委员会的权责内容，请参见网站信息，2012 年 10 月 28 日最后访问，http://en.wikipedia.org/wiki/Competition_Commission_(United_Kingdom).

③ *See* the Monopolies and Mergers Commission: The Government of Kuwait and The British Petroleum Company plc: A report on the merger situation, October 1988. http://www.competition-commission.org.uk/rep_pub/reports/1988/231kuwaitbp.htm#summary, 2012 年 10 月 28 日最后访问。

④ 转引自彭岳：《主权财富基金难题：争议、方案与评价》，载《金陵法律评论》2009 年第 2 期。

⑤ Form 10-k AES Corp-AES, February 26,2010, 2012 年 10 月 28 日最后访问，http://phx.corporate-ir.net/External.File?item=UGFyZW50SUQ9MzM1MjN8Q2hpbGRJRD0tMXx-UeXBlPTM=&t=1.

理、[①]国家信息收集[②]等方面，主权财富基金的投资都会受到一定的监管。

三、中国的立场

从以上的分析可以看出，美国国内法对主权财富基金在美投资的监管是多层次的，分散于各个方面，没有专门针对主权财富基金的监管机构或成套规则。但是，在不同方面的外资审查机制中均或多或少地包含了专门针对主权财富基金的内容，建构起严密的监管格局。从国际发展趋势来看，对主权财富基金进行监管是未来的发展方向，但过度的监管就意味着市场保护主义，不利于国际投资的发展。中投公司代表了中国主权财富基金的发展，作为投资者母国，中国必须坚持反对美国此种强势规制的立场。

尽管本文不赞成对主权财富基金引起的过度恐慌以及严密监管，但确实承认主权财富基金的特殊性。更为重要的是，必须从务实的态度看待主权财富基金，特别是我国的中投公司对外投资所需应对的监管格局。目前，我国还没有专门针对主权财富基金来华投资的监管法律制度，主权财富基金的投资与一般外商投资被同等对待。但是，本文认为有两个现象促使中投公司以及中国决策者(法律制度与法律政策都应予以关注)需要考虑中国如何从东道国角度来回应主权财富基金监管这个问题：第一，新加坡、阿联酋、挪威等其他主权财富基金国家已经对中国进行了投资，比如，中国市场在淡马锡总投资中占到32%的比重，仅次于其新加坡本国市场，[③]而挪威政府全球养老基金也期望加大对中国的投资力度，[④]这些都说明中国作为东道国，现实地面临着是否对主权财富基金进行监管以及如何监管的问题；

---

① 为了消除主权财富基金可能产生的不利影响，曾有人提出过在公司运作中恢复政府“金边股”制度，以掌控公司的决策权不致旁落。“金边股”又称“特权优先股”，最早出现在20世纪70年代末英国政府进行国有企业公司改制过程中，是指本国政府在公司内持有的带特定权利的股份。这种股份份额很小，通常为一股，不享有收益权，不能转让交易，也不能委托给非政府机构、企业或个人行使权利，但它对公司重大的战略决策拥有发言权和否决权。“金边股”制度目前在欧盟内部尚属非法，只对那些与国家安全有关的军火产业例外。目前欧盟认为，这一制度有碍自由贸易，可能被一些国家以保护本国利益为由而滥用。参见张明珅《论主权财富基金的监管》，载《政治与法律》2008年第7期。

② 比如，美国1994年的《国际投资和服务贸易调查法》(IITSS)规定，任何外国人只要获得美国商业(包括不动产)利益的10%，必须在45天之内向美国经济分析局(BEA)提交报告，此外还应提交后续定期报告。转引自彭岳《主权财富基金难题：争议、方案与评价》，载《金陵法律评论》2009年第2期。

③ 《淡马锡将投资中国中小企业》，载《新京报》，2012年1月4日。http://epaper. bjnews. com. cn/html/2012-01/04/content_307380. htm? div=-1. 2012年10月28日最后访问。

④ 《全球第二大主权财富基金的中国投资》，新浪财经网报道，2011年1月27日。http://finance. sina. com. cn/roll/20110127/02439316985. shtml. 2012年10月28日最后访问。

第二，美国、法国、加拿大、日本等发达国家已经或正准备着手建立自己的主权财富基金，[1]将来中国也有可能成为其投资对象。而中国目前总体上接受的外来投资(私人投资)已经出现相当大的规模，这说明中国的投资环境、投资政策具有强大的吸引力，未来也可以吸引更多的包括主权财富基金在内的外国投资。那么，着手研究中国是否对主权财富基金进行监管以及采取何种监管模式也未免不是未雨绸缪。而本文设想，未来的中国监管模式一方面不能成为"报复"，对他国主权财富基金来华投资进行严格限制；另一方面也应慎重考虑和对待。已经初步成型的外商投资法律制度，特别是国家安全审查制度，可以为主权财富基金来华投资形成适当引导和管理。

就微观层面而言，之后中国的主权财富基金首先要参与国际规则的制定。事实上这已经出现了比较好的趋向，如中投公司自 2008 年开始积极参与主权财富基金的国际组织，全程参与了《圣地亚哥原则》的起草制定和"主权财富基金论坛"机制的设立，并承办了 2011 年 5 月 20 日召开的论坛第三次会议。这些工作可以增加国际社会对主权财富基金的了解，能从一定程度上减轻主权财富基金面临的国际压力，从而减少部分投资接受国的疑虑和非议。其次，必须关注投资东道国的法律政策的变化，特别是与投资密切相关的经济政策的变动，在投资前对东道国的法制环境进行系统分析以避免法律风险。最后，对于未来是否有可能构建我国的主权财富基金监管框架还要进行一定的讨论和关注。

未来的主权财富基金监管问题仍将是一个热点，目前美国的监管模式主要还是将主权财富基金与其他普通投资者纳入相同或类似的审查程序，总的趋势是东道国对主权财富基金的对外直接投资监管越来越严格。而我国是否要进行监管以及采取何种监管模式还有待讨论。必须承认的是，尽管对于主权财富基金的作用与可能带来的威胁还会继续争论下去，但普遍的共识需要建立：必须防止金融保护主义阻碍全球资本的流通——投资的自由化，以及适当的监管，这才应该是未来主权财富基金发展的主题。

---

① 美国已经建立的主权财富基金包括阿拉斯加(Alaska Permanent Fund)、新墨西哥(New Mexico Permanent Trust Funds)、怀俄明(Permanent Wyoming Mineral Trust Fund)这几支基金。法国的主权财富基金为 2008 年建立的 Strategic Investment Fund。加拿大的主权财富基金建立较早，为 Alberta Heritage Savings Trust Fund。此外，日本为应对日元升值压力，也于 2010 年底开始考虑建立主权财富基金，参见《日本筹建主权财富基金》，新华网报道，2010 年 12 月 31 日，2012 年 10 月 28 日最后访问，http://news.xinhuanet.com/world/2010-12/31/c_12935073.htm.

读《理解管制》

秦丹鸿*

一、《理解管制》一文梗概

本文作者安德鲁·施莱弗(Andrei Shleifer)是美国哈佛大学经济系教授,同时担任美国国家经济研究局(NBER)研究员。1991—1997年期间,作者任俄罗斯政府顾问,1999年获美国经济学会克拉克奖,其著作《掠夺之手:政府病及其治疗》在中国有广泛的影响。

在本文中,作者首先回顾了经济管制的主要理论——以庇古为代表的公共利益理论、以科斯为代表的合同理论和以施蒂格勒为代表的捕获理论。之后,作者提出了另外一种理解管制和商业控制的理论——公共执行理论。最后,作者运用这个理论解释了世界不同国家的管制制度为何不同。

(一)既往管制理论回顾

对于既往政府管制理论的回顾,作者依照各理论进化的历史脉络展开:首先提出了公共利益理论的假设及结论,随后通过对公共利益理论的批判,展开对合同理论和捕获理论的介绍。

公共利益理论试图证明公有制和管制的正当性。作者指出,该理论建立在两个假设之上:其一,垄断或外部性等原因会导致市场失灵;其二,政府是慈善的,并且有能力通过管制消除市场失灵。这个理论既指出了政府应当做什么,也描绘了实际上政府做了什么(至少在民主国家里)。

然而,公共利益理论招致了诸多批评,这些批评主要来自芝加哥学派。作者将这些批评归结为三点:

---

* 秦丹鸿,北京大学法学院中心金融法研究2007级硕士,工作单位:信达资产管理公司。

首先,市场(竞争)和私人禁令(private ordering)能够解决大部分市场失灵,因而不用国家干预,更不用管制,公共利益理论实际上夸大了市场失灵的程度。例如用人单位之间的竞争,自然会保证劳动者得到安全和舒适的工作环境。即使一些领域竞争不那么激烈,私人禁令也可以解决潜在的市场失灵,比如邻居间可以自行解决纠纷,因为他们需要在较长的时间内共处。

其次,即使在个别案件中市场和私人禁令无法完美运作,私人诉讼也可以解决市场参与者之间的冲突,中立的法院会通过强制执行合同或侵权规则而提供救济。例如用人单位和劳动者之间可以通过订立合同的方式确定可能发生的事件以及相应的责任承担。如果法院在执行私人产权和合同方面运转良好,那么对管制的需求就很小了。

最后,即使市场和法院无法很好地解决这些问题,政府管制者也是无能的、腐败的和被捕获的,因此管制可能使事情变得更糟糕。这是对公共利益理论"政府是善良和全能的"的假设的挑战,亦是捕获理论的精髓所在。这种观点认为,其一,管制的政治过程是被行业捕获的,管制不仅无法控制垄断价格,反而维持了垄断价格;其二,即便消费者能够被组织起来对政府施加压力,即便管制者怀着促进公共福祉的初衷,管制者也没有能力消除市场失灵。因而,政府管制越少越好,因为政府管制是徒劳和危险的。

作者对以上观点给予了评价:

从肯定的角度讲,芝加哥学派对公共利益的批评是20世纪经济学领域的杰出成就,其不仅为思考政府的地位提供了新的理论支撑,而且也准确地对管制失败进行了预测。

但是另一方面,芝加哥学派也并非问题解决的终点,其理论缺陷在于两个方面:其一,从理论的层面上说,芝加哥学派对于私人禁令和法院(私人诉讼)过于自信。私人禁令固然在一些场合很有效,但却常常沦为混乱的、不公平的私人执行;法院被认为是公正的,然而实际上法院却很可能是极其无效率的,受政治驱动的,甚至是腐败的。把法院定性为善良的,而把政府定义成恶毒的,既没有理论根据,也缺乏现实基础。其二,从实证的层面上说,芝加哥学派无法解释为什么我们对于保护性的管制十分满意。

作者进而指出,我们需要一个更加细化的理论,这个理论既能够包容芝加哥学派对政府管制的批评,又可以承认在某些领域中政府参与的必要,从而能够更好地解释现实。这个理论就是管制执行理论。

(二)管制执行理论

1. 理论模型

作者沿袭了Djankov等人的思路,认为社会控制的主要策略一共有四种:市场秩序(market discipline),私人诉讼(private litigation),通过管制的公共执行(public enforcement)和国家公有制(state ownership)。举个例子来说,在促使企业进行证券信息披露的时候,可以采用的手段包括:声誉激励的方式(市场秩序);证券购买者诉讼的方式(私人诉讼);建立监管机构的方式(公共执行);证券发行国有化的方式(公有制)。

这四种方式是按照政府干预程度的不断加大来进行排列的。从私人秩序到私人诉讼,到监管,到公有制,政府的权力逐渐上升,而私人的权利逐渐下降;相应地,无序的社会成本逐渐减少,而专制的社会成本逐渐增加。制度安排的社会成本需要在无序与专制之间进行权衡,这种权衡叫做"制度的可能性边界"(Institutional possibility frontier, IPF)。

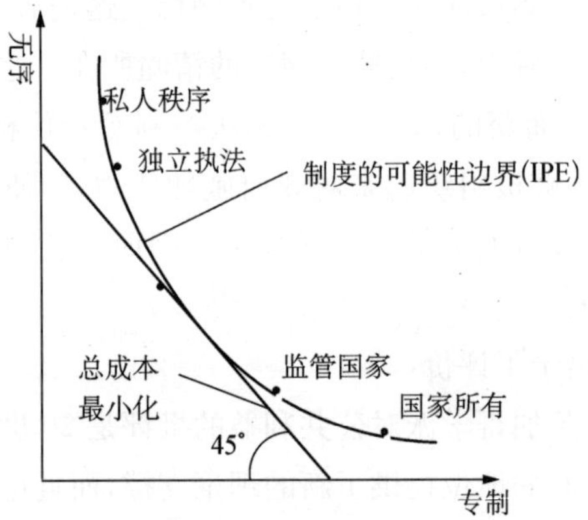

图一　制度可能

在基本概念界定方面,作者指出,无序是指私人当事人损害他人利益,如私人掠夺盗窃、敲诈、伤害、欺骗、附加额外成本等。专制则是指政府和官员损害私人当事人利益。根据作者给出的制度可能图表,管制执行理论将交易费用定义为非法者破坏执行机制的能力。

2. 理论分析

管制执行理论的基本假设是,四种管制策略都是不完美的,各自都有优点也有缺点,因而最优的制度往往是这些不完美策略的结合。详言之,市场秩序避免了政治的干扰,但是抵抗无序的能力很差,因为市场参与者可以采用各种手段打击对手。另一方面,如果市场秩序能够控制无序,则是最好的控制手段,因为其专制的社会成本最低。

私人诉讼的优点在于其非涉政治的特征,一方面保证双方当事人的公平,另一方面使得法官可以积累经验以便今后更有效率地解决纠纷。在司法独立的国家,以及当事人武器平等的国家,私人诉讼是很有效的。但是,私人诉讼也并非完美,因为:其一,所有破坏私人禁令有效性的力量同样可能影响法院,换言之,法院同样可能被捕获;其二,法院还会受到来自其他方面的影响,例如政治压力,这也是很常见的,尤其是在法院并不独立于政治的国家。

采用公共规则的私人诉讼是一种折中的手段。之所以在诉讼中采用公共规则是因为,公共规则作为公共物品,对于法院和当事人而言成本较低,体现在:首先,如果规则详细阐述了应为的义务,法院和当事人确立责任的负担都会减轻;其次,捕获法院将变得昂贵且困难。但是,公共规则的设立同时提高了政府滥用的可能性,即规则的制定者可能被捕获。

公共管制相对于其他手段,也有其优点:首先,不像法官,公共管制者更加专业,而且在特定的区域内更有动力追求社会目标;其次,因为管制者有实现社会政策的动机,因而比起法官更难以被捕获。然而,公共管制的主要问题在于管制者有自己的私人目标,因而可能被捕获。在缺乏政府监管和平衡的国家,政治化(politicisation)和过分执行(over-enforcement)是突出的问题。

3. 结论

该理论的结论,简而言之,有以下几点:

其一,只有当无序程度很高,以至于私人禁令或者法院都无法很好解决的情况下,才能求助于公共管制。

其二,当对公共执行滥用可以控制的时候,可以加强管制,例如在较为发达、政府监管比较完备的国家,管制更为有效。

其三,有些情况下,只有公有制才能解决无序的问题,比如监狱应当国有,因为私人所有监狱所造成的无序是无法被接受的。当然,公有更可能形成滥用和专制,因而世界范围内掀起了私有化的浪潮。

(三) 管制执行理论的运用

作者首先指出,事实证明并非所有制度都是有效率的。一些理论试图解释制度非效率的原因,比如公共选择理论。该理论认为所有的政治家,一旦拥有经济政策制定权或者制度选择权,就会倾向于维持自己的权力地位,或者谋求财富,因而过度管制的情况屡见不鲜。

接着,作者重点介绍了殖民移植理论(colonial transplantation)。该理论指出,大多数国家的法律制度和管制制度都非固有,而是对殖民者的继承。也就是说,各国的制度间的差异,并非效率追求或者政治选择的结果。比如世界范围内普通法系和大陆法系的分野,根源就在于各国接受了不同的殖民移植。

作者同时介绍了他近几年在世界范围内进行的实证调查。调查结果表明,各国商业的社会控制同该国法律渊源有密切的关系。换言之,殖民移植相比于地方实际状况,对社会控制模式的选择有更为深远的影响。同时,也说明我们现有的制度选择可能是无效率的,因为对于殖民者有效率的制度,在殖民地可能就是无效率的。

法律渊源的重要影响也为各国改革带来了希望,同时也带来了挑战。

一方面,因为大多数国家,尤其是落后国家,都存在管制过度的情况,因而应当放松管制,特别是放松对劳动力市场和进入市场的管制,因为这些市场的竞争本身可能就是有效的,放松管制并不会造成明显的无序,但是会降低专制成本。

同时,法律渊源的影响也成为改革的障碍。举例来说,很难期望大陆法国家的法院有效地解决纠纷,因为这些法院过于臃肿。因此,在发展中国家,最可行的是通过竞争和市场秩序控制无序;而对于发达国家,更可能通过专业化的法院来替代管制。

二、背景及比较

一般认为,政府管制分为经济管制和社会管制。经济管制发展的迟至兴起于1887年美国成立州际商业委员会,因而发展得历史比较久,且经历了“管制—放松管制—再管制”的路径。而社会管制则要到1960年代末1970年代初兴起并发展起来[①]。而且,经济领域的放松管制并没有影响到社会领域。社会管制,特别是在健康安全、环境保护方面的管制,在英美等发达国家持续增多[②],这是受到1960年代以来的民权上升、企业问题、社会精英主义瓦解等思潮影响的。

因而,我们日常谈论的管制,多指经济管制。在《理解管制》一文中,作者虽然列举了一些社会管制的例子(食品安全、飞行安全等),但是就其理论的展开,主要围绕的还是经济管制。

(一)“管制—放松管制—再管制”浪潮和管制理论变迁

对于经济管制,最令人乐道的,便是“管制—放松管制—再管制”的潮流。其实,在管制几起几落的背后,是管制理论几经变化的写照。

19世纪中期,在传统自由经济主义的影响下,经济运行的垄断,外部性等弊病暴露出来,因而“政府应当对微观经济领域进行管制”成为普遍的诉求。1929年开始的大萧条,让人们进一步感到通过自由市场经济实现公共利益几乎是不可能实现的梦想,因而经济学家进一步主张要求政府加强管制。这是经济管制开始的时代,也是管制理论兴起的时代。正如施莱弗所言,此时作为管制理论奠

① 当然,对于食品和药品质量、卫生和安全的管制举措是一直存在的,只不过没有得到足够的理论重视。

② 李月军:《社会管制:理论范式与中国实践》,中国社会科学出版社2009年版,第12—13页。

基石的公共利益理论成为主流学说。

1970年代，世界经济进入滞胀困境，引发了人们对于经济管制新的思考。同时，政府失灵——寻租、腐败、管制成本加大等问题的出现，使得人们转换视角，重新审视管制，进而提出放松管制的主张。支撑这种政策潮流的，正如施莱弗所总结的一样，是种种批判公共利益理论的理论——《理解管制》中提到的合同理论、捕获理论也好，没有提到的公共选择理论、可竞争市场理论也好。

1980年代末，经济学家们发现，完全放弃对微观经济的管制并非万全之策，因而投入了激励性管制、再管制的研究之中。激励性管制和再管制的研究，限于时间和实践的限制，目前还没有很成熟。主要的成果体现于特许投标理论（franchise bidding），标尺竞争理论（yardstick competition）和社会合同理论（social contract）。

（二）对"既往管制理论回顾"的回顾

由于《理解管制》一文中对于既往管制理论的介绍主要围绕对公共利益理论的批评展开。实际上，公共利益理论失败的原因并不限于合同理论和捕获理论所指出的，而批判公共利益理论的理论也有更为广泛的意义和局限。因此，为了便于下文对《理解管制》一文评论的展开，有必要对既往管制理论的回顾，在《理解管制》一文的基础上作更为深入的介绍。

1. 公共利益的失败

公共利益理论失败的原因，一言以蔽之，就是其假设的前提同实际偏差过大——对市场过分不自信，而对政府过分信赖，施莱弗对公共利益理论的批评也是围绕这两点展开的。然而，除此之外，即便不存在着两个问题，也很难说公共利益理论能够给政府管制提供足够的正当化理由。因为从政府对外的关系来看，政府是选民的代理人，而选民是由不同利益集团组成的，因而政府很难从这些分散化的价值偏好中确立所谓"公共利益"；从政府内部来看，一方面，科层官僚制度本身就意味着不同的官僚阶层有不同的利益取向，因而从这个角度来看，政府内部的政治市场也存在同经济市场一样的信息不对称、逆向选择等问题；另一方面，国家政府往往有复合性的多元目标，而这些目标之间往往是不可调和的①。总之，由于各种管制所涉及利益的多元化，公共利益是一个很难被界定的目标。

2. 捕获理论的局限

捕获理论试图说明管制者为了追逐自身利益，进而容易被其他利益集团所捕获，从而放弃公共利益的目标。从这个角度说，捕获理论对于公共利益理论的抨击

① 参见[美]道格拉斯·诺斯：《经济史中的结构与变迁》，上海人民出版社、上海三联书店1994年版，第24—28页。

是有力的，但是这个理论自身也存在一些难于解释的障碍。

首先，捕获理论夸大了政府被捕获的可能性，这体现在：其一，捕获理论实际上论证了管制机关被捕获后，与被管制者之间形成了委托—代理关系。从这个逻辑出发，最可能被捕获的，是管制机关中最底层的管制代理者。然而，对于被捕获的管制代理者而言，一方面要向被管制者负责，另一方面要向上级领导负责。因而，对其的激励可能比预想的复杂得多。其二，利益集团对决策执行者（管制代理者）的影响也是有限的，因为很多决策执行机构具有高度的专业性，其受到严格的法律限制（比如程序法和司法审查）。此外，相互斗争的利益集团的冲突压力为管制官僚提供更多的激励，以保证自己不偏不倚的形象[①]。施蒂格勒模型、佩尔兹曼模型或贝克尔模型都细化了捕获理论的论点，同时也证明了捕获理论的局限。

其次，捕获理论很难在社会管制的语境下进行解释：与经济管制不同，社会管制意味着"政府卷入生产的最细微的生产过程"。因为社会管制所管制的视生产决策层次，它在根本上和本体论上是与资本主义经济体系中的企业逻辑相反的，因此即使社会管制代理机构被捕获，也只是企业的一个没有用的工具。而且，管制代理机构至少潜在地反对被管制的企业利益。总之，被捕获的经济管制代理机构及其管制成为政治傀儡，而社会管制及其管制一旦被捕获，最多只是称为政府俘虏[②]。

公共选择理论是针对被捕获理论忽略掉的、"官僚的输出如何有效地转化为利益集团所期望的结果"这一问题提出的。肖尔茨提出，政策支持者反对有效的行政，因为潜在有效的行政策略常常产生控制难题，因而对于政策支持者而言，有效的策略反而不如安全的具有可控性的策略更有吸引力[③]，因为合作有效的策略往往要求行动者有更大的自由裁量权，但是自由裁量就具有很强的不可控性，可能导致策略执行者无法按照受益者的意志行事。莫指出，利益集团预料到他们当前在立法过程中的优势是暂时的，他们的对手不久便会取代他们的权力。因此，政策支持者不选择最有效的行政结构，而是喜欢使在对手控制行政以后也被利益锁定的行政结构[④]。

3. 管制执行理论的进步之处

管制执行理论试图缓解"公共利益理论中政府是全善的"和"捕获理论中政府

---

① *See* John T. Scholz, "Regulatory Enforcement in a Federalist System", 80 *The American Political Science Review* 1249(1986).

② Andrew Szasz, "Industrial Resistance to Occupational Safety and Health Legislation: 1971 - 1981", 32 *Social Problems* 103, 103 - 106(1984).

③ *See* John T. Scholz, "Cooperative Regulatory Enforcement and the Politics of Administrative Effectiveness", 85 *The American Political Science Review* 829(1991).

④ 李月军：《社会管制：理论范式与中国实践》，中国社会科学出版社 2009 年版，第 18 页。

是全恶的"对立假设，对政府的态度比较中性。正如施莱弗所说的，"管制执行理论试图包容芝加哥学派对政府管制的批评，同时承认在某些领域中政府参与的必要"。从这个角度来说，管制执行理论对政府的假设更接近现实生活的状况，因而对复杂的现实有更强的解释能力，也对各国实践和改革有更强的指导意义。

除此之外，管制执行理论的假设仍有一些独到之处，包括：

其一，管制执行理论认为私人掠夺所造成的无序，同政府掠夺所造成的专制具有共通性，它们是一种替代关系，一定的文明资本存量将决定两者在何种水平上达成均衡[①]；

其二，管制执行论将交易费用定位于私人与政府对合约实施或执法机制的破坏能力，从而赋予交易费用以全新视角，而且也使得交易费用这种分析工具在使用上更具可操作性——凡是对于合约实施能力的破坏，都归于增加交易费用。反过来，节约交易费用就转化为实施能力的维护与增强[②]。

其三，管制执行理论主张不同的制度结构决定规制实施能力的差别，即制度实施能力沿 IPF 线分布。这就使得解释不同国家或者同一国家不同时期的实施能力成为可能。因而，也就可以拓展出更多的模型。

三、管制执行理论在中国的应用

（一）过度管制的中国现实

中国政府管制最大的现实，就是施莱弗在《理解管制》一文中所说的，"各国管制的结果证明在大多数国家，尤其是贫穷落后的国家，管制都是过度的，而过度管制会带来一系列的问题。同时指出，在这些国家，管制基本上是失败的，因为官僚往往滥用权力。"

过度管制在中国是一个普遍的现象。具体地说，在我国，管制过度体现在：其一，进入管制较为严厉。在缺乏法律明确规定管制的情况下，政府部门也严格控制新进入产业的数量。其二，价格管制大多采取政府定价的方式，政府在实际运作中多参与了价格决策，所谓"听证会"不过是价格决策合理化的一个幌子。其三，相对于有关行业的法律而言，政府管制机构的条例、决定、通知实际上操纵了大多数政府管制[③]。

对于市场进入的管制，是最为人们唾弃的。许小年在一次报告中，对于政府的

---

① 参见徐德信："规制的公共实施评述"，载《中国行政管理》2008 年第一期。

② 参见徐德信："规制的公共实施评述"，载《中国行政管理》2008 年第一期。

③ 参见夏大慰、史东辉等：《政府规制：理论经验与中国的改革》，经济科学出版社 2003 年版，第 90 页。

过度管制，举了娱乐业和金融业的例子："（政府）对文化娱乐体系过度地管制，一个片子出来三堂会审，关系搞得不好就说你品位低下不能播。文化娱乐是老百姓喜闻乐见的事，有人愿意做、有人愿意看，你为什么要插一杠子评审呢？为什么你的口味就比老百姓高雅呢？这种无所不在的管制束缚了我们经济的发展，我们政府经常做两件事：第一就是作茧自缚……第二件事就是'逼良为娼'，如果没有地下钱庄，我们的民营企业不能到今天，地下钱庄为什么是非法的呢，因为没有法。地下钱庄如果能在阳光下操作，大家去注册，政府可以收税、可以监管、能解决中小企业的融资问题、创造了就业，何乐而不为呢？"①

（二）过度管制的原因探讨

管制过度无疑是"政府失灵"的表现之一，对于政府失灵原因的探讨，自然适用于过度管制。传统上认为，政府失灵是由于政府的有限理性，以及公共性和实施机制的冲突。政府的有限理性体现在：（1）政府本身取得信息的能力有限；（2）政府从市场或者中介机构获得信息的能力有限，可能出现信息串谋和寻租。

然而，针对中国特殊国情，结合《理解管制》一文中施莱弗的阐述，我国过度管制的原因还可从以下几个方面找到根据：

1. 计划经济残余严重

我国是从计划经济向市场经济转轨的，因而管制开始于计划经济时代。从我国政府管制的形成和执行过程的实质来看，我国政府管制的形成，与其说是为了克服市场失灵和理性不足，不如说是因为计划经济的延续，不如说是消灭市场。计划经济时期，政府规制无处不在，这种"国家计划"的力量，在我国改革开放之后形成了巨大的惯性，造成了无可匹敌的国家授权下的垄断力量和官本位的烙印。计划经济时代，建立什么样的企业、在哪里建、生产什么、生产多少等全部都由政府确定。"已经进入市场经济"的现在，这些管制实际上一个也没有少，只不过不是以"指标"的方式存在，而是以"审批"的面貌出现。究其原因，在于"政府转轨"的过程中，"放权让利"不够彻底，导致"计划经济残余严重"。

"转轨失败"的教训不只中国才有。施莱弗任俄罗斯政府顾问期间所做的研究发现，对比俄罗斯和波兰转轨改革后的市场效率，他发现俄罗斯经济的发展速度明显不如波兰。施莱弗认为，造成这种差异的原因，在于两国"政府转轨"（而非"市场转轨"）的表现有所差异。施莱弗指出："在资本主义转轨的过程中，有一个必要的组成部分就是政府的转轨。要理解俄罗斯的改革经验，理解俄罗斯与其他国家的

---

① 来自许小年个人博客：http://xuxiaonian.blog.hexun.com/3661924_d.html，最后访问时间：2009-1-5。

快速改革的区别，我们需要考察，政府是在改革之后继续保持对经济生活的控制，还是给私人商业的发展提供支持。尽管经济改革的内容相似，但俄罗斯的政府仍然对经济保持着相当的政治控制。不仅如此，政府还常常运用这一控制对商业政策实施掠夺性的政策。俄罗斯的政治转轨，并没有走得像波兰那么远，而正是政治转轨的缓慢阻碍了经济增长。……共产党政权倒台后，支撑共产主义和控制经济生活的政府机器也随之烟消云散。然而，过去的大政府却留下了许多残余，它们继续对经济施加控制。”①

2. 大陆法系的“殖民移植”

众所周知，我国是大陆法系国家。正如施莱弗在《理解管制》一文中所提到的，“殖民移植相比于地方实际状况，对社会控制模式的选择有更为深远的影响”，“大多数国家的制度并非固有，而是通过殖民移植予以继承”。我国对于大陆法系的继承亦是如此。当然，继承哪个法系，是历史的选择，并非在今天可以指手画脚的事情。但是，不可否认，大陆法系的一些弊病已经被我国“移植”，并且对我国过度管制的现状造成了深远的影响。

大陆法系严格地遵守法律的公、私划分。自罗马法开始，公和私划分的意义就在于“树立国王的权威”，以保证国家主权不可抵抗。只不过，随着近代民主和商业发展的需要，公和私的划分被赋予了新的使命：限制国家权力，保证商业的独立。因而，“公”的理念从保护“公权力”转向了保护“私权利”，但出于“体系化”“逻辑化”的需要，在形式上仍然恪守着公和私的划分。这样根深蒂固的公私观念，“形式主义”的公私划分，使得“来源正当的权力可以限制私人自由，而不需要考虑权力的内容、职能、具体构成”，进而使得政府可以对经济生活“傲慢”地进行干涉。在这样的理念下，过度管制自然不足为奇。同时，公和私二元框架的划分，造成了法律的集中供给和国家权威的集中垄断。“公私划分”的逻辑，使得国家的道德正当性不容怀疑，自然权威被法定权威（暴力权威）代替。“国家的绝对权威”为管制的正当化提供了充分的理由。

中国不仅受到大陆法系的“原生污染”，同时因为对于制度“囫囵吞枣”地接受，造成了因为“水土不服”所导致的“二次污染”。也就是说，本来在德国和法国有效率的大陆法系制度，到了中国就损失了效率；同时，因为中国接受大陆法系影响后，进行了不当的发展，产生了进一步的损害。这部分地体现在：

其一，对“法”的理解过于片面，人为地将“法”同国家强制力联系起来。同时，

① 安德烈·施莱弗，罗伯特·维什尼著，赵红军译：《掠夺之手：政府病及其治疗》，中信出版社 2004 年版，第 200—202 页。

将公共规则作为"执行"的必要因素,因而"加强立法"的呼声不断高涨。事实上,法律执行不过是第三方执行的一种,而第三方执行也不过是执行的一个子集。再退一步讲,即便是法律执行,也存在公共执行和私人执行的划分。公权力机关参与的执行,是一种公共执行。法律的私人执行与公共执行之间存在着替代关系,私人执行的成本一般要低于公共执行。

其二,法律中的责任规则很弱,对于政府而言,激励是不对齐的——政府只管"行动"(制定管制规则)而不管"责任"。"社会正义"理念的缺乏,使得政府从事管制活动后,并不承担由此造成的责任,加之政府在管制中有利可图(被捕获),因而大量的管制活动都不是维护市场秩序必需的,因而造成了过度管制的局面。

3. 政府容易被捕获

"有钱能让鬼推磨"的事情在中国社会中是时时发生的,政府被捕获是一个普遍的现象。正是如此,罗伯特·贝茨指出,"新制度主义对于建议一种关于发展中国家的政府行动的理论几乎没有什么帮助,因为在这些发展中国家,民主制度很少建立起来。其中最为主要的两个因素是:其一,制度,特别是法律和宪法,仅仅具有有限的拘束力;其二,国家政体受到体制不稳定的影响①。"

捕获理论最为典型的例子就是北京的出租车市场。在北京,出租车运营牌照由政府向出租车公司颁发,出租车个人无法申请,只能向出租车公司交"份子钱"而获得运营资格。在这种情况下,政府管制部门实质上被出租车公司所捕获,因为运营牌照本是公共资源,政府将其设置门槛,受益的只有出租车公司,事实上中国的出租车公司不过是一个收钱机器,根本没有任何服务于"公共利益"的实质职能。

政府被捕获的背后,必然是配置效率的损失,必然是交易成本的加剧,必然是寻租和腐败。如此过度管制的后果,是黑车横行,因为与其累死累活将自己赚的辛苦钱白白给出租车公司,不如铤而走险自己单干。而黑车的增多,又冲击了正规的出租车市场,这又给了政府一个充分且正当的管制理由,进行打击黑车的"钓鱼执法"。另一方面,老实的出租车司机自己"不敢造反",于是在"份儿钱"的共同压榨下,联合起来罢工。北京的出租车事件已经不止发生过一次。

钓鱼执法更多地关系到执法方式问题,在此不深入探讨。但是面对"过度管制"的问题根源,政府出于各种利益的需要,并不认真反思,放开市场,而是在打击黑车上大做文章,这种本末倒置的做法,让人不能不气愤。

---

① Robert H. Bates, "Macro-political Economy in the field of Development", in James Alt and Kenneth Shepsle (eds.), *Perspective on Positive Political Economy*, New York: Cambridge University Press, 1990, p. 46

（三）管制执行理论的借鉴意义

1. 对 IPF 曲线的发展

根据管制执行理论的模型，“制度实施能力沿 IPF 线分布”，而总成本最小化的曲线是一系列斜率为－1 的直线。从这个模型中，可以对不同国家的制度，以及一个国家不同时期的制度进行比较和解释。也可以对我国的改革提供一些思路。

管制执行模型中，制度实施能力实际上是一种偏好，即制度设计本身的主观取向——偏于无序或者偏于专制。而总成本最小化的曲线则相当于一种禀赋，即制度应有的客观能力。实施能力在 IPF 线如何分布，取决于该国或该国不同时期的制度结构及其变动。从管制执行模型可以看到，IPF 曲线同“总成本最小化”曲线有相交的区域，在该区域中制度是有效率的，但是该相交区域很小，因而如施莱弗在《理解管制》一文中所谈到的，制度实施能力 IPF 曲线上的运动常常偏离“总成本最小化”，即制度常常是没有效率的。然而，从另一个角度，我们也可以看出，使得制度实施能力向“相交区域”运动，正是一国制度努力的方向。

同时，“总成本最小化”的曲线也并非“世界统一”或者“一成不变”的，决定其运动的是一个国家的文明资本。也就是《理解管制》一文中施莱弗所说的“一个国家是‘贫穷且不民主’还是‘富裕且实施高效’”。

施莱弗等人认为，在 19 世纪末 20 世纪初进步运动的影响下，美国成功出现了管制执行或者监管①。施莱弗同他的同事们（LLSV）对美国制度运动前后的制度可能曲线作了实证研究，研究结果表明美国进步运动后，专制和无序都有所增强。具体运动情况如下图所示：

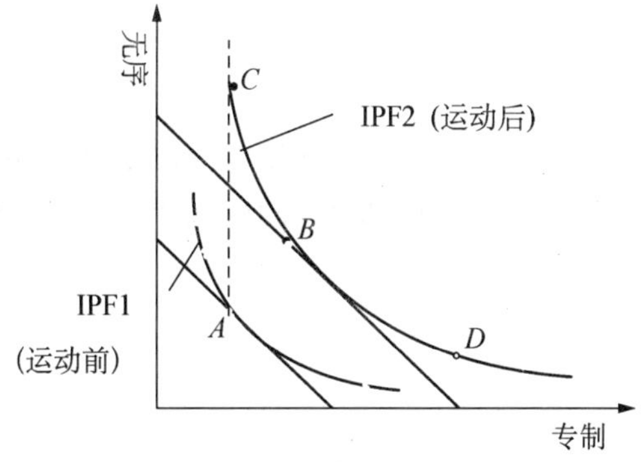

图二　美国进步运动前后的制度可能

① Glaeser Edward & Andrei Shleifer, “The Rise of the Regulatory State”, 41 *Journal of Economic Literature* 401(2003).

对于 IPF 曲线怎样向内(如果可能的话)或者向外推移,有很多种解释。从进步运动的事例来看,似乎是因为社会的剧变促使 IPF 向外摆动,这是一个质的改变;而根据 LLSV 的看法,是文明资本的变化推动了 IPF 的运动,而一个国家的制度现实(文明资本)的形成和改变是一个较为长期的过程,这是一个量的过程。

无论采取何种解释,都可以看出,推动 IPF 向内或者向外推移是相当困难的,绝大多数时候,制度现实是沿着既定的 IPF 曲线运动的,在这个过程中,专制和无序是此消彼长的"替代和平衡"关系。

因而,当前最为容易而且有效的方法,是在既有的 IPF 曲线上改变制度的位置,使其接近"最优"。应用于中国,过度管制的现状决定我们应当加大自由程度,也就是政府应当放松管制。

2. 应为的努力

对于转型期的中国而言,管制过度是最为突出的问题。其实,需要政府做的很简单:就是不要"多管闲事"。当前的中国,不是百姓没有信心,不是企业没有信心,恰恰是政府没有信心。政府没有信心并非因为政府没有能力,而是政府不愿意放弃既有的权力和利益。

正如施莱弗在《掠夺之手》中所倡导的,政治转轨是改革的重要方面:"政府转轨包含两个单独的步骤:第一,经济体需要非政治化,用市场力量的控制来替代政府实施的控制,剥夺政府以控制企业的工具和资源。第二,转轨也要求政府承担一些新的功能,比如,提供支撑市场经济的法律和管制。在总体上,国家需要被弱化,但在少数领域里需要得到强化。一些机构需要萎缩,而另一些需要发展。"[①]也就是说,一方面政府应当"放手"一些事务;另一方面,政府应当重新"接手"一些职能。但是无疑,放手是主要的,接手是在极少情况下才需要的。而且,放手主要是针对市场的,接手是为了更好地放手。

简而言之,政府应当在管制和市场之间做一个权衡,只有市场解决不力的情况下,才能由政府"插手",这也是行政法上最为基本的"比例原则"的要求。

---

① 安德烈·施莱弗,罗伯特·维什尼著,赵红军译:《掠夺之手:政府病及其治疗》,中信出版社 2004 年版,第 201—202 页。

第二辑

公司治理

走出公司治理的"唯'美'主义"迷思
——《法律与资本主义：全球公司危机揭示的法律制度与经济发展的关系》译序

罗培新*

题记：齐白石先生曾言，"学我者生，似我者死"，其缘由在于"太似为媚俗，不似为欺世，妙在似与不似之间"。将齐老的至理名言用于公司治理法律制度之国别比较，何其神似也！

写下这些文字的时候，笔者偶然打开美国芝加哥大学《法律经济学杂志》(*The Journal of Law and Economics*)的主页[①]，法律与资本主义：全球公司危机揭示的法律制度与经济发展的关系》这本红黑白三色封面的著作赫然在目——显然，这份全球顶尖的学术刊物，正在力推这本著作。与此同时，来自英国牛津大学、剑桥大学、美国加州伯克利大学等世界一流院校的学者，纷纷运用"内涵丰富、视角宽广"、"极富启发意义"等溢美之词，来推荐该著作。此外，《哈佛大学法律评论》(*Harvard Law Review*)更是在2008年12月专门发表了长篇书评，对其不吝使用"另辟蹊径"、"独树一帜"等赞誉之词。从译者的角度，为这本著作写一个序言，俨然成为自己辛劳多日的一份酬报。而置身于书香四溢的耶鲁大学斯特林纪念图书馆(Sterling Memorial Library)，记下自己的翻译心得，则更是一件曼妙无比的人生幸事。

麦道夫："上帝给了我买卖股票的灵感"

曾几何时，美国公司治理模式引领着全球风潮，诸多新兴市场经济国家在进

---

* 罗培新，北京大学法学院金融法研究中心2000级博士，工作单位：华东政法大学国际金融法律学院。

① http://www.journals.uchicago.edu/toc/jle/current.

行制度设计时，都不约而同地陷入了“唯‘美’主义”迷思。突出的例子是，俄罗斯前总统鲍里斯·叶利钦（Boris Yelstin）力邀美国的法学教授为该国起草公司法律。而世界银行、国际货币基金组织等诸多国际组织在向转轨国家提供贷款等资金支持时，亦直接或间接要求受援国以美国为蓝本，完善公司治理的法律法规。

然而，近年来美国安然、世通等产业公司的治理丑闻迭出，AIG、雷曼兄弟等金融公司高管巨额薪酬引发民怨滔滔……2008 年肇始于美国、席卷全球并对实体经济产生重大影响的金融风暴，引起了人们沉痛的反思：一向以规则细密、监管严苛而著称的美国，多年来却在酝酿着如此深重的公司治理与金融监管困局！

笔者在耶鲁大学访学期间，曾于 2009 年 10 月 27 日与美国证监会监察长（Inspector-General of the SEC）David Kotz 有一场私人会面。他提及自己在调查伯纳德·麦道夫（Bernard L. Madoff）的惊天骗局时，与麦道夫有如下对话：

> “当别人问你，为什么无论市场如何波动，你都能确保自己管理的基金获得稳定的回报，你怎么回答？”“我回答说，就是有那么极少数的一些人，上帝会给他们买卖股票的灵感，他们知道在何时买入，何时卖出……”

这种回答何其荒诞！但居然无人质疑。作为纳斯达克股票市场公司前董事会主席，麦道夫头上笼罩的光环掩盖了一切。

更为荒谬的是，被判处 150 年徒刑的麦道夫在监狱中承认，SEC 只须做一些简单不过的调查，便可及时戳穿其小儿科般的“庞氏骗局”。甚至有两次，麦道夫自己都认为要完蛋了：第一次是 2004 年，他以为 SEC 的调查人员肯定会检查他的交割账户，但他却很“震惊”地发现，调查人员居然没有这么做。他认为可能是自己在业界的地位帮助他逃过了一劫；第二次是 2006 年的一个周五下午，SEC 的调查人员确实询问了其交割账户的号码，当时他确信下周一自己的罪行将彻底曝光。然而，居然什么事都没有发生。麦道夫再次侥幸逃脱，但其造成的恶果却是数以百亿的巨额亏损和成千上万的家庭陷入不幸。

如此这般的公司治理，如此这般的公司治理监管，还能够被奉为圭臬而倍受推崇吗？《法律与资本主义：公司危机揭示的全球法律制度与经济发展的关系》在导论开宗明义：“以美国安然（Enron）公司的崩溃为开端，近年来世界主要经济体都发生了关于公司治理的激烈争议，这不仅动摇了投资者的信心，而且也使人们对这些国家的制度基础心存疑虑……”

公司治理制度是纯粹的技术规则吗?

晚近以来,在学界、政府决策层、世界银行等国际组织中,相当一部分人仍笃信不疑,认为公司治理的法律制度,就像技术一样可以移植。移植的法律一旦适得其位,经济将获得蓬勃发展。

在更为宽泛的意义上说,他们认为,一项清晰界定并保护产权的法律制度,是经济取得成功的先决条件。而且,一旦法律适得其所,它将成为一种固定的、政治上保持中立的制度安排。也就是说,良好的法律是经济增长之遗世独立、万代不易的基石。《法律与资本主义:公司危机揭示的全球法律制度与经济发展的关系》把此种观点称为法律的禀赋视角:它将法律制度视同为高速公路或者水坝——经济发展腾飞之前的一项固定资产投资,它决定了经济的发展路径,但其自身却不会变动不居。

此种观点可追溯至马克斯·韦伯。他运用法律来解释西欧资本主义的兴起,得出了一项著名的论断,即"理性的"法律通过对市场交易提供预期和合法性而支撑着经济活动的发展。一个世纪之后,诺贝尔奖获得者道格拉斯·诺斯部分援引了韦伯的观点,并将其运用于具体制度领域中。诺斯声称,将富国与穷国一分为二的是各国制度的质量。在诺斯看来,富国成功地形成了可靠的、低成本的制度,保护了产权,确保了合约的履行。相反,穷国则缺乏这些孕育着市场交易的制度安排。由于制度变迁存在路径依赖,那些禀赋孱弱的国家想变更其基础以赢得未来的经济增长,相当困难。

他们的论证过程,可以简单地抽象为以下方程式:良性法律+良性执法=良好的经济绩效。

20 世纪 90 年代,Rafael La Porta, Florencio Lopez-de-Silanes, Andrei Shleifer 和 Robert Vishny(下称 LLSV)四人在开展经济增长的法律基础研究方面充当了急先锋,将前人的学术研究向前推进了一大步。他们建立了一个数据库,设置了多个法律指标,以衡量 49 个国家中股东保护和债权人保护的质量。他们将这些国家分为英美法系国家和大陆法系国家,并且在一篇论文中,追溯了普通法系和大陆法系的起源,一直追溯至 12 世纪。他们认为,12 世纪英国孱弱的中央集权和强大的地方利益催生了陪审团制度,后者使得法院能够免受地方行政长官的干扰,从而为法院保护私人利益奠定了基础。根据这一见解,相反的是,彼时法国已经充斥着中央政治集权,王室高高地凌驾于法院之上。因而法院总是倾向于维护君主利益,而更不愿于保护私人主体的权益。显而易见,他们认为,英美法系国家的法律禀赋优于大陆法系国家,因而就法律保护的质量而言,普通法系国家优于大陆法系国家。弗里德里希·A. 哈耶克甚至断言,普通法系向来代表着制约政府权力的传统,比大陆法系国家更适应市场经济的需要。

这些关于法律与经济发展的形而上的决定性见解,让许多政策制定者和学者痴迷不已。现实也是如此。过去十多年来,受到将有利的经济绩效归因于"良"法的智识之影响,诸多新兴国家自愿地、或者在诸如世界银行等国际组织的压力之下,对公司治理采取"标准菜单"式的法律变革。不难想象,在这项研究中,普通法系赢得了高分,因为在许多学者和政策制定者心目中,"良"法即等同于英美(特别是美国)法。

然而,《法律与资本主义:公司危机揭示的全球法律制度与经济发展的关系》却没有成为这些见解的应声虫。它以深刻而审慎的分析提醒我们,如果一套法律制度被缩减、剥离成一堆法条的集合,法律制度将沦为一种纯粹的技术。其结果是,法律变革将异化为技术努力而不是政治或社会的变革。或许,世界银行致力于在发展中国家推行的"法律技术援助项目",正陷入了法律制度的技术迷思之中。当然,这也许是世界银行等国际组织自身的边界使然:对于其提供咨询建议的国家,它们无权予以政治介入或进行社会变革。

但是,公司治理法律制度只是一套纯粹的技术规则吗?《法律与资本主义:公司危机揭示的全球法律制度与经济发展的关系》对美国、日本、德国、中国、俄罗斯、韩国六大经济体的制度剖析表明,无论是发达国家,还是转型经济体,公司治理法律制度本身均无法自足。国别化的政治经济约束所产生的路径依赖、以及资本与产品市场的全球化所带来的制度趋同压力,都给公司法律制度打上了迥异于技术规则的社会烙印。

一盒未打开的巧克力

生命就像一盒巧克力,你永远都不知道里面装着什么。而由于公司治理法律规则内生于各国政治、经济等宏大语境之中,其样态之纷繁,似乎也像一盒巧克力一样,在入口之前,永远也难以猜透其原味。

就此而论,LLSV 评估公司治理法律制度的技术路径,势必面临重重质疑,其最根本的问题有二:其一,罔顾具体法律规则生成的社会背景,将公司治理法律制度抽象为纯粹的技术规则,认为它们可以方便地移植和转让;其二,在其给指标赋值的过程中,只看到法律的纸面规则,却忽视了法律作用于市场的动态过程。易言之,有些规则虽白纸黑字,实际上却被虚置;另有些不成文的规则却发挥着重要的作用,这两类规则极难赋值。LLSV 将法律规则视同为技术并赋予不同权重,轻则混淆视听、欠缺解释力,重则误导政策制订,伤及社会福利。

举例而言,《法律与资本主义:公司危机揭示的全球法律制度与经济发展的关系》在第十章“法律变革”中提及,美国、日本、韩国和中国都运用独立董事制度以解决代理成本问题。从表面上看,不同国家的公司治理规则实现了趋同,这些国家在LLSV有关建立独立董事制度的模型变量中可获得同样的赋值。然而,这一静态的函数显然无法反映不同国家对于“独立”的理解有哪些不同、每一国家试图缓解的代理问题有哪些差异等等。这些问题包括中国与政府过从甚密的上市公司监督缺位、韩国财阀中控股股东剥削小股东、日本公司的管理层身份与雇员利益可能过分重合、美国公司的股权高度分散以至于股东搭便车问题严重……因而,即便四个国家都贴上了同样的“解决代理问题”和“引入独立董事”的标签,其遵循的路径和制度实施绩效却多有差别。

美国公司治理以法律制度高度分权、市场偏好诉讼、适应性超强而著称,同时亦有着过于复杂、难以预测、特别不适于灵活协调解决治理问题等重重积弊。因而,不管初衷多么美好,过分关注美国的法律方案,可能会扼杀了解决本土问题的想象力和创造性。

事实上,《法律与资本主义:公司危机揭示的全球法律制度与经济发展的关系》认为,公司治理法律制度并不像有形的资本出资那样,一旦到位,就可以为经济活动提供坚实基础。经济活动的活力源泉正在于公司治理的诸多“创造性破坏”行为,正所谓“打破一个旧世界,才可以建设一个新世界”。因而,法律制度必须适合并顺应经济的诸多变化。就此而论,法律不应当被认为是亘古不变的禀赋,而是市场主体的行为及其策略性反应之间的高度循环往复的过程,可以称之为法律和市场之间的一种“螺旋式关系”。而由于各国公司治理的制度环境、市场结构、文化传统甚至宗教信仰各有不同,公司治理的约束条件和实现路径亦各有差异。

看起来,世界银行正在醒悟过来,也得出了同样的结论。世界银行近期一份报告总结了20世纪90年代改革的教训,得出结论称:“如果解决方案必须从特定的国家中去寻找,而不是运用现有的蓝图,则那些向发展中国家提供建议或资金支持的人,必须更为谦逊,对大量可能的解决方案保持更多的开放,更多地站在该国的角度来看待问题,在评估不同的可能的解决方案之成本和收益时,需要更多的求索精神”。

而这种求索精神,在《法律与资本主义:公司危机揭示的全球法律制度与经济发展的关系》中得到了充分的体现。本书开创性地引入了法律矩阵,并且成功地论证了任何国家的法律制度均位于“分权——集权”、“保护——协调”这两根轴线构成的矩阵中的一个方位。在本书第九章“解读法律制度”中,作者提到,“俄罗斯的法律制度最为集权,最不具有保护性;相反,美国拥有最为分权和最具保护性的法律制度……在普京执政下,政府重新赢得了对法律近乎垄断的控制权,并且对法律可被自主运用的空间加以限制”，而根据作者的分析，俄罗斯这样做，是为了实现其自然资源的国家战略，而这最符合俄罗斯的国家整体利益。

看来，公司治理这盒巧克力，如不亲自品尝，自是无法体验个中滋味。

带着政治镣铐的舞蹈

公司治理要讲政治。《法律与资本主义：公司危机揭示的全球法律制度与经济发展的关系》对六个国家典型案例的解析，不断地传递着这一信息。

三年前发生于俄罗斯的一幕，仍然不断地在全球上演。当然，演员和演出方式各有差异罢了。

2006 年 10 月 25 日凌晨 5 时许，一架“图-134”专机降落在俄罗斯新西伯利亚市托尔马乔沃机场，准备加油，但还未停稳就被十多辆警灯闪烁的军车团团包围。这些全副武装、头戴面罩的特种部队士兵和身穿黑色制服的特工很快冲入机舱，大喊“联邦安全局，枪放地上，否则开火！”机上的乘客——俄罗斯声名显赫的首富米哈伊尔·霍多尔科夫斯基束手就擒。

十余年来，霍多尔科夫斯基长袖善舞，成功塑造了俄罗斯的能源帝国尤科斯公司，并将其经营成颇受海外投资者青睐的绩优公司。根据《法律与资本主义：公司危机揭示的全球法律制度与经济发展的关系》第八章的分析，在俄罗斯寡头横行的那个年代，尤科斯公司的难能可贵之处在于，股东大会选举产生了包括来自国际金融和石油行业的代表组成的董事会，该公司还对外宣称，在未来的日子里，将按照俄罗斯公司法和经合组织关于公司治理的新准则来治理公司，并且披露根据公认的会计准则(GAAP)审计后的报告。此外，霍多尔科夫斯基效仿西方商业巨子，向国外包括卡内基基金会、国会图书馆等在内的非政府组织大笔捐钱，以树立慈善家的形象。

然而，霍多尔科夫斯基过于精明的商业头脑里，未给政治意识留下足够的空间。

彼时的俄罗斯正受困于“资源魔咒”：自然资源的富饶，不但未能促进经济增长和繁荣，反而与高频度的腐败、攫取了资源的统治精英与绝少有机会分享“意外横财”的普通大众之间收入的巨大差距息息相关。为增强政府控制力，从而为解决上述问题奠定基石，普京上台之后，在国际舞台大打资源牌，其推行的战略是，以政府对自然资源的直接或间接控制为基础，重振俄罗斯世界大国的雄风。而霍多尔科夫斯基推行的商业策略(包括未经洽商克里姆林宫即与国外投资者频密交往)，为外资觊觎俄罗斯自然资源打开了大门，这对于普京推行的俄罗斯战略构成了最为严重的挑战。

因而，虽然一些观察家推测，普京对霍多尔科夫斯基痛下狠手，是由于后者宣布他可能会参加2008年的总统竞选，但普京并不真正需要惧怕这样一个民众普遍不愿接受的对手。情况也确实如此，在霍多尔科夫斯基锒铛入狱之后，普京的支持率从70%攀升至80%。普京需要做的，是实现政府对俄罗斯最为宝贵的自然资源之控制，这使其必须向寡头们开刀。

普京上台之后，宣布了全新的规则以与寡头们周旋。寡头们获许保有其从20世纪90年代疑义重重的私有化交易中累积的财产，但前提是他们必须远离政府。在一系列的电台访谈中，普京不止一次地将寡头们与卖鞋子和烤面包的相提并论，表明这些人新的地位可以低至贩夫走卒。接下来，就像许多老套路的故事一样，普京开始运用税收机制来削弱寡头并降低其帝国的规模：查账并课以偷税罪，这是任何寡头均无法承受的重压。许多寡头选择放弃财产，远走他乡。但霍多尔科夫斯基却错误地判断了形势。

在这场战役中，公司治理法律规则并没有建立起有效的治理和激励结构，而被当作攫取控制权和击退竞争者的主要手段。为了实现俄罗斯政府的战略，法规和规章被设计得非常含糊不清，一方面使得官僚机构拥有足够的自由裁量权来防止出现竞争性投标的情形，从而遏制国外投资者；另一方面则通过法律法规和拍卖程序的设计，创造出一种程序正义的外观。法律被用于掩盖政府和寡头之间的内部人交易。在俄罗斯的政治历史上，法律作为实现政治目的的工具实属常态。卡尔·马克思认为法律仅仅是统治阶级手中的工具，俄罗斯的公司治理法律规则将其演绎到了极致。

因而，宏观经济与政策背景，甚至关键政治人物的变迁，都可能影响着微观的公司治理绩效，甚至决定着高管个人是成功实现了华丽转身，还是一朝沦为阶下之囚——想来，现在正在西伯利亚劳改所服刑的俄罗斯曾经的首富霍多尔科夫斯基，只能空叹造化弄人！

而在LLSV的模型中，对于政治对公司治理的影响，又当如何赋值？

制度趋同背后的“网络效应”

公司治理法律制度向有趋同论与存异论之争。耶鲁大学的汉斯曼和哈佛大学的克拉克曼是趋同论者最典型的代表。他们在《公司法历史的终结》一文中认为，根据达尔文主义，公司治理将向最有效率的模式发展。那些无效率的模式将被淘汰，最后保留下来的治理模式将是最有效率的。因此，竞争将导致公司治理模式最终趋同。

然而，很有意思的是，《法律与资本主义：公司危机揭示的全球法律制度与经济发展的关系》在第十章“法律变革”中提出，即便公司治理法律制度趋同于美国模式，亦未必是因为美国法律制度特别优越，而是全球法律职业教育及其结构之变迁使然。以法律需求视角观之，当地法律共同体熟悉移植法律，是移植规则为东道国所用的关键因素。美国在研究生法律教育市场中与日俱增的影响力，对于趋同现象具有重要的解释意义。每年有数以千计的外国研究生（事实上所有的人都已经是律师、法官、检察官、政府官员、公司法律事务顾问或者法律学者）在美国学习法律。全球熟稔于美国公司法律的专业人士与日俱增，产生了明显的“网络外部性”：其一，美国法律的传播，增强了远隔重洋的法律专业人士使用共同法律语言进行交易、或者作为对手进行谈判的能力；第二，这种越来越广泛的基础，增强了全球人士选用美国法律作为准据法的激励，这也给那些运用美国法律来提供专家建议的人士带来了好处。而这些群体在母国进行制度设计时，本能地优先选用美国的法律以为借鉴。日本就是一个最为典型的例子。

日本虽然是大陆法系国家，在设计公司并购规则时，没有借鉴德国法例，同时也弃用了英国的《城市法典》，而最终选用特拉华州的做法，其根本原因在于，日本的许多律师、经济官员和法官，曾经就读于美国的法学院，故而熟知特拉华州的法律。更为特殊的是，公司价值研究小组成员中至少有三分之一的公司法学者广泛接触过特拉华州的法律。另外，在过去的二十年里，美国的律师事务所常驻日本，得到了日本大量潜在的利益惠顾。根据新颁布的并购规则，可以说在一夜之间，日本三千多家上市公司都引入了毒丸计划这一渊源于美国的复杂的法律技术，从而创造了一个全新的市场。对于日本律师中的精英而言，他们中的绝大多数接受过美国法学院的教育，并且是纽约州或加利福尼亚州的律师协会成员，移植美国的法律，特别是将美国的毒丸计划改造成合乎本国法律制度之需要，会带来巨大而全新的商业机会。仅以此一斑即可窥得，日本公司治理法律制度之选择是多元动因作用之结果，而绝非简单地向某一种模式趋同。而其功效，则有待于在未来的岁月中予以检验。

一盘没有下完的棋

“文明新旧能相益，心理东西本自同。”虽然美国公司治理经典模式的荣光已然消褪，但审视一番公司治理的“唯‘美’主义”迷思，梳理一下公司治理的复杂法律与事理逻辑，对于处于转型期的中国，仍然不乏借鉴意义。这是《法律与资本主义：公司危机揭示的全球法律制度与经济发展的关系》一书带给笔者的总体感受。

行文至此，想起中国著名画家齐白石曾言，“学我者生，似我者死”，其缘由在于“太似为媚俗，不似为欺世，妙在似与不似之间”。将齐老的至理名言用于公司治理法律制度之国别比较，何其神似也！

罗培新记于美国耶鲁大学斯特林纪念图书馆

2009 年 11 月 18 日

论对赌协议的法律效力

彭鹏* 王丽**

一、对赌协议的界定与主要类型

（一）对赌协议的界定

对赌协议也称估值调整协议。鉴于目前国内法律对对赌协议未做定义，我们将对赌协议理解为投资机构与目标公司（或、和）其控股股东签署的，约定目标公司需要在未来一段时间内实现一定业绩（如达到上市标准或通过证监会审核、达到一定的净资产收益率、达到一定的净利润或增长率等），否则目标公司（或、和）其控股股东需要对投资机构进行补偿（如回购投资机构所持股权、向投资机构无偿转让股权或进行现金补偿等）的协议①。

对赌协议不同于赌博。对赌协议在法律性质上是附生效条件的合同，当约定的条件成就时，合同发生法律效力。我们认为，对赌和赌博的基本区别在于双方对约定事项是否具有法律保护的利益。对于对赌协议的签约双方而言，约定的事项一般是公司的成长性指标或盈利性指标等，双方对这些事项的利益受到法律的保护，而赌博双方对约定事项的利益不受法律保护。这与保险和赌博的关系类似，投保人对保险事项必须具有保险利益，否则不受法律保护。

（二）对赌协议的主要类型

在 Pre－IPO 中，普遍存在着对赌协议。我们以 Pre－IPO 中的对赌协议为研究对象，进行分类和对比。根据我们的整理，Pre－IPO 中的对赌协议主要有四种

---

* 彭鹏，北京大学法学院金融法研究中心 2007 级博士研究生，工作单位：中国建银投资有限责任公司。

** 王丽，工作单位：中国银行股份有限公司。

① 根据该定义，本文暂不讨论投资机构与公司管理层之间的激励计划，如机器人案例中，金石投资对机器人核心管理层签署的业绩奖励协议。

类型，即条件成就时：(1)股东向投资机构无偿转让股份；(2)公司及其股东赎回投资机构的股权；(3)股东向投资机构进行现金补偿；(4)综合性对赌协议，即签署前三种类型对赌协议的综合模式。举例如下：

表 1 对赌协议类型[1]

条款类型	典型案例	典型表述
股东向投资机构无偿转让股份	东方财富、金刚玻璃、普路通(未上市)	增资完成后，如果上海东财在中国境内证券市场首次公开发行股票并上市的申请于 2008 年 10 月 31 日未能通过中国证监会股票发行审核委员会审核，则深圳秉合有权要求在上述日期届满之日起两个月内，由上海东财自然人股东按照拟定的上海东财整体变更为股份有限公司后的股份总数，向深圳秉合无偿转让合计占整体变更为股份有限公司后上海东财股权比例 4%的相应股份。[2]
公司及(或)其股东赎回投资机构的股权	东光微电、丰林集团、海伦哲	稳健持续经营保证：起始日后，如公司经营业绩连续两年净资产收益率(扣除非经常性损益)低于 10%，则乙方(中比基金，下同)有权要求原股东或公司以现金形式赎回乙方所持股权，赎回价格可为：4,000 万元＋(4,000 万元×20%×起始日到赎回日天数/365－赎回日前乙方已分配的现金红利)。[3]
股东向投资机构进行现金补偿	隆鑫通用、麦趣尔、掌趣科技	若隆鑫工业 2010 年经审计的归属于隆鑫工业本身的净利润低于 5 亿元人民币，则隆鑫控股或银锦实业应以现金向股权受让方各方补偿，补偿金额为： 各财务投资者支付的转让价格×(1－2010 年经审计的归属于标的公司本身的净利润÷5 亿)。[4]
综合性对赌协议	天晟新材、维尔利	综合性对赌协议是前三种对赌协议的综合版本，涉及回购、股份无偿转让、现金补偿等多种方案。[5]

---

① 一般来说，投资机构与拟上市公司对赌时，居于主动地位。因此，有的拟上市公司会与不同的投资机构签署不同类型的对赌协议。请见《广东君信律师事务所关于东莞勤上光电股份有限公司申请公开发行股票并上市的第一次补充法律意见书》。

② 条款来源：东方财富信息股份有限公司招股说明书(深圳秉合与上海东财自然人股东)。

③ 条款来源：东光微电招股说明书(中比基金与东光微电股东)。

④ 条款来源：隆鑫通用招股说明书(国开金融与隆鑫控股等)。

⑤ 综合性对赌协议条款较长。请参考天晟新材补充法律意见书(一)中披露的综合性对赌协议(中科汇盈等与天晟有限及其股东)。

（三）不同类型对赌协议的对比

上述四种类型的对赌协议中，前三种是独立类型，第四种是前几种类型的综合体，并非独立类型。我们简要分析三种对赌协议的不同之处。请见下表：

表2　不同类型对赌协议对比表

对赌协议类型	主体	法律依据	对公司控制权影响	对投资机构影响
股东向投资机构无偿转让股权	股东与投资机构	合同法	公司控制权有所减弱	无偿取得公司股份
公司及其股东赎回投资机构的股权	公司、股东与投资机构	公司与投资机构之间适用公司法关于股份回购、减资的规定；股东与投资机构之间适用合同法	公司控制权有所增强	取得现金补偿
股东向投资机构进行现金补偿	股东与投资机构	合同法	不受影响	取得现金补偿

二、监管机构关于对赌协议的态度

证监会关于对赌协议的态度可以概括为：认可对赌协议合法有效，但要求拟上市企业在IPO前清除对赌协议；默认上市公司参与对赌交易；在上市公司重大资产重组中，引入具有对赌性质的利润补偿协议。

（一）承认对赌协议具有合法性

已查阅到的保荐机构及律师对对赌协议法律效力明确发表意见的案例有：

表3　保荐机构、律师对对赌协议发表的专业意见

拟上市公司	对赌协议类型	保荐机构及律师意见
东方财富信息股份有限公司	股东向投资机构无偿转让股份	《投资框架协议》、《承诺函》及相关《股权转让合同》内容真实、合法、有效；其履行未损害发行人或其他股东的合法权益、不存在违反相关法律、法规及规范性文件的情形。

续　表

拟上市公司	对赌协议类型	保荐机构及律师意见
深圳市普路通供应链管理股份有限公司[①]	股东向投资机构无偿转让股份	本次《增资扩股协议书》中的业绩对赌协议生效条件已成就，但浙商创投、李菊香均已出具《解除业绩对赌协议的承诺书》，承诺解除该业绩对赌协议。

上述案例中的对赌协议类型均为股东向投资机构无偿转让股份。该类型的对赌协议，相比于其他类型，更可能直接影响公司控制权的稳定性。保荐机构和律师均发表了其合法有效的专业意见，证监会未对这些专业意见提出异议。我们可以推论出，其他类型对赌协议的合法性得到了证监会的认可。

(二) 要求拟上市公司在 IPO 前清理对赌协议

这是业内规范的做法，无须赘述。已有的案例包括东方财富、东方微电、丰林集团、隆鑫通用、麦趣尔、掌趣科技、乾照光电、天晟新材、维尔利等。

对赌协议的合法性和 IPO 前清理对赌协议并不矛盾。对赌协议具有合法性是基本要求，但证监会对拟上市公司的审查不仅限于合法性问题，还对拟上市公司控制权的稳定性、持续盈利能力等进行审查。而对赌协议可能影响拟上市公司控制权的稳定性，进而影响持续盈利能力，这是证监会要求拟上市公司清理对赌协议的原因。

(三) 默认上市公司参与对赌交易

除了拟上市公司为吸引投资接受对赌协议外，在近年来披露的上市公司公告中，也不断出现上市公司作为对赌一方，进行投资或吸收投资的内容[②]。监管机构对此类行为没有采取禁止性措施。

(四) 在重大资产重组中引入具有对赌性质的利润补偿机制

证监会在上市公司重大资产重组活动中引入了对赌机制[③]，当资产实际收益

---

① 深圳市普路通供应链管理股份有限公司 IPO 被否，但根据证监会披露的内容，被否原因与律师对对赌协议合法性的判断无关。

② 例如，宁夏恒力(现新日恒力)与融德资产管理有限公司、中国华融资产管理公司于 2010 年 8 月披露的对赌协议；包钢稀土投资赣州晨光于 2010 年 7 月披露的对赌协议；大众公用投资中交通力于 2009 年 4 月披露的对赌协议等。

③ 《上市公司重大资产重组管理办法》第三十四条规定："资产评估机构采取收益现值法、假设开发法等基于未来收益预期的估值方法对拟购买资产进行评估并作为定价参考依据的，交易对方应当与上市公司就相关资产实际盈利数不足利润预测数的情况签订明确可行的补偿协议，并在重大资产重组实施完毕后的 3 年内逐年执行"。

低于预期收益时，由资产出售方对上市公司承担利润补偿义务。与 Pre-IPO 中往往是拟上市公司控股股东对投资机构承担补偿义务不同，重大资产重组中是由资产出售方对上市公司承担补偿义务。

三、参与对赌蕴含的法律风险分析——基于甘肃高院的判决

根据“上诉人苏州工业园区海富投资有限公司与被上诉人甘肃世恒有色资源再利用有限公司、香港迪亚有限公司、陆波公司增资纠纷案二审民事判决书”，我国法院系统已出现对对赌协议的司法判决，且层次较高（兰州中院一审，甘肃高院二审终审，目前在最高人民法院再审），值得关注①。

（一）海富公司对赌诉讼案情概览

2007 年 11 月 1 日前，甘肃众星锌业有限公司（后更名为甘肃世恒有色资源再利用有限公司，以下简称世恒公司）作为甲方、海富公司作为乙方、迪亚公司作为丙方（在乙方进入甲方前，丙方是甲方唯一的股东）、陆波作为丁方，共同签订一份《增资协议书》，其中约定：

甲方注册资本为 384 万美元，丙方占投资的 100%，各方同意乙方以现金 2000 万元人民币对甲方进行增资，占甲方增资后总注册资本的 3.85%，丙方占 96.15%。

第二项业绩目标约定：甲方 2008 年净利润不低于 3000 万元人民币。如果甲方 2008 年实际净利润完不成 3000 万元，乙方有权要求甲方予以补偿，如果甲方未能履行补偿义务，乙方有权要求丙方履行补偿义务。补偿金额＝（1－2008 年实际净利润/3000 万元）×本次投资金额。

世恒公司 2008 年度净利润仅为 2.69 万元。2009 年 12 月，海富公司向兰州中院提起诉讼，请求判令：世恒公司、迪亚公司、陆波向其支付协议补偿款 1998.2095 万元并承担本案诉讼费及其他费用。

（二）一审裁判要旨

本案一审法院兰州中院认为，案件的争议焦点为：1.《增资协议书》业绩目标约定是否具有法律效力；2. 如果有效，世恒公司、迪亚公司、陆波应否承担补偿责任。

一审法院认为，世恒公司 2008 年实际净利润完不成 3000 万元，海富公司有权要求世恒公司补偿的约定，不符合《中华人民共和国中外合资经营企业法》第八条

① 案号：甘肃省高级人民法院民事判决书（2011）甘民二终字第 96 号。

关于企业净利润根据合营各方注册资本的比例进行分配的规定，同时，该条规定与《公司章程》的有关条款不一致，也损害公司利益及公司债权人的利益，不符合《公司法》第二十条第一款的规定。因此，根据《合同法》第五十二条（五）项的规定，该条由世恒公司对海富公司承担补偿责任的约定违反了法律、行政法规的强制性规定，该约定无效。因此，对海富公司的诉讼请求不予支持。

（三）二审裁判要旨

海富公司不服一审法院上述民事判决，向甘肃高院提起上诉。甘肃高院判决认为：

第一，关于业绩目标约定条款是否有效。甘肃高院将业绩目标约定条款分为两部分：单纯的业绩目标条款和补偿条款。甘肃高院认为，单纯的业绩目标约定仅是对目标企业盈利能力提出要求，并不违反法律规定。但对于补偿条款，则违反了投资领域风险共担的原则，使得海富公司作为投资者不论世恒公司经营业绩如何，均能取得约定收益而不承担任何风险，参照《最高人民法院〈关于审理联营合同纠纷案件若干问题的解答〉》第四条第二项关于“企业法人、事业法人作为联营一方向联营体投资，但不参加共同经营，也不承担联营的风险责任，不论盈亏均按期收回本息，或者按期收取固定利润的，是明为联营，实为借贷，违反了有关金融法规，应当确认合同无效”之规定，应认定无效。

第二，关于投资款项的处理。甘肃高院将海富公司的2000万元投资款分为两部分：计入注册资本的114.771万元和计入资本公积的其余1885.2283万元。

计入注册资本的114.771万元已经转化为股份，根据《公司法》的资本维持原则，不能退出返还，该部分股份仍归海富公司所有。

计入资本公积的1885.2283万元部分名为投资，实为借贷。虽然补偿承诺亦归于无效，但海富公司基于对其承诺的合理信赖而缔约，故世恒公司、迪亚公司对无效的法律后果应负主要过错责任。根据《合同法》第五十八条之规定，世恒公司与迪亚公司应共同返还海富公司1885.2283万元及占用期间的利息，因海富公司对于无效的法律后果亦有一定过错，如按同期银行贷款利率支付利息则不能体现其应承担的过错责任，故世恒公司与迪亚公司应按同期银行定期存款利率计付利息。

根据我们的了解，世恒公司不服二审结果，向最高人民法院申请再审。4月10日，最高人民法院公开审理此案，但尚未公布审判结果。我们将持续关注本案的最新进展。

四、对海富公司对赌诉讼案法律适用问题的分析

（一）本案的法律效果

本案被称为司法判决对赌协议无效的第一案。我们发现，虽然本案在法律性质认定和法律依据适用上看似不利于投资机构，但在实际结果上对投资机构仍非常有利，而对被投资公司及其控股股东不利。

第一，两审法院均认定对赌补偿协议无效。虽然两审法院适用的法律依据不同（一审法院判决的法律依据是《中外合资经营企业法》和《公司法》。二审法院判决的法律依据是《最高人民法院〈关于审理联营合同纠纷案件若干问题的解答〉》），但均判决对赌补偿协议无效。

第二，终审判决结果有利于投资机构。从结果上看，海富公司继续保有其计入注册资本的114.771万股股权，相当于以每股1元的平价进入公司，另一方面，以高溢价投入形成的资本公积金1885.2283万被判决返还给海富公司，世恒公司及其控股股东同时还需返还该部分资金的定期存款利息（约4年时间）。这一结果甚至比海富公司的诉讼请求（取得协议补偿款1998.2095万元）略有结余。

虽然本案二审法院在判决结果上较为有利于投资机构，但毕竟判决对赌协议无效。我们认为，投资机构以高溢价投资，承担了高风险，同时限于财务投资者的性质，不能深入参与目标公司的经营，对赌协议可以有效激励被投资公司的控股股东，规避投资风险，具有相当的合理性。对赌协议在我国目前法律环境下是合法有效的，两审法院适用法律依据存在错误。

（二）对一审判决的分析

一审法院认为对赌协议因违反《公司法》第二十条第一款而无效。这是对《公司法》该条规定的误解。①

法律法规的强制性规定，按照效力不同分为两类，即效力性强制性规定和取缔性强制性规定。《最高人民法院关于适用〈中华人民共和国合同法〉若干问题的解释（二）》第十四条明确规定，合同法第五十二条第（五）项规定的"强制性规定"，是指效力性强制性规定。《公司法》作为商法，绝大部分强制性条款均为取缔性强制性规定，而非效力性强制性规定。因此，二审法院在二审判决中，也未以《公司法》

① 《公司法》第二十条第一款规定："公司股东应当遵守法律、行政法规和公司章程，依法行使股东权利，不得滥用股东权利损害公司或者其他股东的利益；不得滥用公司法人独立地位和股东有限责任损害公司债权人的利益。"

第二十条第一款作为判定合同无效的依据。

（三）对二审判决的分析

二审法院以《合同法》第五十二条（五）和《最高人民法院〈关于审理联营合同纠纷案件若干问题的解答〉》为依据，判决对赌协议无效同样不妥。《合同法》第五十二条规定："有下列情形之一的，合同无效：……（五）违反法律、行政法规的强制性规定。"二审法院进而以《解答》为依据，判决对赌协议无效。根据《合同法》该条文，判决合同无效的依据是法律和行政法规，最高人民法院的司法解释也并非判决合同无效的法律依据。况且《解答》出台已经有22年时间，所指的联营合同与股权投资合同在性质上根本不同，机械套用《解答》的规定难免有缘木求鱼之感。

即使从《解答》本身的规定来看，由于双方约定的补偿金额＝（1－2008年实际净利润/3000万元）×本次投资金额，2008年净利润是不固定的，因此补偿金额也并非固定收益，海富公司仍承担着投资风险，这些特点使本案不符合《解答》的适用条件。《解答》还规定，对于具有保底条款的联营合同，除本金可以返还外，对出资方已经取得或者约定取得的利息应予收缴，对另一方则应处以相当于银行利息的罚款。甘肃高院显然又未依据这一规定予以处理。

二审法院判决不合理的根本原因，在于司法判决对商事习惯和商人意思自治的不尊重。商事交易本身对灵活性、快速性、简便性和法律确定性的要求比一般民事交往要高，有英国学者所言，在商法领域，"确定性"的重要性甚至超过了"公平性"。[①] 而且，在商法领域，公平性本来就是一个很难证明的问题。[②]

（四）本案不应被扩大解释为对赌协议一概无效

本案被称为对赌协议无效第一案。但我们认为，本案存在以下几点特殊因素，不宜将本案的影响做扩大解释。这些特殊因素主要包括：

第一，本案所涉及的对赌协议只是对赌协议的一种类型。如前所述，对赌协议可分为四种类型。根据法院判决书，我们了解到，本案完整的对赌协议是综合性对赌协议，包括2008年未达到约定净利润的补偿协议和至2010年10月末上市的控股股东回购协议。但回购协议未届履行期，海富公司即向法院请求执行补偿协议。

---

① 蒋大兴：《商行为的法律适用——关于理性社会、交易预期与规则简化的宣言》，载《扬州大学学报（人文社会科学版）》2011年第2期。

② 例如，在韩国企业起诉国际投行KIKO合约不公平的诉讼案件中，原告韩国企业方面的专家证人是2003年诺贝尔奖得主、金融计量经济学家罗伯特. F. 恩格教授，而被告银行方面的专家证人是曾任美国金融学会主席的斯蒂芬. 罗斯教授，他是套利定价理论的创始人以及二项式期权定价模型的提出者之一。两位世界顶级专家对KIKO合约是否公平的看法截然相反。转引自刘燕、楼建波："金融衍生交易的法律解释——以合同为中心"，载《法学研究》2012年第1期。

因此,本案争议的焦点是利润补偿协议即现金补偿类型对赌协议的合法性问题。由于本案没有涉及其他类型对赌协议的法律效力问题,因此不应扩大解释为对赌协议一概无效。

第二,本案中海富公司同时与目标公司、控股股东约定补偿协议比较特殊。根据上文的总结,对于现金补偿类型的对赌协议,典型的做法是股东向投资机构进行现金补偿。但本案的交易结构安排较为特殊,目标公司及其控股股东均与投资机构约定了承担现金补偿的义务。这种约定目标公司向投资机构返还资金的安排,法律风险极大,不但有可能被认定为"明为联营,实为借贷",还有可能被认定为股东抽逃出资。合理的做法是由控股股东承担对投资机构的现金补偿义务。当然,即使目标公司承担补偿义务的条款被判无效,也不应影响控股股东承担补偿义务条款的合法性。

抛开上述因素,即使其他案件与本案高度相似,但由于我国并非判例法国家,甘肃高院的判决对非甘肃省法院系统的其他法院,不会产生实质意义上的约束力。因此,我们认为不宜对本案及其判决作扩大解释,不应笼统地认为法院系统不接受对赌协议的法律效力。

五、结语——司法权力应尊重商事习惯

(一) 商法领域不应轻易判断公平

我们认为,根据民商法"法不禁止即可行"的原则,对赌协议是合法有效的。我们承认,在一些极端情况下,对赌协议的结果看起来不够"公平"。对于这一问题,我们应充分认识意思自治原则与公平原则的关系。在民商法律领域,意思自治原则和公平原则在总体上是一致的。即当事人通过意思自治达成的交易,一般认为就是符合公平原则。即使在事后看来不够"公平",法院也不应轻易通过司法判决予以否定,以防过度干涉交易自由。[1] 在一些情况下,民商法律也会侧重保护弱势群体,但在对赌协议中,一方是大型投资机构,一方是快速成长的企业及其大股东,虽然投资机构具有资金上的优势,但股权投资行业已高度市场化,企业及其股东可选择的范围非常广泛,并具有信息上的优势。双方在谈判能力上是平等的,自愿缔结的合同应当受到法律保护。

---

① 最高人民法院在尊重商事合同,不轻易以显失公平否定商事合同效力的典型判决,见江苏南大高科技风险投资有限公司与太平洋机电(集团)有限公司股权转让纠纷案,最高人民法院民事判决书(2009)民提字第51号。

（二）应尊重商事习惯

对赌协议作为投资行业与成长型企业之间的商事习惯，在海富投资对赌诉讼中没有受到应有的尊重。“商人法不是固定的和僵硬的，它的生长并没有因为被装进法典而受到抑制；用首席大法官柯可伯恩伯爵在古德温诉罗伯特一案的话来说，它能够被延伸和扩大来满足贸易的需要。”[①]商人法发展的源泉之一就是商事习惯。虽然股权投资行业在国内产生的时间还不长，但对赌协议已经作为股权投资行业普遍接受的商事习惯，得到行业以及被投资企业的普遍认同。司法权力应尊重这一商事习惯，而不是轻易否定其法律效力。

---

① Edelstein v. Schuler，1902，2K. B. 144，154；参见，Bechuanaland Exploration Co. v. London Trading Bank，1898，2Q. B. 658. 转自[美]本杰明·卡多佐 著，苏力 译：《司法过程的性质》，36 页，商务印书馆 1998 年版。

董事提名权改革与委托书使用
——以商业圆桌诉美国证监会14a－11规则无效案为核心

李诗鸿*

董事提名权改革在美国历史上曾数次被提及,作为监管者的美国证监会(Securities and Exchange Commission,以下简称SEC)也曾多次酝酿相关规则的改变,但并未有实质性进展。2008年金融危机后,美国国会制定的《多德—弗兰克华尔街改革和消费者保护法》[①](以下简称《多德—弗兰克法案》)第971节,授权美国证监会制定关于股东委托书使用(proxy access)的办法,首次确立了股东提名董事的方式——即修改后的14a－11规则。然而伴随美国商业圆桌(Business Roundtable)的起诉与法院系统的介入,该规则未能实施即被宣告无效。[②] 该案自身的判决合理与否,与案件背后久已存在的“董事会中心主义”(Director Primacy)与“股东会中心主义”(Shareholder Primacy)的论争,以及董事会与股东会权限划分的探讨等问题,再次受到广泛的关注。

一、《多德—弗兰克法案》与公司董事提名权改革

理论上,董事提名制度有三:其一,由董事会提名;其二,由董事会特别委员会提名;其三,由股东提名。实践中,就上市公司董事提名来看,有其固定的操作模式。上市公司通行的做法是,现任的董事会(通常是董事会提名委员会)就空缺董事进行提名,并于公司股东年会上进行选举。[③] 会议前,被提名董事的相关资料将被置于一系列“委托书材料中”,包括代理投票卡(proxy voting card)和股东委托书

* 李诗鸿,北京大学法学院金融法研究中心2009级博士,工作单位:华东政法大学。

① Dodd-Frank Wall Street Reform and Consumer Protection Act,分别于2010年6月30日和7月15日获众议院和参议院通过,最后由美国总统签署,被认为是20世纪30年代以来美国改革力度最大、影响最深远的金融监管改革。

② *See Business Roundtable v. SEC*, 647 F. 3d 1144(D. C. Cir. 2011).

③ *See* NYSE, Listed Company Manual § 303A. 04(a)(2010).

(proxy statement),会呈献给所有的股东。股东委托书一般会包含选举董事的投票程序和背景信息,代理投票卡则使得股东可以在不参加会议的情况下选举董事。但是,股东如若希望选举自己"心仪"的董事,则要发起自己的股东委托书以及代理投票,并继而发起了一场委托书争夺战,除此以外别无他法。[①] 委托书使用给股东提供了除发起委托书征集之外,提名董事的新途径。

(一)《多德—弗兰克法案》与董事提名规则

尽管历史上对于董事提名权制度以及委托书使用有若干次讨论,但都没有上升到立法层面。依据《多德—弗兰克法案》第971条的授权[②],SEC修改了美国《1934年证券法》的14a部分,制定了新的14a-11规则[③],并相应修改了14a-8(i)(8)规则[④]。依据14a-11规则:单独或者合计持股达到3%以上,且持股时间达3年以上的股东,有权提名董事候选人。其提名的董事候选人最多不超过董事会总人数的25%。14a-8规则是关于股东提案权的规定,股东能否依照本条规则提名董事,在规则修改前颇有争议[⑤]。因为依据2006年联邦第二上诉法院(U. S. Court of Appeals for the Second Circuit)的解释,股东无权藉由提案权事项提名董事候选人。

14a-11规则的修改引发了前所未有的争议,收到了大量的提案。如2003年SEC酝酿改革之时,约有700封公众评论函(Comment Letter),而2007年规则制定之时,有超过200封评论信函,2009年委托书使用规则再次被提及之时,又收到500余封评论函。这些评论函的作者包括:协会、机构投资者、律所、上市公司以及专家学者。[⑥]

伴随着此起彼伏的争论,评论函的意见鲜明。支持者认为该规则会促进负责任的、迅速响应的和有效率的董事会形成。有些学者还将金融危机与14a-11规则相联系,认为就是因该规则的缺失,加重了金融危机的后果。反对者认为,董事选举中的多数决规则和特定的州法变革,已经在股东选举董事方面提供了实质的机会。而委托书使用一方面侵入了州法管辖的领域,另一方面提名的董事可能代表"特定的利益群体",关注的点会与股东价值的长期增长不符。

---

① *See* Stephen M. Bainbridge, *The New Corporate Governance in Theory and Practice*, Oxford University Press 2008, p222.

② Dodd-Frank Wall Street Reform and Consumer Protection Act, Pub. L. No. 111-203, § 971, 124 Stat. 1376 (2010).

③ 17 C. F. R. § 240. 14a-11.

④ 17 C. F. R. § 240. 14a-8.

⑤ 参见后文 AFSCME v. AIG 一案。

⑥ See Bo Becker, Daniel Bergstresser & Guhan Subramanian, Does Shareholder Proxy Access Improve Firm Value? Evidence from the Business Roundtable Challenge, Harvard Business School Working Paper 11-052, p11, January 19,2012.

实质上，对于委托书使用的争议与发展，是一个渐进的过程，在半个多世纪的历史中逐步发展着。不同时期有着不同的表现，为不同的政党、经济组织或利益集团所推行，但从 SEC 对该规则的态度来看，其政治倾向却并不明显。

（二）委托书使用的沿革与近况

美国历史上共有五次对于委托书使用的实质性考虑，分别是 1942 年、1977 年、1992 年、2003 年和 2009 年。

1942 年，在 1933 年《美国证券法》颁布不到 10 年内，SEC 就开始考虑委托书使用规则①，此次提议主张股东被许可运用委托书来劝说股东提名自己的管理者，规则规定对每个职位，股东仅能提名一个额外的候选人，公司有权利在股东提名两倍于该职位时，终止将额外提名列入委托书材料中。对于此种表述，SEC 并未实质的形成任何决议。1977 年，SEC 支持董事会提名委员会的提名运作，但推迟了委托书使用的提议。同时，SEC 倾向于促使公司委员会考虑股东拟提名的候选人。1992 年，证监会选择拓展 14a－4 规则，并许可股东将其提名的董事列入委托书选票“少数候选人名单”(short slate)②。本次改革使得股东有可能通过替换特定被提名董事的方式，在董事会中寻求可能产生的少数董事代表。

纵观前三次相关改革，都无果而终。③ 而 2003 年的提案，即持股 5%以上股份达 2 年的股东可以在委托书材料中提名董事，得到了证监会的认可。尽管最初以 3:2 的票数通过，但最终由于商业圆桌与商业委员会的强烈反对，证监会主席 Donaldson 放弃了委托书使用规则的颁布。这一举措曾被 Donaldson 的继任者 Christopher Cox 视为“委托书使用”的死亡。

而 2005 年美国州、县、市劳工联盟（American Federation of State County and Municipal Employees，AFSCME）依据 14a－8 规则通过章程实施细则的修改，向美国国际集团（AIG）发起了一个自创的委托书使用。美国证监会公司金融部门（Division of corporate finance）解释认为，AIG 可以忽略此类提案。AFSCME 依据 14a－8 规则，向联邦第二上诉法院提起诉讼④。法院判定：证监会要么应澄清规则的含义，要么需说明法院在判决书中指出的问题。随后的 2007 年，美国证监会

① *See* SEC Securities Exchange Act of 1934 Release No. 3347 (Dec. 18, 1942).

② “少数候选人名单”是指被列入的少于公开席位的异议董事群体。14a－4 规则的改变，许可股东选出特定数量的董事会候选人，包含于股东委托书选票中，即便被提名者不想被包括。举例来看，董事会若提名 A1，A2，A3，A4，A5 五个董事参与董事选举，股东想要提名 B1，B2 两名董事，并且期待 B1，B2 可以替代 A1，A2，股东可以提起委托书 B1，B2，A3，A4，A5，可能 A3，A4，A5 并不想出现在股东的委托书材料中，却无法做出任何积极的举动加以对抗。

③ 参见 Facilitating Shareholder Director Nominations, 74 Fed. Reg. 29,024, 29,029.

④ *AFSCME v. AIG, Inc.*, 462 F. 3d 121 (2d Cir. 2006).

提出了二选一的方案：其中一个与 2003 年的提案非常类似；另一个则指出，如若排除 14a－8 规则的使用，公司必须提供合理的依据。这两个方案都以 3∶2 的票数得到了委员会的支持，但也没有最终实施。

2008 年伴随着奥巴马当选总统，证监会主席改换为 Mary Schapiro。新任的证监会主席主持下的委托书使用规则有了小幅改变，委托书使用的门槛有了浮动，持股数量改为 1％—5％（依据公司大小浮动），持股时间最低改为 1 年。如所预料的，正负两方面的意见纷至沓来、势均力敌。在 2010 年，证监会最终采纳该规则之时，发起委托书使用的股东条件设定为：最低持有公司 3％股份且连续持有 3 年以上，且该提名应不迟于公司年会召开前的 120 天提出，在召开公司年会之时，提名股东仍需持有公司股份，股东提名董事人数至多不超过董事会总人数的 25％。

二、商业圆桌诉美国证监会 14a－11 规则无效案的概要及争议焦点

14a－11 规则原本即将于 2010 年 10 月 15 日生效。然而，在 9 月 29 日商业圆桌作为申诉方向哥伦比亚特区联邦上诉法院提起申诉，宣称该规则的制定“武断而多变”（arbitrary and capricious），且超出了美国证监会的权限，会减损股东整体财富。令多数观察者吃惊的是，美国证监会随即于 10 月 4 号宣布该规则推迟实施，称直到商业圆桌的挑战被击败后，方拟定新实施日期。2011 年 7 月 22 日，哥伦比亚特区联邦上诉法院依据行政程序法规则，宣告 14a－11 规则制定程序违法，并接受了商业圆桌对证监会的指控，认为证监会对该规则的审查不够审慎、不尽合理，最终宣告该规则无效。对此判决结果美国证监会并未提出上诉。①

具体来看，法院认定 14a－11 规则违反了行政程序法的要求，并依据美国《1933 年证券法》和《1940 年投资公司法》所要求的效率、竞争和资本形成作为裁判依据，判定该规则无效，其核心争议点有二。

（一）立法的成本收益判断

依据联邦《行政程序法案》，法院判定美国证监会制定的 14a－11 规则是“武断而多变的，滥用了自由裁量权，或者于法不符。”②美国证监会负有立法上的义务，需证明该规则有重大的经济意义，应当证明其“审查了相关数据，并明确的对法案

---

① Securities and Exchange Commission, Statement Regarding Court of Appeals Decision on Proxy Access (July 22, 2011), available at http://www.sec.gov/news/speech/2011/spch072211mc.htm.

② 5 U.S.C. §706(2)(A).

做出令人满意的解释，包括将所查明的事实和做出的决定合理的联系在一起。”[①]

申诉人认为，证监会没有考虑到 14a－11 可能造成的经济结果，没有将可能的结果与“效率、竞争和资本构成联系在一起”[②]。而证监会则认为与公司委托书征集和控制权争夺的成本不同，委托书使用规则会受到两个因素的制约。其一，董事的信义义务阻止其运用公司资金抵御董事提名，他们会将股东提名的董事资料纳入委托书材料中(董事会如果认为股东提名的董事不适合，董事基于自身的信义义务应做出适当的反馈)；其二，必要的股权门槛和持股时间要求，会限制股东提名董事的数量。[③]

最终法院给出了权威的意见，认为在成本收益的考量方面，证监会着实有欠妥当。

第一，没有充分的实证数据证明该制度收益大于成本。[④] 在证明配置以股东提名董事制度，会必然提高股权价值方面，证监会所依据的实证数据是不充分的。甚至有许多反例，例如 14a－11 规则宣布实施当天并不比该规则被宣告无效的当天市场情况更乐观。同时证监会对 14a－11 的成本方面估计不足。例如委托书使用会分散管理并降低了董事会在“长期战略方面的思考”，需要管理层花费时间，用以抵抗股东提名的异议董事参与竞选。

第二，拥有特别利益的股东可能会利用该规则，耗费不必要成本。[⑤] 州养老基金可能会为了自身利益而运用 14a－11 条款，如运用该规则提升工会雇员的福利，显然这与股东利益无关。极有可能造成的结果是，某小部分股东获益，而其他股东受损。另外，证监会对于股东提名的董事未能当选一事没有进行讨论。因为成本可能出现在董事会疲于应对股东提名方面，与增加公司价值无关。另外，基于持股数量和时间上的要求，有理由相信，那些怀有特殊利益诉求的机构投资者是最有可能运用“委托书使用”的主体。

第三，选举竞争的频率不高，规则的预期效益无法发挥。[⑥] 在提议发布阶段，证监会预计每年会有约 269 个公司(包括 208 个依据证券法报告的公司和 61 个注册的投资公司)[⑦]会应用到 14a－11 规则提名董事。而随后，在该规则被采纳并宣布实施阶段，证监会将估算降低到 51 个公司(45 个依据证券法报告的公司和 6 个注册的投资公司)[⑧]。证监会在立法过程中不合理的修改了法律实施效果，并破坏

---

① Motor Vehicle Mfrs. Ass'n of U.S., Inc. v. State Farm Mut. Auto. Ins. Co., 463 U.S. 29, 43 (1983).

② 15 U.S.C. §§78c(f), 78w(a)(2), 80a－2(c).

③ *See* Facilitating Shareholder Director Nominations, Release No. 33－9046, 34－60089 (June 10, 2009).

④ *See Business Roundtable v. SEC*, 647 F.3d 1144(D.C. Cir. 2011).

⑤ *See Business Roundtable v. SEC*, 647 F.3d 1144(D.C. Cir. 2011).

⑥ *See Business Roundtable v. SEC*, 647 F.3d 1144(D.C. Cir. 2011).

⑦ 74 Fed. Reg. at 29,064/1.

⑧ 75 Fed. Reg. at 56,743/3－56,744/1.

了股东会从“直接打印和邮寄来节省成本”这一预期。法院同时认为，证监会将委托书使用与委托书征集的成本相类比，不够妥当。

（二）投资公司是否应当豁免除外

申诉人认为将 14a-11 标准适用于投资公司（investment company）是不妥当的，由于美国的基金都以投资公司的形式存在，而投资公司受不同法案的监管，对股东和投资者的保护较多。例如，依据美国《1940 年投资公司法》（《The Investment Company Act of 1940》）的规定：在投资公司做出一些关键决定时，董事会必须征得股东的批准。①

美国投资公司的治理结构相较普通公司，也确有较大差异。其董事会主要分为两种类型，“单一董事会”（unitary board）和“多元董事会”（cluster board），其中“单一董事会”是基金综合体中每个基金都拥有独立的一组董事，“多元董事会”则包括两个或更多组董事，每一组董事分别监管综合体中不同的基金。大约有 81％的综合体拥有单一董事会，15％拥有多元董事会。②

基于投资公司的特殊性，美国证监会未能很好地论证，是否因为《1940 年投资公司法》的缘故，降低了该类型公司设立委托书使用的必要性，同时会大大增加改变其原有结构的成本。尽管证监会意识到既有法律已显著地对投资公司股东加以监管保护，却没有解释这种利益对投资公司的股东有何好处。既然已经有充分的保护了，又是否有设立一个新制度的必要？

证监会确实有纳入考量的是，投资公司的股东绝大多数是个人投资者，基本上很难满足持股时间和数量上的要求。很多州法规定投资公司无需召开年会，也就更少有机会提名董事了。对单一还是多元董事会的破坏也可因“投资保密条款”而被切断。但证监会没有充分论证 14a-11 规则对于投资公司适用成本是否相较其他公司更大这一难题。由于 14a-11 规则打破了单一董事会和多元董事会的结构，一旦该规则加以实施，每个基金都会有单独的董事提名制度。因此，会有多个单独的董事会会议，使得决议的做出更无效率。③ 可能的结论是，委托书使用规则消减了多元董事会的所有益处。

纵观本案的争议，证监会的回应与所有质疑方的问题并不是在一个层面的讨论，实然层面和操作层面的现状，并不能对应然的理论问题加以解释和回应，而学

---

① 15 U. S. C. § 80a-13(a).

② *See Business Roundtable v. SEC*, 647 F. 3d 1144(D. C. Cir. 2011).

③ Letter from Jeffrey W. Rubin, Chair, Comm. on Fed. Regulation of Secs., Am. Bar Ass'n, to SEC 61-62 (August 31, 2009), available at http://www.sec.gov/comments/s7-10-09/s71009-456.pdf.

术界对于本案的讨论也如火如荼。

三、学界对本案判决的质疑与评述

在此次对于14a-11规则的讨论中，对股东委托书使用的观点各异、视角诸多，具有代表性的观点大致可以分为三类：

其一，反对的观点。Bainbridge教授认为委托书使用会将一个危险的权力转移给特定的股东（如养老基金），与股东价值最大化（shareholder value maximization）目标相悖。而且股东在公司董事选举中已经有足够的声音。[①] Lipton和Rosenblum教授则认为，高质量的董事并不太乐意服务于总要面临与股东提名董事竞选的公司。[②]

其二，支持的观点。其认为董事提名所引入的竞争制度是令人满意的，赋予机构投资者在董事选举程序中更多的影响力，会令所有股东受益。[③] 因为既存的制度下，委托书争夺的发生几率极小，而一个有意义的董事选举流程会改善公司治理。[④] 进一步，在将公司价值最大化方面，只要股东不被错误信息所误导，将委派的决定权赋予股东是最优的选择。[⑤] 有学者直接以实证的数据回应了委托书使用是否会提升公司价值。[⑥] 数据显示在SEC宣布推迟14a-11规则实施的当天，即2010年10月4日，积极的机构投资者持有的股票都有损失。而当法院宣告14a-11规则无效的当天，即2011年7月22日，同样的损失情况也出现了。因此，2010版的委托书使用规则，显然为金融市场所接受。

其三，折衷说。反对强制性的股东委托书使用，认为这是个"一刀切"(one-size-fit-all)的政策。[⑦] 不少机构和学者多方提出以"私人合约"的来选择排除14a-

① Stephen M. Bainbridge, Director Primacy: The Means and Ends of Corporate Governance, 97 *Northwestern University Law Review* 547(2003).

② Martin Lipton, Steven A. Rosenblum, Election Contests in the Company's Proxy: An Idea Whose Time Has Not Come, 59 *The Business Lawyer* 67(2003).

③ Lucian A. Bebchuk, The Case for Shareholder Access to the Ballot, 59 *Business Lawyer* 48-64(2003).

④ Lucian A. Bebchuk, Scott Hirst, Private Ordering and the Proxy Access Debate, 65 No. 2 *The Business Lawyer*, pp. 329-360,(2010).

⑤ Milton Harris, Artur Raviv, Control of Corporate Decisions: Shareholders vs. Management, 23(11) *Rev. Financ. Stud.* 4115(2010).

⑥ *See* Bo Becker, Daniel Bergstresser & Guhan Subramanian, Does Shareholder Proxy Access Improve Firm Value? Evidence from the Business Roundtable Challenge, Harvard Business School Working Paper 11-052, January 19,2012.

⑦ Joseph A. Grundfest, The SEC's Proposed Proxy Access Rules: Politics, Economics, and the Law, 65 *Business Lawyer*, 361(2009).

11 规则的适用,依据个体公司的情况改变具体规则。[①]

事实上,不仅局限于此,对案件的讨论始终没有停止,一直在继续。不少学者和期刊将关注点着眼于对法院判决理由的批判上。例如 2012 年 2 月的《哈佛大学法律评论》就刊登了近期案例评论,指出:该法院判决强硬的适用了经济学观点,而法院应少涉足政治斗争抑或解析复杂的经济分析,法院应当避免运用"武断而多变"强制适用一个难以达到的标准来禁止专业行政机构的行政立法。[②] 批判法院判决方面,另有不少学者指出了法院判决的不妥当之处,因为许多公司法律与经济学者非常善于包括抑或省略一些特定的矛盾。在本案中,隐藏了极其危险的因素,不好的法律与经济分析会使监管机构胆怯,特别是会影响 SEC 在处理复杂的且并未充分展开的公司治理问题的态度。[③] Jill E. Fish 教授认为:逐渐增加的对行政机构规则制定的司法审查,及其经济分析要求,给 SEC 造成了非常大的挑战。[④] 法院如果将"武断而多变"规则适用于所有的立法规则,都会发现相应规则无法满足成本收益的衡量。因为在多数规则制定中,根本无法精确地计算出应当适用的具体标准。在如此严格而又错误的司法审查规则下,几乎所有的 SEC 规则都可能会面临与 14a-11 同样的命运。[⑤]

随着分析的进一步深入,有学者指出了委托书使用作为股东积极介入公司治理的方式,拥有其固有的缺陷。[⑥] 其一,会破坏公司法与集中管控。Robert Clark 教授曾指出的:"公司法唯一最重要的事实就是将管理的权力合法的集中起来。"[⑦] 而股东介入,只会破坏这种集中管控制度和公司法的立法目的。其二,会破坏公司集中的权威与决策效率。委托书使用可能不会降低公司的代理成本,而是将代理成本的再次分配,例如公共养老基金作为积极的机构投资者介入公司治理的行为。这时,对公司可规则性而言是无效率的,其预期的使用会降低股东财富,而不是增

---

① 17 C. F. R. § 240. 14a-11.

② Recent Case: Administrative Law-Corporate Governance Regulation-D. C. Circuit Finds SEC Proxy Access Rule Arbitrary and Capricious for Inadequate Economic Analysis. -Business Roundtable v. SEC. 647 F. 3d 1144 (D. C. Cir. 2011), 125 *Harv. L. Rev.* 1088, 1095(2012).

③ Grant M. Hayden, Matthew T. Bodie, The Bizarre Law & Economics of Business Roundtable v. SEC, 38 *J. Corp. L.* 1, 45(2012).

④ See Jill E. Fish, The Long Road Back: Business Roundtable and the Future of SEC Rulemaking (2012). Scholarship at Penn Law. Paper 438. Available at http://lsr.nellco.org/upenn_wps/438

⑤ Anthony W. Mongone, Business Roundtable: A New Level of Judicial Scrutiny and its Implications in A Post-Dodd-Frank World, 2012 *Colum. Bus. L. Rev.* 746, 792-797(2012).

⑥ See Bernard S. Sharfman, Why Proxy Access is Harmful to Corporate Governance, 37 *Iowa J. Corp. L.* 387,397-410(2012).

⑦ Robert C. Clark, *Corporate Law*, Aspen Publishers, p21, (1986).

加。其三,可能破坏公司的可归责性(accountability)。在提名董事方面,股东不像董事负有信义义务,鼓励了机会主义行为的产生。在股东被授权参与公司的时代,积极股东常常会为了自身利益促使董事会或管理层作出决定,但不需受信义义务的约束。[①] 其四,委托书使用可能为不了解信息的投资者使用。因为股东与拥有充分信息的董事会相比而言,没有任何的信息优势。

Joseph A. Groundfest 教授从政治、经济与法律观点出发,对 14a－11 规则进行了批判。[②] 从经济学角度看,如果 SEC 决定设置一个可选择的委托书使用规则,其仍将要面临非常严重的问题,即如何设置这样均衡的规则。因为目前公众公司并没有任何关于委托书使用的信息作为决策参考。为了决策科学,SEC 应当设计好一个分层次的随机问卷调查,来对股东样本进行分析。SEC 并没有能力来预测不同公司中,股东对于不同事项的意愿。而从政治学视角看,结合行政机构被俘获的一贯文化传统,14a－11 规则很容易被解释为利用扩大的外部性(megaphone externalities)和选举杠杆(electoral leverage)作用使得占统治地位的政治力量,利益一致的利益相关者受益,即便会与股东的主要意愿不符。从这个角度看,上述规则与股东财富最大化抑或优化公司治理都无关,只是政治上对经济租金(economic rent)争夺的争吵罢了。在 14a－11规则的政治影响方面,J. W. Verret 认为:14a－11 规则是机构投资者期盼已久的规则,被认为是帮助董事对其行为负责的方法。批评者认为该规则会被州养老基金和联盟利用,作为实现其政治目标的工具,并以牺牲普通股东利益为代价。一旦该规则实施,公司董事会一定会采取防御措施限制股东行使规则赋予之权利,正如同董事会在 20 世纪 80 年代实施的对敌意并购的防御措施一样。[③]

Marcel Kahan 和 Edward Rock 将委托书使用与相应的"替代规则"(如弃权投票战争)进行了比较分析。针对学界普遍认为的理论,有学者提出异议,认为委托书使用,仅会有少量的提名,而且多数提名会被击败,即便偶然被选中的董事在公司治理中也发挥不了多少作用。[④] 并且,与传统的委托书争夺相比,委托书使用的优势并不特别明显。因为委托书使用规则所需支出的成本也是十分显著的。将其与

---

① Iman Anabtawi & Lynn Stout, Fiduciary Duties for Activist Shareholders, 60 *Stan. L. Rev.* 1255, 1295 (2008).

② Joseph A. Groundfest, The SEC's Proposed Proxy Access Rules: Politics, Economics, and the Law, 65 *Bus. Law.* 361,389－390(2010).

③ J. W. Verret, Defending Against Shareholder Proxy Access: Delaware's Future Reviewing Company Defenses in the Era of Dodd-Frank, George Mason Law & Economics Research Paper No. 10－37, p4, 2010, available at http://ssrn. com/abstract_id=1655482

④ *See* Marcel Kahan, Edward Rock, The Insignificance of Proxy Access, 97 *Va. L. Rev.* 1347, 1347 (2011).

“少数候选人名单”争夺相比，成本并无实质的减少，相反，某些时候反而更高。同时，委托书使用规则受到许多限制，包括：股东所能提名股东数量有限、对提名股东持股要求高、公司通过代理投票卡的设计保有控制权、公司可以对初选信息有特别的知情权。与“弃权投票战”(withhold-vote campaign)相比，委托书使用的优劣都很明显，但作为积极地委托书使用，受到现任董事会的攻击会更多，因此成本也更高。

在规则实施的实然层面：有学者通过分析认为，委托书顾问公司(Proxy Advisory Firm)对于股东投票有着实质性的影响，其对于委托书使用的建议，也在发挥重要的作用。而机构股东服务公司(Institutional Shareholder Services，ISS)被认为是最为有效地影响股东作出决策的机构，这种公司对于股东投票的影响可达6%—10%。[①] 另有学者认为，即便如作为公司立法先行者的特拉华的司法系统，其会一贯的保护股东选举权(franchise)等基础性权益，但是，并不代表司法会在公司政策、章程、章程实施细则中禁止其提出对董事提名措施的防御。[②] 因此，14a－11规则即便实施，也会遭到董事会的重创。另一篇文章中，Jill E. Fish教授的批评也集中于该规则本身，称其内容与实施方案含混不清，也不能很好地解释规则所能带来的预期利益。[③]

总结上述学者的论断，不难看出对于14a－11规则的批判、支持抑或对法院判决的否定，有很多研究方法和视角。但是正如一个固执的不可知论观点——“I don't know whether god exists. And neither do you.”，双方各执己见，在证明对方论点的谬误时都有一定依据，但都没有绝对充分的理由证明自己的正确性。

尽管本案具有特别的复杂性，但总结各种意见与观点，所有的批评者几乎都没有涉及这样一个事实，即董事会中心主义在美国“无法撼动的地位”，但这一事实也是挫败14a－11规则的源头。也许是“不识庐山真面目，只缘身在此山中”，而在我们看来，这一事实构成了公司立法的重要选择，对中国公司法改革亦有极强的借鉴意义。本案的核心争议点所折射出的问题是更为深层次的董事会中心和股东会中心的争论，以及董事会与股东会的权限划分，还包括股东行动主义对董事会中心主义的修正，恰当的做出判断，将有益于我国公司法的立法导向，使其更好地服务于

---

① Stephen Choi Jill, Fisch Marcel Kahan, The Power of Proxy Advisors: Myth or Reality?, 59 *Emory L. J.* 869,874－876,904(2010).

② J. W. Verret, Defending Against Shareholder Proxy Access: Delaware's Future Reviewing Company Defenses in the Era of Dodd-Frank, George Mason Law & Economics Research Paper No. 10－37, p16, 21,35－41, 2010, available at http://ssrn.com/abstract_id=1655482

③ Jill E. Fisch, The Destructive Ambiguity of Federal Proxy Access, 61 *Emory L. J.* 435,493－499 (2012).

社会经济发展。下文拟就此展开论述。

四、“股东行动主义”与“董事会中心主义”

现代公司治理必须回答两个问题，即所有的公司治理模式都必须回答的两个基本问题：1. 谁来决策？即哪一个公司利益主体拥有最终的决策权力？2. 当最终的决策者推出一个“零和博弈”(zero sum game)[①]，其要决定哪一方公司利害关系人(constituency)的利益应当作为首要来考虑，谁的利益占优？[②]

因此，相对应衍生出的问题是，如何界定董事会与股东会的权限？美国系非常明确的支持董事会中心主义理论的国家，而股东行动主义系居于董事会中心下展开的运动[③]，是股东积极参与公司事务的表现。与股东会中心主义不同，其在认可公司董事会中心主义的既定框架下运行，并由机构投资者所主导。

(一)“股东行动主义”的复兴与影响

股东参与公司治理，包括股东提案制度、股东提名制度等，都源于股东“行动主义”。[④] 股东行动主义可以定义为：“Shareholder activism may be defined as the

---

① 零和博弈是博弈论的一个概念，属非合作博弈，指参与博弈的双方，在严格竞争下，一方的收益必然意味着另一方的损失，博弈各方的收益和损失相加的总和永远为“零”。双方不存在合作的可能。零和博弈的结果是一方吃掉另一方，一方的所得正是另一方的所失，整个社会的利益并不会因此而增加一分。

② See Stephen M. Bainbridge, Director Primacy: The Means and Ends of Corporate Governance, 97 *Nw. U. L. Rev.* 547, 592-593(2003).

③ 董事会中心主义系与股东会中心主义、管理者中心主义(managerialism)、利益相关者(stakeholderism)、团队生产理论(team production theory)相区别的理论。

④ Shareholder activism，台湾学者通说将其译为“股东行动主义”，有大陆学者沿用了这一译法，参见邓峰：《作为社团的法人：重构公司理论的一个框架》，载《中外法学》2004 年第 6 期，第 751 页。笔者认为，“股东行动主义”的译法，与词汇内涵较为符合，亦传达了词语的神韵，较为妥贴。实践中，亦有社会学研究有类似的使用，如政治行动主义(Political Activism)，主要体现在对当今的政治进行一些激进的批判。虽然“行动主义”并未有确切定义，却为翻译提供了参考。参见诺曼·K·邓金：《解释性交往行动主义——个人经历的叙事、倾听与理解》，周勇译，重庆大学出版社 2004 年版。

另有不少大陆学者将其译为“股东积极主义”，也基本符合该词原意，然“积极主义”不像资本主义、现实主义等词语，属于生造词汇，生活中也没有被使用过。另外，我们常用的 Judicial Activism，多为人接受的译法是“司法能动主义”而非“司法积极主义”，可作为佐证。使用“股东积极主义”译法的有，冯果、李安安：《投资者革命、股东积极主义与公司法的结构性变革》，载《法律科学》2012 年第 2 期。

而其他版本译法，如“股东激进主义”，但该译法传达之意义与实践契合度较小，包括使用可能带来的贬义色彩，不被广泛采纳。

又如，香港证监会的翻译版本，将 shareholder activism 译为“股东争取权益行动”，尽管该译法准确的表达出了词语内涵，却过于具象，缺乏该词汇背后所蕴含之深层背景，不建议采纳。参见香港证监会网站，http://sc. sfc. hk/gb/www. sfc. hk/web/TC/published-resources/bilingual-terminology/a-z/s. html，访问日期为：2012 年 11 月 1 日。

exercise and enforcement of rights by minority shareholders with the object of enhancing shareholder value over the long term."[①]即小股东以提升股东价值为目的,长期行使与实施股东权利的行为。

广义来看,股东参与公司治理,包括股东提案制度、股东提名规则、股东质询方式等,都源于"股东行动主义",该主义于20世纪30年代股权分离及社会化之后出现,20世纪80年代养老基金推进下发展壮大,促成了多项公司治理的革命。并推进成立了机构投资者委员会(CII),引发了对公司管理层施压的革新举措。目前美国出现了不少与股东行动主义直接相关的网站,交流信息与分享意见。股东行动主义在与董事会中心主义的不断争论与磨合中,实质性的推出了公司治理方面的不少创新举措以及诸多行之有效的改革方案,逐步受到各界的认可。然而,无可避免的是,股东行动主义是有成本的。如Thomas Stratmann和J. W. Verret教授认为14a－11规则的应用会使样本中的1000个小型公司承担347,000,000美元的损失。[②]

近年来,股东行动主义在修法中进一步得到落实。从美国的实践看,股东行动主义在缓和董事会代理问题方面发挥了良好的作用。而在实践中也多为"机构投资者"所倡导。早期,美国证监会有意允许公司股东会成为"重要政策问题"的讨论场所,加上机构投资者大量持股,遂使公司经营者与提案股东,对于提案进行和解的案例日渐增多,提案人往往以撤回提案交换公司经营者同意"考虑"或"可能采用"某些提案内之建议。[③] 例如,CalPERS等投资机构也开始以温和协商的方式,参与目标公司的治理。随后,伴随着机构投资者委员会(CII)等机构的介入,提供给投资者相关信息,影响股东的投票结果,藉此推动者公司理念的发展。之后,相较私人养老基金更为积极地公众养老基金,在某些政治原因的推动下,显著地参与到公司的治理中。[④]

(二)"董事会中心主义"与"股东会中心主义"

"董事会中心主义"(director primacy)与"股东会中心主义"(shareholder primacy)作为两种不同立法选择与设计,不同国家对二者态度各异。从本案折射

---

① *See* Chee Keong Low, A Road Map For Corporate Governance In East Asia, 25 *Nw. J. Int'l L. & Bus.* 165, at 185－186(2004).

② Thomas Stratmann, J. W. Verret, Does Shareholder Proxy Access Damage Share Value in Small Publicly Traded Companies?, 64 *Stan. L. Rev.* 1431,1461(2011).

③ 参见刘连煜:《公司监控与公司社会责任》,台湾地区五南图书出版有限公司1995年版,第23—25页。

④ Roberta Romano, Public Pension Fund Activism in Corporate Governance Reconsidered, 93 *Colum. L. Rev.* 799－820(1993).

出的各利益集团博弈来看，商业组织联盟代表所倡导的董事会中心主义着实占了上风。在过往的历史以及可以预见的未来若干年内，董事会中心主义仍会居于美国公司法的核心地位。

董事会中心主义的基本设计是：董事会系公司权力结构之中心，不仅居于公司契约链条的核心，也决定着公司治理的基本面。公司的一切经营活动均在董事会的指挥下进行，除了涉及股东根本利益的问题由股东会决定外，经营公司的一切权力均由董事会享有。

本案中，14a－11规则被视为是撼动董事会中心主义的一个突破口，尽管备受重视、饱受争议，却依然未能有所突破。实质上，该规则的适用条件非常高，普通的股东很难满足，尤其在美国上市公司股权分散这一现实面前，更难加以使用。依据14a－11规则："连续三年以上单独或合计持有百分之三以上有投票权的股东，可以提名董事候选人，且公司股东年会日该股东仍需持有相应的公司股份。最多提名的董事数量不超过董事会董事总数的25%。"也即公司最大的股东上限也只能提名四分之一的董事候选人。

同时，美国证监会对14a－11规则的适用还有诸多限制，如所适用的州法或公司治理文件如果"禁止股东提名董事候选人"，那么应当排除该规则的适用；同样，如若股东运用14a－11规则持有公司股票的意图是影响公司控制权的转移，那么14a－11规则也不应当被使用。从美国证监会的立法看，该规则适用的条件非常严苛，在实践中被运用的可能性不大。即便如此，商业圆桌等机构仍然极力反对该规则，体现出了对经营者权力的维护，也是在极力的捍卫董事会中心主义这一理念。

证监会却认为14a－11规则有可能创造"潜在的改进董事会和公司的表现以及增加股东价值的好处"足以"证明该规则潜在成本的正当性"。笔者认为，其出发点及预期确实是值得赞同的，如同"鲶鱼效应"一样，股东的积极参与能否达到扰动市场，并达致积极的效果？这是证监会立法的应有预期，却无法用量化的数据说话。因为很难用数据说明14a－11规则实际所能产生的效果。实质上，将委托书使用规则纳入"私人合约"的范畴，而非法律强行干涉，更符合股东利益。如《特拉华普通公司法》在2009年对委托书使用以及委托书费用补偿的修改，即体现了这一理念。[①] 美国《示范商业公司法》(Model Business Corporation Act，MBCA)也进行了与特拉华州相同的修改。[②]

---

① *See* Del. Code Ann. tit. 8，§112，113(a)(2009).

② *See* Model Bus. Corp. Act §2.06(c)(2011).

商业联盟组织对 14a－11 规则极力抵制，法院也予以采纳。但本案中申诉人与被申诉人在证明对方错误时，都有充分理由，但却无法证明自己的主张有足够合理性。透过案件本身，审视此次争议发生的动机和原因，显得尤为重要。参考对本案争议焦点的讨论，排除政治因素外，董事会中心主义是导致 14a－11 规则失败的主要驱动力。更广阔的视野下，董事会中心主义确实影响了《多德—弗兰克法案》的实施，在未来若干年内这种影响仍将继续。[①]

（三）美国的立法选择及对中国的启示

无论是股东决定薪酬（Say-on-Pay）[②]，还是委托书使用规则，都是股东行动主义推动形成的结果，却未能改变美国董事会中心主义的选择。股东行动主义也非促使美国回归到股东会中心主义的模式，这对美国的公司治理而言，也难说是最佳选择。股东行动主义仅是在既定的董事会中心主义的前提下，对股东参与公司治理的促进与改良。

1. 美国的立法选择及未来趋势

尽管 2008 年特拉华州最高院在 CA, Inc. v. AFSCME Employees Pension Plan 案[③]中许可股东将提名公司董事候选人事项列入公司章程实施细则（bylaws），尽管 2009 年《特拉华普通公司法》和 2011 年美国《示范商业公司法案》等两部具有代表性的法案，已经适时转变了立场，将委托书使用纳入可选择的立法范畴，美国的董事会中心主义的道路依旧“难以撼动”，在未来的若干年也仍会在这个框架下持续发展。

尽管采取董事会中心主义，但藉由股东行动主义的修正，股东在参与公司治理中的作用逐步扩大，股东参与公司事务的领域也在逐步的拓展。通常来看，当今股东参与公司事务主要有三种方式：投票、出售（股份）和诉讼。[④] 委托书使用，则是对投票权实施的前提保障。

然而，股东行动主义亦存在阻碍，有着其固有的缺陷。养老基金通过股东积极主义，提升雇员薪酬，做出自利行为，有损全体股东及公司利益。仍然面临诸多诘责，因此，美国仍有学者反对在机构投资者主导下的股东行动主义。尤其是如 14a－11规则一样，可能产生不良的反应。就委托书使用而言，机构投资者在参与

---

① Anthony W. Mongone, Business Roundtable: A New Level of Judicial Scrutiny and its Implications in A Post-Dodd-Frank World, 2012 *Colum. Bus. L. Rev.* 746,792－797(2012).

② Dodd-Frank Wall Street Reform and Consumer Protection Act § 951.

③ CA, Inc. v. AFSCME Employees Pension Plan 953 A. 2D 227,237 (Del. 2008).

④ D. Gordon Smith, Matthew Wright, & Marcus Kai Hintze, Private Ordering with Shareholder Bylaws, 80 *Fordham L. Rev.* 125,125(2011).

过程中，态度也有差异。例如依据以往的表现，共同基金（mutual funds）和私人养老基金（private pension funds）一般不会参与到委托书使用中来。大型的公众养老基金可能会提名一些董事，但对冲基金（hedge funds）和工会附属基金（union-affiliated funds）尽管在历史上一直是积极主义者，却常常不能够满足持股数量和时间上的要求。[①] 因此，从美国机构投资者的特点看，在未来的若干年美国仍然不可能全面接纳委托书使用规则。

2. 中国的现状及可能方向

中国的公众公司股东是否有权提名董事，对此问题的探讨也早已开始，自大港油田收购爱使股份（1999）反收购争议就已经开始了热议。对于章程设置的反收购条款，对股东提名董事设置了较高的门槛（持股10%达半年以上的股东）方能提名董事是否合理。该规则并未违背强行法的规定，并没有剥夺股东投票权，仅是对股东提案权加以限制。

《公司法》第4条仅笼统的规定："公司股东依法享有资产受益、参与重大决策和选择管理者等权利"。《上市公司章程指引》第52条规定了股东提案权[②]，但股东是否可以据此提名董事，尚不明确。指引第96条规定了董事由股东大会选举或更换，并没有明确董事的提名制度。就独立董事的提名看，《上市公司建立独立董事制度的指导意见》中已经有所规范，其中第4条规定"上市公司董事会、监事会、单独或者合并持有上市公司已发行股份1%以上的股东"可以提出独立董事候选人。

上市公司的做法通常将独立董事和非独立董事分别规定，例如《中国国际航空股份有限公司股东提名董事的程序》即将董事的选举分为独立董事和非独立董事两部分。其中，提名非独立董事的股东持股数量为5%，显著高于独立董事1%的规定。[③]

从董事提名规则的立法与实践看，并不能从中发现有效的信息，据此得出中国究竟属于董事会中心抑或股东会中心。有学者认为，虽然学术上对上市公司是应采取股东大会中心主义还是董事会中心主义仍有争论，但实践中的董事会中心主义已经形成。[④] 也有学者认为中国学界在法学知识上倾向于股东会中心主义。[⑤]

---

① *See* Marcel Kahan, Edward Rock, The Insignificance of Proxy Access, 97 *Va. L. Rev.* 1347,1374-1382 (2011).

② 即"公司召开股东大会，董事会、监事会以及单独或者合并持有公司3%以上股份的股东，有权向公司提出提案。"

③ 参见 www.airchina.com.cn/cn/images/investor_relations/2.doc，访问日期为2012年11月20日。

④ 参见汤欣：《董事会中心主义已经形成》，载《中国证券报》2008年12月4日第04版。

⑤ 参见邓峰：《董事会制度的起源、演进与中国的学习》，载《中国社会科学》2011年第1期，第176页。

当然，这些争论到目前为止都仍未有定论。

可以明确的是，股权结构和传统路径依赖使得中国无法完全照搬“董事会中心主义”抑或“股东行为主义”的既定模式。尽管这些模式自身也受到强烈的攻击，都具有固有的缺陷与不足，也不足以成为中国既定效仿的目标。

第一，中国没有相应的配套制度，很难完全仿照美国建立全面的董事会中心主义。例如无商业判断原则(Business Judgement Rule)，无法令董事独立做出的决策受到适当的保护。且中国新兴市场乱象丛生的状况，控制股东欺压中小股东、内幕交易、操纵市场等诸多事实，也迫使立法机关倾向于保护中小股东。对中小股东倾斜保护的观念很快在中国知识界扎根发芽，并在行政、立法、司法中都有所体现。

第二，中国很难出现完全的股东会中心主义和良好的机构投资者主导的股东行动主义。首先，散户投资者与弱势机构投资人，无法推动股东行动主义。目前中国的现状是散户投资人能力不足，加之小股东理性的冷漠，极少参与到公司治理中。而弱势的机构投资者，无法担当起推动股东积极参与公司事务的能力，不具有如同美国机构投资者推动公司内部规则变迁的可能性。其次，所有权与经营权重合，控制股东与小股东利益冲突。在这种违背现代公司基本假设的冲突下推行股东会中心抑或董事会中心，都无法达到预期效果。我国的国有企业占据重要地位，由于国有企业的存在，一方面是股权较为集中，另一方面，国有企业受到不同规则的制约，肩负着国有资产保值增值的任务。且家族企业等大股东股权较为集中，与小股东利益常常产生冲突，且难以调和。

总之，中国并未对股东委托书使用规则加以明确的规定，未来的立法底线当是，不强制实施，允许股东以私人合约加以规定，即便立法规定实施，也应当允许公司以特别事项排除使用。中国散户多，股权结构集中，且机构投资人并不发达。因此，在中国无法产生股东行动主义，应当回归股东会中心主义，而非董事会中心主义。但是中国的股东会中心主义是由立法、行政主导的，而非由市场和机构主导的。

同而不和的表决权买卖
——兼论公司治理与政治的分歧

夏戴乐*

引子:表决权买卖——公司法和政治上的共同命题

为解决中国证券市场的原罪,中国证监会自2005年4月30日起开启了股权分置改革浪潮。在这一过程中,各上市公司为尽快通过股改方案,无所不用其极,甚至出现"贿选"情况。有上市公司非流通股股东直接与持股数量较大的反对票股东联系允诺改投赞成票之后给予一定经济补偿,①有的非流通股股东通过证券营业部以各种名目给予赞成股东回馈②,还有非流通股股东直接请客吃饭,一时引起轩然大波,舆论一片谴责。③ 但是证监会的态度却十分值得玩味,2005年11月16日,证监会在京召集各保荐机构和基金公司负责人开会,会议严禁买卖投票权和从事其他违反规定的活动。④ 但是在其后,并没有一家上市公司或者证券公司因此受到证监会的处罚。⑤

证监会严令禁止买卖投票权的反应,究竟是一种本能反应还是有足够的理性支持的行为?证监会为什么事后并没有处罚这样的行为?根据《行政处罚法》的相关规定,行政主体实施行政处罚需要有法律、行政法规、地方性法规、部门规章或者地方规章作为依据。但是从《证券法》到证监会颁布的各种部门规章,都没有直接对买卖表决权的行为进行规制。我国《公司法》104条规定,股东出席股东大会会

---

* 夏戴乐,北京大学法学院金融法研究中心2012级博士。

① 参见钟国斌:《长丰汽车再爆股改"投票门"》,载《深圳商报》2006年7月4日。

② 参见思锐、方玉:《"郑州煤电"一分钱疑云:"贿选"还是"合法公关"》,人民网,http://finance.people.com.cn/GB/1041/3621912.html,2011年9月26日访问。

③ 参见王吉舟:《"五乱一讲":行政股改尴尬多输》,载《中国经营报》2005年12月19日。

④ 参见祁和忠:《证监会严查"投票门"》,每日经济新闻,http://www.nbd.com.cn/,2011年9月24日访问。

⑤ 股改贿选风波集中爆发在2005年,笔者查阅了证监会2005年和2006年的所有处罚决定,没有一个处罚决定针对的是贿选行为。

议，所持每一股份有一表决权，并没有言明，股东是否有权利单独卖出表决权。《上市公司治理准则》第10条规定“上市公司董事会、独立董事和符合有关条件的股东可向上市公司股东征集其在股东大会上的表决权。投票权征集应采取无偿的方式进行，并应向被征集人充分披露信息。”，应当认为是否定了表决权买卖。[①]《上市公司股权分置改革管理办法》第53条的规定，“公司及其非流通股股东、基金管理公司、证券公司、保险公司、资产管理公司，利用不正当手段干扰其他投资者正常决策，操纵相关股东会议表决结果，或者进行不正当利益交换的，中国证监会责令其改正；情节严重的，认定主要责任人员为市场禁入者，一定时期或者永久不得担任上市公司和证券业务机构的高级管理职务。”可以认为是最贴近的行政处罚规定。但贿选是否应当算作“利用不正当手段操纵相关股东会议表决结果”的行为？股东在股东（大）会上有权出席、表决、发言，可以进行表决权征集活动，这些活动并不被认为是“利用不正当手段干扰操纵相关股东会议表决结果”的行为。如果在这个过程中加入了经济利益的往来，是否就会演变成不正当手段？股东的表决权是否可以成为买卖的标的？

在这一问题上，我国公司法学者的态度也有所分歧：支持派大多认为表决权属股权的一部分，既然作为私权的股权可以自由买卖，那么作为其组成部分自然也可以自由买卖；反对者（相较而言势力更为强大）反对的理由各异，有的从意识形态角度，认为表决权是共益权，股东无权自行买卖；[②]有的从法律经济学角度，认为表决权买卖使得表决权与剩余索取权不相匹配从而加剧代理成本，因此是非效率的，[③]总之，表决权买卖有诸多弊端，应当禁止。

其实表决权买卖并非专属于公司法领域。由于公司本身产生于特许，是国家的延伸，[④]早期公司在诸多做法上都模仿了国家和公共机关的做法，表决权规则便是其中之一。由于公司中的表决和政治领域中的表决是很类似的，都是选举代表组成代表机构为投票者的利益服务或者决定一些特定事项。[⑤] 公司表决权买卖与政治贿选的形式也几乎完全相同，都是以一定对价换取同意。那么我们对待二者的态度是否可以相同？这或许需要我们仔细审视我们对待政治贿选的原因，以及

---

① 表决权买卖与表决权征集的核心区别就是是否有偿，否定了有偿的表决权征集事实上就是否定了表决权买卖。

② 参见刘俊海：《股份有限公司股东权的保护》，275页，法律出版社2004年第2版；梁上上：《论股东表决权——以公司控制权争夺为中心展开》，231～232页，法律出版社2005年版。

③ 罗培新：《公司法学研究的法律经济学含义——以公司表决权规则为中心》，载《法学研究》2006年第5期。

④ *See* Gerald E. Frug, The City as a Legal Concept, 93 *Harward Law Review*, 1057 - 1064(1980).

⑤ Douglas R. Cole, E-Proxies For Sale? Corporate Vote-Buying In The Internet Age, 76 *Wash. L. Rev.* 793,882(2001).

这些原因在公司治理领域中的适用余地。

一、政治贿选:绝对禁止的核心表决权买卖

尽管在理论上仍然存在争议①,但是所有实行民主政治的国家,无一例外严令禁止在政治选举中进行贿选。各国严令禁止贿选,其原因基本可以从三个角度进行阐述。

(一) 自身属性

反对表决权买卖的第一点理由是从表决权本质出发的。有学者认为,政治领域中的表决权并不是一个可以用金钱进行评估的对象,因此不具有可转让性。政治领域中的表决权除了经济利益还有多方面的考量。政治领域关注的不仅仅是社会福利最大化的问题,而且关乎财富分配和个人在政府中的影响力问题。② 表决权人在行使表决权时需要考虑公共利益,而引入表决权买卖会刺激投票者关注短期经济利益③。

另外,表决权是社会规范生活中道德或者政治上的义务,是一项集体性权利。④ 虽然我们会有社会契约论的比喻,但这更多的只是一种比喻,政治上的表决权并不是合意的结果,更多的是一种身份,⑤因此不可以由个人单独出售。

最后,由于移民成本高昂,对于绝大多数公民来说都是不切实际的,政治领域的选民几乎无法以"用脚投票"来保护自己,表决权变成了其发出自己声音的唯一方式。表决权的这种重要性也决定了其不可买卖的属性。⑥

(二) 公平

从公平的角度来看,由于边际效用的递减效应,穷人的一块钱会比富人的一块钱更加值钱,穷人更有可能贱卖他们的投票权。所以允许表决权买卖的结果会最

① 公共选择学派的许多学者都对一人一票的民主机制提出了质疑并且认为表决权买卖可以是正当的。可参见[美]詹姆斯·M.布坎南、理查德·A.马斯格雷夫著,陈光金译:《同意的计算——立宪民主的逻辑基础》,中国社会科学出版社 2000 年版。

② Richard L. Hasen, Clipping Coupons for Democracy: An Egalitarian/Public Choice Defense of Campaign Finance Vouchers, 84 *Calif. L. Rev.* 1,15(1996).

③ Richard L. Hasen, Vote Buying, 88 *Calif. L. Rev.* 1323,1335-1336(2000).

④ Margaret Jane Radin, Market-Inalienability, 100 *Harv. L. Rev.* 1849,1854(1987).

⑤ Douglas R. Cole, E-Proxies For Sale? Corporate Vote-Buying In The Internet Age, 76 *Wash. L. Rev.* 793,823(2001).

⑥ Peter N. Flocos, Toward a Liability Rule Approach to the "One Share, One Vote" Cotroversy: An Epitaph for the SEC's Rule 19c-4?, 138 *U. Pa. L. Rev.* 1761,1788-90 & nn. 125-37(1990).

终导致投票权集中在富人手中。如果允许贿选，经济上的不平等最终会传导到政治上。经济上的不平等可以解释为是由租造成的[①]，很大程度上这种数值上的不相等，只是"不同情况不同对待"的公平体现而已。可是这种租的优势不应当传导到政治上，在政治权利上，民主要求穷人和富人是平等的，富人不应当有特权。财富不应当影响政治影响力的分配，因此不允许贿选[②]。

(三) 效率

最后，从效率的角度看，政治领域中表决权买卖会带来寻租，从而降低社会整体福利。乍一眼看去，禁止表决权买卖似乎是没有效率的：法律为什么要阻止两个完全民事行为能力人的行为呢？他们的交换不会促成他们之间的效率最大化吗？一股一权最大的问题是无法体现人们偏好的强度，而金钱似乎可以解决这个问题。[③] 表决权买卖的过程正是用统一的指标（金钱）量化人们的需求，最终达到帕累托最优。但是买卖表决权时，可能会忽略负面的客观因素，或者对第三方的副作用。换而言之，表决权买卖会破坏原有的选举机制，破坏民主过程，扭曲在决议过程中人们的考虑因素，夸大在决策中经济因素所占的比例，最终导致决策在整体上的无效率。购买表决权的人也最终会依靠政治力量补偿其购买表决权付出的代价，从而降低社会整体效率[④]。

二、股东表决权——权利还是义务

在论述公司表决权买卖时，也有学者认为，与政治领域中的表决权类似，公司中的表决权在本质上也不具有可转让性。因为股东的表决权属于共益权而非自益权，表决权的行使不仅涉及投票股东自身的利益，而且还影响到公司整体利益。因此股东在行使表决权的时候，不仅要维护自己的利益，还要兼顾公司和其他股东的利益。如果允许表决权买卖，则与表决权的共益权性质相违背，违反了公序良俗。[⑤] 简而言之，股东的表决权不仅仅是一种权利，其上还附着了义务，因此从其自身属性来说，就是不可买卖的。

---

① 租，是由某种特殊经济资源带来的收入。参见薛兆丰：《商业无边界——反垄断法的经济学革命》，18—26页，法律出版社2008年版。

② Richard L. Hasen, Vote Buying, 88 *Calif. L. Rev.* 1323, 1329 - 1331(2000).

③ Richard L. Hasen, Clipping Coupons for Democracy: An Egalitarian/Public Choice Defense of Campaign Finance Vouchers, 84 *Calif. L. Rev.* 1, 35 - 37(1996).

④ Richard L. Hasen, Vote Buying, 88 *Calif. L. Rev.* 1323, 1333 - 1334(2000).

⑤ 刘俊海：《股份有限公司股东权的保护》，275页，法律出版社2004年第2版。

共益权与自益权是大陆法系传统的股东权分类，其划分标准是股东行使股权的目的：出于自己的利益行使的是自益权，出于公司利益行使的是共益权。但是这种划分标准似乎并不科学，因为如若要求股东行使共益权时出于公司利益，就意味着股东行使共益权时对公司或者说其他股东负有信义义务。可是这种信义义务并不存在来源。按照传统的大陆法系理论，信义义务是在委任关系中处于受委任地位人的义务[①]，按照更加实质的标准，行使公司权力的人应当负有信义义务。但是无论如何延伸，都无法推导出普通股东之间负有诚信义务。英美普通法向来认为，股东之间并不存在关系，每个股东在公司作为一个程序和集合利益的基础上，追求自己的利益，都被视为是正当的。[②] 因为要求股东对自己有利害关系的事宜，真诚地依公司最佳利益表决，这是为有良心的绅士制定的义务，这一义务根本不切实际也完全无法操作，完全不符合理性经济人的假定。[③] 事实上，股东行使所有的权利，出发点都是其个人利益，即使股东行权的直接受益人是公司，其最终目的还是自身利益，这也符合股东参与公司的目的。因此如若从功能角度对股东权进行分类，英美法上“财产权权利”(Financial Rights)和“参与公司管理的权利(Managerial Rights)或许更加接近分类目的。

事实上，特拉华州公司法对表决权买卖的态度由禁止向允许的转变也来源于这种认识的产生与传播。法院之前禁止表决权买卖的一个极大原因是认为股东行使表决权时有独立判断的义务(the duty of independent judgment)。法院认为股东只有在表决时进行独立判断，才能以追求其自身利益最大化的方式致使公司利益最大化。[④] 但是这种推论是基于“股东的偏好总是一致或者类似”的假设。当法院意识到这一假设并不成立时便抛弃了股东的“独立判断义务”。[⑤] 标志性案例是1982年的Schreiber案。

Schreiber案原告 Leonard I. Schreiber 是 Texas International 公司的股东，Texas International 公司欲与另一家公司合并，但是在这一过程中遇到了一个障碍。Jet Capital 公司持有 Texas International 公司 35%的股份和相当数量的认股权证。若在合并前 Jet Capital 公司不行权将承担一笔很大的税收负担，但是 Jet

---

① 股东之间显然不存在这种委任关系，也没有股东成为其他股东的受托人。

② J. A. C. Hetherington, Defining the Scope of Controlling Shareholder's Fiduciary Responsibilities, 22 *Wake Forest Law Review* 9,12(1987).

③ 何美欢著：《公众公司及其股权证券》(中册)，828 页，北京大学出版社 1999 年版。

④ See Cone's Ex's v. Russell, 21 A. 847,849 (N. J. Ch. 1891)

⑤ Kevin C. Cunningham, Examination Of Judicial Policy On Corporate Vote Buying In The Context Of Modern Financial Instruments, 64 *N. Y. U. Ann. Surv. Am. L.* 293,317(2008).

Capital公司又无法以合适的利率从市场中借到足够的行权资金，因此决定对该合并投反对票。根据特拉华州公司法的规定以及Texas International章程规定的分类表决机制，如果Jet Capital公司投反对票，该合并决议将无法通过。公司其他股东认为本次合并对公司有利，因此在股东大会上通过了向Jet Capital公司提供低息贷款的决议，以换取其赞成合并。Schreiber不同意这一决定遂提起代表诉讼，认为上述决议构成表决权买卖，因而非法。[①]

Schreiber案的法官认为，Texas International公司的借款决议构成表决权买卖，但是表决权买卖并非本身违法。根据以往的判例，法院认定表决权买卖违法的理由有二，第一，表决权买卖的目的是为了欺诈其他股东或者为了剥削其他股东的权利；第二，投票权交易违背了股东之间相互负有的独立做出投票权决定的义务，违反了公共政策。Schreiber案认为第二点站不住脚。股东之间的信赖义务形成于公司规模较小的时期，对于现代股东人数众多的公众公司而言已经“不合时宜”了，现代公司法不再认为股东之间相互负有信义义务。[②] 表决权买卖事实上有可能有利于全体股东的利益因此并非本身违法。[③]

不过当表决权作为一种选举机制或者包含有选举功能时，表决权就很容易与公司职位发生交叉：从表面上看，出售者出售的仅仅是表决权，但实际上出售的，可能是公司职位（corporate office），只是这一出售借用了选举机制的正当形式。发生在选举过程中的表决权买卖，表决权的价值实际上反映的是其背后公司职位的价值：收购者收购表决权的目的当然不是表决权本身，而且为了利用这部分表决权获取公司职位。股东表决权本身虽然没有附着义务，但是公司职位就不再是权利的概念了，公司职位对应的是更多的公司权力以及与权力相匹配的责任（accountability），因此，表决权买卖如果和公司职位交织在一起，可能就同时具有了义务属性，从其本身性质而言不具有可转让性。[④]

三、公司与政治中的公平尺度

探讨反对政治上表决权买卖的第二点理由：公平能否适用于公司表决权买卖，

---

① Schreiber v. Carney, 447 A. 2d 17,23 (Del. Ch. 1982).

② Schreiber v. Carney, 447 A. 2d 17, 23 (Del. Ch. 1982).

③ Schreiber案仍然赞成如果表决权买卖的目的是为了欺诈其他股东或者剥削其他股东的权利的话，那这种表决权买卖是非法的。

④ 哪怕在这个过程中在职董事并没有获得利益，也会被认定为职位出售。参见[美]罗伯特·C.克拉克著，胡平等译：《公司法则》，工商出版社1999年版，第391页，在该处作者举例中，职位出售的价格并没有支付给董事而是作为股份溢价支付给股东。

需要审视公司法上的公平是何种含义？与政治上的公平所指是否同一？

（一）一股一权亦或是股东平等

政治上的公平强调的是主体平等，要求所有主体在政治上享有同样的权利，这是民主机制的应有之义。但是公司法中的公平强调的显然并不是这一层含义。公司法中默认的股东决策机制是一股一权以及资本多数决而非人数多数决。可以看到在公司的决策机制中，更加强调的是资本的民主，所以公司法中的公平并不是基于主体尺度，而是基于股份份额这一客体尺度享有的。① 这一点在资合性越强的公司中表现得会越明显。富人基于其资本的优势在公司中获取更大的利益以及获取更多的表决权本身就是与公司内部民主规则暗合的。股东之间的差别待遇表现在公司法规则的方方面面，大股东大权利，小股东小权利才是利于维护公司团体利益的正常生态规则。② 更何况，财富在表决权信托和公司控制权争夺中给富人带来的优势并不少于表决权买卖③，因此表决权买卖中的公平问题并不是富人特权的问题。

那么剩下的问题就变成了，股东通过购买表决权获取与其资本优势不相称的优势是否是公平的？表决权买卖是否会影响公司中的公平尺度？要回答这个问题，我们首先需要找到公司法中的公平尺度。

从比较法的角度看，主流国家强调的公司对待股东的一般原则是"股东平等"，例如《德国股份法》第53a条即规定：股东们必须在同等的条件下被同等的对待。④欧盟公司法指令也规定：成员国法律应当确保平等对待处于同等地位的所有股东。但是这一原则并没有为我国《公司法》所采纳，在我国《公司法》中取而代之的原则是"一股一权"原则，虽然在2005年《公司法》修订中这一原则有所松动，但是立法者对股份公司依旧坚持着比较严格的要求，一股一权于股份公司而言基本上是一条强制性原则。一股一权与股东平等，看似等同，实际上存在区别：一股一权更多的是一种平等对待，强调的是形式正义；而股东平等是对"平等结果"的考量，强调的是实质正义。⑤ 一股一权依旧延续的是民法上的思维方式，将每一股份抽象成等分，假设为同质，而股东平等却要求正视股东之间实际的差异。⑥

---

① 邓峰：《普通公司法》，409页，人民大学出版社2009年版。

② 蒋大兴：《公司法的观念与解释Ⅰ——法律哲学＆碎片思想》，143—148页，法律出版社2009年版。

③ Robert Charles Clark, Vote Buying and Corporate Law, 29 *Case W. Res. L. Rev.* 776,804(1979).

④ 卞耀武主编，贾红梅、郑冲译：《德国股份公司法》，29页，法律出版社1999年版。

⑤ 宋智慧：《股东平等原则与资本多数决的矫治》，载自《河北法学》2011年4月。

⑥ 邹开亮、汤印明：《论股东平等制度及中小股东权利之保护——兼评新〈公司法〉的股东平等立法》，载自《江西社会科学》2006年第4期。

诚然,股东平等并非强调所有股东待遇相同,但是一股一权只是股东平等的表现形式而已,只是实现股东平等的基础和前提,并不是股东平等本身。换而言之,一股一权只是实现目的的手段,而非目的本身。和一股一权相比,平等的概念容纳了更多的变化和变量。绝大多数国家都意识到了这一点,所以会允许公司发行不同种类的股份或股票,这有利于公司调整自己的财务结构和股权结构,寻找合适的公司治理①。甚至在某些个别情况中,一票一权还可能构成对股东平等的背离。②由于一票一权本身不是公平的尺度,所以对一股一权的偏离并不能天然的被打上“不公平”的标签,通过表决权买卖对原有的决策机制进行改变也不具有天然的不合理性。

鉴于股东平等是对“平等结果”的考量,要判断表决权买卖是否公平,或许还是要回到表决权买卖的结果。由于股东加入公司的目的仅仅是商业目的,不论公司的目的是不是多元的,股东行使表决权的目的总是很单纯的:使自己的利益最大化。这就大大减少了我们丈量公平的难度,因为我们可以借用效率这一理想尺度。虽然表决权买卖本身存在外部性:买卖双方的交易可能导致股东会表决结果的改变因此影响到公司全体股东的利益,但是如果交易的结果没有使任何人的处境变得更加糟糕并且提高了全体股东的利益,那么就可以认为表决权的买卖是公平的。

(二)股权亦或者控制权

另一个涉及公平的问题与交易主体有关。在一个普通的交易中,所有人通过买卖的方式处置属于自己的财产并且获得相应的对价是完全正当的,但是当交易的对象是表决权时,买卖的过程就不仅仅是私权处置了。表决权通常情况下是附属于股东的股份,其私的性质比较明显,但是当表决权聚集在一起,就会形成对公司的控制权。换而言之,表决权的买卖过程中可能伴随着公司权力的出售。如果出售的不仅仅是表决权还包括了公司权力,那么出售方处置的就不仅仅是自己的私权了,出售方取得的对价不仅仅包含了自己权利的价格,还包括公司权力的价格。这部分权力的对价由出售方独得,是否是公平的呢?

其实这个问题在上市公司收购市场中也存在:一般情况下,被收购方出卖的是自己的股份,是一种完全的私权,但是当收购者收购的股份达到一定的数量,出卖方出卖的就不仅仅是自己的股份这么简单。与这一过程中同时出售的,是公司的

---

① 邓峰:《普通公司法》,367 页,人民大学出版社 2009 年版。

② 比如资本多数决作为一票一权原则逻辑的自然延续很有可能造成对小股东权利的践踏,参见钱玉林:《“资本多数决”与瑕疵股东大会决议的效力——从计算法则的视角观察》,载自《中国法学》2004 年第 6 期;罗培新:《论股东平等及少数股东之保护》,载自《宁夏大学学报(人文社会科学版)》2000 年第 1 期。

控制权。所谓的股份溢价，事实上就是控制权的价格。股份是股东的私有财产，但是控制权却是公司的。在公司控制权发生转移时，应当由出卖方独自享有控制权的溢价，还是应当让所有股东分享？在这一问题上学者们也并未达成共识。有学者认为控股股东只应当占有不含控股价值的那部分纯价值，其溢价部分应当由所有股东共享[①]，但是也有学者认为控制权转让在绝大多数情况下是有效率的，可以使得公司资源被更加有效的配置，因此应当允许某些负面成本。[②] 法律规定也在这两种观点中做出取舍，除美国以外的主要资本市场均规定在收购者股份达到一定比例时会触发强制要约收购义务。[③] 美国法院虽然在一般情况下允许控股股东独享控制权溢价，但是如果在控制权出售的过程中控股股东掠夺了公司机会、单独出售了公司职位或者存在虚假陈述，法院也可能要求控股股东吐出溢价，由公司行使归入权。[④]

只不过这一问题也更多地存在于永久性/长期性的表决权买卖和作为选举机制的表决权的买卖中，作为利益分配机制的表决权买卖并不涉及公司权力转移的问题，买卖过程中也没有控制权的溢价。并且这是购买方式为协议购买时的特有问题[⑤]。收购方愿意选择协议收购的方式获取表决权通常有两个原因：第一，收购方所需的表决权权重不大(此时的表决权买卖通常并不涉及公司控制权转移的问题，自然也不存在控制权溢价问题)；第二，公司目前的股权结构比较集中，只需与少数人达成协议即可获得公司控制权。

四、表决权买卖的效率问题

作为天生的逐利性商事主体，效率一直是公司法规范最根本的价值取向。在绝大多数情况下，公司法中，效率即公平。

(一) 表决权买卖与代理成本

从效率角度对公司表决权买卖进行驳斥的经典表述依旧来源于伊斯特布鲁克

① *See* Berle & Means, The Modern Corporate and Private Property, Macmillan Co, 244(1932).

② *See* Frank H. Easterbrook and Daniel R. Fischel, Corporate Control Transactions, 91 Y. L. J. 698,736 (1982).

③ 例如英国《城市守则》第 14 条和第 36 条；日本《证券交易法》第 27—2(1)条，我国《证券法》第 96 条，都是关于强制要约收购的规定。

④ 汤欣：《公司治理与上市公司收购》，283—289 页，中国人民大学出版社 2001 年版。

⑤ 收购方如果采用的是要约收购的方式，那么所有股东都有平等的交易机会，实际上是可以平等的分享控制权的溢价的，因此并不存在公平方面的障碍。

和费舍尔。延续着其一贯的逻辑，伊斯特布鲁克和费舍尔认为，如果允许表决权买卖，那么收购者可以获得与其剩余索取权不匹配的决定权，可是由于无法获得与表决权相匹配的利益，而糟糕决策的后果又不会由自己一力承担，表决权收购者往往会做出让自己从中获利但是对公司而言很糟糕的决议。这种激励不足导致的代理成本使得表决权买卖是低效的。[①]

但是仔细进入到公司运作过程便会发现，伊斯特布鲁克和费舍尔在这里所说的代理成本并非直接由表决权买卖造成，而是源于收购者通过表决权买卖获得控制权之后的掠夺行为。有学者认为掠夺行为并不是表决权买卖本身造成的，而应当归咎于表决权买卖进行之后收购方违反信义义务的行为，因此掠夺行为和表决权买卖是不相干的。[②] 但是笔者认为，掠夺行为仍然是评判表决权买卖时应当重视的代理成本。因为虽然掠夺行为并不是表决权买卖的直接后果，但是允许表决权买卖降低了控制权获取成本确实会刺激或者加剧这种现象的发生。因此不能认定该种代理成本与表决权买卖毫无干系。

但是掠夺行为并没有与表决权买卖建立必然的联系。掠夺行为的前提——控制权转移并不是在所有表决权买卖中都会发生。伊斯特布鲁克和费舍尔的假设更多的是对永久性/长期性表决权买卖的契合，因为这样的表决权买卖非常明显的改变了公司的表决权结构。但是仍然需要注意的是，并非任何表决权结构的改变都会改变公司权力的分布状态，那些与公司权力配置保持一致的表决权买卖从效率角度考虑，是无害的，只有那些导致公司控制权发生变化的表决权买卖需要警醒。另外一种和公司权力转移有关的表决权买卖是作为选举机制的表决权的买卖，因为它可能直接改变公司经营控制权的结构。而作为分配机制的表决权买卖的后果可以一次结清，这种买卖从股东角度而言，是对股东在某次决议上的表决权的一次性约束，并不会改变公司的权力结构，没有控制权转移的问题。

（二）表决权买卖对公司决策的效率影响

除了代理成本问题，在效率方面需要考虑的另外一个问题是，表决权买卖是否会对公司决策产生负面影响？要回答这个问题，或许我们还需要从股东表决事项进行分析。

---

① Easterbrook & Fischel, The Economic Structure of Corporate Law, Harvard University Press, 1991, P74－76.

② Thomas J. Andre, Jr, A Preliminary Inquiry Into The Utility Of Vote Buying In The Market For Corporate Control, 63 *S. Cal. L. Rev.* 533,619－629(1990).

1. 表决权买卖对公司重大事项决议的效率影响

在股东作出导致公司发生根本性变化的决议时发生的表决权买卖与政治中的表决权买卖一样有效率方面的隐患。虽然公司中的表决只需要考虑商业因素,比政治表决要单纯,但是和在政治表决中一样,在公司表决权买卖的场合,股东通过各自单独决策从而达到集体决策的这一过程受到了价格机制的扭曲。但这种扭曲由于是对过程的扭曲,与收购者最终有没有获得大多数的表决权是没有关系的。这种扭曲可能会导致表决机制的无效率。比如某决议会导致收购者意外的整体股东损失为200,某一个股东获益100,如果该股东花费50收买其他股东的表决权,那么整体看来这个交易依旧是无效率的。这样不合算的交易看上去似乎不会发生,但是由于在交易过程中存在一个明显的囚徒困境,导致了这样的表决权交易非常有可能发生。要通过一项公司决议,至少需要51%的表决权,如果是特殊决议事项,需要75%以上的表决权,小股东的表决权根本无足轻重,换而言之,小股东保留其表决权几乎毫无意义。而如果自己不将表决权出售,那么其他股东就会抢先出售表决权,彼时,自己就会颗粒无收。这一囚徒困境会导致表决权买卖一旦开启,小股东都会争先以低价出售自己的表决权,甚至可能以任何非零价格成交。总之,公司表决权买卖可能会伴随小股东的个人理性导致的集体非理性,进而减损了效率。

但是表决权交易还有可能以如下模式发生:某决议会导致收购者股东以外的股东损失200,但是某一股东从中获益300,如果该股东此时花200—300之间的价格收购其他股东的表决权,那么从整体上看,这笔交易就变成了一个有效率的表决权买卖。或者某决议会导致公司全体股东获益100,但是有股东因此损失20,如果该股东不同意会导致决议不通过(而该股东作出这样的表决是完全正当的),那么全体股东会因此丧失100的获益,此时如果有人愿意(哪怕是公司)支付该股东大于20小于100的对价,让该股东同意决议,则所有人的福利都得以增长,这样的表决权买卖也是有效率的。

所以,表决权买卖并非是一种绝对无效的机制,它完全可以作为一种灵活的分配机制对全体股东利益进行微调从而达到对所有人都有利的效果。关键在于如何确保表决权买卖的价格公允,具体而言就是保证表决权买卖的结果对所有股东均有利。

2. 表决权买卖对公司选举的效率影响

在效率问题上,可能更加难以判断的是选举董事的决策效率。由于任何决策都有风险,所以并不能从结果角度去判断决策机制的效率问题,尤其在董事选任问题上。因为首先,并没有统一的客观衡量尺度评价董事的好坏;第二,由于有诸多客观因素的制约,"好"董事也并不一定会带来"好"的经营结果。效率的评价对象是期望值，可是结果的评价对象却是客观事实，二者并不完全匹配。因此，不好的结果并不意味着当初的决策是没有效率的。

我们不能要求，一个好的决策机制一定会选出好的董事，但是我们需要选举机制发挥其应有的监督功效。如克拉克所言，表决权真正的价值在于它使股东可以很方便地强制剥夺个别董事和高级职权的控制权和职权[①]，股东通过表决权行使的任免权如同悬在公司高管头上的达摩克里斯之剑，使他们不得不为股东利益恪尽职守，否则就有被撤换之虞。[②] 这样的权利配置为减少公司代理成本作出了极大的贡献。所以对一个好的选举机制的最基本要求是，内部人不能利用这一机制进行自我维持。如果表决权买卖制度可以嵌入到公司决策机制中，那么需要解决的问题是，表决权买卖不会成为内部人进行自我维持的工具。这并不意味着内部人不可以进行表决权买卖，但是至少，公司内部人进行表决权买卖时不可以比外部人存在优势。如果能够保证这一点，由于表决权买卖活跃了控制权市场，使得控制权市场可以更好的发挥对公司董事的监督作用，表决权买卖并不存在效率障碍。

结论

仔细推敲可以发现，学者对公司表决权买卖众口一词的反对大多根源于人们对政治贿选的反感很自然地延伸到公司领域变为对表决权买卖的天然排斥或者谨慎情绪。虽然公司起源于政治的延伸，但是公司进化到现在，已经脱离了政治体延伸的意义存在，尤其是商业公司，其公共性维度与公共机关已经相距甚远，公司的公共义务不会扩展到面向全社会，更多的是限于对股东集体利益的要求。[③] 因此公司制度需要考虑的问题在价值取向上往往比政治领域来得更为单一和纯粹，政治领域的制度设计适用到公司中并不具有天然的合理性。公司作为一种不成熟的政治体以及在公共维度上更加“私”的存在，其表决权相关制度与政治上的表决权制度虽有一定联系，却不应当想当然地同等适用。因此，尽管政治上的贿选在政策上为所有国家所禁止，公司中的表决权买卖是否应当受到同样的待遇却需再斟酌，至少其本身并无“原罪”，认定其“本身违法”并无道理。

---

① [美]罗伯特·C.克拉克著，胡平等译：《公司法则》，71页，工商出版社1999年版。

② 罗培新：《公司法的合同解释》，230页，北京大学出版社2005年版。

③ 邓峰：《普通公司法》，413页，中国人民大学出版社2009年版。

从花旗派生诉讼案看美国公司法对过度投机控制的局限

曾思*

在2008年金融危机之中，大量企业在急剧变动的市场中由于衍生交易遭受了巨额亏损。在美国，华尔街的金融巨头纷纷落水，甚至倒闭。人们逐步意识到了金融衍生交易中隐含的过分投机和风险承担的问题。由此引发的系统性风险问题也让学术界和政策制定者不得不思考对这一交易如何设置法律上的控制机制。

在美国，以特拉华州为代表的公司法则提供了一套公司权利义务配置的规则，解决委托代理问题，旨在保护利益攸关者的利益。然而，这一套规则在危机中并没有很好地发挥作用，大量金融机构进行了疯狂的投机行为，最终导致市场崩溃，大量投资者、市场参与者、债权人受到了巨额的损失。

公司治理中的信义义务、派生诉讼、董事选任、薪酬制度等制度为何没有成功防止美国公司在参加金融衍生交易的风险，这是本文所要讨论的主题。本文第一部分从花旗的股东派生诉讼案件切入，引出公司法中注意义务与商业判断规则对衍生交易风险的控制问题。第二部分分析业务判断规则在类似案件中所体现的制度背后的理性，以及其他公司法上相关联的制度的作用与局限。第三部分点出了公司法制度的局限性与管制的必要性。

一、花旗集团股东派生诉讼案

花旗是美国的一家金融控股公司，通过其银行子公司与非银行金融服务业务的子公司运营来盈利。在2007年和2008年，花旗遭受了超过650亿的损失，加上其信用的极大受损，花旗几乎在这一次危机中倒闭。2008年11月，政府决定对其实施救助，美国联邦政府投资了200亿美元，并且答应假如花旗进一步遭受损失，政府愿意吸收90%的损失。美国财政部支付50亿，美国联邦存款保险公司负责

---

* 曾思，北京大学法学院金融法研究中心2012级硕士。

100 亿，美联储来负责剩下的数额，而对价则是花旗的优先股。

花旗的大部分损失来源于证券化资产，主要是债务抵押债券(collateral debt obligation，下文简称“CDO”)。CDO 是通过一系列复杂的过程制造的。证券发起人对于一群有抵押的债权资产进行打包转让，交付一个特定的实体(如 SPV 特殊目的实体)，由其发行证券出售给投资人，投资人获得该实体持有的资产池所产生的现金流，而转让所得的资金归发起人所有。SPV 所产生的现金流通过分层技术，划分出不同风险和收益的证券，交付给有着不同需求的投资者。

从 2002 年起，花旗大量提升 CDO 的营业额，成为最大型的制造和出售 CDO 的市场参与者之一。这一过程为花旗带来了相当可观的收入。这一业务也带来了相应的风险。花旗自身也投资 CDO 产品，需要承担投资失败的损失。同时，花旗对于金融资产进行包装并出售，在这一过程中，花旗不仅仅使用其自己制造的房地产抵押贷款，还从其他银行购买类似的金融资产。尽管这一过程让花旗将自己的风险打包转让给了证券的购买者，然而这并不意味着风险的完全转移。在购买其他金融资产进行包装的过程中，该资产可能存在市场价格波动的风险。假如该资产在没有被销售出去之前市场价格已经出现下跌，那么这一损失就将由花旗自己承担。同时，花旗还创设了一种期权，允许 CDO 购买者将其以原始价格卖回给花旗。如此一来，表面上出表的资产的风险实际上并没有得到转移。

在金融危机之中，随着房地产市场泡沫的崩溃，大量的与房地产挂钩的金融资产都被低价抛售，花旗库存中正在打包的复杂金融产品和衍生工具价值也大量下跌，同时花旗做出决定对其成立的特殊目的实体进行资金补充，承担由于市场价格下跌带来的这些证券的价值损失。

花旗的股东在 2009 年提起了对于董事会的派生诉讼，认为董事违反了注意义务，应当对公司承担损失的赔偿责任，同时还认为董事会没有向股东披露相应风险的信息，并且对 CEO 的薪酬构成了浪费。

有报道指出，花旗建立了风险管理系统，防止管理层承担不合理的风险。然而，在风险控制系统中有严重的缺陷，风险管理者与其所要监督的执行机构之间缺乏独立性，因为长期个人接触关系以及风险管理机构的负责人需要向其所监督的部门进行工作汇报。[①] 因此花旗过分承担的风险实际上没有得到有效的控制。

在花旗案中，原告引用了 1996 年美国特拉华州法院判决的 Caremark 案起诉

---

① Eric Dash & Julie Creswell, The Reckoning: Citigroup Saw No Red Flags Even as It Made Bolder Bets, N. Y. Times, Nov. 23, 2008, at Al, available at http://www. nytimes. com/2008/11/23/business/23citi. html. 2012 年 6 月 9 日最后访问。

董事,认为其违反了信义义务(Fiduciary duty)。在 Caremark 案中,法院支持了原告,理由是董事应当发现而没有发现某一公司职员违反了联邦法律,因而应当承担损失。法院区分了两种董事会行为。第一种是董事会因为过失做出了错误的决定。第二种是董事没有给予适当的注意并采取行动,从而使得损失发生了。在前一种情况下,董事行为应当通过商业判断规则来分析。法院不能通过事后揣测来代替董事做出判断。后一种情况下,董事是由于没有监督职员行为,使得损害结果发生了。这种情况下董事并不受到商业判断规则的保护。花旗案中的原告采用了第二种类型的董事会责任追究方式,试图以此规避商业判断规则。

然而,花旗在公司章程中根据特拉华州法律规定,限制了董事责任的承担。根据章程规定,董事只有在极特殊情况下才承担个人责任。章程列举了几项特殊情况,包括不善意地做出行为,违背忠实义务,或是涉及故意地违反法律。这一规定加剧了原告诉讼的障碍。

董事行为的恶意如何判断呢?法院引用了特拉华州在 2006 年判决的斯通案(Stone v. Rittter)。在该案中,法院同样使用了 Caremark 案中确立的第二种类型董事会责任追究的方式,同时给出了判断董事恶意的标准。法院认为,董事恶意,指的是董事明知其行为没有尽到董事应有的义务。而只有原告举证证明这一点,董事才应承担责任。由于这一标准涉及主观判断,法院认为证据应当表明董事存在持续、系统性的监督职能的缺失,才能证明董事是恶意的。

在花旗案中,原告认为董事没有能够监督花旗的商业风险。这一监督义务的缺位使得企业在次级抵押贷款市场中过分承受了风险。[①] 股东认为,董事没有监督花旗的商业风险,因此忽略了红色警报(red flag)。然而,法院认为,尽管股东表面上引用的是 Caremark 案中确立的董事违反注意义务的类型,其实质仍然是对于董事做出忽视风险的战略决策的挑战。因此,法院最终在这一案件中坚持强调了注意义务的判断标准和"商业判断规则"。这一规则假定公司的董事在作出商业决定的时候基于所收集到的信息,善意地做出最有利于公司的决定。除非原告证明这一假定不成立。恶意的行为指的是除了基于为企业最大利益着想之外的其他目的,违背法律,或者故意地做出欺诈、非法行为。法院最后认为,只有存在欺诈、违法以及恶意行为,董事才承担责任。而商业性风险并不应当被考虑在内。

采用了这样严格的标准之后,法院对于原告的诉求事实逐项进行了反驳。原告承认花旗内部建立有相应程序控制系统对于风险进行管理。但是原告认为监督

---

① *In Re Citigroup Inc. Shareholder Derivative Litigation*, Civil Action No. 3338 - CC, Court of Chancery of Delaware, 964 A. 2d 106(2009 Del. Ch).

机制并不足够，或者董事没有善意地尽力按照风险管理程序去进行运作。理由是董事多次忽略了红色警报，包括房地产市场泡沫的种种征兆。但是法院认为这不足以构成董事恶意的证据，因为这些仅仅是公开的评论性意见。①

二、公司治理规则应对治理风险的困难

（一）派生诉讼与业务判断规则的适用

美国法上的商业判断规则对于董事施加了极强的保护。在 Caremark 中，法官自己也认为，基于监督义务的违反造成的董事责任可能是原告证明难度最高的法律案件。②

金融衍生交易的亏损一般是由高风险造成的。因此，一般而言，股东追究的是董事忽视或没有适当地控制公司承担的风险的责任。然而在花旗案中，法院对违法行为与商业风险做了区分。认为董事会的任务在于建立一套信息反馈系统，能够对下级进行监督和管理，了解任何可能对公司产生损失的不正当行为。但是这里的不正当仅仅指违法和犯罪行为，而商业风险是公司所必然要承担的，因此不应当构成董事责任的一个理由。

法院之所以采取如此严厉的董事责任标准，有多方面的原因，在金融行业中，风险与收益本来就是并行的。③ 任何企业都会承担一定的风险，这是一个企业不可或缺的一部分。风险的承担程度也是一个企业自身经营决策的重要事项。法院不应当介入董事会的决策，代替董事做事后的判断。除非董事持续性地或系统性地缺乏对下级职员的监督。

可见，美国法上的商业判断规则给予了大量的董事豁免的情形。面对金融业公司普遍的高风险决策，公司法上的派生诉讼与董事的信义义务并不愿，也没有足够能力对其加以控制。法院对于公司内部的事务很难在事后进行有效的校正。

然而，在公司治理的结构上，除了事后的诉讼机制，还有很多事前的防范机制可以对风险进行治理。在金融危机之中，这些制度有没有有效地发挥作用呢？

---

① *In Re Citigroup Inc. Shareholder Derivative Litigation*, Civil Action No. 3338 - CC, Court of Chancery of Delaware, 964 A. 2d 106(2009 Del. Ch).

② *In re Caremark Int'l Inc. Derivative Litig.*, 698 A. 2d 959 (Del. Ch. 1996).

③ *In Re Citigroup Inc. Shareholder Derivative Litigation*, Civil Action No. 3338 - CC, Court of Chancery of Delaware, 964 A. 2d 106(2009 Del. Ch).

(二) 经理人市场与董事会选举

1. 董事选举的风险控制作用

在公司法上,业务判断规则限制了股东追究董事责任的方式。因为股东实际上可以通过多种途径来对公司与董事进行控制。理论上讲,资本市场能够起到筛选经理人的作用,假如股东认为董事应当具备风险控制意识,防范企业过度承担风险,那么市场机制下企业就会选出相应的董事。股东既然已经通过集体决策选出了董事,那么就应当对其有足够的了解,在董事为公司带来利益的情况下,股东可以获得收益,而在出现公司由于市场风险遭受损失的情况时,让董事承担责任,无异于为股东提供了旱涝保收的"保险"。这对董事也是不公平的。可以说,有了股东在事先的对于董事会的选举权,业务判断规则的适用也就得到了正当化的解释。董事应当仅在极其例外的情况下,因为违反忠实义务或者严重违反注意义务对企业造成不可挽回的损失的时候才承担责任。

有学者将董事会的选举制度对风险防范的作用归结为两个层面。首先,董事会选举是"选贤任能"的机制。选举制度与资本市场对于解决董事高管的才能问题的作用是毋庸置疑的。通过选举有才能的董事,企业可以更好地进行管理和运营,选择最佳的战略。① 这一制度至少能够防止企业决策失误。

第二个层次在于股东是否能通过选举董事会控制公司承担的风险。② 这一功能取决于股东是否愿意挑选出保守谨慎的董事。在实践中,追求高风险的董事在金融机构中比比皆是。股东会选举并不能防范这一风险。恰恰相反,美国有实证研究表明,恰恰是那些承担更高风险的金融类企业股价表现得更好,更加受到欢迎。③ 因此,追求风险的并不仅仅是董事,许多股东都是短期的投资者,他们并不都注重公司的长远利益和发展,而只是希望通过在企业的风险承担中获取收益。在外部资本市场完备的情况下,投资者可以随时"用脚投票",可以在不同的企业之间进行选择。因此,股东选举出的董事会追求高风险高绩效也就不足为奇了。

同时,股东和企业的债权人之间也存在着博弈。一般而言,债权人获得的收益

---

① Franklin A. Gevurtz, Rethinking Spheres After a World Financial Crisis: The Role of Corporate Law in Preventing a Financial Crisis: Reflections on In re Citigroup Inc. Shareholder Derivative Litigation, 23 *Pac. McGeorge Global Bus. & Dev. L. J.* 113.

② Franklin A. Gevurtz, Rethinking Spheres After a World Financial Crisis: The Role of Corporate Law in Preventing a Financial Crisis: Reflections on In re Citigroup Inc. Shareholder Derivative Litigation, 23 *Pac. McGeorge Global Bus. & Dev. L. J.* 113.

③ Franklin A. Gevurtz, Rethinking Spheres After a World Financial Crisis: The Role of Corporate Law in Preventing a Financial Crisis: Reflections on In re Citigroup Inc. Shareholder Derivative Litigation, 23 *Pac. McGeorge Global Bus. & Dev. L. J.* 113.

是固定的，而股东则得到剩余收益。因此，在企业通过高风险投资盈利的情况下，债权人受到一定的补偿，但是股东可以获得所有剩下来的收益。然而在企业因为高风险投机遭受损失的情况下，轻则颗粒无收，而债权人获得所有赔偿，重则股东与债权人共同承受所有的损失。因此，对于股东而言，其最优化的决策方式是让企业承受高风险，以最大化其利益。[①]

由此可见，董事会的选举投票制度可以在一定程度上提升董事的才能，同时对企业施加一定的控制，以达到防范治理风险的目的。然而，这一制度本身也存在问题，即股东也并非都是安稳保守的投资者。其中也不乏投机与短期行为，他们的偏好往往也是企业过度投机的一个根源。同时，股东也从债权人处夺取利益的激励，使得在他们控制下的董事会承担高风险。

2. 可能的改进措施

对于董事会选举制度而言，许多学者都试图提出解决问题的措施。由于股东利益并不完全代表公司利益，有学者认为在董事会的组成上可以考虑借鉴德国的双层模式。引入职工的代表进入董事会的上位委员会，行使对公司的监督职能，由上位委员会选举出下位的委员会进行战略管理。这种模式使得董事会能够代表更广泛的利害攸关者的利益。并且，职工相对于股东而言更加注重企业的长期绩效，可能有助于抑制短期机会主义行为。

董事会中心主义的主张者们认为，过度的风险承担是由具有短期套利倾向的股东造成的。由于股东追求短期收益，董事会选举就会选出迎合股东这一需求的公司管理层。因此应当减小股东对于公司的控制，给予董事会更大的权限。然而，在股东放松控制之后董事是否能够合理地控制与监督公司承担的风险，仍然需要对于激励机制（如薪酬）的安排。并且，股东间也存在不同的利益诉求，并非所有的股东都是过度风险的追求者。股东中既包括短期套利者，也包括长期持有公司股权，关注公司长远发展的。而后者通常更加注重风险承担的适度性。针对于此，有的学者提出了区分短期和长期持股的股东。长期股东可能被赋予更多的对公司的投票权，以防范公司的短期机会主义风险。[②]

（三）薪酬激励机制

1. 薪酬激励的错位

华尔街的董事和高管的薪酬机制一直以来广受诟病，很大程度上是因为其薪

---

① Jonathan R. Macey, Corporate Governance, Princeton University Press (2008), p. 226.

② Lynne L. Dalla, Short-Termism, the Financial Crisis, and Corporate Governance, 37 *Iowa J. Corp. L.* 265.

酬过高，即使在次贷危机之后公司面临破产的情况下仍然获得巨大的收入。然而这并非治理风险的来源。需要考虑的问题在于，薪酬激励机制是否能够有效地防范公司的过度投机，防范金融衍生交易中的公司治理风险。

董事和高管的收入的基础是他们所获得的奖金，这与一定期限内的收入业绩情况密切相关。这就为他们提供了激励，在这一段时期内努力扩大企业的收入。公司的股票期权计划也提供了类似的激励。由于公司的股价直接受到会计年度报表的影响，管理层更加有激励追求短期绩效，通过行使期权获得收益。而高风险的金融衍生交易往往就成为他们达到这一目的的重要手段。

并且，激励机制通常的设计是在利润增加时董事可以获得高额收入，而在企业遭受损失的时候，董事却不需要承担相应的损失。高管人员的奖金设置一般都仅仅与收益挂钩，没有亏损时候的“惩罚金”。高管和董事的期权计划也与此类似。在期权到期的时候，假如股价高于期权里的买入价，那么他们就能够以低价买入并以更高的市场价卖出。然而，若股价低于买入价，他们就可以不行使这一权利，从而没有任何的损失。这一不对称的薪酬激励造成的结果是管理层理性地选择更大的风险与更多的收益，因为风险并不完全由其承担。在控制权和所有权分离的情况下，管理层并不会完全设身处地地为股东着想并做出决策。同时，许多的损失都是概率很小的黑天鹅事件，这一事件在其任内发生的可能性很小，这就助长了管理层的侥幸心理，认为自己能够在泡沫破裂之前转到别的岗位。①

另外，薪酬激励机制还表现为股东对于董事和高管的一定程度上的控制。在股东选举出董事之后，要保证代理人“听话”，为了股东的利益着想，因此需要相应的机制安排。这样一来，薪酬激励机制中也就会出现与董事会选举制度同样的问题，即公司管理层会为了股东利益损害其他利益攸关者的利益。如前所述，股东可能存在着过度承担风险的倾向。因此，高管的激励计划在设计上会考虑股东的需求，也会影响高管的决策。这一问题对于金融机构的高管更加突出，因为他们面临更加众多的利益攸关者。

2. 改革的进程

在次贷危机之后，美国奥巴马政府签署了多德-弗兰克法案，法案中对于公司的薪酬制度专门做了规定。主要的措施是加强了股东对于董事薪酬的控制。这一法案要求美国证券交易委员会建立规则，方便股东提名董事，并且给予股东权利对董事薪酬进行投票(advisory vote)。这一规则强化了股东对于公司的控制，但是没

① Lynne L. Dalla, Short-Termism, the Financial Crisis, and Corporate Governance, 37 *Iowa J. Corp. L.* 265.

有考虑到股东自身对于短期行为的作用。并且,这一规定并不能根本地解决董事的激励问题,无助于控制企业的风险。

多德-弗兰克法案还直接规制了企业的风险承担。该法规授权联邦管制者对于可能引发不合适的风险承担的薪酬安排进行禁止。这一制度以管制的形式出现而非交由股东决定。同时,法案还授权管制机构限制短期激励机制占所有激励计划的比例。[①] 根据美国证券交易委员会的提案,薪酬激励机制需要适当地平衡风险和收益,与有效的风险控制与管理相一致,并且有很好的公司治理的支持。[②]

信息披露也是防范薪酬过高的一个手段。并且将管理层的利益与股东保持一致。美国证券交易委员会修改了薪酬披露规则,在证券交易法下,当从公司薪酬政策中产生风险很有可能引起公司的实质性不利效果时,要求企业对于风险管理的有关的薪酬进行披露。[③] 可见,这些都是在传统的薪酬制度中对于风险承担进行的特别规定,以对公司管理层形成良好的约束。

对于董事的期权激励"负盈不负亏"的情况的解决措施值得探讨。有学者认为应当让董事对于风险产生的股价下跌也同样负责。例如,将激励改变为受限制的股票而非期权,[④]并且在长时间内对该股票锁定不允许流通,从而确保董事为了公司长远的利益考虑。

最后,对于影响范围较广的企业,董事的薪酬设计不仅仅应与普通股东利益保持一致,还要与其他利益攸关者一致。[⑤] 假如仅仅与股东利益保持一致,如前所述,董事往往为了迎合股东的短期回报的倾向过度投机,放任风险的过度承担。这就需要通过独立的薪酬委员会,允许多元利益的代表参与决定薪酬激励计划。

三、公司法之局限的弥补——外部管制

通过上述分析,我们可以看出,公司法制度可以一定程度上化解金融衍生交易

---

① Dodd-Frank Wall Street Reform and Consumer Protection Act, Pub. L. No. 111-203, § 956(b), 124 Stat. 1376,1905(2010).

② Securities and Exchange Commission, Agencies Seek Comment on Proposed Rule on Incentive Compensation, http://www.sec.gov/news/press/2011/2011-77.htm,2012 年 6 月 9 日最后访问。

③ Iman Anabtawi & Steven L. Schwarcz, Regulating Systemic Risk Towards an Analytical Framework, 86 *Notre Dame L. Rev.* 1349.

④ Iman Anabtawi & Steven L. Schwarcz, Regulating Systemic Risk Towards an Analytical Framework, 86 *Notre Dame L. Rev.* 1349.

⑤ *See* Lucian A. Bebchuk & Holger Spamann, Regulating Bankers' Pay, 98 *Geo. L. J.* 247, 262-63 (2010).

的治理风险。然而，仅仅通过企业的内部治理，并不能完全解决这一问题。

(一) 外部管制与商业判断规则的结合

公司法则面临过度投机的第一个困难在于法院很难对公司正常决策进行介入。这一点在上文对董事注意义务的论述中已经非常清楚。无论是股东追究董事的决策过失，还是监事的监督过失，都缺乏一个具体的判断标准，公司法的形式主义很难在面对变化莫测的市场行为中找到根基。公司的利益攸关者们也缺乏足够的激励去寻找一个风险承担的临界点，面临着理性不足的困境，以致在疯狂的市场泡沫中迷失了方向。

笔者认为，商业判断规则其实在一定程度上可以走向实质性判断。首先，参与金融衍生品的主体一般可以分为中间商和终端使用者（end user）。二者由于管制的不同要求而可以被区别对待。前者在市场中进行的活动通常被赋予制造市场流动性，提供价格发现机制的功能。他们并不实际使用这些金融衍生品。例如，花旗作为投资银行设计证券结构，然后将合约出售给两个对立的对手方。而终端使用者则是最终衍生合同下的使用者与权利义务承受者。这一主体一般来讲是非金融机构。其参与衍生交易的目的一般是为了规避与对冲风险。在商业判断规则的规制下，前者由于其风险一般是常态，其参与金融活动目的就在于通过承担风险获取收益，因此商业判断规则的适用应当更加严格，一般而言不应当轻易让股东对其进行诉讼。而对于终端使用者，由于其目的在于规避风险，那么其所承担的风险应当是一定的。那么商业判断规则就应当更加宽松，不仅仅看董事会是否收集必要信息，并按照规定程序进行决策，以及利益冲突问题，还要从形式主义走向一定程度上的实质判断，仔细分析其决策是否承担了过度的风险，进行了投机性交易，并审查其是否与公司目的相符。这实际上可以看做是对这一类企业进行高风险投机活动的一种管制限制。

其次，在审查董事是否违反注意义务时，管制可以提供一个标准，以区分企业的商业风险和违法行为。董事在企业正常承担的风险程度上的决策可以得到商业判断规则的豁免，但是假如没能发现下级职员违反法律的情形，则可能构成注意义务的违反。例如在我国，国有资产管理委员会发布的《中央企业资产损失责任追究暂行办法》规定了责任范围。[①]《关于进一步加强中央企业金融衍生业务监管的通

---

① 《国务院国有资产监督管理委员会令第20号》，第二十条："在从事股票、期货、外汇，以及金融衍生工具等投资业务中，企业经营管理人员有下列情形之一造成资产损失的，应当追究相关责任人责任：（一）违规经营或者超范围经营的；（二）风险控制制度存在重大缺陷的。

知》[①]则规定企业仅能将金融衍生品用于套期保值。违反这一规定的国有企业高管承担责任应当不成问题。因此,假如企业参加了一个具有投机性质的衍生交易,该交易中,企业并不存在相应的对冲风险的需要,那么董事就可能被追究个人责任。同时,假如管制机关认为有必要对于金融机构承担的风险进行控制,完全可以制定立法规范。如此一来董事就不能援引纯粹的商业判断来为其未监督其职员违反法律而承担风险的行为免责。

第三,管制可以根据公司性质设定董事建立监督和信息收集体系的要求。对于没有建立合适的公司情报收集和信息传递系统的企业,董事可能难辞其咎。另外,假如有相应立法要求公司设立风险监控部门,长时间地忽视这一部门的独立性,或者只设立了名存实亡的部门,都可能构成认定董事违反注意义务的证据。

(二)外部管制与公司内部治理的功能划分

公司法则面临过度投机的第二个困难的根源在于企业的行为常常具备外部性,造成系统性风险。而作为企业"内部人"的董事往往没有动力去将这一外部性成本考虑在内。这一外部性体现在两个方面。

公司承担过度的风险还会造成利益从债权人向股东的转移。在美国金融混业经营的状况下,大型的金融控股公司往往面临着众多的利益攸关者。而他们之间还存在着相互冲突的利益。股东与债权人之间存在着利益冲突。因为在公司承担风险增加的情况下,对应的盈利也会增加。由于债权人获取的是固定收益,增加的盈利部分通常能够归于股东。但是在由于风险造成损失的情况下,损失由股东与债权人共同承受。这一不对称的安排使得股东倾向于让公司承担过度风险,以从债权人处攫取利益。[②]

另外,过度的风险承担也会造成社会利益向公司转移。股东作为治理关系中的一元也常常存在投机心态,并不全都看重企业的长期治理。而一旦系统性风险积累至一定程度后爆发,往往因为银行"大而不能倒",政府会介入来进行扶持,这样就更加使得股东将损失转移给全体纳税人。在新制度经济学上,这一状况可以用"公共地悲剧"来解释。金融机构承担风险后制造的成本由金融市场共同承担,而收益却往往自己独揽。

要解决"公共地悲剧"问题,一般的方法包括私有化、产权的界定、管制等。因此,假如政府在经济泡沫破裂之时对于金融机构不加救助,放任其倒闭,让股东、债

---

① 国资发评价[2009]19号。

② Jonathan R. Macey, *Corporate Governance*: *Promise Kept*, *Promise Broken*, Princeton University Press (2008), at page 226.

权人承受应有的代价,那么公司就会自行衡量得失,采取相应的风险防范措施。然而,由于危机来临之时市场信心因为金融机构倒闭大受打击,并且在金融机构过分庞大,相互联系紧密的情况下引发系统性风险[①],政府往往不能坐视不理。因此私有化的方式不能实现,只能通过事前的管制措施来防范风险。并且,政府在金融机构破产之时,出于防范金融市场系统性崩溃的考虑对其施加救助,承担最后贷款人和保证人的责任,这一任务也为其管制提供了基础。

要防范公司在金融衍生交易中过度的风险承担,首先要通过对金融机构的资本充足率的限制,保证公司偿还能力,确保债权人的利益。同时,对于过度的投机,要施加一定的投机头寸限制(position limit)。恰恰是因为公司法上制度对于制约风险的过度承担并不是十分有效,才有了政府对于金融机构的直截了当的干预。

四、结语

2008 年的金融危机被认为是一次金融创新过度的危机,这次危机中大量金融与非金融类的企业遭受了巨大的亏损,这其中有一些是由于市场正常波动,企业使用金融衍生工具进行对冲风险中合理的损失,也有一些是不适当的投机与过度风险承担造成的。本文以花旗集团派生诉讼为例,分析表明公司法中的董事高管的信义义务与股东派生诉讼制度一般不能用于限制董事高管的风险决策,但是可以保证控制和信息收集系统的完善,并且防止超出公司目的的投机行为。信义义务和商业判断规则只有与外部法律管制相结合才能发挥控制企业风险承担的作用。股权激励机制以及董事会选举制度都能够在一定程度上控制风险,但是在金融危机中暴露出了一些问题,需要进一步完善。对于存在外部性的风险需要一定的政府管制才能加以控制。随着我国企业逐步进入并深入参与全球资本市场,我们也需要对防范金融衍生交易的高风险提前做好相应的管制措施。

① Iman Anabtawi & Steven L. Schwarcz, Regulating Systemic Risk Towards an Analytical Framework, 86 *Notre Dame L. Rev.* 1349.

第三辑

证券规制

中国证券市场国际化法律监管问题探讨
——以信息监管为视角

朱绵茂* 黄徐前**

引言

信息披露制度又叫信息公开制度，是指证券市场上有关当事人在证券发行、上市、交易等一系列环节中依照法律、法规、证券主管机关的管理规则以及证券交易所的有关规定，以一定的方式向公众或向证券主管部门或自律机构提交申报与证券有关的信息而形成的整套行为规范和运作准则的总称。

从目前的世界金融总体格局来看，货币金融中心仍在发达国家，这决定了世界财富的分配权仍然掌握在发达国家手中。近年来崛起的新兴发展中国家成为世界主要债权国，拥有的外汇储备超过全球储备资产的50%。特别是中国，拥有全球近三成的外汇储备。然而新兴经济体却不具备货币定价权。美元政策以及美国财政政策对新兴经济体起到决定性作用，这在人民币汇率定价权问题上也不例外。虽然人民币采取了相对弹性的汇率政策，但在较长一段时间内，仍然采取钉住美元汇率的做法。相对低估的人民币汇率对均衡汇率存在一定偏差，因此在国内外产品、贸易品和非贸易品、人民币资产和美元资产之间的资源配置上，长期存在一定的扭曲。贸易价格不能真实反应人民币的内在价值，是持续贸易顺差、外汇储备急剧上升的重要原因。① 这是促使中国政府逐步采取人民币国际化乃至于资本市场国际化的主要原因之一。2012年5月16日，中国证监会主席郭树清在国际证监会

---

* 朱绵茂，北京大学法学院金融法研究中心1996级博士，工作单位：海南政法职业学院。

** 黄徐前，工作单位：海南大学法学院。

① 巴晴、文宗瑜：《中国资本全球化之困》，http://roll.sohu.com/20111014/n322176939.shtml，2011年10月18日访问。

组织第37届年会上发表了题为《中国资本市场开放和人民币资本项目可兑换》的演讲，就资本市场开放路径、可兑换实现程度评估、开放路径利弊，以及前景展望等问题进行了分析。郭树清指出，推进人民币资本项目可兑换，对于转变我国经济发展方式，加快产业结构升级具有非常重要的意义。现阶段各方面的条件也非常有利。要按照准确定位、权衡利弊、控制风险、抓住重点、注重实质的思路，积极稳妥有序地推进人民币资本项目可兑换，以此推动中国经济和世界经济在更高水平上融合发展。人民币成为完全可兑换货币，不仅有利于中国的经济社会发展，势必会为国际金融体系重建和世界经济秩序改善做出巨大贡献。由此可见，人民币资本项目可兑换和我国证券市场国际化已经提上日程。

2007年爆发于美国的次贷危机引发了全球的金融海啸，给世界各国带来了极其深远的影响，美国随后开始的低利率、量化宽松和美圆贬值向全球输出通货膨胀政策，使得人民币国际化是中国金融改革的重要步骤之一，也是巩固中国经济发展成果、实现经济强国目标的必要途径。2009年7月中国正式启动了跨境贸易人民币结算试点工作与双边本币互换协议，这两项政策的实施标志着中国在人民币国际化方面迈开了实质性步伐。为加快人民币国际化进程，加速人民币从贸易结算工具向投资、储备工具转变，中国政府开始允许通过资本项目（对外直接投资）输出人民币。2010年10月，新疆率先开展跨境直接投资人民币结算试点。2011年1月13日，中国人民银行公布了新年1号文件《境外直接投资人民币结算试点管理办法》。该办法规定，凡获准开展境外直接投资的境内企业均可以人民币进行境外直接投资。这意味着人民币在资本项目下的自由兑换取得了重要进展。

金融危机的爆发表明了金融系统的脆弱性，随着经济全球化、一体化进程的不断推进以及加入WTO的要求，我国证券市场的国际化进程也更加全面的展开，为了更好地应对国际化进程给我国证券市场带来的风险，需要加强对证券市场的监管，而法律监管是证券市场监管最重要的方式之一，本文以证券市场信息法律监管为视角，分析借鉴金融危机爆发后各国在证券信息法律监管方面所采取的措施，结合我国的实际提出证券信息监管方面的措施，为我国证券市场国际化保驾护航。同时我国资本市场国际化的可以使得本国政府能够更好地运用强大的资本市场，这有助于本地宏观经济的稳定。我国资本市场的国际化，使得我国政府能够以比较低的成本融资，包括举债来弥补其财政赤字，从而通过资本市场的运作来调节本国宏观经济。美国就是最好的例子。由于纽约有全球最大的国际化资本市场，使得美国经济长期以来不仅可以承担政府财政赤字的负担，而且在长期贸易赤字的重压下依然繁荣。

一、信息监管缺失与金融危机爆发之关系分析

(一) 信息监管缺失是本次金融危机爆发的主要原因

这场由美国次贷危机引发的全球金融危机从原因角度分析有很多种，但是，最主要的原因还应该是信息监管方面的缺失，导致市场在信息不对称的环境下运行，不能发挥市场配置资源的有效性作用。金融做为一种信息符号经济，金融市场本质上是信息构成的市场，可以说谁掌握了信息就等于掌握了市场。费尔南・布罗代尔(Fernand Braudel)认为，近代经济生活可以划分为三个不同的层次：一是以自给自足和近距离物物交换和劳务交换为特征的底层经济；二是以自由竞争和公平交换为特征的市场经济；三是以信息和信贷为特征的资本主义经济。① 金融信贷经济的复杂性和信息操纵的特点正是当代信息社会和符号经济的显著特点。金融创新过程中创造的金融衍生工具向来以高度复杂著称，广大投资者对复杂的金融工具不甚了解只好依赖于信用评级机构的信用评级，这给了信用评级机构操纵信息的机会。金融信息的监管缺失，金融信息的披露不充分以及监管不到位最终导致了次贷危机的爆发。

首先，美国的金融监管向来以严格著称于世，金融创新正是在应对严厉的金融监管条件下产生的，以资产证券化为特征的各类金融衍生产品的创新高度复杂，为信息的传递构筑了层层的信息壁垒。在美国的次级贷款中，金融家们通过复杂的资产证券化方式把低流通性的信贷资产打包给SPV，再通过一系列的包装组合，以不良资产证券化融资的方式向社会发行证券。这一过程中牵涉的环节过多，当事人链条过长使资金的最终提供者与最终需求者之间的距离过于遥远。② 在众多当事人的信息传递链条中导致了信息传递受阻与失灵，这一过程也让风险无限放大，最终导致了危机的爆发。

其次，以资产证券化为主要特征的高度复杂性的金融衍生工具，给广大投资者造成了层层的信息障碍，在市场上交易双方的信息极不对称，而投资者掌握信息的渠道极为有限，只好依赖于市场上的信用评级机构。③ 信用评级机构的责任是对

---

① 参见[法]费尔南・布罗代尔：《15 至 18 世纪的物质文明、经济和资本主义(第一卷)》，顾良、施康强译，生活・读书・新知三联书店 1993 年，第 20 页。

② 参见许多奇：《信息监管：我国信贷资产证券化监管之最优选择》，载《法学家》2011 年第 1 期第 48 页。

③ 在当今美国的资本市场上，主要的三大评级机构是标准普尔(STANDARD POOR's)、穆迪(MOODY)和惠誉(FITCH)。

市场上的金融工具、金融投资产品进行价值评估，然而，现实是评级机构往往利用投资者对金融工具的无知来牟取暴利。次贷危机中评级机构利用信息不对称和信息优势给次级贷款的高评级，让投资者损失惨重。危机发生前，大约有75%的次贷产品获得AAA的评级；10%得到AA；8%获得A；仅有7%被评为BBB或更低评级。[①] 危机爆发后这些评级机构又将信用评级一再降低，评级机构利用这些手段谋取自身的暴利的行为，扭曲了市场机制，给广大投资者造成了信息误导，对危机的爆发起了推波助澜的作用。

再次，随着金融创新和金融自由化的愈演愈烈，美国金融监管当局放松了管制。随着高度复杂性的金融衍生产品层出不穷，美国监管当局在信息监管方面没有跟上产品创新的步伐，让广大投资者对产品的信息不了解。萨缪尔森指出：次贷危机表面上是由房地产泡沫引起的，但实际上是供给学派放松管制政策的结果。[②] 可以说，一部金融史其实就是一部金融危机的历史，金融的历史总是遵循：危机爆发——加强监管——经济复苏——放松管制——新一轮危机——再度加强监管这一规律。本次次贷危机正是在上一轮经济大危机逐渐复苏后监管当局不断地放松监管所导致。在新自由主义思想的指导下，美联储长期信奉“最少的监管就是最好的监管”这一信条。美联储前主席格林斯潘的著名观点是“由市场监管比由政府监管更为有效”，“金融衍生产品最佳监管者是市场参与者们自己，而不是政府的机构和法规”。这种新自由主义的监管理念实际上听任和鼓励了华尔街的种种贪婪、冒险行为，结果却酿成了本次金融危机的原因之一。[③]

（二）完善信息法律监管是防范金融危机的主要对策

可以说信息监管是整个金融监管的核心之一，这是由金融是信息经济的特点所决定的。以资产证券化为主要特征的金融创新，涉及诸多环节，诸多当事人，每一个环节和每一个过程中都需要信息传递，进行信息披露，在某种程度上，可以将资产证券化的过程看作是一个信息的收集、分析、处理并借以作出相应决策的过程。这一过程的成功展开很大程度上取决于信息资料的合法获取和依法披露，亦即有效的信息监管。金融市场上的投资者与融资者之间存在信息的不对称，这种不对称性客观上要求对信息加强监管。在资本市场上，信息如灯标寓意于夜行者，指引着社会资金流向各实体部门。对于证券市场投资者来说，参与市场博弈的首

① 参见符浩东：《构建风险应急机制稳健推进金融创新——次级贷危机对中国资本市场的启示》，载《证券市场导报》2008年第6期。

② 萨缪尔森：《放松管制的经济难以持续》，《21世纪经济报道》2009年2月6日。

③ 李喜莲、邢会强：《金融危机与金融监管》，载《法学杂志》2009年第5期第13页。

要要求是公平，在证券市场首要方面则是信息的公平，信息的完全性和对称性是衡量证券市场有效与否的标志。[①] 加强信息法律监管，维护信息的公平，提高信息的效率，是确保投资者的信息和利益，实现资本优化配置的关键所在。也只有依靠信息法律监管的力量来确保信息的完全性和对称性，减少信息失灵，维护金融秩序的稳定，防范金融危机的爆发。

二、金融危机后世界主要国家在信息监管方面的改革

金融危机爆发后，世界各国都在反思危机爆发的原因，金融监管与金融危机的关系又摆在了世界各国的面前，而信息监管在金融监管中又处于核心的地位，如何加强金融监管尤其是信息披露监管，防止金融危机的再次爆发成为了各国金融监管改革的焦点。

（一）美国

金融危机爆发后，美国反思此次危机的监管缺陷，美国总统奥巴马于 2010 年 7 月 21 日签署了《多德-弗兰克华尔街改革和消费者保护法》(Dodd-Frank Wall Street Reform and Consumer ProtectionAct)。多德-弗兰克法案是 1929 年经济大危机以来最大规模、最为严厉的改革法案。根据该法案的内容，美国将对金融市场进行全面监管，从大金融机构运作、并购、抵押货款发放，信用评级以及各种衍生工具的交易等，都列入监管之列。该法案的核心是打造一个功能超级强大的监管者、设立消费者金融保护署等。次贷危机后的美国金融监管体制的改革，本质在于促进各机构监管信息的共享与协调。新法将美联储(FRS)这一整个金融市场的系统性风险监管者的权力集中在信息综合和汇集功能上。赋予其权力包括：(1)在事关整个金融市场稳定的问题上有权从所有的金融公司收集周期性或其他种类的报告；(2)有权对一级金融控股公司进行并表监管；(3)有权监测美国境内重要支付、结算和清算系统及金融公司的相关活动。[②] 新成立的跨部门金融稳定监督委员会(Financial Stability Oversight Council，FSOC)的职责中也包含了促进各机构监管信息的共享与协调，甄别风险苗头这一项。将信息监管职能，即收集各联邦金融监管机构的信息，评估美国金融体系的风险，同时主管金融研究所，收集各银行控股

① 洪伟力著：《证券监管：理论与实践》，上海财经大学出版社 2000 年 1 月版第 82 页。
② 参见陈斌彬：《危机后美国金融监管体制改革述评——多边监管抑或统一监管》，载《法商研究》2010 年第 3 期第 143 页。

公司和非银行机构的信息摆在了首要的位置。①

(二) 英国

英国作为全球金融中心之一,受到此次国际金融危机的影响非常严重,危机爆发后英国积极地推进金融监管的改革。由于此次金融危机是爆发于美国继而影响到世界各国,相对于美国来说,英国受到的是此次危机的外源性冲击波影响,因此,英国金融改革的重点更加侧重于对现有金融监管体系的修补与完善和加强国际金融监管合作,而不是像美国那样进行“推土机”式的大刀阔斧的改革。② 2009 年 2 月,英国议会通过了《2009 年银行法案》(Banking Act 2009),2009 年 7 月 8 日,英国财政大臣达林公布了《改革金融市场》(Reforming Financial Markets)白皮书,英国金融监管改革的内容主要体现在这两份文件中。

在信息监管改革方面:《2009 年银行法案》规定,加强金融监管部门之间的协调,建立金融信息共享机制。规定有关金融监管部门在信息共享等方面的职权,规定金融服务局可获得英格兰银行和财政部在金融稳定方面的监管信息,同时要求加强与存款保险机构等在特别处理机制进程中的有关协作等内容。《改革金融市场》白皮书则提出建立一个新的金融稳定理事会,全面负责监控金融业的风险和稳定:扩大 FSA 信息权,加强对金融市场系统性风险的信息收集和监测,积极主动识别金融系统的弱点等。

(三) 日本

次贷危机爆发后,日本的金融机构在这场国际金融危机中受到的影响较小,其原因可能是,自 20 世纪 90 年代经济泡沫以来,日本金融机构还没有从经济泡沫中完全摆脱出来,无力参与“全球资本的狂欢”;另外,自 20 世纪 90 年代经济泡沫和亚洲金融危机的影响,金融监管当局加强了金融监管,建立了比较健全的金融监管。③ 在本次国际金融危机中,日本金融监管当局虽然采取了一系列应对危机的措施,但是鼓励金融创新的原则仍然没有改变,在金融监管改革方面没有进行更多的改革。

在信息监管改革方面:加强金融机构证券化资产的信息披露。金融资产证券

---

① 参见《多德-弗兰克华尔街改革和消费者保护法》第 112 条第 2 款 A 项。“collect information from member agencies, other Federal and State financial regulatory agencies, the Federal Insurance Office and, if necessary to assess risks to the United States financial system, direct the Office of Financial Research to collect information from bank holding companies and nonbank financial companies.”

② 胡滨、尹振涛:《英国的金融监管改革》,载《中国金融》2009 年第 17 期第 24 页。

③ 宣晓影、全先银:《日本金融监管体制对全球金融危机的反应及原因》,载《中国金融》2009 年第 17 期第 29 页。

化所导致的信息传递受阻导致证券市场信息监管失灵造成本次全球金融危机的导火索，因此日本金融厅要求确保这些资产证券化产品的基础资产（underlying assets）是真实的，并要求金融机构审查相关资产的内容，加强风险管理。日本金融厅从2007年底开始按季度定期公布金融机构与次贷产品相关的资产敞口以及损失情况，希望通过信息公开增强市场透明度，稳定投资者预期，维护市场稳定。[①]将信用评级机构纳入监管范围，监管信用评级机构的在信息披露方面的作用。加强对金融证券化产品透明度的监管，加强金融机构信息披露要求和改善会计准则，保证金融市场的信用极其透明度。

西方发达国家尽管采取了不同的信息披露监管模式，但都较好地实现了资本市场保护投资者、保证市场公平效率透明以及降低系统风险等三个监管目标，同时“国际证券监督管理委员会组织”认为，证券监管目标为保护投资者、保证市场公平效率透明以及降低系统风险。“保护投资者”，意在使投资者免受误导、操纵、欺诈、内幕交易、不公平交易和资产被滥用等行为损害，信息披露为保护投资者重要手段。“保证市场公平效率透明”主要指监管者通过恰当地设立交易制度来保障交易公平，使投资者都能够平等进入市场、使用市场资源和获得市场信息。“降低系统风险”，指监管者通过设定对市场中介机构的资本充足率和内部控制要求等措施降低投资者的风险。这些都离不开完善的信息披露。[②]

三、我国证券市场国际化在证券信息监管方面的思考

2001年中国证监会发布《公开发行证券的公司信息披露编报规则第15号-财务报告的一般规定》，中国证券监督管理委员会于2006年12月13日通过《上市公司信息披露管理办法》，在2007年又对《公开发行证券的公司信息披露编报规则第15号——财务报告的一般规定》（2007年修订）和《公开发行证券的公司信息披露编报规则第9号——净资产收益率和每股收益的计算及披露》（2007年修订）（证监会计字[2007]9号）进行了修订。当前规范我国上市公司信息披露制度的体系包括四个层次，有《证券法》、《公司法》等国家基本法律；有《股票发行与交易管理暂行条理》、《股份有限公司境内上市外资股的规定》等行政法规；有《公开发行股票公司信息披露实施细则》、《公开发行股票公司信息披露的与格式准则》等中国证监会制定的部门规章和自律规则——沪深证券交易所制定的《上市规则》。可以说，中

---

① 王爱俭、牛凯龙：《次贷危机与日本金融监管改革：实践与启示》，载《国际金融研究》2010年第1期第69页。

② 易宪容、黄少军：《国际资本市场监管的最新理论》，载《证券市场导报》，2002年6月号。

国证券市场建立了以《证券法》为主题，相关的行政法规、部门规章等规范性文件为补充的全方位、多层次的上市公司信息披露制度框架。该框架从原则性规范到操作性规范，从信息披露的内容、形式到手段，都做出了较为合理的规定，遵循了国际通行的规范，披露标准较高，制定过程较为透明。[①] ①由于我国证券市场国际化以及世界证券市场一体化的进程不会因为国际金融危机的影响而停下脚步，等次贷危机过去后，以金融资产证券化为主要特征的金融产品创新也将在严格的兼容监管下重新掀起。但是我国金融监管制度，尤其是在信息监管方面还存在很大的不足，如当前信息披露的非主动性、信息披露的不严肃性、信息披露的滞后性和信息披露的不充分、不完整等问题。中国证监会主席尚福林2006年在上海召开的首届上市公司高峰论坛之讲话中指出，上市公司还要做到"勿闯三个禁区"：一是坚决勿闯虚假信息披露的禁区。必须依法履行信息披露义务，并切实保证信息披露的真实性、准确性、完整性和及时性。著名的证券监管专家、前美国证交会主席 Arthur Levitt 在美国发生安然、世通等财务欺诈案前两年曾指出"高质量的信息：我们的市场的生命线"[②]。这句话最恰当地概括了财务会计信息在资本市场中的极端重要性。为了更好地应对证券市场的国际化所带来的风险，防止金融危机的爆发，维护我国的金融安全，需要加强对金融信息的监管，也必须加强国际信息的监管与合作。

(一) 加强信息监管是我国证券市场国际化的必然选择

为了打造金融信息共享平台，创建信息共享的机制是消除信息不对称性的有效方法。美国的《多德-弗兰克华尔街改革和消费者保护法》在本质上是促进各机构监管信息的共享与协调，信息共享与协调是美国此次金融监管改革的核心。我国从2010年开始，由中国银监会与国家质检总局共同推动的银码信息共享工作取得实质性进展，银码信息共享平台系统（以下简称"银码共享系统"）已经于2010年4月9日在北京、河北、山东（含青岛）等3个地区向工商银行、光大银行2家试点银行业金融机构开放信息查询服务。[③] 通过"银码共享系统"，中国银监会将有效拓宽银行业金融机构风险管控信息渠道，增进银行业金融机构与国家宏观调控部门和银行监管部门之间的信息交流，指导银行业金融机构及时了解和把握各类机构

① 《论我国上市公司信息披露制度》http://www.hi138.com/? i156730，2011年10月16日。

② Quality information ：the lifeblood of our markets · Remarks by chairman of the US. SEC October 18，1999。

③ 参见：《银行风险监管新举措："银码共享系统"将推广》，中国新闻网 http://www.chinanews.com/cj/cj-gncj/news/2010/04-22/2243069.shtml，2011年11月5日访问。

存在及变化情况，加强信贷政策和产业政策的协调配合，对银行业金融机构科学评估和识别授信风险具有很强的现实意义。但是，该系统也波及到其他市场。因此有必要由一个机关来搭建包括证券市场在内的整个金融市场信息共享平台，而这个信息共享平台的建立正是我国证券市场健康发展之国际化进程得以安全开展的基石。

上市公司严格遵守会计准则与披露规则，从入市时起，即定期向市场提供相关、可靠、公允和透明的信息，既是它准入市场的条件之一，又是它对市场必须履行的义务，也是人们考查市场是否规范和完善的重要标志，同时完善金融产品尤其是具有高度复杂性的金融衍生产品的统一信息披露制度，降低系统性风险。

从 2009 年以来，已经对新股发行体制实施了三轮改革，改革的市场化方向获得了各方的认同。深化发行体制改革，要注意把握好以下几个方面的重点：一是进一步推进以信息披露为中心的发行制度改革。二是进一步提高发行审核透明度，加强社会监督。三是进一步推动市场主体归位尽责，加大对各类失信和违法违规行为惩治力度。证监会将在整体规划、统筹协调的基础上，突出重点，分步实施，保障改革平稳有序推进。①

随着金融创新的不断展开，各种证券化的金融衍生工具层出不穷，一种金融衍生工具的创新，一般从基础产品到最终的衍生品会历经诸多环节，涉及的行业也包括了银行、证券、保险、信托、房地产等行业，只有在这诸环节中，做好每一环节信息的真实，准确、及时披露，以信息共享平台为基础才能弥补不同监管机构之间的信息监管缺陷和漏洞，才能协调各监管机构之间的监管措施，才能有效防止系统性风险，满足资本市场及金融创新不断发展的需要，才能为我国证券市场的国际化顺利进行起到良好的保驾护航作用。

（二）我国证券市场国际化需加强国际信息监管的合作与协调

如今世界，各国的资本越来越紧密地联系在一起，任何一个国家的市场发生危机，也将通过市场的传导机制，影响到其他国家的资本市场的安全，引发全球金融市场的动荡，我国的证券市场国际化进程中的监管问题离不开国际的合作。本次金融危机也让国际社会认识到了加强国际监管合作的重要性，G20 在 2008 年开始取代 G7，各国携手共同应对危机。具体到信息监管合作方面：应尽快建立全面、系统、多方位的信息监管合作机制。加强区域性的多边监管合作与协调，特别要注重建立我国与亚洲各国或地区的区域金融监管合作组织与机制，构建起区域金融监

---

① 郭树清：《推进以信息披露为中心的发行制度改革》。http://money.163.com/12/0525/18/82CCNDST00253B0H.html，2012 年 5 月 28 日访问。

管合作体系，实现彼此间的政策协调，维护区域间的金融稳定与安全；大力推进证券市场在全球化道路上的规范有序发展，使信息监管标准同国际标准相衔接。

2005 年我国修正的《证券法》和《公司法》尽管对信息披露制度做了完善，但实际操作仍然不尽人意。只有加强对资本市场会计审计的规范、上市公司组织治理结构的运行、企业所募集资金的使用和投向以及赢利分配制度进行严格监管，对违背信息披露义务的责任主体严厉追究其法律责任，才能保证信息披露制度真正得以落实，投资者利益得到切实保护。资本市场国际化不仅仅是单纯的市场完全开放，更为重要的是市场规则体系与国际惯例的接轨。在目前人民币尚未完全实现资本项目可自由兑换阶段，大规模制定推动资本市场国际化的法律规则体系尚不现实。但是伴随未来人民币逐步实现彻底可自由兑换，应努力推动内外资本市场信息披露制度的统一，证券交易制度的国际接轨，从而最终实现中国资本市场投融资行为与法律规则体系的国际化。

结语

金融危机的爆发再一次说明，加强金融监管的重要性，任何一个国家的资本市场都离不开监管。对于此次危机给我们加强金融监管方面的启示，不同的人有不同的观点，但是，如本文前面所指出的，金融本质上是由信息构成的经济，因此加强对信息的监管才是整个证券市场监管的核心所在。通过分析金融危机爆发在信息监管方面的缺失，以及危机爆发后世界主要国家在信息监管方面的改革都充分说明了信息在资本市场中的基础性地位，只有不断地完善我国证券市场信息监管，才能促进我国证券市场的健康发展，为我国证券市场的国际化进程保驾护航，使得我国资本市场信息披露制度、投融资行为与法律规则体系实现国际化，以维护我国的金融安全。

证券集团诉讼的功用与借鉴

郭　雳*

集团诉讼(Class action)是指由一个或者数个代表人,为了集团全体成员共同的利益,经法院许可,代表所有成员进行的诉讼。虽然也存在由众多被告组成的被告方集团诉讼(Defendant class action)或原被告均为集团形式的双方集团诉讼(Bilateral class action),实践中最普遍、影响最大的还是本文所讨论的(原告方)集团诉讼。对集团诉讼的讨论在我国其实由来甚久,初步的学术主张于20世纪80年代就已提出。[①] 随着最高人民法院2003年出台"虚假陈述司法解释",[②]在证券领域引入集团诉讼的建议和争论更趋热烈。[③] 其中一些论文相当深刻地从跨学科角度检讨了集团诉讼的功能及可移植性,[④]一些则在观点综述的基础上围绕制度借鉴进行了比较细致的分析。[⑤] 然而,关注中美两国相关的理论和现实,则不难发现国内现有研究仍存在不少遗憾。其一,在从一般到特殊的推演论述过程中,容易忽略"证券"集团诉讼所特有的根本性问题。其二,在论及其制度流弊时往往囿于某一特定专业视角,系统性的、具纵深感的挖掘拓展不够。其三,对美国相关立法演进已有比较及时的介绍,但同样在更宽视野上的剖析尚有所欠缺,对最近两三年的动向跟踪把握不足。本文无意针对证券集团诉讼的引进提供具体的实施指南,仅希望补充部分笔者业已察觉并有所思考的若干信息,在一定程度上减少上述缺憾。必须首先指出,无论是制度移植还是比较研究,美国的集团诉讼都没有理由作

---

* 郭雳,北京大学法学院金融法研究中心2000级博士,工作单位:北京大学法学院。

① 例见,朱思东:《集团诉讼初探》,《法学》1986年第7期;王祺国:《论建立集团诉讼的必要性》,《法学杂志》1986年第4期。

② 最高人民法院《关于审理证券市场因虚假陈述引发的民事赔偿案件的若干规定》(法释〔2003〕2号,自2003年2月1日起施行)。

③ 例见,汤维建、陈巍:《缝隙策略:我国集团诉讼制度的移植路径探析》,《政治与法律》2008年第1期;整体持否定意见的例见,蓝燕:《证券民事赔偿诉讼方式探究》,《法制与经济》2006年第4期。

④ 范愉:《集团诉讼问题研究——一个比较法社会学的分析》,《法制与社会发展》2006年第1期。

⑤ 陈明:《构建我国证券侵权的集成式诉讼制度》,《兰州学刊》2004年第5期。

为唯一的参照系，诸如德国的团体诉讼、[①]台湾地区的特定组织诉讼、[②]日本的选定代表人诉讼等其他做法亦应得到同样的重视和研究。[③] 同时为聚焦主题，本文暂将证券集团诉讼的讨论缩窄至目前我国实际可操作的受案范围——虚假陈述，并进一步将其集中于针对上市公司相关行为所提起的侵权之诉，[④]而这恰也是集团诉讼的最大功用所在。下文首先概述集团诉讼及证券集团诉讼在美国的应用，其次扼要介绍针对集团诉讼弊端、相继采取但成效不彰的联邦立法、司法举措，第三部分着重分析证券集团诉讼在美的制度异化和功能失效——在填补投资者损害和惩戒阻却违法者方面的双重失败，第四部分阐释问题根源、相应动态和美国进一步改革的方向，第五部分以其他国家和地区为例说明该项制度移植中应有的考虑，第六部分就我国现实提出若干见解，最后附以结论。

一、美国式集团诉讼的发展和应用

集团诉讼制度起源于英美衡平法下英国的代表诉讼（Representative proceeding），即由具有“相同利害关系”的多数人推选诉讼代表人，判决适用于全体被代表人；法院对是否构成集团诉讼享有审查权，对于符合集团诉讼条件的，则颁发集团诉讼令。[⑤] 由于英国总体上仍倾向于“一对一”的诉讼模式，真正令集团诉讼大放异彩的还是美国。1848—1850年间，大卫·达德利·菲尔德（David Dudley Field）在美推进法律成文化，编撰纽约州民事诉讼法典（Field Code）时将其纳入。1853年联邦最高法院通过判例确立了集团诉讼制度，[⑥]1938年美国《联邦民事诉讼规则》打破集团诉讼只适用于衡平法救济的传统，将集团诉讼引入普通法救济领域，[⑦]1966年国会修订该法第23条，增立了集团成员范围的“声明退出”（Opt-out）规则，美国现代版的集团诉讼终告成型。[⑧]

---

① *See for example*, Curtis J. Milhaupt, “Nonprofit Organization as Investor Protection: Economic Theory and Evidence from East Asia”, 29 *Yale J. Int'l L.* 169(2004).

② 王文宇、张冀明：《非营利组织主导的证券团体诉讼——论台湾地区的投资人保护中心》，《月旦民商法杂志》第15期(2007年)。

③ 例见，汤维建：《论团体诉讼的制度理性》，《法学家》2008年第5期。

④ 原告证券欺诈受害人有时也可提起违约之诉（往往见于证券一级市场发行活动），其区分可参见 John C. Coffee, Jr. & Joel Seligman, *Securities Regulation: Case & Materials*, Foundation Press (9th ed.), 2003, p. 21.

⑤ 李娟、王阳：《美国集团诉讼研究》，《法制与社会》2008年第12期(上)。

⑥ *See Smith vs. Swormstedt*, 57 U. S. (16 How.) 288(1853).

⑦ 陆文婷、李响：《美国集团诉讼制度与文化》，22—26页，武汉大学出版社2005年版。

⑧ 该条后又经1987、1998、2003年等多次修订，至今仍为规范美国集团诉讼的核心程序条款。

当收到集团案件起诉请求后，联邦或州法院需要决定是否给予许可（Class certification）。《联邦民事诉讼规则》要求法院考察先决条件和维持条件。第23(a)条规定的先决条件有四项：1. 人数众多，不可能将全体成员合并诉讼。2. 集团成员间存在共同的法律或事实问题。3. 集团代表的请求（或抗辩）在集团成员中具有代表性。4. 集团代表能够公平和充分地维护集团成员的利益。四项缺一不可，由请求提出方举证。第23(b)条规定的维持条件则属于三类中择一，可归纳为：必要型、共同型和普通型，证券集团诉讼大多属于第三类，即不是非此方式不可，因此法院实际上保有较大的裁量权。接下来，集团代表及集团律师需要向已知或潜在的集团成员发布通知（Notice），又分为"许可通知"与"和解通知"，两者常可稍后合并进行，一般采取邮寄加报纸公告的方式。前述"声明退出"规则意味着，经有效通知后，集团诉讼所涉及成员在规定时间内明确表示不参加该诉讼的，可于诉讼时效期内向有管辖权的法院就此纠纷自行起诉，不受集团诉讼结果拘束：既不分享集团诉讼获得的赔偿，也不承担集团诉讼所涉义务；没有明确表示退出集团诉讼的当事人则自动成为集团成员，诉讼结果对其发生效力。"声明退出"规则将美国集团诉讼与其他国家的群体性诉讼机制真正区分开来。①

同时，美国式诉讼操作——无论胜负，原被告双方需自行负担律师费，且广泛采用律师胜诉酬金（风险收费代理，Contingent fee）方式——更助长了集团诉讼的风行。② 为分摊个案败讼白忙活的风险及负担持续全面盯市、搜索诉讼目标的成本，律师往往要求并能够从诉讼（和解）赔偿金额中实际获得约三分之一，颇具吸引力。③ 两大要素彼此强化，胜诉酬金制度为当事人提供了末端保障，激励其不妨一试地参加集团诉讼；"声明退出"规则有助于确保集团的规模，增加集团律师与被告公司博弈时的要价和筹码，提高其按比例分成的所得。因此，美国存在着不少律师和律所，专长于发动集团诉讼，主动甚至是违法联络征集侵权受害人，以求担任集团律师获利。④

美国著名法学家理查德·爱泼斯坦曾评论道："略带夸张地说，通过诉讼形

---

① 杜要忠：《美国证券集团诉讼程序规则及借鉴》，《证券市场导报》2007年第7期。

② 胜诉酬金及类似制度（No win no fee）在英美法系较为普遍，大陆法系国家允许这种做法的主要有法国、日本和巴西等。

③ *See* John C. Coffee, Jr., "The Regulation of Entrepreneurial Litigation: Balancing Fairness and Efficiency in the Large Class Action", 54 *U. Chi. L. Rev.* 877, 889 - 90 (1987).

④ 目前存在着许多推介、组织集团诉讼活动的网站，如 http://classactionworld.com/public/lawfirmratings.php 就罗列有积极从事集团诉讼业务的美国律师和律所。

成之责任领域的任何主要创新，都源自或反映在集团诉讼”。[①] 集团诉讼的优势不难理解：第一，提高诉讼效率，节约诉讼成本。第二，能够避免针对同一情形，不同受案法院依不同标准做出不一致的裁决。第三，在被告资产有限的情况下，使受害原告能够相对公平地受偿，部分地起到类似于破产程序的秩序功能。第四也是最重要的，在现代社会大规模侵权频发的环境下，为以“小额多数”为特征的受害者提供了诉讼激励，克服个别诉讼的风险和不经济，减少对“搭便车”的顾忌，缓和了“集体行动困境”。[②] 于是，最初主要适用于种族歧视所引发民权纠纷的集团诉讼案件，[③]迅速扩展到反垄断、产品侵害、环境保护、劳动权益、证券欺诈等诸多领域。[④]

证券集团诉讼堪称重中之重。例如，2004 年的数据显示，在所有集团诉讼中证券案件占到 48%，数量是处于第二位的大规模损害侵权案件的四倍多。[⑤] 1998—2007 年十年间，每年提起的联邦证券集团诉讼约 260 件，《纽约时报》披露不完全统计的 2008 年诉案量也达 255 件。[⑥] 1996 年至今，在美国三大证券交易所上市的 6000 家公司中，有五分之二以上至少在一次证券集团诉讼中被列为被告。2007 年一年内，总数约 2%的上市公司在新提起诉讼中被告，针对其中非美国公司的诉讼比上年增长了 73%。同时，通常以和解结案的证券集团诉讼产生的赔偿金额也非常惊人。著名的安然和世通案的和解金额分别达到 71 亿和 61 亿美元，1998—2007 年十年间的和解金额总计 518 亿美元。而且，史上最大金额的十宗证券集团诉讼和解中，有九起出现在最近三年内；2007 年的和解总额是 1998 年的约 15 倍。[⑦]

二、集团诉讼的弊端和美国的遏制努力

需要强调的是，集团诉讼特别是证券集团诉讼如此扩张的态势，其实甚至是在

---

① *See* Richard A. Epstein, Class Actions: The Need for a Hard Second Look, *Civil Justice Report No.* 4 (March 2002).

② *See Amchem Prods.*, *Inc. v. Windsor*, 521 U.S. 591, 617 (1997).

③ 截至目前最大金额的单宗集团诉讼 *Dukes v. Wal-Mart Stores*，即基于被告被指歧视女性员工。

④ *See* Senate Report (Judiciary Committee) No. 109 - 14, The Class Action Fairness Act of 2005: Dates of Consideration and Passage, p. 8 (February 28, 2005).

⑤ *See* Interim Report of the Committee on Capital Markets Regulation, p. 74 (Nov. 2006).

⑥ 据斯坦福大学法学院研究机构统计，经合并计算后的诉讼则为 210 起(截至 2008 年 12 月 15 日)，其中约半数案件指向金融服务业公司，http://securities.stanford.edu/scac_press/20080106_YIR08_Press_Release.pdf.

⑦ *See* http://securities.stanford.edu/index.html，斯坦福大学法学院研究机构 Securities Class Action Clearinghouse 及其合作单位 Cornerstone Research 在此提供了有关美国证券集团诉讼的详尽统计。

近十五年间美国国会和最高法院不断打压下出现的。集团诉讼的内生弊端也很明显:第一,某些类型的案件如大规模损害侵权(Mass torts)中,不同成员身上的事实差异较大,同等处理有时并不科学和公平。第二,即使集团诉讼实现了对某一个案的一体对待,不同法院对此模式的态度却不尽相同。整体上州法院更倾向原告,而在联邦法院诉讼一般有利于被告;而且,不同地区法院尺度各异,一些地区法院非常容易认可巨额的和解,导致很多集团律师刻意挑选(Shop)某地法院申请诉讼。[①]第三,美国宪法中重要的正当程序原则往往受到削弱,集团内个案间有意义的细节差异容易被忽略,和解动机常被不当地强化,在州法院系统审理集团诉讼时尤为明显。第四,集团诉讼虽能激励受害者参加,但集体行动困境并未消除,小额多数的本质使成员依然缺乏动力去监督和约束集团代表和集团律师,尤其是后者往往完全主导了和解谈判,令集团诉讼沦为其谋取私利的工具。

美国法律界对于这些弊端并非没有认识。事实上,从《联邦民事诉讼规则》本身开始就试图有所限制。传统上英美法系的法官审案时持中而立,多倚仗诉讼双方发挥对抗功能,但在集团诉讼下法院的角色则要积极得多。[②] 第23(b)条规定法院在集团诉讼各阶段上都可以做出裁定进行调整,如要求提供证据、审查动议、规定通知方式等。更重要的是,第23(e)条对集团诉讼的撤诉与和解专门规定:未经法院批准、或者未将拟议中的撤诉或和解方案通知法院认定的应被通知的所有成员、并为集团成员提供法庭听证的机会之前,集团诉讼不得撤诉或者达成和解。法院在批准和解方案前,要召开听证会听取所有对和解协议的质疑。在确认和解协议符合集团成员最大利益的情况下,法院方可批准集团诉讼的和解。[③]

强化法院干预的首波制度安排在运行中未产生显著成效,社会对于集团诉讼的批评日增。一个显著例子是在消费者集团诉讼领域,代金券(Coupon)和解的方式逐渐流行:被告公司以代金券而非现金支付赔偿集团成员,集团律师则仍可获得现金。对被告而言,这种纠纷解决方案降低了实际支出,更平添了广告促销的效用。众多集团成员却面临代币券价值被高估、使用受到不合理条款限制等不利局

---

① 例如伊利诺伊州的麦迪逊县法院,1998年时只受理过两宗集团诉讼案件,但在其判决被告烟草公司赔偿101亿美元之后,各类集团诉讼纷至沓来,2003年时达到106宗。类似的地区还包括佛罗里达州棕榈滩县、得克萨斯州杰斐逊县等,它们被戏称为对集团诉讼具有磁石吸引力或神奇的法院(magnet or magic courts)。

② 汤鸣:《美国集团诉讼的确认与通知程序》,《学海》2006年第5期。

③ 杜要忠:《美国证券集团诉讼程序规则及借鉴》,《证券市场导报》2007年第7期。

面,成为唯一的输家。[①] 另一方面,不少基于抽象反欺诈、反不公平商业做法等州法条款、实际并无多少损害的集团诉讼却通过州法院获得了天价赔偿,引发了工商界的强烈反对。[②] 有鉴于此,2005 年 2 月,主要代表工商界利益的共和党所主导的美国国会通过、同属共和党的小布什总统签署生效了《集团诉讼公平法》(Class Action Fairness Act)。[③]

该法第 2 条指出,过去十年中出现的集团诉讼滥用现象,是其立法目的所在;这些滥用损害了包括消费者在内原告集团成员的利益、阻碍了州际商业发展,降低了公众对美国司法体系的信任,导致消费价格上升和企业创新减少。[④] 该法的核心条款一是针对消费者集团诉讼,要求法院进一步加强对和解方案公平性的审查;明确了集团律师收费的计算方式,限制了其在代金券和解下的所得,客观上抑制了这种方式;增加被告就和解进行通知的义务,保护了集团成员的利益。[⑤] 另一核心条款则扩大了联邦对集团诉讼的初始和移送管辖权,被告更易基于州籍不同的最低要求将大多数跨州集团诉讼案件移至联邦法院,以恢复立宪者创设异籍管辖、促进州际商业发展的目的,并缓解各州裁判尺度不一、当事人挑选法院地起诉的问题。[⑥]

身为排头兵,证券集团诉讼实际上遭遇到更大的关注和质疑。从 80 年代中期起,就有学者相继提出:[⑦]证券集团诉讼对投资者虽然可起到一定保护作用,但大肆滋生的扰诉(strike suit)、滥诉(frivolous or nonmeritorious suit)却在将情况推向反面;[⑧]工商界已难堪其负,无论判决还是和解,社会效益都很可能失大于得。[⑨] 美国国会于 90 年代中后期连续通过了两部法案予以回应。1995 年《私人证券诉

---

① 法院也有努力试图干预,例如在一个案例中法官就未批准支付购买通用汽车公司卡车的诉讼集团成员 1000 美元代币券的和解协议,*See In re Gen. Motors Corp. Pick — Up Truck Fuel Tank Prods. Liab. Litig.* , 55 F. 3d. 768, 788 (3d Cir. 1995).

② *See generally*, Michael S. Greve, *Harm-Less Lawsuits*, AEI Press, 2005.

③ *See* Juliana Kreese & Benjamin Rosenbaum, "The New Face of Class Action Litigation", 6 *U. C. DavisBus. L. J* 12(2005).

④ 如下所述,由于针对证券集团诉讼领域美国国会已先行立法两部,《集团诉讼公平法》规定原则上将不适于该领域。*See* Jeffrey T. Cook, "Recrafting the Jurisdictional Framework for Private Rights of Action under the Federal Securities Law", 55 *Am. U. L. Rev.* 621,642(2006).

⑤ 任自力:《美国〈2005 年集团诉讼公平法〉及其启示》,《国家检察官学院学报》2007 年第 4 期。

⑥ 王承志:《美国集团诉讼中的法律选择问题》,《法学评论》2007 年第 2 期。

⑦ *See* David Rosenberg, et al, "A Model in Which Suits Are Brought for Their Nuisance Value", 5 *Int'l Rev. L. & Econ.* 3,3-4(1985).

⑧ *See* James Bohn & Stephen Choi, "Fraud in the New-Issues Market: Empirical Evidence on Securities Class Actions", 144 *U. Pa. L. Rev.* 903,979(1996).

⑨ *See generally*, Janet C. Alexander, "Do The Merits Matters? A Study of Settlements in Securities Class Actions", 43 *Stan. L. Rev.* 497(1991).

讼改革法》(Private Securities Litigation Reform Act)旨在限制:不问缘由对任何股价显著波动兴诉;无端地扩大被告范围;滥用证据开示程序(Discovery process)逼迫和解牟利;集团律师操控敛财。此外,立法者还对高科技和成长类公司频频作为被诉对象,表达了特别的忧虑。[①] 该法在实体方面的变动包括:确认了因果关系原则,限定了"欺诈市场"原则下的最高赔偿,为预测性披露提供了安全港规则,规定了轻率放任情况下有例外的比例责任。同时,该法主要从诉讼程序方面着手,包括提高原告起诉证明义务、中止证据开示程序。限制诉权滥用的重要手段还在于改革集团代表的产生办法(由先到先占改为存在最大利益关系),规定其受偿额不得超出在集团中所占比例,任何人(机构投资者一般除外)3 年内担任集团代表不得超过 5 次。针对集团律师,该法强调其须经法院审查同意方可出任,控制律师收费比例(一般为 30%以下),加大对其提起滥诉的处罚,增加其通知义务以便集团成员提出异议。[②] 此外,法案还试图通过强化审计师外部监督来弥补对私人集团诉讼的削弱。[③]

《私人证券诉讼改革法》实施后评价参差。有实证研究指出:其立法目标并非达到,证券集团诉讼的数量未降反升,[④]起诉速率亦无降低;但对象更趋集中于大公司、以及违法迹象较明显的公司,使案件整体质量有所提高。[⑤] 鉴于新增的诉讼限制,一些原告集团于是转向州法院起诉或者申请仲裁,通过其他系统寻求证券法救济。[⑥] 为抑制该倾向及由此带来的司法不一致,国会不得不在 1998 年制定《证券诉讼统一标准法》(Securities Litigation Uniform Standards Act),扩张了《私人证券诉讼改革法》规定的适用范围,明确了联邦法院在大多数情况下的管辖权(特别是对集团成员超过 50 人的)。[⑦] 有必要指出的是,国会的这些限诉倾向并

---

① *See* US H. R. Rep. No. 369, p. 31(1995).

② *See* Stephen J. Choi, "The Evidence on Securities Class Actions", 57 *Vand. L. Rev.* 1465, 1468 - 76 (2004).

③ 随后发生的安然、世通等一系列重大公司丑闻似乎表明这一替代策略并不成功。*See for example*, John Coffee, Jr., "What Caused Enron?: A Capsule Social and Economic History of the 1990s", 89 *Cornell L. Rev.* 269(2004). 此外,有关《私人证券诉讼改革法》实施后的效果,下文将有进一步的讨论。

④ 该研究样本期是 1996—2001 年。之后案件数量曾从 2004 年的 213 起大幅下降到 2006 年的 110 起,但如前所述,随后即又呈现反弹。因此整体观察,证券集团诉讼在近十多年间数量变化不大,限制举措在这方面的效用不显著。

⑤ *See* Michael Perino, "Did the Private Securities Litigation Reform Act Work?", 2003 *U. Ill. L. Rev.* 913 (2003).

⑥ *See* Michael Perino, "Fraud and Federalism: Preempting Private State Securities Fraud Causes of Action", 50 *Stan. L. Rev.* 273(1998).

⑦ *See* Adam Pritchard & David Levine, "The Securities Litigation Uniform Standard Act of 1998", 54 *Bus. Law.* 1(1998).

非孤立，联邦最高法院就此给予了积极的呼应。在证券领域的最近三则重要判例中——Dura 案、[①]Tellabs 案、[②]Stoneridge 案，[③]都就《私人证券诉讼改革法》意图加以重申，一再表达对集团滥诉的持续警惕，并给出了相应的判决。

三、证券集团诉讼：数度伤害、两头落空

就证券集团诉讼而言，集团诉讼制度的四大弊端不同程度地全都有所显现，最突出的是证券集团律师的主导和操控。如前所提及，美国证券集团诉讼几乎都以和解结局，[④]原因就在于当获得法院许可、诉讼展开后，尽快达成和解了事、避免长期诉斗直至法院最终判决符合对抗双方主导者的最大利益。长期诉讼对被告公司的不利影响在于：(1)诉讼成本高企，且由于案件性质，证据开示程序对双方影响很不对等，被告往往被要求提供大量并不必要的资料，特别是原告集团律师刻意刁难的情况下；(2)一旦被判决败诉，潜在的赔偿金额不易控制，尤其是当法院依法可适用三倍惩罚性赔偿规则的情况下；(3)和解中可约定由其他被告如会计师、投行等分担赔偿，如果判决则公司可能基于连带责任要实际付出更多；[⑤](4)被告须聘请己方的辩护律师(通常少见采用胜诉酬金制)，虽不太惹眼但费用亦惊人，有研究称可达和解金额的25%—35%；[⑥](5)诉讼不可避免会牵扯经营者精力，干扰正常经营，对公司声誉造成破坏。[⑦] 另外，学者还从信息不对称的角度、[⑧]认知心理学风险厌恶的角度，[⑨]解释被告公司在即便原告胜算不大情形下和解的动机。

实际上，一个更为关键的决定因素很可能是被告公司董事、高管的自利。因为

---

① *See Dura Pharmaceuticals, Inc. v. Broudo*, 544 U.S. 336(2005).

② *See Tellabs, Inc. v. Makor Issues and Rights, Ltd.*, 127 S. Ct. 2499(2007).

③ *See Stoneridge Investment Partners, LLC v. Scientific-Atlanta, Inc.*, 128 S. Ct. 761(2008).

④ 据统计从1996年至今，只有13起证券集团诉讼案件最终是以法院判决结束，而其中只有3起对原告有利。*See* Adam T. Slavett, Risk Metrics Group, Securities Class Action Trials in the Post-PSLRA Era (Feb. 2008), http://slw.riskmetrics.com/SCAS%20Trials.pdf.

⑤ 这三项不利影响在上述两项法案实施后已有所缓解。

⑥ *See* Baker Tom & Sean J. Griffith, "The Missing Monitor in Corporate Governance: The Director' & Offices' Liability Insurer", 95 *Geo. L. J.* 1795(2007).

⑦ 任自力:《美国证券集团诉讼变革透视》,《环球法律评论》2007年第3期。

⑧ *See* Lucian A. Bebchuk, "Suing Solely to Extract a Settlement Offer", 17 *J. Legal Stud.* 437, 440 (1988).

⑨ *See* Chris Guthrie, "Framing Frivolous Litigation: A Psychological Theory", 67 *U. Chi. L. Rev.* 163, 179-81(2000). 另一方面，认知心理学也可提供集团律师热衷提起诉讼的解释：哪怕概率低，但回报太具吸引力。

他们享有的职务保险和责任补偿协议依照法律和判例不得适用于判决赔偿，但可以用于和解。[①] 显然自保心态足以令被告的这些实际决策者在面对即便是牵强的诉讼时积极和解。[②] 反观原告集团律师，同样基于自利，一方面会全力争取法院许可集团诉讼，另一方面在此之后，就不会再和被告拼死相搏，因为此时两者利益趋向靠拢，将对方逼向绝境很可能会增加自己取胜的难度，何况判决记录对原告也并不特别有利；考虑成本收益，尽快达成和解、将精力转向下一个目标更为合算。虽然和解可能不符合集团成员的最大利益，但集体行动困境决定了他们难以对集团律师形成有效约束。被告公司投资者（现在或曾经的股东）于是往往在两位代理人——董事、高管和集团律师的默契中被出卖。

集团律师的自利和滥权是如此恶劣和嚣张，以致截至目前的批判和改进大多聚焦于此，以致证券集团诉讼制度的某些本质悖论常常被忽略。填补投资者损害和惩戒阻却违法者，是证券集团诉讼及其所创制责任的两大目标，遗憾的是，在现行制度下它们却遭遇了双重失败。1995 年美国国会的报告显示：原告投资者实际能从和解中所获赔偿只相当于其损失的百分之几，[③]有研究机构佐证：1991—2004 年间每年的这一比例从未超过 7.2%（该峰值出现在 1996 年），2002—2004 年甚至都低于 3%。[④] 造成比例之低首先的（尽管间接）影响因素是损失巨大，而损失巨大的原因在于股价“超”跌。当欺诈曝光、纠正信息公布后，股价深调中不仅包含针对虚假陈述内容等的调整，更涵盖了对随之而来的证券集团诉讼的合理预期。未来的巨额和解如下所述，最终实际上又将由公司负担，这种正反馈的叠加效应必然使股价调整超过单纯欺诈内容的影响。[⑤] 股东诉讼维权机制本身在某种程度上自动扩大了其损失。

接下来，至少四重因素直接导致了受偿比例低下。首先，受举证要求、诉讼技术的影响，并非所有的股价差异都能被认定为可归因于欺诈的损失，即事实上的损失和法律上可确认的损失存在不一致。其次，为了尽快达成和解，集团律师通常不会竭力地主张损失，最大限度地争取原告所得，因其与自己的利益不太相符。再次，诉讼争议事件发生期间，在原告受损的同时，必定存在着对手幸运地从交易中

---

① *See* Joseph P. Monteleone & Nicholas Conca, “Directors and Officers Indemnification and Liability Insurance: An Overview of Legal and Practical Issues”, 51 *Bus. Law.* 573(1996).

② 就职务保险和责任补偿协议存在的问题，下文将有进一步的讨论。

③ “Pennies on the dollar”, *See* S. Rep. No. 104 - 98, at 6(1995).

④ *See* NERA Economic Consulting annual report, 转引自 John C. Coffee, Jr., “Reforming the Securities Class Action: An Essay on Deterrence and Its Implementation”, 106 *Colum. L. Rev.* 1534, 1545(2006).

⑤ *See* Jennifer Arlen & William J. Carney, “Vicarious Liability for Fraud on Securities Markets: Theory and Evidence”, 1992 *U. Ill. L. Rev.* 691(1992).

净获益，而这部分收益在现行法律下并不被追索及要求吐出。① 假定被告公司在此期间没有开展过再融资或并购而使自身获益，这一部分是否也应由其承担实际上大可商榷。② 最后，在已大幅缩水的和解金额中，将近一半(47%)要被用于支付制度交易成本：除了集团律师的约三分之一，还包括专业通知机构、原告管理人和顾问等各种中介。③

始料未及并未到此结束。甚至在可怜的投资者内部，证券集团诉讼制度仍进一步加剧了不公。理论上，理性投资者应该分散(Diversified)、组合(Portfolio)投资，而通过投资于20家公司就可能将非系统风险有效降低99%，因此基本无需证券诉讼的保护。④ 换言之，证券集团诉讼整体上是在由分散投资者补贴非分散投资者，产生鼓励非理性的效果。⑤ 同时，一般认为，证券集团诉讼是保护小投资者的利器，其实未必。小投资者往往选择长期持有，因此恰在诉讼争议事件发生期间买或卖的可能性都较低，相比对冲基金等频繁交易者，成为上述幸运净获益者的可能性就低；相比共同基金，刚好买入有资格成为原告求偿的可能性也低。⑥ 他们通常是“抱股”被动经历事件始终，空欢喜一阵子后又被超跌打击个结实，受伤最深；不仅如此，如下所述，管理者违法的责任通过层层转嫁(通过保险公司、被告公司)最终还会落在这些最“忠诚”的股东身上。无论如何，从概率上分析，小投资者将补贴机构投资者。小投资者当然可以通过共同基金参与，但后者即使通过和解获赔，其如何分配仍存变数，而且基金持有人也在随时变化，受害人和受偿人不匹配的问题可能还会加重。⑦

在惩戒违法者方面，证券集团诉讼同样令人失望，对潜在行径的阻却自然乏善可陈。虽然个人如公司董事、高管常常也被列为被告，虽然投行、会计师等有时也

---

① 当然，公司董事、高管等通过内幕交易等借机取得的利益可以被追究。

② 即便假定由公司董事、高管来承担，如下所述，他们往往也可通过保险间接地转嫁给公司。

③ *See* Eleanor Laise, “Picked Clean-Plaintiff's Attorneys and Middlemen Thrive under the Securities Class-action System: What's in it for you? Pretty Much Bupkis”, *SmartMoney* (May 1st, 2005).

④ *See* Richard A. Booth, “The End of Securities Fraud Class Action?” *Regulation* (Summer 2006), p. 48.

⑤ 同样，这里假定没有利益通过再融资或并购输送给被告公司，或者通过内幕交易等溢出给公司董事、高管等或其可以被追回，即只在投资者之间转移。

⑥ *See* Anjan Thakor, The Unintended Consequences of Securities Litigation (US Chamber institution for Legal Reform, Oct. 2005), p. 10-11.

⑦ *See* James D. Cox & Randall S. Thomas, “Letting Billions Slip through Your Fingers: Empirical Evidence and Legal Implications of the Failure of Financial Institutions to Participate in Securities Class Action Settlements”, 58 *Stan. L. Rev.* 411, 449(2005).

会分担责任,[①]但总体上和解赔偿绝大部分来源于保险公司,[②]其余多由被告公司负担,个人被告负担的部分不超过 0.5%。[③] 2000 年著名案例——酒店租车业巨头胜腾公司(Cendant)会计违规造假诉讼中,32 亿美元和解中的 28.5 亿出自胜腾公司,其余由审计事务所负担,个人被告没有实际支出。[④] 如今保险公司提供的保障更为周全,不仅覆盖了董事、高管需自付的部分(Side A coverage)、公司依照责任补偿协议需支出的部分(Side B coverage),更延伸到公司自己需承担的责任(Side C coverage)。[⑤] 同一家保险公司往往打包提供所有上述保险。

当然,保险机构这样做并非仅仅出自好心,因为保费也会相应提高。董事、高管当然乐意使自己得到保护,同时也不会介意慷公司之慨花重金保费换取保险公司不来干预自己的行为,既包括在做决策时更加随心所欲,也包括被诉之后聘请最好的律师不计成本地周旋。[⑥] 这也部分地解释了为什么一家财富 500 强公司在美国支付的相关保费超过其在欧洲花费的 6 倍。[⑦] 然而,无论是被告公司支付,还是保险公司负担,违法行为通常的罪魁祸首——董事、高管及其控制人大都可全身而退,损失体现为公司成本最终转嫁给股东,差别无非是在无辜投资者之间如何分摊。难怪有学者评论"集团诉讼的问题并非是什么治疗使病情加重,疗法就是病因所在"。[⑧]

---

① 这种情况多出现在被告公司破产的情况下,且投行、会计师等越来越多地受到比例责任的保护。此外,对于被告公司及其内部人之外的次级(Secondary)主体,联邦最高法院目前的倾向是限制其承担责任甚至成为被告,*See Stoneridge Investment Partners, LLC v. Scientific-Atlanta, Inc.*, 128 S. Ct. 761 (2008).

② 例如,一项研究表明:90 年代中期,保险公司、被告公司、其他被告负担和解赔偿的比例分别是 68.2%、31.4%和 0.4%。*See* Frederick C. Dunbar et al., NERA Economic Consulting report (1995),转引自 John C. Coffee, Jr., "Reforming the Securities Class Action: An Essay on Deterrence and Its Implementation", 106 *Colum. L. Rev.* 1534, n.61(2006).

③ *See* Donald C. Langevoort, "Capping Damages For Open Market Securities Fraud", 38 *Ariz. L. Rev.* 639,648 & n.43(1996).

④ *See* Donald C. Langevoort, "On Leaving Corporate Executives "Naked, Homeless and Without Wheels": Corporate Fraud, Equitable Remedies, and the Debate over Entity Versus Individual Liability", 42 *Wake Forest L. Rev.* 627,628 n.2(2007).

⑤ *See* Baker Tom & Sean J. Griffith, "The Missing Monitor in Corporate Governance: The Director' & Offices' Liability Insurer", 95 *Geo. L. J.* 1795,1802(2007).

⑥ *See* James D. Cox, "Making Securities Fraud Class Actions Virtuous", 39 *Ariz. L. Rev.* 497,512 (1997).

⑦ *See* Committee on Capital Markets Regulation, Interim Report, p78 (Nov. 2006), http://www.capmktsreg.org/pdfs/11.30Committee_Interim_ReportREV2.pdf.

⑧ *See* Richard A. Booth, "The End of Securities Fraud Class Action?" *Regulation* (Summer 2006), p.51.

四、失灵探源与制度重塑

证券集团诉讼绝非始自蹩脚或恶毒的设计，但一项精巧的制度如何在合成谬误下难堪地距其初衷渐行渐远，的确发人深思。诉讼可以维权，在美国尤其如此；为克服集体行动困境，集团律师被引入。然而新的委托代理问题就此产生，[①]而且同样基于集体行动困境，对集团律师的激励很快走向过度，而约束无几，其出于或自利或推诿，与先一拨委托代理人——公司董事、高管的谈判迅速演化为默契，[②]原告投资者遭受二次背叛，利益被再度边缘化。数目有限的剩余和解金最终在投资者间被不太公平地分配，形成了不合理方向上的补贴，补偿功能变得微弱。[③] 由于主要由公司而非个人被告支付和解金，集团诉讼打击的不是实际加害者而是公司，特别是对于持续持股的投资者，实质无异于责任循环自我负担(Circularity problem)，财产从左口袋换到右口袋(Pocket shift)；保险机制则进一步加剧了道德风险，[④]委托代理人与理应的监督者再次实现共谋，把以费用面目出现、膨胀后的损失无情地透过公司甩给股东们。

证券集团诉讼及其周边机制就像一支杠杆，支起的却是快速放大的交易成本。集团律师(及附属其的集团代表)、保险公司从中渔利，公司主事者获得不适当的保护，[⑤]违法者得不到追究因而不可能止步，只会变本加厉，投资者的境遇没有显著改善甚至有些人变得更糟。诉讼转化成商业风险，和解沦落为分配机制，而且都趋向负面。长此以往，美国的经商环境当然会恶化，外国公司和投资者会被吓跑，资本市场将在全球竞争中处于不利。[⑥] 如果不加以限制，证券集团诉讼恐彻底演变为一门生意，社会风气将向下沉沦。

阻断通向毁灭或者荒谬之路，笔者认为可以从三个层面考虑。微观上自然是在诉讼自身中求出路，特别是继续加强法院对证券集团诉讼的审查和干预，主要着

---

① *See* Oliver E. Williamson, "The Modern Corporation: Origins, Evolution, Attributes", 19 *J. Econ. Literature* 1537,1544 - 46(1981).

② *See* John C. Coffee, Jr., "Understanding the Plaintiff's Attorney: The Implications of Economic Theory for Private Enforcement of Law through Class and Derivative Actions", 86 *Colum. L. Rev.* 669,679 - 80 (1986).

③ *See* Merritt B. Fox, "Demystifying Causation in Fraud-on-the-Market Actions", 60(2) *Bus. Law.* 507 (2005).

④ *See* Tom Baker, "On the Genealogy of Moral Hazard", 75 *Tex. L. Rev.* 237(1996).

⑤ *See* Kent D. Syverud, "On the Demand for Liability Insurance", 72 *Tex. L. Rev.* 1629,1640 - 49 (1994).

⑥ *See* John C. Coffee, Jr., "Foreign Issuers Fear Global Actions", *Nat'l L. J.* (June 14,2007).

眼点是限制和打击集团律师的不当行为，同时找到或培养原告投资者利益的切实代言人，既对前者形成内部制衡和监督，又能更好地实现受害者补偿的功能。这其实也是《私人证券诉讼改革法》以来美国主要努力的方向，十几年间确收到一些成效。集团代表产生由先到先占改为存在最大利益关系后，机构投资者更频繁地作为集团代表提起了集团诉讼，[①]对于提高和解受偿金额也有些作用。[②] 司法机关对于集团律师违法行径的追诉大大强化，尤其是2007—2008年对于集团诉讼头号律所 Milberg Weiss、标志性律师 Bill Lerach、Melvyn Weiss 等人的刑事追诉，[③]全面曝光了1979—2005年间他们支付回扣"雇佣职业原告"充当集团代表、虚增客户损失额以争任集团律师等劣迹，这些律师和集团代表全部认罪或入狱。此外，法院还可通过一些技术性手段，如提高原告集团举证、通知标准，赋予被告更灵活的上诉权利，限制滥诉的发生。

然而正如前文数据所揭示，证券集团诉讼从数量到规模并没有减少。新近发表的学者实证研究也大多表示《私人证券诉讼改革法》等立法意图整体上尚未实现。例如，机构投资者对集团律师更强的监督作用理论上成立但未得到统计证实，和解赔偿占损失的比例反而呈现下降趋势；[④]集团诉讼主流专业律所的构成和市场份额变化不大，只是基于新规定下扩大客户源的需要，[⑤]出现了不同性质、等级律所合作共同出任集团律师的趋势。[⑥] 机构投资者与集团诉讼专业律所的持续紧密互动其实令人亦喜亦忧，最大利益关系的要求已使后者"收买"集团代表（Pay to play）的目标更多地锁定在机构投资者。[⑦] 接近利诱共同基金、向对公共养老基金有着决定权的官员提供竞选献金（主要通过其顾问机构）等均有证可查，[⑧]知名者如在胜腾公司案中纽约州基金主管官员收取的约10万美元献金。[⑨] 已有国会议员

---

① *See* Stephen J. Choi & Robert B. Thompson, "Securities Litigation and Its Lawyers: Changes During the First Decade After the PSLRA", 106 *Colum. L. Rev.* 1489,1530(2006).

② *See* James D. Cox & Randall S. Thomas, "Does the Plaintiff Matter? An Empirical Analysis of Lead Plaintiffs in Securities Class Actions", 106 *Colum. L. Rev.* 1587 - 88(2006).

③ *See* Peter Lattman, Closing Argument: Mr. Lerach Mulls Life Behind Bars, The Wall Street Journal (Feb. 12,2008).

④ *Supra note*, James D. Cox & Randall S. Thomas, at 1587.

⑤ 集团诉讼中，集团律师向其他律师支付"介绍费（分成）"的做法由来已久，虽然后者并不实际参与工作。这种操作可能进一步蚕食了原告本可获得的和解份额。

⑥ *Supra note*, Stephen J. Choi & Robert B. Thompson, at 1530.

⑦ *See* John C. Coffee, Jr., "Nobody Asked Me, But ...", *Nat'l L. J.* (January 18,2007).

⑧ *See* Kevin McCoy, Campaign Contributions or Conflicts of Interest, USA Today (Sept. 11,2001).

⑨ *See* Shaila K. Dewan, Donors to McCall Profit in Cases State Pursues Against Corporate Wrongdoers, New York Times (Aug. 14,2002).

提交法律草案，要求立法规定对类似支付、捐献进行披露，并对集团律师选任进行竞标。[①] 除了在这一端受到影响，机构投资者基于资本市场反复博弈者的定位，需要考虑与上市公司群体的长期关系，顾忌“不合作”、“难相处”的圈内名声，在面对被告公司时未必只针对个案盘算，消极甚至背叛（集团）都可能是“理性选择”；[②]此外，前文已论及机构投资者受损机会其实可能相对更小、更易被分散，代表性也许不像乍看上去那么充分。总之，机构投资者作为集团代表时面临的利益冲突更为复杂，倒是非常值得警惕。这也解释并预示了美国只依靠现有思路，局部地医头医脚难以解决问题。

中观上的改进需要跨出诉讼一隅，结合公司证券法乃至商业机制的整体变革来做文章。目前突出的一个问题是惩戒阻却违法者功能的失灵，证券违法行为的主谋和最大受益者——公司董事、高管、控股股东及其控制人在很大程度上被隔绝了责任，公司成为“替罪羊”，风险间接地被转回股东身上，并且此时损失还经过了集团诉讼的放大。公司承担这种雇主责任既不公平，同时由于无法通过合同有效限制内部人和控制人而没有效率。[③] 公司其实也是受害者，当初主要基于补偿投资者的便利被拖入被告席，既然这个目标远未实现，没有理由继续让方便的、更深的口袋成为实际上唯一的口袋，进一步“惩罚受害者”——作为群体的股东。对于欺诈市场下的证券集团诉讼，追究个人被告及控制人的责任更加合理，尤其是就惩戒阻却实际违法者的目标而言。[④] 因此，一方面可以限定诉讼（和解）金额规模，驱动集团律师更积极地去对抗被告，[⑤]另一方面，可以通过比例责任限制公司本身的负担并将其适用于和解，[⑥]甚至可考虑将在诉争涉及期间没有参与交易（通过再融资或股份并购）的公司排除出证券集团诉讼，至少是最常见的规则 10b-5 诉讼。[⑦]

---

① *See* John Cornyn (Senator) & Jeb Hensarling (Congressman), The Securities Litigation Attorney Accountability and Transparency Act, S. 3033, H. R. 5463.

② *See* James D. Cox & Randall S. Thomas, “Leaving Money on the Table: Do Institutional Investors Fail to File Claims in Securities Class Actions?”, 80 *Wash. U. L. Q.* 855,879(2002).

③ *See* Alan O. Sykes, “The Boundaries of Vicarious Liability: An Economic Analysis of the Scope of Employment Rule and Related Legal Doctrines”, 101 *Harv. L. Rev.* 563,571-81(1988).

④ *See* Jennifer H. Arlen & William J. Carney, “Vicarious Liability for Fraud on Securities Markets: Theory and Evidence”, 1992 *U. Ill. L. Rev.* 691,694-700(1992).

⑤ *See* Donald C. Langevoort, “Capping Damages For Open Market Securities Fraud”, 38 *Ariz. L. Rev.* 639,658(1996).

⑥ *See* John C. Coffee, Jr., “Reforming the Securities Class Action: An Essay on Deterrence and Its Implementation”, 106 *Colum. L. Rev.* 1534,1573-79(2006).

⑦ Id, at 1582-84. 关于规则 10b-5 诉讼的情况，可参见郭雳：《证券欺诈法律责任的边界》，《中外法学》2010 年第 4 期。

与此相关联的还有保险机制。理论上,保险公司应当起到对投保公司的监督功能,[①]但如前所述,两者之间却往往形成皆大欢喜的共谋,这种格局必须改变。有学者建议首先要求详细披露保险费用和合同,[②]很有必要但仍不够。一家保险公司同时为被告公司与其董事、高管提供保险,即便可以提出效率方面的理由,但鉴于利益冲突过于明显,有必要予以禁止或严格限制。对于公司董事、高管职务保险,应当施加更严厉的审查,扩大免赔范围,压缩承保额度,真正落实其个人责任。同样的审查也应适用于公司与他们签订的责任补偿协议。当然,实现这些变化的过程将非常复杂,需要国会新立法和最高法院对已有案例进行重新审视。的确,这样做不利于董事、高管放手工作,但在"商业判断规则"的总体呵护下,对非违法者的保护并不会削弱太多。也唯其如此,保险在公司治理中的监督作用才有望发挥,现行集团诉讼下的扭曲才可能被矫正。[③] 包括保险问题在内,股东都应该被赋予更大的决定权,这实质上也涉及美国公司治理范式的整体性调整。[④]

宏观上,私人诉讼与公共执法在法律实施中的关系,有必要籍此作进一步深思。美国证券领域素来是两条腿走路,公私并举,私人民事诉讼的案件金额往往超过联邦证交会(SEC)、州证券监管机构的执法金额。[⑤] 集团律师也往往自诩为代表私人利益的"检察官"、证券市场上的"警察",嘲笑 SEC 等作风官僚、非议其资源有限、指摘其激励不足、质疑其监管俘获,这些情况的确存在,但事实已充分展示了证券集团诉讼的制度扭曲,促使人们认识到:其一,私人诉讼同样存在着根本性局限。既然集团律师打着"检察官、警察"的招牌,是否也应遵守类似公务员的伦理操守、接受类似的监督特别是报酬呢?[⑥] 而且,诉讼占用司法资源,同样会增加社会成本,却往往不为人所在意。诉讼滥用还可能扰乱政府的监管策略,造成执法过度或浪费。[⑦] 其二,公共执法不仅因其性质具有公正、专业、受监督等优势,更有利于克

---

① *See* Clifford Holderness, "Liability Insurers as Corporate Monitors", 10 *Int'l. Rev. Law & Econ.* 115, 116(1990).

② *See* Sean J. Griffith, "Uncovering a Gatekeeper: Why the SEC Should Mandate Disclosure of Details Concerning Directors' and Officers' Liability Insurance Policies", 154 *U. Pa. L. Rev.* 1147(2006).

③ *See* Tom Baker & Sean J. Griffith, "Predicting Corporate Governance Risk: Evidence From the Directors' & Officers' Liability Insurance Market", 74 *Chi. L. Rev* 487,543－44(2007).

④ *See* Lucian A. Bebchuk, "The Myth of the Shareholder Franchise", 93 *Va. L. Rev.* 675,732(2007).

⑤ *See* Howell E. Jackson, "Variation in the Intensity of Financial Regulation: Preliminary Evidence and Potential Implications", 24 *Yale J. on Reg.* 253(2007).

⑥ *See* John H. Beisner, et. al., "Class Action "Cops": Public Servants or Private Entrepreneurs", 57 *Stan. L. Rev.* 1441(2005).

⑦ *See* Matthew Stephenson, "Public Regulation of Private Enforcement: The Case for Expanding the Role of Administrative Agencies", 91 *Vir. L. Rev.* 93(2005).

服私人诉讼下的一些弊端。例如，SEC 实施处罚或和解中的罚款，不得由保险支付；[①]又如，监管措施可以非财产性的方式做出(如责令对象完善其公司治理)。[②]其三，两者之间应形成补充而非替代的关系。一些美国学者提出了公私协作的建议，例如由 SEC 对拟提起的私人诉讼进行事先过滤，[③]又如在通过两种方式获得的民事赔偿间建立某种分享机制，[④]在 SOX 法案授权 SEC 建立用于补偿投资者的公平基金(Fair fund)后，相关协调变得尤为重要。虽然安然事件后，SEC 的规模扩张了约三分之二，但最近饱受监管松弛的批评，所提指控也创 1991 年来新低，[⑤]自身不乏有所作为的变革动力，而民主党主导的新政府和国会也为加强监管提供了有利契机。公共执法的改善以及与私人集团诉讼间的更多互动，应当是可以预见的。

五、移植借鉴及他山之石

尽管问题重重，美国不会放弃(证券)集团诉讼。事实上，改变往往都相当艰难。克林顿总统就曾基于投资者保护否决过《私人证券诉讼改革法》(后经国会特别多数表决才最终通过)；《集团诉讼公平法》的序言开篇也不忘强调："集团诉讼是法律体系中重要和有价值的组成部分，是将众多分散原告诉求合而为一、得以公平有效解决争议的手段"。[⑥] 集团诉讼制度在美国有着深刻的繁荣基础，包括：(1)浓重的对抗传统；(2)充满进取心、高度激励的律师行业；(3)强大的司法创制文化；(4)联邦制下的双重法院体制。[⑦] 很自然地，这项制度也在向全世界辐射并引发热烈反响。英国、加拿大、澳大利亚等普通法系的部分地区已建立该制度，南非、苏格兰、斯堪的纳维亚半岛国家等也在探讨尝试。大部分国家则由于理论、文化、经济、

---

① *See* Baker Tom & Sean J. Griffith, "The Missing Monitor in Corporate Governance: The Director' & Offices' Liability Insurer", 95 *Geo. L. J.* 1795, n16(2007).

② *See* Jayne Barnard, "Corporate Therapeutics at the Securities and Exchange Commission", 3 *Colum. Bus. L. Rev.* 793(2008).

③ *See* Amanda M. Rose, "Reforming Securities Litigation Reform: Restructuring the Relationship between Public and Private Enforcement of Rule 10b-5", 108 *Colum. L. Rev.* 1301(2008).

④ *See* Janet C. Alexander, "Rethinking Damages in Securities Class Action", 48 *Stan. L. Rev.* 1487,1489 (1996).

⑤ *See* Eric Lichtblau, Federal Cases of Stock Fraud Drop Sharply, New York Times (Dec. 25,2008).

⑥ *See* The Class Action Fairness Act, § 2(a)(1).

⑦ [美]史蒂文·苏本、玛格瑞特·伍 著，蔡彦敏、徐卉 译：《美国民事诉讼的真谛》，194 页，法律出版社 2002 年版。

制度等各种原因多停留在讨论阶段。① 特别是在大陆法系国家，该制度遇到了更多阻力，值得关注。有日本学者认为引进难以成功，因为这项“着眼于解决原发性纠纷的事实出发型制度，并不能与规范出发型的日本制度相融合”。② 德国移植的困难也类似地源于：(1)既判力向第三人扩张与其民诉原理不符；(2)诉讼费用及律师报酬制度与美不同；(3)损害计算及赔偿分配困难。③

近年来，集团诉讼的移植借鉴出现了新进展。为促进统一市场和电子商务，欧盟正在考虑参考集团诉讼，建立保护消费者的“集体救济”(Collective redress)机制。④ 在证券领域，荷兰表现得最为积极。2010 年 6 月，阿姆斯特丹地方法院对“荷兰皇家阿霍德集团(Ahold)诉讼和解案”做出了判决，承认根据美国法律并由美国马里兰法院批准的一项证券欺诈集团诉讼和解协议的效力，并要求未选择退出和解的诉讼成员不能再在全球其他地方向被告索赔。事实上，荷兰早在 2005 年 7 月就颁布了涉及群体索赔的集体和解法令(WCAM)，其特点与美式集团诉讼非常类似，阿霍德案之前荷兰法院已宣布了包括皇家壳牌公司在内的五项和解协议，在欧洲堪称独一无二。当然，这也意味着荷兰法院的判决未必能依据《巴塞尔第一条例》或者《卢加诺协议》在欧洲获得普遍承认。无论如何，荷兰对于有意开展证券诉讼和解的发行人而言，提供了一个有价值的备选项，至少是对那些致力于在欧洲拓展的公司而言。

德国的态度仍然相对谨慎，其在 2005 年 11 月 1 日实施了《资本市场示范案例法》(Capital Markets Model Case Act)开展试点，适用于证券虚假陈述和违约案件，并规定了 5 年的有效期间，届满后检讨效果以决定是否继续乃至推广。该法提供了与德国现行民事诉讼并行的一种机制：原告可以通过新设立的电子系统查询、登记，便捷地参与案件，分摊诉讼费用；先由一级特定法院(Higher Regional Court)审理后给出示范性案例判决，受理法院据此再针对每一个案裁决。不同于美国集团诉讼，原告不能代表未实际授权其的未知受害者，律师不得采取胜诉酬金；德国的实体法规定也没有改变，例如判决不能包括补偿之外的惩罚性赔偿。⑤ 整体来看，德国的尝试举措非常谨慎，尽力减少对既有诉讼体制和理论框架的冲

① See Thomas D. Rowe, Jr., “Debates over Group Litigation in Comparative Perspective: What Can We Learn from each other?, Forward”, 11 Duke J. of Comp. & Int'l L. 157(2001); See also, Stefano Grace, Strengthening Investor Confidence in Europe: U. S. - Style Securities Class Actions and the Acquis Communautaire, 15 *Journal of Transnational Law & Policy*, 281 - 304(2006).

② [日]中村英郎著，陈刚、林剑锋、郭美松译：《新民事诉讼法讲义》，85 页，法律出版社 2001 年版。

③ [日]上原敏夫：《团体诉讼与集团诉讼研究》，244—245 页，日本东京商事法务研究会出版 2001 年版。

④ *See* George Parker, EU Considers Consumer Class Action, *Financial Times* (Mar. 4, 2007).

⑤ http://www. bmj. bund. de/kapmug.

击，小心约束律师活动的空间；而充分利用技术进步、注意发挥专业法庭的作用，则是其亮点所在。

在亚洲，完整地引进美式集团诉讼的是韩国。在美国学者的建议下，[①]2003 年底韩国国会通过《证券集团诉讼法》，自 2005 年 1 月 1 日起分阶段实施（首先适用于总资产两万亿韩元（约 17 亿美元）以上的公司，2007 年起适用于所有上市公司；对某些案件类型有例外）。该法呈现出下列特点：受案范围采列举方式；原告 50 人以上、合计持有公司股份万分之一的方可提起集团诉讼；对集团实行"声明退出"规则，但要求法院给予成员逐一通知；诉讼费用按普通诉讼打五折并规定上限，只在法院认为必要时要求原告提供担保，但其败诉需负担被告诉讼费用；律师持有被告公司股份的则不能担任集团律师；防止滥诉上，3 年内 3 次的限制较美国更严厉，且不仅适用于集团代表，还包括集团律师。由于门槛设定较高，限诉方面又几乎照搬了美国《私人证券诉讼改革法》，该诉讼目前在韩国的实际应用情况很少，制度功效尚未充分显现。[②] 韩、美两国学者就此也进行了比较研究。[③] 纽约大学韩裔美籍教授斯蒂芬·崔提出制度移植需要考虑的因素包括：资本市场与公司规模、政府类型与公共执法能力、法律界（律师、法官等）水准、实体法规定，通过分析韩国现状，他认为该项借鉴努力是有益的，此外：韩国的市场规模和法律服务群体制约着集团诉讼；[④]同时诉讼风气不盛、律师职业操守和团体凝聚力强，滥用风险较美国远小，可考虑稍放宽限制；韩国公务员素质高，公共监督可以倚仗；现行规定将集团诉讼引向财阀大公司，而这恰是政府执法的软肋，或可有助于促进公司治理。[⑤]

六、公私协同的"中国思路"

中国的取舍决断亦应如此。如前所述，对于集团诉讼整体及其与现行民诉制度的龃龉和衔接，国内已有不少讨论，下文评述仍拟主要集中于证券法实体领域；同时，针对诉因要件、集团组成、诉讼各阶段举证配置、损害赔偿额确定、责任分配等技术性细节值得专文详论，笔者在此仅从宏观政策性层面简述观点。基本立场

---

① *See* Bernard Black, et. al., "Final Report and Legal Reform Recommendations to the Ministry of Justice of the Republic of Korea: Introduction to the Report", 26 *J. Corp. L.* 546,569(2001).

② 汤欣：《私人诉讼与证券执法》，《清华法学》2007 年第 3 期。

③ 例见，权赫在：《证券集团诉讼的研究：韩国的经验》，《河北法学》2007 年第 2 期。

④ 韩国同时也存在传统的选定当事人诉讼，以及由民间公益性组织发动的团体诉讼，例如著名的"参与民主人民联盟"(PSPD)。

⑤ *See* Stephen J. Choi, "The Evidence on Securities Class Actions", 57 *Vand. L. Rev.* 1465,1507 - 25 (2004). 对于最后一点，本文作者以为更多地是体现了理想色彩。

是:发展阶段和国情实际不同,对美国(或任何国家)的做法不易轻率进行判断,既不可盲从套用集团诉讼模式,也不宜对《私人证券诉讼改革法》等所有倾向都亦步亦趋,尤其是后者。美国体制存在着独特的因素(如联邦制;商业性诉讼文化),证券领域也有着自身特点:例如不同于消费者案件,代金券赔偿较少出现;又如不同于环境、产品侵害案件,一般不存在大量的潜在未知受害者,因此其实比较适合作为集团诉讼在我国的试点类型。更重要的是,虽然值得持续警惕,造成美国制度异化的主要因素——激进的律师群体、胜诉酬金、和解和保险机制,在我国目前都并不突出;滥诉也远非制约中小、高科技企业的主要问题。这些总体上应属远虑而非近忧。

证券法制实现方式的选择,既要考虑资源分配(如选择侧重保护国有资产还是一般投资人),[①]也受路径依赖的制约(新的制度供给难以一蹴而就)。如果说美国是私人诉讼过度膨胀,需要抑制,我国现状则是过分倚重证监公共执法,两者都需寻求平衡。资本市场由政府推动的发展路径、大量上市公司的国有属性、行政干预的思维和行为定势,客观上形成了对我国私人证券诉讼的天然制约。然而以发展的眼光来看,集团诉讼、团体诉讼、[②]证券仲裁、(证监会)行政审裁(包括和解)都有必要尝试,与传统方法一道构建多元化的纠纷解决体系;只有竞争才能激发各自优势的充分发挥,彼此间呈现补充而非完全替代的关系,并在某一特定阶段发现针对某类特定问题的最优解。德国的思路也非常有益:借助技术创新,寻求集团诉讼有益因素与主流路径嫁接,同时划定范围、期限观察实施效果。具体而言,当下我们期待的应是一个"做小做实"的证券集团诉讼机制,需要思考的环节和问题主要包括:

原告端。投资者保护在我国整体上无疑需要加强,但不宜照搬或冒进,[③]私人集团诉讼不应作为唯一甚至首要的方式。其补偿功能并非直观上那样可靠,需要与分散投资(投资者教育)、公共执法互相配合。机构投资者的作用会越来越突出,但其身负的多重利益冲突有必要引起全面重视。这些年围绕证券投资基金的争议已显现出端倪,随着其"一对多"等新业务的开展,矛盾恐将更突出;此外,社保、年金、QFII、保险资金等各自的问题亦不应不被忽视。

被告端。特别是从惩戒阻却违法者着眼,责任的主要承担者应该是证券违法

---

① 钟志勇:《美国证券集团诉讼与我国证券民事诉讼形式之完善》,《现代财经》2005年第11期。

② 关于团体诉讼的利弊,可参见汤维建:《论团体诉讼的制度理性》,《法学家》2008年第5期;另见前引115。

③ *See* Bernard S. Black, "The Legal and Institutional Preconditions for Strong Securities Markets", 48 *UCLA. L. Rev.* 781,822(2001).

行为的主谋和受益者——董事、高管(在我国,大股东、控制人问题也很突出)。被告范围不宜过分扩张、链条并非越长越好,否则不仅在技术上容易引起因果关系认定上的瑕疵,更有可能会助长虚幻的安全感,到头来加重失望。对于打击和救济的效果有必要进行绩效分析,应考虑比例责任和连带责任的协调使用。[①] 责任保险方面,美国的教训深刻,当早引以为戒;如果拖到积重难返,则改革的阻力将倍增,其当下医疗改革亦是一例。

法院端。即便在美国,证券集团诉讼中的法官介入程度也高乎寻常。集团诉讼开展后,我国法院亦应积极发挥审查职能(尤其是对撤诉与和解)。同时,法官应注意识别其他因素导致的价格波动,合理认定损失金额;根据主要侵害对象,投资者集团诉讼和股东代表诉讼需要适当区分。建立特别法院或者专业法庭来处理证券(金融)类案件值得认真考虑,上海等地开展的尝试可以进一步推广。

律师端。证券专业能力和专门律师人才都有待扶植。鉴于其道义色彩和实际影响较小,在证券领域或可率先试行有限制的胜诉酬金,英国等推行的改革试验有必要进一步研究关注。对律师利益冲突的审查应较韩国规定更为周详,但次数限定不宜那般僵化。和解无需全盘否定,但美国式的为和解而和解、甚至为和解而开展诉讼的殷鉴,[②]必须警惕。从思路而言,有效的披露和独立第三方审查(意见)有助于抑制其弊端。

执法端。长期来看,虚假陈述司法解释中的前置程序应从强制性改为选择性,但也不宜轻率地一废了之。[③] 现阶段,可考虑将律师向证监稽查提供的举报,与嗣后诉讼集团律师资格的取得相挂钩,以激励律师投入进行监督。同时,对于违法行为的财产性处罚必须能落到实处,近期汪建中等案的执行显然比以往的"亿安科技"更能维护监管者应有的权威。行政处罚与民事赔偿间应当有更合理的衔接,特别是在财产有限的情况下,其具体配置模式应根据执行实效来确定。

政府端。正如美国也正在积极尝试公私携手,我国行政当局总体上应消除对集团诉讼不必要的恐惧,探索与法院、律师界的协作,理顺司法救济渠道。对待社会矛盾特别是群体性的事端,实际上疏易堵难,相对而言,司法仍不失较为理性透明和具有公信力的问题解决方式。很清楚,没有人愿意看到成都拆迁自焚悲剧的再度上演,相反,广州垃圾焚烧争议的平和处理更符合各方的利益。当然,我们更期待的还是制度化的途径,在这方面,较之上访等,法院的优势是明显的。

---

① 可参见郭雳:《证券欺诈法律责任的边界》,《中外法学》2010 年第 4 期。

② 杨严炎:《论美国的和解集团诉讼》,《环球法律评论》2006 年第 4 期。

③ 王光平:《取消证券民事诉讼前置程序建议已报最高法院》,《中国证券报》2008 年 12 月 9 日。

以上初步的思路和建议显然需要继续的论证或质疑。更多全面的、高质量的实证、比较、个案或访谈式的工作也是目前美中两国学术研究中的重要差异所在。本文的另一方法论用意在于抛砖引玉，提示：在就集团诉讼整体较充分把握的基础上，针对各个具体类型的深入讨论日见必要。

结论

美国集团诉讼通过“声明退出”规则和胜诉酬金制度，克服大规模侵权案件中小额多数分散原告的集体行动困境。其中，证券集团诉讼既具有一般特征，也呈现出独特问题。相比其他类型，其被害者更易在数重合成谬误下反复受损；同时，类似过度金融创新之于目前的全球危机，这项制度的实施常恐过犹不及，甚至沦为操控工具。美国现行和解与保险机制集中并放大了其弊端，给予集团律师过度激励，纵容了被告公司管理者的恶行，令代理人与其雇主利益背离，委托代理问题再度凸现。其结果形象地说，如同众多搭便车者遭遇不请自来、要价昂贵的路边擦车人，于是诉讼变成商业风险、和解沦为转移渠道，社会成本激增；同时，填补投资者损害和惩戒阻却违法者两大目标一一落空，股东循环地承受着经叠加效应放大了的损失，而在其间的分担既无效率又欠公平。

美国时至今日的应对主要是加强法院的审查干预、约束和惩治集团律师和代表，但限制滥诉的成效不彰。未来出路在于全面地改革相关和解、保险、酬劳、责任制度，体察和遏制利益冲突，使违法者真正受到惩罚。其核心是让集团诉讼重新“对抗”起来，而不再是各方代理人合谋肆意分食股东——事实上缺席的原告——利益的二次伤害。证券法制的建立需要私人诉讼与公共执法的配合，美国的困境也展现出以定分止争为根基的法院在建章立制、资源分配方面的局限，司法能动主义也不可能总是单骑突进。

启示并不意味着简单地套用或排斥。得益于后发优势和旁观者清，我国可对美国出现的问题深入剖析并保持警惕，但没有必要盲目恐惧而踯躅不前，国情差异决定了美国所暴露的一些主要矛盾在我国现阶段并不突出。做小做实的集团诉讼有理由成为证券领域竞争性多元化纠纷解决机制的并行选项之一。同时，德国、荷兰、韩国、台湾地区等开展的借鉴试点实验当为参考，积极探索体现当前资本市场结构和制度供给特征的兼容和改良方案意义重大。总之，投资者利益保护必须以分散风险为前提，监管与诉讼执法并举，惩戒与救济功能同彰。

首次公开发行中研究报告的证券法律规制

——中美两国对研究报告不同态度的比较分析

唐应茂*

引言

在首次公开发行股票过程中，承销商研究部门发布研究报告，对发行人的业务、财务等情况进行分析，为投资者购买股票提供参考，这是许多国家和地区证券发行市场推介活动的一部分。但是，在市场推介过程中，是否允许承销商发布研究报告，不同国家的做法并不完全一致。在美国，证券法律严格禁止承销商发布研究报告①；而在中国，证券法律不仅不禁止研究报告，反而强制性要求承销商向投资者提供研究报告，为其购买股票提供参考信息。

为什么中美两国证券法律在这个问题上的态度截然不同？究竟是美国"错了"，还是中国"错了"，或者两者都"错了"，抑或两者都有道理，这是本文希望解释的问题。实际上，中国不是唯一采取与美国不同做法的国家。从实践来看，我国香港以及欧洲不少国家采取的态度同中国一样，而美国是世界上少数对首次公开发行中承销商发布研究报告采取禁止态度的国家。因此，对中美两国证券法律的不同做法进行分析具有一定的普遍意义。

进一步讲，本文的研究具有理论和实践两方面意义。从理论层面看，本文的研究认为，对研究报告采取不同态度实际上是不同证券法律制度特点决定的，是强调以披露为重点的美国注册制和强调以实质审查为重点的中国核准制不同特点的具体表现。研究报告虽然是一个小文件，发布研究报告虽然是证券发行中的一个行为，但如何对研究报告进行法律规制、为什么采取不同的规制方法，这实际上是证

---

* 唐应茂，北京大学法学院金融法研究中心 1997 级硕士，工作单位：北京大学法学院。

① 除非上下文有不同定义或提法，本文从广义上使用证券法律这一术语，用以指称所有与证券监管有关的法律、行政法规和部门规章。

券法监管的一个大问题，是不同证券发行体制特点的集中体现。从实践层面来看，21 世纪以来，美国证券法律强调研究部门独立性，强调防范承销商利益冲突，这进一步强化了对研究报告的禁止态度。同时，强调研究部门独立性、防范证券公司内部各部门利益冲突也是近年来中国证券法律强调的领域之一。在首次公开发行中，主承销商既承担发行人股票承销角色、从股票发行和承销中获利，又被法律要求必须发布客观中立的研究报告，可能需要分析并披露发行人存在的问题，从而影响股票发行和承销的效果，这两种角色存在内在的冲突。因此，从国外和国内证券法律发展的趋势来看，中国证券法律对研究报告的鼓励态度缺乏长期持续的基础。

一、不同证券法律对研究报告规制的不同态度

在首次公开发行的场合下，承销商是否可以发布研究报告，不同国家和地区证券法律的规定不完全相同。以中国和美国为例，两个国家的证券法律采取了截然不同的态度。中国鼓励甚至强制性要求承销商必须提供研究报告，而美国则完全禁止承销商发布研究报告。

（一）中国对研究报告的鼓励态度

目前，中国证券法律对首次公开发行中研究报告的规定集中在询价制度的有关规定中。询价制度的有关规定则集中在中国证监会 2006 年 9 月 7 日颁布的《证券发行与承销管理办法》（以下简称“《管理办法》”）中，其来源可以追溯到中国证监会 2004 年 12 月发布的《关于首次公开发行股票试行询价制度若干问题的通知》（已失效）。简单来讲，《管理办法》对研究报告的规定可以归纳为两个方面的内容。

第一，《管理办法》要求承销商必须向询价对象提供研究报告。《管理办法》第 9 条明确要求，主承销商应当在询价时向询价对象提供投资价值研究报告。根据这一规定，主承销商有义务向询价对象提供研究报告。从谁负责准备投资报告来看，《管理办法》第 10 条规定，投资价值研究报告应当由承销商的研究人员独立撰写，承销商不得提供承销团以外机构撰写的研究报告。

第二，《管理办法》对研究报告的发布对象、内容和责任等问题做了进一步的规制。在要求主承销商提供研究报告的同时，《管理办法》从各方面对研究报告作了限制。比如，研究报告只能向询价对象提供，不能向公众公开。[①] 同时，《管理办法》还对研究报告包含的内容做出了要求，要求研究报告必须包含发行人在行业中

---

① 《管理办法》第 9 条。

的地位、经营状况、前景分析、盈利能力、募集资金投资项目分析、可比公司情况等等内容。此外,《管理办法》进一步要求研究报告"引用的材料真实、准确、完整、权威并须注明来源","无虚假记载、误导性陈述或者重大遗漏"。

因此,在首次公开发行中,中国的证券法律强制性要求主承销商必须并向询价对象提供研究报告,而研究报告则应当由承销商的研究人员撰写。

(二) 美国对研究报告的禁止态度

从 20 世纪 60 年代末开始,美国证监会逐渐放宽了对研究报告的限制,[①]并相继在 20 世纪 80 年代[②]和 2005 年的证券法改革过程中进一步放宽了限制。在这个过程中,投资银行甚至将研究报告问题上升到美国宪法自由言论的高度。[③] 即便如此,从美国证监会发布的关于研究报告的几个规则来看,[④]业内权威人士认为,这些规则虽然在一定程度上允许发布研究报告,但依然禁止首次公开发行中承销商发布研究报告。[⑤]

比如,根据美国证监会发布的 137 规则(Rule 137),不参加承销团的交易商(dealer)[⑥]可以针对某次证券发行发布研究报告,只要研究报告是在其正常业务过程中(regular course of business)发布的。有趣的是,由于这一规则明确规定适用于承销团成员以外的交易商、不适用于承销商,当某些承销团以外的券商对某次证券发行不看好,从而发布反面意见的研究报告时,承销商自己的研究部门无法通过发布研究报告进行反击。

又比如,美国证监会发布的 139 规则(Rule 139)是业内使用最多的规则。这一规则规定,不管是否是承销团成员,交易商都可以发布专门针对发行人的研究报告或者针对某一行业的研究报告。换句话讲,某次证券发行的承销商,只要它符合规则规定的条件,也可以发布研究报告。但是,由于规则规定的条件限制太多,139 规则无法适用于首次公开发行,承销商因此也无法依据该规则发布研究报告。

---

① 美国开始放松对研究报告的限制可以追溯到美国证监会 1969 年发布的 Disclosure to Investors-A Reappraisal of Administrative Policies Under the '33 and ' 34 Acts (1969),俗称 Wheat Report。

② SEC Release No. 33 - 6550 (September 19,1984)。

③ 证券行业在研究报告上的诉求被上升到美国宪法第一修正案的层面并由美国最高法院在 20 世纪 70 年代审理。见,*Virginia State Bd. of Pharmacy v. Virginia Citizens Consumer Council, Inc.*, 425 U.S. 758(1976)。

④ 美国证监会发布的关于研究报告的规则主要包括 137 规则、138 规则和 139 规则。

⑤ Charles J. Johnson. Jr., Joseph McLaughlin, *Corporate Finance and Securities Law* (Fourth edition), pages 3 - 89 to 3 - 94, Aspen Publisher.

⑥ 根据美国 1933 年《证券法》(经修订)第 2 条关于交易商的定义,交易商的范围很广,既包括代客户买卖的代理或经纪商,也包括自己帐户买卖的自营商以及承销商。

具体来讲，就针对发行人的研究报告而言，承销商发布针对发行人的研究报告的前提条件很多，其中一个条件涉及发行人的资格：如果发行人是美国境内注册的公司，那么，发行人必须是美国上市公司（reporting company）；如果发行人是外国发行人（foreign private issuer），那么，发行人可以不是美国上市公司，但它必须有股票在美国境外的主要交易所挂牌交易，并且全球公众持有（public float）的市值超过 7 亿美元。换句话讲，发行人或者已经是美国的上市公司，或者已经是外国的上市公司，否则，承销商不能发布针对发行人的研究报告。对于首次公开发行的发行人来讲，他们不可能是美国的上市公司，也不可能是外国的上市公司。因此，承销商也很难依据 139 规则在首次公开发行中发布研究报告。①

就发布行业研究报告而言，除了需要满足前述发行人有关的条件以外，承销商还需要满足其他条件。例如，承销商对行业研究报告中的公司必须有既往的研究历史（prior history of research coverage）。从这些要求来看，在没有完成首次公开发行之前，发行人很难进入分析师的视野，因此很难出现在承销商以往的研究报告中，承销商也就很难通过行业研究报告的方式来“变相”推荐其中某一个进行首次公开发行的发行人股票。②

从证券发行实践来看，研究报告通常在美国以外证券发行时采用，这也是由于美国证券法律对承销商发布研究报告的禁止性规定造成的。纯粹在美国境内公开发行的项目，即只在美国境内公开发行股票并在美国境内上市的项目，承销商根本不能发布研究报告。在全球发行项目中，比如既在美国境内公开发行股票也在美国境外如香港、欧洲地区公开发行股票的项目中（像中国人寿等国有企业通常采用的全球发行、香港美国两地上市的方式），承销商的国际律师通常会撰写一份研究报告发布操作指引，其核心在于提醒承销商，当他们发布研究报告时，必须确保研究报告只能在美国境外发布，同时，只能提供给非美国人（non-US person）。这种提醒的目的在于要求承销商在美国境外发布研究报告时不违反美国证券法律对研究报告的禁止性规定。

二、证券发行注册制和核准制对待研究报告的不同态度

在承销商发布研究报告这个问题上，不同国家采取不同态度，笔者认为，从根

---

① 这里讨论的发行人需要具备的条件也是 138 规则规定的条件，因此，138 规则也很难适用于首次公开发行的场合。

② Charles J. Johnson. Jr. , Joseph McLaughlin, *Corporate Finance and Securities Law* (Fourth edition), pages 3 - 89 to 3 - 94, Aspen Publisher.

本上来讲，其原因在于证券发行体制的不同。以中国和美国的证券发行体制为例，在美国的注册制（registration）下，美国证监会对证券发行的审核侧重披露，强调招股信息向公众公开，同时，它要求招股说明书必须真实、准确、没有遗漏。在这种制度下，美国证监会还没有宣布证券发行注册生效（相当于批准）之前，美国证券法律就允许承销商进行询价等市场推介活动，但同时禁止承销商在市场推介时（比如路演时）使用法律认可的初步招股书以外的其他书面材料，以确保招股信息真实、准确、没有遗漏。研究报告被认为是初步招股说明书以外的书面材料，属于证券法律禁止的书面材料。在中国的核准制下，发行人和承销商只有在中国证监会核准发行之后，才能开始询价、路演等市场推介活动，因此，在询价、路演等市场推介活动阶段发布研究报告是在监管机构批准证券发行之后进行的、是在监管机构认可招股说明书的披露之后进行的，监管机构对研究报告误导投资者的担心大大减轻。

（一）美国注册制下对研究报告采取禁止态度的法律逻辑

美国证券法律对研究报告采取禁止态度的逻辑来源于美国 1933 年《证券法》规定的证券注册制。1933 年《证券法》经过了反复修订，但其基本原理和框架一直沿用至今。有关注册制的规定及其与发布研究报告的关系可以简单归纳为三层意思。

第一，发行人在向美国证监会公开递交有关发行的申请材料之前，不能针对证券发行做出任何要约（offer），不管是书面要约（written offer）还是口头要约（oral offer）。[①] 换句话讲，美国 1933 年《证券法》要求发行人向美国证监会公开提交申请材料，以便美国证监会和公众都能知晓某一证券发行计划。在美国证监会不知道发行人要发行证券之前、在美国公众不知道发行人要发行证券之前，发行人不能公开讨论自己即将发行证券的计划，以免被认为是在为证券发行造市（发出要约）。如果有这方面的言行，则可能被认为是“擦枪走火”（gun-jumping），属于违反 1933 年《证券法》的行为。因此，在美国发行股票，律师严格要求发行人和承销商遵守公开宣传（publicity）禁止方面的规定。比如，不要随便接受记者采访，以免被认为是做了证券发行的口头要约，不要在公司网站发布某些信息，以免被认为是做了证券发行的书面要约。在这个阶段发布研究报告，当然也属于法律禁止的行为。

第二，发行人向美国证监会公开递交有关证券发行的申请材料之后、美国证监会批准证券发行之前（即宣布发行人注册文件生效之前），针对证券发行的口头要约是允许的，某些书面要约也是允许的，但书面要约只能是符合 1933 年《证券法》规定的招股书。[②] 从实践来看，在这个阶段，这里所说的符合 1933 年《证券法》规定

---

① 美国 1933 年证券法（经修订）第 5(c)条。

② 见，美国 1933 年证券法（经修订）第 5(b)(1)条。

的招股书主要指含有价格区间的初步招股书(preliminary prospectus)以及2005年证券法改革后推出的符合法定条件的自由撰写招股书(free writing prospectus)。因此,在这个阶段,美国证券法律允许针对证券发行发出口头要约,这是发行人进行路演、和投资者见面的法律依据,也是承销商进行投资者教育、初步询价以确定价格区间的法律依据;同时,在这个阶段发布研究报告也是法律禁止的,因为研究报告不属于符合法律要求的招股书。

第三、发行人在美国证监会批准证券发行之后,才可以进行证券销售(sale)。从操作来讲,发行人和承销商通常要等到美国证监会批准证券发行之后,才通过谈判确定发行价格,并随即签署承销协议。签署承销协议,意味着发行人将证券卖给承销商,再由后者卖给其他的机构或个人,也就是进行证券承销。同时,承销商必须向证券买受人交付(deliver)最终招股书。①

首次公开发行的市场推介活动发生在上述第二个阶段。从法律规定的逻辑来讲,在这个阶段,只要任何活动属于口头要约,那么,这些活动都属于被允许之列;任何活动或者文件被认为属于书面要约,那么,除非这些活动或文件被认定为属于符合1933年《证券法》规定的招股书(初步招股书或自由撰稿招股书)从而不属于法律禁止之列,否则就属于违反法律的活动或文件。因此,在这个阶段,发行人进行路演、口头向投资者推介股票,这是法律允许的;推介股票时向投资者发放初步招股说明书,这也是法律允许的。但是,如果发布不属于符合第一部分提到的几个规则条件的研究报告,那么,发布这样的研究报告是法律禁止的。

因此,对研究报告的规制,实际上是注册制特点的集中体现。一方面,只要向美国证监会提交了申请材料,并通过美国证监会向公众公开申请材料后,发行人就可以开始询价、路演等市场推介活动,并且,这些活动都发生在美国证监会批准证券发行之前,这是注册制强调披露理念、不要求一定要等到美国证监会审批才可以发行态度的体现。另一方面,在市场推介活动中,发行人和承销商只能使用初步招股说明书和其他符合法律的书面文件;在美国证监会批准证券发行之后,承销商只能采用并且必须向客户交付(deliver)最终招股说明书,这是美国证券法律强调招股材料的真实、准确和没有遗漏理念的体现,以此防止含有虚假信息的书面材料(包括研究报告)误导投资者。不过,在美国证监会批准证券发行之后,由于路演等市场推介活动已经完成,这个阶段对最终招股书以外的书面材料误导投资者的担心已经大大降低。

---

① 最终招股书和初步招股书的主要区别在于,初步招股书只包含了证券发行价格的区间,比如每股11美元到13美元,而最终招股书是经过路演、定价后定稿和印制的,它包含了证券发行的价格,比如每股12美元。

（二）中国核准制下对研究报告采取鼓励态度的法律逻辑

同美国的注册制相比，中国的核准制强调证券监管机构对证券发行的实质审查，从程序来看，对于任何证券首次公开发行项目来讲，他们都必须在得到中国证监会核准制后才能开始询价、路演等市场推介活动，才能依法刊登招股说明书。发布研究报告是询价制度的一部分，是市场推介活动的一个环节，它也发生在中国证监会核准发行之后。因此，同美国注册制下的市场推介活动发生在美国证监会批准发行之前相比，中国的核准制下的市场推介活动发生在中国证监会核准发行之后，这同美国的注册制完全不同。

具体来讲，从中国证券法律的规定来看，公开发行必须在得到中国证监会核准后才能进行，对此进行强调的法律规定很多。比如，2005 年修订后的《证券法》（以下简称“《证券法》”）第 10 条规定，“公开发行证券，必须符合法律行政法规规定的条件，并依法报经国务院证券监督管理机构或者国务院授权的部门核准；未经依法核准，任何单位或者个人不得公开发行证券。”又比如，《证券法》第 25 条规定，“证券发行申请经核准，发行人应当依照法律、行政法规的规定，在证券公开发行前，公告公开发行募集文件，并将该文件置备于指定场所供公众查阅”，“发行人不得在公告公开发行募集文件之前发行证券。”因此，中国证监会核准在前，证券公开发行在后，法律规定非常明确。

从证券发行审核的流程来看，证券发行核准流程大概分为中国证监会受理申请、中国证监会发行部初审、发审会审核和中国证监会核准几个步骤。[①] 依法刊登招股说明书、进行询价路演等市场推介活动都发生在中国证监会核准之后。《管理办法》第 13 条明确规定，“发行人及其主承销商应当在刊登首次公开发行股票招股意向书和发行公告后向询价对象进行推介和询价”。而根据《管理办法》第 9 条，提供投资者价值研究报告发生在主承销商向询价对象询价时。

因此，中国证券法律之所以允许甚至鼓励首次公开发行中承销商提供研究报告，其制度基础在于证券发行已经得到了中国证监会的核准，公开发行的募集文件（招股说明意向书和发行公告等）已经得到了中国证监会的审阅和认可。从这个角度来看，美国证券法律对研究报告可能不属于美国证监会“认可”的招股材料的担心、对研究报告可能误导投资者的担心，很大程度上在中国的核准制下不存在或者担心程度大大降低。所以，由于中国证券法律强调先核准后发行，美国证券法律出于担心研究报告误导投资者而对其进行限制的理由在中国首次公开发行的场合下

① 关于证券发行审核的流程，请参见彭冰，《中国证券法学》，高等教育出版社，2007 年第 2 版第六章。

不存在或者大大减弱,由此导致了中国证券法律制度对于研究报告的规制采取与美国不同的态度。

当然,美国禁止发布研究报告的规定并不截止于美国证监会批准证券发行这个时点,但其针对的对象和出发点不同。21 世纪以前的美国证券法律规定,美国证监会批准证券发行之后的一段时间里,首次公开发行项目通常为批准后 25 天之内(被称为“安静期”,即“quiet period”),从二级市场上买卖股票的交易商(包括已经卖完了承销股票而从二级市场购买股票的承销商)必须遵守向证券买受人交付最终招股书的义务(这区别于承销商从发行人手里购入股票然后再转售时也必须向证券买受人交付最终招股书的义务)。对于这些交易商而言,由于法律规定交付的只能是最终招股书(以及销售确认函),而这些交易商发布的研究报告不属于最终招股书,因此,除非符合本文第一部分提到的发布研究报告规则的条件,这些交易商(包括卖完了承销股票而从二级市场购买股票的承销商)也不能在安静期内发布研究报告。所以,这里提到的美国证监会批准发行后的“安静期”内对研究报告的禁止性规定,同前面讨论的美国证监会批准发行前对研究报告的禁止性规定有所不同。

不过,21 世纪以来,美国证监会对“安静期”内禁止发布研究报告的规定作了进一步强化,把一些禁止性规定明确的延伸适用到承销商身上。对于这些规定的内容,本文第三部分将详细讨论。简单来讲,美国证监会在批准发行后依然对承销商发布研究报告不放心,这似乎同本文的诠释有一定矛盾。在解释注册制和核准制的不同导致对研究报告的不同态度时,笔者认为,在中国的核准制下,研究报告在中国证监会核准之后发布,因此,中国证监会对于研究报告误导投资者的担心大大减轻。从下文第三部分的讨论可以看出,美国证监会 21 世纪以来对“安静期”内禁止发布研究报告的规定其出发点在于提高研究部门和分析师的独立性、防范承销商内部的利益冲突,这和本部分讨论的在市场推介阶段防止投资报告误导投资者从而禁止研究报告的逻辑有所不同。

三、研究部门和分析师的独立性

研究报告在什么阶段使用、是否容易误导投资者,这只是不同证券监管体制下监管机构对待研究报告不同态度的一个因素。从 21 世纪证券法律发展的趋势来看,强调证券公司研究部门的独立性、强调分析师的独立性,强调防范拥有多业务部门(比如同时拥有投资银行部门和研究部门)证券公司的内部利益冲突问题,这是不同国家对待研究报告态度不同的另外一个因素。同样以中美两国为例,由于防范利益冲突、强调研究部门和分析师的独立性从而进一步强调对首次公开发行项目中使用研究报告的限制，这是美国证券法律自2002年以来发展出的另外一个趋势；而中国虽然也颁布了不少规章强调研究部门和分析师的独立性，但这方面的措施似乎还没有影响到监管机构对待首次公开发行中承销商研究报告的态度。

（一）美国从保证研究独立性和防范利益冲突角度对研究报告的限制措施

2000年美国高科技泡沫破灭后，美国证监会开始进一步收紧了对研究报告的限制措施。之所以采取这些限制措施，其背景是高科技泡沫中证券公司分析师在证券首次公开发行中的"不良作用"。许多证券公司为了招揽证券发行业务，纷纷依赖其"明星分析师"对发行人价值进行吹捧，研究部门和分析师直接充当投资银行部门首次公开发行业务的"帮凶"。同时，由于许多证券公司同时也有销售部门，依赖这些销售部门将股票销售给客户。因此，研究部门和分析师吹捧某一发行项目，有助于投资银行的发行和承销业务，也有力于销售部门的销售。但高科技泡沫破灭后，这些股票价值大幅下跌，受到损失的是受销售部门怂恿而购买该股票的客户。从证券公司整体来讲，不同业务部门之间存在利益冲突，即投行部门获利而销售部门受损，而研究部门和分析师是造成这一利益冲突的直接责任人。因此，高科技泡沫破灭后，美国证监会开始采取一系列措施以提高研究部门和分析师的独立性防范证券公司内部的利益冲突。

从形式来看，这些措施主要是由证券交易所和行业自律组织制定并得到美国证监会批准的措施。从颁布的时间来看，最早一批措施由美国证监会于2002年5月颁布，2003年萨宾法（Sarbanes-Oxley Act）颁布以后得到进一步完善，随后在2005年6月美国证监会又做了进一步修订。连同美国证监会2003年2月颁布的AC规章（Regulation AC）和2003年4月美国部分州执法机构和10个证券公司的"全球大和解"（Global Settlement）中规定的证券公司需要采取的措施，短短几年的时间里，美国证监会和其他相关机构颁布了一系列提高研究部门独立性、提高分析师独立性、防范证券公司内部利益冲突的措施。

从内容来看，这些措施的规定涉及方方面面，比如强调证券公司内部研究部门和投行部门的物理隔离、禁止分析师参加路演活动等等。[①] 就发行研究报告这一问题而言，对首次公开发行中承销商发布研究报告的禁止态度得到了进一步强化。比如，首次公开发行被美国证监会批准后40天内，主承销商和副主承销商都不能

① 关于这些措施的内容，请参见 Charles J. Johnson. Jr., Joseph McLaughlin, *Corporate Finance and Securities Law* (Fourth edition), pages 3-32 to 3-37, Aspen Publisher.

发布研究报告;同时,首次公开发行被美国证监会批准后 25 天之内,主、副承销商以外的其他承销团成员也不能发布研究报告。换句话讲,本文第二部分提到的"安静期"的禁止性规定被扩展适用到承销商身上,并明确规定他们不能在这个期间内发布研究报告。此外,这些承销商的分析师在各自需要遵守的"安静期"内不能在公开场合发表任何有关证券发行的看法。

这些措施背后的逻辑,即强调研究部门独立性、分析师独立性以及防范券商内部利益冲突这一逻辑,同强调确保招股材料的真实、准确和没有遗漏从而限制承销商发布研究报告的逻辑并不完全一样。从某种程度上讲,后者侧重结果、侧重实质性要求,即为了保证投资者获得的信息是真实、准确和没有遗漏的,那么,凡是不符合法律要求的招股材料(如研究报告)都在禁止之列;而前者侧重程序性要求,不论研究报告是否是做到了像招股书一样的真实、准确和没有遗漏的标准,只要承销商没有做到法律要求的独立程度、没有采取法律要求的防范利益冲突的措施,那么,即便研究报告也许和招股书一样的真实、准确和没有遗漏,研究报告仍然是被禁止的。实际上,本文第一部分提到的 137 规则的规定,即允许承销商以外的交易商在首次公开发行中发布研究报告,而不允许承销商发布研究报告,从某种意义上来讲,它体现了这种程序性的要求,和本部分讨论的限制性措施在背后逻辑上有一定的相通性。

(二) 中国证券法律在保证研究独立性和防范证券公司内部利益冲突的规定

21 世纪以来,中国证监会也开始强调研究部门的独立性,并在一系列规章中加以明确。不过,强调研究部门独立性、防范利益冲突的这些规章并没有明确地、具体地适用到发布研究报告这一问题上。

中国证监会颁布的《证券公司管理办法》第 29 条规定,证券公司应当建立有关隔离制度,做到投资银行业务、经纪业务、自营业务、受托投资管理业务、证券研究和证券投资咨询业务等在人员、信息、帐户上严格分开管理,以防止利益冲突。《证券公司内部控制指引》第 77 条也规定,证券公司应加强研究咨询业务的统一管理,完善研究咨询业务规范和人员管理制度,制定适当的执业回避、信息披露和隔离墙等制度,防止利益冲突。这些办法或指引都对证券公司研究部门的独立性做了要求。实践中,有的券商也开始建立研究部门和其他部门的物理隔离、信息隔离等措施。

不过,这些规定都没有具体落实到首次公开发行中研究报告的撰写和发布这一问题上。因此,2004 年 12 月《关于首次公开发行股票试行询价制度若干问题的通知》(已失效)在第一次试行询价制度时,就要求承销商撰写和提供研究报告,没有考虑承销商在发行承销和撰写研究报告这两个问题上存在的潜在利益冲突。这一要求被《管理办法》继续采纳，一直沿用至今。

在首次公开发行中强制要求承销商撰写和提供研究报告，不考虑承销商内部的利益冲突，这当然可以有很多理由加以解释。从大的方向来讲，证券发行定价的市场化是证券发行市场化的一个核心环节，而询价制度则是中国证监会2005年初开始努力推行的发行定价市场化的核心措施之一，是发行价格由证券监管机构行政方式确定到发行价格由市场机制确定的一个重大转变。因此，培育和巩固市场化机制，鼓励承销商在市场推介过程中通过研究报告提供更多的投资价值信息，这比限制研究报告似乎更为重要。更何况，重视基本价值投资是中国资本市场近些年才出现的新现象，重视研究部门发布研究报告的作用是中国证券公司近些年才开始关注的事情。没有完全考虑承销上内部利益冲突对研究报告作用的影响，这似乎可以从资本市场在市场化进程中所处的特定阶段的特点加以解释。不过，从前面的分析可以看出，从强调研究部门的独立性、防范承销商内部利益冲突的角度对研究报告进行限制有它的道理。虽然我们不能说目前鼓励甚至强制性要求承销商提供研究报告不对，但承销商内部利益冲突的存在，从某种程度上决定了这一强制性要求存在内在张力，缺乏长期持续的基础。

四、结束语

在对待首次公开发行中承销商是否可以发布研究报告这一问题上，中国采取鼓励态度，美国采取禁止态度，两者截然相反。注册制和核准制的不同特点，在一定程度上能够解释为什么美国监管机构担心研究报告可能会误导投资者，而中国监管机构则没有这种担心或者担心程度更低。从理论上讲，发布研究报告的券商如果愿意对研究报告的披露承担和招股书的披露一样的法律责任，那么，美国证券法律对研究报告的禁止理由似乎就不那么充分。但不仅很少有美国券商愿意对研究报告的披露承担招股书披露一样的法律责任，而且美国监管机构似乎也不愿意给券商这样的机会。这可能缘于监管机构对于券商的不信任。即便美国监管机构通过137规则等文件对研究报告开了口子，但这个口子并没有完全向承销商打开。同时，进入21世纪以后，美国监管机构还进一步通过有关研究部门独立性、分析师独立性、防范内部利益冲突等措施对承销商进行更为细致的监管。至少从中国证监会自己颁布的规章规定来看，美国监管机构担心的独立性和利益冲突问题也是中国监管机构担心的问题。因此，中国证监会对承销商发布研究报告采取的鼓励态度和它所担心的这些问题存在潜在的冲突。这种潜在冲突决定了目前的鼓励态度缺乏长久持续的基础。

比较法视角下的证券民事诉讼改革

——兼论构建公私协作的证券执法模式

李清池*

民事诉讼向来被认为是保护证券市场投资者的重要措施。国内对美国式的证券集团诉讼制度景仰已久,多年来一直试图效仿美国的实践来改革证券民事诉讼程序。[①] 然而,美国本土对证券集团诉讼的成效不乏反思和质疑,批评者认为证券集团诉讼既不发挥赔偿功能,也未实现有效威慑的目的,本身正陷于亟待变革的困境。相对于常见的证券诉讼改革建议——美国式的集团诉讼程序与东亚地区的非营利组织诉讼机制,[②]本文通过深入检讨中美两国证券诉讼各自的利弊得失,以构建结合公共执法与私人执法优势的证券执法模式为目标,提出一条破解当前证券民事诉讼改革困境的思路。

对于证券法制来说,究竟是公共执法(行政监管)还是私人执法(民事诉讼)能够带来更高的执法效率和更好的执法效果,尚无定论。传统上,对民事诉讼救济范围的调整集中于立法与司法部门之间的权限设置,但在分析比较后可以看到,行政审查在某种程度上介入证券民事诉讼程序有助于提高证券执法的质量,实现更优的执法效果。他山之石,可以攻玉。对照检讨美国集团诉讼和中国民事赔偿诉讼的利弊得失,两国的证券民事诉讼改革思路实可互为镜鉴。中国现行的证券执法成效不彰,行政管制色彩浓重,而证券民事赔偿诉讼程序受到诸多限制。虽然学界与实务界大多推崇美国式的民事集团诉讼,本文认为国内现行的制度并非没有可取之处。美国式的集团诉讼制度未尝不是多重问题缠身,需要进行系统的整治。结合美国学界对证券集团诉讼的检讨,下文尝试研究中美两国在证券诉讼改革思路上的可相互借鉴之处,提出证券民事赔偿诉讼的改革策略。当前证券民事赔偿

---

* 李清池,北京大学法学院金融法研究中心 2001 级博士,工作单位:国家行政学院。

① 例如,“取消证券民事诉讼前置程序建议已报最高法院”,《中国证券报》2008 年 12 月 9 日。

② 对现有建议方案的分析,例如汤欣:“私人诉讼与证券执法”,《清华法学》2007 年第 3 期,第 92—117 页;“论证券集团诉讼的替代性机制——比较法角度的初步考察”,《证券法苑》第 4 卷,第 174—200 页,2011 年。

诉讼程序的改革不应完全舍弃"前置程序",可在引入群体诉讼的同时将其改造为"预审查"程序,促使公共执法与私人执法发挥制衡与补充的作用。

本文分为四个部分。第一部分分析证券执法模式的差异,为构建公私协作的证券执法模式提供理论基础。第二部分检讨美国证券集团诉讼的利弊得失,评述下一步的改革策略。第三部分针对中国证券民事赔偿诉讼的现实条件,提出建立结合行政"预审查"与群体诉讼程序的改革方案。最后是简要的结论。

一、证券执法模式之差异

如果缺乏有效的执行机制,再好的法律也会落空。但是,对于何种执法体制更有效率,有着大量的争论。法律的执行可以分为公共执法(Public Enforcement)与私人执法(Private Enforcement)两种方式。[①] 前者是指通过政府职能部门对违法行为进行调查,对违法者施以行政处罚或刑事制裁的方式。后者则是指私人(包括公民、企业等)主动调查违法行为,或抓捕违法者,对违法行为提起民事诉讼,追索赔偿金或请求案件收益的方式。[②]

公共执法是现代社会管制违法行为的主要方式,当出现"市场失灵"时,政府或公权力应当介入。[③] 不过,公共部门的运作也会出现"失灵"的现象,有其难以克服的缺陷,比如执法人员的腐败渎职、监管捕获、政治扭曲以及政府资源有限等问题。[④] 公共执法的不足使得私人救济成为必要。然而,由于现实世界的不完美以及私人诉讼执法自身的弱点,行政监管部门的主动型执法不可或缺,相对于司法机构的被动型执法来说可能会更有效率。[⑤]

私人诉讼是强有力的、也是不乏争议的执法方式。尽管私人诉讼在一定的条件下可以提高守法水平和执法资源的有效配置,但在特定的条件下,也可能扰乱政府的监管策略,导致过度的或浪费的执法。[⑥] 私人执法对于政府监管和社会来说有

---

① 李波:《公共执法与私人执法的比较经济研究》,北京大学出版社,2008 年。

② 这里所说的"私人执法",重点是指个人发动的执法行动,特别是民事诉讼程序,有别于与"公力救济"相对的"私力救济"。对后者的讨论,可参见徐昕:《论私力救济》,中国政法大学出版社,2005 年。

③ 公共执法文献的全面回顾,见 A. Mitchell Polinsky & Steven Shavell, The Economic Theory of Public Enforcement of Law, 38 *Journal of Economic Literature* 45 - 77(2000).

④ Gary Becker & George Stigler, Law Enforcement, Malfeasance, and Compensation of Enforcers, 3 *Journal of Legal Studies* 1 - 18 (1974).

⑤ 从合约不完全视角来讨论公共执法(行政监管)的理论基础,见卡塔琳娜·皮斯托、许成刚:"不完备法律:一个概念性分析框架及其在金融市场监管发展中的应用",《比较》第 3、4 辑,中信出版社,2003 年。

⑥ Matthew Stephenson, Public Regulation of Private Enforcement: The Case for Expanding the Role of Administrative Agencies, 91 *Virginia Law Review* 93 - 173(2005).

许多潜在的优点,包括:(1)私人诉讼能够提供更多的执法资源,改善公共资源的配置;(2)私人诉讼能够制衡政府监管,防范后者逃避或推卸职责;(3)私人执法能够创新诉讼策略与和解技能,可为政府监管部门借鉴。然而,私人诉讼执法由于三个原因可能起到反作用,而无法实现预期的目标,包括:(1)私人诉讼可能导致无效率的过度执法,造成司法资源的浪费,甚至阻吓对社会有益的行为;(2)私人诉讼可能直接干预公共执法,扭曲政府执法的策略,扰乱监管部门与被监管对象之间的合作关系,后者通常为实现守法的目标所必须;[①](3)私人诉讼可能引发对执法者问责的疑虑,因为私人不像政府监管那样受到监督。虽然这些问题不一定能驳斥或否定私人执法的优点,但表明私人执法诉讼的效果必须放到特定的背景条件中加以考量。显然,私人诉讼执法利弊兼有,某一领域是否需要私人执法应当视该领域的监管问题、潜在的私人执法者的特性、以及私人执法对公共执法的影响而定。从制度设计的角度来看,需要考虑的首要问题是评估私人诉讼执法的成本与收益,来决定是否以及允许什么形式的私人诉讼,而决定正确的私人执法水平又是一个错综复杂的、不断发展的进程。

从比较法上的经验看,证券执法既有政府部门的监管处罚机制,也有民事诉讼赔偿程序。通常,行政监管是证券执法的主要力量,民事诉讼程序大多作为政府执法的补充。就证券立法的先驱美国而言,作为公共执法的证券监管先于私人诉讼出现,随着社会经济政治背景的变迁,两者之间的关系也在不断调整变化。如同集团诉讼领域的一篇经典论文的作者所言,私人诉讼与公共执法的发展"应当相互制衡与补充"。[②] 在现实中,证券执法难以简单地划分为纯粹的公共执法与私人执法两个领域,两者之间往往有所搭配。例如,公共执法与私人执法之间存在着多种形式的市场自律监管。[③] 而在东亚地区(包括日本、韩国、中国台湾地区),证券执法形成了独具特色的非营利组织诉讼制度。[④] 台湾地区还制定专门的立法,构建了政府支持的非营利组织诉讼模式,以补充公共执法与私人诉讼的不足。[⑤] 显然,执

---

① 例如,证券执法部门可要求监管对象整改公司治理,以免于处罚。美国的情况,见 Jayne Barnard, Corporate Therapeutics at the Securities and Exchange Commission, 3 *Columbia Business Law Review* 793 - 840(2008).

② Harry Kalven, Jr. & Maurice Rosenfield, The Contemporary Function of the Class Suit, 8 *University of Chicago Law Review* 684,684(1941).

③ 市场自律监管的不同模式,见豪威尔·杰克逊、斯塔夫罗斯·康蒂尼:"市场作为监管者:一项调查",《比较》第 32 辑,中信出版社,2007 年。

④ Curtis Milhaupt, Nonprofit Organizations as Investor Protection: Economic Theory and Evidence from East Asia, 29 *Yale Journal of International Law* 169 - 208(2004).

⑤ 对台湾证券民事诉讼模式的讨论,见王文宇、张冀明:"非营利组织主导的证券团体诉讼——论台湾地区的投资人保护中心",《月旦民商法杂志》第 15 期,第 5—33 页,2007 年;Lin Yu-Hsin, Modeling Securities Class Actions outside the United States: The Role of Nonprofits in the Case of Taiwan, 4 *NYU Journal of Law & Business* 143 - 98(2007).

法模式的公私之分不足以准确地解释非营利组织主导证券诉讼的制度安排。无论是在逻辑上，还是在实践中，公共执行与私人执行不应是替代的关系。

目前，学术界对证券执法的研究大多围绕公共执法与私人执法的优劣对比来展开，对其成效的争议体现了对执法模式认识的分歧。例如，早先一项跨国比较实证研究认为，相对于政府监管，信息披露与私人诉讼发挥了更有效的作用。① 不过，另有论者认为，政府执法不可或缺，如果不是更加重要的话，至少也与私人执法具有同等的效果。② 而且，就转型国家的经验而言，公共执法由于容易激励，相对于法院能够更有效地执行法律，推动证券市场的发展。③ 应该说，证券领域的公共执法和私人执法各有其利弊，难以从中作出简单的抉择。不同国家和地区的证券执法由于特定的社会政治背景，呈现出不同的模式，在现有的执法实践中，无论是公共执法或是私人执法，都无法单独直接实现最优的执法效果。如下文所述，优化证券执法的效果，必须注意公共执法和私人执法的配合。

二、检讨美国式证券集团诉讼

作为证券集团诉讼的先驱，美国对国际上的证券执法模式有着广泛的影响。集团诉讼是美国民事诉讼程序的一大特色，鉴于其影响，越来越多的国家和地区考虑利用集团诉讼来遏制公司的不法行为和赔偿投资者的损失。④ 应当引起注意的是，在美国本土，一直以来不乏对证券集团诉讼的质疑和批评。本节梳理了美国证券集团诉讼的发展与特征，并基于现有的实证研究成果，指出其间的缺陷与问题，评述下一步改革的政策建议。通过检讨美国的经验，来揭示建立公私协作的证券

---

① Rafael La Porta, Florencio Lopez-de-Silanes & Andrei Shleifer, What Works in Securities Laws?, 61 *Journal of Finance* 1 - 32(2006).

② John Coffee, Jr., Law and the Market: The Impact of Enforcement, 156 *University of Pennsylvania Law Review* 229 - 311(2007); Howell Jackson & Mark Roe, Public and Private Enforcement of Securities Laws: Resource-Based Evidence, 93 *Journal of Financial Economics* 207 - 238(2009).

③ Edward Glaeser, Simon Johnson & Andrei Shleifer, Coase versus the Coasians, 116 *Quarterly Journal of Economics* 853 - 899(2001).

④ 美国集团诉讼在比较法上的特殊性，见 Richard L. Marcus, Review Essay: Putting American Procedural Exceptionalism into a Globalized Context, 53 *American Journal of Comparative Law* 709,735(2005). 除了中国考虑引入证券集团诉讼，韩国早在2003年就通过专门的证券集团诉讼立法，下文有进一步的讨论。目前，欧洲的许多国家也在考虑采纳证券集团诉讼，见 Stefano Grace, Strengthening Investor Confidence in Europe: U.S.-Style Securities Class Actions and the Acquis Communautaire, 15 *Journal of Transnational Law & Policy* 281 - 304(2006). 加拿大采用证券集团诉讼的情况，见 A.C. Pritchard & Janis P. Sarra, Securities Class Actions Move North: A Doctrinal and Empirical Analysis of Securities Class Actions in Canada, 47 *Alberta Law Review* 881 - 926(2010).

执法模式的必要性与可行性。

(一) 制度特征

美国的证券集团诉讼(Securities Class Action)程序并非源自专门的立法,而是基于证券立法与民事诉讼程序发展出来一套制度。[①] 在证券立法方面,10b-5规则是追究证券欺诈行为的主要法律依据,由美国证券交易委员会(SEC)在1942年根据1934年《证券交易法》第10b条的授权而制定。[②] 联邦法院在1946年认可投资者可依10b-5规则来提起民事赔偿诉讼。[③] 而在民事诉讼程序上,1938年制定的美国《联邦民事诉讼程序规则》第23条规则首次规定了集团诉讼制度,1966年的一次重要修订扩大了集团诉讼的适用范围,并引入"除非明示退出,否则推定加入"(Opt-out)机制,标志着现代集团诉讼制度的形成。[④] 由是发展出证券集团诉讼程序。美国最高法院在1964年明确指出证券集团诉讼是对资源不足的政府执法的必要补充。[⑤] 而1988年最高法院在Basic Inc. v. Levinson一案中将"欺诈市场理论"(Fraud on the Market Theory)作为认定证券欺诈因果关系的标准,极大地鼓励了证券集团诉讼的运用。[⑥] 这些法律法规和判例构成了现代证券集团诉讼的基本框架。

集团诉讼是一种代表人诉讼程序,从理论上讲,其功用在于解决受害者面对的"集体行动"困境,节约诉讼成本。以证券市场的信息披露欺诈案件为例,受害者人数众多,单个投资者损失的金额通常也较小,相对于发行公司等欺诈者,受

---

① 证券集团诉讼程序与其他类型的集团诉讼程序在原则上相似。但根据统计,近年来证券集团诉讼的数量占每年美国联邦法院系统受理的各类集团诉讼数量的近50%,足见其活跃程度与重要地位。John Coffee, Jr., Reforming the Securities Class Action: An Essay on Deterrence and Its Implementation, 106 *Columbia Law Reivew* 1534,1539(2006).

② 17 C.F.R. § 240.10b-5.("任何人利用任何州际商业手段或设施、邮件、或利用任何全国性证券交易设施所实施的与任何证券买进或卖出有关的下列行为均为非法:(1)使用任何计划、技巧和策略进行欺诈的;(2)进行不真实的陈述或遗漏重大性的事实,这一重大性的事实在当时的情况下对确保陈述不具有误导性是必要的;(3)从事任何构成或可能构成欺诈他人的行为或商业活动。")

③ 联邦法院首次从10b-5规则中引申出民事诉权(Private Right of Action)是1946年的Kardon v. National Gypsum Co.一案(69 F. Supp. 512,513-14 (E.D. Pa. 1946))。

④ Federal Rules of Civil Procedure, Rule 23. 对美国集团诉讼的特征与变迁的详细讨论,见Richard Nagareda, The Preexistence Principle and the Structure of the Class Action, 103 *Columbia Law Review* 149-242(2003).

⑤ J. I. Case Co. v. Borak, 377 U.S. 426, 432 (1964).

⑥ 485 U.S. 224,241-47(1988). 在这之前,与普通法上的欺诈案件相似,原告必须证明其实际上阅读并依赖误导性的信息披露来进行交易,这使得因果关系的成立相当困难。之后在短短3年内,证券欺诈集团诉讼案件的数量提高了近3倍。见Paul Mahoney, Precaution Costs and the Law of Fraud in Impersonal Markets, 78 *Virginia Law Review* 623,663(1992).

害者往往因信息不足、能力有限、举证困难、诉讼成本过高等因素，而放弃进行救济程序，即便单独提起诉讼，预期的诉讼收益也往往难以弥补成本。基于"搭便车"的心理，投资者往往缺乏自行提起诉讼的足够激励。同时，如果成千上万的受害者单独起诉，那么法院和被告都将不堪重负。集团诉讼能够将若干小的权利请求最大程度地聚合成一个足以使诉讼成本合理化的大的权利请求，实现诉讼的规模经济，创造了节约成本与激励的机制，改善了原先分散的、势单力孤的受害者的诉讼地位。

美国的证券集团诉讼程序具有 3 个方面的特征。一是采取"明示退出"规则，判决效力具有扩张性。在原告代理律师公告提起集团诉讼的通知后，集团诉讼所涉及的权利主体如未明确表示退出诉讼，法院将其视为集团的成员，集团诉讼判决将直接对该当事人生效，当事人有权获得判决的救济，但也丧失另行起诉的权利。"明示退出"规则不仅提高了证券诉讼的可行性和法院判决的一致性，而且原告集团的请求赔偿金额很可能达到甚至超过证券欺诈行为的违法所得，对被告人具有强大的震慑力。

二是风险代理收费(Contingency Fee)方式。法院允许律师以风险代理收费的方式收费，而且无论胜负，原被告双方均应自行负担律师费。原告律师在诉讼过程中代垫诉讼费用，如原告败诉，则原告律师不得收取报酬，如胜诉则可以取得赔偿数额的一定比例作为律师酬金。在证券集团诉讼案件中，如能最终胜诉，原告方律师的酬金会非常可观。这一机制激励律师主动追寻欺诈行为，进行前期的调查，对证券欺诈行为提起诉讼。由于投资者数量与利益的零散，原告方的代理律师在证券集团诉讼中扮演了组织者与主导者的角色。这一原告代理律师主导的集团诉讼模式被称为"创业式诉讼"(Entrepreneurial Litigation)，因为律师扮演着"企业家"的角色。[①] 从另一角度来看，原告代理律师实际上是"奖金猎手"(Bounty Hunter)，主动寻求获利机会，而不是被动地等待受害投资者登门造访。如此解决了证券欺诈诉讼的集体行动问题。鉴于原告方律师的这一角色，也有将之视为"私人检察官"(Private Attorney General)，通过自行筹集资源，发挥规范市场秩序的功能。[②]

---

① John Coffee, Jr., The Regulation of Entrepreneurial Litigation: Balancing Fairness and Efficiency in the Large Class Action, 54 *University of Chicago Law Review* 877 (1987); Jonathan Macey & Geoffrey Miller, The Plaintiffs' Attorney's Role in Class Action and Derivative Litigation: Economic Analysis and Recommendations for Reform, 58 *University of Chicago Law Review* 1,7-8(1991).

② John Coffee, Jr., Rescuing the Private Attorney General: Why the Model of the Lawyer as Bounty Hunter Is Not Working, 42 *Maryland Law Review* 215,218(1983). "私人检察官"是指进行诉讼主要是为了维护公共利益而不只是赔偿个人损失的当事人。对其角色的详细讨论，见 William B. Rubenstein, On What a "Private Attorney General" Is-and Why It Matters, 57 *Vanderbilt Law Review* 2129(2004).

三是多以和解方式结案。鉴于集团诉讼巨额赔偿的强大威慑力、高昂的诉讼成本以及错位的激励机制，大多数获得法院认可的证券诉讼最后都会以和解方式结案。虽然单个投资者的利益份额小，但积沙成塔、集腋成裘，索赔数额通常巨大，诉讼成本也会相当高昂。在双方均不可能准确预测胜诉概率的情况下，一旦法院认可诉讼能够以集团诉讼的方式进行，无论被告的欺诈行为是否真正成立，缺乏监督的原告代理人律师和被告高管事实上均会倾向于和解，尽快结案。这往往导致了调解的金额与案件本身的情况没有多大关系。

由于法院一旦受理集团诉讼，所有集团成员的诉权实际上也就移转给诉讼代表人和律师，即便诉讼代表人和律师作出有损团体成员利益的和解协议，也将直接对团体成员产生拘束力，因此法律赋予法院审查和解协议条款的权力。然而，法院的审查并不能改变当事人双方达成的和解条款，仅能以认可或驳回的方式，影响当事人修正和解条款。和解协议经法院核准后，首席原告及首席律师会向法院申请判给律师费及补偿其他费用。依据现行法律规定，法院判给首席原告律师的费用，不得超过被告实际支付予该团体全体的赔偿金额与判决前利息的合理比例。目前，美国法上对于和解程序的质疑，主要集中在律师报酬的公平性或合理性。①

（二）潜在弊端

证券集团诉讼虽然有助于化解零散的受害者在寻求司法救济时所面临的集体行动困境，但也潜伏着严重的问题。从美国的情况来看，证券集团诉讼在实践中出现了一系列的弊端。②

首先，原告与其律师之间的委托代理问题难以克服。原告方无法对其律师进行有效的监督，这是证券集团诉讼的根本缺陷，引发了毫无价值的滥诉(Frivolous Suits)和原告方律师与被告公司高级管理人员之间的共谋和解(Collusive Settlements)。③ 委托人和代理律师之间的目标函数并不一致，律师追求收费的最大化，而委托人追求赔偿金额的最大化。在一般的诉讼程序中，委托人通常有能力和激励来监督律师。然而，在证券集团诉讼中，原告与其律师之间的利益分歧成为

---

① John Coffee, Jr., Reforming the Securities Class Action: An Essay on Deterrence and Its Implementation, 106 *Columbia Law Reivew* 1534,1539(2006).

② 对美国证券集团诉讼弊病的详细讨论，也可见郭雳："美国证券集团诉讼的制度反思"，《北大法律评论》第10卷第2辑，第426—446页，2009年。

③ John Coffee, Jr., Rescuing the Private Attorney General: Why the Model of the Lawyer as Bounty Hunter Is Not Working, 42 Maryland Law Review 215,229-230 (1983); Janet Cooper Alexander, Do the Merits Matter? A Study of Settlements in Securities Class Actions, 43 *Stanford Law Review* 497, 534-48(1991).

严重的问题。单个的投资者大多抱有“搭便车”的心态，缺乏足够的激励来监督律师的行为，而且律师服务市场信息不对称问题严重，作为外行的投资者也难有能力监督律师。律师因此能够主导诉讼过程，自私考虑自身利益的最大化，来发动诉讼、决定和解、和解金额以及律师费比例。更有甚者，证券集团诉讼律师可能通过给予高额回扣，“雇佣”职业原告充当集团代表，根本不考虑广大受害者的权益。① 从某种意义上讲，证券欺诈诉讼永远面临着集体行动的困境，集团诉讼不过是将起诉时的集体行动困境转化为诉讼过程中监督代理律师的集体行动困境。②

其次，证券集团诉讼未能起到赔偿投资者的作用，往往徒增社会成本。③ 从理论和实践层面来看，证券集团诉讼难以起到赔偿二级市场投资者的作用。④ 在证券欺诈集团诉讼中，公司股东和曾经是公司股东的集团成员之间存在利益冲突。后者已经卖出股份，对公司支付的赔偿数额以及日后的发展无动于衷，其所得到的赔偿几乎全部间接来自那些本身就是欺诈的受害者或者无辜者的公司股东。与此同时，原告集团中的成员可能也是被告公司的股东，对他们来说，所谓的赔偿不过是把钱从一只口袋转移到另一只口袋而已。这被称为“迂回问题”(Circularity Problem)，证券诉讼得到的赔偿实际上来自公司和股东自身，“羊毛出在羊身上”。⑤ 另一方面，对于投资足够分散的投资者来说，长期来看也不会从集团诉讼中获益，因为根据欺诈市场理论，一位输家的出现同时也就意味着一位赢家的产生。由于交易对手都是投资者，一个投资者受到损失，另外的投资者获得利益，从整体上看投资者的损益为零。投资足够分散的投资者不仅会是输家，也经常会是赢家。如此一来，证券欺诈诉讼对投资者来说徒增“无谓损失”(Deadweight Loss)。因此，就实际效果而言，证券欺诈诉讼的原告方往往只能获赔微不足道的

① 美国当代最著名的两名证券集团诉讼律师 Bill Lerach 和 Melvyn Weiss 都因类似违法行为而入狱。见 Russell Kamerman, Securities Class Action Abuse: Protecting Small Plaintiffs' Big Money, 29 *Cardozo Law Review* 853,853-5(2007).

② Christopher Leslie, The Significance of Silence: Collective Action Problems and Class Action Settlements, 59 *Florida Law Review* 71,77(2007).

③ 经典的批评，见 Janet Cooper Alexander, Do the Merits Matter? A Study of Settlements of Securities Class Actions, 43 *Stanford Law Review* 497-598(1991); Rethinking Damages in Securities Class Actions, 48 *Stanford Law Review* 1487(1996). 也可参见 John Coffee, Jr., Reforming the Securities Class Action: An Essay on Deterrence and Its Implementation, 106 *Columbia Law Reivew* 1534(2006).

④ 需要区分“一级市场”与“二级市场”。在一级发行市场上，投资者受欺诈而遭受的损害与发行公司有因果关系，因为公司股价的上涨来自投资者的资金。而在二级交易市场上，公司及其现有的股东通常并未受益于受害投资者购买股票的行为，因为受益者早已因出售股票而不再是公司的股东，最终承受赔偿结果的通常是无辜的股东。

⑤ John Coffee, Jr., Reforming the Securities Class Action: An Essay on Deterrence and Its Implementation, 106 *Columbia Law Review* 1534,1556(2006).

损失，却要支付高昂的社会成本。不难发现，在集团诉讼中，唯一可能获得净收益的参与者是双方当事人的律师。基于这些原因，证券欺诈集团诉讼无法以赔偿作为其正当性的基础。

从财富转移的过程可以看到，除了原告与律师之间的委托代理问题外，证券集团诉讼面临着另一个根本的问题——欺诈市场理论引发的悖论。在一个强有效的股票市场中，用欺诈市场理论来证明投资者损失的因果关系的说服力高，然而也相应意味着没有赔偿的必要。① 而在一个有效性低的股票市场中，欺诈市场理论成立的理由也低，那么用以认定投资者损失因果关系的说服力也就低。

再次，证券集团诉讼无法真正起到阻吓欺诈行为的作用。鉴于证券集团诉讼的赔偿功能难以实现，一般认为，支持私人诉讼的基础是阻吓(或威慑)违法行为。在这一视角下，原告的角色较少被法院认为是需要赔偿的“受害者”，而是“私人检察官”。不过，由于法律责任落实的错位，证券集团诉讼既会造成阻吓过度，也形成阻吓不足的结果。在美国，证券诉讼的赔偿金额通常由公司来承受，被告的高级管理人员虽然也可能承担一定的赔偿责任，但大多由公司购买的责任保险支付。从公司方面来说，实施欺诈的往往是隐藏在公司背后的高管人员，然而对欺诈的赔偿却主要由公司或保险公司支付。在诉讼开始后，公司高管人员倾向于和解，并会将和解金额小心地限制在公司能够忍受的以及责任保险和公司能够支付给他们的补偿金的范围之内。② 结果是，证券集团诉讼对公司过度阻吓，而对公司高级管理人员却阻吓不足。③

最后，证券集团诉讼程序由于存在无法克服的难题，难以实现最优的阻吓效果(Optimal Deterrence)。④ 在追求利益最大化的制度下，原告律师以胜诉时可能获得的酬金来决定投入，所以不可能以节约成本的方式来执法，也难以实现执法的均衡(最优水平)。即便将处罚数额与私人执法者得到的回报分离也并非是有效的解决方式，如前所述，原告与律师之间的代理问题难以排解。而且，在一开

---

① Richard Booth, The End of the Securities Fraud Class Action as We Know It, 4 *Berkeley Business Law Journal* 1-36(2007).

② Tom Baker & Sean J. Griffith, How the Merits Matter: Directors' and Officers' Insurance and Securities Settlements, 157 *University of Pennsylvania Law Review* 755-832(2009).

③ John Coffee, Jr., Law and the Market: The Impact of Enforcement, 156 *University of Pennsylvania Law Review* 229,305(2007).

④ 简单来说，最优的阻吓效果是指违法者受到的处罚等于其违法的预期成本，而预期成本则是违法者面临处罚的概率与违法者受到处罚的水平之乘积。对于最优执法目标的详细分析，见 Mitchell Polinsky & Steven Shavell, The Economic Theory of Public Enforcement of Law, 38 *Journal of Economic Literature* 45-76(2000)。

始执法时，原告方掌握的信息是不完全的，而最优威慑要求根据其后的进展来调整执法措施。民事诉讼由于相对僵化，难以像公共执法那样灵活地调整执法的力度与措施，可以采用合作性而非强制性的方式来矫正违法行为。结果是，由于集团诉讼增大了惩罚的强度，也就会放大法律执行不精确的问题，过度阻吓无害或有益的行为。

（三）改革思路

证券集团诉讼的支持者认为，不应单纯以诉讼参与者的得失作为衡量成败的标准，而应在更宽泛的社会经济背景下来考察其功效。作为事后规制手段，证券集团诉讼使得资本市场可以保持开放性，不仅补充了公共执法的不足，也产生了正外部性或者溢出效应，比如创新执法方式、信息分享、防范监管部门选择性执法、透明的司法程序。[①] 证券集团诉讼的强大威慑力可以迫使被告（包括上市公司及其高管）"内化"其违法行为造成的社会成本。[②] 至于"迂回问题"，从经验数据来看，证券集团诉讼可以强化公司信息披露，有助于提高公司治理水平。[③] 主流观点是进一步改革证券集团诉讼的程序，克服委托代理问题和打击范围过大的弊端，以发挥其优势，而非全盘推倒重来。[④] 当前提出的改革建议主要有三种策略。

一是"压缩"策略，包括限制现行的证券集团诉讼案件的受理范围，提高证明标准，降低赔偿金额，乃至限定法律责任的范围。这一逻辑的集中体现是国会1995年通过的《私人证券诉讼改革法》。[⑤] 该项法案意在整治"滥用证券民事诉讼的行为"，防范"原告集团律师操纵诉讼过程"。该法案最重要的一项内容是改变了首席原告与首席律师的产生规则。法院可指定在诉讼中存在最大利害关系的成员作为首席原告，希望借此提高机构投资者（如养老基金、共同基金）担任首先原告的比例。[⑥] 法院在首席律师的选任上也有决定权，防止律师通过控制个别小投资

---

① Elizabeth Chamblee Burch, Securities Class Actions as Pragmatic Ex Post Regulation, 43 *Georgia Law Review* 63 - 132(2008).

② Myriam Gilles & Gary B. Friedman, Exploding the Class Action Agency Costs Myth: The Social Utility of Entrepreneurial Lawyers, 105 *University of Pennsylvania Law Review* 103 - 164(2006).

③ Jill Fisch, Confronting the Circularity Problem in Private Securities Litigation, 2009 *Wisconsin Law Review* 333.

④ John Coffee, Jr., Reforming the Securities Class Action: An Essay on Deterrence and Its Implementation, pp. 1535 - 6; Amanda M. Rose, Reforming Securities Litigation Reform: Restructuring the Relationship Between Public and Private Enforcement of Rule 10B - 5, 108 *Columbia Law Review* 1301 - 1364(2008).

⑤ The Private Securities Litigation Reform Act of 1995, Pub. L. No. 104 - 67, 109 Stat. 737.

⑥ 其背后的理由，见 Elliott Weiss & John Beckerman, Let the Money Do the Monitoring: How Institutional Investors Can Reduce Agency Costs in Securities Class Actions, 104 *Yale Law Journal* 2053(1995).

者首先提起诉讼而成为原告集团的首席律师。之后,国会还制定了《证券诉讼统一标准法》,防止利用州法规定将证券集团诉讼转移到州法院系统,而规避1995年立法。[①] 2005年国会进一步通过了《集团诉讼公平法》,扩大联邦法院的司法管辖权。[②] 同一时期,美国最高法院也逐步意识到证券集团诉讼造成的负面效应,近年来对一系列证券诉讼案件的判决体现了收紧证券集团诉讼程序的思路。[③]

学界对证券集团诉讼的法律效果进行了深入的调查和分析,发现1995年法案通过之后,其效果并未如预期的明显。实证研究表明,现行的法律规范未能有效解决证券诉讼中的根本问题,特别是原告律师的代理问题。[④] 虽然首席原告的遴选程序有所改变,但原告方律师仍然在相当程度上掌控着首席原告的选择。[⑤] 无论是从证券集团诉讼案件的数量,还是从证券集团诉讼案件和解的金额来看,两者皆未呈现下降的趋势。[⑥] 鉴于这一效果,更激进的"压缩"方案是将所有的证券欺诈集团诉讼提交仲裁,乃至取消证券集团诉讼。[⑦] 例如,新近的一篇有广泛影响的论文明确提出应废止"欺诈市场理论"的适用,从而遏制证券集团诉讼带来的严重弊端。[⑧]

"压缩"方案的潜在风险是,可能将阻吓过度转化为阻吓不足,致使集团诉讼无法发挥应有的威慑作用。韩国的事例可以说明这一问题。韩国在2003年通过专门的立法引入美国式的证券集团诉讼,并在2007年全面生效。[⑨] 在法律制订过程

---

① The Securities Litigation Uniform Standards Act, Pub. L. No. 105－353,112 Stat. 3227(1998). 国内对《私人证券诉讼改革法》和《证券诉讼统一标准法》的介绍,见任自力:"美国证券集团诉讼变革透视",《环球法律评论》2007年第3期,第66—75页。

② The Class Action Fairness Act, Pub. L. No. 109－2,119 Stat. 4,4－5(2005).

③ A. C. Pritchard, Stoneridge Investment Partners v. Scientific-Atlanta: The Political Economy of Securities Class Action Reform, *Cato Supreme Court Review* 217－55(2007－2008).

④ Stephen Choi & Robert Thompson, Securities Litigation and Its Lawyers: Changes during the First Decade after the PSLRA, 106 *Columbia Law Review* 1489－1533(2006).

⑤ Stephen Choi, Motions for Lead Plaintiff in Securities Class Actions, 40 *Journal of Legal Studies* 205－244(2011).

⑥ 斯坦福大学法学院证券集团诉讼交换所(Securities Class Action Clearinghouse)提供了有关美国证券集团诉讼的大量数据和分析报告,见 http://securities.stanford.edu/。也可参见 Michael Perino, Did the Private Securities Litigation Reform Act Work?, 2003 *University of Illinois Law Review* 913－977(2003); James Cox, Randall Thomas & Lynn Bai, There Are Plaintiffs and ... There Are Plaintiffs: An Empirical Analysis of Securities Class Action Settlements, 61 *Vanderbilt Law Review* 355－386(2008).

⑦ 对此类激进方案的评析,见 Barbara Black, Eliminating Securities Fraud Class Actions under the Radar, 2009 *Columbia Business Law Review* 802(2009).

⑧ William Bratton & Michael Wachter, The Political Economy of Fraud on the Market, 160 *University of Pennsylvania Law Review* 69(2011).

⑨ Dae Hwan Chung, Introduction to South Korea's New Securities-Related Class Action, 30 *Journal of Corporation Law* 165(2004); 权赫在:"证券集团诉讼的研究:韩国的经验",《河北法学》2007年第2期。

中,企业界提出要解决美国的滥诉问题,因此立法通过时引进许多防止滥诉的规定,立案标准要求相当严格,直到2009年方有一起起诉得到法院的立案,最后还是以调解结案。[①] 这显然破坏了集团诉讼发挥阻吓作用的初衷。

二是"竞争"策略,在司法程序上鼓励机构投资者原告"明示退出"诉讼集团,单独采取诉讼行动,以此来制约诉讼集团代理律师的行为,迫使他们更加忠诚负责。[②] 实践中,机构投资者单独诉讼所取得的赔偿反而高于参加集团诉讼能够获得的赔偿份额。不过,这一方案的负面效应是削弱集团诉讼的优势,抵消解决集体行动困境的效果,不利于小股东的权利保护。虽然立法者对机构投资者寄予厚望,但数据表明,机构投资者并未积极发挥首席原告的角色,甚至很少深度参与证券集团诉讼。[③] 因此,将变革的希望寄托在机构投资者身上,可能是一种奢望。

三是"审查"(Oversight)策略,通过立法授权SEC来扮演"把关"的角色,"预审查"(Prescreen)私人提起的所有证券欺诈集团诉讼,决定那些案件可以进入司法诉讼程序。[④] 这一安排可以解决阻吓不当的难题,避免"压缩"方案"一刀切"的刚性标准。"审查"方案的要义在于利用证券监管部门专业化的自由裁量权,来解决过度阻吓的问题;监管部门能够灵活地根据信息与条件的转变,来采用执法策略,更有可能实现最优的阻吓。"审查"方案如果安排恰到好处的话,不仅可以消除10b-5规则集团诉讼的潜在问题,也可以发挥私人诉讼执法的优点:强化执法资源和防范证券监管部门懈怠执法。[⑤] 经济赔偿可以激励投资者提起证券欺诈诉讼,而证券监管部门通过预审查私人提起的证券诉讼案件,可以积极发挥监管的作用。"审查"方案的本质是,通过重振公共部门的力量,以此制约私人执法的弊病,进而追求

---

① 学界认为这是限制过多所致。Young-Cheol Jeong, Legal Compliance and Korea Financial Services Market: A Strategic Approach, 20 *Pacific Rim Law & Policy Journal* 483, 508-9(2011).

② John Coffee, Jr., Class Action Accountability: Reconciling Exit, Voice, and Loyalty in Representative Litigation, 100 *Columbia Law Review* 370(2000); Accountability and Competition in Securities Class Actions: Why "Exit" Works Better than "Voice", 30 *Cardozo Law Review* 407(2008).

③ James Cox & Randall Thomas, Letting Billions Slip Through Your Fingers: Empirical Evidence and Legal Implications of the Failure of Financial Institutions to Participate in Securities Class Action Settlements, 58 *Stanford Law Review* 411, 425(2005); James Cox & Randall Thomas, Does the Plaintiff Matter? An Empirical Analysis of Lead Plaintiffs in Securities Class Actions, 106 *Columbia Law Review* 1587-1640(2006).

④ Amanda M. Rose, Reforming Securities Litigation Reform: Restructuring the Relationship between Public and Private Enforcement of Rule 10B-5, 108 *Columbia Law Review* 1301-1364(2008).

⑤ Elizabeth Chamblee Burch, Securities Class Actions as Pragmatic Ex Post Regulation, 43 *Georgia Law Review* 63-132(2008).

证券执法效果的优化。

“审查”方案对于现行的美国证券诉讼制度来说，调整的力度可谓前所未有。美国的证券执法数十年来奉行公共执法与私人执法并行的体制，集团诉讼并不受行政部门的干预，其程序基本上由立法机构与法院来确定。允许行政监管部门对私人诉讼实现进行审查，实际上打破了既有的格局。虽然对于美国来说，公私协作执法的制度安排并非鲜见。例如，在环境保护领域，就存在着大量的公民诉讼(Citizen Suits)与政府监管部门之间的协作程序。① 另外，在反垄断法领域，如何进一步协调反垄断执法机构的执法与私人诉讼也在讨论之中。② 但就改革的前景而言，由于认识和利益的分歧，美国国内对证券集团诉讼制度有着矛盾的态度，根本性的变革难以推行。例如，1995 年《私人证券诉讼改革法》的制定过程集中反映了美国社会对证券集团诉讼的分歧意见——国会在克林顿总统的否决下强行通过了该法案，因为传统上集团诉讼的原告方律师通常是民主党的支持者，而大公司则是共和党的支持者。③ 虽然不能简单地以政治博弈作为赞同或否定证券集团诉讼改革方案的理由，但可以预见，“审查”方案由于牵涉诸多群体的既得利益，如欲付诸实施将面对巨大的政治压力。④

恰巧的是，“审查”策略虽然在美国可能行不通，在中国却具有相当的可行性，因为国内民事诉讼制度的发展轨迹符合“审查”方案的内在逻辑。虽然两国在对待私人诉讼的态度上可谓是大相径庭，改革的思路却可殊途同归。下文对此将作进一步阐述。

三、构建公私协作的证券诉讼程序

中国的证券执法基本上仰赖政府监管部门的公共执法，只在近几年方才允许针对虚假陈述的民事赔偿诉讼。基于上文对证券集团诉讼得失的检讨，考量中国证券民事诉讼的现实，本节提出一套公私协作的证券诉讼程序。这一模式主要包含 4 个方面的建议：(1)引入集团诉讼或实行人数不确定的代表人诉讼，激励投资

---

① 详细的讨论，见 Matthew Stephenson, Public Regulation of Private Enforcement: The Case for Expanding the Role of Administrative Agencies, 91 *Virginia Law Review* 93 - 173(2005).

② David Rosenberg & James Sullivan, Coordinating Private Class Action and Public Agency Enforcement of Antitrust, 2 *Journal of Competition Law and Economics* 159 - 187(2006).

③ Marilyn F. Johnson, Ron Kasznik & Karen K. Nelson, Shareholder Wealth Effects of the Private Securities Litigation Reform Act of 1995, 5 *Review of Accounting Studies*, 217 - 233(2000).

④ 对美国证券诉讼改革面临困境的分析，见 William Bratton & Michael Wachter, The Political Economy of Fraud on the Market, 160 *University of Pennsylvania Law Review* 69,133 - 47(2011).

者进行诉讼，提高阻吓效果；(2)改造现行的前置程序为行政预审查程序，防范滥诉问题，避免过度阻吓；(3)改变行政罚款充公的惯例，进一步发挥行政监管部门的执法优势；(4)设计行政问责程序，防控行政预审查的滥用。

(一) 现行证券民事赔偿诉讼程序

自20世纪80年代末期中国建立证券市场伊始，证券执法的权力操于分散的政府部门手中，90年代中期始归集于中国证券监管管理委员会。由于证券监管执法不力等问题，上市公司虚假信息披露和证券欺诈行为日益猖獗。① 投资者要求通过民事诉讼索求赔偿的愿望日益高涨，迫使司法部门在2002年启动证券民事赔偿诉讼。

虽然1999年的《证券法》即规定了针对证券市场上虚假陈述等违法行为的赔偿责任，②法院系统受理和审理民事赔偿案件的历程却是一波三折。最高人民法院曾于2001年9月发布暂不受理证券民事赔偿案件的通知，认为"受目前立法及司法条件的局限，尚不具备受理及审理这类案件的条件"。③ 2002年初，鉴于社会各界的强烈呼吁，最高人民法院发布了受理证券市场因虚假陈述引发的民事侵权纠纷案件的通知。④ 该《通知》标志着司法开始介入证券市场，受理虚假陈述引发的民事赔偿案件，但只原则性规定了法院受理虚假陈述民事赔偿案件的管辖、诉讼时效、诉讼方式和前置程序等问题，实践中难以操作。2003年初，最高人民法院最终制定了审理证券市场因虚假陈述引发的民事赔偿案件的司法解释，明确了审理证券民事诉讼案件的程序细则。⑤

现行证券民事赔偿诉讼程序的一个突出特征是"前置程序"。所谓的前置程序是指，"人民法院受理的虚假陈述民事赔偿案件，其虚假陈述行为，须经中国证券监督管理委员会及其派出机构调查并作出生效处罚决定。"⑥之后的《若干规定》将此细化规定为，"投资人以自己受到虚假陈述侵害为由，依据有关机关的行政处罚决

① 实证研究，见白建军等：《证券违法违规惩戒的实效和制度成本分析》，上证联合研究计划第13期(法制系列)课题报告，2005年11月。

② 1999年《证券法》第63条仅规定虚假陈述的赔偿责任；2005年修法时进一步明确内幕交易和操纵市场等违法行为的赔偿责任。见2005年《证券法》第69条、76条、77条、79条。

③ 《关于涉证券民事赔偿案件暂不予受理的通知》(法明传[2001]406号)，最高人民法院发布，2001年9月23日。

④ 《关于受理证券市场因虚假陈述引发的民事侵权纠纷案件有关问题的通知》(法明传[2002]43号)(以下简称"《受理通知》")，最高人民法院发布，2002年1月15日。

⑤ 《关于审理证券市场因虚假陈述引发的民事赔偿案件的若干规定》(法释[2003]2号)(下文简称"《若干规定》")，2002年12月26日最高人民法院审判委员会第1261次会议通过，2003年1月9日公布。

⑥ 《受理通知》第2条。

定或者人民法院的刑事裁判文书，对虚假陈述行为人提起的民事赔偿诉讼，符合《民事诉讼法》第108条规定的，人民法院应当受理”，将前置程序的范围扩展到其他有关行政机关的行政处罚和法院的刑事裁判文书。[①]

最高人民法院之所以设定“前置程序”，有四个方面的考虑。一是考虑到市场的稳定与发展，如果不加限制地受理虚假陈述案件，不利于证券市场在保持基本稳定中实现规范。二是抑制滥诉，防止诉讼爆炸。如果缺少前置程序的屏障，案件的数量可能很大，法院无法处理。三是以有关监管机构作出生效处罚决定为受理虚假陈述民事赔偿案件的前提，可以解决原告在起诉阶段难以取得证据的困难。四是监管部门对专业性较强的证券市场行为作出是否违法的判断并决定处罚与否，比起法院来说更加专业。[②] 当然，背后不免有法院推卸责任，保障其在政治上安全地位的考虑。证券市场的纠纷处理机关面临社会公众的巨大压力，一旦处理失当，不免承担难以预料的法律责任甚至政治责任。前置程序可使法院远离社会公众的压力，跳脱对证券纠纷是非的判断。由于证券纠纷的行政处罚决定或刑事裁判文书下达之后，关键的过错问题随之敲定。至于赔偿的方式与数额等技术性问题，通常不会引发太大的社会纷争，引发政治上的风险。

对于虚假陈述的民事赔偿诉讼，最高人民法院没有引入集团诉讼的方式，也未采用现行民事诉讼法规定的人数不确定的代表人诉讼，而是采取了单独诉讼或者人数确定的共同诉讼方式。[③] 之所以拒绝集团诉讼，理由有两点：(1)中国的市场条件不具备。司法解释的起草者认为，完善的民事侵权制度应与成熟的证券市场相辅相成，但在中国存在股本结构缺陷、市场投机严重、投资者投资理性欠缺的情况下，不宜使用集团诉讼方式；(2)中国法律条件不具备，美国式的集团诉讼在中国没有明确的法律依据。[④] 事实上，现行的民事诉讼程序对群体诉讼的保留态度，还体现在其他诸多的限制上。例如，禁止群体性诉讼案件实行风险代理收费，[⑤]律师办理群体性案件时应当遵循相应的规范。[⑥]

证券民事赔偿诉讼已付诸实施，但由于司法解释对受案范围、前置程序、诉讼

---

① 《若干规定》第6条。

② 李国光(主编)：《最高人民法院关于审理证券市场虚假陈述案件司法解释的理解与适用》，人民法院出版社，2003年，第128—131页。

③ 《若干规定》第12—14条。

④ 前引李国光书，第166—168页。

⑤ 国家发展改革委、司法部：《律师服务收费管理办法》(发改价格[2006]611号)，第12条，2006年4月13日发布。

⑥ 中华全国律师协会：《关于律师办理群体性案件指导意见》，2006年3月20日试行，http://www.chineselawyer.com.cn/pages/2006-5-15/s34852.html，2011年10月10日最后访问。

方式的限制,受到了广泛的批评。[①] 法院系统审判证券民事损害赔偿诉讼的结果表明,现行体制根本无法满足社会上的需求。[②] 同时,由于前置程序的存在,行政罚款或刑事罚金与民事损害赔偿之间难免有冲突。由于实行"先行政处罚后刑事处罚","先行政罚款后民事赔偿"的原则,在经过旷日持久的行政调查取证之后,被告公司大多失去了民事赔偿的能力。事实上,起草者一开始也意识到现行司法解释的不足,预期有必要进一步的改革。前置程序的设定只是"一个临时性的措施,随着我国证券市场的日益发展和成熟,随着人民法院逐渐积累这类案件的经验,前置程序将会取消"。[③]

证券民事诉讼不仅涉及成千上万的投资者,也有关专业知识问题,无论对法院还是原被告双方来说,皆需耗费大量的人力和财力。现行的证券诉讼程序虽然可减轻立法院的负担,但实际上仍然难以解决激励问题,也无法实现赔偿的目的,或发挥足够的阻吓功能。随着证券执法改革的深化,论者大多要求废除"前置程序",建立起真正的证券集团诉讼制度。然而,美国的经验表明,证券集团诉讼面临着诸多难以克服的问题,直接的照搬照抄恐怕难以达到预期的效果。毕竟,单纯依靠证券民事诉讼难以实现赔偿与威慑的功能,证券执法体制的改革应是一个追求最优执法效果的过程。

(二)制度改革要义

参考美国证券集团诉讼改革的思路,针对中国证券民事赔偿诉讼的困境,这里提议构建一套公私协作的诉讼执法制度,主要有以下 4 个方面。

1. 引入群体诉讼程序

单独诉讼或者人数确定的共同诉讼限制了证券民事诉讼的阻吓功能,也不利于激励投资者采取诉讼行动和节约诉讼成本。虽然中国现行法律未规定集团诉讼方式,却也规定了人数不确定的代表人诉讼程序。证券民事赔偿诉讼之所以拒绝采用人数不确定的代表人诉讼程序,理由有两点:(1)在证券民事诉讼中,受害的投资者人数众多,登记耗费时间长,不经济;并且因为受害者人数庞大,起诉的被告人也许不会相同;(2)目前中国没有类似美国的中介机构对成千上万的受害者及其损失进行登记和计算,仅靠法院难以完成这些工作。[④] 不过,这些理由显然不够充

① 例如,郭峰:"从大庆联谊股东诉讼案谈中国证券民事赔偿制度的构建",《法学杂志》2006 年第 1 期,第 153—156 页。

② 例如,"加快推进证券民事赔偿法制建设",《中国证券报》2006 年 7 月 27 日。

③ 前引李国光书,第 221 页。

④ 前引李国光书,第 174—175 页。

分，毕竟要求投资者分别提起诉讼，法院分别审理，是一种更不经济的做法；而且，一旦允许人数不确定的共同诉讼，自然会有中介机构来处理投资者及其损失的登记和计算工作。

即便集团诉讼的移植需要新的立法有困难，但人数不确定的代表人诉讼在功能上类似于集团诉讼。① 在解决证券民事赔偿纠纷案中，代表人诉讼具有重要的作用：其一，根据《民事诉讼法》的规定，代表人诉讼的适用条件为诉讼标的属于同一种类、当事人一方人数众多、人数众多的一方在起诉时人数尚未确定。② 这三个条件正是绝大多数证券民事赔偿案件的基本特征。其二，代表人诉讼在审理证券民事赔偿案件时具有优势：(1)代表人诉讼可以通过由人民法院发布公告的方式，说明案件情况和诉讼请求，通知权利人登记权利参加诉讼，从而真正实现将众多纠纷纳入同一程序一次性解决，节省了司法成本，也提高了诉讼效率；(2)代表人诉讼的代表人产生方式较为灵活，提高了实现代表人诉讼的可能性，降低了当事人的诉讼成本，减少了被告的讼累；(3)代表人诉讼的裁判效力可以扩张至同期未参加登记的权利人，确保纠纷的一次性司法解决。因此，证券民事赔偿诉讼应当适用人数不确定的代表人诉讼或集团诉讼，既有利于降低诉讼成本，提高诉讼效率，也可强化证券民事诉讼的阻吓功能。

2. 改造行政预先审查程序

如前所言，在现行的证券诉讼程序下，以行政处罚决定或刑事裁判文书作为前置程序有两点切实的作用：一是抑制滥诉，二是减轻原告的举证责任。在这一意义上，前置程序有可保留的价值，无须弃之如敝履。不过，现行前置程序过于严厉和滞后，严重削弱了证券民事诉讼的赔偿功能和阻吓功能，必须加以改造。

可将现行的前置程序改造为证券监管部门对群体诉讼进行“预审查”的程序。在受害投资者向法院提起群体诉讼之后，证券监管部门有权对起诉的理由和依据进行审查。在评估原告的起诉文件后，证券监管部门有三个选择：(1)接管该案件，主动展开进一步的查处，对违法者作出处罚或提起公诉；(2)对于有价值、理由充足的起诉，证券监管部门可以放行，由法院继续进一步的审理；(3)对于理由不充足、

① 肖建华：“群体诉讼与我国代表人诉讼的比较研究”，《比较法研究》1999 年第 2 期，第 227—244 页。下文将用“群体诉讼”(Aggregate Litigation)来笼统指称中国法上的“人数不确定的代表人诉讼”或美国法上的“集团诉讼”。当然，中国的代表人诉讼和美国的集团诉讼程序仍有许多的差异。对于中国建立集团诉讼面临的法律和制度障碍的考察，见 Donald Clarke, The Private Attorney-General in China: Potential and Pitfalls, 8 *Washington University Global Studies Law Review* 241－255(2009). 制度移植可行性探讨，见汤维建、陈巍：“缝隙策略：我国集团诉讼制度的移植路径探析”，《政治与法律》2008 年第 1 期。

② 《民事诉讼法》第 55 条；《最高人民法院关于适用〈中华人民共和国民事诉讼法〉若干问题的意见》(法发[92]22 号)，第 61—64 条。

无价值的起诉，证券监管部门可以请求法院拒绝该案件，但起诉者应享有知情和申诉的机会。[①]

证券监管部门的预审查也可为证券民事诉讼的展开提供证据和信息支持。由于证券领域专业性较强，举证较为困难，预审查程序可以利用证券监管部门的调查取证，减轻原告方的举证责任。即便在美国，实证研究表明，证券监管部门的执法行动通常也是证券诉讼取得成功的基础。[②] 在证券民事赔偿诉讼中，证券监管机关提供其搜集的信息材料，可节省法院和受害者的诉讼成本。法律应当规定人民法院在必要的时候可以调阅证券监管部门搜集的证据材料。

3. 改变行政罚款充公惯例

证券欺诈的法律责任不仅有民事责任，也有行政责任和刑事责任，后两者皆为公共执法范畴。需要注意的是，这三种法律责任不总是并行不悖，在特定的条件下会有冲突，其中就包括行政罚款与民事诉讼赔偿之间的冲突。在现行制度下，行政处罚的罚没款项数额巨大，在相当程度上会影响到后续民事赔偿的实现。证券监管部门查处证券欺诈行为，行政处罚的方式包括罚款和没收违法所得。通常在提起民事诉讼之前，罚没款项就已上缴国库，投资者无法得到赔偿。虽然《证券法》规定了“民事赔偿优先原则”，[③]但将已经上缴国库的罚没款项返还给普通投资者难以实现。证券违法行为的罚没款项缴入国库，可能致使受害投资者无法获得足够的资金补偿，这显然违背了《证券法》保护投资者的立法意图。

应当改变将行政罚没款项充公的做法。已有学者提出，对于内幕交易和操纵市场行为的法律救济，证券监管部门应当以“追缴”取代“没收违法所得”，在追缴分配程序中，对于违法所得，不再没收，而是予以追缴以分配给受害投资者，补偿他们的损失。[④] 按这一逻辑，不仅是内幕交易和操纵市场，所有证券违法行为的罚没款

---

① 这一预审查程序的设计借鉴了美国法上的“奎太”(*qui tam*)制度。在证券民事诉讼中引入奎太制度，见Jill Fisch, Class Action Reform, Qui Tam, and the Role of the Plaintiff, 60 *Law & Contemporary Problems* 167(1997)。对奎太制度的详细讨论，见李波：《公共执法与私人执法的比较经济研究》，北京大学出版社，2008年，第5章。奎太制度的具体适用，包括美国1986年《民事欺诈给付请求法》(Civil False Claims Act of 1986)。该法规定，如果发生对美国政府提出欺诈性给付请求的情况，掌握有关信息或线索的私人可向司法部告发，司法部据此代表国家向被告发者追偿，并将追偿金额的一部分分配给告发人；如果司法部在接到私人的告发后决定不对被告发人追偿，则私人可自行代表国家向被告发者追偿，并将追偿金额的一部分留为已有，其余的上缴国库。

② James Cox, Randall Thomas & Dana Kiku, SEC Enforcement Heuristics: An Empirical Inquiry, 53 *Duke Law Journal* 737, 737-38(2003).

③ 2005年《证券法》第232条与1999年《证券法》第207条皆明确要求，“违反本法规定，应当承担民事赔偿责任和缴纳罚款、罚金，其财产不足以同时支付时，先承担民事赔偿责任。”

④ 彭冰：“建立补偿投资者的证券行政责任机制”，《中外法学》2004年第5期。

项皆应用来补偿受害投资者的损失。在具体的法律实践上，美国的改革经验可资借鉴。在2002年一系列公司财务丑闻之后，国会通过的Sabanes-Oxley法案规定了“联邦投资者赔偿基金账户”(Federal Account for Investor Restitution Funds)，授权SEC将行政罚没款项分配给受害的投资者，而非缴入国库。① 由此，SEC发挥了日益重要的赔偿功能。根据早先的统计，该条款生效后，SEC大约罚没了80亿美元，至2008年初已将其中的35亿美元分配给受害投资者。这一将行政罚款补偿给受害投资者的规定表明，SEC作为“公共”集团律师(Public Class Counsel)的角色与私人诉讼所寻求的司法救济日益融合。② 从初步的效果来看，这一制度安排在阻吓违法行为的同时也可补偿受害的投资者，有力发挥了公共执法的优势。

4. *解决激励和问责问题*

公私协作的证券诉讼模式保留了现行前置程序的优点，有助于防范集团诉讼的滥诉问题，也可解决单独诉讼的激励难题。毕竟，政府监管部门的人员精力和财力资源有限，应当依靠和激励投资者主动执法。当然，也必须注意这一公私协作模式潜在的问题。这里讨论两点疑问：一是如何问责证券监管部门，二是如何防范政治扭曲。

预审查程序将证券监管部门置于证券诉讼执法的关键环节，但如何防范证券监管部门滥用权力，接管所有的诉讼，或者懈怠行使职责，放行所有的诉讼，而没有扮演好“把关”的角色？设置预审查程序的目的是防范群体诉讼潜在的弊端，而引入群体诉讼则又是为了降低诉讼成本，解决零散的投资者诉讼的集体行动困境。从这一逻辑来看，法律上不应禁止或排除一般的证券民事诉讼程序。允许投资者提起一般的民事赔偿诉讼，也可构成对证券监管部门前置审查权限的制约，强化政府的问责。这也符合《证券法》保护投资者的精神。

至于对公权力限制私权利的疑虑——既然承认投资者获得民事赔偿是一种私权，那么就不能受制于公权力的干涉，这里建议的方案并不禁止零散的民事赔偿诉讼，预审查程序只针对人数不确定的代表人诉讼或集团诉讼，而群体诉讼方式本来就是为了实现诉讼规模经济的特殊方式，因此，预审查程序并不存在剥夺私权利的问题。

在预审查程序下，政治干预专业行政是一个难以回避的问题。通过设定适当的问责程序可以在相当程度上排除政治的不当干预的问题。例如，规定证券监管部门进行预审查的程序，明确审查的期间，保证审查程序的透明；要求证券监管部

① Sarbarnes-Oxley Act of 2002, §308 (15 U.S.C. §7426). SEC的实施方案，见Report Pursuant to Section 308(c) of the Sarbanes Oxley of 2002, http://www.sec.gov/news/studies/sox308creport.pdf.

② Verity Winship, Fair Funds and the SEC's Compensation of Injured Investors, 60 *Florida Law Review* 1103-1144(2008).

门主动回应起诉请求，无论是否决定放行证券民事诉讼，必须公开决定的理由与依据，并且定期公布其处理相关案件的统计数据。

此外，从诉讼规模经济和统一法律适用标准的角度来考虑，也可考虑改革现行的证券民事诉讼的管辖规定，将全国的证券群体诉讼集中到证券交易场所所在的城市，这也可以实现法律实施的统一。如前所述，美国国会通过1998年和2005年的修法就将证券集团诉讼案件的司法管辖权集中到联邦法院系统，防止地方法院适用标准不一。

四、结论

设计一套行之有效的证券执法体系是一项艰巨的任务。证券执法的手段与效果仰赖众多与特定背景有关的因素，制度的设计者必须熟悉潜在问题的本质、政府监管的目标、以及私人诉讼与其他政府执法策略之间的互动关系。在考虑如何界定私人执法的角色时，必须透彻剖析不同的执法模式在特定条件下优势与缺陷的纠葛，衡量利弊得失，特别要注意潜在的问题在不同的市场与法律环境下的表现形式。美国式的证券集团诉讼的经验表明，不受制约的证券诉讼既不能有效赔偿投资者的损失，也无法发挥有效的威慑功能。然而，韩国的经验也说明，无需对证券集团诉讼过分“绑手缚脚”，否则根本无法实现预期的立法目的。可见，证券民事诉讼程序的标准极难把握，前者失之于宽，而后者失之于严。如何做到宽严两不失，对制度设计者来说是一个需要巧妙平衡的考验。

透过中美两国现行制度利弊得失的考察与分析，本文提出了构建公私协作的证券诉讼执法模式，这一建议不同于常见的美国式集团诉讼和东亚地区非营利组织诉讼模式。相对于完全取消“前置程序”和利用非营利组织进行诉讼的方案，本文建议在引入群体诉讼的同时，应将行政处罚或刑事裁判的前置程序改造为行政“预审查”程序。引入群体诉讼，可以解决零散的投资者诉讼的集体行动困境，而对证券诉讼设定前置审查程序，目的是防范集合诉讼潜在的弊端。限于篇幅，笔者未深入讨论非营利组织诉讼模式，也不排除台湾地区的经验提供了有益的借鉴。①

① 论者认为，台湾模式虽可作为大陆证券民事诉讼改革的参考，但其制度本身有内在的缺陷，“仅适于作为临时过渡的措施”([O]nly useful as an interim measure)。见 Wallace Wen-Yeu Wang & Chen Jian-Lin, Reforming China's Securities Civil Actions: Lessons from PSLRA Reform in the U.S. and Government-Sanctioned Non-Profit Enforcement in Taiwan, 21 *Columbia Journal of Asian Law* 116 - 160, 159 (2008)。台湾地区的证券诉讼制度系由政府依法设置的非营利组织“证券投资人及期货交易人保护中心”，经投资人授予诉讼实施权后，以自己名义提起诉讼，并享有某些诉讼上的优遇。相较于美国的集团诉讼，台湾的做法具有相当浓厚的公益性质，但投资人保护中心的诉讼效率、代理问题仍未得到有效的解决。

不过，与其另起炉灶，不如改造现行的制度框架来得便利。虽然中国大陆地区有过成立消费者保护组织和证券投资者保护基金的经验，似有仿效台湾模式的基础，但就当前的实践而言，在中国利用非政府组织来实现政策目标面临诸多的难处，成效非常有限。考虑到中国当前的政治生态和社会背景，本文提出的兼具公共执法和私人执法优势的证券诉讼制度不失为可行的改革方案。推而广之，笔者认为这一制度设计的思路不仅可适用于证券民事诉讼程序改革，也可应用于环境保护、反垄断等其他涉及大规模侵权诉讼的领域。

证券期货申请人及相关主体违法行为对行政许可的影响

张政燕*

所谓行政许可，是指行政机关根据公民、法人或者其他组织的申请，经依法审查，准予其从事特定活动的行为。① 我国《行政许可法》规范行政许可的设定和实施，目的是为了保护公民、法人和其他组织的合法权益，维护公共利益和社会秩序，保障和监督行政机关有效实施行政管理。提供公众服务并且直接关系公共利益的职业、行业，需要确定具备特殊信誉、特殊条件或者特殊技能等资格的事项，依法应当设定行政许可。证券期货市场的运行和发展状况关乎公众投资者的利益，并越来越成为我国经济发展的晴雨表，证券期货行业以及从事该行业人员的市场准入大都需要《行政许可法》的规范和保护。在公司股票债券发行融资、上市公司并购重组、证券期货经营机构设立或变更以及其他机构、人员资格行政许可中，往往设定了许多准入条件，具体考察申请人的诚信、守法和合规经营等状况。其中，申请人及相关当事人是否存在违法行为通常从负面反映了行为主体或其所在单位的诚信、守法或者合规经营状况，而被证券期货相关法律、行政法规及行政规章设定为行政许可的消极条件，并由此对相关的行政许可产生重大影响。但在具体执行中，监管部门和市场、监管部门内部对相关制度和问题的理解把握和判断标准上往往存在不统一、不一致。同时，监管实践中也经常出现证券公司、基金公司、期货公司等分支机构存在的违法行为对总公司行政许可行为是否具有影响的理解和判断问题。本文结合现行制度规定和监管实践，就上述问题进行研究和分析，提出了制度完善、明确审核判断标准、给予市场明确预期等建议。

---

* 张政燕，北京大学法学院金融法研究中心 1998 级硕士，工作单位：中国证监会法律部。

① 见《行政许可法》第 2 条。

一、证券期货市场申请人及相关主体违法行为对行政许可影响的制度规定及存在的问题

针对证券期货市场申请人及相关主体的违法行为对行政许可行为的影响程度，我国《证券法》、《证券投资基金法》、《期货交易管理条例》等证券期货法律、行政法规、行政规章[①]大都作出了明确规定。

概括而言，通常规定了申请人及相关主体(如主要股东、高级管理人员等)在规定年限内(通常为最近三年)[②]不存在(重大)违法违规行为或者没有(重大)违法违规记录、未受到刑事或行政处罚等许可条件。如《证券法》第 50 条规定股份有限公司申请股票上市，应当符合“公司最近三年无重大违法行为，财务会计报告无虚假记载”的条件；《证券投资基金法》第 13 条规定，设立基金管理公司应当具备“主要股东最近三年没有违法记录”的条件；《期货交易管理条例》第 16 条规定，申请设立期货公司，主要股东以及实际控制人应当具备“最近三年无重大违法违规记录”等等。中国证监会发布的许多行政规章也都规定了类似的行政许可条件，如《首次公开发行股票并上市管理办法》第 23 条第(二)项，第 25 条第(一)、(二)、(三)项，《公司债券发行试点办法》第 8 条，《上市公司收购管理办法》第 6 条第 2 款第(二)项等规定。之所以规定“最近三年或两年”的期限限制，是因为违法行为人可能在期限内已经改正，公司或机构已经整改开始规范经营，或者时间的推移使得原有的违法行为后果已经消除或减轻，而不再成为申请人进入证券期货市场的实质障碍。另外，相关制度中也有将申请人及相关主体不得存在因涉嫌刑事犯罪或违法违规行为被有权机关调查或稽查的情形，作为行政许可条件。如《《首次公开发行股票并上市管理办法》第 23 条第(三)项、第 25 条第(五)项、《证券投资基金管理公司管理办法》第 7 条第(七)项、《期货公司管理办法》第 7 条第(六)项及第 12 条第(六)项等规定。

上述规定明确了申请人及相关主体存在或涉嫌存在重大违法违规行为(以下统称“重大违法行为”)，将在一定程度上成为行政许可消极条件的基本原则，这对于保障诚信、守法申请人取得行政许可权，进入证券期货市场，排除不适格申请人的准入，起了重要作用。但在实际执行和监管审核实践中，也会出现这样

---

① 行政规章如中国证监会发布的《首次公开发行股票并上市管理办法》、《首次公开发行股票并在创业板上市管理暂行办法》、《上市公司证券发行管理办法》、《公司债券发行试点办法》、《上市公司收购管理办法》、《证券投资基金公司管理办法》、《期货公司管理办法》等。

② 也有两年的年限规定，如《期货公司管理办法》第 12 条第(六)项、第(九)项。

那样的问题。如关于重大违法行为的规定过于原则和笼统，缺乏具体、明确、统一的认定标准，而实践中的违法行为表现千差万别，因此对于什么是重大违法行为、如何判断其对具体行政许可的影响程度等问题，在许可审核过程中，监管部门、审核人员与市场、中介机构及申请人的认识经常不一致，市场缺乏明确的预期，影响了制度的执行。关于申请人及相关主体存在因涉嫌刑事、行政调查或稽查的情形成为行政许可消极条件的制度规定，则可能由于即使申请人及相关主体能够证明自身不存在违法行为仍不能及时取得行政许可权，以及调查、稽查的期限过长影响了投资者和申请人的利益等问题，而引起市场质疑制度的公平合理性。

因此，面对实践中复杂多样的个案，如何认定有关违法行为是否构成重大违法行为，如何判断当事人因涉嫌违法犯罪行为被立案稽查或调查对行政许可行为的影响程度，如何合理把握执法尺度，是监管部门行政许可审核工作面临的难题，也是行政许可申请人和相关中介机构非常关心的问题。

二、理解和判断重大违法行为的相关制度标准

（一）认定重大违法行为的主要思路和基本原则

判断重大违法行为的标准，在一定程度上关乎申请人能否取得行政许可权，需要监管部门和审核人员在总结实践经验的基础上不断完善和明确。从立法意图上看，将规定年限内不得存在重大违法行为作为申请人在诚信、守法、合规方面的最低准入标准，是要对申请人从事相关行政许可行为的适格性进行考量，在准入环节将不适格申请人排除在外，以期促进证券期货市场诚信合规经营水平的提高。

判断某一行为是否构成重大违法行为，前提是该行为已经违法，而某一行为是否违法，则需要有权部门依照法定程序予以认定，这是依法行政的基本要求。明确判断标准的基本思路是以有权部门依法定程序做出的刑事处罚、行政处罚或者采取行政监管措施[①]的行政决定为依据，在有权部门依法定程序认定违法的基础上，

① 行政监管措施是中国证监会及其派出机构为了有效履行监管职责，维护证券期货市场秩序，依据法律、行政法规和规章的规定，实施的市场禁入、行政处罚以及采取风险处置措施等执法活动以外的行政处理措施。虽然监管部门未出台统一的证券期货市场行政监督管理措施实施办法，但现行证券法、证券公司监督管理条例、期货交易管理条例等法律法规以及中国证监会发布的一些行政规章都规定了相关行政监管措施，并经常运用于实践。

根据判决、行政处罚决定、行政处理决定所包括的相关事实和法律依据判断是否存在重大违法行为。在已经认定相关违法行为的基础上，判断是否构成重大违法，需要遵循以下基本原则：

一是重大性原则。行政许可审核中，有关重大违法行为的认定，需要首先把握违法行为的"重大性"，即结合某一违法行为的事实、性质、情节、社会危害程度等因素综合分析判断某一违法行为是否重大。实践中违法行为及相应惩戒措施复杂多样，毋庸置疑，触犯刑事法律制度，受到刑事处罚的行为应为重大违法行为。就行政违法行为来说，可区分不同情形。以中国证监会作出的行政处罚和行政监管措施为例。首先，从违法行为的性质分析，可将欺诈发行以及擅自公开或者变相公开发行证券，报送的发行申请文件有虚假记载、误导性陈述或重大遗漏且情节严重，内幕交易，操纵证券、期货市场等行为直接视为重大违法行为。理由是这些违法行为通常社会危害性较大，严重违背公开、公平、公正"三公原则"，侵害了证券期货市场秩序，行为人往往主观恶性较大，诚信严重缺失，因此无论对其具体处罚如何，均应视为重大违法行为。违法行为重大性的考量还需要同时考虑违法行为的公众性等因素，如果涉及多数投资者的利益或者社会公共利益，应认定为重大违法行为。也可以结合监管实践情况，根据违法行为的严重程度，直接从制度上认定上述性质严重、社会危害性较大的违法违规行为为重大违法行为。对于违反我国其他法律、行政法规且情节严重的行为，也应认定为重大违法行为。从被中国证监会采取措施的性质分析，被中国证监会予以行政处罚且情节严重以及被中国证监会采取市场禁入措施的行为，可以认定为重大违法行为，因为这些措施通常适用于违法违规、情节严重的行为。就行政监管措施而言，由于具有种类多样、适用原因复杂的特点，如何判断行政监管措施所对应的违法行为是否重大仅从监管措施本身很难判断，还需要综合考虑相关因素。

二是相关性原则。行政许可审核中，有关重大违法行为的认定，需要把握违法行为的"相关性"，即根据某一违法行为的性质和特点，分析和判断其对申请人是否适合从事相关行政许可行为的影响。监管实践中，具有行政处罚和处理权限的单位、部门众多，申请主体受到的处罚和处理可能涉及不同领域、行业，处罚和处理的依据差别很大，监管或管理的理念、重点、目的也有区别，因此有的违法违规行为与分析判断申请人从事相关行政许可事项的关联度高，有的则关联度不大。例如，一个曾经大量侵占上市公司资金的机构作为收购人进行上市公司收购时，其作为实际控制人、控股股东的诚信、守法、合规能力就会合理地受到质疑。反之，一个人因过失交通违规被罚款可能不一定必然影响这个人作为证券公司高级管理人员的适格性。相关制度未明确规定受到处罚和处理的违法违规行为与行政许可事项必须具有相关性,如果把所有受到行政处罚和处理的情形都纳入审核的范围并成为许可条件,可能存在标准笼统、准入条件严苛、与实践脱节等问题,在一定程度上会影响监管部门监管权限的统一性,损害监管权威。

因此,证券期货行政许可审核中,需要合理把握违法行为的相关性,审慎分析不同部委、不同单位作出的行政处罚和处理决定涉及的违法行为的具体表现和违法程度,判断与所申请从事的行政许可事项的关联度。建议完善立法制度,增加受到行政处罚和处理的违法违规行为与行政许可行为相关性的规定,行政许可审核部门享有对"相关性"进行判断的裁量权,判断的标准应基于考察申请人等当事人的诚信、守法、合规等信誉状况的变化。

关于刑事违法行为是否应具有"相关性",在把握标准上应当严格一些,毕竟触犯了刑事法律,行为性质恶劣,社会危害性要比行政违法行为严重得多,但也要有所区别,不能"一棍子打死"。由于犯罪原因复杂,犯罪的主观条件也不尽相同,行政许可条件中的重大违法行为可以考虑主要指申请人及有关机构和人员因贪污、贿赂、侵占财产、挪用财产、破坏社会主义市场经济秩序或者其他违法经营活动,被判处刑罚或者被剥夺政治权利的行为。当然,还应结合申请人所受刑事处罚的具体情况,做出合理判断。从现行制度看,由于缺乏"相关性"的明确规定,只要当事人在规定期限内受到刑事处罚,即不能授予其行政许可权限。这种"一刀切"的做法不太符合市场发展的现实需要,建议完善相关制度。

实践中,由于违法行为及相应惩戒措施复杂多样,各领域立法和执法尺度存在差异,就重大违法行为的认定,确实难以简单概括出能够适用于各种情形的普遍原则。上述关于"重大性"和"相关性"的意见旨在为行政许可审核部门、申请人、相关中介机构等合理、审慎地判断申请人及相关人员在规定年限内是否存在重大违法行为提供一些思路、方法和原则。针对实践中的复杂个案,行政许可审核部门可以根据设定行政许可的立法意图和政策考虑,从审慎监管的原则出发,结合个案具体情况进行综合分析和判断。

(二)认定重大违法行为需要考虑的主要问题

1. 关于重大违法行为对应的证券期货行业内的行政处罚

证券期货法律法规对违法违规行为规定了警告、罚款、没收非法所得、暂停或者撤销相关业务许可、撤销任职资格或者从业资格等处罚种类。经梳理,笔者以为,责令停止发行证券,责令停止承销或者代理买卖未经核准擅自公开发行的证券,责令停业整顿、关闭或者予以取缔的,暂停或者撤销业务许可,撤销任职资格或者从业资格的处罚对应的基本上是性质严重、社会危害性大的违法违规行为。因此，被处以上述处罚种类的行为可视为重大违法行为。关于警告，考虑到其涉及的违法行为性质和情节不严重，相关违法行为通常不作为重大违法行为处理。另外，关于罚款，根据监管部门行政处罚的执法实践状况，被相关行政机关给予罚款以上行政处罚的行为，通常视为重大违法行为。但笔者以为，由于《证券法》等法律、法规规定的罚款幅度很大，从3万元到60万元不等，有的上市公司、机构和个人被罚款上亿元的案例也出现过，因此所有的行政罚款涉及的违法行为都认定为重大违法行为有失偏颇，应该考虑到违法行为后果及社会危害性的大小，可以认为被处以行政罚款、情节严重的违法行为为重大违法行为，或者明确被处以一定金额以上的行政罚款为重大违法行为。

2. 关于其他部门行政处罚或监管措施的重大性和相关性

其他行政机关、部门实施的行政处罚、行政监管措施不仅涉及不同行业、领域，实施原因也千差万别。就"重大性"的判断而言，难以适用上述证券期货领域行政处罚与重大违法行为的列举对应方法。申请人及相关机构和人员被其他部门予以行政处罚或者采取行政监管措施的下列行为，可视为重大违法行为：1、予以行政处罚、采取行政监管措施的行政决定文书中已认定为重大违法行为的；2、相关法律、法规和规章中规定只对重大违法行为适用的行政处罚或者行政监管措施，被采取该等行政处罚或者行政监管措施的行为；3、根据其他部门制定的判断标准，相关违法行为为重大违法行为的。① 关于"相关性"的考量，相关行政处罚、行政监管措施主要是指相关部门实施的，涉及申请人及相关机构和人员生产、经营、投融资活动的行政决定，主要包括财政、税务、审计、海关、工商等部门实施的涉及公司经营活动的行政处罚或处理决定，或者违法行为明显违反诚信原则，对行政许可有重大影响。监管实践中，在首发、再融资申请递交前或实际审核过程中，通常保荐机构会建议发行人请环保、税务、工商等部门的相关处罚部门出具有关无重大违法行为的证明。如果行政处罚的实施机关依法认定该行为不属于重大违法行为，并能够向监管部门依法作出合理说明的，监管部门通常采纳其意见。从制度规定讲，中国证监会具有法定的行政许可审核权限，根据审核的实际情况决定是否采纳行政处罚

① 见环境保护部2011年发布的《关于进一步规范监督管理严格开展上市公司环保核查工作的通知》(环办[2011]14号)第3条规定对申请核查前一年内发生过严重环境违法行为的企业，各级环保部门应不予受理其核查申请，包括：发生过重大或特大突发环境事件，未完成主要污染物总量减排任务，被责令限期治理、限产限排或停产整治，受到环境保护部或省级环保部门处罚，受到环保部门10万元以上罚款等；见环境保护部网(http://www.mep.gov.cn)，2012年8月访问。国务院法制办2010年发布的《政府采购法实施条例(征求意见稿)》就对《政府采购法》第22条第一款第(五)项中所称的重大违法记录进行了明确，见国务院法制办网(http://www.chinalaw.gov.cn)，2012年8月访问。

部门出具的认定结论，因此只有中国证监会享有对“相关性”进行判断的斟酌裁量权。

3. 关于相关事项的信息披露及中介机构的义务和责任

基于申请人及相关主体存在违法违规行为或受到处罚作为许可条件对行政许可具有重大影响，从而会影响到投资者的投资决策，而投资者对这种影响及其程度应当具有知情权和判断权，因此有必要要求申请人进行信息披露，如在申请文件中真实、准确、完整地披露公司及相关人员的违法违规情况。另外，监管部门可以考虑采取措施发挥律师和律师事务所等中介机构和专业人员的应有作用，如要求其就申请人规定年限内是否存在重大违法行为发表明确的法律意见，审核部门对法律意见所作出的专业判断应当予以充分考虑。律师和律师事务所应当确保法律意见书的结论明确，事实具体、清楚，依据适当、充分，法律分析清晰、合理，如果律师及律师事务所未能尽责的，监管部门除依法采取相应的监管措施外，还将对法律意见书的签字律师和签字的律师事务所负责人此后出具的法律意见书给予重点关注，等等。

三、关于涉嫌违法犯罪被立案稽查或调查不能取得行政许可权

前文已述及，在股票发行上市、收购以及基金公司、期货公司设立变更等行政许可环节中，相关制度大都规定了申请人及相关主体不得存在因涉嫌犯罪或违法违规被立案调查或稽查的情形。这类规定是中国证监会审慎监管理念的重要体现，其立法目的在于，根据申请人及相关主体有没有因涉嫌违法犯罪正被立案侦查或者调查这一事实，判断申请人在诚信、守法等方面是否存在着重大的不确定性，避免在核准行政许可申请后，由于上述不确定性对投资者和相关主体的合法权益造成进一步损害。

在实际执行中，只要当事人存在涉嫌违法违规或刑事犯罪的行为，有权机关根据法定的司法程序或者行政程序进行立案稽查或调查，就满足了消极的许可条件，可以阻止申请人取得行政许可权。如被监管机关行政调查或稽查，是指被中国证监会及其派出机构出具立案调查通知书并且仍处于调查审理阶段；被刑事侦查，指按照《刑事诉讼法》规定的司法程序处于刑事侦查阶段。前文提到过，市场可能出现的质疑是，这种许可条件的门槛显得过高，使得申请人及相关主体即使有证据证明自身不存在违法违规行为，但只要相关调查程序未结束，申请人仍不能及时取得行政许可权，而市场监管部门通常要依据规定中止审查①，或者申请人选择先撤回

① 见中国证监会 2009 年修改发布的《行政许可实施程序规定》第 22 条。

申请。由于刑事或行政调查或稽查的程序和期限通常很长，审查程序恢复或者申请人再次提起行政许可申请时，可能是一、两年以后的事情了，公司经营状况以及发行、并购等市场环境都已经发生了重大变化，当事人和投资者的收益、预期很可能与之前大相径庭，因此相关制度可能存在是否公平、合理的问题。另外，这类规定可能会导致申请人的商业敌人或对手借机虚假投诉、恶意攻击和报案，以此使得审核程序中止或直接导致申请人不能取得行政许可权。这种行为如果不加规制，任由蔓延开来，甚至会扰乱市场秩序。如股票首次发行的审核阶段[①]，在发审会即将召开或者已经通过但股票未发行的情况下，经常发生拟上市公司的竞争对手、公众投资者或者员工举报发行人涉嫌存在违法违规行为的情形，监管部门通常中止审核程序，进行必要的调查或核查，审核进度相应受到影响。实践中甚至发生某些人借机敲诈发行人，发行人迫于舆论等压力，不得不向对方付出一笔"和解费"等不正常现象。因此，有必要认真研究，补充完善相关规定，可以考虑如果当事人在行政许可审核过程中能够提供有力证据证明其不存在相关违法行为，不中止审查程序，而直接认定为不对行政许可事项构成实质障碍。另外，监管部门也应积极采取措施，力图解决上述问题。《证券法》第 22 条要求发行人在首次公开发行股票阶段，应当预先披露有关申请文件，以接受社会公众的监督。中国证监会推行的新股发行体制改革，数次将招股说明书申报稿的预披露时间提前，从要求预先披露时间在发审委会议召开 5 天前、与发审委会议公告同步公布发行人的招股说明书申报稿，到要求发行人将预先披露时间提前到反馈意见落实后、初审会之前[②]。2012 年 4 月，中国证监会更是发布了《关于进一步深化新股发行体制改革的指导意见》，提出将进一步提前预先披露新股资料的时点，逐步实现发行申请后即预先披露招股说明书。上述措施，对于提高信息披露的透明度，加强公众投资者和社会各界的监督具有重要作用，在一定程度上也会化解或减少前文所述虚假投诉、恶意报案等矛盾和现象。

上市公司并购重组环节则作了例外规定。如 2007 年 8 月中国证监会发布出台了《关于上市公司立案稽查及信息披露有关事项的通知》(证监发[2007]111 号，以下简称"111 号文")，111 号文发布后，关于涉嫌立案稽查即不能取得行政许可权的规定就有了一定松动。该文规定：一些被立案稽查的上市公司，实施重组是唯一

---

① 通常发生在首发阶段，再融资阶段发生的情况较少。

② 中国证监会发行监管部、创业板发行监管部 2011 年 12 月 30 日联合发布《关于调整预先披露时间等问题的通知》提出要求，同时要求公布在审企业名单；将预披露时间提前至初审会召开前，比起发审会召开前提前了一个月左右。

出路;为了最大限度地保护中小股东和相关各方的利益,本着"惩前毖后、治病救企"的原则,如果重组方提出切实可行的重组方案,在经营管理等方面将发生实质性改变,即"脱胎换骨,更名改姓",重组完成有助于减轻或消除违法违规行为造成的不良后果,在立案调查期间,并购重组可以同时进行。这一规定在一定程度上重新解释了重大资产重组与立案稽查之间的衔接关系。"脱胎换骨,更名改姓"式的并购重组往往涉及上市公司股权分置改革、破产重整、重大资产重组、再融资、立案稽查、行政处罚等多重监管事项。在履行上述监管职责时,要注意保持各项监管政策之间的连贯性、一致性与透明度,并妥善处理好规范与发展的关系。同时,在监管要求上应注意防范有关主体利用政策实施"金蝉脱壳"①、逃避监管等不法行为,以维护市场公平。

如何判断达到了"脱胎换骨、更名改姓"的实质性变化?可以考虑要求上市公司符合一些必要的条件,即为"脱胎换骨、更名改姓"设定一些可操作性的具体要求。如较之涉嫌违法违规行为发生时,受调查上市公司控股股东、实际控制人已经发生变更,或者将因发行股份购买资产导致其发生变更;相关主体已经停止违法违规行为或者做出必要的补救,并且发行股份购买资产将有助于减轻或者消除违法违规行为造成的不良后果;因涉嫌违法违规正被中国证监会立案调查的董事、高级管理人员已经离任;等等。另外,应要求上市公司和中介机构积极履行信息披露、尽职调查、发表专项意见等相关义务。

实践中还存在另外一个需要扩展讨论的相关问题。当上市公司、证券期货经营机构或相关人员承担了违法违规行为后果受到刑事或行政处罚后,在规定期限内,又经过了破产重整、重大资产重组等司法和行政程序,实现了所谓的"脱胎换骨、更名改姓",关于重组或重整前公司的违法违规行为所导致的不能取得行政许可权等行政不利后果是否要由重组后公司承继,业界存在不同理解。从民事法律理论的角度而言,承继重组、重整前公司的行政不利后果具有一定法律依据,如《公司法》、《民法通则》关于法人资格和法律责任的规定,②关于公司和企业合并、分立后相关债权债务处理的规定,即企业合并分立后的债权债务等法律后果由分立合

---

① 指原大股东或实际控制人利用111号文重组包装后卖"壳",掩盖公司真实状况,损害现有股东和实际控制人利益等。

② 《公司法》第3条第1款规定,公司是企业法人,有独立的法人财产,享有法人财产权。公司以其全部财产对公司的债务承担责任。《民法通则》第36条规定,法人是具有民事权利能力和民事行为能力,依法独立享有民事权利和承担民事义务的组织;法人的民事权利能力和民事行为能力,从法人成立时产生,到法人终止时消灭。

并后的公司承担。[①] 但从“金融服务实体经济”的大局出发，仅仅从民事法律理论的角度考虑要拘泥于严苛的制度规定，可能会显得过于僵化，脱离实体经济需要，而应当发展与规范并举。受到处罚或处理后经过重大重组，控制权等重要事项发生变化的上市公司、证券期货经营机构，其法人组织的各构成要素均已经发生重大变化，一定意义上可以说其法律人格发生了实质性变化。从有利于保护投资者利益、规范公司运作、促进市场发展的实际需要出发，有必要在不违背法律、行政法规和规章基本原则的情况下，在上市公司、证券期货经营机构重组重整达到“脱胎换骨、更名改姓”后，给予其一定重生的机会。这种情况下将行政相对行为的行政法律后果予以切断有其合理性，尤其对推动危机公司的处理，具有现实意义。中国证监会发布的《期货公司管理办法》第 12 条中第（九）项的规定就体现了上述理念。[②]

四、申请人分支机构承担违法违规行为后果的效力及对申请人的影响

证券期货市场监管实践中时常出现申请人或相关法人主体的分支机构在规定期限内存在违法违规行为或受到处罚的情形，这对申请人或相关法人主体取得行政许可权是否产生实质影响，存在一定争议。下面就分支机构的法律责任承担能力、违法违规或受到处罚时对法人实体的影响、监管部门许可审核时需要关注的因素等问题提出相关建议和意见。

先从一个监管实例说起。A 期货公司提交变更注册资本的申请材料，拟将注册资本由 6,500 万元增至 12,000 万元，新增的 5,500 万元注册资本由其单一股东 H 证券公司以现金方式认缴。审核中发现，H 证券公司的三家证券营业部近三年内分别因未按照规定履行客户身份识别义务、违规向客户收取委托费、原负责人未严格配合反洗钱工作，受到当地人民银行或工商部门罚款等行政处罚。本案涉及《期货公司管理办法》第 17 条第（三）项和第 7 条第（五）项的规定，即期货公司变更注册资本，持有 5%以上股权的股东应当近三年内未因违法违规经营受到行政处

① 《公司法》第 175 条规定，公司合并时，合并各方的债权、债务，应当由合并后存续的公司或者新设的公司承继；第 177 条规定，公司分立前的债务由分立后的公司承担连带责任。但是，公司在分立前与债权人就债务清偿达成的书面协议另有约定的除外。《民法通则》第 44 条第 2 款规定，企业法人分立、合并，它的权利义务由变更后的法人享有和承担。

② 第 12 条规定了申请金融期货经纪业务资格的期货公司应当具备的条件，其中第（九）项要求期货公司在近二年内未因违法违规经营受过刑事处罚或者行政处罚；但期货公司控股股东或者实际控制人变更、高级管理人员变更比例超过 50%，对出现上述情形负有责任的高级管理人员和业务负责人已不在公司任职，且已整改完毕并经期货公司住所地的中国证监会派出机构验收合格的，可不受此限。

罚或者刑事处罚。需要关注和解决的问题是三家证券营业部受到上述行政处罚的行为是否会影响H证券公司增资A期货公司?

(一)企业法人分支机构的法律地位和责任承担能力

根据公司法、民事诉讼法及其司法解释、行政诉讼法及其司法解释、公司登记管理条例等法律、法规、行政规章的规定,公司等企业法人的分公司、分支机构不具有独立的法人资格,依法不能独立承担民事责任①。我国民事诉讼法司法解释《关于适用〈中国人民共和国民事诉讼法〉若干问题的意见》第40条、第41条把企业法人的分支机构分为两类:有一定财产、拥有自己的名称和组织机构,并领取了营业执照的相对独立性分支机构,以及没有领取营业执照的非独立性分支机构。② 前者以自己的名义进行民事活动,以其经营的财产承担民事责任,分支机构不能清偿债务时,由法人的其他财产清偿;后者不能以自己的名义独立从事民事活动,只能以法人的名义进行民事活动,其民事责任由所属法人直接承担。证券期货市场大多涉及前者,本文也仅讨论前者的法律地位和相关资格。

关于金融机构的分支机构能否成为诉讼主体问题,根据最高法院《担保法》司法解释③、最高法院和中国人民银行《关于依法规范人民法院和金融协助执行的通知》(2000年9月发布)相关规定的精神,分支机构具有一定的民事责任承担能力,但能否成为诉讼主体需要区分不同的情形:分支机构已经关闭或撤销时,总公司为被告并承担分支机构的民事责任;若分支机构有较强的偿付能力,应当以其为被告或被执行人承担民事责任,分支机构无能力承担民事责任或无财产可供执行,由总公司承担补充责任。

关于企业法人分支机构能否独立承担行政责任问题,相关规定不是很明确。有人认为,既然不能独立承担民事责任,就不能将其列为行政处罚当事人,而只能将其所隶属的企业法人列为行政处罚行政相对人。根据《行政处罚法》第30条的规定,在行政处罚法律关系中,受到行政处罚的行政管理相对人应当是具备相应行政责任能力、具有法律上人格的公民、法人或其他组织。最高法院关于行政诉讼法的司法解释规定,审理行政案件可以参照民事诉讼法的有关规定,而民事诉讼法司法解释界定"其他组织"为合法成立,有一定的机构和财产,不具备法人资格的组

---

① 见《公司法》第14条、民事诉讼法第49条、《行政诉讼法》司法解释第97条。

② 第40条规定,《民事诉讼法》第49条规定的其他组织是指合法成立、有一定组织机构和财产,但又不具备法人资格的组织,共9类。第41条规定,法人非依法设立的分支机构,或者虽依法设立,但没有领取营业执照的分支机构,以设立法人或其他组织为当事人。

③ 见第17条第3款规定,企业法人的分支机构经营管理的财产不足以承担保证责任的,由企业法人承担民事责任。

织，其中包括法人依法设立并领取营业执照的分支机构。因此，这种分支机构的法律地位相当于“其他组织”(未领取营业执照的非独立性分支机构除外)，依据《行政处罚法》属于适格的被处罚人。另外，无论从民事责任还是行政责任的角度，相对独立性分支机构具有相对独立的责任能力，因为具备承担责任的条件，有自己的名称、组织机构、相对独立的财产，取得营业执照可以从事一定的经营活动。这种相对独立的行政责任能力指具有一般法律规定或法人授权范围内的责任能力，包括承受一定行政制裁能力和行政处罚的能力。虽然分支机构的最终责任只能由设立它的法人承担，但这并不影响分支机构以其他组织名义作为适格的被处罚人，当行政责任超出了分支机构所承担的范围时，法人就要承担相应的补充责任。

关于企业法人分支机构能否独立承担刑事责任的问题，刑事法律虽未有明确规定，但刑事法律的司法政策或答复明确了其刑事责任主体地位。2001 年 3 月最高法院研究室《关于对不具有法人资格的单位的分支机构或者内设机构、部门实施的犯罪行为能否以单位犯罪追究其刑事责任问题的复函》中回答了不具有法人资格的分支机构犯罪能否以单位犯罪追究其刑事责任的问题。复函认为，不具有法人资格的单位的分支机构或者内设机构、部门，以该分支机构或者内设机构、部门的名义实施犯罪行为，违法所得归分支机构或者内设机构、部门所有的，可以单位犯罪追究其刑事责任。[①]

(二) 企业法人的分支机构违法违规或受到处罚对法人的效力

一方面，前已述及，从法律规定和法律理论讲，分支机构不具备完全独立的责任承担能力，只能在其能力范围内承担一定的责任，其余责任由法人承担。另一方面，分支机构系法人申请设立登记的，分支机构的经营范围基于法人机关的意志授权，其经营活动需要遵循法人在组织结构、公司治理、合规管理等方面管理体制和内部制度的约束，因此分支机构的存在和运行都与法人有着千丝万缕的联系。虽然分支机构具有相对独立的名称、组织结构、财产或经费，具有一定的责任承担能力，甚至可以成为诉讼主体，但不能简单认为分支机构因违法违规受到处罚等法律责任追究时，其法律效力一定不及于法人主体。

与此相关的另外一个问题是，分支机构能够承担民事或行政责任，法人毋需承担补充责任时，其违法违规或受到处罚的行为是否对法人不产生影响、不会给法人申请许可造成实质障碍？单就财产责任来说，如果分支机构有能力全部承担，法人

---

① 见最高法院网(http://www.court.gov.cn)，2012 年 8 月访问。

就不需要承担，似乎没有影响。但从证券期货市场相关许可条件规定的立法意图分析，结论可能有所不同。前文已经述及，法人或自然人存在重大违法行为或因违法违规受到处罚，说明其诚信、守法、合规方面缺乏信誉，从而影响其作为申请人或相关主体从事相关行政许可行为的资格。因此，行政许可审核的关键是对申请人及相关主体在诚信、守法、合规等方面状况的考察。分析分支机构存在违法违规行为或受到处罚对法人的后果，除了财产方面的影响外，往往还存在对法人信誉、合规管理、合法经营、有效治理等方面的影响，这些情形恰恰是监管部门行政许可审核时应予关注的因素。

因此，单从主体的适格性方面认定违法违规主体或处罚的对象是分支机构而不是法人的角度认为分支机构的行为不会影响法人取得许可权，法律依据、审核依据不是很充分，同时也难以避免实践中利用处罚分支机构规避对法人实体监管的问题。从立法规定的意图以及行政许可审核工作应当关注的因素方面综合考量会更全面、更有说服力。

首先，综合考虑违法违规行为的事实、性质、情节、社会危害程度及纠正情况，判断对申请人及相关法人主体的经营和信誉状况、盈利能力、合规管理的影响程度。其次需要结合立法意图，把握违法行为的相关性，即审慎、合理地分析违法违规行为的性质特点与所申请从事的行政许可事项的关联度。最后，综合判断上述因素对申请人或相关法人主体是否适合从事相关行政许可行为构成实质性影响。解决前面所举监管实例的关键，是判断 H 证券公司的三家证券营业部受到当地人民银行或工商部门罚款等行政处罚的行为是否影响了 H 证券公司经营和信誉状况、盈利能力、合规管理，与 H 证券公司增资 A 期货公司行政许可行为是否具有明显的相关度，并构成实质性影响。笔者以为，H 证券公司营业部的行为与增资期货公司的行政许可行为关联度不大。

五、完善相关制度，明确审核判断标准

“阳光是最好的消毒剂，灯光是最有效的警察。”公开、公平、公正“三公”原则是保障资本市场有效运行的前提和基础，其中公开是最好的监督，既包括信息披露事项的公开，也包括制度的公开和透明等。为了使市场和投资者、中介机构有确定的预期，在市场上形成公开透明的执法导向，防范道德风险，建议监管部门和立法部门结合现行制度规定和监管实践经验，研究重大违法行为的认定和判断标准、涉嫌违法犯罪被立案稽查或调查不能取得行政许可权、法人分支机构违法违规行为对法人行政许可行为的影响等法律问题，完善相关制度，明确行政许可条件的适用原

则和审核判断标准,在社会上公布,以促进行政执法的公平、透明,提高行政许可工作效率。监管部门可以考虑制定统一的《证券期货法律适用意见》[①],在社会上公布执行。

① 《证券期货法律适用意见》系监管部门在工作实践中对有关法律、法规、规章的理解和适用形成的意见,能够解决由于制度不完善导致的不同执法人员对同类问题判断标准不统一、不一致的问题,帮助和避免监管机构内部以及市场对同类问题执法标准的理解和把握上的差异,对于市场理解和认同监管部门的执法理念和原则具有积极意义。截至 2012 年 12 月底,中国证监会已经发布第 12 号《证券期货法律适用意见》。

上市公司并购的反垄断申报中需要注意的法律问题

姜丽勇*

近年来，上市公司的并购浪潮在中国资本市场不断涌起。数据显示，在2005—2009年间，共发生565起上市公司并购事件，涉及并购金额达1171.80亿元，平均每起并购案的并购金额为2.22亿元人民币。

一般来说，小型公司的并购通常是市场自发竞争的产物，有利于经济效率和规模的适度集中，往往更进一步刺激竞争打破既存的垄断；然而大型公司的并购却容易引起经济的过度集中，提高公司的市场力量，从而可能导致公司间的协同或对市场支配力量的滥用。在我国，上市公司一般都是行业的领军企业、优质公司、大型企业，上市公司的并购行为也是经营者集中申报过程时反垄断审查的重点关注对象。

一、上市公司并购的反垄断申报

（一）上市公司并购的反垄断申报义务

根据《国务院规定的经营者集中申报标准》第3条之规定，经营者集中达到下列标准之一的（金融机构营业额的计算，另行规定），应当事先向国务院商务主管部门申报，未申报的不得实施集中：（一）参与集中的所有经营者上一会计年度在全球范围内的营业额合计超过100亿元人民币，并且其中至少两个经营者上一会计年度在中国境内的营业额均超过4亿元人民币；（二）参与集中的所有经营者上一会计年度在中国境内的营业额合计超过20亿元人民币，并且其中至少两个经营者上一会计年度在中国境内的营业额均超过4亿元人民币。

根据两交易所数据显示，截至2010年11月2日，上交所上市公司数量达889家，深交所上市公司数量为1113家，两市合计上市公司数量达2002家，股票总市

* 姜丽勇，北京大学法学院金融法研究中心1998级硕士，工作单位：高朋律师事务所。

值和流通市值分别达27.72万亿元和16.46万亿元。另据商务部在2010年8月12日反垄断工作情况发布会上之统计,截至2010年6月底,商务部一共立案受理了140多件经营者集中案件,其中除去4件申报后又主动撤回的,90%的案件已经审结。在已经审结的案件中,3/4的案件涉及上市公司。可以预计的是,上市公司的并购案可能有相当一部分会被纳入反垄断法的视野。

因此,对于上市公司来说,在设计其并购战略及开展并购活动时,反垄断因素已经成为影响其交易成败的必须考量因素,在上市公司并购的整体交易结构中,必须充分地考虑反垄断申报的影响,提前将反垄断申报纳入到并购交易的整体战略规划之中。

(二) 证监会审核的反垄断要求

《上市公司重大资产重组管理办法》第10条规定,上市公司实施重大资产重组,应当符合下列要求:(一)符合国家产业政策和有关环境保护、土地管理、反垄断等法律和行政法规的规定……2010年8月2日,证监会上市部在《"常见问题答问":上市公司并购重组过程中,有哪些反垄断的要求?》中指出,行政许可申请人应当在申报材料中说明其经营者集中行为是否达到国务院规定的申报标准并提供有关依据;对于达到申报标准的,行政许可申请人应当提供国务院反垄断执法机构作出的不实施进一步审查的决定或对经营者集中不予禁止的决定,否则不得实施相关并购重组行为;行政许可申请人聘请的财务顾问应就相关经营者集中行为是否达到国务院规定的申报标准、是否符合有关法律规定等进行核查,并发表专业意见;行政许可申请人聘请的法律顾问应就相关经营者集中行为是否符合《反垄断法》的有关规定、是否已经有权部门审查批准、是否存在法律障碍等问题发表明确意见;上述行政许可申请人的有关说明、国务院反垄断执法机构作出的有关决定以及相关专业机构出具的专业意见,均应作为信息披露文件的组成部分予以公告。

因此,在我国现行法律制度与监管框架之下,反垄断问题已经成为证监会在审核上市公司并购重组并购获得批准的先决条件。上市公司必须证明自己的并购行为未达到反垄断法要求的申报标准,不能证明的或者已经达到申报标准的,上市公司的拟议交易只有在获得了商务部的不予禁止的同意或不实施进一步审查之时,才能继续下一步的审核程序。

(三) 不进行申报的法律后果

《反垄断法》第48条规定,经营者违反本法规定实施集中的,由国务院反垄断执法机构责令停止实施集中、限期处分股份或者资产、限期转让营业以及采取其他必要措施恢复到集中前的状态,可以处50万元以下的罚款。关于罚款的具体数额,反垄断执法机构依法可以考虑违法行为的性质、程度和持续的时间等因素酌情确定。

根据商务部在2009年1月19日发布的《关于对未依法申报的经营者集中调查处理的暂行办法(草案)之规定,一般来说,经营者集中达到申报标准但未依法申报的且未实施集中的,商务部可以要求被调查的经营者及时进行申报,并对经营者集中是否具有或者可能具有排除、限制竞争效果进行审查。

对达到申报标准但未依法申报且已实施集中的,商务部可以在对经营者集中是否具有或者可能具有排除、限制竞争效果进行调查的基础上,根据《反垄断法》上述第48条的有关规定进行处罚,并向社会公布处理决定。

可以看到,如果当事人达到了申报标准应当申报而未依法申报的,可能面临着商务部做出的停止交易、恢复到交易前状态、罚款以及向社会公告等制裁措施,这些制裁措施无论对交易的继续开展,还是获得其他主管机关(如证监会)的审批来说,抑或对企业的声誉和形象来说,都会产生极其不利的负面影响。

二、证券法公开披露对反垄断申报的可能影响

在反垄断申报问题上,上市公司并购与非上市公司并购所面临的一个主要区别在于,上市公司根据《证券法》的要求有对重要信息或重大事项的信息披露义务。例如,2010年11月4日,百联股份公告了其第六届董事会第二十四次会议关于重大资产重组的决议,包括:(1)上海友谊集团股份有限公司向百联集团有限公司发行A股股份作为支付对价,收购百联集团持有的上海第一八佰伴有限公司36%股权和上海百联集团投资有限公100%的股权;(2)上海友谊集团股份有限公司以新增A股股份换股吸收合并上海百联集团股份有限公司(即百联股份),上海友谊集团股份有限公司为合并后的存续公司……本次重大资产重组尚需满足多项条件方可完成,包括但不限于通过商务部关于本次交易涉及经营者集中的审查、获得国有资产监督管理部门的批准……

2010年12月14日,百联股份公告了关于《获得商务部反垄断审查以及国务院国有资产监督管理委员会、上海市国有资产监督管理委员会的批复》:公司近日接到百联集团有限公司的通知,其已于2010年12月9日收到商务部反垄断局出具《不实施进一步审查通知》,决定对百联集团下属公司重组交易案不实施进一步审查。根据《反垄断法》之规定,反垄断执法机构作出不实施进一步审查决定的,上海友谊集团股份有限公司和上海百联集团股份有限公司可以吸收合并方式实施集中。

对于上市公司并购来说,随着拟议交易事项被披露或公告之后,上市公司尤其

是知名品牌的上市公司，由于其交易标的额大、被公众关注度高、行业的重要性等原因，常常会引起社会各界广泛的反响和关注。

利益相关方，如参与集中经营者的竞争企业、有利害关系的上下游企业或者敌对企业会首先采取各种可能的策略，它们会尽量地寻找各种措辞游说政府当局或者一些当权者；它们也可能利用媒体进行一些声势浩大的反并购宣传报道；它们还可能邀请一些资深专家对该起并购进行一些“权威”的解读，或者通过引用“权威”的解读来支持自己而反对竞争对手；或者干脆这些“利益共同体”达成一个短暂的联盟，采取一致对外的敌对行为以反对可能被他们夸大的并购交易；它们可能单独或者联名向商务部等有关机关控告这起并购交易对市场竞争、对上下游关系甚或对国民经济的发展会产生哪些不利的影响。

公开的披露后，消费者也可能受到影响。支持“民族品牌”、抵制“洋货”的思想至少会在一部分消费者身上起作用，因此外购投资者大张旗鼓地并购中国优秀的上市企业可能引起消费者的反感情绪。

一起被公开的或受广泛关注的交易还可能面临很多掣肘的因素，例如：行业监管者可能会基于本行业自己利益的考量而反对这起并购；一些行业协会可能认为并购交易并不符合本行业长远的规划要求；消费者协会也会认为交易会影响甚至减损已有的消费者福利。除此之外，“公共利益”“国家安全”“民族品牌”“产业政策”等等一些并非竞争因素的评价标准都会被政策制定部门、执行部门和利益相关方拿出来做为支持自身利益主张的依据。

因此，在一个事件引起了外界的高度关注之后，必然会存在诸多的不同争议或涉及更多的利益纠葛。此时，基于“竞争”这一单一因素的反垄断审查就会被许多复杂的评价夹杂其中。如任何事件的发展脉络一样，一个事件被讨论得越充分，不同的意见越多，对一个事件的客观评价就越难接近于真实。商务部做为经营者集中申报反垄断审查的主管机构，需要整合不同利益群体的意见、倾听不同利益相关方的表达、协调各个方面的利益冲突，或者考虑一个决定的社会反响，而不仅仅考虑到这起并购是否会对竞争产生影响。例如，在可口可乐并购汇源果汁案中，根据有关统计数据，汇源在中国果汁市场占 10.3%的市场份额，可口可乐占有中国果汁市场 9.7%的份额，合并后双方份额不会超过 20%。因此，在并购消息出台的初期，各方普遍对于此项交易顺利通过反垄断审查持乐观态度。但是，随着更多利益关系方的卷入，社会各界对可口可乐并购汇源案的关注不断升级。在此背景下，最后，商务部最终以传导效应为主要理由，否决了此项并购。

相反，一起不为公众所周知的交易，比一起众所周知甚至张扬的并购交易更容易通过商务部的反垄断审查。无需信息披露的非上市公司的并购申报所产生的阻力就要小的多。由于非上市公司的并购无需信息披露或公告,并购交易方可以在竞争对手、上下游企业、敌对方、一些相关协会等相关利益方并不知情的情况下开展,或者在这些利益群体还没有来得及做出反应或发出反对声明或控告的情况下迅速地保密地完成,从而可能有效地避开上述的困境。其他政府部门,在中国现阶段各部门之间的沟通和协调并不尽如人意的情况下,也可能因为没有及时获得信息而无法反对。

当然,对于一些重大的涉及重要行业的,或商务部无法确认集中后竞争效果的,商务部本身就会征求相关政府部门、行业商会和协会的意见,或者征求同行竞争者和上下游用户的意见。

三、当并购遇上反垄断:启示与对策

鉴于上市公司并购已经成为反垄断经营者集中审查和证监会的重点关注对象,及商务部对当事人的反垄断申报是否通过具有极大的裁量权,交易方在规划并购战略和开展并购活动时,应积极地评估交易的反垄断风险,准备好可能的反垄断申报工作。同时,应对拟交易事项加以保密,即使不得不对外界披露后,也应保持一种低姿态来尽量避免被利益方和公众的过于关注。为了增加反垄断申报审查通过的可能性,交易方在申报前,应做好积极地准备工作,使得律师在交易结构设计前就介入进来,充分发挥反垄断律师的有利作用,研究第二替代方案。

(一) 交易方需要把获得反垄断机关批准,作为交割的先决条件要素

其一,反垄断审查在时间上给交易的生效带来不确定性。如前所述,商务部的反垄断审查分为两个阶段,第一阶段为 30 日,第二阶段为 90 日。商务部可以另外再延长 60 日。合计 180 日,约半年的时间。在如此长的时间内,市场条件可能发生天翻地覆的变化,交易方必须对此予以考虑。

其二,反垄断审查在结果上给交易的生效带来不确定性。由于商务部可能否决,或者附加限制性条件,这使得交易可能落空,或者对交易双方不再具有吸引力。交易方必须对此予以考虑。

一般而言,交易方需要把获得反垄断机关批准,作为股权转让合同交割的先决条件,以避免因交易被否决而承担违约责任。

(二) 做好可能的反垄断申报分析

1. 不同的集中方式

经营者集中的方式可分为横向集中、纵向集中和混合集中三种:

横向集中主要是指在同一层次市场上具有实际或者潜在竞争关系的当事人之间的集中，如生产、经营相同或相似产品的公司之间的并购；

纵向集中是指集中双方处于互补关系或者上下游的关系之中，如相同产品的供应商与销售商之间的并购即属此类。处于纵向关系的当事人之间的集中行为因它们之间无直接的竞争关系，它比横向集中对竞争产生损害的可能性要小的多，不像横向集中那样容易产生直接和明显的限制竞争效果；

混合集中发生于不同行业的公司之间，如碳酸饮料和啤酒之间的并购，两者虽都属于饮料，但既不是同业竞争，也不是上下游。因此混合集中一般不会显著地改变市场的竞争结构，故对市场竞争影响并不明显，很多国家的反垄断立法也并不将其做为规制对象。

因此，对上市公司并购来说，不同的并购类型产生的反垄断风险可能并不相同。商务部对于上市公司的横向集中可能会予以重点的审查和关注；而对于纵向和混合集中则可能采取一种较为宽松的态度。据商务部的数据显示，在商务部审查的并购案中，横向并购约占案件总数的 62%，纵向并购约占 14%，而混合并购则占总数的约 23%。

当然，横向集中本身并不表明集中一定是反竞争的，它只是一个辅助判断的因素，横向集中不一定产生反竞争的效果，而纵向集中也并不意味着集中后不会产生反竞争的效果。覆盖市场范围过大的纵向集中也会对市场竞争产生一些不利影响，从而成为商务部在经营者集中审查时的竞争关切点。

2. 对市场份额的估量

根据国际反垄断法的一般实践，并购后的市场份额，以及相关市场的集中度，一般是审查中最为关键的因素。因此，当事人应该对各方的相关市场份额引起特别关注。根据以往商务部的审查案例，25%是一个重要的市场门槛，在 25%以下一般不会引起商务部的竞争关注，相对而言会比较容易通过审查；而一个超过 25%并购的当事人则可能面临较为严格的反垄断集中申报的审查。

当然，市场份额并不是唯一考虑因素。其他因素，在不同的案件中，也会产生不同的影响，例如市场集中度较高、市场门槛较高等，都将对竞争分析产生影响。

3. 控制权的转移

根据《反垄断法》第 20 条之规定，经营者集中是指下列情形：(1)经营者合并；(2)经营者通过取得股权或者资产的方式取得对其他经营者的控制权；(3)经营者通过合同等方式取得对其他经营者的控制权或者能够对其他经营者施加决定性影响。

因此，企业在并购时，应充分考虑到收购的目的对反垄断申报的影响，如果是不发生目标企业控制权的转移，则该起并购无需进行反垄断申报；然而如果并购发生了“控制权”的移转，则企业应提前应对接下来可能发生的反垄断审查。

4. 关联公司的影响

根据商务部《经营者集中申报办法》之规定，经营者营业额的计算应包括该经营者直接控制或间接控制的经营者或直接或间接控制该经营者的经营者等关联公司。因此，企业在并购时应充分评估与自己有关的控制企业在相关市场的市场份额和市场力量。

5. 上下游的关系

在向商务部提交反垄断申报之前，交易方尤其应注意自己与上下游企业及用户的关系，例如，当事人与上下游企业之间是否存在独家供货协议或独家销售协议，或者指定交易或维持转售价格协议等情形。虽然这些纵向限制一般不会产生反竞争的效果，但当事人还是应尽量地将这些情况加以考虑，采取适当的措施来消除可能造成的障碍。在一些情况下，商务部会将这些纵向限制做为审查对象，尤其当当事人在相关市场具有重要的市场力量或具有市场支配地位的情形下。

例如，在诺华收购爱尔康经营者集中申报案中，商务部发现2008年诺华的全资子公司上海视康曾与海昌签署了一个《销售和分销协议》，使得海昌成为上海视康在中国境内唯一的经销商，双方通过该协议建立了战略性合作伙伴关联关系。商务部认为，诺华的子公司与海昌签定的独家销售协议有可能导致集中后的企业和海昌在销售此类产品时，在产品价格、数量、销售区域等方面进行协调，从而可能具有排除、限制竞争的效果。最终，商务部要求诺华终止上海视康与海昌隐形眼镜公司之间的《销售和分销协议》，以避免集中后的企业与海昌进行协调。

同样，在松下收购三洋经营者集中案中，商务部发现部分民用镍氢电池下游用户的需求方指定要求该下游用户使用三洋或松下品牌的电池产品。商务部认为此种指定交易方式抑制了市场竞争，导致其他品牌的电池产品受到排挤，合并将进一步加剧此种限制竞争的效果。

(三) 公司并购的不张扬和低姿态策略

其一，如前所述，在很多情况下，秘密性和非公开地开展并购交易可以有效地减少来自诸多方面尤其是竞争对手和敌对方的阻挠和抵制活动，从而有助于反垄断申报审查的通过。当然对于上市公司的收购来说，由于存在着《证券法》要求的强制披露义务，很多收购计划必须进行公告而无法对交易事项进行保密。但是，基于一项并购交易的长远策略考量，集中方应尽量采取一种不张扬的姿态来开展并购交易，这不仅能够最大程度地减少各部门、利益群体及社会公众对交易的关注度，而且一个友好和低调的处事策略也能够获得各方的好感。

其二，事前做好利益关系方的宣传工作。即使对于不得不披露的拟收购交易，如果交易方发现或认为，交易将对相关市场的竞争可能产生排除或者限制的效果，有可能招致利益相关方的反对，有必要开展相关宣传工作，从而减少上述反对。此时，交易方即应积极研讨或计划各种应对策略，对行业协会、有关商会、消费者协会、主管部门等展开相关的宣传工作。特别是，可以宣传交易的正面积极因素，例如可以给消费者带来更多的好处，不会影响其他竞争者的根本利益，可以促进技术的进步，可能带来更多的就业机会，禁止交易将带来负面的后果等等。

（四）反垄断律师的事前介入

律师的提前介入可以帮助交易方避免没有必要的申报。经营者的营业额是一个客观的标准，未达到标准的经营者集中，一般毋须申报。此外，收购方也可以通过合理选择目标，策划股权比例以及章程，来回避没有必要的申报。因此，事前咨询律师有利于避免没有必要的申报。

如果申报是必须的话，那么交易双方就必须为此做好充分准备。提前准备申报材料将有利于缩短整个交易的时间表。反垄断申报的顺利通过，不仅取决于交易方的实际情况，也取决于申报材料是否合理充分地对交易的竞争效果进行分析和阐述。由于整个反垄断法律制度建立在相关市场、市场份额、市场开放度、竞争效果等等大量的分析的基础之上，不同的分析方法、数据和模型等因素都会对最终的结果产生重要影响。合格的法律顾问有助于帮助企业甄别存在的反垄断法风险，科学地组织材料，扬长避短，强调交易的合理性和效率性，突出交易对竞争的积极作用，从而有利于反垄断申报的顺利通过。

除却反垄断法律师之外，交易方可以向商务部申请事前商谈，从而明确相关问题，从而决定是否需要进行申报。

另外，如果交易方发现交易对竞争秩序有较大的影响，交易可能会被商务部否决或者附加限制性条件，企业应主动积极考虑替代性方案，并争取获得商务部的支持，从而避免因迟迟提不出替代方案而陷入被动。

中国公司上市的地理与治理
——对证券市场行政治理的再阐释*

程金华**

有了政府，你没法发展"市场"；但是，没有政府，你也发展不了。

——道格拉斯·诺斯①

一、引论：证券市场的"公司治理"与"行政治理"

在现代市场经济中，无论是微观层面的企业发展还是宏观层面的国家经济建设，都在很大程度上依赖于一个有效的证券市场。一些发达资本主义国家的历史经验表明，有效证券市场的形成至少需要若干制度性的基础设施，其中包括法治、独立的监管机构以及有效的信息传播渠道。② 就法治方面而言，近年来相当流行的"法律与金融"(law and finance)研究流派认为，一国法律制度对(中小)股东利益进行保护的力度同该国证券市场的融资能力呈正相关关系。③

然而，中国的证券市场发展道路似乎同上述经验相悖。在中国，一方面，不仅现有上市公司的主体是国有企业，④而且代表国家行使国有企业所有权的各级

* 作者在写作过程中受益于同华东政法大学国际金融法律学院全体教师的讨论，并得到唐婧、何廷财两位研究生同学在收集相关数据材料上的鼎力协助。同时，作者的一些观点也受启发于同上海证券交易所的陈亦聪博士的讨论。此外，研究生陈冲同学对本文文字的润色做出了重大贡献。在此，作者一并表示最真诚的感谢！当然，文中所有一切可能的错误都由作者本人承担责任。本文系上海市哲学社会科学一般课题项目"分权的两面性及地方经济保护主义的法律治理"(项目编号 2009BFX007)的中期成果。

** 程金华，北京大学法学院金融法研究中心 1998 级硕士，工作单位：华东政法大学国际金融法律学院。

① North, Douglas C., "Government and the Cost of Exchange in History," *Journal of Economic History*, Vol. 44, No. 2, 1984, p. 260.

② Zhiwu Chen, "Stock Market in China's Modernization Process-Its past, present and future prospects," *Yale School of Management Working Papers*, 2006.

③ Rafael La Porta, Florencio Lopez-de-Silanes, Andrei Shleifer, & Robert W. Vishny, "Law and Finance," *The Journal of Public Economy*, Vol. 106, Issue 6, 1998, pp. 1113 - 1155.

④ 根据夏立军和方铁强的一项研究，在 2001—2003 年间上市交易的企业中，79%的上市公司被各级政府所控制，其中各级地方政府和中央政府控制的分别占 56%和 23%。参见夏立军、方铁强：《政府控制、治理环境与公司价值》，载《经济研究》2005 年第 5 期，40—51 页。

政府在很长的一段时间内掌握着企业上市的名额。[①] 在理论界，人们把具有“国有企业的主导地位”和“地方政府分享上市配额”这两个显著特征的中国证券市场治理模式称之为“行政治理”(administrative governance)——与之相对应的是“公司治理”(corporate governance)。[②] 但在另一方面，同公司治理理念看起来相去甚远的中国证券市场治理模式表现还算不错，尤其是相比较其他转型经济体而言。[③]

很显然，这种“具有中国特色”的证券市场发展路径，需要一个明确的解释——解释它的本质与实际效果。对它的解释不仅事关如何理解中国证券市场在改革开放年代的发展逻辑，也同最近几年一个更加宽泛的世界性讨论相关：法律制度同资本主义的发展到底有什么样的关联——如果还存在因果关系的话，是一种怎样的因果关系？[④] 在本文中，我们试图通过经验的分析，对中国证券市场的行政治理做一个尝试性的再阐释。

二、理解中国证券市场的行政治理模式：基本理论与方法论

针对上述中国证券市场的独特发展路径，我们在这个小节中首先对行政治理

---

① 中国证券监督管理委员会在其编撰的《中国资本市场发展报告》(12—13 页，中国金融出版社，2008 年)中提到：“在市场创建初期，各方对资本市场的规则、市场参与者的权利和义务的认识不全面，为防止一哄而上及因股票发行引起投资过热，监管机构采取了额度指标管理的审批制度，即将额度指标下达至省级省府或行业主管部门，由其在指标限度内推荐企业，再由中国证监会审批企业发行股票。”

② Julan Du & Chenggang Xu, “Which Firms went Public in China? A Stud of Financial Market Regulation,” *World Development*, Vol. 37, No. 4, 2009, pp. 812 - 824; David A. Caragliano, “Administrative Governance as Corporate Governance: A Partial Explanation for the Growth of China's Stock Markets,” 30 *Mich. J. Int'l L. 1273*(2008 - 2009).

③ Julan Du & Chenggang Xu, “Which Firms went Public in China? A Stud of Financial Market Regulation,” *World Development*, Vol. 37, No. 4, 2009, pp. 812 - 824；[美]柯提斯・米尔霍普和[德]卡塔琳娜・皮斯托著，罗培新译：《法律与资本主义——全球公司危机届时的法律制度与经济发展的关系》，北京大学出版社 2010 年版，第七章。

④ 关于法治同市场发展的一般性讨论，参见 North, Douglas C., *Institutions, Institutional Change, and Economic Performance*, New York: Cambridge University Press, 1990。关于法治同证券市场发展的讨论，参见 Rafael La Porta, Florencio Lopez-de-Silanes, Andrei Shleifer, & Robert W. Vishny, “Law and Finance,” *The Journal of Public Economy*, Vol. 106, Issue 6, 1998, pp. 1113 - 1155；John C. Coffee, Jr., “The Rise of Dispersed Ownership: the Roles of Law and the State in the Separation of Ownership and Control,” *The Yale Law Journal*, Vol. 111, 2001, pp. 1 - 84；[美]柯提斯・米尔霍普、[德]卡塔琳娜・皮斯托著，罗培新译：《法律与资本主义——全球公司危机届时的法律制度与经济发展的关系》，北京大学出版社，2010 年版。关于法治同中国市场经济发展的一般性讨论，参见 Clarke, Donald, Peter Murrell, and Susan Whiting, “The Role of Law in China's Economic Development,” in Thomas Rawski & Loren Brandt ed., *China's Great Economic Transformation*, Cambridge: Cambridge University Press, 2008, pp. 375 - 428。关于法治同中国证券市场发展的讨论，参见 Zhiwu Chen, “Capital Markets and Legal Development: the China case,” *China Economic Review*, Vol. 14, 2003, pp. 451 - 472.

做简单的定义，然后再归纳现有的两种主要解释理论及其方法论。接着，我们指出本文的研究方向和研究方法。

（一）定义中国证券市场行政治理模式

在证券市场中，政府的“有形之手”无处不在。① 即便在发达资本主义国家，关于政府对证券市场的监管边界，也是个有争议的问题。比如，在2008年金融危机之后，前世界银行首席经济学家及诺贝尔经济学奖获得者约瑟夫·斯蒂格利茨等人就呼吁“是需要一只有形之手的时候了！”②因此，并非证券市场中所有的政府行为都属于“行政治理”的范畴。相反，很多政府行为都属于针对证券市场的必要监管行为。

在本文中，我们视两种特定的政府干预行为为行政治理。其一，在微观的企业经营层面，政府直接控制企业经理层的任免——如此以直接或者间接影响企业的经营，并违背了控制权和经营权相分离的公司治理原则。在中国，众多的国有企业普遍是按照这一逻辑来运作的。其二，在证券市场中，企业能否上市不直接由其市场业绩所决定，相反由政府是否给予其上市配额所决定。在中国证券市场发展的早期，这典型地体现在地方政府控制了企业上市的绝大部分年度配额。根据中国证监会的解释，企业上市配额制是指“国务院证券委根据国民经济发展需要及证券市场实际情况，先确定当年的发行总额度，然后根据各省级行政区域、行业地位和需要进一步分配总额度。”③根据这两个标准，表1把现有的上市公司划分为四大类。

表1 政府干预与上市公司类型

		由政府分派上市配额	
		是	否
政府控制企业的经理层	是	第一类上市公司： 地方政府控制上市配额，并把配额分配给其上市的国有企业	第二类上市公司： 不是通过获得配额而上市的国有企业
	否	第三类上市公司： 地方政府控制上市配额，并把配额分配给其上市的非国有企业	第四类上市公司： 不是通过获得配额而上市的非国有企业

① Joseph E. Stiglitz, “The Role of the State in Financial Markets,” *Proceedings of the World Bank Annual Conference on Development Economics*, 1993.

② Joseph E. Stiglitz et al eds., Time for a Visible Hand: lessons from the 2008 world financial crisis, Oxford: Oxford University Press, 2010.

③ 中国证券监督管理委员会编《中国资本市场发展报告》，北京：中国金融出版社，2008年，第13页，注1。

很显然，表1中的第一类上市公司的治理模型典型地体现了行政治理的内涵。相反，第四类上市公司的绝大部分企业采用了典型的公司治理模式。对于第二、三类上市公司，政府干预的方式不一样也不完全，都介于第一类的典型行政治理和第四类的公司治理模式之间。我们不妨把第二、三类企业认定为采用了“准行政治理模式”。

（二）理解行政治理的现有两种主导观点

我们可以把对中国证券市场行政治理模式的现有理论大致归纳为两种。一种理论以公司治理为规范模型，对中国证券市场发展中存在的过度行政控制表达了深度的担忧。比如，陈志武的系列文章认为，法治的缺乏致使中国证券市场具有不可持续发展性；相反，境外的（尤其是香港的）证券市场会逐步替代境内的A股市场成为中国企业最主要的资本募集场所。[①] 再如，彭冰从中央地方博弈的角度，批评了作为大股东的地方政府对上市国企小股东利益的挤压。[②] 我们不妨把这种阐释归结为：行政治理是反法治的，有损中国（国有）企业公司治理的形成，并且会从根本上危害中国证券市场的发展。

相反，许成钢、杜巨澜等人的研究认为，在“法律不完备”（incomplete law）的制度环境之下，中国证券市场中的行政治理具有明显的法治替代效应。[③] 并且，他们认为，经验数据表明，地方政府倾向于把绩效良好的国有企业改制上市——地方政府的这种“帮助之手”，有利于克服单一中央监管机构对地方企业不够了解的信息不对称问题。因此，他们认为，中国上市公司的行政治理是有利于中国证券市场发展的。[④]

上述两种观点的交锋，在一定程度上也是观察与研究中国证券市场治理模式方法论的交锋。对于前一种“行政治理反对公司治理”的观点而言，研究者大都以（上市）企业的内部治理为主要研究对象，并在价值上把公司治理视为标准模型，[⑤] 批判政府有形之手对个体企业发展的（阶段性）负面影响。而且，这种观点多流行于法学研究，并重点回答“中国证券市场治理模式应该怎样变得更理想”这个价值问题。对于第二种“行政治理替代公司治理”的观点而言，研究者大都以中国证券

---

① Zhiwu Chen, "Stock Market in China's Modernization Process: Its past, present and future prospects," *Yale School of Management Working Papers*, 2006.

② 彭冰：《中央和地方关系中的上市公司治理》，载《北京大学学报（哲学社会科学版）》，总第45卷第6期，2008年，第75—82页。

③ K. Pistor, & C. Xu, "Incomplete Law," Journal of International Law and Politics, Vol. 35, No. 4, 2003, pp. 931-1013;

④ Julan Du, & Chenggang Xu, "Which Firms went Public in China? A Stud of Financial Market Regulation," *World Development*, Vol. 37, No. 4, 2009, pp. 812-824.

⑤ 当然，对于什么是标准的“公司治理”，即便以公司治理为标杆的学者们也有众多争议。

市场的整体发展为主要研究对象，并通常用实证的经验研究来描述和解释中国证券市场发展的事实，[①]对中国证券市场发展的“次优战略”抱以同情的赞誉。后一种研究多流行于政治经济学者，并重点回答“中国证券市场治理模式是否已经变得更理想”这个事实问题。

（三）本文的尝试：从中国公司上市的地理特征来理解行政治理的动态演化

上述两种从不同角度对行政治理模式的争论，至今并没有标准答案。本文的主要意图在于从中国公司上市的地理特征来研究这个问题，并试图拓宽人们讨论这个话题的视野。

在方法论上，我们更认同上述第二种论点的研究思路，也就是把行政治理放在中国经济转型这个大的语境中去，动态地、历时地、经验地看待中国证券市场的发展和演变。我们采用这种思路的最根本原因是当代中国证券市场建设的“新兴加转轨”这个最大现实。因为这个市场是新兴的，所以她的发展势必是在缺乏必要制度支持下进行的——尤其地，在证券市场开始试验性建设的1980—1990年代，中国既没有一套相应的经济法律制度体系，也没有一批具有相关执业经验的律师、会计师、投资银行家、监管者和立法者。[②] 因为当代中国证券市场是转轨的，所以她的建设不是在制度真空中进行的；相反，她要在同“旧制度”及其利益相关者的博弈中发展。因此，对在中国发展一个现代的证券市场而言，“新兴加转轨”所造成的制度约束是加倍的。[③] 为此，我们或许可以前瞻地期待，在不久后的未来，公司治理模式将在中国证券市场落地生根；但是，我们不能苛求公司治理这样一个完全陌生的制度模式在短短的二三十年内在中国发展起来。同时，在研究方法论的考虑上，我们也同意夏立军和方轶强的看法：“中国上市公司的公司治理问题可能与西方国家大大不同，考察中国上市公司的公司治理问题必须对中国上市公司所处的特殊环境进行分析。然而，以往的关于中国上市公司的公司治理问题的研究过多地关注股权结构对公司治理的影响，而忽视了对上市公司背后的政府行为以及公司所处治理环境的分析。”[④]

因为这样，回答“中国证券市场治理模式是否已经变得更理想”的意义不亚于回答“中国证券市场治理模式应该怎样变得更理想”的意义。相应地，在本研究中，我们

---

① 当然，在经验研究中，什么是“事实“，也是由不同标准来衡量的。

② 严格意义上，为市场经济建设启动的大规模法治建设开始于1992年邓小平的“南巡讲话”之后。同治本市场建设最为相关的《公司法》到1993年才通过；《证券法》到1998年才通过。

③ 也参见吴志攀主编：《市场转轨与规则嬗变——WTO条件下中国证券市场法制环境面临的挑战与完善建议》，北京：北京大学出版社，2004年。

④ 夏立军、方轶强：《政府控制、治理环境与公司价值》，载《经济研究》2005年第5期，第40页。

借助过去二十年中国公司上市的地理特征及其演变来回答前一个问题。在这里，公司上市的“地理特征”是指在每个年度，中国证券市场首发上市的企业的省籍分布。我们选择中国公司上市的地理特征作为研究的主要切入点，是因为年度首发上市企业的省籍分布不仅可以很好地衡量（地方）政府控制上市配额的实际效果，而且可以通过收集不同阶段的数据来量化（地方）政府对中国证券市场施加行政性影响的趋势。

在此，我们有必要简略回顾一下中国证券市场经历的不同发展阶段。[①] 从地方政府的参与这个角度而言，她的发展大致可以划分为如下几个阶段。首先，在1978—1992年间，这是“诸侯逐鹿中原”的时代。在这个时期，中国证券市场发展以地方政府试验为中心；证券市场的发展同各地的国企改革和其他方面的经济体制改革捆绑在一起；证券交易的形式和内容没有统一规范。[②] 其次，自1993年以后，中央开始不断收回并集中对证券市场进行统一监管的权力。其标志性事件之一是，国务院证券管理委员会和中国证监会在1992年10月成立。规范化也意味着专业化，也意味着中国证券市场的发展同经济体制改革的其他方面开始脱钩。在这个时期，中央政府开始对证券市场实施统一监管，只保留了两个全国性的股票交易市场——上海证券交易所（“上交所”）和深圳证券交易所（“深交所”）。也在同时，中央政府对年度上市的名额实行配额制。第三，进入新世纪之后，中国证券市场发展进入新一轮的调整期——其主要目标是发展更加现代化、体现“三公”（公开、公平和公正）的证券交易市场制度。在21世纪初的前几年，中央证券监管机构大幅度地减少了年度首发上市企业的数量，并最后取消了企业上市的地方配额制，而发展更加专业的公司上市保荐制度。同时，经过调整后的深交所开始发展“中小企业板”以及更为新近的“创业板”。这些新的发展意味着，从地方政府介入全国性证券市场的运作来看，中国的证券市场治理模式——在理论上——实现了部分的“去行政化”。

换句话说，经过几个阶段的调整和发展，中国证券市场的主导治理模式——在理论上至少——已经从典型的行政治理（表1中的第一类上市公司）向“准行政治理”模式（表1中的第二类上市公司）转变。在这个转变中，中国证券监管体制发展体现了如下几个特点：（一）从基本上由地方监管，到地方与中央共同监管，再到基本由中央单独监管；（二）由分散监管到集中统一监管；（三）由主要依靠政策、行政指令监管到主要依据法律、法规监管。[③] 或者说，证券市场的治理模式呈现了理论

① 参见中国证券监督管理委员会编《中国资本市场发展报告》，北京：中国金融出版社，2008年。

② Fang Liufang, “China's Corporatization Experiment,” 5 *Duke J. Comp. & Int'l L.* 149(1994 - 1995).

③ 王超：《中国证券监管体制的立法再造——〈证券法〉中证券监管体制规定研究》，载吴志攀、白建军主编《证券市场与法律》，29页，中国政法大学出版社，2000年。

上的“法治化”趋势。

当然,这种理论上的“去行政化”与“法治化”,需要在经验上得以证实或者证伪。这也是本文的重点所在。在下文中,我们先以经验数据来说明在1990—2009年间中国公司上市的地理特征。然后,我们在总结经验发现的基础上,提炼我们对中国证券市场行政治理的理解,以此回应“行政治理反对公司治理”和“行政治理替代公司治理”的争论。

三、中国公司上市的地理特征:1990—2009年

诚如前文所言,本研究以中国证券市场行政治理的主要特征之一——地方政府对企业上市过程的干预——为研究对象。而这种地方政府有形之手的发挥,通常表现为它们在(上市)企业和中央证券监管部门之间扮演了不可或缺的桥梁作用。在操作上,中央政府曾一度把年度的上市配额分配给各地方政府,由地方政府“推荐”属地企业上市。而此类“推荐”在事实上具有“已经审批通过”的效果。在经验上,我们可以通过统计和描述年度首发上市公司的省籍来测量上市配额制的实际效果。这也是本小节的主要任务。

(一)数据概述

我们研究的时间跨度从上交所和深交所成立的1990到2009年底,其间跨度刚好是整整二十年。[①] 在这期间,中央证券监管机构批准境内上市的主要是A股,但也批准了不少企业B股上市交易。但是,B股不在本研究范围之内。我们放弃B股的原因有三个。第一,最根本的原因是,B股在中国证券市场中扮演的角色越来越不重要——被中国企业直接境外上市融资所替代。这体现在,自2000年以来,在中国证券市场上交易的B股总数不仅没有增加,反而在减少。[②] 其二,A股和B股不在一个盘子里交易,所以政府监管力度和博弈方式也不一样。其三,许多企业的A和B股事实上在同一天或者同一年首发上市,所以我们有理由相信这些A股和B股的上市审批,是“一揽子”进行的——所以在经验研究上,也应当被视为同一个案例。

---

① 上交所和深交所分别成立于1990年11月26日及12月1日。在1990年之前,只有一只至今还在资本市场上公开交易的股票——发行于1986年的“飞乐音响”。

② 根据中国证券监督管理委员会的统计,在2000—2008年间,中国境内上市外资股(B股)的总数分别为114、112、111、111、110、109、109、109及109家。参见中国证券监督管理委员会编《中国证券监督管理委员会年报2008》,45页,北京:中国财政经济出版社,2009年。

我们的数据主要来自中国证券监督管理委员会("中国证监会")、上交所和深交所公布和统计的上市公司整体数据与个案资料。其中,在上交所的官方网站中,该所公布了"上市A股"、"上市B股"、"首次发行待上市股票"、"暂停上市公司"和"终止上市公司"的详细名单和个股的描述信息,其中包括了个股的首发上市日期和注册地址。① 同样,在深交所的官方网站中,该所公布了"上市公司列表"、"A股列表"、"B股列表"、"中小企业板"和"创业板"的详细名单和个股的描述信息。② 我们主要依据这两个数据来源进行描述与分析,在必要时同中国证监会所公布的材料加以核实。

(二) 1990—2009年中国企业A股首发上市概况

1990至2009年的二十年间,在上交所和深交所共计首发A股股票1779只,其中在上交所首发890只,在深交所首发889只。这些A股股票的绝大多数现在依旧分别在沪、深两市进行交易。但是,其中分别有11和35只曾在在上交所交易的股票目前被暂停和终止交易;分别有20和33只在深交所上市的股票被暂停交易和终止交易。图1描述了1990—2009年间沪、深两市年度首发A股的数目(包括主板、中小企业板和创业板)。

图1 沪、深证券交易所年度首发A股数(1990—2009)

我们可以从图1很直观地看出来,在中国证券市场的最近二十年的发展中,年度首发上市股票数的波动非常大。相比上交所而言,在深交所首发上市的股票数目波动更大。在1996—1999年间,在深交所首发的A股数目都比上交所多。但是,在2001—2003这三年间,深交所进入调整整顿期,股票的首发上市几乎被冻

---

① 参见上交所官方网站公布的"上市公司代码列表":http://www.sse.com.cn/sseportal/webapp/datapresent/SSEQueryStockInfoAct?keyword=&reportName=BizCompStockInfoRpt&PRODUCTID=&PRODUCTJP=&PRODUCTNAME=&CURSOR=1&tab_flg=1(最后于2010年10月6日访问)。

② 参见深交所官方网站公布的"市场数据"的"股票"信息:http://www.szse.cn/main/marketdata/jypz/colist/(最后于2010年10月6日访问)。

结。在深交所重点发展中小企业板和创业板之后，深交所的首发上市又趋比上交所活跃——在2009年，在深交所首发上市的股票数刚好是上交所的10倍。

（三）1990—2009中国企业A股首发上市的省籍分布及其特征

除了了解在过去二十年间中国公司A股首发上市的一般性情况之外，我们更关心这些公司上市的地理特征。相应地，表2（表2至表7见文章后附表）描述了1990—2009年间在沪、深两市A股上市企业的省籍分布。[①] 在省籍排序上，表2按照拥有上市公司的总量进行排序，以便一目了然地观察各省拥有上市公司的多寡情况。[②]

我们从表2可以看出中国企业A股上市省籍分布的一些基本特征。首先，各省级单位拥有注册上市公司的比率非常不均匀。拥有A股上市企业最多的省份（广东省）比最少的几个省份（青海、西藏、宁夏）多出20多倍。其二，相应地，中国经济最发达省份拥有上市公司的数量远远超出次发达及最不发达的地区。在中国企业上市占据领先地位的前四名省级单位分别是广东、上海、浙江和江苏。总的看来，在这四个地方注册的上市A股企业占了中国所有同类企业的37.9%左右。

（四）中国公司A股首发上市省籍分布的发展趋势（整体分析）

表2所表达出来的中国企业A股首发上市的省籍分布及其基本特征，符合我们的直观印象。但是，本文更关心的是中国公司上市省籍分布的发展趋势。我们在这里汇报两个指标。一个是自1990年以来，每个年度首发上市公司省籍分布离散性变化的趋势；另一个是不同集团省份所拥有上市公司份额总量的发展趋势。下面，我们分别解释这两个指标，并汇报从数据中得出的结果。

首先，为了测量每个年度首发上市公司省籍分布的离散性，我们计算每个省级单位在特定年度拥有首发上市公司数目在该年度全部数目中的百分比，然后计算所有省级单位百分比的标准差。比如，在2009年度，中国A股首发上市公司数目总数为99家，其中注册地在广东省（包括深圳市）的上市公司数目为24家，因此该年度广东省拥有首发上市公司的百分比为24.2%。以此类推，我们可以计算出所有31个省级单位在2009年度分别拥有首发A股上市公司的百分比。根据这些百分比，我们可以计算出它们的标准方差是0.054。当然，尽管标准方差可以衡量这

---

① 必须指出的是，我们定义的“省籍”是2010年上交所和深交所公布的上市公司的注册地信息。这里存在一定的误差，也就是因为种种原因，部分现有沪、深两市交易股票的上市公司的注册地受影响。

② 表2所体现的重庆拥有上市A股的数量，不包括1997年及以前在沪、深两交易所上市的重庆企业。因为重庆在1997年才成为直辖市，所以我们把此前的上市公司归属地划归为四川省。

些百分比的离散度——因此可以测量所有省份在拥有年度首发上市公司额度的离散度，但是单独一个年度的标准方差并不能说明什么问题。我们关心的是这种离散度的发展态势。相应地，图 2 描述了 1990—2009 年间每个年度所有省份拥有当年度首发上市公司百分比的标准方差数值及其发展趋势图。

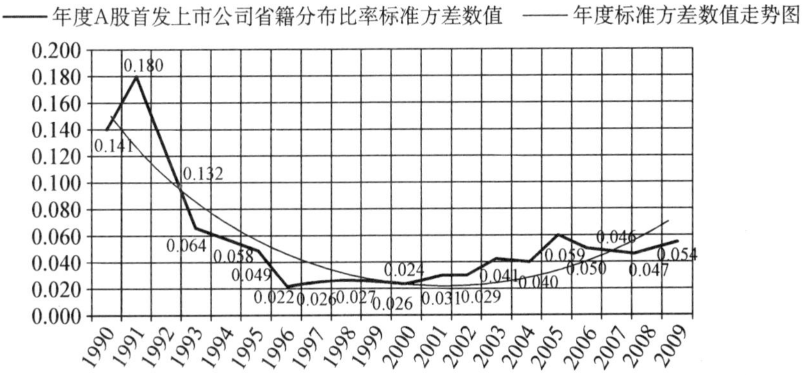

图 2　A 股首发上市公司省籍分布离散度及其趋势图(1990—2009)

图 2 表现了一个非常有意思的趋势图。自 1990 年中国建立上交所和深交所以来，上市公司的年度省籍分布大体现呈现出两个相反的趋势。在 1990 年代的初期，上市公司的地区分布呈现出差异性减少的态势——在数据上表现为年度标准方差越来越小。然后，在 1990 年代末，这个数据维持在谷底若干年。进入 21 世纪之后，上市公司的省籍分布又呈现为差异性增大的态势——在数据上表现为年度标准方差越来越大。事实上，图中的 U 型“趋势图”很好地表现了中国上市公司分布“集中-平均-再集中”的发展趋势。

在这样一个的发展趋势中，“集中-平均”以及“平均-再集中”两个不同的发展趋势都意味着一些省份获得了更多的上市份额，而另一些则牺牲了份额。那么，进一步的问题是：哪些省份在这个发展态势中获得了（失去了）更多的年度 A 股首发上市公司的份额？

表 3 汇报了四组省级单位的数据。第一组是广东和上海的数据，表达了两个股票交易所所在地上市公司的份额。并且，在 1990—2009 年间，这两个省级单位拥有 A 股上市公司的总量在全国分别居第 1 和第 2 名。第二组是浙江和江苏的数据，表达了中国民营企业最发达（但又不具有广东和上海这样地缘优势）的省份的上市公司的份额。这两个省份拥有 A 股上市公司的总量在全国分别居第 3 和第 4 位。第三组数据是北京市的数据。我们把北京市单列的原因是，许多上市的中央国有企业在北京注册。在拥有 A 股上市公司的总量上，北京市也刚好排名第 5。

这样，前三组五个省市在1990—2009年间的上市公司拥有总量几乎占据了中国的半壁江山(45.1%，或者802/1779)。最后，我们把余下的省级单位放在一组。①为了更加直观地表现这四组数据之间的差异，我们利用图3至图6来描述这四组省份集团的年度比率分布及其走势。

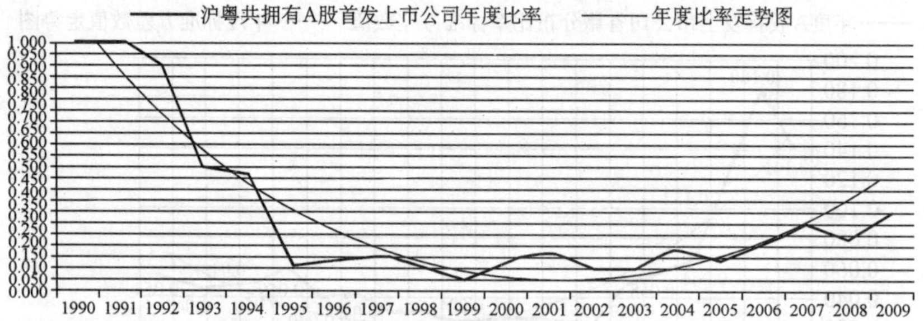

图3　沪粤两省市共拥有A股首发上市公司年度比率及其走势图(1990—2009)

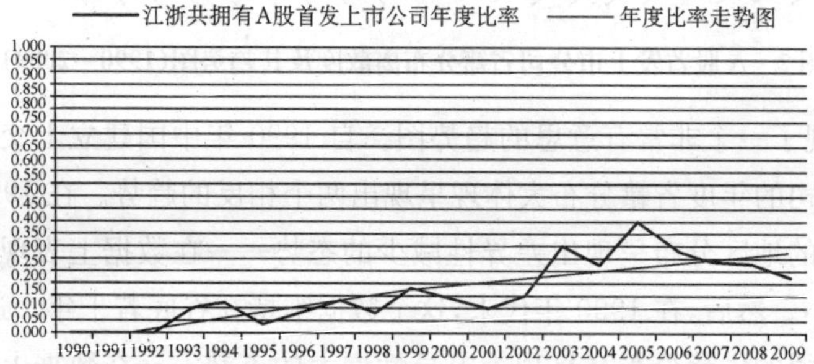

图4　江浙两省共拥有A股首发上市公司年度比率及其走势图(1990—2009)

图5　北京市拥有A股首发上市公司年度比率及其走势图(1990—2009)

---

① 把余下的所有省级单位归为一类的做法，是非常主观的。毕竟，这些"余下省级单位的内部差异性非常之大。不过，这些差异性并不是我们的主要研究兴趣。

表2　中国企业A股首发上市按年度的省籍分布(1990—2009)

	1990	1991	1992	1993	1994	1995	1996	1997	1998	1999	2000	2001	2002	2003	2004	2005	2006	2007	2008	2009	省份小计	
																					个数	百分比
广东	2	4	14	25	25	3	16	21	6	2	12	8	4	5	13	2	10	25	14	24	235	13.21%
上海	6		22	38	28		13	10	7	3	5	4	4	3	4		3	9	3	6	168	9.44%
浙江				6	7		8	11	4	8	10	2	5	8	18	3	9	20	11	11	141	7.93%
江苏				4	5	1	11	14	5	8	9	6	6	12	6	3	11	12	8	9	130	7.31%
北京			1	2	4	1	8	14	9	10	12	9	5	7	6		8	12	4	16	128	7.20%
山东				5	2	1	17	9	9	5	10	3	7	1	6	2	8	5	8	3	101	5.68%
四川				9	8	6	14	22	10	3	1	7	2	1	3			2	6	5	99	5.56%
湖北			1	4	1	1	12	12	7	6	8	3	1	1	5			2		3	67	3.77%
湖南				3			11	8	2	7	6	2	2	3	6		2	3	2	4	61	3.43%
福建				7	2	1	10	7	2	3	3	1	4	2	3		4	3	6	2	60	3.37%
辽宁			1	4	1	2	11	15	6	2	7	2	2				1	2	3	1	60	3.37%
安徽				2	1		5	5	5	1	6	2	6	4	8	1	1	5	3	2	57	3.20%
河南				1	1	1	3	5	5	6	2	2	2	3	1	1	2	3	2	3	43	2.42%
河北					2		7	5	4	3	2	1	3	2	3	1		2		1	36	2.02%
吉林				5	2	1	8	5	2	3	2	2	1	2				1	1		35	1.97%
新疆					1		5	4	1	3	5	2	2	3	1		2	1	2	2	34	1.91%
陕西				1	4		6	6	2	2	2		2	1	2			2	2	1	33	1.85%
黑龙江				1	4		7	5	4	4	3	1	2								31	1.74%

续 表

	1990	1991	1992	1993	1994	1995	1996	1997	1998	1999	2000	2001	2002	2003	2004	2005	2006	2007	2008	2009	省份小计	
																					个数	百分比
山西					1		4	6	4		4	1	1	4	1		3				29	1.63%
天津				2	1	1	4	4	1	2	1	5	2					4		1	28	1.57%
云南				1	2	1	2	3	3	3	3			1	3		2	3	1		28	1.57%
广西				1		1	3	3	2	2	5	2		2	1			3		1	26	1.46%
江西				1			4	5		1	3	2	5	1	1		1	2			26	1.46%
甘肃					1		5	3	1	1	4	1	1		2			2	1	1	23	1.29%
海南			2	1	5		3	4	1	3	2		1							1	23	1.29%
内蒙古					1	1	3	4	1	1	5	1			1	1		1			20	1.12%
贵州					1		2	2	1	1	1	4			4	1					17	0.96%
宁夏					1		2	1	3	1	2			1							11	0.62%
重庆										3	2	1	1		2			1		1	11	0.62%
青海						2	3	1			1	1						1			9	0.51%
西藏						1	2	2		1	1	1								1	9	0.51%
年度总量	8	4	41	123	111	25	209	216	107	98	139	76	71	67	100	15	67	126	77	99	1779	100%

表 3　不同省份集团拥有 A 股首发上市公司的年度比率(1990—2009)

	1990	1991	1992	1993	1994	1995	1996	1997	1998	1999	2000	2001	2002	2003	2004	2005	2006	2007	2008	2009	平均
沪粤	1.000	1.000	0.878	0.512	0.477	0.120	0.139	0.144	0.121	0.051	0.122	0.158	0.113	0.119	0.170	0.133	0.194	0.270	0.221	0.303	0.227
江浙	0.000	0.000	0.000	0.081	0.108	0.040	0.091	0.116	0.084	0.163	0.137	0.105	0.155	0.299	0.240	0.400	0.299	0.254	0.247	0.202	0.152
北京	0.000	0.000	0.024	0.016	0.036	0.040	0.038	0.065	0.084	0.102	0.086	0.118	0.070	0.104	0.060	0.000	0.119	0.095	0.052	0.162	0.072
其他	0.000	0.000	0.098	0.390	0.378	0.800	0.732	0.676	0.710	0.684	0.655	0.618	0.662	0.478	0.530	0.467	0.388	0.381	0.481	0.333	0.549

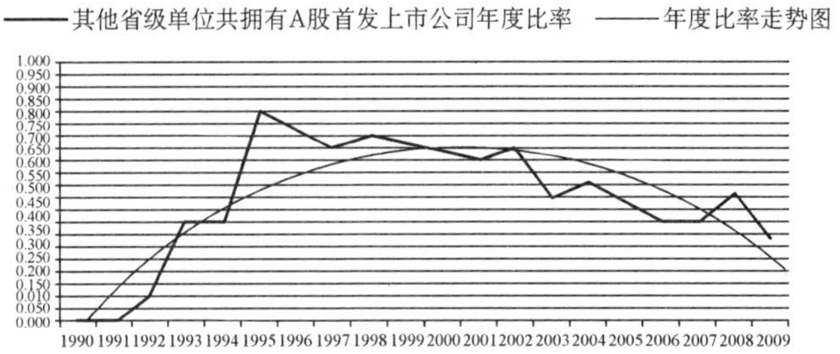

图 6 其他省级单位共拥有 A 股首发上市公司年度比率及其走势图(1990—2009)

从上述这组图中,我们可以一目了然地看出,这四组不同省级单位的组合具有明显的数据差异。第一组沪粤两省市共拥有 A 股首发上市公司年度比率可谓是大起大落——其走势同中国整体的走势有点类似。开始,这两个省市拥有所有上市交易的公司;然后,其比率急剧下降(到 1999 年只有 5%左右或者 5/98);接着,到 2007 及以后恢复到 20%以上。相应地,这个组合的比率走势图也表现为 U 型图。第二组(江浙两省)和第三组(北京市)的表现则越来越稳健,其走势图为上升趋势。[①] 就江浙两省而言,在 1998 年之前,它们共拥有 A 股首发上市公司的年度比率为 10%左右或者以下,而在 2003 年之后,则保持在 20%以上(2005 年一度拥有总量的 40%)。[②] 而第四组的其他所有省级单位的组合则表现了同沪粤两省市截然相反的走势——其"倒 U 型"走势图说明,这些省份的多数是中国公司上市省籍分布从"集中"到"平均"发展的最大受益者。在 1995—2002 的八年间,这些省级单位共拥有 A 股首发上市公司的年度比率分别是 80.0%、73.2%、67.6%、71.0%、68.4%、65.5%、61.8% 和 66.2%,这段时间平均年度拥有率是 69.2%——远远高于它们在 1990—2009 这二十年间的平均年度比率 54.9%。而在同期,中国年度 A 股首发上市公司的省籍分布也是最平均的一段时间(参看图 2)。很显然,这些中国公司上市的地理特征值得深入探讨。

四、交易板块差异性对公司上市地理特征的影响

在对 1990—2009 年间中国 A 股市场企业上市的地理特征作了整体性描述以后,我们还得进一步思考的一个问题是:在过去二十年间,在沪、深两交易所上市交易的所有 A 股的性质并不一样——尽管上交所一直专注于主板市场,深交所在不

① 但是,在数量发展趋势类似的背后,江浙集团和北京拥有上市公司的类型存在显著的差异。我们将在后文关于交易板块的分析中深入探讨。

② 凑巧的是,在 2005 年,浙江和江苏两省分别拥有当年度 A 股首发上市公司总量的 20%(或者 3/15)。

同时期有不同的关注点，并且已经先后发展出主板、中小企业板和创业板的等不同股票交易板块。很显然，在不同板块上，企业申请上市交易所必须跨越的法律门槛高低不一，政府的监管力度也不一样。因此，我们也有必要把在这些板块上交易的上市公司的省籍分布做区别分析。在这个小节中，我们分别研究主板市场和中小企业板上市企业的地理特征。①

（一）A 股主板市场公司上市的地理特征

首先，我们分析 A 股主板市场公司上市的地理特征。表 4 汇报了 1990—2009 年间主板市场首发上市公司按年度的省籍分布，图 6 则描述了省籍分布离散趋势。我们很容易发现，主板市场公司上市的地理特征及其走势同所有 A 股公司上市的几乎一样——呈现 U 字型图，表达了“集中-平均-再集中”的发展趋势。不过，两者之间也存在细微差别：在 2004 年以后，主板市场（包括上交所和深交所）A 股年度首发上市公司的省籍分布离散程度更大。这部分是因为自 21 世纪初中国证券市场发展战略调整以来，A 股主板市场年度首发股票数总量急剧而持续下降。

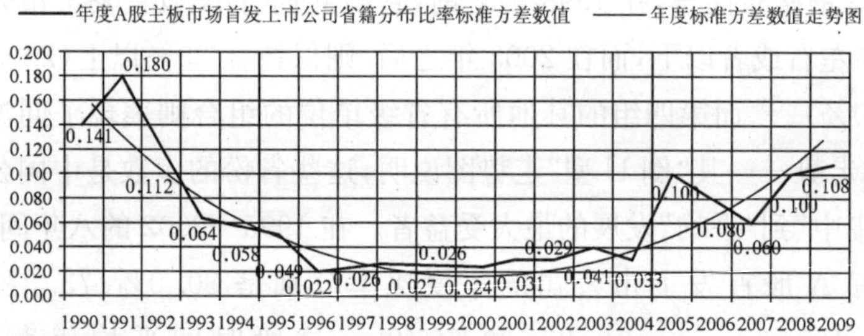

图 6　A 股主板市场首发上市公司省籍分布离散度趋势图（1990—2009）

那么，我们的问题还是：在“集中-平均”以及“平均-再集中”两个不同的发展趋势中，哪些省份受益，哪些省份的份额下降了？针对这个问题，我们重复上述工作，把中国所有的省级单位分成四个集团：沪粤、江浙、北京和其他省级单位。

相应地，表 5 汇报了中国不同省份集团在 1990—2009 年间拥有主板市场首发上市公司的年度比率。同所有 A 股市场相比（参见表 3），这些省份集团在主板市场上的平均份额并没有太多改变。四个集团的两组平均值都非常靠近：沪粤集团的 A 股和主板平均值分别是 22.7％和 21.8％；江浙集团分别是 15.2％和 11.5％；北京分别是 7.2％和 7.6％；其他省份集团的分别是 54.9％和 59.0％。但是，如果我们再比较这些省份集团在 1990—2009 年间的表现走势，便会发现重大区别。

① 对于创业板，因为它是 2009 年推出的，时间太短，不宜作趋势分析，因此在此不表。

表 4　中国企业 A 股主板市场首发上市按年度的省籍分布(1990—2009)

	1990	1991	1992	1993	1994	1995	1996	1997	1998	1999	2000	2001	2002	2003	2004	2005	2006	2007	2008	2009	省份小计	
																					个数	百分比
广东	2	4	14	25	25	3	16	21	6	2	12	8	4	5	5		2	1		2	157	11.10%
上海	6	0	22	38	28		13	10	7	3	5	4	4	3	2		2	3	1	1	152	10.74%
北京			1	2	4	1	8	14	9	10	12	9	5	7	5		5	8	3	5	108	7.63%
江苏				4	5	1	11	14	5	8	9	6	6	12	2	1		3			87	6.15%
四川				9	8	6	14	22	10	3	1	7	2	1	2					1	86	6.08%
山东				5	2	1	17	9	9	5	10	3	7	1	5	1	1	1			77	5.44%
浙江				6	7		8	11	4	8	10	2	5	8	6			1			76	5.37%
湖北			1	4	1	1	12	12	7	6	8	3	1	1	4						61	4.31%
辽宁			1	4	1	2	11	15	6	2	7	2	2					1			54	3.82%
湖南				3			11	8	2	7	6	2	2	3	6						50	3.53%
福建				7	2	1	10	7	2	3	3	1	4	2	2			1	1		46	3.25%
安徽				2	1		5	5	5	1	6	2	6	4	6			1			44	3.11%
吉林				5	2	1	8	5	2	3	2	2	1	2							33	2.33%
河北					2		7	5	4	3	2	1	3	2	3						32	2.26%
河南				1	1	1	3	5	5	6	2	2	2	3			1				32	2.26%
黑龙江				1	4		7	5	4	4	3	1	2								31	2.19%
山西					1		4	6	4		4	1	1	4	1		3				29	2.05%
陕西				1	4		6	6	2	2	2		2	1	2				1		29	2.05%

续 表

	1990	1991	1992	1993	1994	1995	1996	1997	1998	1999	2000	2001	2002	2003	2004	2005	2006	2007	2008	2009	省份小计	
																					个数	百分比
新疆					1		5	4	1	3	5	2	2	3	1						27	1.91%
天津				2	1	1	4	4	1	2	1	5	2					2			25	1.77%
广西				1		1	3	3	2	2	5	2		2	1			1			23	1.63%
江西				1			4	5		1	3	2	5	1	1						23	1.63%
海南			2	1	5		3	4	1	3	2		1								22	1.55%
云南				1	2	1	2	3	3	3	3			1	2			1			22	1.55%
甘肃					1		5	3	1	1	4	1	1		2						19	1.34%
内蒙古					1	1	3	4	1	1	5	1			1	1					19	1.34%
贵州					1		2	2	1	1	1	4			2						14	0.99%
宁夏					1		2	1	3	1	2			1							11	0.78%
青海						2	3	1			1	1						1			9	0.64%
重庆										3	2	1	1		1			1			9	0.64%
西藏						1	2	2		1	1	1									8	0.57%
	8	4	41	123	111	25	209	216	107	98	139	76	71	67	62	3	14	26	6	9	1415	

表 5　不同省份集团拥有 A 股主板市场首发上市公司的年度比率(1990—2009)

	1990	1991	1992	1993	1994	1995	1996	1997	1998	1999	2000	2001	2002	2003	2004	2005	2006	2007	2008	2009	平均
沪粤	1	1	0.878	0.512	0.477	0.120	0.139	0.144	0.121	0.051	0.122	0.158	0.113	0.119	0.113	0.000	0.286	0.154	0.167	0.333	0.218
江浙	0	0	0.000	0.081	0.108	0.040	0.091	0.116	0.084	0.163	0.137	0.105	0.155	0.299	0.129	0.333	0.000	0.154	0.000	0.000	0.115
北京	0	0	0.024	0.016	0.036	0.040	0.038	0.065	0.084	0.102	0.086	0.118	0.070	0.104	0.081	0.000	0.357	0.308	0.500	0.556	0.076
其他	0	0	0.098	0.390	0.378	0.800	0.732	0.676	0.710	0.684	0.655	0.618	0.662	0.478	0.677	0.667	0.357	0.385	0.333	0.111	0.590

我们也分别用四个走势图(图 7 至图 10)来描绘这四个省份集团在主板市场上的表现。同上一组走势图(图 3 至图 5)相比,我们可以发现一个明显差异。那就是江浙集团在主板市场上市的表现,明显同其 A 股市场上的整体表现不一样。在整体上,江浙集团在 1990—2009 年间,表现了一种稳健发展的态势(参见图 4);但是在主板市场的表现,江浙集团在最近几年的表现则呈下降趋势。在 2008 和 2009

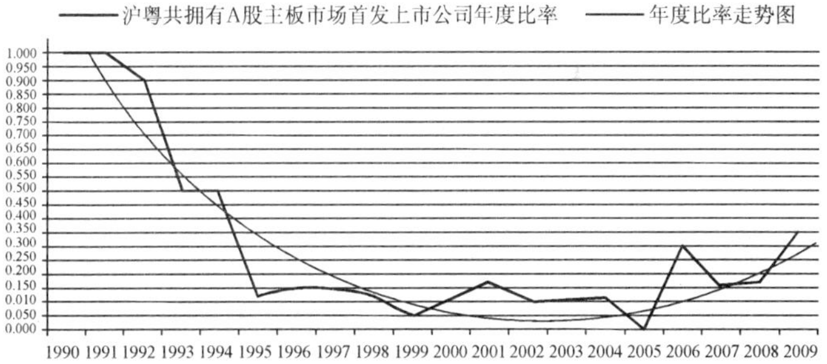

图 7　沪粤两省市共拥有主板市场首发上市公司年度比率及其走势图(1990—2009)

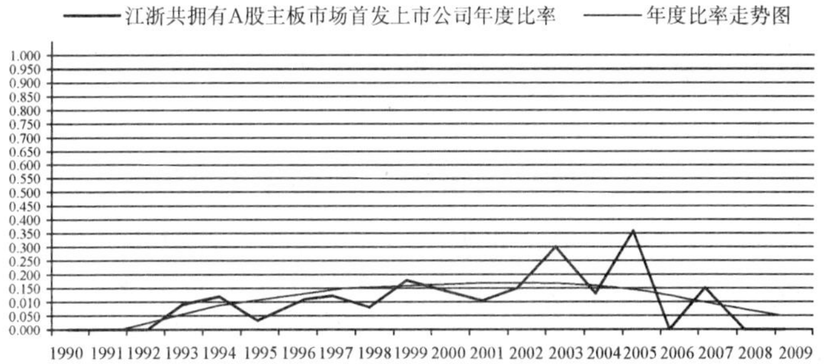

图 8　江浙两省共拥有主板市场首发上市公司年度比率及其走势图(1990—2009)

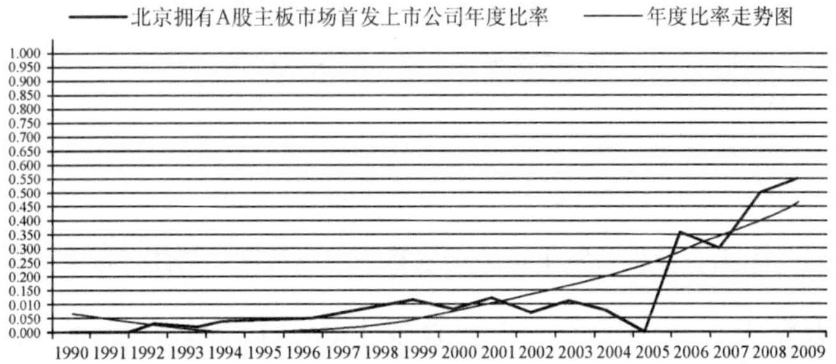

图 9　北京拥有主板市场首发上市公司年度比率及其走势图(1990—2009)

年,中国证监会卡紧了主板上市的门槛,导致这两年分别只有 6 家和 9 家公司在主板市场首发上市。而这 15 家企业没有一家是在江浙两省注册的。

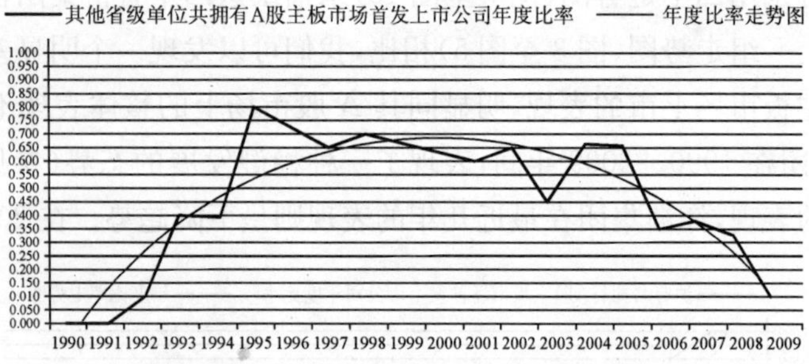

图 10 其他省级单位共拥有主板市场首发上市公司年度比率及其走势图(1990—2009)

(二) 中小企业板公司上市的地理特征

上述江浙集团在主板市场上与在 A 股整体市场上的不同表现,昭示着不同股票交易板块的影响力。为了进一步分析这种交易板块的影响力,我们继续对所有在中小企业板块进行交易的上市公司的地理属性做类似的分析。由于深圳的中小企业板块是 2004 年才开市的,[①]我们的分析也只有 2004 年以来的上市公司数据。

表 6 首先汇报了所有中小企业板块上市公司在其首发年度注册地的省籍分布。从表 6 可以看出来,在 2004—2009 的六年间,并非所有省份都有公司在中小企业板块上市。而且,省份之间的差异性也非常之大。一方面,广东、浙江和江苏三省份所拥有的中小板块上市公司占了中国的半壁江山(达 53.1%或者 174/328)。在另一方面,自开设中小企业板块以来,大部分省份在这个板块上市公司的总数还是个位数——其中,黑龙江、山西、宁夏和青海四个省(自治区)在 2004—2009 年间没有一家企业在中小企业板块上市。[②]

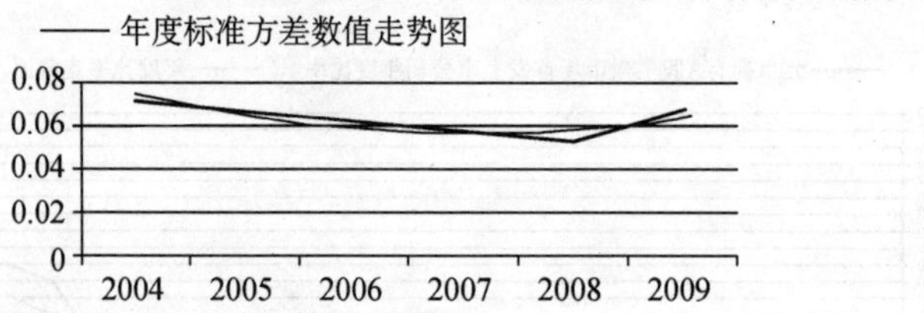

图 11 中小企业板首发上市公司省籍分布离散度趋势图(2004—2009)

图 11 接着汇报了在中小企业板块首发上市公司的省籍比率的年度标准方差

① 在 2004 年 5 月,深交所发布《设立中小企业板块实施方案》。

② 事实上,在 2004—2009 的六年间,黑龙江和宁夏都没有任何一家企业在中国境内首发上市;在同时间段,青海的首发上市企业数只有一家(参见表 2)。

数值。相对所有A股上市公司(参见图2)和主板上市公司(图6)而言,中小企业板块上市公司年度首发的地域布局有两个特征:其一,省籍分布的离散度更高,或者各省的表现差异更大;以及其二,离散度的发展趋势较为平稳。

表7接着汇报不同省份集团在中小企业板上的表现。在整体看来,正如我们在前文提到的,沪粤和江浙两个集团在中小企业板上的表现非常突出——来自这四个省市的企业占据了2004—2009年间所有中小企业板上市公司的57.3%(或者188/328)。① 其中,江浙集团——如我们所料——在中小企业板块上市交易中表现更加突出。这两个省的企业几乎占据了1/3(或者100/328)之强。不过,因为只有6年的数据,不太好分析趋势。

从上述对主板和中小企业板块的分别研究中,我们可以得出结论:中国证券市场的板块属性对上市公司的省籍分布具有明确的影响。而这种影响背后所蕴含的关于行政治理模式演化的潜在涵义,则是我们下一节的核心内容。

五、讨论与结论:中国证券市场治理模式的"去行政化"与"混搭"潮流

在上文中,我们分别用数据描绘了在1990—2009年间中国各省级单位整个在A股市场以及分别在主板和中小企业板块市场上的表现。在这里,我们接着对上文的分析做个小结,然后把我们的经验发现反馈到关于中国证券市场行政治理的讨论中去。

(一) 归纳:中国证券市场发展的不同阶段及"去行政化"趋势

在对整个A股市场和主板市场公司上市地理特征的经验分析中,我们发现了大致一直的发展趋势。那就是,在1990—2009的二十年间,年度首发上市公司的省籍分布呈现"集中-平均-再集中"的发展趋势。在这"集中"、"平均"和"再集中"的不同发展阶段,在证券市场受益的省份也不一样。

在最初的"集中"阶段,绝大部分的上市公司籍贯来自上海和广东本地。在1990—1994的五年间,年度首发上市公司的注册地来自沪粤两省市的比率分别为100%、100%、87.8%、51.2%和47.7%(参见表3)。在这五年,所有336家在上交所A股上市交易企业中的188家(或者56.0%)都是上海本地企业;而在同时期,在上交所A股上市交易的广东企业只有12家(或者3.6%)。同样在1990—1994

① 不过,其中上海市的企业较少在深交所的中小企业板上市。平均看来,在2004—2009年间,只有4.27%的中小企业板上市公司来自上海。相比之下,在1990—2009年间,有10.74%的A股主板上市企业来自上海(参见表3)。

年间，所有238家在深交所A股上市交易企业中的128家（或者53.8%）都是广东本地企业；而在同时期，没有一家上海企业在深交所A股市场上市交易。这种来自沪粤两地企业"聚居"于本地交所的显著现象很清楚地说明，在上交所和深交所建立以后的好几年之内，这两个交易所所提供的企业上市机会仍然在很大程度上是沪、粤两地的"私人产品"（private goods）。

对此，我们不难理解。这两个交易所在1990年代的正式成立，在很大程度上是1980年代以地方试验为中心的中国证券市场发展路径的延续。早期分权式的中国证券市场体系（姑且认为它是一个"体系"）的重要特点是"证券交易所归所在地人民政府监督管理；企业改制设立股份有限公司，由地方人民政府体改部门（有些地方由人民银行地方分行）批准，股票发行与上市由地方人民政府和证券交易所决定。"[①]在这种体制之下，中国的证券市场运作采用最极端的行政治理模式：（地方）政府不仅控制上市配额，而且也直接控制上市（国有）企业的经理层——事实上，企业上市只不过是国企改革的工具。

在1990年代中期到21世纪初，A股市场上出现的上市公司省籍分布的平均化，则是股票上市审批由中央和地方（省级）政府共管的真实写照。由于企业的上市机会是一种重要的经济利益，而且这种利益是由企业属地的地方政府同中央政府博弈产生的，各省级单位所得到的上市配额必然走向平均化。因为不仅在中国，包括在许多发达的资本主义大国，中央政府在全国范围内进行经济利益再分配时，一个最重要的哲学性和操作性顾虑是各地区之间的平等和均匀发展——或者中国先贤所说的"不患寡，患不均"。尽管在大国政治中，中央政府对特定区域的偏爱是普遍存在的现象；但是，中央政府对某个地区的畸形偏爱，则是政治不正确的。我们的数据证实了这一点：在上市配额制盛行时代，中国经济最发达的省份在企业上市中作出了牺牲——如果按照市场竞争的逻辑，它们应当会获得更多的上市名额。

在新的世纪里，当地方政府权力逐步退出上市审批过程之后，年度首发上市公司的省籍分布出现了朝"再集中"方向的反弹。而且，获利的正是上海、广东、浙江和江苏这样一些中国经济发展领头羊省份。当然，在最近几年，沪粤集团在中国证券市场上的"复兴"和江浙集团的"崛起"，可以有不同的解释：一种解释是，这些富裕省份增强了它们同中国证监会的博弈力量，因此通过内部协调获得了比上一阶段更多的配额；另一种解释是，因为这些富裕的省份有比其他省份更多业绩良好的企业，因此获得了更多的上市额度。如果前一种解释成立，那么只能说明中国证券

---

① 王超：《中国证券监管体制的立法再造——〈证券法〉中证券监管体制规定研究》，载吴志攀、白建军主编《证券市场与法律》，北京：中国政法大学出版社，2000年，第25页。

市场的行政治理不但存在，而且影响力不减当年；如果后一种解释成立，那么只能说明中国证券市场上良性竞争的要素在强化。

根据本文的实证研究，我们有理由相信后一种关于市场竞争强化的解释是更可靠的。理由如下。在最近的几年，相对于主板市场而言，中小企业板和创业板的首发上市明显更为活跃。在2004—2009的五年间，A股主板市场首发上市企业数分别是62、3、14、26、6和9家，年度平均数为20家；同时期，中小企业板首发上市企业数分别是38、12、53、100、71和54家，年度平均数为54.7家。在中小企业板这个首发上市更为活跃的证券市场里，没有一家来自黑龙江、山西、宁夏和青海四个省（自治区）的企业在2004—2009年间在这个板块上市。如果中国证券市场上市审批程序还存在地方（省级）政府的行政影响力，那么这种结果是不可能发生的——中央政府不可能无视如此不平等的现象发生。并且，在2004—2009年间，广东、浙江和江苏三省份所拥有的中小板块上市公司占了中国的半壁江山（达53.1%或者174/328），这符合我们对民营（中小）企业在这些省份相对发达的直观理解。

所以，根据本文的经验分析，我们有理由认为：经过不同阶段的制度调整，中国证券市场发展出现了一定程度的“去行政化”趋势——淡化地方（省级）政府在全国性证券市场上干预上市审批的行政权力。[①]

（二）阐释：“去垄断化”与治理模式的“混搭”潮流

通过经验数据来证实中国证券监管体制中“去行政化”的实际效果，并非是本文的终点。我们还认为，这种中国公司上市的地理特征所反映出来的去行政化效果，还隐含着中国证券市场发展的“去垄断化”趋势。

在1990年代初之前，中国的证券交易并没有形成一个统一的全国市场——更不用说一个统一的全国性自由市场。当时，由于地方政府既控制了本地证券市场上市的额度，又控制了上市交易的（国有）企业本身，中国的证券市场是由若干个独立的地方性垄断市场所组成的。这些地方性垄断市场相互独立，而且规模较小。很显然，这种体系对企业的融资没有太多便利之处。直到1990年代中期，上海和广东企业分别在上交所和深交所的主导地位，也在很大程度上反映了中国证券市场的（地方）垄断性。

---

① 当然，在同时，中央政府（主要是中国证监会）也在证券监管收权的同时强化了对中国证券市场的行政干预。但是，诚如我们在前文所提，证券市场需不需要一个强有力的、统一的监管体系，是一个更为复杂、没有标准答案的问题。即便在诸如美国这样的法治成熟国家，证券市场是否需要一个强有力的“监管型政府”（regulatory state）也是一个值得深入探讨的命题。参见爱德华L. 格莱泽、安德烈·施莱弗：《监管型政府的崛起》，载吴敬琏主编《比较》总第2辑，北京：中信出版社，2008年，第51—73页。

在既后的中央政府和地方政府共同监管时代，中国证券交易的全国性市场初步形成了。只不过，在这个全国性市场中，地方政府表现得像寡头垄断者；上市配额制在本质上是进行市场分割的垄断协议。这种分割的全国性证券交易市场，在一方面的确为地方性企业在全国范围内的融资带来了便利，但在另一方面，因为垄断利益的存在而使得上市企业怠于改善自身的公司治理结构——更为甚者，作为监管者的地方政府监守自盗，通过控制本地上市公司来侵占证券市场上中小股东的利益。①

当地方政府的上市配额被最终取消之后，中国证券交易的一个全国统一市场大致完成了。当然，至今，我们还不能说这个市场是自由的统一市场。毕竟，各级政府还控制了大量的国有企业——这些国有企业且于近期形成"国进民退"之势。在主板市场上，即便是最近几年，国有企业首发上市仍然占据了主导地位。并且，无论是地方性国有企业还是地方性民营企业，企业的跨省流动并非是完全自由的。

但是，在另一方面，一旦全国性证券交易市场不再被分割，即便地方政府支持的上市国有企业依然面临其他上市公司的竞争。毕竟，在一个全国性证券交易市场上，不仅存在作为非国有上市企业（包括地方政府大力支持的非国有企业），也存在大量同属"强势群体"的各地地方国有上市企业。在这样一个证券市场中，治理模式体现了"混搭"潮流——表 1 中的四类上市公司同时存在，同时竞争。尽管并不完美，"混搭"治理模式的存在使得行政治理的成本势必更加高昂，并促使其朝公司治理方向演化。

（三）总结与前瞻：中国证券市场行政治理的两面性

如此，我们可以对文章最开始提出的问题——"中国证券市场治理模式是否已经变得更理想"——做一个简短的回答。是的，我们确信中国证券市场治理模式已经变得更理想。我们如此确信的理由在于，从 1990—2009 这二十年间公司上市的地理特征可以看出，中国证券市场的行政治理模式的主导地位在退色，企业上市中的地区性竞争在强化。在过去三十年，中国证券市场的治理模式由典型的行政主导发展到目前的"混搭"状态——行政治理、准行政治理和公司治理同时存在，同时竞争。我们也相信，只要一个统一的中央证券监管机构对不同治理模式采取一视同仁的监管态度，这些治理模的同时竞争势必在未来有利于公司治理模式的胜出。当然，中央证券监管机构能否对这个"混搭"市场进行有效监管、能否一视同仁，则是另一个非常复杂的问题。毕竟，中国的证券市场既是新兴的，也是转轨的——也因此，各种

---

① 彭冰：《中央和地方关系中的上市公司治理》，载《北京大学学报（哲学社会科学版）》，总第 45 卷第 6 期，2008 年，第 75—82 页。

利益和力量的博弈使得一个有效中央统一证券监管体制的建设存在不稳定性。

但是，不管怎样，我们也不应当无视行政治理对中国证券市场发展做出的贡献。相比较其他类型的市场交易，证券市场的公开交易是一种非常典型的“非关系性”合同。[①] 换句话说，证券买卖双方在发生交易时，可以完全不用知道对方的信息。也因为这样，作为交易物的证券本身所透露的信息必须完整，证券的价值必须得到保证。也如此，一套有效的第三方合同执行机制非常关键。[②] 在现代社会中，这套第三方合同执行机制就是法治。但是，在“新兴和转轨”的中国证券市场，这套机制本身并不存在。因此，行政治理作为“次优战略”被采用。[③] 当我们批评行政治理的低效率时，不应忘记它有另外一面：当在市场上被交易的产品的真正价值无法被第三方合同执行机制所保障时，产品所有人的身份非常重要。对于上市国有企业来说，作为大股东的政府的身份在一定程度上保障了被交易股票的底线价值——相比较私人提供的产品而言，政府提供的产品通常不是最好，但也通常不是最坏。相反，私营部门所提供的产品可以非常好，但是糟糕起来也没有底线。在这个意义上讲，在中国证券市场发展伊始，作为次优战略的行政治理在一定意义上是最优选择。

当然，随着中国私营部门的成长和法治的日益成熟，行政治理的“次”优性日益显著——也就是地方政府作为大股东侵占中小股东的利益，并因“集体行动的逻辑”而对中国证券市场的整体发展施加负外部性。[④] 幸运的是，我们的经验研究证实行政治理已经在逐步退色。如果要对这种发展趋势做一个价值判断的话，那就是，我们期待，作为次优战略而被选择的行政治理模式最终既不是反对公司治理，也不是替代公司治理，而是扶植公司治理在中国落地生根。

---

① 反过来，现实中发生的很多市场交易是“关系合同”——也就是交易双方在交易前后发生了关系的转变。比如，在技术转让合同中，买方依赖于卖方事后所提供的技术支持服务，因此同卖方建立一种良好的关系可以降低之后的交易成本。关于“关系合同”的理论，参见 Ian R. Macneil, “Contracts: Adjustment of Long-Term Economic Relations under Classical, Neoclassical, and Relational Contract Law,” Northwestern University Law Review, Vol. 72, No. 6, 1978, pp. 854 - 905; Oliver E. Williamson, “Transaction-Cost Economics: The Governance of Contractual Relations,” *Journal of Law and Economics*, Vol. 22, No. 2, 1979, pp. 233 - 261。

② Oliver E. Williamson, “Transaction-Cost Economics: The Governance of Contractual Relations,” *Journal of Law and Economics*, Vol. 22, No. 2, 1979, pp. 233 - 261.

③ Julan Du & Chenggang Xu, “Which Firms went Public in China? A Stud of Financial Market Regulation,” *World Development*, Vol. 37, No. 4, 2009, pp. 812 - 824.

④ Zhiwu Chen, “Stock Market in China's Modernization Process: Its past, present and future prospects,” *Yale School of Management Working Papers*, 2006；彭冰：《中央和地方关系中的上市公司治理》，载《北京大学学报（哲学社会科学版）》，总第 45 卷第 6 期，2008 年，第 75—82 页。

表 6　中国企业中小企业板首发上市按年度的省籍分布(2004—2009)

	2004	2005	2006	2007	2008	2009	省份小计	
							个数	百分比
广东	8	2	8	24	14	18	74	22.56%
浙江	12	3	9	19	11	6	60	18.29%
江苏	4	2	11	9	8	6	40	12.20%
山东	1	1	7	4	8	2	23	7.01%
福建	1		4	2	5	2	14	4.27%
上海	2		1	6	2	3	14	4.27%
安徽	2	1	1	4	3	1	12	3.66%
北京	1		3	4	1	3	12	3.66%
河南	1	1	1	3	2	2	10	3.05%
四川	1			2	6	1	10	3.05%
湖南			2	3	2	2	9	2.74%
新疆			2	1	2	2	7	2.13%
云南	1		2	2	1		6	1.83%
湖北	1			2		2	5	1.52%
辽宁			1	1	3		5	1.52%
河北		1		2		1	4	1.22%
甘肃				2	1		3	0.91%
广西				2		1	3	0.91%
贵州	2	1					3	0.91%
江西			1	2			3	0.91%
陕西				2	1		3	0.91%
吉林				1	1		2	0.61%
天津				2			2	0.61%
海南						1	1	0.30%
内蒙古				1			1	0.30%
西藏						1	1	0.30%
重庆	1						1	0.30%
年度总量	38	12	53	100	71	54	328	100.00%

表 7　不同省份集团拥有中小企业板首发上市公司的年度比率(2004—2009)

	2004	2005	2006	2007	2008	2009	平均
沪粤	0.263	0.167	0.170	0.300	0.225	0.389	0.268
江浙	0.421	0.417	0.377	0.280	0.268	0.222	0.305
北京	0.026	0.000	0.057	0.040	0.014	0.056	0.037
其他	0.289	0.417	0.396	0.380	0.493	0.333	0.390

强制披露理论依据之批评*

廖志敏** 陈晓芳***

一、问题提出

证券是关于公司产权转让的一纸合约。因此,证券法其实是合同法的特别法,原则上也应该适用合同法的基本原则,即意思自治。然而,中国的证券法具有强烈的强制性色彩,其中最典型的是上市公司信息的强制披露制度。上市公司必须按照证券法及证券监管部门规定的内容、格式、时间向监管部门、交易所和公众进行信息报告或披露①。并且,根据证券法中的兜底条款②,只要是证券监管机构认为应该披露的事项,上市公司都应当披露。目前我国仅有两个证券交易所,他们都适用证券法建立的信息披露体制,此外没有任何一个组织有权为企业提供公开发行和交易股票的场所,这导致全国的股票市场都只能适用同样的信息披露规则。

问题是,任何一种商品交易中,多少都要牵涉信息沟通(例如电视广告、产品说明书),但绝大多数情况下,买卖双方的信息沟通都通过市场竞争和合约机制处理,法律一般不会预先严格地规定出售者应该披露哪些信息或如何披露。为什么证券交易会成为例外?假若交易双方认为法定的披露方式成本太高,他们能否协商决定自己认为更合理的披露方式?假若某中介机构设计的信息交流合约及其执行机

* 本文原发表于《北京大学学报(哲学社会科学版)》2009 年第 5 期。

** 廖志敏,北京大学法学院金融法研究中心 2005 级博士,工作单位:华东政法大学国际金融法律学院。

*** 陈晓芳,工作单位:华东政法大学科学研究院。

① 《证券法》第 65 条:"上市公司……应当在每一会计年度的上半年结束之日起二个月内,向国务院证券监督管理机构和证券交易所报送……:(一)公司财务会计报告和经营情况……";第 70 条:"依法必须披露的信息,应当在国务院证券监督管理机构指定的媒体发布……"。

② 《证券法》第 67 条第 12 项。

制有助于促进股权交易的便捷和安全，他们能否协商采用其规则并委托其代为监管履行？在中国的现行证券法框架下，回答都是否定的。由于强制披露是私法自治原则的例外，由于它限制了证券融资交易者的缔约权，并增加了其交易成本，所以，假如认为这种限制是有其合理性的，那么有必要对其合理性提供有说服力的解释。

证券法理论上，传统的解释包括两类：第一是信息不对称理论，即认为证券市场是信息不对称的市场，信息不对称会引起市场失灵，投资者的利益难以得到保障；第二是外部性理论，即认为信息具有公共物品性质，其产出和使用具有较强的外部性，强制披露制度有助于消除外部性，从而可以提高证券信息的产出和利用效率。

近年来，一些美国证券法学者对强制披露制度提出了质疑，并主张各州、甚至各国实行不同的证券监管体制、让不同的监管体制之间相互竞争。但是，他们的主张主要是建立在对自由市场的信仰、以及对政府干预的效率的怀疑上，而没有正面回答一些基本的问题，例如信息不对称是否会导致市场失灵，强制披露是否有利于消除市场失灵或有利于维护投资者利益，等等。① 而在国内，对强制披露的理论根据进行专门讨论的文献也很少见，仅有的少量文献也基本是对国外学说及争议的介绍，而对前述问题本身缺乏较深入的分析②。

因此，本文将从关于强制披露制度的现有理论依据出发，逐步分析以下相关问题："信息不对称将引起市场失灵"的命题是否正确？信息不对称对企业家和投资者的收入有什么影响？强制披露是否有利于减少欺诈，如果是，这种结果是否是应该追求的？信息披露是否具有外部性？强制披露是否有助于促进信息产出的效率？在此基础上，我们将进一步讨论，证券监管的目标应是什么？应该通过何种机制发现"有效的"证券交易规则？

本文的主要观点包括：现有信息不对称理论不能解释清楚引入强制披露的必要性："市场失灵"的概念缺乏清楚的事实含义，在竞争下，上市公司的信息优势并不能给管理者带来额外收益，强制披露制度并不会整体上改变上市公司管理者或投资者的收入，因此"信息不对称将引起市场失灵"的命题缺乏说服力；证券欺诈本身是一种交易成本，减少欺诈也需要成本；强制披露遏制了市场竞争，可能使股票融资的成本不减反增；认为信息生产具有"外部性"的看法忽略了进行信息披露的各种成本。证券监管不应该以"消除证券欺诈"或"外部性"为目标，而应该是追求

---

① Paul G. Mahoney, The Exchange as Regulator, Virginia Law Review, Vol. 83, 1997; Roberta Romano, Empowering Investors: A Market Approach to Securities Regulation, Yale Law Journal, Vol. 107, 1998.

② 高西庆：《证券市场强制性信息披露制度的理论根据》，《证券市场导报》1996 年第 10 期；苗壮：《美国证券法强制披露制度的经济分析》，《法制与社会发展》2005 年第 2 期。

减少股票市场的整体交易费用。由于无法保证政府强制供给的交易规则必定有利于节约交易费用，故应给予市场主体更多的自由缔约权，通过竞争筛选出最有效率的规则。

二、"信息不对称"理论中的疑点

证券法教科书往往指出，以强制披露为核心的现代证券监管体制的建立，是为了促进证券市场信息的公开透明，以防范上市公司对投资者的欺诈。[①] 据说"阳光是最好的防腐剂，灯光是最有效的警察"[②]，强迫上市公司公开其运营信息，有助于遏制其欺诈的意图。1929 年的股灾以及大萧条的发生，使许多人相信，股市大崩溃是因证券欺诈猖獗所致。鉴于上述看法，美国通过了 1933 年美国证券法、1934 年证券交易法，建立了证监会，以及一整套以强制披露制度为核心的监管体制[③]。此后，这套体制又为包括中国在内的一些国家模仿。

不过，关于欺诈猖獗引起股灾的说法，今天看来已经颇有疑问。不少经济学者都认为 1929 年的大萧条另有其因[④]；波斯纳也指出，股市崩溃不过是严峻的经济形势的晴雨表而已。[⑤] 在很大程度上由股灾和大萧条所促成的、以强制披露为核心内容的美国证券监管体制，其事实基础并不是那么牢靠。相反，最近的"9・11"事件和次贷危机倒是都反映出，当一个社会发生严重危机时，政府往往会出台某些严厉的措施，以缓解其面临的舆论压力；毕竟，每当危机出现时，人们总期待着政府做点什么。"安然"事件后萨班斯法案的迅速出台，也是这样一个例证。所以，经济大萧条中应运而生的强制披露制度，究竟是出于政治的考虑，还是基于严谨的学术研

---

① Louis Loss: Fundamentals of Securities Regulation. Little Brown and Company, 1988, p. 168；吴志攀：《金融法概论》，246 页，北京大学出版社 2000 年版。

② Louis D. Brandeis, Other People's Money & How the Bankers Use it, 62 National Home Library Foundation, ed. 1933.

③ 关于这段历史，可参考，乔尔・塞利格曼著，田风辉译：《华尔街变迁史——证券交易委员会及现代公司融资制度的演化进程》，经济科学出版社 2004 年版)。

④ 弗里德曼(Milton Friedman)认为大萧条主要是美国货币政策出现失误，即在应增加货币供应的时候却急速收缩货币供应量、导致严重通缩的结果(Friedman Milton, A monetary history of the United States, 1867 - 1960, Princeton University Press, 1963.)；张五常认为除货币政策失误外，反垄断法、福利制度的盛行是经济危机趋于严重的主因(http://blog. sina. com. cn/u/47841af70100098u，2009 年 6 月 24 日最后访问)。蒙代尔(Robert Mundell)认为，经济危机的根源是一战后黄金大量地从美国回流欧洲各国，造成货币供应量大减、引起严重通缩，加之美国的结果(据蒙代尔 2008 年 11 月 8 日在深圳"《佃农理论》四十周年纪念研讨会"上的演讲)。

⑤ R. Posner, Economic Analysis of Law, Boston: Little, Brown, c1992. pp. 444 - 448.

究，本身是一个问题。

即使证券信息对投资者很重要，也并不意味着强制披露制度是必需的。因为企业家为了获得投资者的信任，自身就有动力去提供信息，特别是对资金的竞争很强烈的情况下。在普通商品市场上，所有的商人都必须主动做广告，让顾客知悉他们的产品。尽管也有人会做虚假广告，隐瞒坏消息，或捏造好消息，但是合同法、侵权法、刑法都可以处理这些问题，不一定需要一个"强制广告法"。

对上述质疑，经典证券法教科书的解释是，证券市场信息高度不对称这个特点，决定了对其信息披露进行管制的必要性：首先，上市公司不具有稳定的物理形态，投资者不能对其"品质"进行现场考核；其次，股票交付后，公司的品质还随时在发生变化；再次，公司治理是一项复杂的、专业性很强的工作，投资者无法像购买普通商品一样从日常生活中习得必要的知识；另外，上市公司股东分散而众多，集体行动的成本很高，并且存在搭便车问题，这使得股东在监督方面保持理性的冷漠。[①] 所以，据说为了保护投资者的利益，就通过强制披露制度来缓解信息不对称。

但上述解释仍然不很具有说服力。随着技术的进步和社会分工的发展，信息不对称问题在许多领域都变得日益显著。信息不对称是社会分工深化的必然结果。对绝大多数产品和服务来说，消费者对其技术原理或生产过程都知之不详。一个司机对于汽车制造技术的无知，不一定亚于一个股民对于公司管理和实业投资方面的无知。空气动力学对普通乘客来说也是无比深奥的，但法律也并不要求航空公司先就这些知识对乘客做充分披露；如果法律不要求微软公司对消费者披露 windows 软件的研发过程，为什么却应该要求它对股民披露公司利润的创造过程？如果消费者敢于在不知道长虹公司董事会成员身份信息的情况下购买电视，为什么股民却必须在知悉这些信息后才能购买其股票？同样是信息不对称，是什么机制在大致保障着普通消费者的利益？为什么这种机制不能大致地保障股民的利益？此外，股票的发明非常久远，而强制披露制度则是迟至 1930 年代才在美国产生，如果说强制披露是重要的，那么在它出现前，是什么力量在维持着股票市场的运作？对于这些疑问，信息不对称理论并没有给出合理的解答。

---

① Rich rd W. Jennings. etc, Securities Regulation: Cases and Materials, New York Foundation Press, 1998, p. p. 3 - 5; Paul G. Mahoney, Mandatory Disclosure as a Solution to Agency Problems, the University of Chicago Law Review, Vol. 62, 1995; John C. Coffee, Jr., Market Failure and the Economic Case for a Mandatory Disclosure System, Virginia Law Review, Vol. 70, 1984.

三、"市场失灵"命题的含糊性

关于信息不对称的后果方面，有一个广为接受的概念是"市场失灵"。据说，信息不对称（或严重的信息不对称）会引起市场失灵；既然市场失灵了，那么通过政府或法律的干预来解决市场失灵，似乎就是理所当然的结论。但是，在我们看来，"市场失灵"是一个含糊不清的、没有内容的概念。既然信息不对称是普遍现象，那么究竟"严重到"什么程度的、或什么条件下的信息不对称才会引起"市场失灵"？甚至，究竟什么是"市场失灵"？是指市场上存在欺诈吗？是指（如果没有监管）市场会萎缩或崩溃吗？或者，是指在信息不对称的情况下，上市公司管理者可以不受到市场竞争的约束①？或者，是指管理者可以"攫取"投资者，得到某些竞争允许之外的额外利益？

如果说有"市场失灵"这回事，那么它不可能是指市场上存在着欺诈。因为即使有了强制披露或其他监管制度，欺诈现象也仍然会存在，那么，就不可能仅根据欺诈的事实而证明市场失灵了、或证明强制披露就是较佳的替代选择。其次，它似乎也不可能是说，在信息不对称的情况下，投资者受欺诈的概率将更高。这是因为，投资者的信息匮乏，并不等于他们是愚蠢的，或至少无法假定他们比企业家更愚蠢。如果说企业家的信息优势增加了他们欺骗投资者的可能性，后者也没有理由不明白这一点。尤其是在重复博弈过程中，如果证券投资的受骗风险一般性地高于其他市场，那么这个事实就应当为一般人周知；如果缺乏比其他市场更稳妥的保障，对股票投资的需求就会减少。不过，这并不意味着强制披露就是必要的：企业家为了得到资金，也有动力减少投资者的受骗风险。因此，他们可能主动披露信息，或者雇佣投行、律师、会计师等中介组织来作自我监控，争取投资者的信任。

当然，即使有了这些机制，也难以保证管理者不会利用他们的信息优势来"攫取"投资者；这种行为也很难被及时发现或阻止，因为上市公司的股权太过分散，投资者的监督太过困难。不过，由于在其他体制下攫取的行为也不会消失，所以也不能以此推定市场失灵了，除非我们能证明，投资者将遭到某些"额外的"损失，或者上市公司管理者将能够攫取某些"额外的"利益。

但什么是"攫取"？什么是"额外"的利益？什么又是"合理的"、"应得的"利益

---

① Berle和Means最早讨论了现代大型公司中"所有权与经营权分离"的现象，并认为这种现象增加了外部股东受管理者欺诈的风险。Adolf A. Berle & Gardiner C. Means, The Modern Corporation and Private Property, New York: The Macmillan Company, 1991.

呢？仍然不很清楚。

要使“市场失灵”命题具有被检验的可能性，我们必须为“不合理”和“合理”之间寻找一个客观的标准。在商品市场上，资产价格由竞争决定，这个经济规律在证券市场上也同样适用。证券市场上，被竞争的对象主要是两种资产：资金和企业家[①]才能。投资者在竞争企业家才能。企业家则在竞争资金。竞争的激烈程度，决定着资产的价格，和资产所有者所能得到的回报。市场上资金越丰富，意味着管理者人力资产越稀缺，意味着对后者的竞争更激烈，后者的价格就高；如果某管理人员的经营才能越强，他所能创造的价值越多，那么货币资本对他人力资产的竞争就会越激烈，他所能得到的收入就越高。因此，我们可以说，经济学意义上的合理回报，就是由供求竞争、或资产的稀缺程度所决定的资产价格。

如果上述定义是可以接受的，那么，我们就获得了关于“市场失灵”理论的某种可以被验证的事实含义：在管理者在上市公司的经营管理方面占有明显信息优势的情况下，资产——包括投资者的资金、管理者的人力资本——的回报率是否已经不再受到市场竞争或需求定律的约束？换句话说，是否投资者群体的收益将少于对资金的竞争所决定的回报水平？是否管理者群体将获得超过对他人力资本的竞争所决定的回报水平之外的收益？

答案是否定的。首先，由于欺诈的存在降低了对股票的需求，欺诈的成本已经反映在“打折”的股票的市价之中，因此，股票投资的回报率并没有受到影响。举个例子：盗窃行为的存在，购买的汽车可能丢失。意识到这一点，消费者在决定自己的出价时、会根据预期的失窃风险来调整自己的出价。如果预期的被盗风险很大，他们就会相应地降低自己的出价。例如，如果在某个地区，汽车被窃的风险很高，那么在这个地区，对汽车的需求会相应降低，同样汽车的市价也会较其他地区为低；另一方面，在同样的地区，防盗装置的质量与汽车售价成正相关，其他条件相同，防盗设备越差、被盗风险越高的汽车，其市场价格就越低。这些事实表明，盗窃现象导致汽车价值的贬损，是由汽车的出售者、而不是购买者承担。[②]

同样道理，股票的市价中，已经包含着对欺诈风险的预期。投资者会根据预期

---

① 在本文中，“企业家”与后文的“管理者”的含义大致相同，它是指上市公司的发起人、大股东或者高级经理人等前述人员的代理人，这些人控制着企业的经营，在证券合约中，他们是中小投资者的交易相对方，这种交易的实质，是前者以企业未来的经营收益，来换取对方的资金支持。但前者事实上并没有让渡企业的经营和控制权。或者说，这种交易是企业家人力资本与货币资本的合作。

② H. Demsetz, Information and Efficiency: Another Viewpoint, *Journal of Law and Economics*, Vol. 12, 1969; H. Demsetz: The Exchange and Enforcement of Property Rights. Journal of Law and Economics, Vol. 7, 1964.

的受骗概率来调整出价，使预期的收益和损失达到边际均衡。一个证券市场上的欺诈风险越大，股票的发行价就会越低。证券欺诈的结果是上市公司财产权的贬值，而承担这种成本、因而有意愿改动这种状况的人，是掌握企业并需要外部资金的企业家，而不是外部投资者。

有人或许会反驳说，投资者未必那么聪明，能够准确地估计自己的受骗可能性并据此要求对股票"打折"，他们可能对上市公司管理者的攫取行为懵然不觉，这岂不是会使得他们受到额外的损害么？

让我们仍通过几个例子来回答这个问题。第一个例子，在菜市上，一些菜贩往往会往蔬菜中洒水，这既是为了保持新鲜，更是刻意地增加重量多卖一点钱。而顾客一般不知其中奥妙，所以，加水蔬菜和不加水蔬菜的质量差异就不会被区分定价。在竞争下会发生逆向选择，不加水的菜贩将被淘汰。于是，所有菜贩都会加水。但这样一来，蔬菜的"供给"（重量）就会增加，其价格就会下降，直至加水与不加水结果相同。第二个例子，在香港，据说螃蟹常用水草捆缚着称量出售（这是为了运携的方便）。而水草的分量颇重。看起来消费者吃了亏。问题是，如果出售的螃蟹没有水草捆缚，其市价显然会相应提升。[①] 第三个例子，市场上，尽管核桃的壳非常重，但是很多人还是愿意以市价购买带壳的核桃，而不是坚持要求剥去壳再称重；假若一个"无知的"消费者不知道核桃壳很重这个情况，而欣然接受小贩的出价来购买带壳核桃，他是不是"吃了亏"？

上述例子的含义是说，上市公司管理者的信息优势也并不能给他们带来额外的"收入"。这里的"收入"，并不只是名义收入即工资，还包括其他一切具有效用的事物：较低的劳动强度、较少的劳动时间、舒适的办公环境、甚至女秘书的美丽等等。在竞争下，没有哪种岗位会具有纯粹的"盈余"：更高的工资必定意味着更长的劳动时间、更高的工作强度或更恶劣的工作环境，反之亦然。假若上市公司管理者的岗位——比其他企业家才能可资发挥作用的岗位——较有较多的"非正式收入"（如奢侈的办公条件、关联交易、内幕交易、甚至贪污、侵占的机会），那么，对这种职位的竞争将会加剧，导致其名义收入下降，结果是"净收入"与其他企业（例如闭锁公司、合伙）管理岗位相同[②]。

当然，我们可以说这种攫取的收入不合法、或不符合投资者与上市公司之间的合约（明示或默示合约即商业惯例），但很难说在与外部投资者的合作过程中，上市

---

① 张五常：《咸水草与淡水蟹》，载张五常：《伟大的黄昏》，香港：花千树出版社 2003 年版。

② A. Alchian, Corporate Management and Property Rights, in A. Alchian: Economic *Forces at Work*. Liberty Fund, Inc. 1977.

公司管理者(必定比在其他企业里)具有更明显的收入优势,或能够获得额外的、超出于供求关系或自身劳动力资产价值之外的收益。上市公司的管理岗位并不带有任何额外的价值。我们也可以说,由于信息不对称、由于股权的分散性、由于“所有权与控制权的分离”,导致上市公司这种经济组织比闭锁公司或合伙具有更高的组织、监管费用,但很难说上市公司投资者因此承受了额外的损失。实际上,由于这种经济组织具有的某种成本优势,使得它能够支付更高昂的交易成本、还能够提供与其他经济组织相当的回报,否则,它早就被淘汰了。所以,上市公司这种交易形式虽然可能存在较高的信息不对称或交易成本,但并不意味着选择购买上市公司股票的投资者必然比其他领域的投资者天然地处于更加弱势、更加需要保护的地位。

反过来说,如果通过强制披露制度,在某种程度上消除了上市公司方面的信息优势地位,从而减少了管理者从事攫取活动的可能性,是否会增加投资者的收入呢?我们仍举菜市场的例子。在菜市上,一些有经验的主妇会在称重前甩干蔬菜里的清水,因此与匆忙的上班族相比,她总是能够花较少的钱买同样的菜。这是她拥有的特殊知识的回报。但是,如果蔬菜中的水分重量不是微不足道的,如果该顾客不断地重施故伎,该主妇就会成为老板不欢迎的顾客。而如果这种知识成为公开知识,所有顾客都纷纷仿效,那么蔬菜之价将会整体上升。

这个例子的含义是,由于强制披露的目标只是促进信息透明,其结果只是增加了市场上的公开信息,因此它们并不能给投资者带来额外的收入。例如,假如强制披露使人们知悉并不满于上市公司高管奢侈的职务消费,并通过立法予以取消,那么对上市公司管理岗位的竞争就会减弱,而对其股票的竞争相应加剧,从而抵消掉因取消职务消费而增加可支配股息的效果。所以,强制披露未必能够增加投资者的收入。

上述理论推断也得到了一些实证研究的支持:经济学家乔治·斯蒂格勒(George J. Stigler)和乔治·本斯顿(George J. Benston)曾经分别对 1933 年证券法和 1934 年证券交易法实施前后股票投资收益和股价的变化进行了计量研究。他们发现,证券法的实施并没有增加股票投资的收益率。[1]

对上市公司管理者来说,如果他的欺骗手段比其他人更为高明,那么他就可能将上市公司的一些利润以某种方式秘密地占有而不会被发现;这正如在佃农合约

---

① George J. Stigler, Public Regulation of the Securities Markets, Journal of Business, Vol. 37, 1964; George J. Benston, Required Disclosure and the Stock Market: An Evaluation of the Securities Exchange Act of 1934, American Economic Review, Vol. 63. 1973.

中，收割时，佃农往往会将一些谷物技巧地隐藏起来一样①。但是，管理者所能够隐瞒的收入，只能是以超出股票的市场平均回报的那部分为限，如果上市公司的名义收入、或股东所能得到的回报率明显地低于其他上市公司或其他投资方式，管理者或者会被解聘，或者投资者将撤走他的资金。

反过来说，如果这种“攫取”行为能够持续地、“严重”地存在而不为人所发觉，这必然意味着该公司管理者创造利润的能力高于同侪——否则，他不可能使股东的回报率持续保持在平均水平。在这种情况下，他所“攫取”的其实是自己人力资产的“租值”(即经济学上的 rent)②。即使他不这么做，多余的收入就会反映到上市公司更高的利润或股东的较高回报上。一旦他的这种特殊能力为市场知悉，对该管理者的竞争就会加剧，他的身价就会升高，这部分“租值”就会转变为他的合法薪酬。所以，投资者仍没有额外的收入可供攫取。

可见，在信息不对称的条件下，各方的收入仍然要受到竞争的约束。尽管合作双方的信息不均衡程度可能较其他企业类型更为明显，但上市公司合作双方的收入，仍然和其他企业组织中一样，主要取决于货币资本与企业家才能的稀缺程度。强制披露虽然可以增加市场上的公开信息、改变信息占有的不均衡程度，但并不能改变这种结果。因此，我们始终不清楚“市场失灵”究竟具有什么样的事实含义。因此，所谓“信息不对称将导致市场失灵”说法的含糊性，也就不言自明。

四、强制披露将增加交易费用

的确，信息不对称会引起欺诈或攫取现象，而投资者也会因此遭受一定程度的损失。但是，这并不能说明实行强制披露制度的必要性。

如前所述，由于企业家之间的竞争，欺诈引起的成本企业家也要承担一部分，而不是全由投资者负担。如果企业家能够以某种方式减少投资者受欺骗的可能性，投资者对他的企业家才能的需求就会增加，这对他是有利的。因此，如果立法者提供的信息披露规则(或其他交易制度)有助于减少欺诈或交易费用——不管它们是否因为信息不对称引起——不用立法者的强制，企业家都会愿意采用这种安排。实际上，交易双方都有动力做必要的投资来减少交易风险，这样，无论是股票投资的回报率、还是企业家才能的回报，都将增加。至于具体是由哪方来投资减少

① 张五常:《经济解释》第3卷，香港：花千树出版社 2003 年版，第4章第4节。

② 由于事先确定管理者的贡献需要过高的信息费用，才导致这部分租值一开始没有通过合约界定给他本人，导致其劳动力资产的边际贡献与其工资不相等。

交易费用,并不重要。重要的是,如果减少欺诈的风险能够增加合作的净收益,双方就会有意愿这么做①。

但是,欺诈的减少不是免费的。减少欺诈的努力可能在其他方面增加交易费用。假如能够预计到可能影响上市公司绩效的所有事项、并详细地将其写入合约的披露条款,如果能向投资者事无巨细地报告工作,那么欺诈现象就会减少很多。但这样做会增加缔约的信息和谈判费用、披露的成本、以及投资者处理信息的成本。需要披露的事项越具体,有关的成本就越高,最后足以抵消因披露而减少的欺诈可能性的好处。

这意味着,对一定程度的欺诈的容忍,并不违反效率原则②。如果把欺诈的存在视为股票交易的一种交易费用,那么其性质与普通商品的制造成本(例如制造汽车所需的钢材、橡胶、以及制造汽车防盗锁的成本)没有本质区别。正如我们不能因为制造汽车需要耗费一定的钢材和橡胶就认为汽车生产是无效率的一样,我们也不能够因为自由的股票交易中存在一定程度和概率的欺诈而认为自由股票市场是无效率的。在某种意义上,投资者为了享受股票融资(或投资)服务的便利,就不得不承受一定的受骗损失,这正如消费者为了享受汽车的便利性、就不得不多花一些钱为汽车配备防盗锁一样。

进一步,尽管汽车具有一定的防盗功能是好事,但如果配备了过于昂贵的防盗设施而导致汽车成本增加太高,这样的汽车未必会有市场,汽车商也可能因此破产。同样,如果只是为了追求减少欺诈,就不计代价对上市公司课以严格的披露义务,将可能过度地增加股票融资的成本。所以,要判断法律规定的披露规则是不是合理,不是看它是否有利于遏制欺诈,而是要看它是否有利于减少证券投资者和企业家之间的交易成本。在这方面,我们认为,强制披露很可能在整体上增加股票融资的交易成本,原因是,假如法定的披露条款是有利于减少交易成本的,那么双方会主动采用;但如果法律规定导致了过高的披露成本,双方却没有办法规避。

另外,信息占有的不对称程度,与交易费用的高低也并不必然对应,即使强制披露降低了信息的不对称状态,也并不意味着其降低了股票融资的交易费用。科技的发达和社会分工的扩展,已经使得信息不对称的情况在很多领域都日益显著。

---

① 这有点类似于佃农安排中,究竟是由地主提供、还是佃农自己购买耕牛或其他工具,其实并不重要,只要由谁承担这种义务的交易成本更低,双方就自然会同意由该方提供。如果法律规定必须由地主为佃农提供耕牛或工具,倒并不一定有利于佃农的利益,因为佃农可能不会爱惜耕牛,地主的监督费用势必要增加,而佃农也要承担部分增加的交易费用。

② Michael R. Darby; Edi Karni, Free Competition and the Optimal Amount of Fraud, *Journal of Law and Economics*, Vol. 16, 1973.

但通常来说，在大多数领域，强制披露并不是有效维护消费者的利益，或者降低交易费用、保障市场机制正常运作的必要条件。原因是，产品供给者之间的竞争，可以显著地降低消费者的监督费用。以汽车市场为例：在选购汽车时，消费者其实只需要比较不同汽车的性能和价格，就能做出大致合理的选择。至于这些汽车是依据何种原理制造出来的，或这些汽车公司是如何组织其经营、管理、销售的，他们并不关心。如果厂家不能积极地改善他的生产和管理，他就不能向市场提供性价比更高的汽车。这解释了本文第二部分提出的问题，即为什么在缺乏强制披露制度的情况下，汽车市场（或任何其他存在着明显的信息不对称的市场）仍然能基本良好地运转。

同样，在证券市场上，对资金的竞争，也使得投资者的监督费用显著下降。在多数情况下，普通投资者无需费心去监管企业家的一举一动，或去分辨公司的亏损究竟是由于市场风险还是企业家的渎职。任何不称职的行为——如果它不是微小得可以忽略不计的话——都将反映在投资的回报率上。[①] 如果股票回报低于其他公司的股票或者市场利率，投资者就可以修改合约（如提高分红率、降低管理者薪酬、改组董事会、撤换经理），也可以解除与企业家的合约，购买其他股票，甚至购买保险、基金、期货、债券以及银行存款；或者，他还可以转而投资于闭锁公司、合伙，或者独自创业。

因此，促进证券市场的竞争、给予投资者更多的投资机会，有助于节约监管费用。既然在其他信息不对称同样显著的市场（例如航空运输、医疗）可以不需要强制披露，那么证券市场上也未必需要强制披露制度。相反，信息披露规则越严格，企业上市的成本越高，就势必会减少企业对股票融资的需求。这就会使得证券市场上可供投资的企业数量减少。本来可以达成的交易达不成，意味着交易费用无穷大。这样来看，强制披露制度由于抑制了市场竞争，有增加交易费用的效果。

五、信息披露的外部性问题

支持强制披露制度的另一种理由，是说在自由竞争条件下，由于存在着外部性等效应，导致上市公司在自愿条件下的信息披露难以达到最优水平，而强制披露有利于消除外部性，促进信息的供给效率。例如，据说由于外部效应的存在，如果没有强制披露，信息的供给将达不到最优状态。例如，为防止被竞争对手搭便车，上

① 参看张五常对佃农分成合约与其他合约的竞争后果的类似分析（《佃农理论》，北京：商务印书馆 2002 年版，第 36 页以下；或《经济解释》第 3 卷第 4 章第 4 节，香港：花千树出版社 2002 年版）。

市公司可能不愿意披露某些有价值的信息，例如有效的信息披露模式、或者某些关于公司产品或投资项目的信息等[①]；再如，证券分析机构为客户提供的信息很容易被泄漏给第三人，但前者很难向这些人收费，这些情况将导致信息供给的“不足”。而信息具有“共用品”的特点，这使得它就像知识产权一样，其被重复利用的边际成本几乎为零，因此理论上，信息一旦产生，就应该免费让尽量多的人使用。所以上述各种因素使得信息不能充分利用，这种状况因而是无效率的。而强制披露可以迫使上市公司披露更多信息，也可以鼓励分析机构生产更多信息，因而可以部分地解决信息供给不足的问题[②]。

上述论点的错误是明显的。首先，对企业来说，不披露有价值的信息是有成本的，因为这些信息可以增强对投资者的吸引力。但如果披露的成本（例如泄漏商业秘密、丧失市场竞争优势）更高，不披露就是更经济的。如果强制披露这些信息，上市公司将会受损。同理，强制披露固然可以减少分析机构的研究成本，但企业家与股东承担的成本却增加了。因此，强制披露可能对中介机构有利，但未必对社会整体有利。

其次，信息资产虽然存在着收费的困难，并影响了其供给的增加，但这种情况并不是信息资产所特有的。由于产权的界定和维护费用的存在，任何资产的所有者都不可能得到该资产上产生的全部利益：私家花园净化了邻居的空气，美丽女士的容貌给路人带来了愉悦，食品的香味增加了旁人的食欲，城市铁路的开通增加了周边物业的价值。难道这些情况都意味着资产的供给水平不是最优的、因而需要由政府来强迫增加供给么？这样做，且不考虑产权人的成本，单是增加到什么程度才是“有效率”的呢？

再次，信息披露并不是免费的（请想一想庞大的会计、审计、律师、广告费用）。如果提供信息的好处（例如减少欺诈可能性、吸引更多投资）不能弥补这些成本，就没有公司愿意去进一步披露信息。如果强迫他们这么做，就会压抑企业家的投资意欲。（试想，如果所有的发明、音乐、艺术、影视作品这些所谓的公共物品都是免费提供，还有多少人会愿意从事这些行业？）

此外，还有一个私产保障的问题。从信息资产所有人的角度来说，不管他是出于什么目的而不愿“充分地”披露信息，这是他的权利。公司的股东有权根据自身

---

① Frank H. Easterbrook & Daniel R. Fischel, Mandatory Disclosure and the Protection of Investors, *Virginia Law Review*, Vol. 70, 1984.

② John C. Coffee, Jr., Market Failure and the Economic Case for a Mandatory Dis closure System, *Virginia Law Review*. Vol. 70, 1984.

的利益——而不是依据其竞争对手、或证券分析机关的利益——来决定其在信息披露方面的投入。站在其他人的立场，迫使上市公司控制人披露他们不欲披露的信息，实际上是对他们的私有产权的损害。而且，这样做也未必是经济的，因为，如果法律允许每个人以无视他人成本的方式增加自己的收益，那么等于是鼓励每个人去浪费别人的财富，因为本人不用承担相关的成本。在批评拥护电信行业垄断的“重复建设论”时，周其仁教授曾有个很好的反驳，可以借用到这里：如果法律允许人们用邻居的钱来为自己购买洗衣机，试问洗衣机的“普及率”会达到什么程度？[①] 显然，“普及率”越高，资源浪费越严重。

总之，信息披露之所以对投资者有效用，是由于它能够降低交易费用、增加投资者与企业家的合作收益。而信息之所以能给证券研究机构带来财富，也是因为他们的服务能够促进投融资双方的合作、制造出更大的蛋糕，从而使自己能够从中分享利益。如果将过于严格的信息披露责任加之于上市公司，就会增加上市公司的融资成本，这也会反过来损害投资者、及证券中介机构的利益。

六、监管者的激励与信息问题

可见，在为什么要实行强制披露制度的问题上，现有的种种解释——信息不对称、市场失灵、遏制欺诈、公共品、外部性——其实都不那么合理。

那么，一个市场上的信息披露究竟达到什么水平才算是合理的(有效率的)呢？从经济的角度看，应该是看信息披露的收益(如信息、谈判、监督等交易费用的节省)和成本(如搜集汇总信息的成本、律师和会计师费用、以及披露对商业秘密的影响等)是否能够在边际上达到均衡，从而使信息披露的总收益达到最大化。

如前所述，即使没有法律的强制，股票交易的双方也会主动谋求这种平衡。哪些信息的披露有助于减少投资者的风险、有利于促进双方的合作，哪些信息是无关痛痒、无补于事，都是股票发行人或公司管理者必须斟酌的。对普通外部投资者来说，股票的价格、公司的盈利率、资产规模等可能是最有用的信息，但公司的股权结构、董事会的构成情况、某个具体项目的运营细节也许就不那么重要。但对于一个机构投资者来说，这些却都是重要的信息。因此，哪些信息应该披露、如何披露、对谁披露才能达到最好的效果，交易双方都会主动考虑、协商并通过合约的形式加以确定，而不需要第三方的强迫。如果有时候通过一个具有强制力的第三方来策划和执行信息披露规则更有利，他们也会雇佣一个“第三人”，就像长江三峡的一群纤

---

① 周其仁：《产权与制度变迁——中国改革的经验研究》，209 页，北京大学出版社 2004 年版。

夫会"雇佣"一个手执皮鞭的监工来监管自己一样。

当然,原则上,立法者或监管机关也可以根据前述的"最大化"原则来制定信息披露规则。问题是,他们是否能够比交易双方考虑得更周到,这是值得怀疑的。首先,由于缺乏私有产权和市场竞争的约束,立法和监管者不具有当事人那么强的动机去发现经济的披露规则。对企业家来说,一方面,企业家之间对资金的竞争迫使他们去主动披露信息,另一方面,私产的约束迫使企业家谨慎地考虑披露成本,迫使其努力准确地猜测投资者的信息需求,以避免花费成本于不必要的披露事项。而立法者或监管部门却不受竞争和私产的约束,因此,他们可能不会有企业家那样强烈的动力去仔细衡量信息披露的成本和收益。这意味着,在强制披露的制度安排下,似乎更容易发生"过度披露"或"披露不足"的问题。另外,在"公开、公正、公平"和"保护投资者"的口号下,监管者也可能倾向于在信息披露的标准上不断加码,因为相对于那些更为间接的影响(如证券市场规模的扩大、投资利润的提高)而言,加强信息披露的"充分、完全、及时",似乎更容易体现出监管的政绩。

即使立法者和监管者认真考虑信息披露的成本收益,他们还面临着比当事人更加高昂的信息费用的约束。通常而言,他们不容易比企业和投资者更清楚,什么样的信息对改善彼此的合作更有用。何况,不同公司、不同项目、不同行业的情况还不尽相同,因此他们的披露方式可能还应该有所差异,强求统一反倒未必合理。试想,如果以防止虚假广告和减少浪费为名,工商部门决定为所有的企业统一规定他们的广告模式,会有什么效果?

市场和合约机制当然不能完全解决欺诈问题(例如散布虚假信息、隐瞒公司的亏损消息、篡改财务数据等等)。不过,我们已经有合同法、侵权法以及刑法中的反欺诈条款,这些法律可以对这些欺诈行为进行处罚。如果这些法律的威慑力也不足以防止欺诈的发生,我们似乎也不能指望强制披露制度做得更好,因为,如果金钱、自由或生命的威慑都不足以遏制上市公司控制人的犯罪冲动,那么又如何指望他们会诚实地披露信息呢?

七、关于证券交易规则的竞争

我们并不是说不该对信息披露规则、乃至其他交易规则加以某种程度的"格式化"。至少,有了法定的信息披露条件的参照,可以避免重复谈判的成本。特别是,对于那些通常而言比较重要的、会对投资者的决策产生重要影响的信息(例如上市公司高层人事变动、重大投资、重大的资产转让、重要财务数据等),可以由法律规定为"默认的"披露事项,也就是说,如果双方没有相反的约定,就视为彼此默认了法定披露条件的效力。这有利于节约合约的监管费用，以及发生纠纷后的司法成本。如果双方事前没有就某些披露事项作出明确的约定，而证券法也没有对披露责任做规定，此时就只能依靠合同法和侵权法的基本原则和法官的自由裁量权，这就不仅需要证明企业家实施了有关行为，还需要证明其主观上的过失或故意。这将导致更高的司法成本。而如果有证券法的规定作为"默认条款"，那么就可以直接根据法律的规定来认定上市公司的责任。这就将过错责任转变成了严格责任，原告只需要证明被告没有履行法定的披露义务，而不再需要证明其是否具有主观过错。因此，通过立法使交易规则"格式化"，可以产生规模效益，节约交易费用。

不过，正如"规模经济"并不等同于"行政垄断经济"一样，"规则的格式化"也并不意味着规则制定权力的垄断。由于规则的格式化有助于降低交易费用，因此，上市公司自己也会有动力通过格式合同来明确其披露责任，从而节约与分散的投资者之间的交易费用。甚至，由于这种"格式合同"对交易双方来说都是有效用的，所以它也完全有可能成为一种商品或服务，通过商业化的方式来提供。例如，投资银行、证券公司、基金公司、证券交易所等中介服务机构可能为交易双方设计合理的信息披露条款，并且帮助协助合约的执行。

同其他市场一样，竞争也会在不同的交易规则提供者之间产生。如果某交易所设计的信息披露规则具有较低的监管和执行费用，就意味着他们能够以更低的价格协助融资活动。相反，不能有效降低交易费用的服务者——以及他们的交易规则——所提供的中介服务必然是"质次价高"的。有学者担心竞争可能导致竞相放松监管的局面，其实这是不必要的。过于粗疏的披露条款会导致更频繁的欺诈和纠纷，对该中介机构服务的需求就会减少。[①] 在竞争中，那些被证明所提供的披露条款及其执行机制最有利于节约交易费用的中介机构将占领更多的市场份额，而这些行之有效的规则和机制又会为更多的中介机构所仿效，从而使有效率的交易规则逐渐流行。

我国目前只有两个证券交易所，其信息披露的标准是强制性的并且比较严格；由于根本不存在交易规则的市场，缺乏其他交易规则体系的参照，这导致我们很难知道目前的披露规则是否最有利于节约交易费用，也无从判断企业所承受的披露成本是否恰当，是否已经妨碍了股票融资市场发展的潜力。因此我们建议，在维持现有的信息披露监管和执行系统的前提下，逐步改变目前由国家垄断提供信息披露及其监管服务的局面，放宽股票融资领域的准入管制，以建立起一个竞争性的融

① Merritt B. Fox, Required Disclosure and Corporate Governance, Law and Contemporary Problems. Vol. 62, 1999.

资服务市场。投资者和企业家应该有权选择合适的交易制度。如果认为现行证券法及其执行体制有利于节约交易费用，他们可以选择继续在现有的证券交易所上市或交易。否则，就应该给他们机会另做选择。

在条件成熟时，我们应当考虑将证券法的性质界定为可以协议“退出”的私法。如果没有相反的约定，可以推定双方自愿接受证券法的约束。另外，应该考虑允许证券交易所、证券公司等服务机构制定和使用自己的披露规则①；降低证券市场的门槛、鼓励更多企业上市，促进上市公司之间的竞争；逐步增加证券交易所的数量，允许民间资本兴办证券交易所或其他中介服务机构，允许它们自行制定信息披露等交易和监管规则。②

上述设想当然需要逐步地、稳妥地计划，过激的改革可能引起意想不到的震荡，而先做局部的改革试验可能是较为稳妥的。但是，鉴于目前垄断性的证券交易机制很不利于发挥证券市场的活力，改变目前垄断性地提供证券融资服务和规则的建议，是值得认真考虑的。本文的分析表明，证券融资服务原则上并不必定是由政府提供的公共产品，而是有可能和其他普通商品一样，由某些营利的商业机构来提供。既然市场中的交易者、而不是监管者最在乎他们自身的利益，那么似乎不必太担心市场主体会选择对自己不利的交易规则，相反需要顾虑的是，监管部门独家提供的规则是否最符合他们的利益。而避免这种质疑的坚决办法，就是让证券法回归其合同法的本质属性，在现行的交易规则之外，为市场主体保留自己选择和创造规则的权利。

---

① Paul G. Mahoney, The Exchange as Regulator, Virginia Law Review, Vol. 83, 1997.

② Roberta Romano, Empowering Investors: A Market Approach to Securities Regulation, *Yale Law* Journal, Vol. 107, 1998.

国家干预的法系差异
——以证券市场为重心的考察*

缪因知**

最近十多年来,国际上对于"普通法系的证券市场总体较为发达,大陆法系的证券市场总体较为疲弱"这一有趣现象背后的原因出现了越来越多的研究。La Porta等四位美国经济学家(合称 LLSV)最早提出的一国法系渊源会决定其证券市场发展程度的所谓"法律与金融"理论尤为引人注目。其最早的观点将原因聚焦于两大法系的公司法实体规则的不同,后逐渐扩展到两大法系的司法与行政机构地位和行为风格的不同上,并激发了金融与法律学者的广泛参与。虽然学界对其观点不无批评意见,①但他们对这一大体事实或者说趋势的揭示得到了较为广泛的承认。②

结合相关研究成果,本文集中于分析不同法系中,国家对市场的干预倾向与程度的不同;并指出大陆法系相对的国家干预偏好可能会对证券市场的发展带来较大的消极影响。这一制度背景性的因素也是我国的证券市场立法所必需注意面对和着力克服的。

一、两大法系在市场干预上的不同立场

(一) 两大法系不同的自由观

在当今世界,几乎每一个国家都对经济有着一定程度的规制/监管/干预,③市

* 原载于《法商研究》2012 年第 1 期。

** 缪因知,北京大学法学院金融法研究中心 2006 级博士,工作单位:中央财经大学法学院。

① 参见缪因知:《法律与证券市场关系研究的一项进路:LLSV 理论及其批判》,载《北方法学》2010 年第 1 期。

② John C. Coffee Jr., Law and The Market: The Impact of Enforcement, 156 *U. Pa. L. Rev.* 229 (2007), p. 253.

③ 这三个词汇在一定程度上可以通用,事实上前两者的英译都可以是 regulation,当然也有一种有影响的看法把规制(regulation)定义为经济领域的干预(intervention),即"任何国家用以解决外部性和/或信息问题引发的市场失败的干预",见 Anthony B. Atkinson & Joseph E. Stiglitz, *Lectures on Public Economics*, London, New York: McGraw-Hill Book Co., 5-10 (1980). 在中国法学界的习惯语境中,规制一般褒义色彩多一点,可以被理解为"合理的";干预固然不失其中性意义,但有时可指"不当的";监管则主要用在对市场行为的具体规制或干预上。本文采用的"干预"一词强调其对市场机制的补充、限制甚至替代意义,有时也隐含过度规制的意味。

场失灵的地方需要国家的干预，已经成为了共识，如在证券市场实行信息的强制披露制度。但是，对于市场调节和国家干预之间的平衡点究竟在哪里，国家应该在多大程度上进行干预的问题，大陆法系和普通法系给出了较为不同的答案。相比较而言，大陆法系国家更倾向于对市场进行干预。

哈耶克指出，普通法系和大陆法系有着不同的自由观，这导致两大法系中国家和私人部门角色的不同。[①] 普通法系是经验主义传统，认为自由是一个自生自发的、有机、自觉、非强制性的、通过不断试错的缓慢发展过程；大陆法系是理性主义传统，认为自由必须通过追求和获得一个绝对的社会目的来实现，故主张教条式的周全规划（doctrinaire deliberateness），以求得一个强制性的唯一有效的（enforced solely valid）模式。[②] 法国大革命后欧陆盛行的立法优先（supremacy）、立法专属（exclusivity）即反映了这样的思路，即法律可以、应当理性的调整社会，而方法就是由法典通过预先规定，一揽子解决所有的重大社会问题。所以，大陆法系的法条往往是综合性、概括性的，规定了诸多原则，具体规则必须据之演绎出来；而普通法系的法条则多比较具体，是就事论事的特定规则的汇总。

这种不同法系间对自由等基本意识形态概念之认识的不同，形成了不同的思维方式、法律风格和法律制度特点，也造成了国家和市场关系的不同。大陆法系的国家被视为民众的自由和福利的保护者甚至是赋予者，所以法律更强调一个集权化、强有力和少受约束的积极政府。普通法系则珍视个人自我追求幸福的权利，故而法律充分尊重财产安全和合同自由，并把重点放在抵御来自强大国家的随意干涉与再分配。普通法“一直被认为是独立于政治权力机构而存在的”[③]。“大陆法制度首先关注的是主权者的特权，而普通法制度首先关注的是个人权利。”[④]大陆法传统意味着一种有意识地构建制度来推进国家权力的意愿和制度工具，普通法传统则意味着一种限制而非加强国家力量的意愿和制度工具。[⑤] 大陆法系强调市场的缺陷面，呼唤一个强大和能干的国家用全盘调控来建立秩序。而普通法系主张尽量让市场自由发展，对国家的干预能力存有疑虑和戒心。

---

① *See* Friedrich A. Hayek, *The Constitution of Liberty*, (1960), South Bend, IN: Gateway Editions Ltd. pp. 85 - 88.

② Friedrich A. Hayek, *The Constitution of Liberty*, (1960), South Bend, IN: Gateway Editions Ltd. p. 56.

③ 哈耶克：《法律、立法与自由》第一卷，197—198 页，中国大百科全书出版社，2000 年版。

④ 沃尔特-莫菲：《法律制度与宪政民主（上）》，《外国法译评》1996 年第 4 期。

⑤ La Porta et al., The Quality of Government, 15 *J. L. Econ. & Org.* 222, p. 224, 232 (1999). La Porta et al., Investor Protection and Corporate Governance, 58 *J. Fin. Econ.* 3, p. 12(2000). 中译文见缪因知译，《投资者保护与公司治理》，《金融法苑》第 78 辑，中国金融出版社，2009 年。

(二)不同法系的历史传统对市场干预的影响

两大法系的上述差别根源于两大法系起源国的历史。普通法之所以有着强烈的个人自由传统,与其起源国——英国在中世纪特有的土地与财产制度关联甚大。英国从来没有真正的封建化过或形成过大一统的中央政府,各地的地主的权利很大。普通法下作为主要造法者的法官一般由各地的地主担任,他们和主权距离较远,与当地社区则有紧密的认同(identity),所以很自然的发展出了保护所有权的法律规则,使普通法成为一部强调国家权力有限、私人财产神圣、个人经济自由免受王权专制的法律。① 至少自13世纪起,小业主的权利就广泛受到法院的承认、尊重和保护。企业活动也不需仰赖于国家的准许就能进行。② 17世纪由公民代表组成的国会对国王的斗争的胜利更进一步导致"个人自由的维护和完善"成为了"英国的支配性理想"。③ 英国司法体系"多少能比世界上的任何其他地方更好的保护公民不受国家的侵犯"。④

以反抗英国政府施加的各种限制殖民地经济活动的法律而起家的美国继承和发扬了英国的自由传统。在19世纪晚期以前,普通法律传统已经牢固确立了这样的观点,即存在着一个属于私人的、个人进行自我管理的区域,国家一般不可侵入。⑤ 人们更重视用私人缔约来预防经济纠纷,用法院或仲裁等个案方式来解决纠纷,用交易所这样的自我监管体系来协调复杂的合同缔结与执行。政府的统一和近距离监督是很少被体会过的,国有化是不可想象的,大量争议被置于国家视野之外。⑥

而封建化的欧陆国家(以法国为典型)通常有一个强大、永久性和集权化的官僚机构,国家广泛的、充满自信的对经济活动进行各类事先禁止式的父爱主义干预。如在法国商法典中,除非法条明文许可,任何商业活动都是禁止的。国家还试图消除法律中的空白,把司法裁量压缩到最小空间内;⑦也不给地方进行差异化试

---

① Paul Mahoney, The Common Law and Economic Growth, in Fox and Heller eds, *Corporate Governance Lessons from Transition Economy Reforms*, Princeton University Press, 2006, p. 89.

② John C. Coffee, Jr., The Rise of Dispersed Ownership: The Roles of Law and the State in the Separation of Ownership and Control, 111 *Yale L. J.* 1(2001), p. 49.

③ 哈耶克:《自由秩序原理》(上),204页,生活·读书·新知三联书店,1997年版。

④ Alan Macfarlane, *The Riddle of the Modern World : of Liberty, Wealth and Equality, Basingstoke*, New York : St. Martin's Press, 2000, p. 205.

⑤ John C. Coffee, Jr., The Rise of Dispersed Ownership: The Roles of Law and the State in the Separation of Ownership and Control, 111 *Yale L. J.* 1(2001), p. 57.

⑥ See John C. Coffee, Jr., The Rise of Dispersed Ownership: The Roles of Law and the State in the Separation of Ownership and Control, 111 *Yale L. J.* 1(2001), pp. 62-63.

⑦ *See* John Merryman, *The Civil Law Tradition*, Stanford University Press, p. 30(1969).

验的空间。几乎所有重要的事情都只有获得政府批准后才能生效,私主体的自我规制很难实现。大陆法中的公法对公职人员的约束也要比普通法的公法做出的约束来得轻。

如果说"英国的政治结构是建立在对公民不受国家侵害的保护上","美国的政治结构是围绕着庞大的市场和宪法建立的",那法国的特点就是"在经济上体现为强烈的国家干预"。[①] 比较而言,市场的自我规制和个人在国家不干预的情况下白手创业获得成功的事例,在大陆法国家并不像在普通法国家那样容易被接受。[②] 德国的新兴商业阶级在 19 世纪晚期最为需要的,恰恰是英美商业阶级已经得到的、免受专制政府对私人领域干涉的自由。这种需要很容易转化为也确实转化为了对法治的坚定信仰。[③] 大陆法国家的殖民地如拉丁美洲也继承了宗主国的政治观,"把政府看作是好的、自然的和社会福利所必须的","没有理由要对之制衡或控制"。拉美强大的专制执政者、从属性(subservient)的国会、虚弱的地方政府在一定程度上应当归因于其体系是建立在大陆法系的国家观念之上的。[④] 欧陆观念对独立后的拉美仍然有影响,集中化的官僚控制和相伴的意识形态观念永久化(perpetuate)了,干预主义(interventionist)和普遍的专断的(arbitrary)制度环境令拉美的经济和企业活动的成功仰赖于和政治当权者的关系。[⑤]

诚然,基本的立法和行政干预对市场发展确有必要,在今日世界性的资本主义经济框架下,大部分国家特别是发达国家也都对市场的基础性配置资源的地位予以尊重。但当市场机制发挥得不那么理想,出现新问题需要解决时,人们就能较为清楚的看到:熟谙于政策执行(policy implementing)的大陆法国家更倾向于扩大政府的控制范围,[⑥]压制(repress)市场、或者通过国家命令(mandate)来试图代替市

---

① 法国国家行政学院教授尼古拉-巴维莱茨语,引自中央电视台编:《公司的力量》,53 页,山西教育出版社 2010 年版。

② John C. Coffee, Jr., The Rise of Dispersed Ownership: The Roles of Law and the State in the Separation of Ownership and Control, 111 *Yale L. J.* 1(2001), pp. 61 - 62. John C. Coffee Jr., Law and The Market: The Impact of Enforcement, 156 *U. Pa. L. Rev.* 229(2007), pp. 252 - 253, note58.

③ James M. Brophy, *Capitalism, Politics, and Railroads in Prussia, 1830 -1870*, Columbus: Ohio State University Press, 1998, p. 171.

④ *See* Howard J. Wiarda and Harvey F. Kline, The Latin American Tradition and Process of Development, in Howard J. Wiarda and Harvey F. Kline ed., *Latin American Politics and Developmen*t, 7th Edition, Westview Press, 2010, pp. 1 - 98.

⑤ *See* Douglass North, *Institutions, Institutional Changes and economic performance*, Cambridge University press, 2000,103, pp. 116 - 117.

⑥ *See* Casey Mulligan and Andrei Shleifer, The Extent of the Market and the Supply of regulation, *Quarterly Journal of Economics* (2005),120(4):1445 - 73.

场。而普通法国家倾向采用市场支持型和争议解决型的策略来帮助市场自律发挥作用，如通过改进诉讼规则、便利投资者起诉。例如，20世纪二三十年代大萧条时期，荷兰、意大利、日本和瑞典等大陆法国家采用了各种政府控制资本配置的机制来代替股票市场的运作。德国甚至走上了政府控制一切的法西斯道路。而面对类似的市场疯狂、恐慌和危机，英国、加拿大和美国等普通法国家采用了加强股东权利、强化信息批露、加强民事责任规则、实行存款保护等恢复和支持市场运行的方式，即使在史无前例的罗斯福新政时期，国有化仍然是不可想象的。在世界经济恢复增长的20世纪中期，大陆法国家遇到麻烦时仍然延续了拿破仑以来的传统，在很大程度上依靠政府融资、银行国有化、国家投资公司来促进经济增长和解决危机。普通法国家则继续通过完善公司法、证券法、存款保险制度等来依靠和支持市场监管。① 尽管这种区分并不是绝对的，很多政策工具都不是某一法系专用的。但在最终效果上，大陆法国家介入经济的程度明显更深，如其银行中的国有股比例远远高于普通法国家。②

（三）法系渊源对当今各国在市场干预上的现实影响

诚然，各个法律植入国即使是被动地接受了一定的法律传统后，都会多少走上独立自主发展法律制度的道路。但之所以说它们在最终选择是否干预市场时，仍然受到了法系渊源的深刻影响，主要是基于如下理由。

首先，从事实层面看，虽然由于现实多种因素的复杂性，不可避免地存在着一定的旁逸斜出的个例，但总体上"普通法国家较少干预市场、大陆法国家较多干预市场"这一趋势是可以成立的，特别是在同一经济发展阶段的国家（如发达国家）的比较上。在多个不同学者提出的测量指标中，较之大陆法系，普通法系也很明显地和更高的司法质量、财产权、公民自由、更少的政府干预等指标相关。③ 经济合作发展组织成员国中，普通法国家都是自由型市场经济体，企业主要通过内部层级结构和竞争性市场来协调它们的活动，个人可以广泛运用合同来组织其活动；而大陆法国家都是协调型市场经济体④，企业"严重依靠非市场的方法协调其他参与人和

---

① *See* Randall Morck and Lloyd Steier, The Global History of Corporate Governance: an Introduction, in Randall Morck ed, *A History of Corporate Governance*, University of Chicago Press, 2005, pp. 1 - 64.

② La Porta, Lopez-de-Silanes and Shleifer, Government Ownership of Banks, *Journal of Finance*, (2002) 57(1):265 - 301.

③ 对这些指标的含义和内容，详见 Paul Mahoney, *The Common Law and Economic Growth*, pp. 99 - 100.

④ 此种分类详见 Peter Hall et al, eds, *Varieties of Capitalism: The Institutional Foundations of Comparative Advantage*, Oxford University Press, 2001, p. 8.

他们的努力以构建其核心竞争力,合同要遵循并不总是追求经济效率的社会规范”。[①]

其次,法系渊源本质上是一种社会控制方略,必然会对国家应否干预市场这种“大是大非”的问题产生影响,同一法系的不同国家在对经济问题的处理方式上会有着系统性的趋同。法系渊源会影响到法律理念(如法律应该是被创造的还是被发现的)、法律体系的组织(如司法机构是否独立、是否能主动造法)以及法律人处理新问题的方法论(如重演绎还是重归纳,重经验还是重逻辑)。法系渊源“作为一种进行社会控制的思维方式,提供了处理社会问题的基本工具、对经济生活的社会控制的不同策略”,是“人类文明和社会秩序中难以改变的重要元素”。[②] 因此,即使法律被移植国家本身会有一个相对独立的具体法律制度的演进过程,由法系渊源决定的基本社会控制方略和理念仍然会发挥作用。即使移植国法律和监管制度已经过了几个世纪的演化,法系的影响仍然会在经济生活中体现出来。[③]

二、国家过渡干预市场对经济和金融的消极影响

(一) 对经济增长的一般消极影响

如果国家对市场的干预总是适度的,那么干预无疑会是一件好事。但不幸的是,国家并非全能和始终具有公心,在经济活动中正确行使权力并非易事。国家总是有过度扩张自己权力的趋势,故而在一个对国家干预心存警惕的环境中,其不良影响能多少被中和;而在一个鼓吹国家权力对市场进行干预的环境中,其不良影响就会加倍凸显。所以哈耶克断言英国法律传统比法国法律传统更为优越,这不是因为法律规则的实体差异,而是不同法律传统对个人和国家角色的设定不同所致:与普通法相连的有限政府较少限制经济自由和其他自由,更保护财产安全和合同权利,故更能促进经济增长。[④] 史学家也指出,英国工业化的快速崛起和一度成为头号强国,在很大程度上有赖于英国很早就颇为独特的演化成了一个“高度发达的

---

① Katharina Pistor, Legal Ground Rules in Coordinated and Liberal Market economies, In *Corporate Governance in Context: Corporations, States, and Markets in Europe, Japan, and the US*, edited by K. J. Hopt et al, Oxford University Press, 2006, pp. 251 - 252,258.

② La Porta, Lopez-de-Silanes, Shleifer, The Economic Consequences of Legal Origins, 46 *Journal of Economic Literature* 285(2008), p. 309.

③ La Porta, Lopez-de-Silanes, Shleifer, The Economic Consequences of Legal Origins, 46 *Journal of Economic Literature* 285(2008), p. 286,307,309.

④ *See* Friedrich A. Hayek, *The Constitution of Liberty* (1960), South Bend, IN: Gateway Editions Ltd, Chap. 4,6.

个体市场社会”,并以私有财产的“绝对所有权”和高度的劳力流动性为特征。[①] 当代法学家也通过数据指出:从 1960 年到 1992 年,对市场干预更少的普通法国家总体上比大陆法国家(包括法国法国家、德国法国家和斯堪的纳维亚国家)有着更高的真实人均 GDP 增长速度。[②]

(二)对证券市场的特殊消极影响

一些法学家强调大陆法系过多的国家干预会损害经济增长前景时,刻意强调其理论意义在于指出“法系对经济增长的途径不限于金融市场”。[③] 故而,对那些实体经济发展程度尚不足以支持较大金融市场、或不试图大力建设金融市场的发展中国家来说,限制国家过多的干预权仍然具有重要意义。但笔者认为,从总体上看,关于国家干预对整体经济增长之影响的论述,可以直接适用到证券市场上去,是一种母集和子集的关系。只是证券市场本身的特殊性,使得其对国家不当干预的敏感度更高,可能受到的伤害也更大。

1. 国家干预不利于解决纠纷

证券市场作为一种金融资源配置方式有两个基本特点。一是分散决策机制,即资本提供者是为数众多的不同主体,而非数量较少且偏好近似的银行。有特色的企业的融资需求通过灵活安排找到青睐者的几率要比在间接融资市场大得多。这就又和其第二个特点紧密相连:金融产品的投资回报不确定性很大,其可能有很好的盈利前景,也可能没有,甚至从来就只有很深的欺诈性。故在事前决定融资可行性和融资条件,以及在金融产品表现不如预期、事后决定各方面责任承担时,具体问题具体分析的个案判断十分重要。

换言之,证券活动中涉及的金融交易合同的个别化、定制化(customized)程度较高,不仅事前需要当事人进行复杂的评估、谈判,事后也需要一个有愿意和能力来对复杂个案进行分析、确定合同效力和责任归属的裁决者。实践证明,面对此类问题时,司法能动性较强的普通法系法官表现更好。[④] 面对证券市场中不断翻新

---

① Alan Macfarlane, *The Origins of English Individualism: the Family, Property and Social Transition*, *Blackwell*, 1978, p. 165. 这本书广泛地论证了分权带来的经济增长。

② Paul Mahoney, The Common Law and Economic Growth, in Fox and Heller eds, *Corporate Governance Lessons from Transition Economy Reforms*, Princeton University Press, 2006, pp. 94 - 99.

③ Paul Mahoney, The Common Law and Economic Growth, in Fox and Heller eds, *Corporate Governance Lessons from Transition Economy Reforms*, Princeton University Press, 2006, p. 85.

④ Josh Lerner and Antoinette Schoar, Does Legal Enforcement Affect Financial transactions? The Contractual Channel in Private Equity, *Quarterly Journal of Economics*, 120(1): 223 - 46(2005). Bergman, Nittai, and Daniel Nicolaievsky, 2007, Investor Protection and the Coasian View, *Journal of Financial Economics*, 84(3):738 - 771.

的欺诈行为时，他们能在法律没有明确规定或禁止一项行为时，灵活公平的处理案件，保护投资者利益。如通过先例和受信义务这样的一般原则进行审判，[①]或通过“气味测试”(smell test)[②]处罚新型欺诈和自我交易行为。[③] 即使在没有合同的情况下，其也可以运用合适的侵权法规则来判案的风格，从而带来有效率的结果。[④]以灵活而模糊的公司法审判著称、并吸引了大量公司前往注册的美国德拉瓦(Delaware)州的司法机构就是典型的例子。[⑤]

而大陆法系不重视当事人通过自由缔约来界定、保护自己权利的做法，而是更看重依照事先规定的法律规则来处理案件。可成文法又不可能预先对金融活动中层出不穷的各类行为详加规定与区分，而往往只能是一些黑白分明的所谓明线规则，故用于保护投资者时就显得比较僵硬(rigid)，不易及时有效的制止新型和复杂的侵害行为。[⑥] 多个国家的案例生动的表明，当大陆法系的公司内部人“钻法律空子”，通过表面合法的交易方式(如在形式上正确遵循了决策程序)来侵害外部投资者权益时，秉持明线规则的法官往往不会对之追究责任。[⑦]

同时，司法机构的此种缺陷也不是行政机构的强势可以弥补的。因为行政机构即使对金融活动可能有更多的专业知识，本质上仍然不是一个合适的纠纷仲裁者和救济给予者。出于维护经济社会秩序而非持中裁断的基本定位，以及具体监管者追求自利的代理成本问题(无事不算有功，出事则为大过)，其更倾向于用取消问题的方式来解决问题，通过从源头上不鼓励、禁止新型投资和交易活动的方式来

---

① Katharina Pistor, Legal Ground Rules in Coordinated and Liberal Market Economies, In Corporate Governance in Context: Corporations, States, and Markets in Europe, Japan, and the US, ed. by Klaus J. Hopt, et al, Oxford University Press, 2006, pp. 249 - 280.

② John C. Coffee, The Future as History: the Prospects for Global Convergence in corporate governance and its implications, *Northwestern University Law Review*, 93:641 - 708(1999).

③ Bernard Black, The Legal and Institutional Preconditions for Strong Securities Markets, 48 *UCLA Law Review* 781(2001), p. 815. 其由此把“普通法司法体系”列为一种建设证券市场的“有用和特殊的补充制度”。Johnson, La Porta, Lopez-de-Silanes, Shleifer, 2000, Tunneling, American Economic Review Papers and Proceedings 90(2), 22/27.

④ Richard Posner, A Theory of Negligence, *Journal of Legal Studies*, Vol. 1, No. 1, 1972, pp. 29 - 96.

⑤ Thorsten Beck, Asli Demirguc-kunt & Ross Levine, Law and Finance: Why Does Legal Origin Matter?, 31 *Journal of Comparative Economics* 653 - 675(2003).

⑥ La Porta et al., Legal Determinants of External Finance, 52 J. Fin. 1131(1997). Edward L. Glaeser & Shleifer, Legal Origins, 117 *Q. J. Economics* 1193(2002), p. 1222. La Porta et al., Investor Protection and Corporate Governance, 58 *J. Fin. Econ.* 3(2000), p. 9. Djankov, La Porta, Lopez-de-Silanes and Shleifer, Courts, *Q. J. Econ.* 118:453 - 518(2003).

⑦ Simon Johnson, La Porta, Lopez-de-Silanes and Shleifer, Tunneling, *American Economic Review Papers and Proceedings* 90(2), pp. 22 - 27. Luca Enriques, 2002, Do Corporate Law Judges Matter? Some Evidence from Milan, *European Business Organization Law Review*, 3(4):756 - 821.

避免争议的发生。如我国1995年327国债期货事件本质上是交易规则存在技术性瑕疵(可在保证金严重不足时下单),以及财政部有泄露信息嫌疑所致,①可以通过规则完善来解决。但在行政主导的模式下,最终的处理方式是索性取消整个国债期货交易(并累及其他金融衍生交易品)长达十数年。

2. 国家干预易导致金融资源损失

国家干预往往体现非经济目的,甚至是寻租或腐败的结果,所以其对金融资源的配置方式往往会损害证券市场固有的竞争和淘汰机制。如以巴黎交易所为典型的大陆法系证券交易所大都处在国家的严密控制下,具有垄断地位,缺乏自我改革、提高监管的动力,故而信誉低下、证券市场孱弱。而普通法系的交易所大都处在国家干预较少、竞争激烈的环境中,反而通过自我实施的监管而积累了信誉。②我国不少质量不佳的国企在政策支持下,仍然能成功借到贷款、发行股票、获得注资,不仅形成银行呆账和证券市场垃圾股,还挤压民营企业的生存空间,影响整体金融和经济环境的运行效率,也是例证。

另外,金融资产是由对货币的权利构成的,更容易被剥夺。"现代政府在遇到财政困难时,不会直接去掠夺农民的土地或企业的机器,但是往往会利用各种手段减少政府对债权人的实际偿还",③或者通过国企包装上市等手段从股民处圈钱。金融市场的脆弱性又意味着受到不当冲击后,投资者信心与市场本身在短期内很难恢复。

三、对"干预"之内涵的进一步澄清

也有学者认为,普通法不见得对市场特别是证券市场干预较少。典型观点的是哈佛法学院洛(Roe)教授提出的两点理由:一是当今世界各国都用详尽立法的手段来规制证券市场,如美国证券和交易委员会(SEC)制定了大量繁复的规章。二是数据显示,普通法国家在证券市场规制上有更多的预算和工作人员,④执法频度

---

① 凌华薇、李菁:《中经开之死》,载《财经》2002年6月18日。

② *See* John C. Coffee, Jr., The Rise of Dispersed Ownership: The Roles of Law and the State in the Separation of Ownership and Control, 111 *Yale L. J.* 1 - 82(2001).

③ 拉詹、津加莱斯著,余江译:《从资本家手中拯救资本主义》,124页,中信出版社,2004年版。

④ Mark Roe, Legal Origins, Politics and Modern Stock Markets, 120 *Harv. Law Review* 460(2006), pp. 482 - 494. Howell Jackson& Mark J. Roe, Public and Private Enforcement of Securities Laws: Resource-Based Evidence, 93 *Journal of Financial Economics* 207 - 238(2009).

(intensity)也更高,即使考虑了市场规模不同的因素后也是如此。[①] 所以似乎不存在大陆法系对证券市场干预更多的问题。对此,笔者认为,洛教授揭示的事实固然无误,但是其解读却存在着一定的误区,即简单地把国家资源投入等同于(不当)干预。

(一)普通法系的证券监管一般旨在支持而非限制市场的作用

普通法国家的证券立法和监管的目的往往是为了促进而不是取代市场。[②] 如美国1933年证券法、1934年证券交易法的要旨是加强信息披露义务,以提高市场投资者的判断能力;其条文数量较多也是因为其表述得比较具体,对不同的情形作了不笼而统之的细致规定,而非对太多的领域做了限制。即使是以严厉著称的萨班斯(Sarbanes-Oxley)法,重点也依然是强化信息披露、建立内部审计委员会和加大责任承担等程序性事项和事后处理机制,而非对行为事前在实体标准上设限。[③] 且即便如此,该法还是由于被认为监管过度,而受到了很多批评。[④] 一些市场优势主体如发行人被施加的额外合规成本,往往也是为了缓解信息不对称等市场失灵情形,降低其他市场主体的参与成本,而非满足管理者的便利。

以SEC为代表的普通法系的证券监管的重心也是为了加强市场机制而非增加市场限制,其工作重心不是事前审批,而是通过追究不当信息披露责任、打击内幕交易行为等,实现市场主体的私法缔约活动自身难以实现的市场环境优化。而且SEC的一个显著特点是充分发挥利用市场中介如会计师、交易所、交易商协会等私利动机来促使他们为公共利益服务,减少外在监管的强制性和成本,形成了一种"被同意的管治"。[⑤] 而大陆法系的证券市场立法和监管更多的是从管制维稳、防"乱"的角度出发。[⑥] 国家基于对市场作用的不信任,或者出于主观政治目的不愿意让市场过于自由和独立,而往往把事前限制作为工作重心。

---

① Howell E. Jackson, Variation in the Intensity of Financial Regulation: Preliminary Evidence and Potential Implications, 24 *Yale Journal on Regulation* 253(2007). Stavros Gadinis & Howell E. Jackson, Markets as Regulators: A Survey, *Southern California Law Review*, Vol. 80, p. 1239(2007).

② See La Porta, Lopez-de-Silanes, Shleifer, The Economic Consequences of Legal Origins, 46 *Journal of Economic Literature* 285(2008), p. 305,310.

③ Katharina Pistor, Legal Ground Rules in Coordinated and Liberal Market economies, In *Corporate Governance in Context: Corporations, States, and Markets in Europe, Japan, and the US*, edited by K. J. Hopt et al, Oxford University Press, 2006, pp. 266 - 267.

④ 如Roberta Romano, The Sarbanes-Oxley Act and the Making of Quack corporate governance, 104 *Yale law Journal* 1521(2005).

⑤ See Thomas K. McCraw, With Consent of the Governed: SEC's Formative Years, 1 *J. Pol'y Analysis & Mgmt.* 346(1982).

⑥ 如老法学家江平对中国证券法的评价,江平:"本质上是一部管理法",载《中国律师》1999年第4期。

(二) 普通法系的证券监管受到了多种制约

首先,普通法的规制风格仍然体现了国家权力的有限性,仍然明显保持了对市场的尊重。制定规则、做出决定时,美国行政机构的行为必须具有内在一致性,必须考虑各种因素,对"所发现的事实和所做出的选择之间的理性关联"做出非政治性的、技术性的、符合法律的科学解释。如果这些解释有悖于该机构所发现的事实,就可能会被视为是专断、变化无常的(arbitrary, capricious)而被法院否定。行政该机构还必须在制定规则前考虑不同的选项,解释为什么采取了这种而非那种干预措施。① 洛教授也承认:"SEC 经常有一种普通法的风格",《行政程序法》要求其和被监管者协商,被指控者也有机会发表自己的看法。②

其次,美国证券监管机构的不当干预行为或制定的规则被司法机构撤销的情形屡见不鲜。《行政程序法》第 706(2)(A)节规定法院有权审查行政决定是否有专断、变化无常、滥用裁量权(an abuse of discretion)及其他不合法情形。而且这种审查不能局限于"最低理性"标准。③ 这导致了包括证券监管机构在内的诸多行政机构的很多行为被法院推翻。法院的这种独立性,大大缩减了 SEC 在各种政治团体压力下制定规则的空间。相比之下,大陆法系司法机构对行政机构的此种制约较少。

第三,主要普通法国家如美国、加拿大的证券市场机构(如交易所)有着较大的监管权限,甚至可说是在和国家"合作监管"。而主要大陆法国家如法国、德国、日本的市场监管均较弱。④

(三) 大陆法系往往怠于必要的证券监管

论证国家过多地通过干预来替代市场机制所导致的弊端,但绝非一味否定国家力量在市场中的存在。由于证券产品的非实体性、复杂性、信息不对称性,欺诈极容易发生,从而动摇投资者信心,故在消除信息不对称和减少自我交易这两个证

---

① Grundfest, The SEC's Proposed Access Rules: Politics, Economics, and the Law, 65 *Business Lawyer* 361(2010), pp. 373 - 375.

② Mark Roe, Legal Origins, Politics and Modern Stock Markets, 120 *Harv. Law Review* 460(2006), pp. 493- 494.

③ Motor Vehicle Manufacturers Ass'n v. State Farm Mutual Auto Insurance Co. , 463 U. S. 29(1983).

④ Stavros Gadinis & Howell E. Jackson, Markets as Regulators: A Survey, *Southern California Law Review*, Vol. 80, p. 1239, (2007). Howell E. Jackson, Variation in the Intensity of Financial Regulation: Preliminary Evidence and Potential Implications, 24 *Yale Journal on Regulation* 253(2007), pp. 256 - 257.

券市场发展的关键前提上，强制监管有着不可替代的作用。[①] 换言之，国家需要适当投入，对市场有所为有所不为。

普通法系的高预算大都用在了事后严格的执行证券法律，打击内幕交易等反市场行为之上。实证研究揭示，大陆法系的低预算与更弱的法律执行相关联。而在证券规制上花费了更多人力财力的国家有更强大的证券市场、更多的初次公开发行和上市公司。[②] 美国高强度的证券执法也被知名学者视为美国证券市场独步世界的关键因素。[③]

值得一提的是，SEC 积极从事证券执法的一个原因是美国证券民事诉讼机制发达，投资者可方便的起诉证券违法行为。所以，SEC 自身如果不积极调查，落在了司法程序之后，就会显得无所作为而陷于被动。

总之，普通法系往往一方面对市场发展的事前制约、审批、限制较少，另一方面却通过翔实的法律规则和有力的执法来事后确保市场机制的有效运作，大陆法国家则相反，对证券市场的发展也产生了不同的影响。

四、对中国证券市场发展的一些启示

综上，大陆法系与普通法系的一项重要差异在于前者的国家有着通过主动干预来限制、取代市场机制发挥作用的偏好，特别是在经济运行出现问题时。这种法系之间的差异有着深刻的历史和意识形态根源，也在现实中产生了多方面的影响。但是，大陆法系过多的国家干预不利于财产安全和合同自由的实现，从而不利于经济增长。对于金融市场尤其是证券市场而言，国家的高度干预不利于纠纷解决，也容易带来金融资源的损失，故具有特别的消极意义。

中国的公司法和证券法律条文大量借鉴了美国法，[④]但从国家对证券市场干预偏好的角度看，其明显保持着大陆法系的风格：行政机构较为主动，司法机构较

---

① Bernard Black, The Core Institutions that Support Strong Securities Markets, 55 *Business Lawyer*, pp. 1565-1607(2000).

② See Howell E. Jackson, Variation in the Intensity of Financial Regulation: Preliminary Evidence and Potential Implications, 24 *Yale Journal on Regulation* 253(2007).

③ See John C. Coffee Jr., Law and The Market: The Impact of Enforcement, 156 *U. Pa. L. Rev.* 229 (2007).

④ 实际上，转轨国家对股东和债权人的保护法律存在着对美国法的一种形式趋同是普遍现象。见 Katharina Pistor, Patterns of Legal Change: Shareholder and Creditor Rights in Transition Economies, in Fox and Heller eds, *Corporate Governance Lessons from Transition Economy Reforms*, Princeton University Press, 2006, p. 231.

为边缘化。而且由于中国的政治体制传统，这种干预实际上比一般的大陆法国家更为强烈，也对证券市场发展产生了一定的负面影响，诸如对市场准入（无论是组织方面还是行为方面）过多的事前控制、对市场运作的大量事中控制（且权力受制约度较小，透明度、说理度不够）、对市场自律组织、自律机制、创新的限制等，这些都影响了证券市场的良好发展。

基于本文前几部分的分析，笔者认为中国证券市场的进步不可能在背离国际一般规律的状况下得到长足发展，故中国应当首先坚持减少对证券市场不必要的干预，尽可能的允许市场机制发生作用。与其让监管者继续进行多方面试错性的干预（二十年来证券市场的跌宕起伏已经充分证明了这种试错成本相当可观），不如让市场也能在一定范围内经历免于、少受干预的试错。具言之，对于各种证券发行、上市和交易的条件、各种类型交易场所的兴建，可以把决策权下放给交易所、市场甚至地方政府；逐步使基于信息披露的事后责任追求机制而非基于审批的事前控制成为市场治理的重心；更多制定可以选择适用的备用性规则，而不是必须适用的强制性规则；重视并加强交易所、行业协会、中介机构对不当行为的制约作用（如提高中介结构和发行人之间的民事责任连带程度）；保持市场的开放和可竞争性，令企业和监管者本身都能感受到竞争的压力；强化诉讼机制，使得司法可更多地成为解决证券民事纠纷和复查证券监管行为的途径。

其次，为了避免“一收就死、一放就乱”的怪圈，监管者应当保持并加强对市场运作的制度性支持和物质投入。一方面坚持“有法可依”，细化证券法律规则，但重点不是环环设限、增加规则，而是细化规则，提高所颁布规则的解释性、可预见性、可操作性，使市场参与者能够获得关于行为适法性的事前透明度（而不是必须每案请示报批），从而间接的限制国家干预的任意性，确保市场参与者财产权和其他经济参与权利的安全性。另一方面坚持“有法必依”，完善证券事后执法，提高反市场行为如欺诈、不实信息披露、内幕交易、操纵市场的捕获率与总体违法成本。中央监管的意义不应当是在事前处处管起来，而应当是在全国范围内统一执法尺度，事后把关，从而令一个趋向自由的市场不会失序或产生逐底竞争。结合中国的实际，监管资源还应当集中到与强势主体（如大型国企）的违法行为作斗争中。这些努力可以增强市场运作的规范化和公平性，确保市场交易的安全度，提升市场信心和自我调节机制的效用，提高投资者投入和参与的积极性，促进经济有效增长。

证券法和公司融资实践的变迁

(1984—2012)

沈朝晖[*]

一、材料:"看料配菜"

本文取材于2006年5月—2010年12月所有向中央证监会申报并进入发审委审核流程的公司数据。具体来说,本文手工搜集与整理了完整的面板数据(年度与公司数据结合)。这些研究数据主要来自中国证监会的发审委公告、发行监管部公告与公司的上市申报材料,主要是公司向中国证监会发行部与创业板部提交并被监管部门接受的招股说明书(申报稿)。招股说明书(申报稿)是主要的数据来源,从中可以摘取丰富的公司特征变量。

2006年6月之前,中国证监会也会公布将要上会的公司,事后也会公布审核结果。对于那些通过审核的公司并顺利上市的公司,公司的具体信息会反映在招股说明书、上市公告书等材料中,但是,对于那些被发审委否决的公司,却难以从公开渠道获得它们的信息,成为"黑箱"。

2006年新《证券法》生效,在股票发行审核中引入了预披露制度:在发审委开会之前,中国证监会须将申请首发上市的上会公司名单、审核委员名单、会议日期与公司的招股说明书(申报稿)提前若干天在中国证监会的网站公布,以方便社会监督与线索举报。发审委会议开会表决后,证监会网站也会公布发审委的审核结果:通过、未通过还是暂缓表决。从这些政府公告中,可以获取2006年以来,申报首发上市的公司全样本以及它们的招股说明书(申报稿)。这个丰富的数据库是全流通时代所有申报首发上市的公司全样本。

有些公司多次申报才过会,这些经过了发审委的一审、二审甚至多次上会的,公司,尽管是同一家公司,但由于它经过了两次以上的审核,从统计学上讲,每一次申请审核与审核结果都是一次社会"实验"与数据。笔者把每一次审核及其结果记

---

* 沈朝晖,北京大学法学院金融法研究中心2008级博士,工作单位:清华大学法学院。

录为一个样本公司(Case)。一些公司为本研究的首发上市申报审核数据库贡献了两个或两个以上样本。这也是为什么中国证监会公布的发审委审核公司数与本研究数据库中的样本公司数不一致的原因。本研究报告的通过率或否决率与其他渠道公布的统计结果略有差异。

二、以北京为中心的证券发行上市审核体制的形成

虽然中国大陆的两大证券交易所分布在上海和深圳,但是哪家公司有资格发行上市的决定权却在北京。

(一) 现状

中国目前的证券监管体制是高度中央集权的单一监管者,所有想进入资本市场融资(包括IPO和再融资)的公司,公司的代表人物必须来到北京市西城区金融大街19号富凯大厦证监会所在地,面见审核人员,并现场面试提问。通过发审委表决后,才能首发,尽管公司的主要营业地、业务联系地和投资者群体等可能均与北京关系不密切。公司的再融资同样需要经过发审委的审核通过。

自20世纪90年代初两大证券交易所与证监会相继成立,经过二十来年的制度演化,中国形成并不断强化全国证券集中监管体制。[①] 这体现在中国公司上市监管制度的重大特征——高度中央集权:公司上市的行政审核与许可权力不分享给地方政府(金融办)、中国证监会系统的地方证监局(尽管证监会系统大约70%的工作人员分布在地方证监局,30%人员分布在证监会机关[②])与两大证券交易所。总之,公司上市的决定权力几乎完全掌握在中央证监会手中。

第一,地方政府退出了公司首发上市的审核系统,对首发上市监管进程的影响只是间接的。20世纪90年代,地方政府或国家部委决定哪些企业向中央证监会申报;核准制下,地方政府对证券发行上市进程的影响方式主要是协助公司出具合法性的证明文件,以使公司达到证监会的监管要求。

第二,证券交易所对首发上市监管进程的影响微弱。大陆的证券交易所虽然模仿香港联合交易所,设立了上市委员会,但是,据上海证券交易所上市审核委员会的委员介绍,目前中国两大证券交易所在证券发行和公司上市方面主要是两大

① 沈朝晖:《地方政府与企业上市》,载《证券法苑》第3卷,法律出版社2010年,第638—641页(第一阶段为80年代的地方政府自由实验状态;第二阶段为1992—1997年,中央权力开始介入,但中央"虚"、地方"实";第三阶段为1998年国务院机构改革,地方政府退出)。

② 中国证监会(编):《中国证券监督管理委员会年报》(2009年),中国财政经济出版社2010年版,第6页。

作用：一是安排已经通过证监会核准的公司的具体上市时间；二是为拿到证监会批文的拟上市公司分配一个证券代码。[①]

第三，根据笔者在地方证监局的调研，一直以来，地方证监局负责的辅导制度不具有筛选上市申报企业的功能。地方证监局对首发上市的监管没有实质影响，表现在地方证监局负责的辅导制度，作为公司进入发审委审核流程的前置程序，一般不会淘汰企业出局，不具有过滤企业的功能。主要有三点理由。(1)进入辅导备案是没有准入门槛的，地方证监局“开门纳客”。(2)在上市辅导方面，地方派出机构并没有硬性的执法手段。表现在两个方面，一是地方派出机构采取的是软性监管措施，辅导监管其实只是地方派出机构的一个“兼职”工作，它的主要工作是上市公司监管；[②]二是辅导期限也是十分弹性的。(3)几乎所有的企业都能通过辅导验收。地方派出机构在公司上市过程中发挥的作用很小。各地证监局没有审核权，更没有否决权，而且在辅导监管过程中，地方证监局也不直接接触企业的财务信息等核心信息，不对企业财务信息真实性发表意见（而企业的财务信息真实性是上市的一个重要条件）。除非对一些非常明显的上市障碍、核心障碍，地方派出机构能作出指导外，其他大部分考核主要依赖保荐人的报告，地方证监局书面审查。最后的验收评估也主要是“面”上的评估，侧重公司治理方面的内容，对潜在的问题提请中国证监会发行部或创业板部注意。比如，地方派出机构对券商辅导工作考核的一个重要方式是考试，让拟上市公司的“董、监、高”参加法律法规与监管政策的考试。考试题目是由保荐人命题的，如果地方证监局有时间，则会去监考；如果没时间，地方证监局会让保荐人把试卷报上来，给相关地方证监局监管人员看一看，地方证监局并不存档。用某地方证监局负责人的话来说，考试很大一部分目的就是让拟上市公司的“董、高、监”抄也要抄一遍，加深印象。

（二）集中过程[③]

21世纪，随着国企改革的三年攻坚的结束，资本市场为国企改革服务的政治

---

① 徐明（上交所副总经理）：《证券法的修改与完善》公开讲座，时间：2011年11月27日（周日）下午2：30开始；地点：北京大学凯原楼（法学院教学行政大楼）报告厅；主办单位：北京大学法律经济学中心“组织、规制与竞争”论坛。根据笔者的听讲录音整理而成，非讲座者原话。

② 例如，北京证监局在其官方网站是这样介绍其机构职能的：“北京证监局的主要职责是：贯彻执行国家的有关法律法规和方针政策，按照中国证监会的规定对辖区内的上市公司、证券期货经营机构、证券投资咨询机构及具有证券期货相关业务许可证的律师事务所、会计师事务所、资产评估机构等中介机构的证券期货业务活动进行监督管理；依法查处辖区内监管范围的违法、违规案件，调解证券期货业务纠纷和争议，履行中国证监会授予的其他职责。”来源：“北京证监局”http://www.csrc.gov.cn/pub/beijing/zjjs/jgzn/200811/t20081115_89512.htm，最后访问2011年4月1日。

③ 此部分内容的展开，详见沈朝晖：《地方政府与企业上市》，载《证券法苑》第3卷，法律出版社2010年，第632—656页。

任务基本完成，进而在股票发行制度上，取消配额制、放开上市的供给；再融资与交易所的全国集中监管；2005 年公司法修订取消各级地方政府对公司股份制改造的审批；还有 2005 年开始的证券公司三年综合治理运动，将相当大一部分保荐资源从地方政府手中释放出来等。这些表面看起来割裂的事件，却有一个统一的逻辑：全国证券监管集中体制的形成。

具体来说，第一，证券发行审核制度方面的变革为取消配额制。

国务院证券委使用计划经济的手段控制全国的股票发行——“配额”。根据《国务院关于进一步加强证券市场宏观管理的通知》与《股票发行与交易暂行条例》，1992—2001 年我国实行股票发行配额制，地方政府（与中央部委）对企业上市具有较大的决定权。每一年中央政府分配给各个省级政府与中央部委上市的额度。分配的标准先是实行“指标管理、额度控制”、1995 年实行“总量控制、限制家数”。[①] 由地方政府（或中央部委）挑选与“预审”企业；然后地方政府向中国证监会申请“复核”。尽管早在 1993 年证监会就成立了发审委，但是，90 年代证监会几乎没有否决过地方政府的预审。有研究者认为这是因为地方政府领导的行政级别高于当时的证监会领导。[②] 中央分配给地方的上市配额，在地方看来那是理所当然能够上市成功的。

配额制下国企发行股票的程序一般是首先要获得地方行业主管部门的同意，进入省政府的配额名单。这个名单的确定通常是在省级证券管理委员会的会议上基于本地计委部门的建议而做出的。证券管理委员会、体改委与计委、企业的行业主管部门在整个发行过程中会支持与保荐企业。企业必须在体改委的监督下重组成一个股份公司，企业的母公司购买企业的法人股。然后，向证券委提出一个正式的暂时申请，该申请包含了对公司资产、设备、运作与土地的评估、审计过的公司三年帐目与对来年的利润预测。有意思的是，这些文件都是由地方的证券办公室、体改委、计委、本地的证券公司、会计师、律师来准备，其中，主要是由证券办公室的工作人员来操办与开展尽职调查。当省级证券管理委员会许可该临时申请后，企业

① 《永不停止改革步伐——记周道炯》，载《中国金融家》2008 年第 10 期，第 23 页。（周道炯先生 1995 年 3 月 31 日到 1997 年 7 月 3 日任证监会主席。在采访中，他谈及了配额制的真实运作情形。“当时对上市公司，中央给各省、自治区、直辖市定的指标是发行额度，根据各地的经济规模，从 3000 万到 5000 万、8000 万乃至 1 亿元不等。由于有上市需求的企业很多，各省区市为满足当地企业上市的强烈要求，往往选择小规模公司，这样可以多上几家。周道炯下去一调查，说：‘这不行，对市场不利！’随后，周道炯对额度控制方式进行了改革，将以往向各省下达发行额度，改为向各省下达上市家数，从而促进了一大批大中型国企的上市，对市场的稳定发展起到了积极的作用。”）

② Stephen Green, *The development of China's stock market*, 1984 - 2002 : *equity politics and market institutions*, London : RoutledgeCurzon, 2004, p. 75.

可以正式向证券管理办公室提出申请。由后者审查与评估这些本来由它自己准备的申请材料，并在30天内做出决定。若许可，则企业再向证券管理委员会提出第二次申请，后者再做一次评估。完成这些地方准备与手续后，企业可以去中央向证监会提出申请。①

而2001年配额制的取消，地方政府对企业上市不再具有决定权了。地方政府退出正式的企业上市挑选流程。中国构建了证券公司推荐、证监会发行监管部预审、发审委审核、证监会最终决定与交易所安排上市的首发上市审核流程。

表1 中国企业IPO监管与政策变迁

时间	1993	1997	2000.3	2001.3	2001.11	2003.7	2005.1
准入门槛	审批制	审批制	核准制	核准制	核准制	核准制	核准制
发行家数	额度制	额度制	额度消化	通道制	通道制	通道制	保荐制
发行价格	固定价格	固定市盈率12—15倍	市场化定价	市场化定价	固定市盈率<20倍	固定市盈率<20倍	询价制
募集资金	<总股本65%	<总股本65%	<总股本65%	<总股本65%	<总股本65%	<2倍净资产	—

资料来源：根据"朱武祥等：《中国股票市场管制与干预的经济学分析》，清华大学出版社2008年，第63页"整理。

第二，证券交易场所与公司再融资的全国集中监管。90年代两大证券交易所基本上分别受上海市政府与深圳市政府的管理。一个典型的例子是地方政府决定上市公司的再融资，因为只要交易所同意，那上市公司就可以在未经中央同意的情况下向投资者再次公开发行(SPO)、配股或增发。

另外，90年代发生的一些事情突破了中央的底线。② 例子之一就是国家股法人股的流通。国家股法人股不流通是中国开始股票市场实验与坚持公有制的前提，可是，交易所对国家股法人股不流通的贯彻有偏差。时任上海证券交易所上市部副总监的强纪英回忆：

① Ibid, pp. 74-75. Liufang Fang, China's Corporatization Experiment, 5 *Duke Journal of Comparative and International Law* 149(1995), 149-269.

② 强纪英：《我与上海证券交易所》，载范永进、强纪英（主编）：《回眸中国股市：1984—2000年》，上海人民出版社2001年，第56—57页。

> 国家股也是这样，只要当时的国有资产管理处负责人说××股可以流通，就马上可以进入二级市场。我记得上海嘉丰公司国家股就是这么跑出来的，当时放了10%，大约3000多万股，我填了单子交工程部就可以流通了。记得有一年，我们已关闭了国家股，不得买卖。不知什么道理，结果1994年又发生了，应该是关掉的，却没有锁定，上海市纺织局自作主张，竟然还是把这些股份成交卖掉了，把我们吓了一跳。这下可闯祸了，中国证监会也大为恼火，对此事进行调查。……现在国有股全部冻结、锁定了，没法动了。老的股票中的法人股、国家股溜出去的都已分散到个人帐户里了，也无法收回了。

因此，中央决定直接监管证券交易所，进一步让交易所去地方化。1997年8月，国务院决定将上海、深圳证券交易所统一划归中国证监会监管；同时，在上海和深圳两市设立中国证监会证券监管专员办公室。

第三，取消企业股份制改造的地方政府审批权。企业上市的第一道关口是股份制改造，包括有限责任公司改制为股份有限公司，企业改制为股份公司或者发起设立股份公司。

2005年新《公司法》颁布之前，企业进行股份制改造必须经过地方政府的审批。当时的《公司法》规定，股份有限公司的设立，必须经过国务院授权的部门或者省级人民政府批准。①

2005年《公司法》取消了企业股份制改造的地方政府审批权力。这让地方政府在法律上退出了企业改制的审批。当然，国企会有另外的一套国有资产管理制度。

第四，证券公司保荐资源的重组。企业要上市，需要有证券公司的推荐、通道或当前所要求的保荐。保荐资源是稀缺的经济资源。从2001—2004年，中国实行新股发行上市主承销商推荐制，对推荐数量进行通道限制；2004年2月1日起，实行发行上市保荐制度(同时通道限制)。2005年1月，中国证券业协会决定从当年1月1日起，证券公司推荐企业发行股票不再实行“证券公司自行排队，限报家数”(即废除通道)的方案，正式过渡到保荐制度。

2004—2007年证券公司综合治理完成之前，地方政府控制了大部分的证券公司，这相当于控制了大部分的上市机会。实证研究表明，地方政府并没有有效地运用地方知识与权力、帮助地方证券公司挑选高质量的拟发行人；地方政府对证券公

① 1993年《公司法》(1999年修订)第七十七条。

司的影响更加吻合"掠夺之手"的假设，[①]即地方证券公司承销的本地企业在长期绩效方面表现相对其他企业在统计上显著地差一些。[②] 中国地方政府与证券公司之间的关系非常深。[③]

而在证券公司的综合治理活动中，通过证券公司的重组改造与风险处置等措施，使得很大一部分保荐资源从地方政府的手中释放出来。很多中央的力量介入或参与了证券公司的重组，一个突出的例子是证监会直接归口管理了安信证券。

三、证券集中监管体制对公司融资的影响

(一) 不同所有制的公平竞争

配额制的废除，放开了IPO的供给，不再是由地方政府或中央部委单一提供拟发行企业；企业股份制的改造也能脱离地方政府的影响；非地方化的证券公司相对比较中性。总之，全国集中的证券监管体制有利于不同所有制的企业公平竞争上市资源。

不同所有制公司的公平竞争制度环境，会使公司上市竞争将主要是不同地方的民营企业之间的竞争。那些民营企业不发达的地区，进入资本市场的公司数量会急剧减少。以重庆市(1997年3月得到全国人大通过，6月重庆直辖市正式挂牌)为例。重庆市的公司上市高峰是1996与1997年，2001年以后公司上市的数量进入低谷，零零星星的每年只有1—2家。但由于重庆市的"民营企业懂得上市融资的却不多"，[④]靠一针一线做产品，属于"蓝领企业家"，[⑤]由于失去了配额制的保护，这导致重庆市整体上的公司上市数量急剧下滑。

在证券发行审核与企业上市方面，经过20年的探索，中国证监会已经形成

---

① [美]安德烈·施莱弗、罗伯特·维什尼(编著)：《掠夺之手：政府病及其治疗》，赵红军译，中信出版社2004年版，第3—4页。

② Ning Jia, Haiyan Zhang, The Impact of Government Ownership on the Underwriting Performance of Investment Banks-Evidence from China, September 2009, available at http://www.apjfs.org/2009/cafm2009/10_04_The%20Impact%20of%20Government%20Ownership.pdf, Last Visited April 6,2011.

Shaw K. Chen, Xuanjuan Chen, Bing-Xuan Lin, Rongsa Zhong, The impact of government Regulation and Ownership on the Performance of Securities Companies: Evidences from China, 16 *Global Finance Journal* 113(2005), pp. 113-124.

③ 阚治东：《荣辱二十年——我的股市人生》，中信出版社2010年版，第五章"风雨覆巢"、第七章"不可为而为之"与第八章"南方破产"。《谁需要券商》，载《经济》杂志，2005年07月11日。

④ 李今生、刘雯：《新"红顶商人"尹明善》，中南出版传媒集团、湖南人民出版社2010年版，第159页。

⑤ 李今生、刘雯：2010年，第159页。

了一套相对成熟的权力相互制衡体制。任何一家需要首发上市的企业都必须一个环节一个环节地按照程序办事。这就是韦伯所说的官僚制运作。

中国证监会的其他制度也有利于民营企业与地方国企的上市公平竞争。比如排队。中国证监会的"排队"制度使得不论企业的所有制与政治背景,基本上必须按照申报时间的先后排队,安排预审与上会,几乎没有插队(当然少数国务院央企除外)。排队的约束很大程度上保证了不同所有制、不同背景的企业之间上市机会的公平竞争。①

中央金融监管部门能够更加平等地对待民企与地方国企的上市申请,这一命题也符合当前理论界反思改革开放三十年成就所提出的"中性政府"概念。中性政府指的是在政府在决策与采取行动时,考虑社会的整体利益,对不同的利益集团采取无偏无倚的态度。② 不同于各级地方政府,中央政府受到不同利益集团的影响,需要考虑不同利益集团的利益,也因此必须设计一套程序与制度,来公平对待不同的利益集团。这样不论地方国企、民企还是外资企业申请上市,都必须走程序。

"中性"能解释许多中国证券发行上市审核制度的安排。比如发审委投票决定上市资格核准与金融资源分配的制度安排,诚如刘鸿儒先生所言:"当时建立发审委以后,作为证监会主席,我感到很轻松,谁想找我走后门发行股票,我就说这个事情我不好管,由发审委决定。"③

(二)地区上市竞争的效率增强④

90年代的配额制有效地维护了各地区上市公司数量和额度的平衡。

21世纪相对而言,证券集中监管使得不同地区的企业必须按照统一的首发上市标准竞争,经济发达地区的企业在上市竞争中占据优势,这促进了经济效率。对2006—2010年上会企业结构的实证研究发现:进入证监会发审委首发上市审核流程中的公司地理分布呈现七比三的比例。具体来说,环渤海经济圈、长三角、珠三角等三大经济圈有七家公司进入发审委的审核程序,则对应地,其他地区(大西北、

---

① 排队作为一种资源分配方式在其他社会领域的表现,请参见[美]迈克尔·瑞斯曼:《看不见的法律》,高忠义等译,法律出版社2007年版,第67—114页。

② 姚洋:《中性政府:对转型期中国经济成功的一个解释》,载《经济评论》2009年第3期,第5页。

③ 刘鸿儒:《突破——中国资本市场发展之路》,中国金融出版社2009年版,第280页。

④ 此部分内容的展开,详见沈朝晖:《论证券监管的地方竞争体制》,未刊稿。

大西南、东北、中部六省[①]）只有三家公司进入发审委的审核程序。（详见表2和图1）

表2 来自不同省份的证券首发上市通过率/否决率情况(2006—2010.11)

省区	取消	%	通过	%	否	%	（含：民企否决率）	缓	%	合计
（一）大西北	0	0%	30	86%	5	14%	未统计	0	0	35
陕西省	0	0%	13	87%	2	13%	33.3%	0	0%	15
甘肃省	0	0%	4	80%	1	20%	0%	0	0%	5
青海省	0	0%	1	100%	0	0%	无民企	0	0%	1
内蒙古	0	0%	1	100%	0	0%	0	0	0%	1
宁夏	0	0%	1	100%	0	0%	0	0	0%	1
新疆	0	0%	10	83%	2	17%	25.0%	0	0%	12
（二）大西南	2	4	44	79%	10	18%	未统计	0	0	56
广西	0	0%	4	67%	2	33%	20.0%	0	0%	6
重庆	0	0%	6	86%	1	14%	0	0	0%	7
云南省	1	11%	6	67%	2	22%	20.0%	0	0%	9
四川省	1	3%	24	83%	4	14%	14.3%	0	0%	29
贵州省	0	0%	3	75%	1	25%	0%	0	0%	4
西藏	0	0%	1	100%	0	0%	0	0	0%	1
（三）东北	1	3	23	79	5	17	未统计	0	0	29
黑龙江	0	0%	3	100%	0	0%	0	0	0%	3
辽宁省	1	6%	15	83%	2	11%	9.1%	0	0%	18
吉林省	0	0%	5	63%	3	38%	40.0%	0	0%	8
（四）中部	2	2%	91	80%	21	18%	未统计	0	0%	114

① 全国可以分为七大经济区：环渤海经济圈（北京、天津、河北、山东）；珠三角经济区（广东、海南、福建）；长三角经济区（上海、江苏、浙江）；中部六省综合经济区（山西、安徽、江西、河南、湖北、湖南）；大西南综合经济区（重庆、广西、四川、贵州、云南、西藏）；大西北综合经济区（陕西、甘肃、青海、宁夏、新疆、内蒙古）；东北综合经济区（辽宁、吉林、黑龙江）。本文对七大经济区的划分来自陈佳贵：《中国工业化进程报告：1995—2005年中国省域工业化水平评价与研究》，社会科学文献出版社2007年版。经济区的划分问题比较复杂，请参见陆卓明：《综合经济区划与地理空间观》，《北京大学学报》（哲学社会科学版）1986年第6期，第12—22页。

续表

省区	取消	%	通过	%	否	%	(含：民企否决率)	缓	%	合计
山西省	0	0%	3	60%	2	40%	33.3%	0	0%	5
湖北省	0	0%	14	82%	3	18%	15.4%	0	0%	17
安徽省	0	0%	21	81%	5	19%	21.1%	0	0%	26
江西省	1	10%	7	70%	2	20%	14.3%	0	0%	10
湖南省	1	4%	22	79%	5	18%	11.1%	0	0%	28
河南省	0	0%	24	83%	5	17%	22.7%	0	0%	29
(五)环渤海	3	2%	149	78%	36	19%	未统计	2	1%	190
天津	0	0%	11	85%	2	15%	14.3%	0	0%	13
河北省	1	7%	12	80%	2	13%	14.3%	0	0%	15
山东省	0	0%	48	76%	14	22%	20.4%	1	2%	63
北京	2	2%	78	79%	18	18%	21.7%	1	1%	99
(六)长三角	4	2%	221	83%	39	15%	未统计	2	1%	266
上海	0	0%	41	80%	10	20%	27.8%	0	0%	51
江苏省	0	0%	84	82%	17	17%	16.7%	1	1%	102
浙江省	4	4%	96	84%	13	11%	12.5%	1	1%	114
(七)珠三角	2	1%	182	84%	31	14%	未统计	2	1%	217
海南省	0	0%	2	67%	1	33%	0%	0	0%	3
福建省	0	0%	32	86%	5	14%	19.2%	0	0%	37
广东省	2	1%	148	85%	23	13%	13.4%	2	1%	175
总计	14	2%	740	82%	147	16%	未统计	6	1%	907

数据来源：笔者根据中国证监会发行监管部与创业板发行监管部公布的发审委工作会议公告、发审委审核结果公告与上会企业预披露的招股说明书(申报稿)手工整理而成；全样本。

中央集权的单一监管者使得公司上市竞争的主体是来自不同地方的民营企业。[①] 失去了配额制的地区平衡功能，将使得那些民营企业不发达的地区，进入资本市场的公司数量在核准制下会急剧减少。从1993年到2009年重庆市上市公司数量的变化是一个有力的证据。图2是笔者根据搜集的二手数据所绘制。重庆市的公司上市高峰是1996与1997年，2001年以后公司上市的数量进入低谷，零零星

① 参见沈朝晖：《地方政府与企业上市》，载《证券法苑》卷三，法律出版社2010年，第632页。

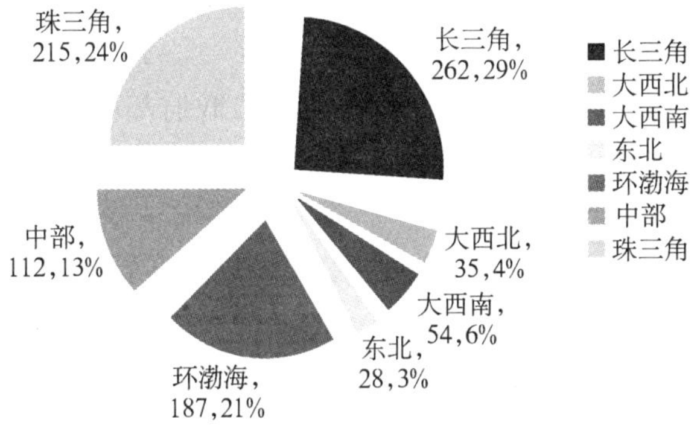

图1　进入发审委首发上市审核程序的企业在全国地域的分布图

数据来源：同表2。

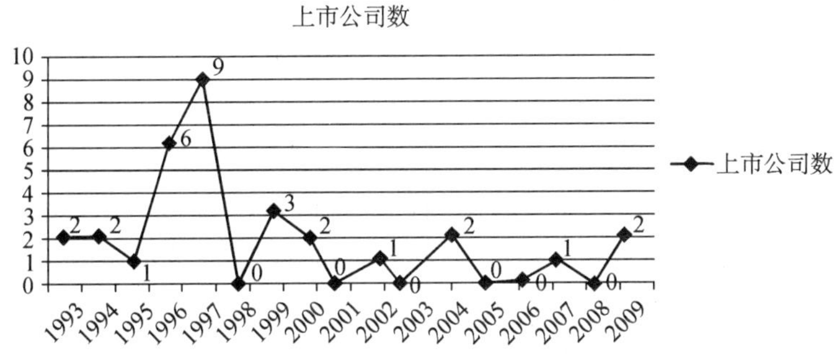

图2　重庆市上市公司数量的年度变化图(1993—2009)

数据来源：叶春和(主编)：《重庆资本市场十年》，经济科学出版社2010年，第5页。

星的每年只有1—2家。究其制度原因，配额制取消后，重庆市的上市公司数量在核准制下急剧下滑。这也说明了虽然配额制是计划经济的组成部分，但在中国这样一个地区发展不平衡的大国，配额制不仅具有Pistor、许成钢教授等系统研究的地方竞争效果，①而且更重要的功能是统筹地区平衡发展和金融资源公平分配。

（三）市场机制的强化：保荐人的作用更为突出②

随着配额制的取消，地方政府退出公司首发上市的决策系统，上市公司的企业性质与构成发生变化，使得不能再让地方政府享受金融监管的地方分权。地方政府不是民资与外资的企业所有者，也不享有选择企业的“无可争辩的自然优势”

---

① 参见沈朝晖：《监管的市场分权理论与演化中的行政治理》，载《中外法学》2011年第4期，第851—852页。

② 此部分内容的展开，详见沈朝晖：《监管的市场分权理论与演化中的行政治理》，载《中外法学》2011年第4期，第851—852页。

(undisputable natural advantages)。配额制的取消,使得地方金融分权的制度基础不复存在。

但是,公司信息的获取难题依然存在,而地方政府却不再可靠,或者没有配额制这么好的制度保证地方政府选择优质的公司上市,地方政府的掠夺之手只会让事情更糟糕。

作为中央监管者,中国证监会不可能亲自去搜集公司的信息。哈耶克曾经论证,经济活动的信息是分散与不完整的,这些信息存在于相互独立的个体,中央计划者并不占有所有相关的知识。[①] 中国证监会属于"在办公室行使权威"。那么,中央监管者必须寻找新的玩家去负责搜集公司的信息。

这就是保荐人制度。中国证监会对公司上市的监管手段经历了由管企业(拟上市公司)到管机构(保荐人)的演变。"证监会发行部相关负责人曾打过这么一个比方:过去发行新股时,只有证券监管部门在做'审批关口控制'和实质性判断。这好比监管者费心劳力修建一座高高的'城墙',但面对市场千万个博弈者技巧高超的'攻关',再高的墙也很容易被越过。保荐制就有可能将这一'关口'或'城墙'拆掉,而使这种'关口'或'城墙'无所不在,变成一座座'道德之墙'。保荐制的引入将由此使监管模式从'关口'式监管转向'管道'式监管。"[②]2009 年开始的改革措施是,中国证监会公司上市审核的初审会、部务会和发审委会议都需要保代到场并回答问题,[③]这其实是中国证监会将对数以千计的企业的监管,转为强化对七十来家保荐机构的监管,集中监管资源。

保荐人在中国公司上市中的作用相比其他中介机构(如律师、会计师)的作用更大,这反映在保荐人负责撰写招股说明书,直接与中国证监会对口沟通、接收证监会的意见与反馈回答。比较而言,美国是由律师与美国证交会沟通,后者的提问是由律师接收并组织其他中介机构分工回答,[④]招股说明书也是由律师撰写。

中国的保代往往自诩自己具有法律与会计的双重背景,这其实是中国特殊制度演化与安排的产物。每一单公司上市项目,中国证监会分配两名预审官员进行审核筛查:一名预审员负责法律问题,另一名预审员负责财务会计问题。所以,与预审员沟通的保代必须同时具备法律与财务会计知识,才能与中国证监会预审官

---

① F. A. Hayek, The Use of Knowledge in Society, 35 (4) *The American Economic Review* 519 (1945), pp. 519 - 520.

② "引入保荐制将给中国股市带来什么?",2004 年 5 月 11 日,来源:"中证网"http://www.cs.com.cn/csnews/ztbd/02/06/t20040511_73263.htm,最后访问 2010 年 3 月 8 日。

③ 2009 年 5 月 29 日中国证监会对保荐代表人培训课程,学员笔记。

④ 唐应茂:《登陆华尔街》,中国法制出版社 2010 年版,第 194 页。

员对接。保代既懂法律与证监会的政策，又通财务会计，在知识结构与功能上是可以替代律师与会计师。同为资本市场的“看门狗”，在中国的语境下，这三者的不同之处可能在于，保代是完全只接受证监会的直接监管，而律师与会计师的业务及资格主要分别属于司法部与财政部的指导和监督。

我国证券的持有结构
——基于淮安公积金诉中证登案件

黄亚颖*

引言

证券的权利一般包含两个要素:一方面是证券本身内容的权利,或者说证券表彰的投资性权利,持有人可以向发行人主张这些权利。另一方面,证券有一定的形式,将法律关系固定以便于权利的流通和行使,相当于一种特殊的动产①。多数学者认为,证券的账簿化并没有消解证券的两重性,证券既是一套可针对发行人行使的权利,又是一种独立的、可以被占有、转让、处分的"财产"②。笔者在实务中也发现,投资者购买股票所表彰的股权和对股票的财产性权利也是相互分离的③。

从公司法的角度讲,依据证券投资者(受益人)与证券发行人的关系来划分,证券可以分为直接持有和间接持有。区分持有方式的唯一标准是,考察投资者是否

* 黄亚颖,北京大学法学院金融法研究中心 2010 级硕士,工作单位:安信证券。

① 谢怀拭:《外国民商法精要》,350—360 页,法律出版社,2006 年版。这与对票据和可转让存单的权利划分是类似的:一种是持有人对票据的所有权,另一种是构成票据内容的权利,即持有人依照票据的记载而得享有或行使的权利。参见:谢怀拭。票据法概论[M],法律出版社 2006 年版,第 5 页。

② 在英文文献中,对此特征的描述所使用的概念是"资产"(assets),而不是"财产(property)",参见 Mohamed F. Khimji, The Securities Transfer Act-The Radical Reconceptualization of Property Rights in Investment Securities, 45 *Alberta L. Rev.* 137。at 147-155。转引自:楼建波、刘燕:证券持有结构对投资人证券权利法律定性的影响——一个新的分析框架,载王保树:商事法论集,2009 年第 1 卷,总第 16 卷,法律出版社,2009 年版。

③ 如《保险法》第 84 条规定,保险公司变更持有股份有限公司股份 5%以上的股东的,应当经保险监督管理机构批准。《保险公司股权管理办法》第 17 条规定,投资人通过证券交易所持有上市保险公司已发行的股份达到 5%以上,应当在该事实发生之日起 5 日内,由保险公司报中国保监会批准。中国保监会有权要求不符合本办法规定资格条件的投资人转让所持有的股份。实务中保监会和法院均认为,未经保监会批准的 5%以上股权变更不发生效力。这样,在投资者通过证券交易获得保险公司 5%以上股份,但尚未获得保监会的情况下,投资者或者券商或者 CSD 享有证券法上对证券的财产权,但并不享有对于保险公司的股权。

以其自身名义记载于证券发行人所备证券持有人名册。而区分的意义在于，判断投资者与发行人之间是否存在直接的法律关系，证券投资者（受益人）是否能够直接享有公司法意义上的股权，即包括投票权在内的社员权①。与之相对应的，直接持有（direct holding）的投资者作名义持有人（Nominee）登记，间接持有（indirect holding）的投资者作受益人（Beneficial owner）登记。

从财产法的角度讲，依据最终投资者对于证券这一财产的持有结构（而非持有方式）的不同，我们划分了证券的托管关系，它是就证券投资者同证券托管机构的关系而言的。从证券经纪人保管客户证券（占有，并可能取得所有权），再将其混同并交至中央存管机构集中保管，依照其级次，可以划分为一级托管（CSD）、二级托管（券商）等。对这一持有结构的研究，意义在于解决证券投资者（受益人）是否占有无记名证券，是否享有财产法上证券所有权的问题。证券投资者（受益人）可能直接占有自己的无记名证券，可能享有证券的所有权，但“占有”或“直接享有证券所有权”的人并不一定意味着直接在发行人名册上登记、直接享有股东权而“直接持有”。

当然，证券的持有方式（是否记载在公司名册）与其持有结构（是否一级存管，是否取得证券所有权）是相互关联的。早先也并没有严格区分公司法和财产法的概念，把证券受益人在公司法上登记于发行人登记簿，和财产法上占有无记名证券的两种情况，都称之为“直接持有”，赋予了“直接持有”以公司法和财产法上的双重涵义。比如十国集团中央银行支付与结算委员会（CPSS）与国际证监会组织技术委员会（IOSCO Technical Committee）于2001年联合发表的“证券结算体系建议”中对直接持有与间接持有是这样来界定的：1）在直接持有体系中，证券受益人（a）在发行人的正式登记册上体现为法定所有人（而且，如果该证券被要求以证书的形式代表，则以所有人的名义发出证书）或者（b）占有无记名证券。证券发行人、中央证券存管机构及其参与人以及第三方权利主张人都应当尊重所有人基于发行人正式登记册的记载或占有证券而对该证券所享有的权利和利益。2）在间接持有体系中，（a）名义人在发行人的正式登记册上体现为法定所有人，而受益人（或受益人委托的中介机构）在名义人的簿记上体现为证券所有人或者（b）受益人持有的证券存于中介机构，由该中介机构维护账户记录以反映受益人对该证券所享有的权利和

---

① 相关论述，如郭雳，廖凡“依投资者是以自己的名义直接拥有实物证券或者记录于法定登记机构的证券持有人名册，还是同其他投资者一起将证券集合以中介机构的名义登记，并通过在中介机构处的账户享有证券权益，可将证券持有方式分为直接持有方式和间接持有方式”，参见郭雳，廖凡：《我国证券登记结算法律的进展与疑惑》，《证券市场导报》，2007年2月号。又如邓丽，丁文严“区分证券持有方式的唯一标准就是考察投资者是否以其自身名义记载于证券发行人所备证券持有人名册。”参见邓丽，丁文严：《证券登记与证券存管法律关系之辩》，《法律适用》，2009年第3期。

利益。受益人在间接持有体系中所享有的权利和利益通过名义人或相关中介机构的簿记上的账户来进行转让①。

这样把公司法和财产法混在一起定义的结果是，比如中国，投资者都在CSD登记，CSD又将投资者名册更新给上市公司，投资者“在发行人的正式登记册上体现为法定所有人”，可谓“直接持有”；而在强调二级托管的情况下，在财产法上，投资者却并不基于在中证登的开户，直接对自己在CSD账户内证券享有权利，而只是通过券商享有权利，又符合“持有的证券存于中介机构”的“间接持有”的定义。前者是在公司法角度的定义，后者是在财产法角度的定义。

笔者认为，在社员权淡化以后，间接持有并不对投资者权利造成太大影响②，财产法的研究比公司法的研究更为重要；所以在学界的讨论中，才会出现将受益人没有取得占有或所有权的财产法问题等同于“间接持有”的公司法问题的情况。目前这种财产法角度“二级或多级托管”的证券持有结构，已经被学者更严谨的定义为“多层次中介化持有模式”，它要研究的是证券受益人是否取得占有、是否取得所有权/证券权益，和与之相关的投资者保护问题。在此基础上，CSD的账户记载了最终投资者的信息，被称为“多层次中介化透明持有”③。当CSD将信息提供给公司时，并在公司登记簿上记载时，便成为公司法上的“直接持有”。

本文将讨论我国目前证券在财产法上的持有结构。文章将以中国证券登记结算有限公司(中证登)强调二级托管、忽视投资者保护的案例切入，研究中证登和证监会对二级托管的强调，说明二级托管是缘于特定技术背景，必然带来对投资者保护不利；民商法原理告诉我们，赋予“所有权”只解决了中介破产取回的问题，却绕不开中介无权处分和第三人善意取得的悖论；对投资者的保护不仅只是所有权问题，更是“占有”亦即证券托管层级(持有结构)的问题；而在技术水平达到的情况下，中证登回避一级托管的真实原因在于经纪业务的干扰。在解决一级托管的障碍以后，投资者才可能直接对托管在CSD中的账簿化证券享有拟制的占有和实至名归的所有权。

---

① CPSS-IOSCO Technical Committee. CPSS-IOSCO Technical Committee Recommendation for Securities Settlement Systems, 2001

② 并且，间接持有是很普遍的。比如在美国，名义持有人登记制度对CSD的平稳运作非常重要，而CSD的名义人成为大部分上市证券的登记持有人，据统计DTC的名义人Cede & Co大约持有纽约交易所上市股票总数的83%和上市债券总数的91%，以及纳斯达克上市股票总数的72%。参见ALT & NCCUSL, Uniform Commercial Code, Official Text (2000), Revised Article 8(1994 Revision), Prefatory Note, at 655.

③ 楼建波、刘燕：《证券持有结构对投资人证券权利法律定性的影响——一个新的分析框架》，载王保树：《商事法论集》，2009年第1卷，总第16卷，法律出版社，2009年版。

一、淮安公积金诉中证登案例

(一) 案件背景

根据我国《证券法》的规定[①]，投资者在中国证券登记结算有限公司开户，中证登提供登记、存管与结算服务，中证登确认证券持有人持有证券的事实。

根据证券法的上述规定，投资者觉得在中证登开了户，就直接和中证登发生了托管关系，对账户里的证券享有相应的所有权了。但投资者是通过券商入市进行交易的，当良莠不齐的券商把未经投资者同意，将投资者在中证登的国债账户质押，就引起了大量针对中国证券登记结算公司的诉讼。面对汹涌而来的诉讼，中证登则一直坚持投资者是委托证券公司“托管”其持有的证券，再由证券公司到中证登“存管”的；并以此“二级托管”的业务规则为由，认为和投资者没有直接的法律关系。

在这些层出不穷的诉讼中，笔者挑选“淮安市住房公积金管理中心”因国债账户被券商私自质押、被中证登强行扣划，而起诉“中国证券登记结算有限责任公司”、“南方证券股份有限公司”的案例，即(2009)沪高民二(商)终字第71号、72号、73号等的系列案件[②]。

之所以选择这个案件：首先，本案的原告不存在任何与券商的委托理财关系，不存在任何将国债账户用于质押的故意，完全是无辜的投资者；其次，作为住房公积金管理中心，原告已经履行了高于常人的注意义务，包括多次向中证登查询自己各账户的国债情况，完全是审慎的投资者[③]。而我们的托管制度，最终却保护不了这样一个无辜而审慎的投资者。再次，讨论股票的存管，就要做好财产法与公司法

---

① 我国《证券法》第155条规定，证券登记结算机构是为证券交易提供集中登记、存管与结算服务，不以营利为目的的法人。

第157条规定，证券登记结算机构履行下列职能：(一)证券账户、结算账户的设立；(二)证券的存管和过户；(三)证券持有人名册登记等。

第159条规定，证券持有人持有的证券，在上市交易时，应当全部存管在证券登记结算机构。证券登记结算机构不得挪用客户的证券。

第160条规定，证券登记结算机构应当根据证券登记结算的结果，确认证券持有人持有证券的事实，提供证券持有人登记资料。

② 相关判决来自北大法意。

③ 上海市高院在判决书中写道“(上诉人)将住房公积金购买记帐式国债，是符合国家政策和法律规定的，而且已经尽到了必要的审慎管理职责。上诉人购买的国债遭受损失，完全是南方证券违规经营造成的，上诉人本身并无任何过错，亦无法预见、防免此类非属正常国债交易产生的财产损失风险。”肯定投资人已经尽到“必要的审慎管理职责”，这在同类判决书中是罕见的。

的分界,而本案的标的是国债,就方便了我们将精力放在财产法的托管层次研究上。最后,在此案之前,中证登在同类型案件中多次败诉,被冻结、执行,而本案是在中证登积极推动将“托管”改为“存管”的《证券法》修订和规定“二级托管”的《证券登记结算管理办法》出台之后的首个重要案例[①],作为一个转折点,体现了中证登推动立法对司法的影响,上海市高院在判决书中明确表示“其他法院所作的生效判决,不能成为本案裁判的依据”。

(二)基本案情

1999年9月,淮安公积金中心与南方证券淮阴营业部签订证券交易委托协议书,开立了账户号为B880382642证券账户,约定由该营业部为指定交易代理商,代理淮安公积金中心就该指定账户在上交所及深交所进行有价证券买卖。2001年8月,淮安公积金中心汇入人民币2,500万元,营业部出具交易成交报告单,载明系争账户已买入国债2,488万元。2001年11月,营业部出具特殊业务处理单,载明将淮安公积金中心账户上的国债抵押成5,000万元标准券,将该账户作回购指定,并在此账户中作5,000万元七天回购。2002年10月,淮安公积金中心向中登上海公司查询,得到记名证券数量余额查询单,载明系争账户内持有国债2,488万元,账户状态“正常”。2004年7月至2005年,南方证券确认系争国债已于2003年12月因南方证券欠库而被中登上海公司非交易过户。2006年9月,中登上海公司出具投资者记名证券持有变动记录,载明系争国债已于2003年12月非交易过户。2006年10月,中登上海公司出具南方证券相关数据登记表,载明系争国债已于2004年7月2日由中登上海公司最终处置。

南方证券于2006年8月被深圳市中院宣告破产清算,淮安公积金中心已至破产清算组申报了包括本案系争损失在内的债权,并已领取了第一次破产财产分配的财产。但淮安公积金中心认为,其通过南方证券在中证登开设账户购买国债,中证登强行将国债非交易过户,侵犯了投资者的财产所有权,故系争账户的相关回购登记及非交易过户行为应属无效。中证登对质押式国债回购交易的出质人是否享有对证券账户的所有权、处置权负有审查义务,证券市场的二级托管规则不应免除中证登的该项审查义务。在国债被南方证券擅自挪用进行回购质押登记后,中证登作为负有向投资者提供查询服务的法定机构,竟然在上诉人审慎要求查询涉案国债余额数量的情况下,将涉案国债标注为“处于正常状态”,导致上诉人无法及时发现涉案国债被非法挪用之事实。

---

① 《证券登记结算管理办法》于2009年11月20日公布、21日起实行,该案于2009年12月15日判决。

中证登辩称，根据我国证券法规定的证券登记结算制度和证券登记结算机构职能，证券交易实行二级托管和二次结算制度，登记结算机构不参与投资者的证券交易，只是对具有结算参与人资格的券商之间的交易结果进行登记。因此，中证登是不可能、也没有法定义务对南方证券用于回购登记的国债进行账户审查。上诉人委托南方证券办理证券指定交易，因南方证券违规经营所造成的财产损失，应当追究南方证券的法律责任，中证登无需承担连带责任。

（三）法院观点

上海市高院认为，本案的争议焦点在于：

1. 中证登对南方证券的回购登记申报是否负有审查义务？这决定了中证登是否具有过错，是否应当按照过错承担相应的侵权责任。对此，上海市高院认为，证券法律制度和交易所交易规则并未规定中证登须对国债回购登记申报进行审查，证券交易的电子化特性也决定中证登无法在系统前端对南方证券的申报是否经过淮安公积金的授权进行审查。

2. 中证登对淮安公积金证券账户内的国债实施非交易过户是否违反法律规定？对此，上海市高院认为，首先，该登记虽然是对证券账户所作的回购登记而非对国债所作的出质登记，但已经基本具备了账户质押的公示生效要件。

其次，中证登在结算参与人发生回购资金交收违约的情况下处置回购登记账户内的担保品，是履行证券法规定的清算、交收职能。根据证券法规定，中证登是履行证券市场集中登记、存管、结算以及中央担保交收职能的法定机构。证券交易的结算实行分级结算原则，中证登负责办理其与结算参与人之间的集中清算交收；结算参与人负责办理结算参与人与客户之间的清算交收。

再次，我国证券保管体制实行二级托管制度，即投资者委托券商托管其持有的证券，券商再将所托管的投资者证券交由证券登记结算机构托管（2006 年新修订证券法表述为存管）。中证登只是依据业务规则，对南方证券的回购申报办理登记，并在南方证券违约时依规则处置回购登记账户内的国债。

3. 涉案国债数量余额查询结果为正常状态，是否说明中登上海公司未履行向证券持有人提供正确查询服务的法定职责？对此，上海市高院认为，2006 年 5 月之前不要求用于回购担保的国债必须质押入库并办理出质登记，淮安公积金若需查询其持有的国债是否被质押，应当通过查询证券账户是否做过回购登记的方式进行。中证登在上诉人持有国债余额数量记录上将涉案国债标注为“处于正常状态”，未加注质押标记，难谓其违反了法定查询职责。

对于第一个争议焦点，我们不禁要问，中证登对南方证券的回购登记申报审查，真的难以做到、而且没有义务吗？这个问题会在本文的最后给予回应。从第二个争议焦点中法院的态度可以看出，法院总体上是采纳了中证登"二级托管"的说法，亦即，投资者在中证登开设的账户并不意味着投资者和中证登直接发生了托管关系，取得了证券的所有权。法院也觉得在这种情况下，投资者"无法预见、防免此类非属正常国债交易产生的财产损失风险"。而第三个争议焦点则体现了"多层次中介透明持有模式"对于投资者保护的局限。

二、中证登和证监会的态度

从上面的案例可以看出，对于我国的证券托管体制，中证登一直强调的是"中央登记(存管)，二级托管"，中证登只是负责所有投资者证券的集中登记，并不直接同投资者建立托管契约关系、承担托管责任；投资者的证券是先托管在证券公司处，再由证券公司托管在中证登处。回溯之前对中证登的诉讼，长期以来，"二级托管"也一直是中证登抗辩的核心理由。

中证登组织的课题研究中也反复阐述这一观点："我国中央证券存管体制中的法律关系与国际证券市场中央证券存管体系下的二层法律关系结构是一致的，中国结算公司与投资者之间并无直接的法律关系。"①面对蜂拥而来的投资者诉讼，中证登的这一诉求也必然会或多或少影响到《证券法》的修订和《证券登记结算管理办法》的出台。

(一) 存管与托管不同

证券账户内的记录是投资者享有证券权益的法定依据，这一点没有争议。争议在于，投资者是否据此直接对证券享有所有权？这关系到证券公司破产时投资者是否具有取回权。这一行为是否在投资者和中证登之间建立了托管关系？这决定着投资者能够就证券账户的不当划拨向中证登追究责任。

1998 年《证券法》第 146、147、148、150 和 153 条都规定了中证登"托管"义务，并未提及证券公司或其他机构。其中最重要的第 150 条明确规定："证券持有人所持有的证券上市交易前，应当全部托管在证券登记结算机构。证券登记结算机构不得将客户的证券用于质押或者出借给他人。"修订的《证券法》将上述条款中的"托管"全部修改为"存管"，就是以示与"托管"相区别。但是，证券法毕竟比较谨慎，并没有在存管之外，规定证券公司的托管权，也没有提及二级托管的制度。

① 高富平、马森迷、孙红兵等：《证券登记结算数据电子化的法律问题研究》，载金颖：《证券登记结算重大法律课题研究报告》，269—271 页，中国证券登记结算有限责任公司，2005 年版。

“存管”与“托管”，字面上是区别开了，但是法律实质上有区别吗？有学者指出，事实上二者在性质上并无区别，只是涉及的层级和托管关系的主体不同而已。国外有关文献在提及存管机构（depository）的职能时，并没有一个专门的词来表达所谓的“存管”服务，而是统称“托管”（custody）。因此，实际上称为中央存管或是中央托管，从法律角度看本无二致①。

而相比全国人大，证监会显然更倾向于中证登的观点，在《证券登记结算管理办法》上走得更远。该办法第五章“证券的托管与存管”规定：投资者应当委托证券公司托管其持有的证券，证券公司应当将其自有证券和所托管的客户证券交由中证登存管；中证登为证券公司开立客户证券总账和自有证券总账，用以统计证券公司交存的客户证券和自有证券，证券公司应当委托中证登维护其客户及自有证券账户；投资者应当与证券公司签订证券托管协议，并同意由证券公司委托中证登办理其证券账户与证券公司证券交收账户之间的证券划拨。上述规定是向“一级存管、二级托管”竭力靠拢的体现。

《管理办法》第18条甚至规定：“证券应当记录在证券持有人本人的证券账户内，但依据法律、行政法规和中国证监会的规定，证券记录在名义持有人证券账户内的，从其规定”，希望建立完全的“二级托管”，干脆连“多层次中介化透明持有”都不要了。但是“法律、行政法规”都没有这么过激，使得管理办法的这条规定上位法虚置，也暂时未得实现。

（二）登记与托管不同

证监会的《管理办法》“二级托管”意在强调，证券投资者（通过证券公司）在中证登开立的证券账户将仅仅具有登记的法律意义，在形式上会成为中证登为证券公司开立账户下挂的明细账户；中证登虽然掌握每个投资者明细账户的信息，但仅具有统计意义，并不为此承担托管责任；中证登对投资者证券账户内证券的划拨是基于证券公司的委托，证券公司又是事先获得投资者的同意，所以并不表明中证登与投资者建立了托管关系。

这样把对“登记”和“托管”分开，同样是证券账户，证券公司、基金公司可以据此与中证登形成托管关系，主张相应权利，对于投资者而言却只有登记意义，投资者只有向作为开户代理人的证券公司主张权利。

登记和托管，的确是两种不同的行为。证券登记是指记录证券的权属并编制证券持有人名册，对证券持有人持有证券的事实加以确认，实质上是带有一定强制

---

① 郭雳、廖凡：《我国证券登记结算法律的进展与疑惑》，《证券市场导报》，2007年2月号。

性的证券权益认定。登记机构可以看作是发行人的代理人，与公众投资者并无直接关系，但基于后者的信赖承担一定程度的勤勉和注意义务。多数时候甚至可以看成一个公司法上的概念。证券托管是指投资者出于交易便捷和安全等考虑，将证券存放于证券经纪人或专门的托管机构处，由后者依据托管合同的约定而进行保存管理和权益监护。而中央存管机构则是20世纪60年代随着实物化证券的“文件危机”应运而生的。托管具有财产法上的意义。从法律关系上看，相比登记是股权的认定和移转形式，托管则是托付财产的一种契约行为。在账簿化证券的时代，登记与托管是一个行为、两种内涵。

在其他国家，可能是中央存管机构与法定登记机构实现联网，在中央存管机构完成账户划拨后，法定登记机构对其登记记录进行相应变更。但在我们国家，中央存管机构同时也是唯一的法定登记机构，集登记和托管职能于一身，账簿化证券都在自己的计算机里，说只有登记，没有托管，如此强调“二级托管”，有无法理依据，其意义究竟何在呢？

三、二级托管的演进和缺陷

（一）二级托管取决于特定技术背景

二级或多级托管，学界称为“多层次中介名义持有模式”，本来是适应非电子化证券交易的需要而建立起来的一种证券保管体制①。

实物化证券的不便带来了证券的非移动化，而文档危机后的反省最终促成了中央存管系统的建立。即将实物证券统一存放于全国性或国际性的中央存管机构(CSD)，以其账簿划拨代替证券的实际交付，实现证券的账簿化，从而缓解文档工作压力，提高交易和结算效率。证券被集中存放在CSD以后，投资者就不再直接持有证券凭证本身，而是自行或通过中间人在CSD开立证券账户，并通过证券账户来进行交易和主张权益。事实上，CSD的基本功能便是使得所有的证券交易都得以通过簿记形式来处理②。

在非电子化的时代，CSD的交易方是有限的，根本无法和所有投资者直接交易；记载量也是有限，如果直接记载所有公司的股东，人工上也做不了。所以传统

① 范中超：《国债回购危机——回顾与反思》，《太平洋学报》，2007年第4期

② 参见《G30建议》第三章，载中国证券登记结算有限公司编：《国际组织证券登记结算业务重要文献》（上），第9页。转引自：廖凡：《间接持有证券的权益性质与法律适用初探》[J]. 环球法律评论，2006年第6期。

上 CSD 通常只为数目有限的参与人开立账户,参与人再为自己的客户开立账户,依次类推直至实际投资者;实际投资者的身份和持有信息只记录于为其开立账户的中间人处,而不出现在 CSD 账簿或发行人登记簿中。多层中介名义持有的目的是围绕着有限的中枢——CSD 加速交易。

而在我国,证券业起步较晚,一开始就是电子化运作,中证登通过计算机为每一个投资者在 CSD 开立了账户,理论上讲它也完全可以和每一个投资者做直接交易。所以,我们的《证券法》框架下,起初也并没有"二级托管"的提法。

(二) 二级托管带来投资者保护不利

在非电子化的交易时代,二级托管(多层次的证券持有)使得中介围绕着 CSD 的中枢高效运作。但靠制度安排而非技术进步提高效率,就必然会带来公平问题。从公司法的角度讲,影响投资者行使社员权,可能需要法律制度承认投资者虽然不登记在股东名册上仍然是股东。从财产法的角度讲,证券是种类物,其托管又往往混同,在传统民商法的理论上成立一个消费保管合同,证券的所有权为之转移,投资者转而形成对中介机构的请求权。这样最重要的便是多层次的中介私自处分和自身破产时,投资者或下一层次的中介机构权益如何保护的问题。

一般认为,"所有权"更有助于保护投资人的利益。为克服投资者权益的保护困难,在多层次中介持有证券的权益性质界定方面,国际上便主要存在两种方式:一是将其纳入经过扩展的所有权范畴,二是专门为其创制新的权利形式。对于前者,一般解释将中间人为投资者持有的混同证券作为一个独立的财产集合,投资者在其中享有某种形式的共有权,该种权利的具体内涵则取决于各国的具体规定。大致可以划分为对实际证券集合的共有权和对名义证券集合的共有权①。对于后者,典型是美国证券法上的"证券权益",1994 年修订版起草委员会报告人 Rogers 教授对此总结道:"证券权不是针对某个特定的可识别物的请求权,而是某人对其证券中间人及其财产所享有的一揽子权利和利益。那种认为可以在众多持有人中层层溯及具体标的物的观念在修订第八章中没有立足之地。多层次中介持有的基本原则是,证券权人自己的中间人有义务确保证券权人获得该证券所包含的全部经济权利和身份权利;相应的,证券权人只能倚赖该中间人来履行这些义务才能实现权利。证券权人不能对其他人,例如该中间人持有证券头寸所经由的其他中间人,直接主张权利。"②

---

① 廖凡:《间接持有证券的权益性质与法律适用初探》,《环球法律评论》,2006 年第 6 期。

② 参见 James Rogers. "Policy Perspectives on Revised U. C. C. Article 8", 43 UCLA L. Rev. 1431,1456 - 145

这从根本上解决了投资者保护问题吗？并没有。

首先，证券保管于中介或者托管于中介开立的账户中，构成保管合同。从民商法原理来看，证券属于种类物，一经保管人占有并混同保管即转移所有权。随之，保管人享有所有权，投资人仅享有对保管人的合同上的请求权，可要求后者返还相同数量的特定种类的证券。必须指出的是，大陆法系、英美法系国家都普遍承认这一根植于罗马法的原理[①]，这一原理就必然是有其实质理由的。至今没有见到学者反思，民法原理上说，混同种类物的保管转移所有权的理由在哪里？是否有其必然性？证券与其他种类物相比，又有什么特别之处，使得我们可以忽略这个理由，而能够直接赋予托管证券的所有权或类似权利？更何况，货币保管合同的所有权转移都不需要"混同"，货币基于占有而转移所有权，理由是它属于高度流通物。保护第三人，保护交易安全。那证券也是高度流通物呀[②]？

其次，二级存管（多层次中介持有）的模式下，赋予投资者所有权，只解决了中介破产时的取回问题，却至多只能在事后解决中介私自处分的问题。中介将证券质押了，面对善意第三人还能够主张无效吗？只要是经过二级托管（多层次中介持有）的账户，即便贴上所有权的标签，都绕不开无权处分和善意取得的问题。诚如学者所指出，一些大陆法系国家（如德国、法国等）倾向于善意取得优先，但存在很多不确定性。普通法国家的实务则倾向于所有权优先于善意取得，但其做法因损害了证券的流通价值，或者不具有可操作性，而遭到学者的强烈批评[③]。

民商法的原理告诉我们，对投资者的保护，不仅仅取决于投资者是否享有证券的所有权，很大程度上还依赖于占有，谁占有了证券，谁就有证券上实际上的处分权，不管是有权处分还是无权处分。考虑到 CSD 作为非营利法人，不会无权处分证券；同时，CSD 账簿的记载才是证券这一动产本身，可以认为，谁一级托管给 CSD，谁就实现了对证券的拟制"占有"。在"多层次中介化证券持有模式"下，要想

---

① 参见海牙国际私法会议发布的研究报告 The Law Applicable to Dispositions of Securities Held Through Indirect Holding Systems, Report prepared by Christophe Bernasconi, Pr eliminary Document No 1 of November 2000 for the attention of the Working Group of January 2001（以下简称 Bernasconi Report）, at 19。我国《合同法》虽未有"消费保管合同"的概念，但依学理解释，《合同法》第 378 条关于种类物保管的规定（"保管人保管货币的，可以返还相同种类、数量的货币。保管其他可替代物的，可以按照约定返还相同种类、品质、数量的物品"）即体现了消费保管合同特点。参见崔建远，《合同法》（第三版），法律出版社，第 446 页。

② 其实，笔者认为货币所有权基于占有而转移是说不通的。即便设定委托人享有所有权，保管人无权处分，第三人善意取得，并没有威胁交易安全。只是保管人破产时能否取回时构成了区别。这一问题提给民商法学者。

③ 楼建波、刘燕：《证券持有结构对投资人证券权利法律定性的影响——一个新的分析框架》，载王保树：商事法论集，2009 年第 1 卷，总第 16 卷，法律出版社，2009 年版。

保护投资者，就要改变证券的托管结构，使得中介不再“占有”证券。单从我们国家的实践来看，之前券商挪用客户资金的时代，认为客户对资金享有所有权也只具有券商破产层面上的意义，不具有无权处分上的意义，我们最终也是通过第三方存管才解决了券商挪用投资者资金的问题[①]。

（三）保护投资者必然减少托管层次

从上面的分析，笔者认为，保护投资者不仅是一个所有权的问题，同样重要的是一个占有的问题，因此，二级托管不可能从根本上解决投资者保护问题。

从二级托管（多层中介名义持有）向一级托管过渡中间，是多层中介透明持有模式。随着技术的发展，CSD 掌握投资者的名单，投资者能够了解到自己证券账户内的情况，这使得投资者虽然不直接占有证券，但是能够及时通过 CSD 处的帐户或者信息系统中发现中介的无权处分，发现证券公司的挪用行为并加以追究，不会等到证券公司破产时才发现难以追究。在我们国家的实务中，也正是多层中介透明持有模式暂时堵住了券商对证券的挪用。

但“多层中介透明持有”的缺陷在于，首先，CSD 未必都会披露证券的相关信息。最典型的，比如在前述淮安公积金诉中证登的案件中，南方证券将整个账户给质押了，而审慎查阅中证登账户信息的投资者却没能发现。这是“多层次中介透明持有”的一个失败案例。其次，CSD 的披露有一个滞后效应，投资者只有发现券商的无权处分后，才会采取一定的保护措施。

所以，如果想加强对投资者的保护，不仅是在所有权上下功夫，而且要在保管层次上下功夫。我们最终应该向一级托管转变。国内有学者对正式表决通过的《证券法》修正案删除了关于证券公司作为名义持有人受托持有证券的内容[②]表示遗憾，然而笔者表示万幸。西方国家当初的二级托管（或多级存管，多层次的中介持有）是取决于当年非电子化的实际情况。而无法向一级托管转变是因为资本市

---

① 原《证券法》第 138 条明确规定了证券公司办理经纪业务，应当为客户分别开立证券账户和资金账户。但 2005 年《证券法》则删除了原《证券法》的第 138 条，代之以第 139 条和第 166 条。《证券法》第 139 条规定：“证券公司客户的交易结算资金应当存放在商业银行，以每个客户的名义单独管理”。第 166 条规定：“投资者委托证券公司进行证券交易，应当申请开立证券账户。证券登记结算机构应当按照规定以投资者本人的名义为投资者开立证券账户”。按照这些规定，则客户的资金账户和证券账户分别开立在商业银行和证券登记结算机构，都在证券公司之外。

② 廖凡：间接持有证券的权益性质与法律适用初探，环球法律评论，2006 年第 6 期。他认为，《证券法》修订草案规定证券公司可以成为证券的名义持有人，适应国际投资者间接持有证券的习惯和需要，是在法律层面正式引入了间接持有模式。尽管只是有条件的部分引入——必须是法律或行政法规明确规定的证券；只能以证券公司作为名义持有人，而不能由 CSD 即中证登作为一级名义持有人——但对于中国的证券持有体制、证券权益以及证券公司与客户间关系仍然构成根本性的调整。

场层级太多，同时面临着比我们更大的阻碍。

那么，既然一级托管可以保护投资者，为什么我们的中证登不愿意直接和投资者发生关系呢？一级托管究竟具有哪些阻碍？

四、一级托管[①]的阻碍及解决

（一）一级托管的真正阻碍——券商经纪业务

中证登担心的到底是什么呢？有学者认为，证券交易所及中证登要求证券投资者通过经纪商办理证券账户有关事宜或进行证券交易，主旨在于简化业务结构，方便业务管理[②]。其实不然。

从我们的案例来看，中证登担心的无非是，如果我与投资者建立了托管关系，必然要对下单负有审查义务，而客户通过券商下单，我怎么能够核查券商是否得到了投资者的授权？换言之，难道券商无权处分，我却要承担连带责任吗？

笔者注意到，无论是《证券法》关于“托管”改为“存管”的修正，还是《证券登记结算管理办法》关于“二级托管”的定性，都是在国债回购危机爆发，投资者认为自己在中证登账户中的国债被券商处分，纷纷将中证登告上法庭而中证登屡次败诉以后发生的。当时，投资者纷纷将中证登与证券公司一同告上法庭，以至于有的时候注册资本仅为 12 亿的中国结算公司险而为此涉入标的可能高达 28 亿元的诉讼[③]。随后的这些法规，难免受到中证登所持态度的影响。

可以看出，中证登不愿意托管，是因为它觉得难以对券商代投资者下的指令进行审查，这是和券商经纪业务相联系的。既有的券商经纪业务下，投资者虽然直接在中证登开户，却是通过券商入市，中证登的下单都来源于券商，难道就此要为券商的无权处分承担连带责任？

因此，中证登的担心与两级托管的立法，表面上看起来，是要和国际接轨；实际上是为了避免自己被券商的无权处分牵连而受到起诉。但是中证登没有意识到，在技术允许投资者在它这里直接开户的时候，技术也同时允许投资者在它这里直接交易。投资者可以直接下单，我们还要券商经纪业务做什么？

（二）经纪业务的价值替代——还是依靠技术

经纪业务的意义，笔者按照以下几点依次分析：

① 成为直接持有的条件是：CSD 不以自己名义，而以投资者的名义在公司登记簿上登记。

② 邓丽，丁文严：《证券登记与证券存管法律关系之辩》，《法律适用》，2009 年第 3 期。

③ 王凯：《回购风险探源》，《证券市场周刊》，2004 年 12 月 13 日。

1. 提供交易通道

《证券法》第110条规定:“进入证券交易所参与集中交易的,必须是证券交易所的会员”。第111条规定:“投资者应当与证券公司签订证券交易委托协议,并在证券公司开立证券交易账户,以书面、电话以及其他方式,委托该证券公司代其买卖证券”。

这种场内证券交易必须通过证券经纪人进行,还是因为历史上证券交易所交易大厅的容量有限,不可能容纳所有的投资者。随着技术的进步,所有的交易都在电脑主机中配对,交易指令也是通过证券经纪人的无形席位报盘。所有投资者直接向电脑主机发出交易指令,从技术上来说已经不存在问题。

并且,面对我们良莠不齐的券商先挪用券、再挪用钱,钱和券都碰不着的时候又拿着投资者国债账户做质押的现实,经纪业务的交易通道功能已经被掏空成了“一键下单”的空壳。原《证券法》第138条明确规定了证券公司办理经纪业务,应当为客户分别开立证券账户和资金账户。2005年《证券法》修正就删除了原《证券法》的第138条,代之以139条规定“证券公司客户的交易结算资金应当存放在商业银行,以每个客户的名义单独管理”,和166条规定“投资者委托证券公司进行证券交易,应当申请开立证券账户。证券登记结算机构应当按照规定以投资者本人的名义为投资者开立证券账户”。按照这些规定,则客户的资金账户和证券账户分别开立在商业银行和证券登记结算机构,都在证券公司之外,证券公司的交易通道功能已经被架空成下单而已。

2. 咨询服务与揭示风险

效率市场假说需要专业人士的推动,所以国外的broker不是一个简单的代理,往往附加一个咨询的功能,了解客户的身份、财产、偏好、能力后给予适当的投资推荐,《投资顾问法》也对broker做投资咨询有一定的豁免。但是中国的投资咨询业务是与经纪业务分开专营的,同时,经纪人也不能接受客户的全权委托,《证券法》第143条明确规定:“证券公司办理经纪业务,不得接受客户的全权委托而决定证券买卖、选择证券种类、决定买卖数量或者买卖价格”。

另外,经纪业务有一个揭示风险的功能,但这是按照证监会的要求非常形式化的,经纪人自己也没有动力去做。与其强制经纪人走形式,不如中证登自己做,投资者开户的时候可以做,平时也可以通过交易终端做。

3. 清算交收义务

传统上认为,证券经纪人在维护交易安全方面起到了重要作用。《证券法》第112条规定,证券公司根据投资者的委托,代其提出交易申报,“并根据成交结果承担相应的清算交收责任”。也就是说,证券经纪人负有第一位的清算交收义务。证券的集中竞价交易采取匿名方式，交易双方缺乏面对面的协商，交易安全变得极为重要，因此，就需要证券经纪人面对投资者控制风险。这也是有学者认为证券经纪业务是有担保的委托代理关系的原因①。

但问题是，笔者查阅了北大法意近些年来的案例，有不少投资者起诉证券公司侵权、挪用的，却没有发现一例证券公司因为其承担了第一位的清算交收义务，起诉投资者要求投资者赔偿的。那证券经纪人的清算交收义务体现在哪里？就只是纸面上的了。这是因为，证券公司的交易软件，连网后都具有前端控制，客户在账户有多少钱，才能相应的买多少证券；客户有多少证券，才能相应的下多大的卖单。即便在融资融券的保证金交易中，逐日盯市下也有强行平仓制度，第一位的清算交收义务又体现在哪里呢？

既然券商的交易系统能做前端控制，CSD 的交易系统也能做前端控制。即便我们认为，对于 CSD 还有风险，我们可以对投资者交易实行 CSD 和券商的双重前端控制，并保留“证券公司对于客户的交易负有担保责任”②。

4. 相关新兴业务

之前提到我国立法禁止投资者“全权委托”，这是因为立法者认为我国证券市场还很年轻，全权委托容易导致对客户的损害，是为了保护中小投资者的利益③。这样就不排除将来“全权委托”的可能。融资融券业务的开展，也使经纪业务复杂化。

但是这并不与大部分投资者直接进场交易相矛盾。我们现在的投资者都是通过券商的客户端进行交易。CSD 可以在自己的客户端上，让大部分投资者直接登录自己的系统，而让全权委托的投资者登陆券商的另一个模块。也让投资者明白，自己是在和券商发生关系，而不是直接和 CSD 发生关系。

（三）一级托管的法律关系——与投资者保护

1. 所有权

一级托管的设计下，投资者直接对 CSD 登记簿上的簿记化证券享有直接的所有权。对此我们可以直接参照日本《公司债、股份等账簿划拨法》第 66 条、88 条、

---

① 参见王利明、董安生：《证券投资人与证券经营机构契约关系研究》，载《上证联合研究计划 2001》（下），上海证券交易所。

② 参见王利明、董安生：《证券投资人与证券经营机构契约关系研究》，载《上证联合研究计划 2001》（下），上海证券交易所。

③ 参见《证券法》起草小组（编）：《中华人民共和国证券法条文释义》，246—248 页，改革出版社，1999 年版。

128条[①]的规定，明确规定电子账户记录为投资者权利归属的标志，投资者直接保有证券上的所有权。

日本学者认为，“直接保有方式”是指，投资者对于自己开户的账户管理机关的电子登记账簿上所记录的数额所表示的权利，享有直接权利。即投资者电子账簿上记录的数额表明其对发行者的权利[②]。它区别于间接保有方式，后者是投资者通过账户管理机关间接享有有价证券上的权利，美国商法典第八篇就是该种形式，基础为信托法原理[③]。

这样，券商破产时，有价证券上的权利构成投资者的物权。登记在电子账户上的有价证券的权利不构成账户管理机关的责任财产，投资者对有价证券的权利享有取回权[④]。

2. “占有”

在“一级托管”的模式下，从法律关系上说，投资者直接将证券托管于CSD；CSD才是证券的占有人。但是考虑到CSD作为非营利法人，不会无权处分证券，除非法律另有规定，便会完全按照托管人的要求处分；同时，CSD账簿的记载才是证券这一动产本身，可以认为，谁将证券一级托管给CSD，谁就实现了对证券的拟制的“占有”。

诚如吴志攀老师所言，在信息化社会，问题的解决相当不容易，因为现在虽然采用了计算机和互联网络进行证券交易和登记及清算，但是，各国法律中的关键术语的解释还是按照传统的方法来进行的，如托管，现在已经充分电子化和无纸化了，但是在法律上对“托管”的解释还保持在传统上的对实物保管的权利和义务[⑤]。笔者这里拿“占有”来表彰投资者对账簿化证券的直接控制，也是试图与时俱进。

---

① 参见：日本《公司债、股份等账簿划拨法》法条，大阪大学翻译英文版，http://www2.osipp.osaka-u.ac.jp/~nomura/project/inter_finance/eng/shasai(go).pdf 最后访问日期2012年10月31日。日本证券存管中心净额结算公司业务规则，英文翻译版，http://translate.googleusercontent.com/translate_c?anno=2&hl=zh-CN&rurl=translate.google.com&sl=en&tl=zh-CN&twu=1&u=http://www.jasdec.com/download/dvp/rule/business_rules_en_20090401.pdf&usg=ALkJrhhlHr6ZnxuWmYFPIG9-VqFVcAEPgQ 最后访问日期2012年10月31日。http://translate.google.com/translate?hl=zh-CN&sl=en&tl=zh-CN&u=http%3A%2F%2Fwww.jasdec.com%2Fen%2F&anno=2 最后访问日期2012年10月31日

② [日]高桥康文：《逐条解说公司债等账户划拨法》，21页，社团法人金融财政事情研究所，2003年版。转引自：崔香梅：《日本有价证券无纸化立法考察》，《法学》，2009年第4期。

③ [日]木南敦：《证券结算制度中物权法的构成与债权法的游戏——统一商法典第八篇的做法》，载《林良平先生献呈论文集》，《现代物权法和债权法的交错》，第128—130页，有斐阁，1998年版。转引自：崔香梅：《日本有价证券无纸化立法考察》，《法学》，2009年第4期。

④ 崔香梅：《日本有价证券无纸化立法考察》，《法学》，2009年第4期。

⑤ 吴志攀：《证券间接持有跨境的法律问题》，《中国法学》，2004年第1期。

在一级托管的模式下，CSD建立自己的客户端，并把各个券商的客户端纳入自己的系统中来。券商不知道投资者的密码，投资者也是直接进入CSD系统交易。除非投资者授权经纪人“全权委托”或者进行融资融券交易走配套的客户端通道，便不用担心证券被经纪人无权处分的问题。

最后我们重新反思本案的判决。中证登认为证券交易的电子化特性决定了它无法在系统前端对南方证券的申报是否经过淮安公积金的授权进行审查。但应当注意的是，在技术进步给一级托管带来可能的时候，也为它带来了审查指令是否投资者发出的可能，并且这两者是相辅相成的。担心券商的无权处分，应该就券商无权处分相应的改进自己接受下单的前置审查程序；而非赖着二级托管的温床，宁愿牺牲对投资者的保护，而不愿面对技术给自己带来的一级托管责任。而对我们法规的构建而言，无论是《证券法》还是《证券登记结算管理办法》，保护投资者的合法权益都是其立法的重要目标，就更应该敦促中证登从二级托管向一级托管的转变。

第四辑

衍生工具

金融衍生交易的法律解释
——以合同为中心*

刘 燕** 楼建波***

问题的提出

作为风险管理的工具，金融衍生交易①在过去的四十年间快速发展、广泛应用，由此也导致这种新型交易形态与传统法律制度、特别是民商事法律制度之间的冲突格外引人注目。金融衍生交易被公认为现代经济生活中最为复杂的商事交易形态，其精巧的交易结构、复杂的交易关系已经令非金融专业人士望而却步，而从市场实践中发展起来的一套特殊的交易规则与传统民商法理念之间的差异，更增加了法律人理解金融衍生交易的障碍。在我国，20 世纪 90 年代围绕着制定期货交易司法解释的争议，充分体现了场内衍生交易的规则对传统观念的冲击。② 近年来，我国企业在与境外投行之间的金融衍生交易中遭受的重大损失，以及以 KODA 血洗大陆富豪事件为代表的个人结构性理财产品纠纷，又将场外衍生交易

---

* 本文的基础研究得到北京市哲学社会科学“十一五”规划项目——“美国次贷危机成因的政策法律分析及其对我国的启示”(课题号:09BaFX050)的资助。

** 刘燕，北京大学法学院金融研究中心 1997 级博士，工作单位:北京大学法学院。

*** 楼建波，工作单位:北京大学法学院。

① 在巴塞尔委员会等国际组织的文件中，衍生(产)品(derivatives)、衍生工具(derivative instrument)、衍生交易(derivative transaction)、衍生合约(derivative contract)等概念常常不加区分地使用。我国有学者认为，从法律角度宜采用“衍生工具”的提法，参见王旸，《金融衍生工具法律问题研究——以场外衍生金融工具为中心》，第 1 页，群众出版社 2008 年版。本文吸收了该学者的观点，但根据上下文需要而选择采用“衍生工具”、“衍生合约”或“衍生交易”等概念。具体而言，在交易品种层面讨论时采用“衍生工具”或者“衍生品”的提法；在合同层面讨论时采用“衍生(品)合约”的提法，就整个交易规则和市场层面讨论时采用“衍生交易”的提法。此外，本文中对“衍生交易”与“金融衍生交易”两个概念也不加区分地使用。尽管衍生交易的品种除利率、汇率等金融参数外，还包括小麦、大豆等大宗商品；传统的商品期货交易也被视为商事交易而非金融交易，但如今人们一般都把衍生交易整体上作为金融交易的一部分。

② 例如，关于期货经纪公司强制平仓行为的法律性质的争议，参见吴庆宝、江向阳主编，《期货交易民事责任(期货司法解释评述与展开)》，中国法制出版社，2003 年版。

推到国人面前,①对司法机关、政府监管部门都提出了新的挑战。在某些结构性理财产品案件中,金融机构与客户、法律人士的观点截然对立,监管者与法院之间则相互推诿,有些纠纷甚至陷入"消费者维权,监管者建议走司法程序,法院因看不懂产品说明书而未予受理"的怪圈。② 更多的时候,法院虽然受理了案件,但苦于裁判无以为据,或者对当事人呈堂的所谓"国际惯例"——由国际互换及衍生交易协会(ISDA)主持制订并广泛适用于全球场外衍生交易的主协议文本(以下简称ISDA 主协议)——难以裁断。③

司法实践陷入的困境凸显了立法的缺失与学术研究的匮乏。金融衍生品本身技术性很强,结构性衍生工具及其与相关理财产品的结合形成的法律关系更加复杂。但是,目前我国有关金融衍生交易、特别是针对场外衍生交易的专门立法几乎是空白,④而以 ISDA 主协议为代表的场外衍生交易惯例对国人来说也很陌生,更何况这些惯例源于纽约、伦敦两大国际金融中心,浓厚的普通法色彩俨然与大陆法系国家的传统法律观念相佐。尽管近年来我国金融实务部门强烈呼吁承认金融衍生交易、特别是场外金融衍生交易的特殊性,⑤甚至出台了中国版的 ISDA 主协议——中国银行间市场金融衍生产品交易主协议(以下简称 NAFMII 主协议),但在立法未予回应之前,即使是奉行司法能动主义的法官也未必敢在缺乏法理支持的情形下贸然裁决。然而,当前学理上对金融衍生交易的研究却多集中于金融衍生交易的监管或规制问题,鲜少关注交易层面的法律冲突。即使是为数不多的针对微观问题的讨论,也常常套用金融或商业术语,如衍生交易的法律特征包括"虚拟性"、"杠杆性"、"高风险性",或者走向另一个极端,醉心于某种高深玄妙的描述,

---

① 参见刘燕、楼建波,"企业衍生交易重大损失事件研究——基于交易结构的分析",《清华法学》2010 年第 1 期;"银行理财产品中的金融衍生交易法律问题研究——以"KODA 血洗大陆富豪"事件为标本",《月旦民商法杂志》,2009 年 12 月版,总第 26 期。

② 胡俊华,"追踪:齐呼看不懂,渣打产品说明书竟成'护身符'",《每日经济新闻》2008 年 11 月 21 日。

③ 资料源于本文作者之一参加 2010 年 10 月 13 日参加上海市浦东区人民法院召开的"外资银行实务法律研讨会"对与会法官的调研。

④ 我国场外衍生交易的法律规范主要体现为中国银监会 2004 年发布的《金融机构衍生产品交易业务暂行管理规定》以及近年来发布的一系列有关银行理财产品销售的通知。它们侧重于对金融机构衍生交易行为的监管。交易层面的规范性文件以中国银行间交易市场交易商协会发布的《中国银行间市场金融衍生产品交易主协议(2009)》(NAFMII 主协议)文件群为代表,但该文件的法律层级很低。对 NAFMII 主协议与 ISDA 主协议之间的关系以及在中国法下的法律效力的一个比较全面的讨论,参见郭伟等,"金融衍生产品与银行业务发展法律问题报告——场外金融衍生产品交易标准文本 ISDA 和 NAFMII 法律风险研究",《中国银行业法律前沿问题研究》(第一辑),中国银行业协会编,中国金融出版社,2010 年版。

⑤ 前银监会主席刘明康在 2006 年就表达了对场外衍生交易规则与破产法、担保法之间冲突的担忧,参见刘明康,"以参与者为本促进我国金融衍生产品市场健康发展——在中国金融衍生品大会上的演讲",2006 年 10 月 24 日。http://www.cbrc.gov.cn/chinese/home/docView/2829.html.

如“远期、期货、期权、互换等的出现一方面模糊了传统物权和债权的界限，另一方面也使传统民事法律关系客体类别的划分出现了矛盾”等等。[①] 结果，针对金融衍生交易的法学研究中充斥着各种似是而非的论断，场外与场内衍生交易的区别、大陆法系与普通法系的差异、实体经济与虚拟经济的分离等等，似乎成为横亘于我国民商法制度与金融衍生交易规则之间的重重大山。

当然，金融衍生交易对法律人提出的挑战并非我国独有。从域外来看，2008年以来，德国、韩国以及我国台湾地区等传统的大陆法系地区也相继出现围绕着金融衍生交易法律适用的重大争议。当地法官基于传统民商法理念做出的判决引发了全球金融市场的高度关注。[②] 即使是在金融衍生交易最发达的英美国家，针对衍生交易的司法实践也并不令人满意。美国著名的衍生交易法律专家帕特诺伊(Partroy)教授指出：“普通法在这个领域中的规则严重匮乏。解决纠纷的代价非常昂贵，很少有公开的判决可以为当事人提供指南。即使是案件事实都很难从判决书中得到确认，当事人的诉求通常未能准确地描述其所争议的衍生交易，遑论最终的司法意见。……法官尽可能避免触及争议的核心问题，或者是害怕其创设的先例对市场可能产生的重大影响，或者是被争议的细节和复杂程序给吓退了……”，解决衍生交易的法律争议恐怕只能期待奥利佛·霍姆斯大法官重生了。[③]

其实，无论是将衍生交易法律问题神秘化，还是对此感到绝望或者排斥，都不是一种务实的态度。放下先入为主的成见，实际上法律人对于理解金融衍生交易有着天然的优势。金融衍生交易作为商事交易，是建立在合同、担保等一系列民商事法律制度基础上的现象，甚至“衍生品”的定义就是一种“金融合约”，即“合同”。从“金融合约”到“金融商品”的转化，体现了衍生交易与传统商事交易的相异之处，但它依然是在合同的一整套逻辑之下展开的。从这个角度看，以合同为研究对象的法律人比其他领域的专业人士或者公众更有优势来获得对衍生交易的清晰认识。可以说，从“合同”入手来观察衍生交易，有助于我们由浅入深、由表及里地把

---

① 参见韩良“中国衍生品发展面临的法律挑战”，《期货日报》2005年9月21日；宋晓明、王闯，“中国场外衍生金融产品应用中的若干法律问题”，载《最高人民法院商事审判裁判规范与案例指导》(2010年卷)，奚晓明总主编，最高人民法院民事审判庭第二庭编，宋晓明主编，44页，法律出版社2010年版。

② 有关德国案例的报道，参见 David Gordon Smith, “A Costly Defeat for Deutsche Bank”, Reuters, March 30,2011, http://www.spiegel.de/international/business/0,1518,752712,00.html；韩国及我国台湾地区的案例见后文“二.2”和“四.2”部分。

③ Frank Partroy(2001), “The Shifting Contours of Global Derivatives Regulation”, 22 *U. Pa. J. Intl. Econ. L.* 421, at 448－450. 按照 *Partroy* 教授的观点，霍姆斯法官乐于接受其所处时代的重大法律争议的挑战，关注技术发展和科学进步对社会的影响，重视经验胜于逻辑。这些特质在衍生交易中都有充分的体现。因此，假设霍姆斯法官重生，围绕着衍生交易的法律争议无疑给他提供了一个尽情表演的最佳舞台。

握衍生交易的本质与逻辑，将看似错综复杂的衍生交易法律问题条分缕析、梳理清楚。

本文的目的是以"合同"为中心，还原衍生交易市场规则背后的法律逻辑，最终提出关于金融衍生交易法律问题的一个完整的分析框架。[①] 下面第一部分将梳理衍生工具作为合同的本质属性及其与传统合同的差异。第二部分讨论了这种合同的独特禀赋与传统民商法原则可能产生的冲突。第三部分进一步分析衍生工具作为合同在履行环节存在的主要风险，以及法律上防范风险的措施。我们将发现，通常被称为"衍生交易规则"的一套制度实际上是市场自发或者自觉地创设的防范履约风险的安排，在此，场外交易与场内交易之间没有本质的区别，而这些安排恰恰是传统民商法所忽略的领域。第四部分结合近年来一些大陆法系国家和地区的判例，分析衍生交易规则与传统民商法制度之间的冲突，并探讨二者协调的可能性。第五部分提出一个金融衍生交易法律问题的分析框架，并指出需要进一步研究的问题。最后是一个简短的结论。

一、衍生工具的合同属性——当前订约、未来履行

衍生工具(derivative)通常被视为是一种金融商品，但其本质是法律上的"合同"。衍生工具的定义再清晰不过地表明了这一点。按照我国银监会发布的《金融机构衍生产品交易业务管理暂行办法》的界定，"衍生产品是一种金融合约，其价值取决于一种或多种基础资产或指数"。这也是各国以及各国际组织对金融衍生工具的标准定义。[②] 上述定义揭示了衍生工具的两点内涵，一为"合约"，一为"价值"。其中，"合约"为衍生品的首要内涵，从中派生出了"价值"内涵。

衍生品作为一种合约，其内容类似于传统的买卖或互易合约，只是履行时间不在当下，而是未来的某个时日或者时段。市场公认的四种最基本的衍生工具——远期、期货、期权、互换，其定义都是用未来履行之合同的具体内容来描述的。例

---

① 我国已有学者明确意识到金融衍生工具的合同属性，并对此进行了精辟的分析，参见王旸，"衍生金融工具基础法律问题研究"，《法学家》2008 年第 5 期，第 80—83 页。但作者仅局限于以此描述金融衍生交易工具的法律内涵，并未用合同的逻辑进一步推广到衍生交易的规则解释，更没有整合场外、场内衍生交易的规则体系。

② 例如，国际清算银行(Bank of International Settlement，简称 BIS)1994 年的《衍生工具风险管理指南》的定义为："衍生工具是一种金融合同，其价值取决于一种或多种基础资产或指数的价值。BIS，Risk Management Guideline for Derivatives，1994。国际知名的金融智库——三十人小组在 1993 年出版的《衍生品：实务与原则》报告中的定义为："衍生交易是一种价值取决于(或衍生于)基础资产、参数(比率)或指数的合同。" Group of Thirty，*Derivatives：Practices and Principles*，1993。

如,“远期”是双方约定在未来的某个特定时日按照约定的价格买卖标的物的合约;“期货”是标准化的远期合约,即由交易所对合约的买卖标的、数量、质量、履行期限等条款进行事先统一的规定,仅由当事人就价格进行协商、出价的远期合约;“互换”(或称“掉期”)是双方约定在未来的某一时段内按照约定的价格、数量交换一系列标的物或现金流的合约;“期权”则是赋予期权持有人在未来的某个时点或时段内按照约定的价格买入或卖出标的物的权利的合约。[①]

从作为合同内容的权利义务的视角观之,上述四种基础衍生工具可以分为两类:[②]一类是远期、期货和互换合约,统称为“远期类合约”。它们属于双务合同,合同双方当事人各自享有权利并负有义务,在未来的特定时间完成对特定标的物的买卖或交换行为,除非合同按照约定条件提前终止。另一类是期权合约,该合约项下双方当事人之间权利义务是不对等的,一方当事人(称为期权持有人)有权利决定未来是否买入或卖出特定标的物,而对方当事人则有义务配合期权持有人履行,除非期权持有人放弃行使权利。[③] 用美国学者的说法,“‘以期权为基础’的合同赋予一方当事人购买基础资产的权利而非义务,而‘以远期为基础’的各类合同则强制要求一方当事人出售、另一方当事人在特定的时间、以特定的价格购买基础资产。”[④]实践中更为复杂的衍生品,如近年来媒体关注的中信泰富杠杆式外汇合约、个人理财产品中的KODA合约等,都是由上述四种基本衍生品组合而成的,即多种不同的未来履行的权利、义务叠加在一起。由此形成的新合约也被称为“结构性衍生品”。

但是,仅仅定位于“合同”尚不能充分揭示衍生工具的本质属性。衍生(品)合约与通常的买卖合同或互易合同相比,最大的区别在于“当前订约,未来履行”,即合同的全部条款都已经谈判妥当,但合同的履行、标的物的实际交付尚待未来的某个时日或时段才进行。这也是衍生品合约最核心的特征,有学者称其为衍生交易的“未来性”特征。[⑤] “当前订约、未来履行”并非仅仅意味着订约与履约时间上的分离,它带来了合同功能的根本性改变——从旨在促进交易的一纸法律文书变身

---

① “买入标的物的权利”称为“看涨期权”(cal option),“卖出标的物的权利称为“看跌期权”(put option)。

② BIS, *Risk Management Guideline for Derivatives*, 1994, at 1.

③ 当然,从合同公平性的角度出发,期权持有人为了获得这一权利,通常会支付给合同对方一定的对价,称为“期权费”。但也有一些期权是合同对方免费给予的,如我国前些年股权分置改革时上市公司或者非流通股股东给予流通股股东的认股权证和认沽权证,以及上市公司股权激励安排中给予高管的股票期权。

④ T. C. Hu, Hedge Expectation: “Derivative Reality” and the Law and Finance of the Corporate Objective, 73 *Tex L. Rev.* 985, at 996.

⑤ 宁敏,《国际金融衍生交易法律问题研究》,53页,中国政法大学出版社,2002年版。

为具有可交易性的金融商品。这一华丽的转身源于从"当前订约、未来履行"派生出来的如下一系列特征：

第一，衍生品合约不仅设定权利义务，更直接产生盈亏。

在合同订立日至履行日之间，如果标的资产有公开市场价格，合约双方可以将合约价与市场价比较，从而确定哪一方在该合约下盈利（体现为以比市价更便宜的合约价买入标的物或者以比市价更高的合约价卖出标的物），哪一方在该合约下亏损。不过，在合约到期前，这种盈亏状态是浮动的、变化的；随着基础资产的市场价格的改变，买、卖双方的盈亏地位完全可能掉转过来。

由此凸显出衍生品定义中的第二个要素——"价值"，它代表了衍生品合约与传统合同的重大差异。传统上，合同仅仅是描述当事人之间法律关系的内容，本身不直接表彰盈亏；但衍生品合约除了权利义务外，更直观地表现出盈亏效果。合约的盈亏或价值"取决于"、或是"衍生于"合同标的物（即基础资产）的市场价格变动，这也是"衍生"一词的由来。因此，描述衍生工具这个合同，仅说明双方当事人的权利义务是不够的，必须同时揭示这些权利义务在不同的市场条件下产生的盈亏状况，换句话说，揭示衍生品合约的盈亏结构。①

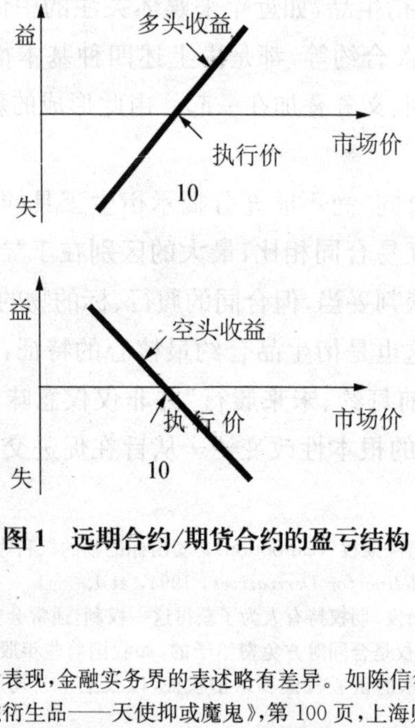

图1　远期合约/期货合约的盈亏结构

① 对于衍生品合约内含的盈亏表现，金融实务界的表述略有差异。如陈信华、叶龙森将其称为"盈亏状况"或"盈亏损益图"，参见《金融衍生品——天使抑或魔鬼》，第100页，上海财经大学出版社，2007年版。而《结构化衍生工具手册》一书的作者迈哈伊·马图则针对不同主体分别使用"合约的最终价值"（第8页）、"到期日价值"（第35页）、"到期日回报"（第36页）、"损益状况图"（第157页）等描述方式，参见[英]迈哈伊·马图著，林涛、杜育欣、王晖、高强译，《结构化衍生工具手册》，经济科学出版社2000年版。

图 1 显示了一个最普通的远期或期货合约中基础资产的买方(称为多头)、卖方(称为空头)的盈亏结构。它不是一个固定的金额,而是表现为基于合同价与市场价的差异而形成的一个函数(即图中的收益线)。如果合同约定的执行价为 10 元,当标的物市场价格超过 10 元时,合约下的买方(多头)可以获利;市价越高,获利越多。反之,当市场价低于 10 元时,多头亏损。合约下的卖方(空头)在该合约下的盈亏支付结构则与买方(多头)正好相反。

第二,从合约计价到合约转让。

衍生品合约下的盈亏体现了合约自身的价值,因此,衍生品合约是一种可以计价的合约。由于可计价,衍生品合约的转让也比传统合同更为方便。例如,在衍生合同的履行期到来之前,有潜在获利的一方当事人可以通过收取不高于获利款的对价,将合约转让给第三人;第三人愿意承接该合约下的权利义务,是因为在他该合约下依然有利可图。相反,有潜在亏损一方的当事人也可以通过向第三人支付该笔金额,把合约项下的权利义务转让给后者,相当于"付款赎身";第三方愿意承接这个"烫手山芋",一方面是因为已经从转让方收到了对合约项下损失的补偿款,另一方面则期待合约在到期前可能随市场价格的变化而转亏为盈,从而获得更多的收益。当然,不论是获利方还是亏损方转让合约,都需要取得原合同对手方的同意。

最易于转让的衍生品合约当属由交易所拟订了标准条款的期货合约。由于市场参与者众多,形成了公认的价格,因此期货合约转手非常方便。同时,交易所的业务规章还设定了"对手方默示同意转让"的前提条件,最大限度地降低合同转让的法律程序带来的交易成本。在期货市场中,人们可以通过交付、收取期货合约的潜在盈亏而快速将合同转手,以至于转让期货合约被直接称为"买卖期货合约",或者"买卖期货"。

这样,衍生品合约基于"当前订约,未来履行"的特点,派生出合约计价、转让、流通的一系列特征,这一纸合同也就从"法律关系"转化为"金融商品"。

第三,衍生品合约意味着当事人之间的"对赌"。

衍生品合约的存在,意味着合约双方在订约时对于标的物(基础资产)未来的价格走势有完全相反的预期,因此形成了买方 vs. 卖方、多头 vs. 空头两种对立状态。最终,市场走势只能与一方的预期一致,该方成为合约下的获利方,而另一方则因履行合约而遭受损失——体现为丧失了本可以在市场上实现的更高卖价,或者本可以在市场上买到更便宜的货物。从这个意义上说,衍生品合约都是"零和博弈",它将财富在买、卖双方之间分配,但并不创造出新的财富。

然而,这种"对赌"对实体经济活动是有价值的。衍生交易最初的、也是最基本的目的是套期保值，即生产经营者为了锁定实体经济活动中的原材料、产品的价格波动风险，或者锁定影响筹资成本、换汇成本的利率、汇率的波动风险。这种锁定通过两种方式实现：一是直接在远期市场买入未来需要的原材料、外汇，或者出售未来生产的产品，提前锁定可接受的价格；二是将远期交易作为现货交易的对冲，即通过签订与现货头寸品种相同或类似、但方向相反的衍生合约，经营者可以用衍生品合约下结算的盈利或亏损来与实际经营的损失或成本节约互相抵销，从而将成本控制在可接受的范围内。① 其中，第二种方式具有不受交易品种同一性的限制、采取现金结算而非实物交割等特点，有助于降低交易成本、提高交易效率，因此在实践中运用得更加普遍。无论是哪种方式，衍生品合约通过将当事人对未来的预期安排确定为合同条款，都能够帮助生产商降低材料成本、产品售价的波动性，便利筹资人提前锁定融资成本，从而促进企业生产经营活动的有序进行。②

当然，衍生交易的高效率、低成本、交易品种广泛等优势也吸引了投机者或套利者的参与。他们追求潜在的、可能出现的收益，并承受特定的风险。不可否认，投机者的介入令衍生交易毁誉参半，但这并没有改变衍生交易对于实体经济生产者的套期保值意义。有研究指出，如果缺乏投机者作为对手方，大量的实体经济中的生产商要订立套期保值的衍生合约将遭遇高昂的交易成本。③

总而言之，衍生品合约的产生，源于当事人之间有关未来市场价格走向的完全对立的预期（对赌）。而“当前订约、未来履行”的特性，使得衍生品合约在传统合同为当事人设定权利义务的功能之外，自身又附加了可以单独计量的市场价值，从而使得衍生合约本身可以被方便地转让。这些迥异于传统合同的特点不可避免地引发了法律上的争议，其中多数争议涉及衍生品合约的法律效力问题，有的争议则引出合约成立后是否应基于市场的剧烈变化而被解除的问题。

---

① 例如，制造商如果担心未来产品价格下跌，可以事先订立未来出售产品的衍生合约。未来价格果真下跌，其在衍生合约下有收益，可以用来弥补现货市场上实际出售产品时价格下跌的损失；如果未来价格不跌反涨，其在衍生合约下有损失，但该损失可以被现货市场上以更高的价格出售产品而增加的收益所吸收。对衍生交易套期保值原理的一个通俗易懂的介绍，参见[美]迈克尔·德宾著，《金融衍生品入门》，崔明香译，16—18页，中国青年出版社2008年版。

② 关于工商企业在20世纪70年代后经历生产要素价格波动的冲击以及由此产生的对衍生工具的强烈需求的一个生动描述，参见[美]查尔斯·W·史密森著，《管理金融风险：衍生产品、金融工程和价值最大化管理》（第三版），中国人民大学出版社2003年版，第6—21页。

③ [美]默顿·米勒著，《默顿·米勒论金融衍生工具》，刘勇、刘菲译，清华大学出版社1999年版，第120—126页。

二、衍生工具的合同特征引发的法律争议

(一)"对赌"性质的衍生合约能否在法律上强制执行?

这一点国内已有众多学者论及。[①] 传统上,大陆法系有"射幸合同",英美法系有"赌博合同",二者在法律上属于非法或者不能强制执行的合同。当衍生交易兴起后,基于其作为风险管理工具的积极意义,以期货为代表的场内衍生交易通常都通过各国《期货法》或类似立法而获得了合法性,但场外衍生品、特别是某些奇异衍生品,依然可能受到传统法律的挑战。即使是在衍生交易比较发达的英美国家也不例外。例如,英国 19 世纪末的判例认为,就标的资产在不同日期之间的价格差额进行支付的"差价合同"(Contract For Difference)属于英国《赌博法》下的"赌博合同",不得强制执行。[②] 近一百年后,仍然有法官认为,现金结算的衍生品合约属于"差价合同",仅在英国 1986 年《金融服务法案》明确豁免其适用《赌博法》的前提下,该合约才可以被强制执行。[③] 甚至对于场外衍生交易中最常见的利率互换合约,[④]英国 1995 年的 Morgan Grenfell & Co Ltd v Welwyn Hatfield DC 案判决中还这样写道:"与真实借贷交易相联系的利率互换合约不会被视为赌博合同";言下之意,纯属投机性质的互换合约或许依然无法强制执行。[⑤]

不过,从目前大多数国家的实践看,衍生合约的"对赌"争议主要是观念上的障碍,立法上通常给予衍生交易以"赌博合同的例外"之处理。特别是对于金融机构作为一方当事人的衍生品合约,鉴于金融机构在现代经济生活中扮演的风险管理中介的角色,不论是套期保值、还是投机、套利,都被视为金融机构的正常业务活动,[⑥]因此,对于有金融机构参与的衍生交易,通常不论其交易目的而完全豁免《赌博法》的适用。[⑦] 当然,在特定情形下,一些国家也会暂时地限制某些形式的衍生

---

① 例见宁敏,《国际金融衍生交易法律问题研究》,中国政法大学出版社 2002 年版,第 115—133 页;顾功耘主编,《金融衍生工具的法律规制》,第 66—67 页,北京大学出版社 2007 年版。

② Universal Stock Exchange v. Strachan, [1896] AC 166.

③ City Index Ltd v. Leslie, [1991] 3 WLR 207. "现金结算"指当事人双方不实际交割合约项下的标的物与价款,而是按照标的物在订约日与结算日之间的价格差异,由一方支付相应的现金给另一方。这是衍生交易常见的履行方式之一。

④ 利率互换合约是最常见的管理利率波动风险的工具。在该合同下,一方当事人交付按固定利率计算的利息,另一方当事人交付按浮动利率计算的利息。

⑤ Rasiah Gengatharen, *Derivatives Law & Regulation*, Kluwer Law International, 2001, at 100.

⑥ BIS, *Risk Management Guideline for Derivatives*, 1994, at 2 - 3。

⑦ 对各国法律关于金融衍生合约作为赌博法例外的一个全面考察,可参见 Schuyler. K. Henderson, *Henderson on Derivatives*, LexisNexis Butterworths, 2002, at § 12.8.

工具用于单纯的投机目的。例如，信用违约互换合约（CDS）通常是债券持有人用来防范债券发行人违约风险的衍生工具，但是，如果不拥有基础债券的人也订立CDS（称为 Naked CDS 或“无担保 CDS”），类似于投保人无保险利益的保险合同，其投机性很强。[①] 2011 年欧洲债务危机越演越烈，许多国际炒家大肆订立无担保CDS，下注希腊、意大利等国的政府债券将违约。欧盟认为此举提速了欧洲债务危机，遂于 2011 年 11 月 15 日通过立法禁止在欧洲进行无担保 CDS 交易。[②]

在我国，衍生品合约的“对赌”性质也不构成法律上的争议。尽管时有媒体给某种受到非议的衍生品贴上“赌品”或“类赌品”的标签，[③]但我国《证券法》第 2 条确认了“证券衍生品” 的法律地位；《期货交易管理条例》确认了期货合约的合法性；而中国银监会的《金融机构衍生产品交易业务暂行管理办法》则为金融机构推出的各类场外金融衍生工具的合法性奠定了基础。目前，我国法律上并没有禁止金融机构或个人为投机的目的而参与衍生交易，只有国有企业例外。国资委曾发文要求国有企业参与衍生交易必须以套期保值为目的，以避免国有资产承受过度风险。[④]

总体上看，衍生品合约本身的“对赌”性质并不会导致其被认定为合约无效或不得强制执行。但是，在特定时期，针对特定衍生工具和特定交易主体，一国立法可能会限制或禁止衍生工具用于纯粹的投机目的。

（二）衍生合约的条款安排是否公平？

实践中，当一方当事人，特别是企业、政府机构、个人等衍生品最终用户在衍生合约下发生重大损失时，由于合约零和博弈的特征，己方的损失就是对方在合约下的盈利，因此往往对合约的公平性提出质疑。衍生品合约下的盈亏直接来自合约价与市场价的差异，主要受制于市场变化这一客观因素，但盈亏程度也受到合约初始定价水平、合约规模以及内嵌的杠杆等合约条款设计因素的影响。由此产生的一系列法律问题是：合约确定的执行价是否公平？合约中权利义务的安排是否公平？当出现市场重大变化时，是否应基于民法上的公平、诚实信用或情势变更等原则而调整或者终止合约？

---

① 如果 CDS 合约的当事人并不持有标的证券，则称为“无担保信用违约互换合约”，其主要目的是对标的债券进行投机。无担保信用违约互换合约被公认为是助长金融海啸期间市场暴跌的罪魁祸首。参见 Houman B. Shadab, “Guilty by Association? Regulating Credit Default Swaps”, 4 *Entrepren. Bus. L. J.* 407(2010).

② “欧洲将禁止无担保信用违约掉期”，新浪财经，www. sina. com/finance，2011 年 11 月 15 日访问。

③ 田园、吴宇宸，“荷银新品是理财还是豪赌 银行与理财师各执一词”，《成都商报》，2009 年 6 月 22 日。

④ 参见国资委 2009 年 3 月发布的《关于进一步加强中央企业金融衍生业务监管的通知》。

如果一个合约仅仅涉及一种基础性、常规的衍生工具，权利义务关系很清晰，合约的盈亏结构也很直观，那么合同计价问题一般不会成为争议点。例如，导致中国远洋公司2008年爆出40亿元损失的运费远期合约（FFA），就是一个标准的远期合约，它以波罗的海干散货运价指数为标的，类似我国的股指期货合约。中国远洋在FFA下是多头（买入方），合约平均执行价为4000点。2008年5月国际货运最兴旺时，波罗的海指数涨到11793点。但9月后受金融海啸影响，价格急剧下跌，至12月31日跌至744点，远低于中国远洋的平均执行价。中国远洋编制2008年年报时，不得不确认数十亿的公允价值损失。① 无人对这个合约的公平性提出质疑，因为远期合约的盈亏表现一目了然。如果市场价没有受到操纵，执行价也是当事人合意确定的，最终的亏损结果属于合约下的正常市场风险，合约当事人必须接受。

但是，有一些合约的权利义务比较复杂，而且表面上看，盈亏结构似乎对一方很不利，此时就容易产生公平性争议。这方面的典型代表是中信泰富杠杆式外汇买卖合约，它由多个期权组合而成，属于结构性衍生品。② 以其中的澳元合约为例，中信泰富持有1个看涨期权（call option）；银行方面持有2个看跌期权（put option），二者行权价相同（为1澳元＝0.87美元）。此外，合约还对中信泰富的看涨期权设定了失效条件，但未对银行的看跌期权施加同样限制。这种复杂的权利义务构造的结果，使得中信泰富在该合约下呈现"收益有限、损失无限"的盈亏结构，如图2中粗线所示。

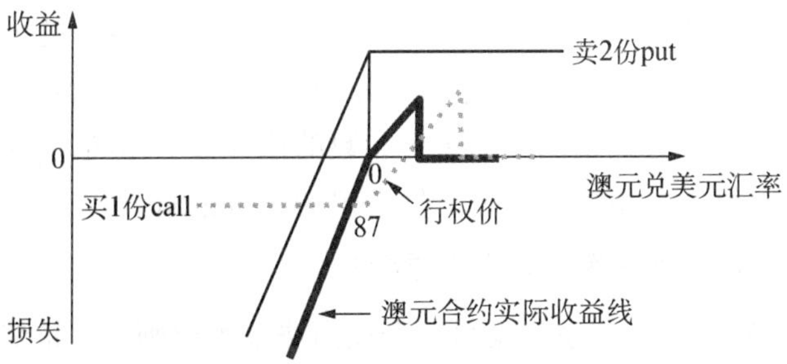

图2　中信泰富在澳元合约下的盈亏支付结构

中信泰富事件曝光后，国内舆论多认为合约本身不公平。一些专业人士还针

① 对中国远洋事件的分析，参见刘燕、楼建波，"企业衍生交易重大损失事件研究——基于交易结构的分析"，《清华法学》2010年第1期。

② 对中信泰富事件的分析，参见刘燕、楼建波，"企业衍生交易重大损失事件研究——基于交易结构的分析"，《清华法学》2010年第1期。

对合约中的期权做了计算，结论是中信泰富持有的期权价值远远低于银行持有的期权的价值，中信泰富签订合同时"一份合约就亏损了667万美元"。[①] 不过，中信泰富并没有基于合约公平性而起诉对手方。原因是多方面的，其中合约定价公平性判断的困难当属关键因素之一。衍生工具毕竟是建立在对未来市场走势的预期基础上，天然具有不确定性。尽管由诺贝尔奖得主们提出的Black-Scholes期权定价公式、二项式期权定价公式等金融数学模型极大地方便了期权价格的计算，[②]但计算公式中涉及的基础资产波动率、贴现率等因素依然无法摆脱人为估计的痕迹，遑论看涨与看跌期权组合、失效条件等因素的加入进一步增加了计算的难度。[③]如果一个复杂的衍生品合约有公开市场交易，尚可以用市场价格作为公允价值的标准；如果是金融机构为特定客户量身定做的合约，无市场交易或类似合约作为参照，对合约的估值只能依赖金融数学模型。由于市场参与者使用的模型或者估值技术不同，要想获得公认的结果殊为不易。在此情形下，由法官来裁判合约的公平性更是力所不逮。

韩国在2008年金融海啸后发生的KIKO合约案，清楚地展示了司法程序确定衍生合约公平性的努力与艰难。[④] 韩国许多中小出口企业为避免韩圆升值导致出口收入缩水，与国际投行签订了KIKO合约，其权利义务结构与中信泰富杠杆式外汇合约大同小异。金融海啸中韩圆贬值，韩国企业在KIKO合约下遭遇重大损失，遂起诉国际投行的KIKO合约不公平。原告韩国企业方面的专家证人是2003年诺贝尔奖得主、金融计量经济学家罗伯特·F·恩格教授，其发明的ARCH模型在金融风险和波动性的计量方面卓有成效；而被告银行方面的专家证人是曾任美国金融学会主席的斯蒂芬·罗斯教授，他是套利定价理论（APT）的创始人以及二项式期权定价模型的提出者之一。两位世界顶级专家对KIKO合约是否公平的看法截然相反，对期权计算公式中的波动率等参数的选择各不相同，令主审案件的韩国法官难以取舍，最终不得不搁置对公平性争议的直接裁断。[⑤]

（三）衍生合约是否适用情势变更原则？

与公平性原则有密切联系的是另一个民商法基本原则——情势变更原则。具

① 朱益民，"中信泰富186亿港元巨亏内幕全揭秘"，《21世纪经济报道》，2008年12月11日。
② 汪昌云编著，《金融衍生工具》，第321－338页，中国人民大学出版社，2009年版。
③ 朱益民，"中信泰富186亿港元巨亏内幕全揭秘"，《21世纪经济报道》，2008年12月11日。
④ 对KIKO案交易结构的分析，参见刘燕、魏大化，"韩国KIKO案件的交易结构分析"，载《证券市场导刊》2010年第2期；对于KIKO案提出的情势变更原则的适用问题，参见楼建波、刘燕，"情势变更原则对金融衍生品交易法律基础的冲击"，载《法商研究》2009年第5期。
⑤ "罗伯特·恩格教授：KIKO合约就是不公正交易"，《每日经济》[韩]，2009年12月17日；"罗斯教授：KIKO不是只利于银行的产品"，《经济今日》[韩]，2010年1月21日。

体到衍生交易领域，在衍生品合约成立后，当基础资产的市场走势受客观因素影响而发生异乎寻常的变化，是否应当基于情势变更原则而变更或解除衍生品合约？

在韩国KIKO案件初审中，法官考虑到企业一方因标的资产——韩圆汇率——在金融海啸中的下跌幅度远超过预期而损失惨重，曾适用情势变更原则终止了衍生品合约的继续履行。此举引起了全球场外衍生交易市场的不安，[①]因为情势变更与衍生交易的本质是不相容的。衍生交易作为风险管理工具，本来就是合约双方当事人对未来的不确定性进行博弈。不同合约的盈亏结构清晰地显示了潜在的盈利或者亏损，包括无限损失的可能性。这是缔结衍生品合约的当事人应有的合理预期。因此，不论基于标的资产的变化范围，还是损失的极端性，都不宜贸然适用情势变更原则。若以情势变更原则解除合同，反而挫败了合约当事人对风险的配置意图，扭曲了衍生品合约本应实现的效果。

总的来说，在衍生品合约这个层面上，基于"当前订约、未来履行"之特征派生出来的合约对赌、盈亏计价等特征中，目前尚存争议的主要是合约计价问题。它与民法上的等价有偿或公平原则有一定的交集。然而，民商事交易中的等价性或者公平性判断历来被公认为最困难、也最富争议的问题，司法介入的能力也是相当有限的。另外一个不容忽视的因素是，衍生工具的首要功能是套期保值，即衍生交易下的盈亏与现货交易中的损益之间存在对冲的关系。工商企业虽然在衍生交易下亏损了，但是在现货交易中可能存在盈利或成本节约。从这个角度看，仅仅纠缠于衍生交易下的盈亏可能是有失偏颇的。[②] 一般来说，如果不存在缔约过程中的欺诈或信息披露瑕疵，法律上很难简单地以一方在衍生品合约下的损失直接推论衍生品合约本身不公平，更不宜以情势变更原则直接推翻当事人之间对风险的分配方案。

三、衍生合约履行环节的特殊风险与防范机制

订立合同的基本目的是为了通过履行合同来实现当事人的经济意图。衍生工具这种合约也不例外。尽管实践中许多衍生品合约在履行前被转让或者终止，但

---

① Keith Noyes, "*KIKO*" *CASES*: *Misconceptions and Undesirable Legal Precedents*, available at www.isda.org, 2009年4月15日访问。

② 对此的一个例证是，在2008年底我国企业相继曝出衍生交易的重大损失后，上海证券交易所要求相关上市公司对年报中披露的衍生交易信息进行补充公告，不仅说明衍生交易的损失，同时须说明其对应的现货交易中成本节约或下降的情况。参见中国国航2009年5月13日发布的补充公告（"关于油料套期保值对降低公司油价波动风险的作用"）。

"履行"依然是衍生合约的题中应有之意。[①] 然而,衍生品合约之"当前订约、未来履行"的本质特征,意味着其履行将面临重大风险。正是为了应对这一履约风险,实践中产生了一套围绕着衍生工具的特殊交易模式,促成了场内衍生品的一系列制度建设以及场外交易下 ISDA 主协议等法律文本的出台。

与传统合同法下的履行相比,衍生品合约最终能否履行存在较大的不确定性。特别是对于那些基础资产有公开市场报价的衍生合约,合约一旦签订,随着合同执行价与市场价格出现差异,合约权利义务下的盈亏马上表现出来,在合约下有潜在亏损的一方存在着未来逃避履行的强烈动机。然而,衍生合约不能履行的后果非常严重。对合约下的潜在获利方来说,虽然对方不履约意味着自己在合同项下的义务也不必履行,但合约下潜在的获利却无法兑现了,这将导致衍生合约作为风险管理工具的计划完全落空。这是因为,根据套期保值的原理,衍生交易的获利正是用来弥补现货交易中的损失的,它已经被当事人纳入到消除生产经营或财富管理的风险的计算当中。因此,如果衍生合约最终无法履行,获利当事人的收益无法兑现,风险管理的功能也就完全丧失了。正因为如此,保证衍生合约得到切实履行,控制对手方违约的风险,是衍生交易市场法律秩序的重中之重;非此,衍生交易的风险管理功能无缘体现,衍生交易市场也无存续之必要。

然而,传统民商法建立在实体经济活动基础上,大多是现货交易,合同订立与履行几乎同时发生,因此缺乏对履约风险控制机制的特别关注。传统合同中虽然也存在一些履约风险比较大的类型,如有较长履行期的借款合同、加工合同、租赁合同等,存在借款人到期不还款或者承租人、委托人不付租金、加工费的风险,不过,这些交易中的履约风险是单向的(即针对确定的债权人),风险大小也相对固定(即合同主债权),因此传统的担保制度(如质押、抵押、留置等)就足以防范风险。相比之下,衍生合约下的信用风险(即对手方履约风险)是双向的、变动的。被担保对象并非传统意义上的合同主债权,而是一方当事人在合约下可实现的预期收益,因对方可能违约而暴露在风险中——行业术语为"风险敞口"(risk exposure)——,从而需要对方提供担保品以消除风险。相对于传统"合同主债权"的固定性或确定性,衍生合约的风险敞口在合约整个有效期内方向和金额都是变化的,它源于合约下的潜在盈利随着基础资产的市场价格而波动,因此对履约风险控制机制的要求也更高。

---

① 如后文"三.2"部分的分析所示,即使是衍生合约的提前终止或者转让,其法律后果也相当于合约已经得到有效的履行,因为实际提前终止、转让与实际履行三者都意味着当事人在合约项下的盈亏得到了兑现。

正是衍生合约固有的高履约风险以及传统民商法的局限性，导致市场中发展出一套远较传统民商法的担保制度更为丰富的风险控制措施。它以“兑现衍生合约下的潜在收益”为基本思路，不仅体现为衍生交易特有的担保安排，而且贯穿于合同履行、提前终止、违约责任追究诸环节，旨在彻底消除潜在损失方的机会主义行为。这一套风险控制措施通常被人们称为“衍生交易规则”。例如，在以期货交易为代表的场内衍生交易中，保证金交易、每日无负债结算、强制平仓、清算所作为中央对手方等一整套安排都是为了防范履约风险。它们作为交易所的规章制度获得了法律认可，能够强制适用。① 相比之下，场外衍生交易不存在集中交易场所和中央结算机制，而是金融机构之间或金融机构与客户之间一对一的交易关系，只能依赖合同安排来保证衍生合约的履行。实践中，全球场外衍生交易的主要参与者组成了国际互换与衍生交易协会（ISDA），逐渐形成以 ISDA 主协议为基础的一整套标准化合约。② 不过，场内交易与场外交易的规则虽然在法律渊源、法律效力上存在差异，但两套规则的内容和功能是基本一致的。与传统民商法相比，衍生交易的风险控制机制在担保安排、支付方式、合同终止与违约责任追究几个方面有其独到之处。

（一）消除风险敞口的担保安排

担保安排在场内衍生交易中称为“保证金交易规则”，在场外交易的 ISDA 主协议中称为“信用支持制度”，我国的 NAFMII 则称为“履约保障安排”。从功能上看，衍生合约的担保安排与传统民商法下的担保物权相同，都是通过在特定物上设定担保，以消除当事人违约的风险。区别仅在于，衍生交易下的担保需要根据风险敞口（即一方当事人的潜在盈利）而及时调整金额、方向，即不断进行担保的重新设定；或者，用期货交易规则的术语来说，就是当事人需要不断“追加保证金”（在潜亏增加时）或者有权“取回保证金”（在浮动盈利增加时）。

因此，衍生品合约的一项最重要的、持续性的附随义务，就是在合约存续期间随时确定合约的风险敞口（潜在盈亏）以及担保是否充分。当事人（通常是金融机构一方）按照特定程序来计算、确定合约预期给哪方带来多大的潜在收益（对另一方来说则为损失），从而确定担保金额以及担保品的缴付义务人。这个程序也称为

---

① 吴志攀主编，《金融法概论》（第五版），423—427 页，北京大学出版社 2011 年版。

② 其中，《主协议》解决履行条件、履行方式、合同提前终止、违约责任计算等问题，而《信用支持附件》提供了消除信用风险的担保机制。对全球场外衍生交易法律问题以及 ISDA 主协议一个非常详尽的比较法研究，参见 Philip R Wood, *Set-off and Netting*, *Derivatives*, *Clearing System* (2nd ed.), The Law and Practice of International Finance Series, Vol 4, Sweet & Maxwell, 2007；中文文献参见宁敏，《国际金融衍生交易法律问题研究》，中国政法大学出版社，2002 年版。

"对衍生品合约进行估值"。[①] 在特定时点进行估值所得出的合约潜在盈亏，一方面反映了衍生品合约在该时点的公允价值，同时也体现了合约的风险敞口的大小。合约下的潜在亏损方必须提供与风险敞口值相等的担保品，从而令"不履行合同"的违约行为毫无意义，因为潜在盈利方可以通过变现担保品而实现衍生合约下的全部收益。

实践中，衍生合约当事人可以约定以每日、每周或每月作为一个估值周期。估值周期越短，担保越可靠，风险防范力度越大，但交易成本也越高。在这个方面，以期货为代表的场内衍生交易堪称风险防范的最佳典型。它采取每日估值的做法，每个交易日终了对未平仓合约的浮动盈亏进行计算，确定当事人应补交的保证金或者可以提取的浮动盈利，这被称为"每日无负债结算制度"。[②] 客户未及时追加保证金，将导致"强制平仓"的后果，即尚未到期的合约被交易所、经纪公司强制卖出，从而锁定合约项下的损失不会超过其已缴纳的保证金数额，避免对手方的相应收益落空。

此外，基于金融衍生交易的效率性考虑，为避免传统民商法对物权担保的程序要求（如登记）造成的交易阻滞，担保品一般限于现金或流通性强的证券，采取直接过户的方式，即担保品直接进入担保权人控制的保证金账户（如场内交易）甚至担保权人的日常账户（如场外交易）。"过户"行为的法律性质依准据法以及当事人之间的合同安排而有区别，既有认定为"质押"，也有认定为"转移所有权"性质的担保。[③] 同时，为了最大化地提高资金的利用效率，不论将担保定性为"质押"还是"所有权转移"，当事人之间的担保合同都可以赋予担保权人占有担保品之后对担保品（现金及现金等价物）的使用与处分权，以及担保人对担保品的替换权。当债务人违约时，担保权人可以直接变现担保品以实现自己的担保权益，多余部分则退还债务人。[④]

---

① 衍生品合约的特点就是其价值随着基础资产的市场波动而变化，因此，一般是通过比较基础资产的合约价与市场价来确定合约的价值。这一方法也被称为"盯市计值"（mark-to-market，MTM）。参见宁敏，《国际金融衍生交易法律问题研究》，中国政法大学出版社，2002 年版，第 234 页。

② 参见我国《期货交易管理条例》第 11 条。

③ 例如，ISDA《信用支持附件》（Credit Support Annex）有四种，包括依据纽约州法、英格兰法、日本法的质押式信用支持附件，以及基于英格兰法的转让所有权式信用支付附件。参见宁敏，《国际金融衍生交易法律问题研究》，中国政法大学出版社，2002 年版，第 232—233 页。我国 NAFMII 主协议中将这两种担保安排的法律文本称为《质押式履约保障文件》、《转让式履约保障文件》。

④ 我国的期货交易法规明确规定，期货交易所向会员收取的保证金，属于会员所有；期货公司向客户收取的保证金，属于客户所有；期货经纪公司或者期货交易所不得挪用保证金。参见《期货交易管理条例》第 29 条。不过，在域外，期货交易所的业务规章以及期货经纪人与客户之间的合同往往授权经纪人使用该资金。场外衍生交易中，ISDA《信用支持附件》的各种文本都支持担保权人对担保品的使用和处分，只要其到期能够归还担保品即可。

（二）兑现合约价值的合同终止机制

衍生工具的套期保值或者保险作用，直观地表现为衍生合约下的收益（或损失）与当事人在现货交易中的损失（或收益）对冲。因此，套期保值功能的实现有赖于合约项下的收益得到完全兑现，不论合约是否实际履行——这一理念也贯穿于合约终止与违约责任追究的环节。具体而言，当衍生合约一方当事人因合约下出现潜在亏损而拒绝履约，或者拒绝按照风险敞口支付或追加担保品时，守约方可以宣布合约提前终止，了结双方之间在合约项下的权利义务，兑现合同项下的全部浮动盈利。在场内交易中，守约方的角色是交易所扮演的，[①]它通过强制平仓、扣收保证金等措施来实现。在场外衍生交易中，ISDA 主协议以及我国 NAFMII 主协议都确定了终止净额结算的方法。[②] 按照该方法，作为合同当事人的守约方有权要求违约方支付合同项下尚未履行部分以提前终止日的市场价格计算出来的浮动盈利。

这一合同提前终止的处理方式与传统民商法的处理方式完全不同。在传统民商法下，合同提前终止也即解除合同，意味着尚未到期、尚未履行的部分不再履行，已经履行的部分则计算守约方的实际损失，多退少补予以清结。但在衍生交易中，合同提前终止后依然要兑现尚未履行部分的全部盈亏，由违约方支付给守约方。国际知名的衍生交易律师 Henderson 先生曾用贷款合同与衍生交易的对比来说明这一区别：

> 在贷款合同提前终止时，贷款人只要求收回本金及已经产生的利息，并不会主张尚未履行部分的潜在利息收入。如果提前终止的贷款的利率为 8%，而剩余期限的当前市场利率仅为 3%，他对这种潜在收益的丧失会不太高兴，但也就仅此而已。而在衍生交易中，由于衍生品合约内含的利润因素在估值过程中一直被确认，因此，非违约方在合同提前终止时要求取得其从交易中本可以获得的利润的贴现值，它之前已经将该利润（以当前价值计量）计入到自己的利润表中了。[③]

---

① 期货交易所或其下属的清算机构作为集中清算制下的中央对手方，需要对获利方进行偿付，从而相应获得了向违约方追索潜在亏损额的权利。对于中央对手方的法律地位，可参见我国《证券登记结算管理办法》第 78 条的定义："共同对手方，是指在结算过程中，同时作为所有买方和卖方的交收对手并保证交收顺利完成的主体。"

② 参见 ISDA 主协议第 6 条，NAFMII 主协议第 9 条。

③ Schuyler. K. Henderson，*Henderson on Derivatives*，LexisNexis Butterworths，2002，at §19.7.

换言之，衍生合同提前终止的效果与假定合同在终止日全部履行完毕的效果是一样的。如此制度设计的目的，正是基于衍生合约作为风险管理工具的属性。对此，ISDA主协议（2002版）第6条（e）（v）款中表达得很清楚："……支付该数额的目的是为了补偿交易的未能实现和预防风险安排的丧失。……"也就是说，不能因违约方的过错而影响守约方利用衍生品合约套期保值目的的实现；违约方需要补偿守约方其本该获得的风险管理收益，就如同其正常履行了衍生合约一样。

此外，即使衍生品合约不是因一方违约而提前终止，而是双方自愿协商提前终止，或者一方将合同转让给第三人而解脱自己在合同项下的权利义务，其结算程序和效果也与违约下的提前终止完全相同，即合约下的潜在损失方需要按照终止日的市场价格将合同项下的全部潜在盈利支付给对手方，或者，当潜在损失方是合约的转让方时，他要将相当于潜在盈利的金额支付给合约的受让方。① 与前述因违约而提前终止结合起来，可以说，衍生品合约的提前终止与实际履行没有本质区别，差异仅在于：实际履行时是按照最终履行日的市场价兑现合约的全部盈亏；而提前终止则意味着按照终止日的市场价兑现合约的全部盈亏。

（三）减小风险敞口总量的支付方式

衍生交易合约项下的款项支付通常采取净额结算（netting）的方式，目的是从总量上减少衍生交易当事人之间的风险敞口，提高交易效率以及资金使用效率。

净额结算是从银行业传统的轧差清算方式发展起来的一个概念，指合约当事人将其各自对对方的支付义务相互冲抵后，仅由一方支付净差额的支付方式。它类似于传统民商法下的"债之抵销"，但适用范围比抵销更广。② 基于双方的合同约定，净额结算不仅可以将衍生合约双方之间的同期支付义务相互冲抵，也可以将当事人之间不同合同的支付义务相互冲抵，还可以在合同提前终止的情形下将未来的应付义务互相冲抵或与本期支付义务冲抵。在多边协议下，净额结算可以实现多个当事人之间的支付义务相互冲抵，从而极大地减少了当事人实际支出的现金额。金融交易多为金钱之债，往往呈现交易数量多、金额大、频率快等特点，因此，以相互冲抵后的"净额"加以履行是非常必要的，这样也有助于维护交易安全、

---

① 用期货交易来说明此点可能更清楚。投资者开仓买入或卖出期货，相当于订立了衍生品合约。此后投资者每日按市场价格结算浮动盈亏。合约到期前，投资者可以卖出合约（即平仓）。其中，投资者自愿相当于提前终止合约或者转让合约，被强制平仓相当于因违约而被提前终止合约，二者效果相同，都表现为投资者承担平仓价格与当初买入价之间的差额。

② Philip R Wood, *Set-off and Netting*, *Derivatives*, *Clearing System* (2nd ed.), The Law and Practice of International Finance Series, Vol 4, Sweet & Maxwell, 2007, at 15.

稳定市场秩序。

实践中，场内衍生交易、场外衍生交易均以净额结算作为履行方式。其中，多边净额结算是场内交易的集中清算机制的基础，双边净额结算是 ISDA 主协议、我国 NAFMII 主协议确立的场外衍生交易基本原则之一。近年来，我国金融实务部门、学界、司法界对净额结算问题已经有很多讨论，对净额交易的积极作用基本形成了共识。①

归纳上述三方面的制度设计，净额结算方式力图减小当事人之间的风险敞口，从总量上降低对手方违约可能带来的损失；担保安排则顺应衍生交易中风险敞口快速变动的需要，确保担保的足额、及时到位；合同提前终止、转让与合同完全履行的结果相同，都意味着合同下的潜在获利方兑现合约带来的全部收益。这些制度安排被统称为“衍生交易规则”，但其功能是服务于控制衍生品合约履约风险的最终目的，兑现衍生品合约的价值，从而保证衍生交易作为风险管理工具的职能得以完整实现。

四、衍生交易规则与传统民商法的冲突与克服

毋庸置疑，衍生交易规则与传统民商法特有的履约风险防范措施之间存在不同程度的冲突或差异。冲突有观念上的，也有制度层面的。对此，场内衍生交易的规则往往通过一国的期货立法而获得了合法性。但在场外衍生交易中，以 ISDA 主协议文件群为代表的标准合约范本，其法律地位仅仅是合同，至多被视为行业惯例，因此司法实践中不时遭遇挑战。然而，仔细分析这些冲突可以发现，它们并不意味着场外衍生交易与传统民商法之间存在不可调和的矛盾。②

（一）担保机制争议

衍生交易的担保安排被公认为是与传统民商法，特别是担保法、物权法、破产法之间冲突最大的领域。相关的冲突可以归为两大类：一是担保理念上的冲突，二是担保权性质及权限内容方面的冲突。

---

① 赵柯，“‘场外衍生产品的风险管理和终止净额结算关键法律问题研讨会的报告”，载最高人民法院民事审判庭第二庭编，《民商事审判指导》2007 年第 1 辑，人民法院出版社 2007 年版，第 231 页以下。

② 当然，ISDA 主协议与传统法律制度之间还存在其他冲突，如交易资格和授权、法律选择等，本文囿于主题与篇幅不再赘述，有兴趣者可参见陶修明，“国际金融衍生交易的相关法律问题”，《国际金融研究》2001 年第 1 期。

先看第一类理念上的冲突。衍生交易下担保安排的变动性[①]、独立性[②]、账户化[③]，与传统民商法下担保物权的公示性以及背后隐含的被担保债权的确定性、担保权人与担保人身份的稳定性、担保品的固定性等理念发生冲突。此外，衍生交易担保安排的变动性也会与破产法发生潜在的冲突。例如，如果担保人在破产申请前一年内因风险敞口转移到对方而交付担保品，是否构成我国《破产法》第 31 条所称“对没有财产担保的债务提供财产担保”？或者担保人替换担保品的行为是否会触发上述欺诈性转移条款？

实践中，衍生交易这种变动性的担保方式，还可能给不熟悉衍生交易规则、习惯于传统民商法担保理念的市场主体——主要是企业、个人等衍生交易的最终用户——带来意想不到的灾难，他们往往因为无力支付突然之间急剧上升的保证金而触发违约责任。我国企业在金融海啸后的第一例衍生交易跨国诉讼——海升果汁控股公司(以下简称海升)与摩根士丹利(以下简称大摩)的诉讼大战就是因此而起。2008 年 7 月间，海升与大摩签订了长达五年的外汇掉期合约，每月以固定汇率向大摩出售 800 万美元；同时签订了 ISDA 主协议下的《信用支持附件》。不过，海升显然并不了解“信用支持制度”的具体内涵。合同履行的最初几个月中海升都是盈利的，净额结算的结果是海升累计获得大摩的净付款 7 万多美元。然而金融海啸之后，市场出现急剧变化，大摩依照汇率走势计算出自己在该合约下的潜在盈利高达 1.4 亿元人民币，存在风险敞口，故要求海升支付担保品。在扣除了大摩提供给海升的 1000 万美元信用额度后，海升需要缴付的担保金依然高达 7000 万元人民币。如此大额的现金流支出将严重影响海升的正常经营活动，故海升拒绝支付。由此引发了大摩在英国伦敦诉海升违约，海升则在中国西安诉大摩欺诈的跨国诉讼对峙。[④]

在第二类冲突(即有关担保权限范围)中，场外交易的 ISDA 主协议以及域外一些期货交易所的业务规程都承认担保权人对担保品的使用、处分、变现抵债的权利，这与传统民商法的处理方式(包括“禁止流质”规则)不合。考虑到这个因素，我

---

① 变动性指在衍生合同到期之前，风险敞口经常在合约双方当事人之间发生转移，金额大小也会发生变化，由此导致被担保人、担保人的身份的转换以及担保义务的金额在整个合同期限内的变动不居。

② 独立性指衍生交易的担保合同与主债权合同之间的关系不属于“主从合同”关系，担保合同不是从合同，而是构成了一份独立的合同。这一点与最高额担保合同有类似之处。

③ 账户化指不进行登记，而是债务人提供的资金与证券直接进入担保权人控制的保证金账户甚至日常账户。

④ 最终双方庭外和解，大摩起诉书要求的违约赔偿金额为 2600 万美元，海升实际赔付大摩 700 万美元。有关海升-大摩案的分析，参见楼建波，“场外衍生品交易担保之信用支持制度研究——以“海升—大摩案”为分析蓝本”，《法商研究》2011 年第 1 期。

国在制订 NAFMII 主协议时，对于是否采纳 ISDA 主协议的担保安排争议很大，最终的结果是“精神分裂式”的：一方面，基于《物权法》的限制，《质押式履约保障文件》不承认担保权人对担保品有处分权和直接抵债的权利；[①]另一方面，《转让式履约保障文件》又大胆引入了《物权法》、《担保法》都未承认的转让所有权式担保。然而，由于缺乏明确的法律依据与公认的法理论证，金融实务界[②]、司法部门[③]都对转让式担保的法律效力心存疑惑。

本文认为，上述两类冲突虽然都集中于场外衍生交易或 ISDA 主协议，但严格说来，它们并非植根于场外衍生交易的特性，而是体现了整个衍生交易、甚至包括基础金融交易在内的整个金融市场交易对担保机制的需求。例如，上面提到的第一类理念差异，如变动保证金、保证金账户化等，大多已经在我国场内衍生交易中落实为具体的交易规则，并被国务院发布的《期货交易管理条例》以及中国证监会、期货交易所发布的一系列规章或业务指南所确认。[④] 我国司法实践在经历了 20 世纪 90 年代的争议后，也已经完全接受了期货市场的保证金交易规则，承认了期货经纪公司、期货交易所的强制平仓权利。海升-大摩案实际上就是客户因保证金不足而被强制平仓的例子，[⑤]若发生在期货市场中，恐怕就不会有争议了。从这个意义上说，基于场外衍生交易而引发的上述担保理念上的差异并不能构成真正的法律冲突。

---

① 我国《物权法》第 226 条规定了在合意的情形下，占有股票、基金份额等担保品的债权人可以处分担保品，但要求变现证券的款项必须用于提前清偿债务或提存，而不能由担保权人自由使用。

② 金融实务界的困惑是，由于“转让所有权式担保”是我国法律上不存在的概念，这就使得《转让式履约保障文件》陷于一种两难境地：如果被认定为担保，则该文件中规定的“担保权人有权处置担保品直接抵偿”的内容就因违反《担保法》、《物权法》而无效；如果被认定为担保品的买卖，上述担保权人的处分权合法了，但担保人又担心在担保权人破产时无法主张《破产法》下的别除权而取回担保品。资料来源于本文作者参加的由中国人民银行 2009 年 11 月 18 日在北京举办的《国债回购主协议法律问题国际研讨会》的会议讨论部分。

③ 参见宋晓明、王闯，“中国场外衍生金融产品应用中的若干法律问题”，载《最高人民法院商事审判裁判规范与案例指导》(2010 年卷)，奚晓明总主编，最高人民法院民事审判庭第二庭编，宋晓明主编，40—44 页，法律出版社，2010 年版；赵柯，“关于场外衍生产品的风险管理和担保品的收取——关键法律问题研讨会的报告”，同书，52—59 页。

④ 例见我国《期货交易管理条例》第 38 条（“期货交易所会员的保证金不足时，应当及时追加保证金或者自行平仓。会员未在期货交易所规定的时间内追加保证金或者自行平仓的，期货交易所应当将该会员的合约强行平仓，强行平仓的有关费用和发生的损失由该会员承担。客户保证金不足时，应当及时追加保证金或者自行平仓。客户未在期货公司规定的时间内及时追加保证金或者自行平仓的，期货公司应当将该客户的合约强行平仓，强行平仓的有关费用和发生的损失由该客户承担。”）

⑤ 类似的例子还有个人理财纠纷中的 KODA 血洗大陆富豪事件。在 KODA 事件中，大陆富豪们也是因为衍生交易的保证金不足而被强制平仓，最终全部投资灰飞烟灭，而且欠下银行巨额债务。有关案情，参见刘燕、楼建波，“企业衍生交易重大损失事件研究——基于交易结构的分析”，《清华法学》2010 年第 1 期。

至于有关担保权的法律性质与权限内容方面的差异，需要特别强调的是，金融交易中的担保品并非各种物品，而是现金、证券这类特殊的金融财产。当它们充当担保品时，传统民商法下禁止流质规则的适用意义其实是非常有限的。① 实践中，2002 年欧盟议会及理事会通过的《欧盟金融担保品指令》②以及 2009 年国际统一私法协会（UNIDROIT）外交会议通过的《中介化证券实体法公约》③，对于现金、证券等金融担保品上担保权人的权利都采纳了与场外衍生交易下的 ISDA 主协议基本相同的规则，即担保权人可以使用、处分担保品（但负有到期归还同类担保品的义务），可以担保品直接变现偿债（但负有退还担保人多余担保金额的义务），担保的设定既可以是质押，也可以是转让所有权的方式。《欧盟金融担保品指令》适用于欧盟境内金融机构之间的交易以及金融机构与非金融机构法人之间的交易；《中介化证券实体法公约》适用于证券市场中的担保交收、融资、融券交易。因此，从国际金融市场的实践看，不论是基础金融交易还是衍生交易，针对金融担保品的法律规则已趋于一致。从某种意义上说，这可能代表了一种新的、正在形成过程中的“金融担保规则”，需要民商法体系来吸收、接纳。

当然，海升-大摩案也折射出衍生交易的担保规则隐含的对金融机构有利的一面。由于衍生合约下的盈亏确定或风险敞口的计算属于技术性很强的领域，企业、个人等最终用户缺乏定价能力，只能接受金融机构的意见，因此，衍生交易担保的话语权基本上掌握在金融机构手中。由此产生的金融机构滥用优势地位欺诈客户之弊也不能忽视。场内衍生交易由于市场透明度高，定价机制健全，这一问题尚不突出，但场外衍生交易就不同了。这恐怕也是场外交易纠纷频发的原因。不过，此一问题可能已经超出了民商法担保规则的能力范围，需要金融监管的介入了。④

（二）合约终止规则争议

如前所述，衍生合约提前终止与实际履行没有本质区别，都必须兑现合约项下

---

① 传统担保法禁止流质，主要是针对非现金担保物的估值困难，如果担保品直接归属于担保权人，可能因其价值大大超过被担保债权而导致担保权人获得暴利，损害债务人利益。但金钱、证券作为担保品时，因其价值一目了然或存在客观的市价标准，通常并不会产生暴利问题。更何况金融担保的规则一般都同时要求担保权人将变现担保品超过债权的金额归还担保人。

② Directive 2002/47/EC of the European Parliament and of the Council of 6 June 2002 *on Financial Collateral Arrangements*，Article 4 - 8。对欧盟金融担保品指令与传统民商法之担保物权规则之间差异的分析，参见 Thomas Rudolf Maria Pius Keijser，*Financial Collateral Arrangements*，Kluwer 2006，p65.

③ Unidroit，*Convention on Substantial Rules regarding Intermediated Securities*，2009，Article 31 - 34，37.

④ 例如，美国证券交易委员会在 2008 年金融海啸后针对多家金融机构的滥用复杂结构性衍生品定价权的行为提起了行政诉讼，来源：www. sec. gov/spotlight/enf-action-fc. shtml，2011 年 11 月 10 日访问。

的全部损益,以保障衍生交易发挥预期的套期保值功能。它虽然与传统民商法的合同终止理念不符,但因符合衍生交易的基本目的,理论上说不应受到挑战。不过,偶尔参与场外衍生交易的企业或个人未必了解这一规则,可能因无法承受合约项下的全部潜在损失而挑战规则。此时,法官若以传统民商法理念为据,则可能拒绝认可衍生交易的处理方式。

我国台湾地区"最高法院"2008 年判决的宝来证券案就是一个例子。宝来证券与某企业签订了一份三年期利率互换合约,本金 1 亿台币,每个季度末双方分别按约定的固定利率、浮动利率标准支付利息,净额结算。最初三期的结算中,宝来证券是净付款方,企业有净收益。此后市场利率变得对企业极其不利,至第四期支付日,企业需要向宝来证券支付的净利息将超出其前三期净收益之和。预见到未来的支付义务更重,企业方要求解除合约。宝来证券以企业违约为由提前终止了利率互换合约,并要求企业支付合约尚余部分(共八期)的利息净额。企业拒绝接受并诉诸法院。台湾地区"最高法院"认为:"上诉人(即宝来证券)主张仍可请求未届至之各期净额,与上开总契约(即 ISDA 主协议)条款之内容不符,将使契约形式上虽终止,但无退场机制,仍要求系争商品之投资人之被上诉人赔偿未到期部分之各期净额,将使解约或终止契约之约定形同具文而无意义"。法官最终判决宝来证券"不得于系争契约效力终止消灭后,仍请求第五期以后尚未届至之各期净额给付。"①

台湾宝来证券案在全球场外衍生交易市场引发了很大震动,因为这是 ISDA 主协议问世以来第一次在合约提前终止规则上遭遇法律挑战。② 当然,该案中金融机构一方在合同缔结过程中对于衍生合约提前终止的法律后果存在误导性陈述,这也是法官判决其丧失合约下潜在收益的一个主要理由。不过,判决行文中显现的大陆法系法官以传统民商法思维看待衍生交易的方式更为人们关注。毕竟,大多数衍生品合约的结局都是提前终止而非最终实际履行。若不认可 ISDA 主协议的提前终止规则,场外衍生交易的法律秩序恐将陷入一片混乱,衍生工具的风险管理功能也难以实现。

(三) 净额结算机制争议

净额结算履行方式与传统民商法的冲突主要体现在破产法领域。当一方当事人破产时,衍生合同提前终止,尚未履行的权利义务按终止日市价确定盈亏并进行

---

① (台湾地区)"最高法院"民事判决九十七年度台上字第二五四三号。

② Jing Gu, "Turbulence in Taipei", Asia Risk, October 2009, 72 - 73.

净额结算，[①]其效果是令衍生合约当事人从破产债务人处获得了优先、全额清偿，这与破产法传统上奉行的保护破产债务人财产的完整性、公平对待债权人原则之间发生冲突。以我国《破产法》为例，净额结算机制主要与三方面条款发生冲突：一是《破产法》第18条下破产管理人对待履行合同的选择权，可能挫败净额结算规则的适用；二是《破产法》第31条、32条涉及的优惠性清偿或欺诈性转移，可能禁止终止净额结算下的款项相互冲抵；三是《破产法》第40条中关于抵销例外的规则，可能导致非破产当事人因破产事件而取得的债权被排除在净额结算（抵销）范围之外。

严格来说，净额结算机制与破产法之间的冲突并非衍生交易特有的问题，而是所有金融交易的共性问题，因为净额结算是金融市场化交易普遍采用的履行方式。鉴于净额结算的意义已经得到一致公认，因此，化解冲突的方式无非是立法明确承认净额结算在破产程序中的优先地位。实践中，美国通过对《破产法》、《联邦储蓄保险法》等法律的多次修订，将各种金融合同的净额结算机制逐步纳入特别保护名单；[②]英国则颁布了专门立法——《现代净额结算法案》，赋予净额结算机制在破产程序中的优先地位；欧盟则通过《交收终局性指令》、《金融担保品指令》、《破产清算规章》等一系列指令文件来明确净额结算的法律效力。[③] 在我国，2005年修订后的《证券法》事实上已经对证券市场交易中净额结算的优先地位给予了某种程度的确认。[④] 从这个意义上看，衍生交易不过是下一个需要立法给予认可的金融交易领域而已。

总体而言，本部分所讨论的围绕场外衍生交易的主要争议，直接针对的是ISDA主协议文本，但它并不表明ISDA主协议的制度安排存在根本瑕疵，从而无法与现行民商法体系相容。事实上，这些制度安排大都已在现行的场内衍生交易规则中得到了立法、司法和学理上的认可。其中的某些制度设计，如净额结算、担保权人对担保品的处分权等，不仅对于衍生交易，而且对于其他类型的金融交易都

---

① 参见ISDA主协议（2002版）第6条，我国NAFMII主协议第9条。

② 冯果、洪治纲，“论美国破产法之金融合约安全港规则”，《当代法学》，2009年第3期。

③ 以立法方式统一解决冲突的另一个原因是，金融合约当事人与破产债权人之间的利益权衡蕴涵着一国对金融衍生交易的定位以及对金融市场安全性的政策导向，必须通过立法程序来协调。这里不仅涉及是否承认净额结算机制问题，还包括许多技术性问题，如哪些金融合同可以参加净额结算，衍生合约还是全部金融合同？哪些主体可以包括在内，仅金融机构还是包含各种企业？可以享受优先地位的净额结算范围越大，对破产法基本原则的冲击也越大。

④ 参见《证券法》第167条：“证券登记结算机构为证券交易提供净额结算服务时，应当要求结算参与人按照货银对付的原则，足额交付证券和资金，并提供交收担保。在交收完成之前，任何人不得动用用于交收的证券、资金和担保物。”

有普遍的适用意义。可以说，冲突的根源主要在于传统的、建立在实体经济活动基础上的传统民商法尚未顾及衍生交易市场、特别是场外衍生交易市场的发展，缺乏对衍生合约这一"当前订约、未来履行"的新类型合同的特别关注。化解冲突之道不外乎两条：要么修改原有的民商事立法，容纳衍生合约；要么针对场外衍生交易进行专门立法，承认其特殊的规则，如同针对场内衍生交易的期货立法一样。当然，鉴于衍生交易规则天然地"亲近"金融机构而"疏远"企业、个人等最终用户，如何平衡不同主体之间的利益也是金融监管者无法回避的问题。

五、构筑金融衍生交易法律问题的分析框架

在以衍生工具的合同属性为主线梳理了衍生交易规则与传统民商法的主要争议之后，司法实践中纷乱无头绪的衍生交易纠纷也变得脉络清晰起来，乍看上去错综复杂的衍生交易法律问题也可以分门别类地加以归纳整合了。

（一）衍生交易法律问题的类型化

金融衍生交易是受管制的商事交易，因此，相关的法律问题包括可分为两大类：构成交易基础的民商法问题以及监管层面的法律问题。

在民商法方面，前文着重分析了衍生工具的合同属性所引发的两个层面的争议：一是直接源于衍生工具之合约特征的争议，如对赌合同争议，合同定价是否公平、是否无效或者可撤销，等等；二是针对衍生品合约履行环节的争议，具体表现为对以 ISDA 合约文本为代表的、以防范履约风险为目的一整套场外衍生交易规则的异议。在司法实践中，这两个层面的问题通常与确定衍生交易"损失"原因相关。例如，中信泰富衍生交易的损失，主要源于其合约特有的权利义务安排（获利有限、损失无限）。相反，在海升-大摩案中，海升遭遇的现金流危机既有第一个层面的因素（外汇掉期合约的正常价格波动风险），也有第二个层面的因素（海升对衍生交易担保规则的陌生）。受到损失的一方通常力图借助挑战衍生品合约的合法性、有效性或者衍生交易规则的合法性、合理性而摆脱独自承担损失的结果。

除此之外，典型的衍生交易纠纷还涉及第三个层面的法律问题，即针对衍生品合约订立过程的争议，它往往决定了前两个层面的因素引发的衍生交易损失最终由哪一方当事人承担。例如，衍生品合同缔约过程是否符合平等、自愿、协商、诚实信用等民商法原则，当事人（通常是掌握信息优势的金融机构）是否充分披露了相关信息，是否存在欺诈、误导等。其中，参与衍生交易的当事人之间法律关系的性质是核心问题。金融机构与客户之间仅仅是合同对手方关系还是存在着金融机构

对客户的信义义务,对这一问题的回答经常决定了案件最终的责任分配结果。[①]可以说,围绕着衍生品合约缔约过程中的信息披露充分性、适当性的争议是所有衍生交易纠纷都必然存在的环节,同时也是诉讼双方争执最甚的领域。

需要指出的是,在上述第三个层面,除民商法外,金融监管法也开始扮演积极的角色。这是因为,在金融机构与客户之间的衍生交易中,双方的缔约过程实质也是衍生工具这种金融产品的销售过程,金融机构是卖方,客户是买方。鉴于衍生工具的复杂性以及金融机构与客户之间在衍生交易中呈现出的信息不对称,一国的金融监管者从保护客户或大众投资者的立场出发,通常会采取一些监管措施。例如,对衍生交易设置市场准入条件,要求参与交易的非金融机构当事人必须是机构投资者或者合格投资者;或者,对金融机构在销售衍生产品时的信息披露义务提出更高的要求,甚至要求金融机构判断相关交易对客户是否具有"适当性",等等。[②]实践中,不同国家的金融监管理念不同,对投资者的保护程度有异,金融机构在缔约过程中的"说明义务"范围差别较大。

当然,对衍生交易的监管不限于金融机构信息披露义务的范畴。衍生交易合约的对赌性质、内在的履约风险、金融机构与客户之间的利益冲突等,都要求对衍生交易进行有效的监管。事实上,衍生交易的监管模式与制度设计是当前争议更大的领域。2008年金融海啸之后,各国金融监管者都在反思本国对衍生交易的监管模式,包括监管理念、监管思路、监管机构与手段的配合等等。众多国际组织也在探讨全球金融衍生交易的监管格局蓝图。在不同的监管理念下,金融衍生交易的监管覆盖范围也可以很广,从衍生交易的合约类型,到交易模式、市场结构,主体资格等,无所不包。[③]

此外,实践中还有一些与衍生交易相关、但严格说来并非衍生交易本身的法律纠纷。例如,基于公司衍生交易重大损失可归因于公司内部控制失效,股东起诉高管违反了对公司的信义义务。这些纠纷更多地应当属于公司治理纠纷,衍生交易只是一个引子。再如,衍生工具由于借助合同来灵活地安排当事人之间的法律关

---

① 在英美国家的司法实践中,对衍生交易下的金融机构与客户之间是否存在"信义义务"(fiduciary duty)存在很大争议。美国法下的讨论,参见 Richard A. Rosen & Kristine M. Zaleskas, "The Scope and Nature of Common Law Duties of Financial Institutions to Customers and Counter-Parties: A Brief Survey of the Leading Cases", *The Futures and Derivatives Law Report*, vol. 21, no. 8, NOVEMBER 2001。英国法下的讨论,参见 Alastair Hudson, "The Uses and Abuses of Derivatives", Paper Presented at the Cambridge Symposium on Economic Crime for a Session Titled "Internal Controls for End-Users and Sellers", 1998.

② Daniel G. Schmedlen, Jr., "Broker-Dealer Sales Practice in Derivatives Transaction: A Survey and Evaluation of Suitability Requirements", 52 *Wash & Lee L. Rev.* 1441.

③ 参见顾功耘主编:《金融衍生工具的法律规制》,北京大学出版社2007年版。

系,因此经常被当事人用于逃避监管的目的,称为监管套利(Regulation Arbitration)。如为避免证券立法对要约收购的管制,收购方不直接购入股票,而是与控制股东签订股票互换合约,实际取得股东权益;①或者,为规避一国对境外投资者取得股息收入课征的预提所得税,境外投资者不直接购买上市公司的股票,而是通过与现有股东通过签订股票互换协议而事实上取得股息所得。② 如果相关领域的监管者对衍生交易进行重新定性,挫败当事人的交易目的,就可能引发相应的纠纷。从法理上看,这些纠纷应分别属于公司法、证券法、税法的范畴,当然,理解衍生工具的功能与交易机理有助于妥善解决上述部门法领域的问题。

(二)金融衍生交易法律问题的分析框架

基于上述对衍生交易法律问题的分类与分层,本文尝试提出一个完整的分析衍生交易法律问题的框架。金融衍生交易的法律问题可以分成衍生交易自身的法律问题以及外围法律问题。其中,衍生交易自身的法律问题是指围绕着衍生工具作为一种风险管理工具——即"当前订约、未来履行"的合同——而派生出的一整套法律问题。它呈现如下图3所示的同心圆结构,以衍生品合约为基础,逐步展开为合约履行、缔约过程、监管等不同层次,共同组成了一个有关衍生工具(合约)、衍生交易以及衍生交易监管的规则体系。衍生交易的外围法律问题则泛指因衍生工具的多方面应用而引发的其他部门法下的问题,如前述的衍生交易与公司内部控制与治理问题,衍生交易用于监管套利所引发的证券监管、税收征管、外汇管制、进出口管制等领域的冲突,等等。

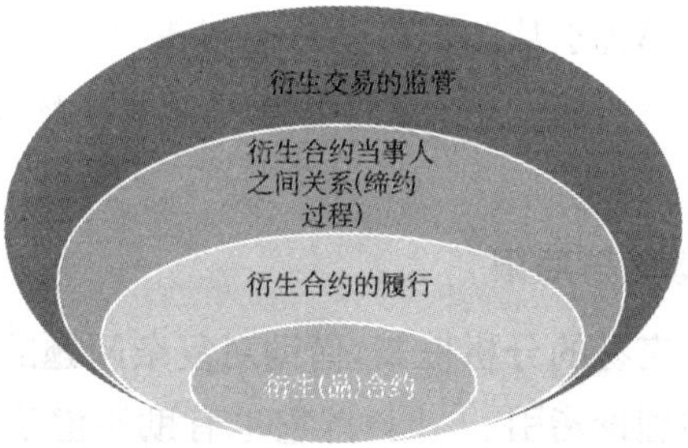

图3 金融衍生交易法律问题的层次结构

---

① 代表性的案例参见 CSX Corp. v. The Children's Investment Fund Management (UK) LLP, et al., 562 F. Supp. 2d 511 (S. D. N. Y. 2008). 代表性的学术研究,参见 Henry Hu & Bernard Black, "The New Vote Buying: Empty Voting and Hidden (Morphable) Ownership", 79 *S. Cal. L. Rev.* 811(2006).

② 有关衍生品用于税收征管套利在美国引发的重新定性及其相关诉讼,参见 John D. Finnerty and Kishlaya Pathak, "A Review of Recent Derivatives Litigation", 16 *Fordham J. Corp. & Fin. L.* 73, at 99-102.

采用同心圆的结构来描述金融衍生交易法律问题及规则的体系，主要是因为衍生工具的合同属性（即衍生品合约）是从法律角度理解全部问题的出发点和关键所在。从衍生工具的合同特征到该类合约的履行风险、缔约过程、监管的逐步扩展，一方面呈现了衍生交易纠纷在司法实践中渐次展开的逻辑轨迹，另一方面也体现了衍生交易在现实世界中的制度形成、发生、发展的自然演进过程。不同层次上的问题既各自独立，彼此又有相关性，每一个内层（或下层）都可以引申出对外层（或上层）的制度需求，而每一个外层（上层）的制度安排则覆盖、包容了内层（下层）的全部问题。例如，履约风险（下数第二层）源于衍生工具独特的合同属性（下数第一层）；缔约环节的信息披露（下数第三层）则覆盖从合同特征（下数第一层）到履约风险防范机制（下数第二层）的各个方面。至于最外层（上层）的监管规则，它更是投射到衍生交易的全部层次和不同维度。

这样一个同心圆结构也表达了我们对衍生交易的民商法与监管法之间对立统一关系的理解。衍生交易作为受到监管的商事交易，交易是基础，它是当事人在市场中自主进行的，以民商法为依托；监管必须建立在对交易的了解、理解之上。同时，衍生工具的交易与监管又并非截然分开。监管以国家强制力为依托，可以穿透衍生交易的全部层次；离监管越近的层次，民商法与监管法之间的交融就更加紧密。例如，在下数第一个层次（衍生品合约）上，监管可能对特定衍生工具采取限制或禁止的立场，从而影响相关衍生工具（合约）的存续，如前文提到的欧盟对无担保CDS的禁令。在第二个层次上，衍生品合约的履约风险控制机制虽然主要体现为民商法规则，但在场内衍生交易中也掺入了监管因素。诸如期货交易中的涨跌幅限制、持仓限制等规则，都属于从监管角度对控制履约风险额外增加的措施。在第三个层次（衍生交易的缔约过程）上，我们更是可以清晰地发现合同法、信托法、监管法的交织作用。

（三）分析框架的意义与局限

这样一个金融衍生交易的分析框架，借助对复杂问题的分解，能够给我国的司法实践提供比较清晰的理论指引。[①] 同时，它也有助于澄清、消除当前有关衍生交易监管实践以及学理研究中的一些误区。不论是场内交易与场外交易之间的规则衔接，还是监管规则与民商法基础之间的协调，抑或是国内立法对域外立法或者国际金融市场惯例的吸收、借鉴，当我们厘清了衍生交易的基本法律逻辑后，起初认为不可逾越的一些障碍不复存在，对剩下的“真问题”也能够更加有针对性地做出

---

① 本文作者近年来多次应邀为上海、北京地区的法院、检察院做衍生交易法律问题的讲座，听众普遍对这一分析框架的应用性给予高度评价。

回应。

当然，一个分析框架仅仅是提供分析问题的基本进路，并未而且也不可能对所有问题提供答案。如前文的讨论所显示，在衍生交易法律问题的每一个层次上，都存在一些尚未解决的重大争议，需要进一步深入研究。它们包括(但不限于)：(1)衍生工具合约中权利义务设计的公平性；(2)衍生合约履约风险防范机制隐含的向金融机构利益的倾斜；(3)衍生交易下金融机构与客户之间的关系，特别是法律上是否应当对金融机构施加“信义义务”或“受托义务”；(4)衍生交易的监管模式、手段、监管边界，等等。从某种意义上说，上述争议恐怕也都不是单纯的法学研究所能解决的。它是一个永恒的实践命题。这里既有快速发展的金融市场交易与法律制度之间的落差，也反映了金融机构与投资者、金融业与社会公众之间内在的利益冲突。金融与计量技术的进步，监管的改进，学术研究的深入，都有助于逐步减轻、但不可能彻底消除法律与市场的落差以及主体间的利益冲突。

结语

美国一位衍生品专家曾写道：“如果你初次接触金融衍生工具，可能会觉得这是个规模巨大并且风险重重的世界，因为它不时伴随着灾难的发生，其复杂性也会让人发狂。……(但)在金融衍生品的世界里，有稳定的核心思想。这里有一套相对统一的原理和公式，其他所有东西都是围绕着这个基础建立起来的。……事实上，对衍生品有初步了解比想象中容易。一旦开始学习，你就可以全副武装地在这个浩大又充满风险的世界中搏击。”①

这段评论也完全可以移植到从法律角度对衍生交易的观察上。通过对衍生交易的去神秘化，可以说，在金融衍生交易庞大的规则体系里，衍生工具作为一种可计价的合同，是整个体系的核心基础。这是一种新的合同形态，从它的独特禀赋——当前订约、未来履行——中派生出订立、履行环节的一系列新问题，进而催生了一整套金融衍生交易的法律或合同规则。

本文希望通过梳理衍生交易背后的法律逻辑，消除当前流行的所谓衍生交易与传统民商法之间对立关系的误解。作为以合同为处理对象的民商法，本身也处于不断的发展过程中，理当顺应经济环境的变化而扩张自身的体系，以容纳这一类新合同的规则，从而为整个金融衍生交易法律规则体系提供坚实的基础。当然，立法者也可以根据特定的目的(如对衍生品最终用户的保护)来适度改造相关市场规

---

① [美]迈克尔·德宾，《金融衍生品入门》，崔明香译，中国青年出版社 2008 年版，“简介”。

则。这一实践与立法之间的互动过程，在德国学者拉伦茨笔下已有清晰的描述："法律关系的类型（特别是契约类型），是发生在法现实中的'法的构造类型'，因为它所涉及的正是法律性创作的特殊构造。此种类型有些是法学的产物……然而，它大部分是由法律交易中产生的。全部的债权契约的类型均属此。如立法者加以规整，他常是在法律生活中先发现它们，掌握其类型特征，然后再赋予适合此等契约类型的规则。只要不是直接取之于法律传统，立法者就不是'发明'，而毋宁是'发现'此等契约类型；即使是取之于法律传统，类型最初仍是发生在法律生活中。然而，立法者不需要原封不动地袭取法律生活中的原则，他可以借规整来增添新的特征并排斥其他特色。对于法律所意指的类型而言，具决定性的是法律对它的规整。在个案中，当事人约定的契约规整则可以多少偏离法律的规整，由这些约定可以在法律生活中发展出新的、法律外的契约类型……"①

① [德]卡尔·拉伦茨，《法学方法论》，341页，商务印书馆，2003年版。

重启资产证券化:我们需要的准备*

洪艳蓉**

2011 年 8 月,远东二期专项资产管理计划产品登陆上海证券交易所,近日央行、银监会与财政部联合发布《关于进一步扩大信贷资产证券化试点有关事项的通知》并下达国务院批复的 500 亿元额度,意味着沉寂四年的资产证券化高调重启。

在 2008 年金融危机影响未消而人们仍心存余悸时,重提被视为"罪魁祸首"的证券化引来不少质疑和担忧,"证券化急不得"、"是不是转嫁风险"、"证券化前路坎坷"之声此起彼伏。重启证券化是不合时宜,还是一种流行性的误解?当美国金融危机调查委员会(FCIM)将 2008 年金融危机的主因归结于金融监管失效,欧美等国纷纷响应国际货币基金组织"重启证券化市场"的呼吁,结合金融监管改革予以践行时,我们似乎没有必要再纠结于金融危机的证券化"原罪"。

无数次金融危机的教训已表明,没有好坏之分的金融工具,只有优劣有别的监管制度。思想认识的时滞往往会延误行动,这才是最大的危机。在中国语境下,当证券化重启,我们应思考的是要为迎接证券化做好哪些准备。

一、峰回路转话重启

(一)"点石成金"的证券化

借助证券化技术,可产生现金流但欠缺流动性的基础资产被转化成资产担保证券(ABS),融通资本市场资金供人们循环使用。这项 20 世纪 70 年代始创于美国的金融工具,凭借其资产信用创新、风险转移创新和表外融资创新的特点,获得了相比银行贷款、股权融资和发债等传统融资工具的竞争优势,迅速成为金融领域中的"少壮派"并风靡全球。

---

* 本文已发表于中国银行间市场交易商协会主编:《金融市场研究》2012 年 8 月总第 3 期。

** 洪艳蓉,北京大学金融法研究中心 2002 级博士后,工作单位:北京大学法学院。

且不说金融危机之前证券化独占美国固定收益市场花魁的巅峰时刻，即便是在危机处置之中和后危机时代，证券化良好的工具价值仍为人们津津乐道并广为运用。证券化提供了以资产信用为基础的融资新途径，有利于调节资金供需平衡，实现经济民主和促进金融深化；证券化提供了风险批量转移的有效方式，有利于分散金融风险，促进金融体系的稳定。证券化创设的“发起-分流”(originate to distribute)业务经营新模式，是重塑金融机构功能和改变金融市场竞争格局的创新，也是一国可以用来提高市场效率和促进市场深化的有效措施。而且，证券化在存量资产上的资金供需调节，避免了货币增量投入可能带来的通货膨胀，又能打通各类金融市场，带来对宏观调控方式和金融监管手段的深邃思考与探索。可以说，只要人类存在财产交换的需求，代表着先进生产方式的资产证券化就不会消亡。①

当然，证券化的萌发与繁荣，离不开现代信息技术和功能强大的金融基础设施的支持，更需要有成熟的债券市场、专业的金融中介和良好的制度环境的加持，其因专业化分工和结构性融资构造而产生的更多费用和沟通成本，需要通过规模化操作获取的收益才能覆盖。因而，赞誉等身的证券化实为金融工具中的“贵族”，只有在传统金融工具力所不逮或不具有竞争优势之处，才能大展身手。

(二) 证券化风险冲击波

2008 年金融危机的积极意义，从风险管理的角度看，是对被推崇备至的资产证券化技术进行了一次完整的金融风险测试，也是对被奉为圭臬的美国金融监管机制进行了一次全面的抗风险能力检验。其结果在揭示证券化风险具有“一剑封喉”的巨大破坏力的同时，更揭露了传统金融监管抗风险能力失之有效的内在缺陷，反映出金融监管的“信任危机”。②

作为一种金融创新，证券化的结构融资属性延长了信用链条并加大了风险的集中和联动，挑战了部门分工下形成的碎片式(fragmental)金融监管体制的有效性；证券化创立的“发起-分流”业务新模式，挑战了市场自律监管协调金融机构自身利益最大化与自我责任约束关系的有效性；证券化的资产信用融资创新及揉合衍生品的复杂构造挑战了以不甚准确的风险计量为基础的金融监管方法的有效性。

在金融危机中，资产证券化以其先进的融资理念和精细的融资结构，展示了这一金融创新在金融自由化和一体化时代背景下特有的金融风险，其中或许有过度证券化之实，但根本的症结是以传统金融工具为规制对象，专注于发起并持有

---

① Steven L. Schwarcz, the Future of Securitization, 41 *Conn. L. Rev.*, May, 2009.

② 洪艳蓉：《危机之辨：次贷证券化与金融监管》，载陈安主编：《国际经济法学刊》第 16 卷第 2 期，3 页，北京大学出版社 2009 年版。

(originate and hold)业务模式的金融监管，不能约束金融机构在证券化风险转移便利下的道德风险，也无法解决基础资产信息被证券化的信用长链分割和弱化的问题，从而导致了监管失效。

（三）以监管水平决定证券化之路

证券化睥睨传统金融监管之处，指明了改革的方向。为了在更安全和稳健的基础上运用这项金融工具，有必要建立约束金融机构及相关市场主体在“发起-分流”业务模式下与投资者“利益共享，风险共担”的激励/约束机制，并为投资者提供可溯至基础资产的连续而丰富的信息资料和便利的查询系统。

金融危机帮助人们建立和完善了对证券化的风险管理。从美国颁布的《多德-弗兰克华尔街改革与消费者保护法》及其金融监管部门的配套规则来看，在重塑证券化操作流程的监管改革中，无不围绕着提高信息透明度、各金融服务中介归位尽责、减少利益冲突和降低道德风险的工作而展开，以便规制金融机构等市场主体的监管套利行为和更有效地保护投资者利益。①

对证券化的恐惧，源于对其风险的无知。证券化的价值取决于基础资产，唯有在安全的基础上才能获得更好的效率，而不是相反，这是金融危机带给人们的又一次深刻教训。倡导简单、规范、透明和集中交易的证券化模式，正在成为国际上证券化的大趋势。

为此，我国重启证券化，应建立在反思本国金融监管能力并及时修复监管缺陷的基础上。可以说，金融监管水平决定了一国证券化的进程。

二、高屋建瓴谋定位

（一）政府的干预之手

在证券化 40 多年的发展史中，始终隐约可见政府的身影。一方面，作为以资产信用为融资基础的全新技术，证券化需要借助政府信用的支持打开局面；另一方面，证券化较传统金融工具的优势和批量转移风险的规模效应，也适合政府用来实现政策目标和进行经济结构的调整。

证券化技术从 20 世纪 70、80 年代依托政府背景的房地美(Freddie Mac)、房利美(Fannie Mae)，帮助美国政府盘活住房抵押贷款二级市场，为住房信贷融通资金；到 90 年代依托资产重组信托公司(RTC)被用于处置大量不良资产，帮助美国

---

① 洪艳蓉：《重启资产证券化与我国的发展路径》，载《证券市场导报》，7—9 页，2011 年第 9 期。

政府度过储贷机构破产危机；再到1997年亚洲金融危机之后为日韩等亚洲国家借鉴，用于处置银行坏账，不一而足。证券化技术与政府支持相得益彰，共同促进了金融市场的深化和社会福利的增加，其也在短期内占据了固定收益市场的龙头地位。

然而，学者对海外大量证券化实践的研究表明，[①]证券化技术的运用可能扭曲银行的动机，促使其降低放贷审查标准和后续监督，并提高金融机构的风险承担水平，如果只有政府支持而无必要的金融监管，将促使风险更多、更长、更隐蔽地累积，最终爆发系统性风险。美国的次贷危机就提供了证券化本想借助政府支持获得发展，却反被政府“居者有其屋”的住房政策所绑架，无力对抗宏观调控和经济走势，最终败走麦城的反例。

反观我国近期的证券化重启，政策的亮点集中在基础资产的扩容上，包括地方政府融资平台信贷、中小企业信贷、战略新兴产业贷款、文化创意产业贷款等被列为优先发展的对象。从政府经济政策的角度看，这些领域都具备优先得到信贷支持的理由，是疏导前期4万亿投资的财政风险和调整经济结构、促进经济增长方式转型的现实需求。

从证券化的要求来看，尽管技术上可行，但这些基础资产需要更专业的价值评估、更高的透明度和更成熟的投资者群体，在我国金融环境未有相应配置之时，期待证券化的点金术能“化腐朽为神奇”，恐怕要落入“赢家的诅咒”(winner's curse)之中。过早和过多地为证券化贴上政府信用的标签，可能反而戕害了证券化在国内的又一次发展良机，充其量只是把证券化作为实现政府短期政策目标的工具，而无法缔造一个常态且生机勃勃的证券化市场。

此外，在处理证券化与政府干预的关系上，常常忽略证券化技术对宏观调控的反作用力问题。大量的实践表明，证券化会通过影响以货币供应量为中介目标的信贷渠道和以利率为中介目标的货币渠道，影响货币政策的效果；而且，证券化具有“危机放大器”特征，也将影响“相机抉择”货币政策的效果。[②] 经济实质上类似证券化的信贷类银信合作理财产品，不久前因表外操作规避宏观调控和金融监管而被勒令规范的事件，已凸显了这方面的影响。因此，有必要保持金融监管相对于政府支持适度的独立性，协调好微观审慎监管和宏观审慎监管的关系，才能铺就证券化常规化可持续发展的通途。

---

① 参见倪志凌：《动机扭曲和资产证券化的微观审慎监管——基于美国数据的实证研究》，载《国际金融研究》，75—87页，2011年第8期。

② 胡燕、胡利琴：《资产证券化反思：宏观与微观视角》，载《新金融》，51页，2012年第4期。

（二）市场的自治之域

重启证券化，不仅仅是试点规模的再次扩大，更多的应被定位为证券化从试点阶段向常态化阶段过渡的开启，这一过程的实现有赖于市场自治。

证券化改变了风险的生存状态，通过风险定价、分割和转移技术实现风险配置，使金融工具在资源配置的传统功能上又增加了风险配置的功效。在证券化的长信用链条和复杂的融资结构中，市场参与者需要享有充分的自由，以便进行独立评估和决策，把证券化收益和风险打入价格，并通过市场准确地传递信号形成相应的交易价格。如此，受到交易成本制约的市场各方才可能在自决的基础上各负其责，慎行而非滥用证券化工具。

政府的支持对于证券化发展固然必要，但如只通过试点为某类基础资产“背书”，不仅成本高昂，也容易诱发道德风险，其不可复制性对发展可持续的证券化市场作用甚小；而且采用额度分配和指标限制，也容易滋生寻租并可能将未必最适合的资产证券化，既扭曲市场又埋下风险隐患。

也因此，发展证券化市场，需要尊重市场参与各方的意思自治，考虑投融资双方的意愿，并使金融服务中介归位尽责，权责利相一致才能实现。在国内，可能不缺有证券化意愿的发起人，但早期试点一级市场需求不旺、二级市场流动性差的投资者缺位现象应找到根源并予以解决。否则缺了投资者的参与，热情高涨的发起人恐怕是“一个巴掌拍不响”。

政府在这种市场自治的氛围下，应限缩其功能且讲究干预方法。证券化所需的制度软环境、公平竞争的市场秩序、投资者教育、乃至于功能强大的金融市场服务基础设施，都是其应有所作为且大有作为之处。如能采用财政税收等经济手段和引入市场化做法，通过改变市场参与各方交易成本的方式，而不是配额、指标等直接数量限制方法，或许能更有效地将资金导流到政府需要支持的产业和区域。

当然，市场自治也应有限度，市场自律失效的例子不胜枚举。在重启之时，倡导证券化技术服务于实体经济，基于经济实质优先放行现金流稳定、标准化程度高和信息透明度好的基础资产进行证券化，避免过度复杂化和名不副实的“创新”，是十分必要的。

三、居安思危论策应

涅槃重生的证券化，在我国重启之后应使之逐渐成为市场可资利用的金融工具。为破除证券化的风险魔咒，更好地发挥其工具价值服务于我国资本市场，未雨绸缪地做好相应准备十分必要。这种顶层设计，至少包含了如下内容：

（一）监管竞争下的统一监管标准

实践中形成了证监会主导的企业资产证券化模式和央行、银监会主导的信贷资产证券化模式。因分业监管形成的两套模式各自为政，可能造成行业保护和市场分割，不利于经济资源的流动和有效配置。

本质上，两套模式都具有将各类基础资产"证券化"的经济实质，其法律关系构造也是异曲同工。有必要推动两套模式监管标准的统一和两市互通，建立从基础资产生成、出售到证券化发起、运营、清盘的无缝隙全程监管，以避免监管套利和监管真空，同时减少重复监管的负累，将证券化风险降至最低。

基于目前分业监管的现状，不妨以协调监管的方式逐步推进统一监管的实现，适度的监管竞争不仅无害，反而有利于促进金融创新和提高市场效率。为避免监管竞次，有必要倡导安全与效率并重的证券化发展观，并以市场活跃度、风险可控度、违约事件率等合理指标，而非市场短期规模作为衡量监管成效的标准。

（二）超前于市场发展阶段的制度保障

证券化不能脱离一国金融市场发展阶段和国情获得超常规发展，但良好的制度安排却可以为证券化提供保障并充当助推器。有专家总结出证券化发展需要八项要素，包括完善的法律体制、明确的现金流分析、清晰的会计处理、有公信的信用风险评估、完善的投资银行业务、良好的国债市场、活跃的二级市场和多样化的投资者，[①]正可以成为我国制度建设的指引。

我国证券化试点法制有特定的适用对象，规定过于保守和原则，许多做法都是特事特办，早已不适应普及证券化的需要，也难以有效对抗证券化风险。证券化是融合多项法律制度的创新，应当协调与《证券法》、《信托法》、《物权法》等高位阶法的关系并借力其相关规定，在关于证券化的统一立法中着重解决其不同于其他融资方式的法律调整问题，结合次贷危机教训和海外金融改革经验，规定证券化参与各方的审慎行为标准和披露必要资产信息的强制要求，建立适用于证券化"发起-分流"业务模式下的市场主体行为正向激励和信息披露制度，确保证券化在风险可控的基础上发挥功效。

当然，除了构建证券化的基本法律框架之外，有关基础资产转让、登记及公告、税收、会计处理、信用评级、风险自留要求及资本扣减、资产担保证券的交易和登记

---

① 扈企平：《结构化融资的八大要素》，资料来源：http://www.cbrc.gov.cn/chinese/home/jsp/docView.jsp?docID=2331，2012年4月20日最后访问。

结算、投资者适当性等各项制度的完善，也是不可或缺的。

（三）发挥自律组织的能动性

我国证券化试点阶段主要依靠自上而下的行政主导机制，忽略了自律组织的辅助作用。其实，自律组织的参与可以在证券化普及过程中大大弥补监管资源的稀缺和行政监管的有限性，运用其身处一线市场和行业的便利，发挥亲近市场的优势并弘扬市场精神，更好地引导市场发展和监督违法违规行为。当然，强调自律监管的同时，也应施加必要的监督，以免适得其反。

可以借助自律组织提供软法和行业自律的功能，在证券化重启之后，由行业协会倡导和制定贷款标准协议和贷款转让协议指引，奠定大规模信贷资产转让的基础，形成规范统一和具有可比性的资产信息及信息库，以提高证券化资产的信息透明度并便利投资者的决策；适时推出证券化产品的公募发行，由证券交易所提供证券化场内集中交易的基础设施和交易规则，引入合格的个人投资者，以提高证券化产品的流动性和普惠社会；由证券交易所执行对证券化产品交易的一线监管和由行业协会执行对证券化金融中介的自律监管，构建良好的证券化市场秩序；由交易所和行业协会建立相应的证券化纠纷解决机制，如证券仲裁、证券调解机制等，为证券化参与主体提供简便、快捷和专业的争议处理服务。

终止净额结算制度在我国破产法下的适用性探讨

张春燕*

终止净额结算制度是国际场外衍生交易的核心机制，其价值体现在可以实质性地降低交易一方所面临的对手方的信用风险，从而降低因单个交易主体的信用风险所诱发的整个金融市场系统风险的概率。但由于终止净额结算过程比较复杂，除了交易双方意思表示一致外，还需要得到国家法律的认可。尤其在破产程序下，终止净额结算具有优先受偿的性质，与破产所特有的一些规则相冲突。为了保障终止净额结算制度防范风险作用的发挥，目前世界上各主要国家和地区已纷纷通过相应的立法，为终止型净额结算提供法律上的支持，赋予其特殊的执行力以避免其受到各国破产法的约束和限制。

2009年，我国银行间市场交易商协会在其发布的《中国银行间市场金融衍生产品交易主协议(2009年版)》(以下简称NAFMII主协议)中，借鉴了国际互换与衍生工具协会主协议(以下简称ISDA主协议)的做法，首次明确提出了终止净额结算机制。但是，我国目前并没有直接针对净额结算制度的立法，NAFMII主协议只是基于银行间市场交易商协会为规范场外交易发布的文本合同，是一个自律规则。也就是说，不管是ISDA主协议还是NAFIMII主协议，都没有得到我国企业破产法等相关法律制度的明确认可。因此，在金融衍生品交易合约一方当事人破产后，ISDA主协议或者NAFMII主协议中所规定的非破产方所享有的权利，可能会因为没有破产法的适用例外规定而落空。

本文拟在分析终止净额结算制度与破产法下的破产管理人的挑选履行权、以及针对优惠性清偿和欺诈性转移的撤销权等规则冲突的基础上，探讨终止净额结算制度的有效性和可执行性在破产程序中存在的不确定性，并据此提出了终止净额结算制度在我国的立法路径选择。

---

* 张春燕，北京大学法学院金融法研究中心2009级博士。

一、终止净额结算制度概述

净额结算制度有不同的分类标准，例如十国集团中央银行支付系统专家组于1989年2月发布的《关于净额结算安排的报告》(Report on Netting Schemes)中将净额结算法律形式分为头寸净额结算(Position netting)、有约束力的支付净额结算(Binding payments netting)、更新净额结算(Netting by notation)和终止净额结算(Netting by close-out)。但目前大部分研究基本上是将净额结算制度主要划分为两大类型，即：支付型净额结算(Settlement Netting)和终止净额结算(Close-out Netting)。[①] 其中，前者是指在合同正常履行情形下的净额结算，是没有任何事件出现打断交易方所期望的合同正常进行的状态。后者则是指在合同出现非正常终止情形下实行的净额结算，即：如果衍生交易一方发生合同约定的违约事件或终止事件(主要是破产事件或清算事件)时，双方之间所有现存未到期的交易被视为立即终止，并按合同约定的方式计算每个终止交易的终止金额即盈亏头寸，然后将所有这些盈亏头寸进行抵冲或轧差，结算出一个净额，并以该净额的价值作为交易双方权利义务的最终确定金额代替或更新结算之前存在于双方之间的权利义务。[②]

由于金融衍生交易本身的交易特点，市场风险变化莫测，对风险的确定可控性或及时可控性是非常重要的。当影响风险的事件发生时，及时终止交易进行交易平仓至关重要。因此，世界上各主要国家和地区已纷纷通过不同方式的立法修订工作，认可了终止净额结算这项对金融衍生交易风险控制乃至整个金融市场的系统风险防范极具价值的合约安排。

(一) 各协议版本下的终止净额结算制度

1. ISDA主协议下的终止净额结算

ISDA主协议(2002版)中对终止净额结算的规定主要体现在第6条。第6条共5款，其中第(a)、(b)款是关于当事人终止合同的权利的行使，即在有关事件发生后，当事人可以按照协议的规定，依据“违约事件”与“终止事件”两种不同情况来指定协议的“提前终止日”。(c)款规定了合同当事人指定提前终止日时的效力。(d)款主要是关于提前终止金额计算的规定，包括对双方在终止协议时的计算方式、方法的通报，对于支付终止净额结算款项的账户及付款时间的安排等。第6条

---

① 英文论著中，终止净额结算也被称为default netting，open contract netting，或者replacement contract netting，通常译为“违约净额结算”、“未平仓契约净额结算”、“重置契约净额结算”。

② 宁敏：《国际金融衍生交易法律问题研究》，142页，中国政法大学出版社，2002年版。

(e)款是关于如何在协议提前终止的情况下,对ISDA主协议下所有交易进行净额结算的规定。即在交易提前终止时,非违约方有权以当时所有交易结算款项减去其积欠未违约方的未付款项,如果该差额是正数则由违约方向非违约方支付,如果该差额是负数则由非违约方将该差额支付给违约方。该款最重要的目的是将协议内的交易根据(d)款规定的具体计算方式计算后得出所有交易的净额,该净额就是被终止交易项下所有盈亏头寸相互冲抵后的余额。①

2. NAFMII主协议下的终止净额结算

终止净额结算条款主要体现在NAFMII(2009版)第九条"违约事件的处理"和第十条"终止事件的处理"。这两个条款规定了违约事件及终止事件发生后,合同的缔约方如何确定"提前终止日"以及"提前终止应付额"。NAFMII2009年版较之以前的版本,最大的变化在于改进了被终止交易公允价值计算机制,摒弃了国际常用但存在明显缺陷的"亏损法",完善了替代交易法和市场报价法的有关安排,在给予交易双方灵活选择的同时,兼顾了商业的合理性和计算的公正性。②

(二)终止净额结算制度的运行机理

从ISDA主协议以及NAFMII主协议对终止净额结算的规定中可以看出,一般只有在发生合同规定的违约事件或终止事件时,当事人才能进行终止型净额结算。启动终止净额结算的整个过程一般包括终止现存交易、轧差结算和合同更新三个步骤。③ 其中,终止交易是指由于约定的违约事实和终止事件的发生,④合约当事人将他们之间没有到期的合约视为已经到期,并终止履行合同项下所有的债权债务。净额结算,是指对上述被终止的合约项下的盈利(正向价值)和亏损(负向价值)进行抵销,计算净值。合同更改则是指双方根据约定,将上述净额结算完毕的合约用一个崭新的合约代替,将上述轧差后的净额作为新合约的更改金额,并以该更改金额作为确认交易双方权利义务的依据。

---

① ISDA,2002 Master Agreement,available at http://www.isda.org/publications/isdamasteragrmnt.html. Jan,2003.

② 中国银行间市场交易商协会:《中国银行间市场金融衍生产品交易主协议》(2009年版)15页,资源来源:http://www.Nafmii.org.cn/Info/185167,2009年3月。

③ 陶修明:《国际金融衍生交易的相关法律问题》,载《国际金融研究》2001年第1期。

④ 合同当事人约定的事件一般包括违约事件和终止事件。以ISDA主协议为例,该协议第5条规定的违约事件包括:(1)未能付款或交付;(2)违反协议(主要指违反付款义务之外的协议义务);(3)信用支持违约;(4)错误陈述;(5)特定交易项下的违约;(6)交叉违约;(7)破产;(8)不承担债务的合并。ISDA主协议第5条所规定的终止事件包括(1)非法行为;(2)税务事件;(3)因合并造成的税务事件;(4)其他终止事件。NAFMII主协议对违约事件和终止事件的规定体现为该协议的第六条和第七条,与ISDA主协议的规定基本一致。

（三）终止净额结算制度的前提条件

终止净额结算制度实质上是一种间接清偿债务或履行义务的方式，[①]该制度的适用需要两个必要的前提条件，即“单一协议”和“提前终止”制度。

“单一协议”(Single Agreement)是主协议中的基础制度安排，指的是主协议及依据此主协议开展的具体交易确认书构成一个协议、一个交易，也就是说具体的交易只不过是这个单一协议中的一部分。正是通过对单一协议的约定及安排，当出现违约或终止事件时，交易双方对在同一合同法律关系下的所有交易或所有受影响交易都会提前终止，进行终止净额结算。这相当于在一个合同内实现的各交易头寸的轧差，而不是各独立合同项下交易头寸的轧差。如果没有这个制度安排，主协议项下的不同具体交易之间无法净额结算，更无法保证在一方破产时所有尚未履行完毕的具体交易按照事先约定提前终止并进行终止净额结算。2002 年 ISDA 主协议第 1 条(c)项中明确指出，所有交易之进行都是基于本协议及其所有确认书构成双方之间的单一协议，否则不会进行任何交易。而 2009 年 NAFMII 主协议第一条(一)项中对此也有规定：主协议、补充协议和交易有效约定构成交易双方之间的单一和完整的协议。

“提前终止”(Early Termination)，指的是在金融衍生交易中，某些事件发生将导致交易相对于正常的约定期间提前终止。这是在金融衍生产品合约一方当事人破产后，给予非破产方特别保护的最重要的制度安排。合同法下解除权主要包括法定解除和约定解除两种，金融衍生交易中的提前终止在法律性质上属于约定解除的一种，它避免了法定解除时的繁琐程序并以最快速度最大限度地减少当事人的损失。ISDA 主协议在其第 6(a)条款中规定了“提前终止”：任何时候交易一方发生违约事件且在持续中，非违约方都得以在通知期不超过二十天的期限内通知违约方有关违约事件，并指定不早于通知生效之日期为所有未完成之交易的提前终止日。NAFMII 主协议在其第 9 条“违约事件的处理”中规定了提前终止日的确定，即：如果当事人选择自动提前终止条款则主协议一直在破产申请提出时就被终止；如果未选择自动提前终止则在非破产方的终止通知中所指定的提前终止日终止。

二、终止净额结算制度与相关破产规则的冲突

破产法的基本宗旨是保护全体债权人的利益和债权的公平受偿，在破产程序

① 贾静：《国际金融衍生交易中净额结算的法律性质》，载《对外经济贸易大学学报》2001 年第 6 期。

中,个别清偿是无效的,是被禁止的。为了有效实施这一强制性的管理处分破产财产行为,在各国破产法律规定中,普遍赋与破产管理人两项权利,即对破产待履行合同的挑选履行权,以及对优惠性清偿和欺诈性转移行为的撤销权。而终止净额结算制度的价值主要在于保护金融衍生交易中的未违约方及整个金融市场的安全,该制度使得交易当事方有可能在违约事件或终止事件发生时就立即采取相应的措施,尤其是在违约方即将遭到破产清算的情况下,它可以不失时机地按照协议将有关交易项下的多次往来账目相互冲抵,从而避免风险的进一步扩大。[①] 两者在金融衍生交易的一方进入破产程序时发生交汇,破产法律制度的相关规则可能直接与非违约方的提前终止权与净额结算权相冲突,从而导致终止净额结算制度的落空。

(一) 终止净额结算与挑选性履行

我国2006年新修订的《企业破产法》第18条规定,人民法院受理破产申请后,破产管理人对破产申请受理前成立而债务人和对方当事人均未履行完毕的合同有权决定解除或者继续履行。同时规定,管理人决定继续履行合同的,对方当事人应当履行;但是,对方当事人有权要求管理人提供担保。管理人不提供担保的,视为解除合同。在英美国家,破产管理人的这种行为被形象地称为“Cherry-picking”,即“挑选性履行”行为。一般而言,破产管理人会利用自己的选择权决定履行那些对破产债务人有利(in-the-money)的合同,并终止那些对破产债务人不利却有可能给其交易对手带来利益(out-of-the money)的合同。[②] 如果破产法没有例外规定,这种行为会导致整个终止净额结算体制的崩溃,并进而增大交易对手所面临的信用风险。两者的冲突表现如下:

首先,根据挑选性履行规则,决定破产待履行合同是否终止履行的主体是破产管理人,而非合同的交易相对方。破产法将待履行合同的解除权和继续履行权赋予破产管理人,其实质就是利用管理人的权利将破产债务人的风险转嫁至其交易对手。这是基于最大程度地保护破产财产的考虑,但却将金融衍生品合约的对方当事人置于不利的状态,并严重影响到整个金融体系的安全。在一个衍生品主协议下,交易双方通常进行多项衍生品交易。如果金融衍生品交易合约的相对方没有终止合同的权利,而是任由破产管理人把主协议下每一笔未到期交易看成一个单独的、双方均未履行完毕的合同,并要求非破产方履行对破产方有利的交易以增

---

① 宁敏:《国际金融衍生交易法律问题研究》140页,中国政法大学出版社,2002年版。

② ISDA, Memorandum on the implementation of netting legislation [S], available at http://www.isda.org/docproj/pdf/Memo-Model-Netting-Act.pdf, March, 2006.

加其破产财产，而拒绝履行对其不利的交易，其结果是交易相对方可能不得不在一个交易项下履行约定的义务，而在另一个交易项下按破产比例被清偿甚至得不到清偿，金融衍生合约对方当事人将会遭受严重损失。同时，金融衍生合约价值瞬息万变，从申请破产到人们法院受理，再到管理人行使其选择权的时间段里，如果非破产相对方没有终止合约的权利，就不能通过终止合同尽快确定合同下各交易的盈亏，由此产生的风险对金融衍生品交易的参与者和市场来说都可能是致命的。[①]

另外，从"挑选性履行"的行使方式来看，破产管理人的选择权既可以明示通知的方式进行，也可以默示推定的方式进行。如我国《企业破产法》第 18 条规定，破产管理人自破产申请受理之日起二个月内通知合同相对方是否继续履行，如果未在期限内做出此类通知或者自收到对方当事人催告之日起三十日内未作答复的，则视为解除合同。而在终止净额结算制度下，无论是国际通用的 ISDA 主协议还是我国的 NAFMII 主协议，对于交易一方发生破产事件时提前终止日的确定都规定了两种方式，一种是自动提前终止，另一种是普通提前终止。如果双方当事人选择自动提前终止条款，则在包括破产申请或法院受理及指定破产管理人的相应的违约事件发生后，无需通知即于该事件发生之日自动终止。如果未选择自动提前终止则在未破产一方的终止通知中所指定的提前终止日终止。显然，无论哪一种提前终止条款都与我国破产法的规定相矛盾。若破产法中没有例外规定，作为终止净额结算制度前提的提前终止安排是无法实现或效力存疑的。

（二）终止净额结算与破产撤销权

破产撤销权是破产管理人对破产债务人在破产程序开始之前的一定期限内所为的有损于债务人财产利益的行为予以撤销，使之归于无效的权利。[②] 破产撤销权的适用范围主要包括优惠性清偿与欺诈性转移两类行为。两者的主要区别是在于欺诈性转移行为（fraudulent transfers）是损害全体债权人利益的清偿行为，如我国的《企业破产法》第 31 条规定，无偿转让财产或财产权利、对没有财产担保的债务提供财产担保等欺诈性转移行为，破产管理人有权请求人民法院予以撤销；[③]而"优惠性清偿"行为（Voidable Preference）主要是指给个别债权人以偏袒清偿利益而损害多数债权人利益的行为，如对原来没有财产担保的债务提供财产担保、对未

---

① 中国人民银行条法司课题组：《场外金融衍生品交易的终止净额制度在我国破产法上的适用》，载《中国金融》2008 年第 6 期。

② 齐树洁主编：《破产法》273 页，厦门大学出版社，2007 年版。

③ 参见《企业破产法》第三十一条"人民法院受理破产申请前一年内，涉及债务人财产的下列行为，管理人有权请求人民法院予以撤销：（一）无偿转让财产的；（二）以明显不合理的价格进行交易的；（三）对没有财产担保的债务提供财产担保的；（四）对未到期的债务提前清偿的；（五）放弃债权的。"

到期债务的提前清偿等。我国《企业破产法》第32条规定："人民法院受理破产申请前六个月内，债务人有本法第二条第一款规定的情形，仍对个别债权人进行清偿的，管理人有权请求人民法院予以撤销。但是，个别清偿使债务人财产受益的除外。"而根据ISDA主协议以及我国NAFMII主协议的相关规定，破产事件构成违约，当金融衍生品交易的非破产方依据主协议的相关规定进行终止净额结算时，就有可能被认为是破产法下的"优惠性清偿"或"欺诈性转移"，而被视为无效：

从破产撤销权的构成要件来看，一般情况下，破产债务人的清偿满足以下几个条件时，破产管理人就会把该行为认定为可撤销的行为：一是有破产债务人有损害全体或大多数债权人的清偿行为，二是该行为发生在破产临界期内，三是该行为发生时债务人处于无清偿能力的状态，四是该行为没有使债务人财产受益。① 而终止净额结算恰好满足了这几个条件：首先，终止净额结算一般是在法院受理破产案件开始前的一定期间内进行的，即所谓的"破产临界期内"；②同时，金融衍生交易的非违约方提前终止主协议下所有未到期交易，并对各项交易的盈亏进行轧差的行为，很可能会被认为是债务人对未到期的债务提前清偿，或者被认为是债务人有破产法规定的破产情形但仍对个别债权人进行清偿，从而被破产管理人认定为"欺诈性转移"或"优惠性清偿"而宣布应予撤销。从这个意义上来讲，终止净额结算制度与破产法中的撤销制度相抵触。

此外，撤销权行使的法律后果是使债务人实施的损害债权人利益的行为，因被撤销而丧失效力，恢复原状。一旦非破产方的终止净额结算行为被撤销，造成的结果不仅仅是金融衍生交易的相对方由此得到的交易净额被追回，更有可能影响到净额支付本身的效力，使交易双方的债权债务又回到原点。依照终止净额结算制度，如果金融衍生品交易的一方出现破产情形，非破产方就可以立即提前终止主协议下所有未到期交易，计算每笔或每组衍生品交易的盈亏，并对各项交易的盈亏进行相互冲抵和轧差。如果轧差后得出的净额为负数，则由非破产方就其应付款项向破产方进行支付；如果轧差后得出的净额为正数，则非破产方可以将此净额作为破产债权申报。然而，为防止债务人的优惠性清偿及欺诈性转移，一般要求债权人统一向破产管理人申报债权，并按照相应的比例统一在破产财产的范围内进行清偿。在此情况下，如果不在破产法下承认终止净额结算的效力，非破产方是以轧差

① 王欣新：《破产撤销权研究》，载《中国法学》2007年第5期。

② 破产法为了贯彻其债权人平等受偿的理念，一方面是要对破产程序开始后的优惠性清偿行为进行规制；另一方面，破产法的规制不得不跨出破产程序的界限，而对破产程序开始前的偏颇性清偿进行调整。如我国新企业破产法第三十一条规定，对提前清偿未到期债务的优惠性清偿行为，其临界期间可以从6个月延长为1年。这使得破产管理人可以追回财产的范围大大扩展。

后的净额去申报债权，还是以终止净额结算之前的数额去申报债权不无疑问。

三、国外破产法律制度对终止净额结算的适用例外规定

终止净额结算目前已经成为一项重要的金融制度，在国际金融洐生品交易市场上被广泛采用。为了确保终止净额结算制度的有效性和可执行性，充分发挥其制度设计价值和功用，很多国家已经制定了专门的立法或通过修订破产法律，明确承认终止净额结算可不受破产法律制度的限制，构成破产法律制度适用的例外。

（一）美国的破产安全港条款(Bankruptcy Safe Harbors)

美国是金融衍生产品市场发展的典范，关于金融衍生产品的法律规制相对来说较为完善。在美国，涉及破产事项的金融衍生产品特别保护的法律主要是《美国破产法典》(The Bankruptcy Code)。美国的 1978 年破产法就确立了对金融衍生产品进行特殊保护的制度，随后又通过一系列的立法工作（包括对破产法的修订），扩大了对金融衍生产品交易的保护范围。该法典规定了金融衍生产品交易的非破产方可以不受自动冻结的限制，并在加速合约到期、终止合约、结算、抵销、取回抵押物等方面所拥有一系列特殊待遇，而不必像其他合约那样受破产法规则的限制。这些待遇就像在惊涛骇浪的大海中给了金融衍生合约一个特殊的安全岛，所以被称作美国破产法中的金融合约之“安全港制度”。[①]

对于破产管理人的待履行合同挑选履行权，美国破产法典第 556、559、560、561 条分别提供了例外的规定，即：对于包括金融衍生交易在内的金融合同（Financial Contract)，在出现即在出现资不抵债或财务困难、破产程序开始或在破产程序开始前就已任命管理人或有管理人占有财产的情况下，当事人可依据金融衍生交易主协议终止合同，而不受管理人挑选履行权的影响。[②] 同时，根据该法典第 365 条之规定，如果衍生交易各方选择不终止主协议的履行，破产管理人可以拒绝，但这种拒绝是基于整个主协议而非其项下单个交易的情形。也就是说，管理人对于主协议是否提前终止具有一定例外的选择权，但是仍受到金融衍生交易“单一协议”安排的限制，这样既保证了管理人保证破产财产增值，又可以避免管理人的挑拣履行。[③]

对于破产撤销权在金融衍生交易中的限制适用同样是美国破产法典安全港条款的重要内容。该法典第 546 条规定了 10 种不可被撤销的情形，其中就有对金融

---

① 冯果、洪治纲：《论美国破产法之金融合约安全港规则》，载《当代法学》2009 年 5 月。

② 李飞主编：《当代外国破产法》，第 518 页，中国法制出版社，2006 年版。

③ 冯果、洪治纲：《论美国破产法之金融合约安全港规则》，载《当代法学》2009 年 5 月。

合约的优惠性清偿与欺诈性转让的例外规定。破产法典第546条(g)款规定:“破产管理人不得撤销任何破产程序开始前在互换协议下或与互换协议有关的发生在互换参与者之间或金融交易参与者之间的转让”。[①] 为了进一步保护金融合约之净额结算惯例的贯彻执行,在2005年破产法典修订时新增了(j)款,规定:“对于在破产开始前,由或向净额结算主协议参与人所作出的,或是为净额结算主协议参与人利益作出的,任何净额结算主协议项下或是与净额结算主协议相关的,或是被该净额结算主协议所涵盖的单个协议项下或是与该单个协议相关的,转让行为,破产管理人不得撤销。”[②]

(二) ISDA净额示范法的相关规定(ISDA Model Netting Act)

作为国际金融衍生交易的重要组织,ISDA对于其所颁布的主协议在各国司法管辖区的效力及可执行性极为关注,先后于1996年、2002年、2006年发布了三个版本的《净额示范法》,供各国立法时参考,以保障终止净额结算制度在各国司法管辖区内的适用性。[③] 目前该示范法已被全球各国在金融衍生交易立法和破产立法中广为参考甚至直接引用,如日本、新加坡等国,具有极大的参考价值。

对于破产管理人的挑选性履行与终止净额结算制度的冲突,目前最新的2006版《净额示范法》第4(d)款规定,任何破产管理人或清算人(Liquidator)对于拒绝和承担单个或多个交易的权力不得影响禁止净额结算制度中的终止(terminate)、清算(liquidate)以及加速到期(accelerate)的安排,从而保证了终止净额结算制度的效力。

为了有效地保证终止净额结算制度不会为破产撤销权所涉及,ISDA的2006版《净额示范法》在第4(f)中对金融衍生交易中破产撤销权的豁免做出了规定,即:除非有明确且令人信服的证据,证明金融衍生交易的非破产方在进行净额结算时或之后存在妨碍、迟延或欺诈的实际意图,否则破产清算人不得以构成破产临界期限内(suspect period)的优惠性清偿或欺诈性转移而撤销下列行为:(i)在净额清算协议下或与之相关的破产方对非破产方的任何对于现金、担保(collateral)或其他利益的转让、替代或交换;(ii)在净额协议下或与之相关的破产方对非破产方的任何支付或交付义务。[④]

---

① [美]大卫·G.爱泼斯坦,史蒂夫·H.尼克勒斯,詹姆斯·J.怀特著,韩长印等译:《美国破产法》,370页,中国政法大学出版社,2003年版。

② 廖凡:《美国破产法金融合约例外条款评析》,载《证券市场早报》2007年5月。

③ ISDA, Memorandum On The Implementation Of Netting Legislation [S], Available At: http://www.isda.org/docproj/pdf/memo-model-netting-act.pdf, March 2006.

④ ISDA, 2006 Model Netting Act [S], available at http://www.isda.org/docproj/pdf/Model-Netting-Act101007.pdf, March 2006.

四、保障终止净额结算在我国破产法下可执行性的建议

综上分析可知，如果要对金融衍生合约提供特别保护，仅靠银行间市场交易商协会发布的自律规则是不够的，必须在我国破产法上明晰相关制度。从国外的终止净额结算制度的立法经验来看，最为重要的是如何在破产法中承认终止净额结算制度的效力，并明确该制度适用的范围。

（一）我国终止净额结算制度立法路径的选择

虽然我国《破产企业法》中没有任何一个条款直接涉及终止净额结算，但在该法第134条款中对未来有关终止净额结算的立法方向指出了路径。即："金融机构实施破产的，国务院可以依据本法和其他有关法律的规定制定实施办法。"换言之，破产法规定未来将会由国务院根据破产法的授权来制定实施办法，明确在我国破产法中认可终止净额结算的效力，切实保护金融衍生产品合约非破产方的利益。

根据该条款的规定，终止净额结算的具体立法模式有两种，一种是由国务院自行制定一个行政法规，就金融机构破产诸多相关问题其中包括终止净额结算制度作出规定；另一种是由国务院或其授权的金融监管机构就终止净额结算制度制定一个单独的行政法规或部门规章。但无论采取哪种方式进行终止净额结算立法，根据法律位阶原则，其实施效力都无法与我国人大常委会所通过的《企业破产法》相抗衡。

也有学者建议出台相关立法解释或司法解释，以尽快确立终止净额结算制度在我国《企业破产法》上的有效性和可执行性。有两个方案可供选择，一是通过承认"单一协议"条款的有效性来间接引入终止净额结算制度。即首先承认"单一协议"条款的效力，并在此基础上承认提前终止条款的有效性，从而认可主协议中交易当事人对净额结算的计算方法和计算标准。二是借用我国破产法中关于抵销的规定，在"单一协议"条款不能被认可、主协议项下每笔交易都被看成单个合同的情况下，承认提前终止条款的有效性以及对每笔或每组终止交易盈亏计算有效性的基础上，对计算出的款项进行抵销。① 但是，出台司法解释也存在一定的问题。在我国，司法解释虽然具有立法的功能，但仅限于诠释立法目的及如何适用现行的法律规则，并不具备超出法律进行创新解释的功能。另外，目前学者们普遍认为，虽然破产抵销与终止净额颇为相似，但就各自的法律内涵而言，却是性质完全不同的两个

---

① 中国人民银行条法司课题组：《场外金融衍生品交易的终止净额制度在我国破产法上的适用》，载《中国金融》2008年第6期。

法律概念。[①] 因此，借用破产法中抵销的规定来认可终止净额结算制度，实质上是在破产法的现行规定范围之外创制了新的法律概念，显然不符合司法解释的目的。[②]

如此看来，最好的办法是对我国现行的《企业破产法》进行修订，事实上，世界上很多国家对于金融衍生产品的特别保护都是在破产法中体现的，如前述的美国等国家。可以通过增补类似于美国破产法典中关于金融衍生交易免于适用破产挑选履行权、优惠性清偿、欺诈性转移等例外规定，以确认终止净额结算在破产程度中的可执行性。

（二）终止净额结算制度的适用范围

终止净额结算尽管是一项十分重要的制度，但必须对其适用范围加以明确限制。如果市场各类交易均采用终止净额结算机制的话，整个市场交易体系及市场功能就会受到损害，正常经济活动所需要的特别履行就无法得到保障。根据前述美国破产法典及ISDA净额示范法的立法经验，终止净额结算制度应当主要适用于金融机构从事的衍生交易，并可从以下两个方面来限定其适用范围：

一方面，要确定适格的金融合约及金融机构。各国在终止净额结算立法中对适格金融合约通常采用一般性概述加品种分类列举的方式进行，一般认为，适格的金融合约主要是指衍生交易合约，包括金融远期、互换、期权等。由于金融衍生交易品种繁多，且不断创新，确定适格的金融合约时还应当具有前瞻性。适格的金融机构是指从事适格金融合约交易的金融机构。在我国，金融机构的范围是较为明确的，是指那些依照我国的金融法律监管制度成立，并从有关金融监管部门领取金融业务许可证的机构。另外，根据国际经验，适用终止净额结算制度时，只要交易一方为适格金融机构即可，而不一定需要合约双方均是金融机构。

另一方面，还要防止终止净额结算制度被滥用而损害到其他债权人的利益。这方面应当参照美国破产法典的相关做法，在承认终止净额结算的同时明确其适用的例外情形，即规定如果破产管理人能够证明金融衍生交易的非破产方在净额结算过程中确实存在妨碍、迟延或欺诈的行为，则其行为应当适用挑选履行、以及优惠性清偿和欺诈性转移的相关规定。

五、结论

终止净额结算制度通过净额结算减小了金融衍生交易的信用风险敞口，在风

---

① 宁敏：《国际金融衍生交易法律问题研究》，第182页，中国政法大学出版社，2002年版。
② 陶修明：《国际金融衍生交易终止净额结算法律制度研究》，对外经济贸易大学2007年博士学位论文。

险控制、促进交易和增加市场流动性方面有着独特的作用和价值。为健全我国金融市场体系,防范金融风险,维护金融稳定,我国银行间市场交易商协会发布了《中国银行间市场金融衍生产品交易主协议(2009 年版)》,为我国金融衍生产品交易的净额结算制度提供了合同蓝本,并首次明确提出了终止净额结算机制。但这仅仅是自律性的规则,其有效性还要最终取决于我国破产法上的规定。

由于终止净额结算制度与破产法律制度的基本原则存在冲突,特别是终止净额结算所内含的提前终止权和净额结算机制与破产法律项下破产管理人的挑选履行权、优惠性清偿以及欺诈性转移等规定有着直接的冲突,使得终止净额结算制度的法律有效性和可执行性存在着不确定性。

为使终止净额结算制度在我国得到有效的执行,强化对我国金融衍生交易市场以及整个金融市场的风险管理,应当进一步修订我国的破产企业法,从法律上对非破产方的权利做出制度性的安排,并明确终止净额结算制度的适用范围,以保障该制度在我国法律上的有效性和可执行性。

质押券快速处理机制研究

刘诗聪*

质押券无法快速处理一直是困扰银行间市场成员的一个棘手问题。质押券作为一种权利质押，本是降低债券回购交易风险暴露的信用风险缓释工具。但由于目前我国物权法与破产法等相关法律规定尚不够灵活，质押券在违约事件发生时得不到快速处理，无法发挥其应有的担保作用。随着我国银行间债券回购市场的不断发展与质押式回购交易量的迅速增长，目前法律框架下质押券难以快速处理导致的系统性风险巨大。特别是在金融危机的阴霾尚未完全褪去的后危机时代，研究质押券的快速处理机制的意义显得尤为重要。

一、建立质押券快速处理机制的意义

(一) 保护守约方利益

根据我国《物权法》第 219 条，债务人不履行到期债务或者发生当事人约定的实现质权的情形，质权人可以与出质人协议以质押财产折价，也可以就拍卖、变卖质押财产所得的价款优先受偿。但在实践中，这三种处理机制基本上都难以操作。正回购方违约后，要求其配合对质押券进行协议折价，基本上不现实，因为正回购方知道，按照物权法规定的处理机制，逆回购方如不费上一般周折拿到法院判决，则其质权基本上无法实现。变卖和拍卖同样不具备操作性。实践中，质押式回购的质押券并非由质权人持有和控制，而是由作为中央登记托管机构的中央国债登记结算公司(下称“中债登”)统一托管。因此，变卖和拍卖程序必须在中债登的配合下才能进行。在没有法院判决的情况下，中债登往往不愿配合质权人进行变卖和拍卖，因其担心卷入双方当事人之间权利义务关系，甚至卷入诉讼。再加上变卖

* 刘诗聪，北京大学法学院金融法研究中心 2006 级硕士。

和拍卖涉及复杂的组织程序与高昂的交易成本，实践中很难加以应用。

可见，按照现有的质押制度安排逆回购方实现质权十分困难，这反而变相地保护了违约方的利益。因此，应尽快建立质押券快速处理机制，保护守约方的合法权益。

（二）防范金融系统性风险

2009 年，银行间市场债券回购交易量为 725,730.09 亿元，其中质押式回购交易量 699,711.21 亿元，占总交易量的 96.41%，质押式回购日均交易量达 2800 亿元。① 在如此大的市场规模下，假设 A 银行破产，B 银行与其续做了 20 亿本金的质押式回购，由于其质权实现在我国现有物权法与破产法制度下至少需要几个月甚至更长时间，且在一家银行破产的情况下，市场上资金面趋紧，B 银行可能因此发生流动性危机，甚至宣布破产，接着是 C 银行，D 银行……于是，一家银行的破产将因为现有法律框架下质押券得不到快速处理扩散为危及其交易对手乃至其他市场成员的事件，并可能引发系统性风险。而如果 A 银行破产后，B 银行能及时终止交易、了结头寸，并能将质押券迅速变现降低风险暴露，则 B 银行很可能免于破产，引发金融市场系统性风险的可能性也会大大降低。

（三）提高回购市场效率，促进利率曲线完善

通过上文分析可知，若一家金融机构破产，因质押券无法快速处理导致被冻结的回购债券可能达到上百亿，甚至上千亿。这些债券若不经过漫长的破产程序，便无法重新释放到市场上，如此大规模的债券被冻结将使市场流动性骤降，债券回购利率水平异常上升。且在质押券无法快速处理的情况下，交易双方在交易达成时便会将质押券的流动性风险与处置成本计入回购价格中，这将造成质押式回购利率偏离真实的市场利率水平。而如果法律允许质权人在出质人违约时变现质押券，或依照市场公允价值进行折价冲抵债务，快速实现质权，将会大大提高回购债券的使用效率，并促进债券回购利率曲线的完善。

（四）为回购主协议逐步统一奠定基础

由于质押式回购与买断式回购在交易结构、法律性质与违约救济方式等诸多方面存在差异，目前草拟的回购主协议版本采用“主协议通用条款＋2 个特别条款＋2 个补充协议”的模式。其中，买断式回购适用单一协议和净额结算，而质押式回购不适用，这使得质押式回购采用主协议体例的实际意义大打折扣，且造成主协议部分条款显得形式上不够统一。如能实现质押券快速处理，将在一定程度上突破质押式回购现有的交易结构、法律性质与违约救济方式，从而可将其视为与买断

① 参见中国债券信息网统计数据，http://www.chinabond.com.cn/jsp/include/EJB/tjyb-more.jsp。

式回购基本等同的一类交易，对其适用单一协议与净额结算。如此一来，两种回购交易在条款起草上便可基本达到统一，这将为回购主协议体例与内容的逐步统一奠定基础。

二、质押券快速处理的实现机制

如前文所述，在我国现有法律框架下，发生违约后质押券处理要通过协议折价、拍卖或变卖的方式实现，而这三种方式在实践中基本上都很难操作。在破产情形下，质押券处理还面临破产管理人的“挑拣履行权”与漫长的破产清偿程序带来的不确定性。因此，须建立质押券快速处理机制，在正回购方违约(包括破产)时中债登可应逆回购方要求直接将质押券转给逆回购方所有，由逆回购方根据质押券估值或变现价值抵偿债权，并将多出或不足部分进行净额结算。这需要重构质押券处理相关的物权与破产法律制度，并建立相应配套机制。以下分破产与非破产两种情形分别进行讨论。

(一) 破产事件下质押券快速处理机制

1. 破产事件的认定

发生破产时，逆回购方作为质权方首先面临的问题是破产事件的认定，这直接决定了正回购方是否已构成违约，继而影响到逆回购方是否有权行使相关质权。由于回购主协议中关于破产事件的约定比较广泛，其范围远大于正式的破产法程序，实践中，中债登有可能因为交易双方对是否已构成破产事件存在争议而拒绝配合逆回购方行使质权。因此，要实现质押券快速处理，首先要解决破产事件的认定问题。

中债登是直接进行质押券登记划转操作的登记托管机构，由其认定破产事件公信力与独立性均欠佳。由于回购主协议规定的破产事件范围较广，不仅包括正式的破产法程序，还包括一些“准破产事件”(如书面承认其无力偿还到期债务)，交易双方在这些事件的认定上可能存在争议。考虑到金融机构破产事件对银行间市场影响重大，建议借鉴 ISDA 协会的信用事件决定委员会，由银行间市场上具有较高公信力的中国银行间市场交易商协会(下称“NAFMII 协会”)组织成立专门的破产事件认定委员会。委员会非常设机构，由会员单位组成，对回购主协议[①]规定的破产事件进行认定，并发布相应认定公告。市场成员据此判定破产事件的发生，提前终止交易，并请求中债登配合实现相关质权。为此，可在回购主协议中增加一条

① 同理，该委员会还可以对 NAFMII 主协议(2009 年版)项下的破产事件进行认定。

约定,或以市场成员另外签署多边议定书的方式,明确交易各方均认可破产事件认定委员会公告作出的认定公告,并放弃对认定委员会的追索权。

2. 提前终止交易

破产事件认定后,逆回购方即可按主协议约定提前终止届时存续的全部质押式回购交易。但上述终止权仅是合同权利,最终逆回购方是否有权提前终止交易,还面临破产管理人"挑拣履行权"的考验。《企业破产法》第18条规定:"人民法院受理破产申请后,管理人对破产申请受理前成立而债务人和对方当事人均未履行完毕的合同有权决定解除或者继续履行,并通知对方当事人。"这就是所谓破产管理人的"挑拣履行权"。按照该规定,破产管理人有权决定继续履行或者提前终止交易,而非逆回购方。若逆回购方无权提前终止交易,便要等破产清偿程序开始后才能受偿,而此期间质押券的市值可能已大幅减少。

鉴于债券回购交易等金融交易的特殊性质及其对金融市场的重要影响,为降低系统性风险,可借鉴美国破产法"安全港"条款①,在国务院草拟的金融机构破产实施办法中赋予债券回购交易一方在另一方破产时提前终止交易的权利,以此作为对《企业破产法》第18条破产管理人"挑拣履行权"的例外规定。

3. 单笔交易的结算

逆回购方提前终止交易后,即进入交易结算程序。交易结算程序分为两个阶段,即单笔交易的结算和多笔交易的结算(后者即净额结算)。这里首先讨论单笔交易的结算程序。

按照《物权法》第219条,质押券处理要按照协议折价、拍卖或变卖的方式进行。前文已论及,正回购方违约后,要求其配合对质押券进行协议折价,基本上不现实,因为正回购方知道,按照物权法规定的处理机制,逆回购方如不费上一般周折拿到法院判决,则其质权基本上无法实现。尤其在一方破产的情况下,与破产管理人协议折价的难度更大,程序更复杂。并且,按照现行《破产法》,非破产一方无提前终止交易的权利,因此很可能等到破产财产分配的最后一刻才能实现质权、获得清偿,这一过程短则几个月,长则三五年。而对于拍卖或变卖而言,若未进入正式破产法程序,目前市场上并无公认的操作机制,且操作起来比较繁琐,得出价格的公允性也难以保证;若已进入正式破产法程序,应由法院组织拍卖或变卖程序,则逆回购方将承担漫长的破产清偿程序带来的价格波动风险。此外,拍卖和变卖还可能冲击债券市场,导致债券价格被低估。由于一家金融机构破产,其质押给很多交易对手的债券都需要拍卖或变卖,这会对债券市场形成较大冲击,导致质押券

① See 11 USCS § 559.

的价格被低估，逆回购方的利益受损。

因此，质押券处理最有效的方式是在正回购方破产时，直接将质押券所有权转移给逆回购方，逆回购方视情况自行决定将质押券当时变现，或继续持有并以其公允价值抵偿回购本息，这样既能避免逆回购方有质权却无法行使的尴尬，规避漫长破产程序带来的价格波动风险，又能防止质押券集中拍卖或变卖导致的债券价格被低估。但是，这种方式可能会被认定为我国法律所禁止的“流质”。如能实现质押券的所有权转移，随之很多问题即可迎刃而解，这是质押券快速处理的核心机制，本文第三部分将对质押券所有权转移的合法化途径进行详细探讨。

4. *多笔交易的结算——净额结算*

在对单笔交易进行结算后，得到单笔交易下的净敞口。接下来可对多笔交易下分别结算得出的净敞口之间进行轧差计算，得出全部质押式回购交易的净敞口，然后再与全部买断式回购交易的净敞口轧差，计算出总净敞口，作为逆回购方对正回购方的债权（总净敞口为正的情况下）或者债务（总净敞口为负的情况下）。此过程便是净额结算。

与NAFMII主协议（2009年版）的设计原理相同，对全部回购交易进行净额结算的前提条件也是单一协议制度。对买断式回购适用单一协议，基本上没有争议，这也与NAFMII主协议下多笔衍生交易被视为一个协议的逻辑相一致。但对于质押式回购而言，由于其内嵌的“主从合同”结构在法律上被明确定性为融资合同与质押合同的关系，硬将其作为一个合同处理，再对多笔质押式回购适用单一协议，略显牵强。不过，由于单一协议目前在我国还是一个法律盲点，根据民法上“法无禁止即可为”的原则，当事人应有权对单一协议的适用进行自主约定。此外，单一协议还具有高度抽象化的特征，应当能够包容带有不同内嵌结构的交易类型。因此，可将质押式回购视为与买断式回购等同的一类交易，对其适用单一协议与净额结算。

另一个法律盲点则是净额结算。我国现行法并无关于净额结算的明确规定，NAFMII主协议（2009年版）引入净额结算制度后，业界、学界一直在推动我国立法与司法部门认可净额结算的效力，这对于合理降低金融机构风险暴露、防范系统性风险意义重大。目前，新版回购主协议即将出台，其中同样运用了净额结算制度。因此，应尽快明确净额结算条款在我国法律下的效力，可借鉴美国破产法“安全港”条款[①]，在国务院拟制定的金融机构破产实施办法中，明确规定包括回购交

① See 11 USCS § 561.

易、金融衍生交易等在内的金融交易的净额结算条款受法律保护。

（二）非破产事件下质押券快速处理机制

在非破产情形下，情况相对比较简单。当正回购方发生违约事件（破产事件除外）时，逆回购方可向其发送提前终止通知，内容应包括提前终止全部或部分交易的明细及指定的提前终止日，同时抄送中债登。然后，应逆回购方书面要求，中债登应将质押券所有权转到逆回购方名下。仅应逆回购方单方要求，中债登就将质押券转到其名下，是否会对逆回购方造成不公？答案是否定的。由于逆回购方如果错误地发动了违约事件和质押券转移，正回购方有反诉逆回购方违约的权利，且逆回购方要赔偿正回购方由此造成的全部损失。考虑到银行间市场债券回购的交易商绝大部分是金融机构，如果贸然发动违约事件且败诉的话，会遭受重大的声誉损失与经济损失，因此这种制度安排不会对正回购方造成不公平，总体上是安全的。

但是，上述制度安排存在两种风险：一是质押券转让行为被认定为流质而归于无效的风险，二是中债登涉诉的风险。对于第一种风险，下文将详细讨论应对措施。针对第二种风险，可在回购主协议和中债登与交易一方签署的《客户服务协议》中加入交易一方放弃对中债登的起诉权（存在主观恶意或严重疏忽、过失除外）的声明，[①]并对中债登的业务规则进行相应修改。

此外，提前终止交易的权利、单一协议、净额结算等制度安排均依据交易双方的协议约定，根据民法“法无禁止即可为”的原则，应当都是有效的。

三、质押券快速处理核心机制——质押券所有权转移的合法化途径

前文已论及，交易双方约定当正回购方发生违约事件时质押券转为逆回购方所有，可能会被认定为我国法律所禁止的“流质”。《物权法》第 211 条规定，质权人在债务履行期届满前，不得与出质人约定债务人不履行到期债务时质押财产归债权人所有。这是反对质押券转给逆回购方最直接、最强有力的理由。但是，为实现质押券的快速处理，质押券所有权转移是最行之有效的方式，可通过以下两种途径实现质押券所有权转移的合法化。

（一）法律解释学的途径

法律禁止流质的初衷是避免在传统民事领域，债务人因其弱势地位而使债权

---

① 声明内容具体参见本文第二部分第一节第 3 点结尾处。

人获得远大于其出借金额的利益,因而给予债务人特别保护,防止处于窘困中的债务人在不能偿还债务时成为暴利行为的牺牲品。[①] 因此,物权法所禁止的"流质",应当是指债务届满前双方约定到期不履行债务时质押财产归债权人所有,而质押财产的价值与实际债务数额的差值则不予计算,即单纯的"质押券所有权转移"模式。[②] 这种模式可能会损害债务人的利益。

而在质押券处理过程中,交易双方可在回购主协议中约定采用"质押券所有权转移+多退少补"模式,便可规避上述物权法禁止流质的规定。即"当正回购方发生违约事件(包括破产事件)时,质押债券转为逆回购方所有,但逆回购方须将回购资金本息减去上述质押券在计算基准日的市场价值,加上实现质权的成本,形成单笔交易的净敞口,作为逆回购方对正回购方的债权(净敞口为正的情况下)或者债务(净敞口为负的情况下)。"事实上,债券作为一种金融市场工具,其报价基本透明,不存在操作的空间,且由于"多退少补"机制的存在,逆回购方取得质押券所有权后无论是折价还是变现,都不会损害作为正回购方的债务人的利益。这实际上是一种事前的"协议折价"模式。美国统一商法典上亦有类似规定,出质方违约时质权方有权直接将质押券在已认可市场上变现,或保留质押券以其市场价值抵偿债务。[③]

须强调的是,这里"多退少补" 仅指单笔交易下净敞口的计算方法,单笔交易下形成的债权债务非现时权利义务,无需进行实际结算,只有全部被终止交易项下的净敞口轧差后形成的总净敞口,才是现时的权利义务,需进行实际结算。"质押券所有权转移+多退少补"模式对于正回购方而言,相当于一项质押券物权的消灭和一项新债权(净敞口为负的情况下)或债务(净敞口为正的情况下)的产生;对于逆回购方而言,相当于一项质押券物权的取得和一项新债权(净敞口为正的情况下)或债务(净敞口为负的情况下)的产生。

此外,从历史纵向比较看,各国对于禁止流质的合理性的争论从未停息过,近年来学界呼吁许可流质的声音日益高涨,民商法学界著名学者王利明主持编写的《中国民法典学者建议稿及立法理由》(物权编)亦明确主张承认流质契约。[④] 从各国横向比较看,禁止流质的国家多是 20 世纪中期之前颁布的立法,甚至更久远,新

---

① 参见[日]近江幸治:《担保物权法》,祝娅、王卫军、房兆融译,法律出版社,2000 年 1 月第 1 版,第 70 页。

② 参见梁慧星、陈华彬编著:《物权法》,法律出版社,2003 年 1 月第 2 版,第 328 页。

③ See 9 UCC § 505.

④ 参见王利明主编《中国民法典学者建议稿及立法理由》(物权编),法律出版社,2005 年 6 月第 1 版,第 1045 条。

近颁布的民法典都允许流质，[①]许可流质或正成为各国民法的发展趋势。况且禁止流质的背景主要是在传统民事领域，债务人可能由于谈判地位较低而被迫同意价值较高的质物直接归债权人所有。但对于银行间市场的交易商而言，不存在债务人与债权人地位的明显不对等，也无须对债务人进行特别保护，反而是现行法律对实现质权设置的重重障碍严重损害了债权人的正当利益。[②]

（二）正式立法的途径

退一步而言，如果“质押券所有权转移＋多退少补”约定无法从法律解释学的角度获得突破，则须在立法层面获得正式认可，存在两种实现途径：一是在《企业破产法》授权国务院制定金融机构破产实施办法中，对质押式回购交易中的质押券处理作专门规定，认可正回购方破产时“质押券所有权转移＋多退少补”约定的效力，作为破产法在金融机构破产情形下对物权法禁止流质条文的特别例外规定；另一种途径则是由最高人民法院在将要制定的物权法司法解释中规定，对于在银行间债券市场有公开报价且流动性较好的债券而言，在质押式回购中约定“质押券所有权转移＋多退少补”不属于物权法所禁止的流质情形。

其中，第一种途径只是在破产领域对质押券处理作出特别例外规定，仅能涵盖正式的破产法程序，第二种则可以涵盖全部违约情形，因此应优先考虑第二种途径。如第二种不可行，再采用第一种。由于破产作为市场极端事件风险最大、影响最广泛，因此解决了破产情形下的质押券处理也就解决了问题的一大半。待法律制度明确后，中债登据此在正回购方破产后配合逆回购方办理质押券过户，便无需承担违法的风险了。

此外，为进一步降低中债登被交易一方起诉的风险，可在回购主协议中增加一条声明：交易一方不会就中债登或其他相关的质物第三方保管机构，在该方发生违约事件（包括破产事件）时参与或协助另一方处分质物或直接将质物转到另一方名下，而向前述任何机构提起任何索赔、诉讼、仲裁或任何其他类似的法律程序（但中债登或其他相关的质物第三方保管机构存在主观恶意或严重疏忽、过失除外）；交易一方在此不可撤销地放弃其在中国法律或任何适用的其他国家法律下所享有的采取上述行动或程序的任何权利。中债登还可在其与交易一方签署的《客户服务协议》“双方责任及免责”一节中加入类似内容，同时对业务规则进行相应调整。

---

① 参见陈曦：《流质契约研究》，中国优秀硕士学位论文全文数据库，西南政法大学，2007 年。

② 法学界对流质的研究成果甚多，本文不再赘述。

四、相关立法建议及配套机制建设

综上所述，质押券快速处理机制的实现需要立法层面的制度支持及相关的配套机制建设，以下作出总结。

（一）立法建议

建议借鉴美国破产法“安全港”规则，在国务院草拟的金融机构破产实施办法中赋予债券回购交易一方在另一方破产时提前终止交易的权利，以此作为对《企业破产法》第18条破产管理人“挑拣履行权”的例外规定，并明确规定包括回购交易、金融衍生交易等在内的金融交易的净额结算条款受法律保护。

建议最高院在将要制定的物权法司法解释中规定，对于在银行间债券市场有公开报价且流动性较好的债券而言，在质押式回购中约定“质押券所有权转移＋多退少补”不属于物权法所禁止的流质情形。若此法不可行，建议在国务院草拟的金融机构破产实施办法中，对质押式回购中的质押券处理作专门规定，认可正回购方破产时“质押券所有权转移＋多退少补”约定的效力，作为破产法在金融机构破产情形下对物权法禁止流质条文的特别例外规定。

（二）建立破产事件认定委员会

由中国银行间交易商协会（下称“NAFMII协会”）组织成立专门的破产事件认定委员会，委员会非常设机构，由会员单位组成，在会员单位发生破产事件时，对回购主协议规定的破产事件进行认定，并发布相应认定公告。市场成员据此判定破产事件的发生，提前终止交易，并请求中债登配合实现相关质权。

（三）完善回购主协议相关内容

在回购主协议中增加一条约定：交易双方均认可破产事件认定委员会作出的认定公告，并放弃对NAFMII破产事件认定委员会的追索权。

在回购主协议中增加一条声明：交易一方不会就中债登或其他相关的质物第三方保管机构，在该方发生违约事件（包括破产事件）时参与或协助另一方处分质物或直接将质物转到另一方名下，而向前述任何机构提起任何索赔、诉讼、仲裁或任何其他类似的法律程序（但中债登或其他相关的质物第三方保管机构存在主观恶意或严重疏忽、过失除外）；交易一方在此不可撤销地放弃其在中国法律或任何适用的其他国家法律下所享有的采取上述行动或程序的任何权利。

（四）修改中债登业务协议与业务规则

在中债登与交易一方签署的《客户服务协议》中加入一方放弃就中债登参与或

协助另一方处分质物或直接将质物转到另一方名下对中债登起诉权(存在主观恶意或严重疏忽、过失除外)的声明,[①]并根据法律规定与回购主协议内容变化对中债登的业务规则进行相应修改。

① 声明内容具体参见本文第二部分第一节第3点结尾处。

第五辑

银行法苑

金融危机后各国存款保险制度的应对与改革
——兼论我国存款保险制度建立的焦点问题

杨 勇*

一、引言

国际上通行的理论是将存款保险分为隐性(Implicit)存款保险和显性(Explicit)存款保险两种。隐性的存款保险制度多见于发展中国家或者国有银行占主导的银行体系中,指国家没有对存款保险做出制度安排,但在银行倒闭时,政府会采取某种形式保护存款人的利益,因而形成公众对存款保护的预期。显性的存款保险制度是指国家以法律的形式对存款保险的要素机构设置以及有问题机构的处置等问题做出明确规定。根据国际存款保险机构协会(IADI, International Association of Deposit Insurers)的统计,截至2011年底,全球已有106个国家建立了显性存款保险机构。

长期以来,我国政府对存款类金融机构的个人储蓄存款提供隐性保护。当存款类金融机构被撤销或破产后时,由政府收购个人在存款机构的存款债权。这一政策维护了金融稳定,在经济金融的改革和发展过程中发挥了积极作用。但是,政府对个人储蓄存款全额收购的做法,既把政府推到了风险处置一线,增加了财政负担,又削弱了存款人的风险意识对金融机构的市场约束,容易引发道德风险。建立限额赔付的存款保险制度,有利于正确引导存款人的预期,增强金融机构的市场约束,减少道德风险,实现对问题机构的市场化处置,同时还可以减轻政府在金融机构风险处置中的负担。

此次国际金融危机的一条重要经验是:建设一个有效的存款保险制度是增强公众信心、维护金融稳定、应对金融危机的一项重要机制。虽然金融危机暴露了欧美等发达经济体在金融业发展及监管上的诸多问题,但主要经济体应对金融危机

---

* 杨勇,北京大学法学院金融法研究中心1999级博士,工作单位:中华人民共和国银行业监督管理委员会。

效果的对比也凸显了有效存款保险制度的重要性，存款保险制度在这一实践检验过程中也得到了进一步的反思和完善。

我国金融体系能够在这场罕见的金融危机中免遭大的冲击和破坏，主要得益于我国审慎渐进的金融开放政策和近年来以建立现代金融企业制度为核心的金融企业改革，包括银行业改革和农村信用社改革逐步深化，历史包袱得到清理，为抵御金融危机冲击奠定了基础。但是，我国金融体系仍然存在制度性缺陷，需要通过进一步深化改革予以解决。最为突出的就是尚未建立一套制度化的、明确的存款保险体制，无法有效消除在隐性金额担保制度下的道德风险。存款保险制度的建立是一种体制和机制的改革，可有效降低金融机构和存款人长期以来形成的对国家信用的严重依赖。

2011 年 3 月全国人大的通过的“十二五”规划纲要中再次重申建立存款保险制度，要加强和改善金融监管，建立健全系统性金融风险防范预警体系和处置机制。本文旨在介绍和总结金融危机期间和之后各国存款保险制度的应对和改革，完善后所体现出的关键特征；并着重分析当前我国建立存款保险制度所面对的焦点、争议问题，对于我国存款保险制度的全面建立给予有限的参考和建议。

二、金融危机期间各国存款保险制度的应对与改革综述

存款保险制度通过一系列功能和制度安排，给银行的存款人提供有效保护，是金融安全网的重要组成部分，对维护市场信心和金融稳定发挥了关键作用。金融危机以来，各国纷纷出台措施完善存款保险制度，由此展开了新一轮世界范围的存款保险制度改革。为此，金融稳定理事会对各成员的存款保险制度进行了调查研究，并形成了专题评估报告①。从专题评估报告来看，危机爆发后，许多国家采取的特殊措施有效维护了存款人信心，有些临时性措施也转为常态化制度。

（一）危机期间各国采取的特殊措施

尽管不是所有金融稳定理事会成员国都受到了危机的直接影响，但 24 个成员国中有 15 个为应对危机冲击采取了特殊措施，通过扩大存款保险覆盖范围、提高存款保险上限以及修改存款保险条款等方式加强对存款人保护。②

---

① 参见：金融稳定理事会有关存款保险制度的专题评估报告(Financial Stability Board)，(online)，(www.financialstabilityboard.org)。

② 目前，除了南非、中国和沙特阿拉伯外，24 个金融稳定理事会成员中的 21 个都采用显性存款保险制度。南非已经计划于 2012 年引入显性存款保险；中国目前正在研究建立一个覆盖所有存款类金融机构的存款保险制度，该项目已被列入第十二个五年计划；沙特阿拉伯对建立显性存款保险制度进行过研究，但决定不予建立。因为该国认为，其有效的审慎监管框架能给存款人提供足够的保护。

总体上看，为维护金融稳定，一些金融稳定理事会成员采取了紧急措施，包括对整个金融体系提供流动性支持，推行注资计划，提供批发债务担保，以及资产购买计划或担保等（包括法国、德国、荷兰、瑞士、俄罗斯、英国、美国）。9 个成员（澳大利亚、法国、香港、意大利、荷兰、新加坡、西班牙、瑞士、美国）表示，他们采取这些紧急措施是因为危机期间其他成员采取了类似措施。

危机期间，金融稳定理事会成员提高了存款保险的上限，其中 4 个成员（法国、德国、香港、新加坡）对存款提供了暂时的全额保险。另外 3 个成员（巴西、韩国、瑞士）扩大了存款保险的覆盖范围，纳入一些以前未受保护的产品，如特殊的定期存款，外币存款和退休金计划中的存款。1 个成员（澳大利亚）正式建立了显性存款保险制度。

（二）危机之后存款保险的改革

1. 解除临时性措施

金融稳定理事会成员已经或正在解除其在危机期间实行的特殊存款保险措施。香港和新加坡在实施特殊措施时就宣布了解除临时担保的时间。为保证平稳过渡，香港在临时措施到期后立刻修改了有关法律条款和存款保险制度。2011 年 9 月，澳大利亚政府宣布对存款保险设置 25 万澳元上限，从 2012 年 2 月 1 日起生效，并通过发布各种渠道向公众予以说明。2010 年 5 月，英国也撤消了其对北岩银行、布拉德福德和宾利银行，以及在英国运营的个别冰岛银行的全额存款制度。随着危机的缓解，当前各国的政策重点已转向退出危机期间出台的临时性存款保险制度，大多数国家的政策当局已宣布结束特别存款保险措施的日期，结束日期集中于 2010 年至 2011 年。

2. 强化永久性措施

多数成员已将临时性措施转为永久性措施，以完善其存款保险制度。例如，建立长期显性存款保险制度（澳大利亚），提高存保覆盖上限（欧盟成员国、俄罗斯、瑞士、美国），扩大存保覆盖范围（韩国、瑞士），改善存保赔付过程（欧盟成员国），消除共同保险（德国、俄罗斯、英国）、取消净扣式补偿规则（荷兰、新加坡、英国），修改风险评估制度和费率安排（美国），以及建立事前资金（荷兰）。

以上措施降低了银行挤兑风险，更好的保护了存款人，同时还强化了不同辖区之间存款保险制度的协同机制。此外，有些国家还赋予存保制度新的职能。如巴西和俄罗斯允许通过存保制度为问题银行提供紧急流动性支持；而美国和加拿大则修改了存保机构职能，使其通过处置制度安排，有权接管问题的系统重要性金融机构。从美国的情况看，自 2008 年初至 2011 年 4 月末，美国共倒闭 361 家银行类金融机构，由于联邦存款保险公司（FDIC）的快速有效处置，如此众多的机构倒闭没有引发公众挤兑，公众信心和银行体系保持稳定。正是由于 FDIC 在金融危机中处置风险的显著效果，2010 年 7 月美国通过的《多德—弗兰克华尔街改革与消费者保护法》①大幅扩展了 FDIC 的功能，明确赋予其有序清算和系统性风险处置的职能，并将其职责范围扩大到具有系统重要性的非银行金融机构，与美联储一道共同构成美国系统性风险防范和处置体系的重要组成部分。

由上可见，此次金融危机爆发后，各国对存款保险制度有了新的认识，重点从防范道德风险转向强化存款保险制度安排，扩大存保覆盖范围和水平，提升金融体系稳定性。在金融稳定理事会对 24 个成员的调查中，超过半数的成员表示对原有的存保制度进行了升级和结构化改革，还有 6 个成员表示对原有的存保制度赋予了处置职能。此次危机让我们认识到，降低“大而不倒”的道德风险不能仅依赖狭义的存保制度安排，还应建立更广义的处置制度以实现对金融机构平稳有序的清算关闭。

金融危机使各成员的存款保险机制的各项特征更加一致，主要包括以下方面：提高覆盖水平；取消抵扣条款；改善赔付过程；提高存款人意识；更多采用事前融资安排；以及加强与其他安全网成员的信息共享和协作等。存款保险的任务也不仅局限于支付箱，而是更多的参与处置过程。总体而言，通过此次金融危机，各国在存款保险制度设计方面更加趋同，建立显性存款保险制度成为必然选择。

三、金融危机后各国存款保险制度的关键特征

金融稳定理事会在调查报告中，具体评估了金融稳定理事会各成员存款保险制度的总体结构和关键特征。报告表明：总体而言，经过金融危机后的改革和完善，各成员的存保制度大致符合《有效存款保险制度核心原则》②，例如存保机构职能、强制参保、设定较高的存保上限以覆盖绝大多数存款人以及提高公众意识等。但是仍有个别特征需要加强，例如在覆盖范围、治理机制、信息共享、支付时间安排等方面还存在不足，需要予以重点关注和解决。

（一）存款保险制度的结构

金融稳定理事会多数成员拥有单一存款保险制度，但有 7 个成员拥有多元存

① 中文版可参阅：《多德—弗兰克华尔街改革与消费者保护法》，董裕平等译，中国金融出版社，2010 年版。

② 参见："Core principles for effective deposit insurance systems a proposed methodology for compliance assessment", Basel Committee on Banking Supervision, 28May 2010, ISBN92 - 9197 -(online), (www.bis.org).

款保险制度，分别是巴西、加拿大、德国、意大利、日本、西班牙和美国。采用多元存保制度的国家，其商业银行与合作制信用机构往往被不同的存保机制覆盖。

存保机构的地位在各成员国中存在很大差别。19 个成员的存保机构是独立的法人机构（见附表 1）、1 个成员的存保机构隶属于中央银行（荷兰）、1 个成员的存保机构隶属于监管当局（澳大利亚）。①

13 个成员的存保机构采取政府运营、私人部门出资的形式，5 个成员的存保机构采取私人运营的形式。日本的存保机构由日本央行、日本金融监管当局和私人机构共同出资；法国的存保机构由私人运营，但依据法律法规受到政府的严格控制；德国的存保机构采取公私合营的形式，一方面在运营上由私人部门掌握，另一方面还兼具公共政策职能并且受到监管当局的监管。②

（二）目标、任务、权力与治理

存款保险制度的主要公共政策目标是保护存款人。此外，12 个成员（加拿大、法国、德国、印度、香港、印度尼西亚、日本、韩国、墨西哥、俄罗斯、土耳其、美国）进一步要求存保制度要促进金融稳定。

鉴于各成员的金融安全网存在差别，存保制度的任务也有所区别，从狭义到广义大致可分为以下四类（见附表 1）：一是最狭义的“支付箱”功能，只负责赔付被保险的存款（澳大利亚、德国、香港、印度、荷兰、新加坡、瑞士）；二是支付箱附加其他功能，如某些处置功能（阿根廷、巴西、英国）；三是损失最小化功能，即存保机构积极介入处置程序，选择最低成本方案对问题机构进行处置（加拿大、法国、印度尼西亚、意大利、日本、墨西哥、俄罗斯、西班牙、土耳其）；四是风险最小化功能，既包括处置权力也包括审慎监督职责，以限制金融机构承担过度风险（韩国、美国）。

（三）成员资格和适用范围

1. 成员资格

几乎所有成员都将吸收存款的金融机构强制纳入到单一或多元存款保险机制中，但瑞士除外。瑞士的邮储机构和合作金融机构由于不是银行，所以被排除在存款保险制度之外，但邮储机构的存款完全由国家提供担保。

---

① 尽管存保机构的地位不同，但所有金融稳定理事会成员都对存保机构的任务进行了明确的法律规定并赋予了相应的权力，此外所有金融稳定理事会成员的存保机构都有正式的治理结构，如决策委员会、董事会、监事会和管理层等。

② 在一些金融稳定理事会成员中，存款人还受到除审慎监管外的额外制度保护。13 个金融稳定理事会成员（阿根廷、澳大利亚、中国、印度、印度尼西亚、香港、墨西哥、俄罗斯、新加坡、南非、瑞士、土耳其和美国）在法律上为存款人提供高于其他无担保债权人的优先受偿权。

2. 覆盖水平

金融稳定理事会各成员的存保制度上限总体上足以覆盖大部分存款人(见附表1)。足够的覆盖范围主要是指覆盖存款和存款人的比例而非绝对的覆盖水平。在危机期间,低水平的存款覆盖不利于金融稳定,而高水平覆盖虽然降低了存款人挤兑的可能性,却增加了金融机构的道德风险。因此覆盖水平的确定要努力实现金融稳定和市场纪律间的适当平衡。

3. 覆盖范围

金融稳定理事会各成员对存款的覆盖范围有所区别。所有成员均覆盖活期存款、定期存款以及非居民存款。大多数还覆盖外币存款(16 个成员),非银行金融机构的存款(19 个成员)和公共部门存款(12 个成员)。一般不覆盖银行间存款(除澳大利亚、加拿大、印度、印度尼西亚和美国之外)。

4. 净扣和共保

一半拥有显性存款保险制度的国家使用净扣的方法,即将存款人的存款和负债进行抵消计算。然而金融危机后,一些成员(例如荷兰、新加坡、英国)已经取消了净扣安排,以减少支付过程的拖延。由于金融危机,一些成员消除了共保安排,如德国、俄罗斯和英国,目前没有司法管辖区采用共保安排。

(四) 融资

金融危机表明,存款人信心来自知道有足够的资金可确保用于及时偿付。虽然存款保险机制的成本主要应由作为成员的银行承担,但建立应急资金安排也很重要。

1. 融资结构

存保机制可以选择事前或事后两种融资安排。在金融稳定理事会各成员中,16 个成员建立了事前融资安排,5 个成员(澳大利亚、意大利、荷兰、瑞士、英国)目前采取事后融资安排,其中荷兰将于 2012 年转向事前融资安排,而意大利和英国也正在积极考虑转向事前融资安排。多数金融稳定理事会成员的存款保险制度还获得显性应急资金安排的支持,在紧急情况下可以通过增加收费、寻求央行和财政部门支持、以及从市场拆借等方式确保资金来源充足稳定(如加拿大、香港、日本、韩国和美国)。

2. 存款保险基金

事前融资安排依靠由成员机构缴纳的保险费形成存款保险基金。在某些成员中,有多支保险基金对应多个存款保险制度(巴西、加拿大、德国、意大利、西班牙和美国);某些成员(如韩国和英国)则由一支综合保险金涵盖不同的机构(如银行和保险公司)或产品(如存款、养老金和投资)。

金融稳定理事会成员的存款保险基金规模差别很大。其规模主要受近期金融系统是否出现问题以及银行倒闭是否频繁发生的影响。大部分成员都设定了存款保险基金的目标规模。存保基金主要用于赔付存款，个别情况下也可用于处置问题机构等其他目的。存款保险基金的投资策略普遍强调安全性和流动性，主要投资于国债和央票等产品。

3. 保费

从成员银行收取保费的存款保险公司可以选择单一费率或风险费率（见附表2）。单一费率更容易理解和执行，但无法区分不同银行的不同风险。风险调整后的费率有助于减轻由银行承担过度风险所造成的道德风险，但更具有亲周期性。金融稳定理事会成员中，几乎一半使用单一费率，另一半使用风险费率。风险费率的确定取决于风险因素的选择和计算方法。

（五）处置、支付、补偿和恢复

金融稳定理事会各成员均表示其金融安全网为早期诊断、及时干预和处置问题银行提供了一个框架。存款保险机构的作用由于不同的处置制度安排而有所差别不同，但主要功能是进行保险赔付。在21个具有显性存保制度的成员中，过去十年里，16个成员的存保机制被触发过，主要在德国、印度、日本、俄罗斯、英国和美国（见附表2）。

1. 支付和补偿

金融稳定理事会成员的显性存保机制的赔付安排各不相同。一个极端的例子是德国的赔付安排，由于其制度是保护其成员机构避免破产和清算，因此没有对任何存款人的直接赔付安排。各国法律规定的赔付时间也有很大差异，从最短（加拿大和美国）的“尽快赔付”到最长（土耳其）的“一年之内赔付”。各成员赔付的起始时间和实际平均赔付期也有所不同。

2. 充分及时获得信息

如监管当局认为应启动赔付程序时，存款保险机构将按照监管当局的指示，启动相关程序。一旦启动，存款保险机构将从银行调取客户信息资料来准备赔付。当可能出现风险时，一些存款保险机构依靠银行数据进行预检（加拿大、印度尼西亚、韩国、日本、墨西哥、英国、美国）。另一些存保机构会定期对成员银行的客户进行审核，并通过政策法规要求银行及时提供客户数据（香港、荷兰、新加坡、俄罗斯、英国、美国），以确保赔付过程能快速进行。

3. 恢复中存款保险机构的参与

大多数存款保险公司不直接参与恢复进程（澳大利亚、巴西、加拿大、德国、印度、香港、意大利、荷兰、新加坡、南非、西班牙、瑞士)。有些存款保险公司通过各种机制参与问题银行的恢复进程,如作为托管人(日本、墨西哥、俄罗斯、土耳其、美国),作为债权人委员会(英国),作为一个特殊的接管人(印度尼西亚),作为一个法院指定托管人(韩国)。

(六) 与安全网成员和跨境机构的联系

1. 安全网各成员间的协作

大部分金融稳定理事会成员的存款保险制度表明,其存保机构通过正式制度安排与其他金融安全网成员进行协作和信息共享(见附表 2)。有些正式安排通过立法(例如德国、日本、西班牙、美国),另外一些通过签署谅解备忘录(澳大利亚、加拿大、印度尼西亚、韩国、香港、墨西哥、俄罗斯、英国)。

2. 跨境协作

从跨境角度而言,母国和东道国的安全网成员间也需要密切协调和信息共享,尤其当东道国存款保险机制覆盖了母国银行的本地分行或子行时,通过建立信息共享机制,将有利于母国和东道国之间的沟通,英国与荷兰之间已经建立了这样的双边机制。

(七) 公众意识

为使存款保险制度更有效,公众必须充分了解该制度。金融稳定理事会各成员(加拿大、香港、印度尼西亚、日本、韩国、墨西哥、俄罗斯、新加坡、英国、美国)都推出了提供公众意识的宣传项目。在金融危机爆发后,德国、意大利和英国加大了宣传力度,为存款人提供关于存款保险更全面的信息。在宣传项目中,重点传达的信息主要包括宣传存款保险机制、告知覆盖条款和条件以及明确赔付过程。

附表 1 存款保险机制的任务功能、组织形式和覆盖水平

国家/地区	任务功能	组织形式	覆盖水平	
			覆盖上限($)	被覆盖存款占全部存款的比例(%)
阿根廷	支付箱附加其他功能	独立法人	7,545	29
澳大利亚	支付箱	隶属于监管当局	1,016,300	61
巴西	支付箱附加其他功能	非营利协会	42,000	22
加拿大	损失最小化	独立法人	100,000	35

续 表

国家/地区	任务功能	组织形式	覆盖水平	
			覆盖上限($)	被覆盖存款占全部存款的比例(%)
法国	损失最小化	独立法人	136,920	67
德国	支付箱	独立法人	136,920	n/a
香港	支付箱	独立法人	64,000	20
印度	支付箱	全资国有公司	2,240	33
印度尼西亚	损失最小化	独立法人	235,294	61
意大利	损失最小化	独立法人	136,920	33
日本	损失最小化	独立法人	122,775	71
韩国	风险最小化	独立法人	43,902	27
墨西哥	损失最小化	分散化机构	146,606	58
荷兰	支付箱	隶属于央行	136,920	48
俄罗斯	损失最小化	独立法人	23,064	32
新加坡	支付箱	独立法人	38,835	19
西班牙	损失最小化	独立法人	136,920	47
瑞士	支付箱	独立法人	96,830	24
土耳其	损失最小化	独立法人	32,341	25
英国	支付箱附加其他功能	独立法人	133,068	n/a
美国	风险最小化	独立法人	250,000	79

附表 2:存款保险机制的保费情况,以及触发、赔付和与金融安全网其他成员的关系

国家/地区	过去10年被触发的次数	赔付情况		与金融安全网其他成员的联系	保费情况	
		法定赔付时间	实际赔付时间		保费形式	保费水平(占资产比例)
阿根廷	16	取消营业执照后30天内	n/a	非正式	风险费率	0.015—0.3%
澳大利亚	0	n/a	n/a	隶属于监管当局,与央行签订MOU	n/a	n/a

续 表

国家/地区	过去10年被触发的次数	赔付情况		与金融安全网其他成员的联系	保费情况	
		法定赔付时间	实际赔付时间		保费形式	保费水平(占资产比例)
巴西	15	n/a	50天	非正式	单一费率	平均每月余额的0.0125%
加拿大	0	尽快	1—8周	法律规定、MOUs或会议	风险费率	2.8,5.6,11.1,22.2个基点
法国	0	20—30天	n/a	非正式	风险费率	n/a
德国	133	20—30天	41—437个工作日	法律规定	风险费率	0.016%
香港	0	n/a	约14天	MOUs	风险费率	0.0175—0.049%
印度	238	按相关规定	3个月获得数据,2个月赔付	与监管机构季度会议	单一费率	0.1%
印度尼西亚	44	触发后5天开始,最长5年	5天—5年(平均90天)	MOU、会议	单一费率	0.2%
意大利	43	20—30天	n/a	法律规定和非正式	n/a	n/a
日本	84	n/a	n/a	法律规定	单一费率	n/a
韩国	39	n/a	n/a	MOUs	单一费率	n/a
墨西哥	1	90天	约7个工作日	MOU	单一费率	0.4%
荷兰	4	20—30天	n/a	隶属央行	n/a	n/a
俄罗斯	117	触发事件后14天内	平均13天	MOU	单一费率	平均年度余额的0.4%
新加坡	0	n/a	n/a	非正式	风险费率	0.02—0.07%
西班牙	2	20—30天内	3个月	法律规定	风险费率	0.002个基本点
瑞士	6	20天	3个月内	非正式	单一费率	n/a
土耳其	25	3个月至1年	25天	法律规定、协议	风险费率	11,13,15或19个基本点
英国	65	20个工作日内	7个工作日	法律规定和MOU	n/a	n/a
美国	2	尽快赔付	一周之内	法律规定	风险费率	2.5—4.5基本点

四、再议我国存款保险制度建立中的相关问题

存款保险制度是国家金融安全网的重要组成部分，对于保护中小存款人利益，维护国家金融稳定具有重要意义。从我国长期实践来看，建立正式的存款保险制度，一是有利于规范存款类金融机构倒闭时对个人债权和单位债权的处理，促进倒闭时金融机构平稳退出市场；二是有利于减轻财政负担，建立处置高风险金融机构的损失分担机制；三是有利于强化对存款类金融机构的市场约束。

2010 年 3 月存款保险制度工作小组在 2008 年所作方案的完善基础上，先后提交了制度建议方案和具体实施方案，在总体思路和具体步骤上业已达成了共识，本文仅就几个大的争议和焦点问题予以分析和说明。

（一）建立存款保险制度的时机选择

在 2008 年末，央行和银监会向国务院上报了《中国人民银行、中国银行业监督管理委员会关于我国存款保险制度实施方案的请示》，提出了建立存款保险制度的具体实践方案。在此期间，由美国次贷危机引发的国际金融危机全面爆发，推出存款保险制度的外部条件发生重大变化。世界金融体系遭受重创，中国经济金融面临严峻挑战，存款保险实施方案暂缓推出，事实证明，在国际金融危机全面爆发之际暂缓推出存款保险制度的决策是完全正确的。暂缓推出存款保险机制的决策有利于减少应对危机的复杂性和不确定性。

当前，危机最坏的时期已经过去，内外部经济金融体系渐趋好转，形势不断明朗。从我国建立存款保险制度的时机选择看，条件已经成熟。

就国内经济金融环境来看，国际金融危机爆发以来，我国通过积极的财政政策和适度宽松的货币政策，实施的应对国际金融危机一揽子计划已见成效，我国经济运行中的积极因素不断增多，企稳向好的势头日趋明显，公众信心增强。银行业经过持续不断的改革和发展，资产质量、盈利能力大为改善，主要财务和监管指标总体健康，抗风险能力大大增强，这些都是建立存款保险制度的有力条件。

同时，我们也应防患于未然，在当前经济金融状况整体稳健的新形势下，信贷规模大幅快速扩张后形成和积累的信贷风险隐患可能会影响扩内需政策的进一步实施，通货膨胀预期、资产价格上升以及经济企稳等因素导致宏观政策回归常态所产生的对市场流动性的必要调整，也有可能造成部分金融机构的流动性风险。有必要加强宏观调控手段、货币政策、监管措施的协调，尽快建立存款保险制度，强化金融机构风险管理并为高风险中小型金融机构建立有序的市场化退出机制，确保

金融体系平稳、健康运行。通过实行风险差别费率,还可对贷款过度扩张的银行提高费率,促进其稳健经营,实现逆周期调节。

另外,我国经济和社会的科学发展也催生了建立新型中小金融机构的需要,为"三农"和中小企业提供更好的金融服务,这是经济结构调整和解决就业的关键所在。当前有关部门也在温州等金融试点地区批设新型中小金融机构,相应的问题是新型中小金融机构成立的多,将来关闭破产的也相应会增多,本着依靠自身求生存、谋发展,再出问题政府不能再救,而要由存款保险来解决。存款保险制度的有效建立,可以保障、促进中小金融机构的充分发展。

从外部国际环境来看,由于存款保险制度在国际金融危机中的积极作用,国际金融准则制订组织和主要经济体国家都纷纷在准则新一轮修订和金融改革立法中把存款保险制度纳入系统性金融风险防范和处置体系,并强化了存款保险制度的职能和授权。存款保险制度在此次国际金融危机中的成功实践,也使国际社会认识到了此项制度的重要性。存款保险制度的缺失与否及其有效性已成为一国金融稳定国际评估的重要内容。

2009 年 6 月,在金融稳定理事会(FSB)第一次全体会议上,作为准则制定机构的巴塞尔银行监管委员会与国际存款保险协会联合发布《有效存款保险核心原则》[①],提出了建立有效存款保险制度的 18 条原则,有了相对成熟和完善的指引。巴塞尔银行监管委员会关于银行业流动性管理的国际标准提出,实施了存款保险与尚未实施存款保险的成员国,在计算银行流动性指标时,将实行不同的扣减标准,这一规定将使我国银行业在参与国际竞争中处于不利地位。2011 年 2 月和 4 月分别召开的 G20 财长和央行行长会议审阅通过了 FSB 提交的《落实 G20 关于金融稳定建议的进展报告》,提出把"存款保险核心原则"纳入金融体系核心标准。据此,FSB 计划 2011 年开始对包括我国在内的所有成员经济体开展存款保险制度专题评估,推动"存款保险核心原则"的执行。

此外,国际货币基金组织(IMF)和世界银行正在对我国进行的金融部门评估规划(FSAP),也特别关注我国存款保险制度的缺失问题,其初步评估结论认为,缺乏显性的存款保险制度安排是我国危机管理和系统性风险防范制度的重要缺失,建议尽快建立。

(二) 关于农村中小金融机构的过渡措施

从长远来看,农村中小金融机构纳入存款保险体系势在必行。按目前设计的

---

① 参见:"Core Principles for Effective Deposit Insurance Systems", 2008/2009 ANNUAL REPORT, Charting a Course Through a Global Crisis, International Association of Deposit Insurers.

存款保险制度以及赋予的存款保险机构职能，考虑我国农村中小金融机构现实状况，现阶段农村中小金融机构整体纳入存款保险体系，有利有弊，需要对风险做出充分的评估。

当前我国农村中小金融机构风险状况还相当严重。从银监会最近一次内部统计数据来看，全国农村合作金融机构共有法人机构 5150 家，其中，农村信用社省(区、市)联社 25 家，地级联社 41 家，农村商业银行 22 家，农村合作银行 163 家，农村信用联社 1973 家(含 7 家地市统一法人社)，农村信用社县联社(二级法人社)231 家，乡镇农村信用社 2695 家。各项存款 56535 亿元，贷款 37269 亿元，不良贷款率 15.9%，资本充足率 3.5%。在当前我国农村中小金融机构各项监管指标总体向好的同时，结构性矛盾比较突出。农村银行类机构多数已步入良性发展的道路，但农村信用社整体风险不容乐观，历史包袱沉重，资不抵债的农村信用社占比仍较大。

存保制度是市场退出制度的重要组成部分，有存款保险就有市场退出。从目前我国农村信用社经营状况看，有 38.6%的农村信用社资本充足率在 0 以下，资本净额－993 亿元，涉及负债 15594 亿元，其中涉及存款 13974 亿元。存保制度安排不利于高风险机构加入存款保险体系，很可能直接给资本抵债的高风险机构带来信誉危机，引发存款(特别是 50 万元以上大额存款)大搬家，产生严重的流动性风险，甚至导致大面积挤兑。从另一方面来看，当今世界各国存款保险的实践做法，存款保险制度是建立在存款类金融机构经营基本面良好的基础上，主要解决被保机构中个案机构的清偿性风险问题。如果大面积具有清偿性风险的问题机构进入存款保险体系，存款保险体系将被迫承担系统性清偿风险，存款保险制度是否对大面积高风险机构施加市场约束将面临风险。

就此看来，一是存款保险制度为及时关闭问题机构提供了制度保障，同时也增大了市场退出的可能。长期以来，农村中小金融机构作为支持“三农”发展的金融主力军，其农业贷款占我国金融机构作为支持“三农”发展的金融主力军，占我国金融机构农业贷款总量的 80%以上，农村分散农户的金融服务基本上是农村中小金融机构提供的，这类机构不仅承担了大量农村市场的风险损失，而且还承接了社会改革和金融改革转轨过程中转嫁的历史包袱。如果按照市场原则进行退出，将会导致大面积的农村中小金融机构关闭，然而短期内还难以有新的金融机构替代，金融服务空白乡镇(截至 2011 年底，没有建立金融机构的乡镇尚有 1696 个，其中空白服务的有 608 个)[①]数量有可能反弹；二是即使农村信用社不倒闭，但有限赔付引

① 参见：银监会编制：《中国银行业运行报告(2011 年度)》(online)，(www.cbrc.gov.cn).

发的存款大搬家问题，将严重削弱农村信用社的支农资金实力，在当前农村贫困地区金融服务性措施和农村金融体制改革未到位的情况下，将会对支农信贷投入与农村金融服务造成严重影响。因此，农村中小金融机构宜谨慎、分步纳入到存款保险制度中来，完善相关措施，注重过渡期的风险防范。

1. 农村中小金融机构宜分步纳入

建立存款保险制度是我国现有金融制度的重大变革，从长远来看，农村中小金融机构纳入存款保险体系势在必行。但是，在当前农村信用社资本充足率总体不达标，负数以下的机构占比面较大的情况下，现阶段农村中小金融机构整体纳入不利于维护存款保险体系的健康运行，不利于农村信用社风险化解和处置。应坚持“区别对待，分类纳入”的原则，即如果实施 50 万元以下的有限赔付，则区分机构类别逐步纳入：

(1) 农村商业银行、村镇银行同步纳入；

(2) 农村合作银行三年内纳入。这类机构虽然总体运营良好，但其产权改革基础还不牢固，机制转换还不到位，还有一些潜藏问题需要时间暴露，建议在三年内根据发展情况逐步纳入；

(3) 农村信用社暂不纳入，设定 5 年过渡期，待 5 年后农村信用社总体风险基本化解，再逐步纳入存款保险体系。

2. 过渡期的风险防范措施

为避免过渡期内农村信用社(包括暂未纳入存保体系的农村合作银行，下同)可能出现的存款大搬家和挤兑风险，在过渡期内应安排保护政策，并加快高风险信用社的市场退出。

第一，维持国家对个人债权收购制度不变。为避免市场对未纳入存款保险体系机构的信任危机，对过渡期内暂未纳入存款保险体系的农村信用社，应继续执行 2004 年人民银行、财政部、银监会、证监会四部委联合下发的《关于印发个人债权及客户证券交易结算资金收购意见的通知》文件[①]，对个人储蓄存款合法本息全额收购，对维护农村信用社整体稳健发展至关重要。

第二，央行应进一步发挥农村信用社支付风险最后贷款人的作用，对暂不纳入存款保险体系经营困难的农村信用社，属于支付性风险的，人民银行应有效履行最后贷款人的职能，继续保持原有救助性再贷款政策不变，维护农村金融体系的稳定。

---

① 具体内容参见：《关于印发个人债权及客户证券交易结算资金收购意见的通知》，颁布单位：中国人民银行、财政部、中国银行业监督管理委员会、中国证券监督管理委员会，发文字号：证监发[2005]10 号。

第三,加快高风险机构的市场退出。对过渡期内存在清偿性风险的农村信用社,加大兼并重组力度,以进一步提升农村信用社整体的健康水平。加快在这些地区新型农村金融机构的准入步伐,保证农村信用社撤消后服务不出现空白。同时,应当注意到,目前地方政府在农村中小金融机构和城市商业银行的风险处置中承担了主要责任。经过多年的努力,这些农村金融机构问题得到了缓解,但仍有少数机构处于高风险状态,急需进行处置。一旦加入存款保险体系,一定程度上会使省级政府、省级联社摆脱所承担的风险管理责任,从而会动摇当前农村信用社管理体制的基础,减弱其推进农村信用社改革,促进农村信用社转换经营机制的主动性和积极性。因此,应对高风险的农村中小金融机构和中小商业银行的风险处置做出相对具体的安排,划分政府、银行监管部门和存款保险基金是否承担风险处置责任,明确各主体介入的时机和时限,以便各尽其责,有效处置风险。从当前实际看,应继续调动地方政府处置地农村中小金融机构风险的积极性和主动性。

据此,农村信用社如果暂时不进入存保体制,在过渡期内由国家实施隐性担保,有利于争取风险化解的时间,避免农村金融市场高风险特征对农村金融机构的不利影响,维护农村信用社支农的主力军地位。

(三)关于存款保险基金的管理部门

由于一些历史原因,1997 年人民银行成立存款保险制度课题组开始专题研究工作,2003 年银监会设立后,人民银行保留存款保险研究工作职责,并在金融稳定局成立专门处室负责相关工作。从初步实施方案设计来看,目前建议应先设立存款保险基金,暂不单独另设存款保险机构;存款保险基金存放在人民银行,单独核算;金融稳定和保护存款人利益的相关工作由人民银行相关部门承担,有关基金的业务只涉及保费征收、存款赔付、必要的信息收集与核查、早期纠正措施及风险处置等。

设立存款保险基金是一项过渡性措施,从长远看,应设立独立的存款保险机构。存款保险制度的建立和实施是一项新的工作,结合我国的具体国情,存款保险制度先以存款保险基金起步,存款保险基金实行单独核算,暂不单独另设机构,其出发点在于减少分歧,便于起步,确保制度稳妥退出,待基金运行一段时间后,再根据实际情况,另行研究。

将存款保险基金放在人民银行管理,有一定的合理性和可操作性上的考量,但最终考虑到存款保险制度的特点、银行业监管资源配置和存款保险制度的发展趋势,我国可考虑设立独立的存款保险基金,由银行业监督机构负责制定运行规则并进行管理。主要理由是:

第一，存款保险机制与央行的角色不符，存款保险机制主要是为了在个别存款机构倒闭的情况下给存款人提供保护，是从微观层面维护银行业的稳定，而央行主要是从宏观层面维护金融稳定。保护存款人合法权益是《银行业监督管理法》赋予银行业监管机构的一项重要职责。

第二，存款保险基金的性质、定位与央行最后贷款人职能不同，二者本质上没有必然联系，而且从避免利益冲突角度来看，二者应分离。因为央行向高风险机构发放再贷款后，即成为该机构的债权人，如央行同时又以存款保险基金管理人的身份参与该机构的风险处置和清算等事务，利益冲突明显，不利于平等保护其他债权人的合法权益。

第三，存款保险基金由监管部门管理，有利于对银行业金融机构实施从市场准入、日常监管到问题处置、市场退出等的全过程监管，而不会割裂银行业金融机构监管权，造成监控空白和监管重复。

第四，从我国实践来看，由于金融消费者保护与金融监管的密切联系，我国证券投资者保护基金、保险保障基金分别由证监会和保监会管理。据此，存款保险基金宜借鉴我国证券、保险业行之有效的经验，由银行业监管机构进行管理。

第五，负责银行业监管的机构与存款保险功能的联系更为密切，更适宜作为存款保险基金的管理人。从发达国家的做法看，非独立的存款保险基金一般都依附于银行业监管职能，如澳大利亚、英国等。澳大利亚建立了金融债权基金(Financial Claims Scheme, FCS)作为存款保险基金，法律规定由澳大利亚审慎监理署(APRA)担任FCS的管理人，负责管理FCS，并支付存款人。澳大利亚在本次金融危机中未发生银行倒闭，FCS的设立对公众信心的稳定发挥了重要作用。英国金融服务赔偿基金(Financial Services Compensation Scheme, FSCS)是负责管理英国银行存款保险基金的机构。FSCS根据《2000年金融服务与市场法》[①]的规定，由英国金融服务局(FSA)设立。设立之初，由FSA负责制定FSCS的运行规则，FSCS受FSA规则的管辖，FSA批准设立的存款机构的所有业务都受FSCS保护；FSA有权调整存款保险的限额并决定是否启动FSCS的赔偿程序。FSA管理下的FSCS对英国银行业的稳定发挥了相当积极的作用。

有些国家的存款保险机构虽然设置在中央银行之下，如新加坡、印度、巴西、丹麦等，但这些国家的中央银行同时还承担金融监管职责，存款保险机构置于其下更多的是为了利用监管资源，防止重复监管。

因此，我国若以稳妥起步为考虑，可先设立独立的存款保险基金而非另设机

① "Financial Services and Markets Act 2000"(2000-06-14), (http://policy.mofcom.gov.cn/claw).

构，由银行业监督机构负责制定运行规则并进行管理，在实践中逐步清晰界定存款保险基金管理机构在风险判断、风险处置方面的相关职能，及其与银行业监管机构的职责分工，以免日后造成分歧，实现顺利过渡。

（四）同步完善银行业金融机构市场退出机制

从目前的操作经验来看，我国银行退市以撤销（行政关闭）为主，部分采取重组，个别机构以破产方式退市。基本特点是：1. 全部工作在地方政府主导下开展，从各政府部门、银行抽调人员组成清算组；2. 通过财政资金、央行再贷款筹措资金，优先兑付所有个人存款本息；3. 动用行政权力开展清算、清收资产、处置债权债务金融风险；4. 通过行政手段促使债权人达成债权兑付协议；5. 行政清算、处置在先，极少进入法院破产程序，实际由国家为银行经营失败“兜底”。

以行政撤销为主、破产清算为辅的退市模式，普遍存在耗时耗力，银行“死而不葬”等一系列问题，并非银行退市的最佳模式，同时缺乏存保基金这一市场化偿付机制，使得财力不足的地方政府背上了沉重包袱。正是由于缺乏正常的市场退出机制，在实际操作中，存款类机构退出市场十分困难，如海南发展银行停业 11 年后一直无法顺利退出。

有效的银行业金融市场退出机制是存款保险制度发挥作用的必要前提。伴随着《存款保险条例》的出台和实施，存款保险制度的有效建立，应进一步明确梳理《中华人民共和国商业银行法》、《中华人民共和国企业破产法》等相关法律法规，修改相关法律，尽早制定《银行业金融机构破产条例》等法规，完善银行业金融机构的市场退出机制。真正使存款保险制度成为市场退出制度的重要、有效组成部分。

从目前《银行业金融机构破产条例》的草拟稿来看，对存保基金的作用、存保基金的清偿和存保机构的表决权都有了初步的规定，明确存款保险基金管理机构应当依法对被实施接管或者破产的银行业金融机构的存款人进行赔付。

在存保清偿上，接管人应当根据被接管的银行业金融机构会计账册和有关凭证，对存款债权予以确定和登记，并报告存款保险基金管理机构和银行业监督管理机构；存款保险基金管理机构对存款债权确认后，经会商银行业监督管理机构后发出兑付公告；存款人应当在兑付公告规定的期限内，持存款凭证申请兑付，存款保险机构依照法定限额向存款债权人进行清偿。逾期未申请兑付的存款债权，存款保险机构应当予以提存；存款保险基金管理机构应当将存款债权清偿情况书面告知接管人和银行业监督管理机构。

在存保机构的表决权上，也明确了存款保险基金管理机构因清偿和提存存款债务而取得相应的债权，并已向管理人申报债权的，有权出席债权人会议并行使表决权。

但是就目前规定来看，还相对笼统，对存款保险基金的具体赔偿运作和相应债权的地位、赔付顺序还存在一定的缺失，更有效的协调梳理好《银行业金融机构破产条例》与《存款保险条例》两者的关系，才能真正使存款保险制度成为市场退出制度的重要、有效组成部分。

五、结语

此次金融危机爆发后，各国对存款保险制度有了新的认识，重点从防范道德风险转向强化存款保险制度安排，扩大存保覆盖范围和水平，提升金融体系稳定性。金融危机使各成员的存款保险机制的各项特征更加一致，主要包括以下方面：提高覆盖水平；取消抵扣条款；改善赔付过程；提高存款人意识；更多采用事前融资安排；以及加强与其他安全网成员的信息共享和协作等。存款保险的任务也不仅局限于支付箱，而是更多的参与处置过程。总体而言，通过此次金融危机，各国在存款保险制度设计方面更加趋同，在理念上也达成更多共识。以《有效存款保险制度核心原则》为核心，其共识和完善可以归纳为十个方面：

一是建立显性制度。显性存款保险制度已成为绝大多数国家的选择，也是减少纳税人隐性担保的必要途径；**二是扩大覆盖范围。**更多的吸收公众存款的机构都应纳入到存保制度中；**三是提高覆盖水平。**高覆盖水平有助于减少挤兑发生的可能性，同时应通过加强监管、采用风险费率等手段降低金融机构的道德风险；**四是提升赔付效率。**在出现挤兑危机时应做到快速高效的支付被保护的存款，才能有效维护金融体系稳定；**五是加强与其他机构的协作。**存保机构应通过多种方式与央行、监管当局和财政部门协作，避免出现信息障碍；**六是改善治理结构。**存保机构应当进一步加强自身治理机制建设，增加独立性，减少来自政治和业界的干扰；**七是加强跨境合作。**对跨境金融机构的处置和赔付涉及不同机制的触发，存保机构应进一步加强跨境合作制度安排，减少风险跨境传递；**八是做好应急演练。**有些存保机制已经很久没有被触发过，因此应定期进行演练，做好随时赔付的准备；**九是建立事前融资安排。**危机证明，事前融资安排比事后的紧急筹资更有助于稳定存款人信心，越来越多的成员考虑建立事前融资安排；**十是提高公众意识。**尽管对存款机制进行了宣传，但是往往力度不够而且缺乏对宣传效果的评价，应进一步加强宣传力度，提高宣传效果。

我国在建立存款保险制度时应充分借鉴各国存保制度的最新改革和措施，特别是经过金融危机实践检验的经验和教训，在具体制度设计上顺应国际金融监管的改革趋势，符合“存款保险核心原则”的一般要求，也要充分考虑中国国情，斟酌存款保险制度出台的时机，给予农村中小金融机构更多的关切和过渡措施安排，先以存款保险基金起步并同步完善银行业金融机构市场退出机制，使得存款保险制度的设计和实施能有效达成预期的目标和初衷。

从而尽早建立一套制度化的、明确的存款保险体制，真正做到有利于规范存款类金融机构倒闭时对个人债权和单位债权的处理，促进倒闭时金融机构平稳退出市场；有利于减轻财政负担，建立处置高风险金融机构的损失分担机制；有利于强化对存款类金融机构的市场约束。更好更早的降低金融机构和存款人长期形成的对国家信用的严重依赖，弥补我国危机管理和系统性风险防范制度的缺失。

论银行“太大不能倒”原则

——兼评美国《2010华尔街改革与消费者保护法案》[*]

伏　军[**]

一、金融危机引发的讨论

2008年美国次贷危机爆发以来，随着各国政府以前所未有的力度救助危机中的大型银行，人们对银行业“太大不能倒”(Too Big to Fail)这一传统原则的质疑与争论变得越来越激烈，大型银行能否倒闭已成为各国金融监管领域中的核心问题。①

“太大不能倒”原则是长期以来被多数国家接受的银行业监管原则，其基本含义是：规模较大的银行的倒闭容易引发银行系统风险，因此当这些银行面临财务困难时，政府应当予以救助以避免其倒闭。②“太大不能倒”原则有两个特点：一是该原则重在保护银行债权人(包括无担保债权人)利益不受损失，保护的重点是债权人而非银行本身；二是被救助银行需具备一定规模。这里的规模，不仅指银行的资产规模，还包括银行在金融系统及经济中的地位与作用。③“太大不能倒”银行对金融系统安全具有重要影响，因此也常常被称为“系统重要性银行”(Systemically Important Banks)。④

---

* 本文发表于《中外法学》2011年第1期。

** 伏军，北京大学法学院金融法研究中心2001级博士，工作单位：对外经济贸易大学法学院。

① *See* Michael Sisk, Too Big to Fail?, U. S. Banker, Nov. 2008, at 14; see also Yomarie Silva, the ‘Too Big To Fail’ Doctrine and the Credit Crisis, 28 *Rev. Banking & Fin. L.* 115.

② Gary Stern & Ron Feldman, *Too Big to Fail: The Hazards of Bank Bailouts*, The Brookings Institution Press, (2004), Chapter 2. 实践中，“太大不能倒”原则不仅适用大型银行，也适用于金融控股公司、银行控股公司、保险公司、对冲基金、股权基金等金融机构，但本文对该原则的讨论限于大型银行。

③ Ib d., at 16.

④ Ann Graham: Bringing To Heel The Elephants In The Economy: The Case For Ending “Too Big To Fail”, 8 *Pierce L. Rev.* 117.

政府对银行的救助行为同时会产生巨大的负面影响。英国金融监管局(FSA)在2009年《对全球银行危机的监管回应:具有系统重要性的银行及其影响的评价》指出了“太大不能倒”原则产生的三大问题:一是道德风险(Moral Hazard)问题。银行债权人由于预期大型银行会得到政府救助而缺少约束银行的动机,并愿意以更低利率向这些银行提供资金;二是潜在的财政成本以及银行损失的社会化所产生的不公平;三是银行母国由于救助行为可能会使他国受益而不愿意或不能实施救助。[①] 由于大型银行“太大不能倒”的巨大负面影响,2008年金融危机发生后,各国政府开始努力探索新的银行监管与危机应对制度,寻求既可以让大型银行倒闭又能保障银行系统安全的机制。这些努力的共同特点之一,就是在放弃银行“太大不能倒”原则在金融监管领域的适用。

《2010华尔街改革与消费者保护法案》是美国自1933年“经济大萧条”以来颁布的最重要的金融改革立法,其核心内容之一就是终结了“太大而不能倒”原则的适用,限制了政府对大型银行的救助行为。法案建立了大型银行的有序清算机制,通过资本与金融杠杆要求抑制了银行片面追求规模,变革了美联储维护金融系统稳定的方式,建立了严格的保护经济、消费者、投资者与金融业务的监管标准与机制。法案放弃“太大不能倒”原则的目的,在于让银行自行承担经营失败的成本与风险,保证美国纳税人的利益不再被迫用来拯救那些大型银行。[②]

美国的这次新立法虽然在法律层面上终结了银行“太大不能倒”原则的适用,但是关于大型银行能否倒闭的争议并未结束,美国新法案制订过程中出现的分歧表明,人们对这一问题的看法远未达成共识。[③] 因此,如何在理论上看待银行“太大不能倒”原则、是否应当抛弃该原则、如何评价美国此次立法及其影响等问题具有重要的研究意义。

二、“太大不能倒”原则的历史演进与理论基础

(一)历史演进

“太大不能倒”原则起源于美国。20世纪30年代经济大萧条后,美国银行监

① Clifford Chance LLP:FSA DISCUSSION PAPER 09/04: How To Regulate Banks Which Are ‘Too Big To Fail”? 1783 PLI/Corp,at 79,80.

② 美国众议院网站,http://thomas. loc. gov/cgi-bin/bdquery/D? d111: 6:. /temp/~ bdXTdh: @ @ @ D&summ2=m&|/home/LegislativeData. php? n=BSS;c=111|,访问日期:2010年7月18日。

③ 2009年12月11日,美国众议院以223名对202通过该法案,其中,223名民主党议员投赞成票,175名共和党议员投了反对票。见 http://clerk. house. gov/evs/2009/roll968. xml。访问日期:2010年7月16日。

管的主要目标是防止银行失败和倒闭。[①] 为了这一目的，美国创立了存款保险制度，对存款人一定范围内的存款进行保护。根据《联邦存款保险法案》的规定，FDIC有权对符合条件的银行采取救助措施，符合条件的银行是指濒临倒闭但其经营对社区仍非常必要的(Essential)银行。[②] 由于美国政府对银行倒闭的谨慎态度以及存款保险制度的建立，美国30年代至80年代初期极少出现银行破产的案例，[③]这一时期美国政府对银行业实际上采取的是全面保护的立场，银行无论规模大小均可得到存款保险及政府其他方式的保护。

1975年，《商业周刊》的一篇文章最早使用"太大不能倒"来描述美国政府对铁路公司、克莱斯勒公司等大型非银行企业实施的救助政策。[④] 20世纪80年代银行与储贷危机爆发后，由于数量众多的银行陷入危机，美国政府被迫选择大型银行进行救助，"太大不能倒"这一语词开始在银行领域使用。[⑤] 1984年，当时最大的银行之一伊利诺伊大陆银行(Continental Illinois National Bank)面临倒闭，FDIC与其他监管机构担心该银行倒闭引发银行系统崩溃，根据《联邦存款法》第13(c)(2)节进行救助。FDIC向该银行提供20亿美元次级贷款，对所有存款人及普通债权人提供保护，同时动用35亿美元资金购买了银行45亿美元的坏账。[⑥] 在1984年9月19日美国众议院银行委员会举行的听证会上，国会议员麦肯尼称："我们有了一种新型银行，它被称作'太大不能倒'银行……"。[⑦] 此后，美国银行监管机构创设的"太大不能倒"原则在银行领域流行起来。

与此同时，美国决策者认识到，过分防止银行破产的政策会导致监管过度宽松，延迟关闭危机银行可能会导致更大损失。这种认识很快体现在立法上，1991年美国国会颁布《联邦存款保险公司促进法》(FDICIA，以下简称"FDICIA法案")，

---

① *See* Robert A. Eisenbeis & Larry D. Wall, The Major Supervisory Initiatives Post-FDICIA: Are They Based on the Goals of PCA? Should They Be?, in Prompt Corrective Action in Banking: 10 Years Later, George G. Kaufman ed., Research in Fin. Servs., *Private & Pub. Policy*, Vol. 14, 2002, at 110.

② Federal Deposit Insurance Act of 1950, § 13(c), 64 Stp. 873, 888 - 89 (current version at 12 U.S.C.S. § 1823(2008)).

③ *See* Fed. Deposit Ins. Corp., The First Fifty Years: A History of the FDIC 1933 - 1983(1984), http://www.fdic.gov/bank/analytical/firstfifty/，访问日期：2010年6月2日。

④ John Cobbs, "When Companies Get Too Gig to Fail,", Business Week, Juanuary 27, 1975, at 16.

⑤ Fed. Deposit Ins. Corp., History of the Eighties — Lessons for the Future ch. 7(1997), http://www.fdic.gov/bank/historical/history/. 访问日期：2010年6月2日。

⑥ Ibid.

⑦ Inquiry Into the Continental Illinois Corp. and Continental Illinois National Bank: Hearing Before the Subcommittee on Financial Institutions Supervision, Regulation, and Insurance of the Committee on Banking, Finance and Urban Affairs, 98 - 111. U.S. House of Representatives, 98th Cong., 2nd Session, 18 - 19 September and 4 October.

建立了迅速纠正行动(Prompt Corrective Action)、保险费条款(Insurance Premiums)以及最低成本原则(Least Cost Resolution)三项重大制度。其中,迅速纠正行动旨在解决监管过于宽松问题,限制了监管机构在采取监管措施方面的任意性,规定了在银行资本不充足、资本明显不足以及资本严重不足等情况下监管机构应采取的措施;保险费条款要求存在更大风险的银行需支付更多保险费;最低成本原则要求FDIC通常情况下选择成本最低的方式处置经营失败的银行。① 但是,FDICIA法案包含了“系统性风险”例外条款的规定,即当面临金融系统性风险时最低成本原则不再适用,FDIC在联邦储备委员会建议、财政部认可后,不必遵从成本最低原则选择银行解决方案。② FDICIA法案很大程度上改变了30年代以后长期奉行的避免银行倒闭的监管立场,允许一般银行的倒闭,但对于具有系统重要性的大型银行,法案有通过例外条款允许FDIC等监管机构进行救助。FDICA法案在立法上最终确立了银行“太大不能倒”原则。

FDICA法案颁布后,对“太大不能倒”原则的讨论一直没有停止过,包括一些银行监管机构在内的声音认为,大型银行也应当可以倒闭。2004年美国联邦储备银行芝加哥分行行长曾提出:“大型银行失败就如同疾病、死亡与税收一样,会在未来发生,过去(大型)银行的失败常以社会承担高额成本的方式解决,而社会本不需要这样做。”③2008年金融危机爆发后,美国及许多发达国家政府对众多大型金融机构进行了大规模救助。④ 政府对大型银行的救助行为遭到了公众的强烈反对,“太大不能倒”原则被推上了争论的风口浪尖。

(二)理论基础

美国等发达国家在20世纪30年代经济大萧条后对银行采取的全面保护立场至80年代银行储贷危机后确立的“太大不能倒”原则,是经历两次金融危机后得出的经验,是特定历史的产物。有学者试图从监管者自身利益、政府对信用分配市场干预等角度解释政府救助大型银行的合理性,⑤但这些角度均未能结合银行自身属性进行分析,缺乏足够的说服力。本文认为,政府对银行尤其是大型银行的救助

---

① 12 U.S.C. § 1823(c)(4)(G). See also Richard Scott Carnell, A Partial Antidote to Perverse Incentives: The FDIC Improvement Act of 1991, 12 *Ann. Rev. Banking L.* 317,325(1993).

② 12 U.S.C. § 1823(c)(4)(G)(i).

③ Federal Reserve Bank of Chicago, International Banking Conference Series, http://www.chicagofed.org/webpages/events/international_series.cfm. 访问日期:2010年6月3日。

④ 布什政府的7000亿美元不良资产救助计划(TARP)以及奥巴马政府8250亿美元经济刺激方案均向大型银行及金融机构提供了巨额财政补贴。

⑤ Supra note 2, chapter 5.

行为有内在的合理性，其合理性基础在于银行的系统重要性(Systemic importantance)及公共性两大特殊属性之上。

1. 基于系统重要性的分析

银行的系统重要性主要体现在两方面。一是银行的经营活动对于金融系统具有重要意义。银行在社会经济生活中发挥着支付中介、信用中介与货币政策中介三大功能。大型银行的中介功能更为重要，是一国金融体系以及经济、社会生活的基础与核心。二是大型银行的倒闭会对银行系统的功能以及金融市场产生重大影响。由于银行相互之间存在密切联系(如银行间拆借业务)，大型银行的失败可能引起其他银行的倒闭，在这种传导机制作用下，银行倒闭的负外部性效应会被逐级扩大，最终可能导致银行系统崩溃并引发经济危机。由于这种系统重要性，大型银行破产的社会成本远远大于中小银行，也远远大于普通企业破产的社会成本。①

英国金融监管局曾提出银行"系统重要性"的三个判断参数。一是规模，即应根据银行资产的绝对规模或银行相对于某特定金融市场或金融产品的主导作用进行判断；二是银行间关联度，即根据与其他银行间相互借贷规模、相互持有银行融资工具规模、支付系统成员、市场主要交易方等因素进行判断；三是集团性，即应结合银行所属的金融集团判断其所具有的系统重要性。② 根据这些参数，大型银行一般均具有系统重要性。2009 年 2 月至 4 月，在 J. P. 摩根、花旗、美国银行、高盛、摩根斯坦利等被要求参加"压力测试(Stress Testing)"的 19 家美国大型银行中，每家银行资产均超过 1000 亿美元，这些银行共同拥有美国银行系统三分之二以上资产、半数以上贷款总额、支撑着相当比重的银行信用中介功能。③

2. 基于公共性的分析

银行的另一特殊属性是公共性。银行的公共性主要体现在其产品的公共性以及利益集合性两方面。首先，银行产品具有公共属性。公共产品是指每个人对该产品的消费并不减少任何其他人对该产品消费的产品，④银行提供的服务由社会公众共同享有，一部分人对银行服务的消费一般并不排斥或影响其他人对该服务

---

① Ibid, at 12.

② Supra note 5, at 80.

③ *See* Bd. of Governors of the Fed. Reserve Sys., The Supervisory Capital Assessment Program: Design and Implementation (2009), http://www. federalreserve. gov/newsevents/press/bcreg/bcreg20090424a1. pdf. 访问日期：2010 年 3 月 3 日。

④ *See* The Pure Theory of Public Expenditure, Paul A. Samuelson, *The Review of Economics and Statistics*, Vol. 36, No. 4 (Nov., 1954), at 387 - 389.

的消费。由于产品的公共性，银行往往被视为准公共机构（quasi Public Instituion），其金融服务行为也需政府特许。其次，银行具有利益集合的属性。银行的支付、信用以及货币政策中介功能，令几乎所有企业、机构、个体不可避免地成为其利益相关者，其运营及生存与众多利益相关者休戚相关。

银行的公共属性决定了银行业监管不能简单建立在纯粹市场行为基础上，利润最大化的目标会引导银行增加风险性业务从而导致系统不稳定并危及公共利益。[①] 银行的公共属性也决定了银行、尤其是大型银行破产的负面影响远超其他企业。一家银行的倒闭不仅导致其他银行的损失，还会导致公共存款人利益损失。在新兴经济体国家，银行与银行业承载了更多的吸收公众存款，其破产的社会成本会更高。[②]

基于银行的系统重要性与公共性，银行破产立法也具有特殊性。立法目的上，银行破产立法更注重通过重组使失败银行恢复经营能力，更强调金融系统稳定与对公共利益的保护；FDICIA 法案规定的“系统风险例外原则”正是这一特殊立法目的具体体现。[③] 普通企业破产法律制度则注重保护私人（债权人）利益，着眼于破产企业资产最大化和债权公平分配。[④] 两类破产法所保护对象的层级明显不同。实体法上，多数国家选择银行破产适用特别法，普通企业适用普通破产法。程序法上，银行破产程序通常由银行监管机构主导，具有很强的行政主导色彩，普通破产程序则一般由法院主导。

三、“太大不能倒”原则的负外部性

“太大不能倒”原则的适用也会产生巨大的负外部性，产生道德风险、破坏竞争秩序、巨额财政负担以及金融系统崩溃等几方面问题。

（一）道德风险

政府的救助行为可能产生严重的道德风险。[⑤] 一方面，由于政府救助在某种

---

① 宋海、任兆璋主编，《金融监管理论与制度》，华南理工大学出版社 2006 年 11 月第一版，第 96 页。

② *See* Rosa Maria Lastra, Cross-border Bank Insolvency: Legal Implications in the Case of Banks Operating in Different Jurisdictions in Latin America, 6 J. *Int'l Econ. L.* at 81.

③ An Overview of the Legal, Institutional and Regulatory Framwork for Bank Insolvency, IMF & WB, April 17, 2009. at 16.

④ Robert R. Bliss, George G. Kaufman, U. S. Corporate and Bank Insolvency Regimes: A Comparison and Evaluation, 2 *Va. L. & Bus. Rev.* at 153,154.

⑤ *See* Fed. Reserve Bank of Minneapolis, Policy Studies: Too Big To Fail, http://www.minneapolisfed.org/publications_ papers/studies/tbtf/tbtf.cfm. 最后访问日期：2010 年 7 月 16 日。

意义上属于政府对于银行的担保，银行更愿意从事高回报、高风险的交易，风险的增加则加大了银行失败的可能性，此为银行的道德风险。另一方面，基于政府的担保，银行债权人不再关注对银行安全经营的约束与监督，更愿意以低利率向这些银行提供资金，[①]此为债权人道德风险。市场监管力量的削弱则进一步导致银行作出次优选择。更多银行追求规模增长以便成为“太大不能倒”银行后享受政府担保及其带来的竞争优势。只要大型银行(及其债权人)相信，政府会在他们遇到麻烦的时候帮助他们，他们只会变得越来越大，冒更大的风险，他们取得收益而纳税人则为他们的失败买单。[②]

道德风险产生的机制在于政府对大型银行的救助行为会诱发不良“预期”，即大型银行勿需对经营不当承担责任，债权人也不会承担向银行投资的风险。在笔者看来，银行与其债权人的这种选择确是一种理性选择，“太大不能倒”原则为这种选择提供了制度环境。

(二) 对竞争秩序的破坏

第二个负面效果是对银行业竞争秩序的破坏。出于稳健与安全的考虑，银行业的竞争已经受到一定程度抑制，竞争程度的降低使银行业相对于其他行业更易创造财富，[③]但对失败银行的财政支持则在银行业内部形成不公平竞争，获得救助的大型银行实际上得到更多的优惠待遇，客观上产生了银行业内资源的不公平分配。正如英国金融监管局(FSA)在《对全球银行危机的监管回应:具有系统重要性的银行及其影响的评价》指出的，财政部门救助及“成本社会化”在银行业中产生了不公正竞争。[④]

由于债权人更愿意把资金以低利率提供给大型银行，大型银行享受到低成本融资带来的实质性益处。[⑤] 中、小银行则由于不具备政府担保而支付更高的融资利率，因为债权人会认为在中小银行存款更具风险。调查显示，美国政府承诺对大型银行救助后，2008 年第四季度至 2009 第二季度期间，美国中、小型银行与拥有超过 1000 亿资产大型银行之间的融资成本差额由原 0.29 个百分点上升至 0.78

---

① Supra note 5, at 79,80.

② 参见美国参议院银行、住房与城市事务委员会官方网站：http://banking.senate.gov/public/_files/inancialReformSummary231510FINAL.pdf. 最后访问日期：2010 年 7 月 16 日。

③ Supra note 2, at 25.

④ Supra note 5, at 80.

⑤ Dean Baker & Travis McArthur, Ctr. for Econ. & Policy Research, The Value of the “Too Big to Fail” Big Bank Subsidy 2 (2009); see also Gretchen Morgenson, Fair Game: The Cost of Saving Those Whales, *N.Y. Times*, Oct. 3, 2009, at BU1.

个百分点，意味着美国政府实际上向大型银行每年提供补贴约 63 亿美元。[①] 这些补贴成为大型银行在危机后期盈利能力提高的主要原因。

公平竞争秩序的破坏会进一步导致银行业的整体低效以及创新力缺乏。“太大不能倒”原则的应用和对政府救助的预期，不仅会令市场力量作出缺乏效率的投资决定，更会令缺乏竞争的大型银行选择更为低效的经营方式。[②] 此外，政府对“太大不能倒”银行救助后对私人银行的控制（如股权持有、更换管理层等）无疑会进一步削弱银行业的创新力与效率。

（三）巨额财政负担

对大型银行救助产生的第三个负面影响是给财政带来巨大负担，并可能引发财政危机。据测算，美国政府在此次金融危机中共需投入 23.7 万亿美元用于实施问题资产救助计划（TARP）以挽救金融系统以及美国经济。美国政府通过资金注入、资产收购、并购协助等方式对大型银行的救助已经达到“史无前例的范围、规模以及复杂程度”。[③] 与此同时，得到政府救助资金以及通过政府支持的并购交易，大型银行规模却变得更加庞大，[④]美国四家最大商业银行美国银行、JP 摩根大通、富国银行与花旗银行总资产自 2007 年至 2009 年增长了 30%，其中，美国银行增长 51%、富国银行增长 138%，J. P. 摩根大通则增长 43%，政府支持下的并购是它们的主要增长方式。[⑤]

20 世纪 80 年代美国银行业规模空前的并购交易后，自 1980 年至 2003 年，美国银行数量从 16,000 家急剧下降至 8,000 家，前十大银行拥有的银行业资产则从 22%上升到 46%，存款总额从 19 %上升到 41%。银行资产与存款集中在少数大型银行手中，[⑥]并由此产生了巨大的风险。美联诸前明尼阿波利斯分行前行长盖瑞・斯特恩（Gary H. Stern）认为，“太大不能倒”原则再也不能继续下去了，它将

---

① Ibid.

② Supra note 2, at 27.

③ Following the Money: Report of the Special Inspector General for the Troubled Asset Relief Program (SIGTARP): Hearing Before the H. Comm. on Oversight & Gov't Reform, 111th Cong. 2(2009), http://oversight. house. gov/index. php? option=com_content&task=view&id=2779&Itemid=2. 最后访问日期：2010 年 7 月 16 日。

④ David Cho, Banks "Too Big to Fail" Have Grown Even Bigger, Wash. Post, Aug. 28, 2009, at A01.

⑤ Richard W. Fisher, President, Fed. Reserve Bank of Dallas, Two Areas of Present Concern: The Economic Outlook and the Pathology of Too-Big-to-Fail, Remarks before the Senior Delegates' Roundtable of the Fixed Income Forum (July 23, 2009), http://dallasfed. org/news/speeches/fisher/2009/fs090723. cfm. 最后访问日期：2010 年 7 月 16 日。

⑥ *See* Kenneth D. Jones & Chau Nguyen, Increased Concentration in Banking: Megabanks and Their Implications for Deposit Insurance, 14 *Fin. Markets, Institutions & Instruments* 1,2(2005).

给美国经济带来无法承受的沉重代价。[①] 2010年希腊及其他欧盟国家发生的政府财政危机及主权债务危机表明，政府对金融系统的救助行为很可能会导致政府财政的恶化。原因在于，对大型银行的救助行为并未减少损失，只是向政府及纳税人转嫁了损失，过高的救助成本很可能使政府自身很快成为下一个危机主体。

（四）金融系统崩溃

第四个负面作用是可能引发金融系统崩溃与金融危机。政府对大型银行的保护在金融危机本身产生的过程中起到了非常重要的作用。[②] 前已述及，作为对政府救助承诺的理性反应，债权人降低了对银行的约束，而银行则更易从事更高风险经营活动，从而提高了银行失败的可能性，也提高了政府救助行为的可能性。高额救助成本要求政府筹集巨额资金，通常情况下，发行货币收益融资成为政府主要的融资方式，而对通货膨胀的担忧反过来促使金融市场参与者们从事导致货币快速贬值的交易，最后，货币贬值与金融危机会引发严重的经济衰退。[③] 虽然金融危机的原因应当是多元的，但政府隐性担保无疑是一个重要原因，正如巴塞尔银行监管委员会分析1997年亚洲金融危机原因时指出，“危机爆发前的亚洲金融机构承担过度风险，部分原因是由于它们的债权人被给予了隐性政府担保”。[④]

四、美国银行监管新立法及其评价

“太大不能倒”原则为大型银行提供了风险庇护所，财政与纳税人被迫承担大型银行经营失败的风险与救助成本，这种状况在2008年金融危机爆发后受到越来越多的批评，要求终结政府对大型银行救助的呼声也越来越高。美联储主席本·伯南克曾表示：“随着金融危机的缓解，现在是采取行动以降低今后危机发生可能性与危害的时候了。”[⑤]但决策者却面对着两难选择：关闭失败的大型银行可能会

---

① Regulating and Resolving Institutions Considered “Too Big to Fail”: Hearing Before the S. Comm. on Banking, Hous. & Urban Affairs, 111th Cong. 6(2009), http://www. minneapolisfed. org/news_events/pres/sterntestimony05-06-09. pdf. 最后访问日期：2010年7月16日。

② Supra note 2, at 27.

③ Ibid, at 28.

④ Basel Committee on Banking Supervision, “Supervisory Lessons to Be Drawn from the Asian Crisis.”, Working Paper 2. Basel, June. ,at57, http://www. bis. org/publ/bcbs_wp2. pdf? noframes=1. 最后访问日期：2010年7月16日。

⑤ *See* Ben S. Bernanke, Chairman, Bd. of Governors of the Fed. Reserve Sys., Financial Regulation and Supervision After the Crisis: The Role of the Federal Reserve, Address at the Federal Reserve Bank of Boston 54th Economic Conference (Oct. 23, 2009), http://www. federalreserve. gov/newsevents/speech/bernanke20091023a. htm. 最后访问日期：2010年7月16日。

在短期内引发系统危机，而继续救助大型银行则延续道德风险、破坏竞争秩序、巨额财政负担、金融系统风险加巨等长期性问题。不难理解，在能够根本解决大型银行破产对金融系统的威胁之前，决策者很难下决心放弃“太大不能倒”原则。①

美国《2010华尔街改革与消费者保护法案》另辟蹊径，在这种两难困境中作出了近乎两全其美的选择：既放弃了“太太不能倒”原则以防止金融系统重蹈覆辙，又通过制度创新充分防范系统性风险，化解了放弃“太大不能倒”与系统性风险之间的矛盾。该法案对“太大不能倒”原则的放弃、保护投资者与消费者利益、防范系统性风险以及更严格监管标准等内容表明，美国关于大型银行监管的态度发生了根本性转折，并已经确立起一种全新的银行监管价值取向。

新立法的核心内容之一，是通过建立大型银行清算机制终结了“太大不能倒”原则。首先，法案设立大型银行专门适用的“有序清算程序”(Orderly Shutdown)，允许经财政部、FDIC及美联储一致同意并取得法院批准后，FDIC可以对失败的大型银行或金融公司进行清算；其次，要求大型银行及金融机构定期制订破产计划(Funeral Plans)，为其倒闭后的处置程序与方法提供基本框架，未按要求提交计划的公司将面临更高资本要求、业务增长限制或者资产剥夺等方面的制裁。再次，法案要求股东与无担保债权人承担银行失败后的损失，管理层与董事将被解雇。同时，法案要求FDIC只能在可由银行资产偿还的范围内融资，且该债务属于优先受偿范围。②

考虑到银行“太大不能倒”原则据以成立的前提——银行的系统重要性与公共性——依然存在，从逻辑上讲，要使关闭大型银行具备可行性，就必须通过制度安排抵消大型银行破产的负面效果，否则，放弃“太大不能倒”原则就可能蕴含着巨大风险，即使决策者决定放弃“太大不能倒”原则，也会考虑到系统性风险而在大型银行失败时不得不再次施以援手。③ 美国《2010华尔街改革与消费者保护法案》正是通过一系列配套制度保障了放弃“太大不能倒”原则的可行性。首先，法案遏制银行规模的过快增长和交易过度复杂化。新设金融稳定监管委员会(The Financial Stability Oversight Council)负责系统风险的监控，并在银行规模与交易复杂程度增长时向联邦储备委员会提出强化资本、金融杠杆、流动性、风险管理的建议；根据沃克尔规则(Volcker Rule)禁止银行及其附属机构、控股公司从事自营交易向对冲

---

① Supra note 2, at 20.

② WALL STREET REFORM AND CONSUMER PROTECTION ACT, Title II—Orderly Liquidation Authority. http://thomas.loc.gov/cgi-bin/cpquery/R? cp111:FLD010:@1(hr517)，访问日期：2010年7月19日.

③ Supra note 2, at 19.

基金、私募股权基金提供资金，与对冲基金与私募股权基金的关系受到严格限制。此外，加强支付、清算与结算监管，针对建立具有系统重要性的金融市场工具以及金融公司支付、清算与结算的统一风险管理标准与特殊监管框架。① 其次，限制政府机构的救助行为。法案允许美联储在金融系统不稳时为运营良好的银行或具有系统性影响的金融交易提供资金支持，但任何紧急贷款计划须经财政部长批准，且不应针对个别银行，贷款必须有充分担保作为前提。新立法同时限制 FDIC 对银行的债务担保。FDIC 向有清偿能力的参保银行提供债务担保被限制，只有在出现系统风险威胁时，经美联储、财政部同意，总统向国会申请后方可实施，且全部成本应由受担保银行偿还。② 这些制度为“太大不能倒”原则的放弃提供了保障。正如美国参议院银行、住房与城市事务委员会主席多德(Dodd)所表示的，“我们找到了一条终结‘太大不能倒’救助的道路，确保没有任何一家金融机构今后可以拖跨我们的经济。”③

在笔者看来，美国这次新立法反映了其银行立法基本价值取向已由一元的“系统安全优先”向二元的“系统安全与公共利益并重”转变。银行是多重利益集合体，其运营及破产不仅涉及股东、存款人及纳税人等众多利益，还可能涉及银行系统安全。银行破产立法的实质就是在这些利益中作出权衡与取舍。20 世纪 30 年代经济危机后，保护银行系统安全成为美国银行业监管的最为核心的价值取向，对银行系统安全的保护优于对任何主体(包括对全体纳税人)的利益保护。80 年代储贷危机及 2008 年金融危机中美国政府对大型银行的救助，实质是牺牲纳税人利益以保证整体银行系统的安全，并以滋生道德风险、破坏公平竞争为代价。《2010 华尔街改革与消费者保护法案》割裂了大型银行破产与系统性风险之间的“必然”联系，立法者建立起“维护公共利益与保护银行系统安全并重”的新价值取向。应当说，这种新价值取向更加社会化，是一种社会导向型而非纯市场导向型的价值取向。

人类历史上每次重大变革都是博奕的结果。美国 2010 立法新价值取向的确立，是华尔街代表的金融集团与美国公众博奕的结果，也是代表中产阶层的民主党与代表富人阶层的共和党博奕的结果，同时也是华盛顿与华尔街博奕的结果。民主党执政的华盛顿政府站在了社会利益与公共利益的立场上，这次新立法，虽然仍带有较强的折衷性与妥协性，如最初国会草案中设立“系统性应对基金”的方案由

① Supra note 46，TITLE VIII — PAYMENT，CLEARING，AND SETTLEMENT SUPERVISION.

② Ibid，Title II.

③ Dodd Statement on Walls Street Reform Conference，http://banking.senate.gov/public/index.cfm?FuseAction = Newsroom.PressReleases&ContentRecord_id = 6eb3db3b-a672-fc05-17a2-35abd1c333c9. 最后访问日期：2010 年 7 月 16 日。

于共和党的反对而被迫取消，[①]但可以肯定的是，对公共利益、纳税人利益的保护已成为美国银行业监管的新核心价值取向之一。

如果以更纵深的大历史观来审视美国这次新立法，笔者以为，对“太大不能倒”原则的放弃不过是人类智识前进中的又一轮回而已。回顾历史，对银行监管的认识与立场似乎总在轮回式前进，从朝向一个极端转为朝向另一个极端。事物的矛盾性决定了人们对包括大型银行破产在内的问题存在认识对立，注定不会有终极答案。这种矛盾性与不确定性使每次重大变革更像对危机与痛苦的本能反应，这也是为什么美国“几乎所有的重大立法均发生在出现危机的时候”的原因。[②] 理论上，由于先发优势、信息不对称、更替成本以及其他市场不完备等因素，一旦形成某种认识以及建立在这种认识上的监管结构，这种结构会延续下去，只有出现危机后，立法才可能作出反映，对原有法律制度以及市场结构进行调整。[③] 20 世纪 30 年代后，对危机的本能反应使防范银行倒闭和保护金融系统安全成为美国银行立法与监管的单一价值取向，80 年代储贷危机爆发后，这种价值取向开始松动，美国政府允许小型银行的倒闭但仍然依照“太大不能倒”原则对大型银行提供担保与救助。2008 年金融危机爆发之后，已无力承担的巨大财政负担以及纳税人利益的巨大损失让人们再次本能地选择改变：放弃对大型银行保护的承诺。但笔者相信，这并不意味着美国政府今后将不会对任何大型银行进行任何救助，当对失败银行救助的成本小于银行破产带来的损失时，政府对大型银行的救助仍可能再次出现。因此，美国的这次银行立法注定不会是最终立法，下一次危机来临时，新的监管理念与制度变革还将再次出现。

---

① 2010 年 6 月 29 日，美国国会参众两院代表就各自版本的金融监管改革法案达成立法妥协。根据参众两院联席委员会敲定的最终方案，向银行收取 190 亿美元费用的条款将从金融改革法案中去除，实施该法案所带来的成本将从财政部不良资产救助计划（TARP）中提取资金支付，同时联邦存款保险公司（FDIC）要求风险性高的大型银行支付更多费用。

② Carrie Johnson, Businesses Prepare to Mount a Concerted Attack on Regulation, Wash. Post, Mar. 12, 2007, at A02.

③ Stephen A. Rhoades, Bd. of Governors of the Fed. Reserve Sys., Staff Study 174, Bank Mergers and Banking Structure in the United States, 1980 - 98(2000), at 1, http://www.federalreserve.gov/pubs/staffstudies/2000-present/ss174.pdf. 最后访问日期：2010 年 7 月 16 日。

对信用证方式支付的国际货物买卖合同中“付款”义务的界定

刘子平[*]

一、问题的提出

(一) 国际货物买卖合同中买方的付款义务

1. 国际货物买卖合同的概念和特点

国际货物买卖合同是国际贸易交易关系中最为重要的一种合同，是买卖双方经过磋商，就一笔货物的进出口交易达成的协议。① 与国内货物买卖合同相比，其特点是：(1)当事人的营业地分别处在不同的国家；(2)订立合同的发价和接受的行为在不同的国家完成，或者发价和接受虽在一个国家完成，但是货物的交付需在另一个国家履行；(3)调整国际货物买卖合同关系的法律，涉及不同国家的法律选择，或适用国际贸易条约或惯例所规定的规则。②

但其本质仍然是买卖合同，买卖双方的基本义务为：卖方按照合同约定，将标的物的所有权移转给买方，买方则应当按照合同的约定接受标的物并支付价款。③ 并物买卖合同中买方的付款义务。

2. 国际货物买卖合同中付款义务的法律规定

(1) 各国国内法对国际货物买卖合同中“付款”义务的规定

《中华人民共和国合同法》在第 159 条首先规定“买受人应当按照约定的数额支付价款”；进而在第 159 条的后半段、第 160 条、第 161 条，分别规定了付款金额、付款地点和付款时间的确定方式。

---

* 刘子平，北京大学法学院金融法研究中心 2012 级博士。

① 王传丽主编：《国际贸易法（第四版）》，36 页，法律出版社，2009 年版。

② 王传丽主编：《国际贸易法（第四版）》，36 页，法律出版社，2009 年版。

③ 赵承壁：《国际货物买卖合同》，4 页，对外经济贸易大学出版社，2001 年版。

《德国民法典》第433条只对付款义务进行原则性的规定:“买受人有义务向出卖人支付约定的价金,并领取受买的物。”

《日本民法典》第555条也只是原则性地规定了买方“支付价金”的义务。

《法国民法典》第1650条规定“买受人的主要义务,为按照买卖契约规定的时日及场所支付价金。”第1650条、第1651条进而对时日、场所的确定,以及买方支付价金利息的情形进行了规定。

台湾地区“《民法》”也是先对买方付款义务进行了原则性规定,再对付款金额、付款地点和付款时间做出规定。

(2) 国际公约对国际货物买卖合同中“付款”义务的规定

《联合国国际货物买卖合同公约》(United Nations Convention on Contracts for the International Sale of Goods,以下简称CISG)是国际贸易领域中影响最大的一项重要的国际贸易公约。

CISG买方义务的第一节标题为“支付货款”。其中第54条规定“买方支付价款的义务包括根据合同或任何有关法律和规章规定的步骤和手续,以便支付价款。”并在第55条、第56条、第57条、第58条、第59条中对付款金额、付款地点、付款时间的确定进行了规定。

(3) 国际商业惯例对国际货物买卖合同中“付款”义务的规定

国际商业惯例是商人们在长期的实践中形成的习惯做法,不具有普遍法律约束力,通常供商人们在实践中选择适用,但一经选择,即具有约束力。在国际贸易领域,最有影响、适用最广泛的是国际商会编纂的《国际贸易术语解释通则》(International Rules for the Interpretation of the Trade Terms,以下简称Incoterms)。

而在Incoterms中,对各个贸易术语中卖方义务的第一项B1都规定为“支付价款”的义务,具体为“卖方必须按照销售合同规定支付价款”。除此之外,再没有进一步具体的规定。

(4) 对国际买卖合同中付款义务法律规定的小结

综上可以看出:这些法律规定大多是首先确定了按照合同约定付款为买方的基本义务,然后就付款数额、付款地点、付款时间确定的大概方法进行规定。除此之外,仅CISG还提到了付款应“根据合同或任何有关法律和规章规定的步骤和手续”进行。

(二) 采取信用证方式付款的基本流程

1. 信用证是国际货物销售合同中重要的支付方式

与国内贸易相比,国际贸易中货款的支付面临买卖双方信用风险、资金融通的要求、汇率风险、外汇管制问题等。[①] 因此,其收付大多使用非现金结算,使用票据代替现金作为流通手段和支付手段。[②] 并采用特定的支付方式,例如托收、汇付和信用证,来减少风险、增加效率。而信用证是当今国际贸易结算中被广为使用的最为重要的一种支付方式。[③]

2. 信用证支付的国际惯例和习惯做法

信用证是商业习惯的产物而不是法律的创设物,因此,各国基本上没有专门调整信用证的法律,一般靠各个银行自订的格式信用证条款和国际商业惯例调整。普遍接受的商业惯例是国际商会于1930年制定的《跟单信用证统一惯例》,现在使用的是2007年生效的修订本(以下简称UCP600)。

结合UCP600的规定以及习惯做法,学者总结出采用信用证方式付款的六个基本步骤:[④]

(1) 买卖双方应在合同中明确规定采用信用证方式付款。

(2) 买方向其所在地的银行提出开证申请。

(3) 开证行按申请书的内容开立以卖方为受益人的信用证,并通过其在卖方所在地的往来银行通知卖方。

(4) 卖方对信用证审核无误后,即发运货物并取得信用证所要求的装运单据,然后,按信用证的规定凭单据向所在地的银行议付货款。

(5) 被指定银行在其应获得偿付的银行日或在此之前,通过向受益人预付或者同意向受益人预付款项的方式购买相符提示项下的汇票(汇票付款人为被指定银行以外的银行)及/或单据。

(6) 开证行通知进口人赎单,进口人付款赎单后,信用证交易即到此结束。

(三) 信用证支付失败对买方付款义务履行的影响

上述信用证流程的顺利完成会使得卖方获得货款。在这种情况下,买方在国际货物买卖合同中的付款义务毋庸置疑已经达到履行。而又由于在整个信用证支付过程中,买方所需要做的好像只是开出合同项下的信用证,因此,我们有时会习惯性地称这类合同中的买卖双方的基本义务为"开证"和"发货"。

但实践中也有很多案例,是信用证支付的某一环节出现纰漏,致使最终信用证支付失败,卖方无法得到货款的。在这些情况下,买方的付款义务算不算已经履行

---

① 郭瑜:《国际贸易法》,356页,北京大学出版社,2006年版。

② 张炳达:《国际贸易实务》,181页,立信会计出版社,2009年版。

③ 张炳达:《国际贸易实务》,204页,立信会计出版社,2009年版。

④ 王传丽主编:《国际贸易法》(第四版),147页,法律出版社,2009年版。

了呢？特别地，如果在开证环节出现纰漏，买方没能开出符合要求的信用证，我们的一般感觉是买方的付款义务也没有完成，要继续履行；但如果买方已经完成了“开证”的环节，纰漏出现在开证之后的环节，那么买方的付款义务的履行状况是已经履行了，还是要继续履行，直至卖方收到货款呢？

为了将问题更好的呈现，我们可以首先将信用证支付失败的这些情况进行穷尽式的分类：

1. 开证申请被拒绝，没有开出信用证（开证不成功）；

2. 银行因单证不符、超过期限等合理拒绝支付或拒绝承兑（以下简称合理拒付）；

3. 银行不当拒绝支付或拒绝承兑（以下简称不当拒付）；

4. 开证行在支付或承兑之前破产倒闭（以下简称开证行破产）。

（四）问题的提炼

通过以上对国际货物买卖合同中买方的付款义务和信用证支付流程的分析，我们提出一个问题：在采用信用证方式支付的国际货物买卖合同中，如果信用证支付失败，特别是在买方已经正确履行了开证义务，而卖方却依然没有成功从银行取得货款的情况下，卖方是否有权根据双方的买卖合同，再直接向买方要求履行付款义务呢？[①]

更进一步说，买方履行了开证义务就等同于其正确履行了付款义务吗？还是说付款义务只有在卖方接收到货款时才得以完成呢？达到何种程度才算是完全履行了付款义务呢？另，开证行为和付款义务的关系是什么呢？

上述问题的本质为：采用信用证支付的国际货物买卖合同中“付款”义务的内涵和外延到底是什么——这也正是本文的中心问题。以下，笔者拟尝试一系列分析方法，对此进行探索。

二、正面分析——对 CISG 进行法律解释

（一）解释 CISG 的原因

法律是人们的行为准则，解决法律问题首先要从现行法律中寻找答案。如果法律有明确的规定，就适用该规定；如果规定不明确，那么就尝试用法律解释的方

---

① 有学者将此问题称为信用证的“短路”问题，见王传丽《国际贸易法》（第四版），147—148 页，法律出版社，2009 年版。

法进行明确。

而从本文第一部分所列出的有关此问题的准据法，我们找不到任何对"付款"义务的内涵、外延或完成标准作出具体规定的条文。所以，只能尝试用法律解释的方法对此问题进行明确。笔者拟选取 CISG，对其有关条款进行解释以期找到问题的答案。

选取 CISG 的原因如下：

1. 截至目前，该公约的缔约国已达 76 个。[①] 其中包括中国、美国、澳大利亚、部分欧盟成员等五大洲重要贸易大国，其贸易量占国际贸易总额的三分之二以上。[②] 再加上公约适用范围的广泛(缔约国国当事人订立的合同，或国际私法规则导致适用某一缔约国法律时，如果没有当事人的明确排除，都应适用公约)，其重要性是任何一部国内法或国际惯例都不能比拟的。因此，在国际货物买卖合同中和国际商事仲裁的实践中，CISG 被选作准据法的比例是非常之大的。

2. 如前所述，各公约和国内法对"付款"义务的规定比较类似，而且一般都较为原则；这其中，CISG 的规定相对来说，比较集中和具体。

3，从资料获取的角度上，国内法的制定过程较不透明，而从国际贸易法委员会的官方网站上可以找到 CISG 制定的一些背景资料，利于法律解释。

(二) 解释 CISG 的方法

CISG 在近三十年的实践运用中，受到主要贸易国家的认同和好评。这固然是由于其条款的科学性，但也得益于其包容性和灵活性。然而，灵活性就会导致语言多处呈现模糊和原则的特点，难以保障实践操作中的统一，需要解释。这样，CISG 专门设置了其特殊解释规则——第 7 条。[③]

CISG 第 7 条第 1 款要求在解释中考虑公约的国际性质，提出了促进公约统一适用的解释目标，强调了诚信价值；第 7 条第 2 款指出公约补缺以一般原则为优先，在无一般原则时可以诉诸国际私法规则。但第 7 条本身也是原则性的，其中的"公约的国际性质""统一适用的解释目标""诚信价值""一般原则"等都需要进一步明确其含义。

而《维也纳条约法公约》第 31 条至第 33 条是被广为接受与援引的条约解释的国际规则。笔者认为，对 CISG 的第 7 条也应当按照《维也纳条约法公约》进行解

---

① "1980 年—《联合国国际货物销售合同公约》"，资料来源 http://www.uncitral.org/uncitral/zh/uncitral_texts/sale_goods/1980CISG_status.html，2011 年 6 月 17 日最后访问。

② 郭瑜：《国际贸易法》，210 页，北京大学出版社，2006 年版。

③ 刘瑛：《〈联合国国际货物销售合同公约〉解释问题研究》，179 页，法律出版社，2009 年版。

释。概言之，CISG第7条与《维也纳条约法公约》之间应当是特别法和一般法的关系，第7条有规定的，依照第7条；没有规定的，依照《维也纳条约法公约》。[①] 而后者规定了公约解释的几种方法：文义解释、系统解释、目的解释、补充材料的解释。

综合起来，对CISG的解释可以遵循以下方式：[②]

1. 应以文本为首要依据；
2. 以立法历史作为解释的补充资料；
3. 国际统一法律文件和法学家论著是CISG解释可以考虑的资源；
4. 外国判例法是保证CISG统一解释的最后一步；
5. 诚信是CISG解释的价值判断标准，也是其条款解释和补缺的依据。

(三) 对CISG第54条的解释

1. 文本解释

CISG直接规定买方义务的条款是第54条。“买方支付价款的义务包括根据合同或任何法律和规章规定的步骤和手续，以便支付价款”。

根据第54条，付款义务可以约定；其外延应当包括“采用约定或法律、规章规定的步骤和手续。”但没有规定付款义务的内涵，即其履行的标准。

值得注意的是，这里提到了相关法律和规章，其很有可能包括UCP600的有关规定。但UCP600规制的只是银行与开证人、受益人之间的信用证法律关系，对信用证的基础法律关系即国际货物买卖合同不予规制。因此，我们在UCP600中不可能找到界定买方付款义务履行标准的规定。

2. 补充资料解释

笔者在1980年贸法会会议的官方记录中找到了一份名为“秘书处准备的对CISG草案的注释”(以下简称“注释”)的文件。

因为大会审议的是CISG在1978年通过的草案，草案的第49条为CISG最后版本第53规定的内容(买方的一般义务)；草案第50条规定的是CISG最后版本第54条的规定(买方的付款义务)。

“注释”中关于草案第50条的内容提到：草案第50—55条规定了一系列付款义务的细节。第50条是指，采取的一系列使得价款偿付成为可能的准备措施都是付款义务的一部分，包括申请开立信用证。第50条中规定的买方义务被限制在采取措施符合手续上，第50条并没有要求买方的努力必须达到信用证被开出、或外汇管制被授权、甚至价款最终被偿付的结果。但不容置疑的是，在第49条里买方的义

---

① 刘瑛：《〈联合国国际货物销售合同公约〉解释问题研究》，14页，法律出版社，2009年版。

② 刘瑛：《〈联合国国际货物销售合同公约〉解释问题研究》，181—183页，法律出版社，2009年版。

务是要看到价款被偿付的;但这种义务可以因符合第 65 条规定的免责事由而免责。

我们分析"注释"中的观点,归纳如下:草案第 49 条规定了买方的一般义务,"付款"和"收货";第 50—55 条规定的付款步骤、金额确定、地点确定、时间确定都是付款义务的一部分;而仅仅第 50 条规定的采取必要准备步骤的义务没有要求付款最终得以实现,甚至没有要求准备步骤本身的结果是成功的;但第 49 条对于"付款"义务的原则性规定却有着隐含要求,就是卖方要最后得到价款偿付。当然,如果情况符合 CISG 免责条款的规定,那么付款义务就可以得到免除;而 CISG 规定的免责事由包括:当事人证明不履行义务是由于自己或其雇佣的第三方不能控制的障碍造成的,并及时通知对方。

由此,"注释"对"付款"的界定比较明确:其内涵是买方向卖方支付,达到卖方能够获得价款,但由于买方不能控制的障碍而造成的履行不能除外;其外延应包括采取必须的步骤,时间、地点、金额等的确定。

但迫于补充资料本身的法律效力的不足,通过补充材料得出的结论只能被认定为初步结论,还需要再用上面提到的其他解释 CISG 的方法进行验证,综合权衡,才能得出比较使人信服的结论。

3. 其他国际统一法律文件对照解释和法学家论著

在采用其他国际统一法律文件对 CISG 进行解释时,不得不提到罗马国际统一私法协会 1994 年组织众多国家的合同法和国际贸易法专家、学者、律师共同研究和制定的《国际商事合同通则》(Principles of International Commercial Contracts,以下简称 PICC)。学理上和争议解决实践中,都开始尝试并越来越多地使用 PICC 对 CISG 进行解释和补缺。①

执教于 Universidad Iberoamericana 的教授 Alejandro Osuna-Gonzalez 的论文《买方为付款采取的措施:CISG 第 54 条》中,就十分推崇 PICC 在解释 CISG 中的地位,并大量使用 PICC 的有关条款,对买方的付款义务进行解释。②

他认为,解释付款义务的内涵应主要参照 PICC 第 5.1.4 条(获得特定结果的义务和尽最大努力的义务):"1)如果一方当事人的义务在一定程度内获得某一特定的结果,则该方当事人在该程度内有义务获得此特定结果。2)如果一方当事人的义务在一定程度内涉及履行某一活动时应尽最大的努力,则该方当事人在该程

---

① 刘瑛:《〈联合国国际货物销售合同公约〉解释问题研究》,144 页,法律出版社,2009 年版。

② Alejandro Osuna-Gonzalez, Buyer's enabling Steps to pay the Price: Article 54 of the United Nation's Convention on Contracts for the International Sale of Goods, http://www.uncitral.org/uncitral/en/uncitral_texts/sale_goods/1980CISG_VIAC.html, 2011/6/18.

度内有义务尽一个具有同等资格的、通情达理的人在相同情况下所会付出的努力。”他进而将CISG第54条中买方可能采用的付款准备措施分为“商业性措施”与“行政性措施”，认为采取商业性措施的义务是属于上述第一种义务，采取这种措施买方要保证结果为卖方能得到偿付；而采取行政性措施的义务属于上诉第二种义务，只要买方进到最大努力即可。

按照Alejandro Osuna-Gonzalez的观点，买方以信用证形式付款的行为应该也算是商业性措施；那么，此种形式的付款义务应当要达到能使卖方得到偿付的结果。这与我们上述文义解释的初步结论也并不矛盾。

4. 判例法国家判例研究

关于这个问题，也有两个比较经典的案例。

在英国1966年的一个案件中，卖方首次提交的单据不符合信用证的要求，被银行拒绝。后来卖方获得了合格的单据，进行了二次交单，但因信用证期限届满，银行不再支付货款，卖方转而向买方提交单据要求付款，被买方拒绝。法院判决：买方履行开证义务的同时就视为履行了付款义务。MvNair法官在判决中写到：“在我看来，在此种形式的合同之中，如果买方为卖方提供了一个可靠且有支付能力的付款人以使其能够——在必要时通过诉讼——获得付款的话，买方就履行了其付款义务，虽然在银行因破产而无力支付时买方可能仍须负责；……我认为，如下观点与合同的明示条款是极不一致的，即认为卖方又通过向买方直接交单而获得付款的选择权。加入买方已经开出信用证，而为了开证买方通常要向银行提供现金或作某种授权，卖方能够随意漠视信用证条款而直接向买方交单吗？看来答案显然是否定的。”[①]

在Alan & Co. v. El Nasr Export & Import (1972) Lloyd's rep. 313案中，另一位法官Megaw说：“……卖方除依照并通过保兑的不可撤销信用证之外无权要求支付（当然我不是指违约的损害赔偿）：无论如何，只要银行在履行其信用证义务时没有过错……此处的约定义务是以‘保兑、不可撤销的信用证支付’……如果此种信用证被及时开立，且支付依信用证的条件及时作出，则我认为买方再无责任作出其他的或另外的付款，卖方也不应提出此种要求。”最后他认为卖方无权向买方要求支付除非是银行有错误拒付。其他几位法官也对此案发表了看法，Denning勋爵说：“信用证不应被当作是绝对的付款方式，除非卖方明示或默示地规定应该如此。而在他如此行事的情形下，我们才能推定卖方依赖于特定的银行而将买方排除在外。”Stephenson大法官认为：“买方是允诺以信用证付款，而不是利用信用

① 谢可训：《跟单信用证“短路”问题研究》，载《司法实务》2005年7月，第20卷第4期。

证来获得一种不付款的途径。”所以他也认为信用证非是买卖合同下的绝对支付办法，会有情况卖方会向买方追讨货款。①

这两个案例最后的判决结果是相反的：第一个案例判定买方履行了开证义务就视为履行了付款义务；而第二个案例中，虽然买方履行了开证义务，但卖方在没有获得货款的情况下还是可以直接向买方追偿。但仔细分析，可以发现，两个案件中，英国大法官们的观点在本质上是相同的，判决结果的差异只是因为案情的不同。

英国法官们的观点为：买方的付款义务的内涵是，其为卖方提供了一个可靠且有支付能力的付款人以使其能够——在必要时通过诉讼——获得付款。这就意味着，如果是由于买方没有找到这样一个付款人而导致卖方没有获得付款，买方就依然承担付款义务，例如开证不成功、开证行倒闭、不当拒付等；而如果买方已经找到了这样一个付款人使得卖方能够获得货款，但由于不是买方可以控制的阻碍造成卖方不可预见的情况使得其本身无法获得付款，买方就不再承担付款义务了，例如开证行合理拒付货款。

从判例中得到的结论同我们用补充资料解释、其他统一法律材料和学者看法的解释不谋而合。

5. 价值判断

作为CISG第7条所明确宣示的公约解释价值目标，任何CISG条款解释和补缺都应当符合诚信标准。② 但公约没有对诚信的含义作出规定，所以不宜从一开始就直接采用诚信原则进行解释。因此，笔者将其放在最后，对前面得出的初步结论进行价值判断。因为初步结论如果不能经受诚信原则的考验，那么势必不能被人们接受。

在价值判断之前，首先把上述几种方法得到的初步结论整理如下：以信用证方式支付的付款义务的内涵是买方有义务提供一个可靠且有支付能力的开证行使卖方能够获得价款，除非有买方不可控制的原因导致这种义务不能履行；付款义务的外延包括准备步骤、确定付款时间、地点、金额等；付款义务可以约定。

由于公约没有对诚信原则做出具体规定，笔者这里仅采取诚信原则在买卖合同中最重要的要求，从买卖双方权利义务对等、风险分担合理的角度，进行价值判断。

买卖合同中，双方的核心义务为交货和付款。按照上述初步结论，申请开证仅

① 杨良宜：《信用证》，87—90页，中国政法大学出版社，1998年版。

② 刘瑛：《〈联合国国际货物销售合同公约〉解释问题研究》，182页，法律出版社，2009年版。

是付款义务的一部分，是为了正确履行付款义务而采取的一个步骤，只有与其他步骤相结合，达到为卖方提供一个可靠且有支付能力的开证行使其能够获得价款，才算是完成了付款义务。这种对付款义务的界定与卖方的交货义务是比较对等的。因为卖方的交货义务的内涵也是采取一定的步骤，在约定的时间、地点使买方或其雇佣的人能够接收货物。否则，如果买方申请开证就意味着付款义务的履行，那么实践中会出现很多买方接收货物，而卖方接收不到价款的情况。

从风险分担的角度上看，上述得出的论断符合行为与风险相一致的原则。在由于买方可以预见的原因而没有完成付款义务的情况下，买方实际上即存在过错，其应当为自己的过错承担风险；极端的情况是，买方向开证行支付价款之后，开证行向卖方支付之前倒闭，买方也应继续承担付款责任，这是因为其在选任开证行时没有尽到注意义务，选择了一个不可靠的、不具有支付能力的开证行，那么其导致的后果就要由其自己承担，而不是由没有过错的卖方承担。在由于买方不可预见的原因而没有完成付款义务的情况下，买方不存在过失，而卖方存在过失，那么这个风险就应当由卖方自己承担，而买方的付款义务就应被视为已经完成而被免除。

6. 小结

在本部分，我们得出了“付款”义务的最终解释——其内涵是买方有义务提供一个可靠且有支付能力的开证行使卖方能够获得价款，除非有买方不可控制的原因导致这种义务不能履行；其外延包括准备步骤、确定付款时间、地点、金额等；当然，买卖双方也可以进行约定。

三、反面思考——对信用证法律制度的再探索

以上笔者从正面角度，对 CISG 条款进行分析，得出了“付款”义务的最终解释。

但回过头来反思，笔者注意到，之所以这里的付款义务会比较难以界定，一个重要的原因是信用证的特殊性。信用证的本质是什么？它与付款义务到底是什么关系？信用证法律关系和买卖合同的关系到底是什么？信用证独立原则在这里又有什么意义？如果这些问题得不到很好的解答，我们对这里付款义务的理解就不会透彻。以下我们就来对信用证法律制度进行再探索。

（一）信用证的本质——支付工具还是支付方式

仔细分析与笔者的解释相反的观点，通常人们将“开证义务”与“付款义务”等同的一个重要的原因是，在很多人的意识中，似乎信用证等同于货币、票据等付款工具，开立了信用证就是支付了价款。事实真的如此吗？

翻开任何一本国际贸易法的教科书，都可以看到对“支付工具”与“支付方式”的严格区分。前者是指一种本身代表了一定的经济价值，能够参与流通的工具，在国际贸易支付中主要包括货币和票据两种形式，虽然在合同中都是以货币计划和计算，但实际业务中大多使用代替现金作为流通工具和支付工具的商业票据；而后者则是指一种支付的方法和途径，即怎么样把作为支付工具的货币或票据交到卖方手里，分为两类：一类是属于商业信用的支付方式，包括汇付和托收；而另一类则属于银行信用的支付方式，典型代表是信用证。[①]

由此可见，信用证是支付方式，而非支付工具，其本身不代表经济价值。卖方所需要的不仅只是开启付款流程的一张纸，而是实实在在的经济价值。因此，这也印证了我们对 CISG 的解释，买方履行了开征义务就履行了付款义务是站不住脚的。

(二) 对信用证独立原则的再思考

因为问题涉及信用证法律关系与其基础关系买卖合同之间的关系，不得回避的一个问题就是信用证独立原则。

UCP600 对信用证独立原则的描述如下：“就其性质而言，信用证与可能作为其开立基础的销售合同或其他合同是相互独立的交易，即使信用证中含有对此类合同的任何援引，银行也与该合同无关，且不受其约束。因此，银行关于承付、议付或履行信用证项下其他义务的承诺，不受申请人基于与开证行或与受益人之间的关系而产生的任何请求或抗辩的影响。受益人在任何情况下不得利用银行之间或申请人与开证行之间的合同关系。开证行应劝阻申请人试图将基础合同、形式发票等文件作为信用证组成部分的做法。”

有人据此认为信用证一经开出，其与基础合同的关系就是相互独立的，因此，信用证法律关系的状态不应对基础合同关系的履行产生影响，例如，即使开证行倒闭，那么也不应该影响基础合同中的买方对其付款义务的履行。

但我们仔细分析 UCP600 的文字可以看出，其独立性的界定在于强调基础合同不能影响信用证法律关系，特别是不能影响银行；而并没有提到信用证法律关系不能影响基础合同关系。

事实上，分析信用证法律关系的成因可以看出，信用证法律关系来源于基础合同，因此，买卖双方在信用证中的法律关系实际上是为了实现原买卖合同的一部分权利义务而另外设定的程序上的权利义务关系。可以说，双方在信用证中的法律

① 张永华：《信用证交易中“短路”问题之探析》，载《中央政法管理干部学院学报》2001 年第 5 期。

关系其实是他们在买卖合同中的法律关系的一部分。只是为了要保护和保持涉及的银行的独立性，所以规定买卖合同中其他的法律关系不得影响信用证法律关系。但信用证法律关系的变化必然会影响买卖合同。当信用证法律关系满足不了卖方的合理需要时，他可以回归到买卖合同中主张其权利。从信用的角度上说，信用证只是用银行的信用增强买方的商业信用，而非完全取代商业信用。如果这一渠道未达到卖方的期望，他就只好退而求其次。[①]

因此，笔者认为，信用证独立原则旨在强调信用证关系独立于基础关系，不受其影响；而基础关系不仅不独立于信用证关系，而且大受其影响。这也从反面印证了我们在解释 CISG 时得到的结论。

四、问题的解决和对中国外贸主体的建议

（一）结论

通过第二部分、第三部分正反两反面的分析，笔者得出如下结论：

1. 采用信用证方式支付的国际货物销售合同中的“付款”义务的内涵是指：买方有义务提供一个可靠且有支付能力的开证行使卖方能够获得价款，除非有买方不可控制的原因导致这种义务不能履行；

2. “付款”义务的外延包括准备步骤（开证）、确定付款时间、地点、金额等；

3. 买卖双方可以对付款义务进行约定。

4. 如果由于买方可以控制的原因导致其付款义务没有履行，那么他应当继续履行付款义务或者承担其他违约责任；

5. 如果由于买方不可控制的原因导致其付款义务没有履行，那么他可以对其不履行付款义务免责。

（二）对中国外贸主体的建议

在中国的外贸主体作为采用信用证方式支付的国际货物买卖合同的买方时，应注意以下几点：

1. 在选择开证行时，尽量选择信用较好、资金雄厚的银行，而不要选择资信状况较差的金融机构作为开证行。否则，一旦开证行倒闭，将导致信用证付款方式的失败，甚至买方面临着多次付款的风险。

2. 在合同中，可以对其付款义务进行约定，约定买方履行开证义务就视为履

---

① 张永华：《信用证交易中“短路”问题之探析》，载《中央政法管理干部学院学报》2001 年第 5 期。

行付款义务，以此来规避风险。

在中国的外贸主体作为卖方时，应当注意以下几点：

1. 尽量避免因为自己的原因而导致信用证的拒付，例如单证不符、信用证到期等。否则，将面临着损失货款甚至财货两失的风险。

2. 应避免在合同中约定，买方履行开证义务就视为履行了付款义务；可以约定在不因卖方原因造成的信用证支付失败的情况下，卖方可以直接向买方请求付款。

关于信用卡冒用纠纷中特约商户注意义务边界的实证研究

韩　旭*

序言

近些年,随着信用卡的普及应用,信用卡纠纷呈急速上升趋势。在信用卡纠纷案件中,有一部分案件是因信用卡冒用而产生的纠纷。信用卡冒用是指,他人冒充信用卡真正持卡人进行消费的行为。由于信用卡持卡人将为自己的信用卡使用金额而承担还款义务,故因他人违背自己意志而使用信用卡的行为常常会形成法律纠纷。在北大法宝案例数据库中,以“信用卡冒用”为关键词搜索,共有“广州市新佳信通讯连锁服务有限公司正佳综合营业部等与李荔信用卡侵权纠纷上诉案”等案件36个①。本文将以这36个案件为研究基础,以数据统计方法为手段,对此问题予以分析。

一、“信用卡冒用行为”的界定

信用卡冒用行为有这样两个要件:一是,在对象上,冒用人使用的是“信用卡”,那么什么是信用卡,首先,我们就要对“信用卡”进行界定;二是,在行为上,冒用人要进行“冒用行为”。

信用卡,是现代社会金融工具中的一种。在《商业银行信用卡业务监督管理办法》第七条中,信用卡被界定为“本办法所称信用卡,是指记录持卡人账户相关信息,具备银行授信额度和透支功能,并为持卡人提供相关银行服务的各类介质”。由此,我们可以得出信用卡的两个重要特征:支付性、可透支性。支付性意味着信

---

* 韩旭,北京大学金融法研究中心2010级硕士,工作单位:中国机械工业集团。
① 案件目录见附录。

用卡可以被用作货币的替代物去进行商品交易，可透支性意味着持卡人可在一定期限内获得发卡行的一笔免息的信用贷款从而增大其短时间内的可支配资金。

冒用行为是指，冒用人冒持卡人之名对持卡人的信用卡进行使用。冒用行为的成功模式一般是这样的两种流程：首先，冒用人对信用卡进行了消费，并获得了商户所提供的物质或是服务；之后，商户误以为冒用人是真正的持卡人，从而使得刷卡行为成功，商户从银行处获得消费金额的过户结算。

二、信用卡冒用纠纷中的法律关系

信用卡冒用行为一般情况下涉及五方当事人，分别是发卡行、银行卡组织或收单行、特约商户、持卡人与冒用人。

依时间上的逻辑顺序，发卡行最先与收单行或银行卡组织基于银行业惯例而形成一种委托关系，收单行或银行卡组织与特约商户间订立《受理银行卡协议》同时也形成了委托关系。之后，信用卡申请人向发卡行申领信用卡而与发卡行订立《信用卡领用协议》成为了持卡人，他们间成立了一种存款法律关系与借贷法律关系相复合的法律关系。再当持卡人通过遗失或盗窃失去了对信用卡的占有之时，冒用人冒持卡人之名对信用卡消费成功之时，冒用人与特约商户间形成了买卖合同，与此同时，冒用人也对持卡人造成了侵权，形成了侵权之债。最后，在冒用人使用信用卡进行消费的过程中，若特约商户在审核义务中存在过错，其也将对持卡人造成侵权，形成侵权之债。

这五方当事人的关系示意图如下：

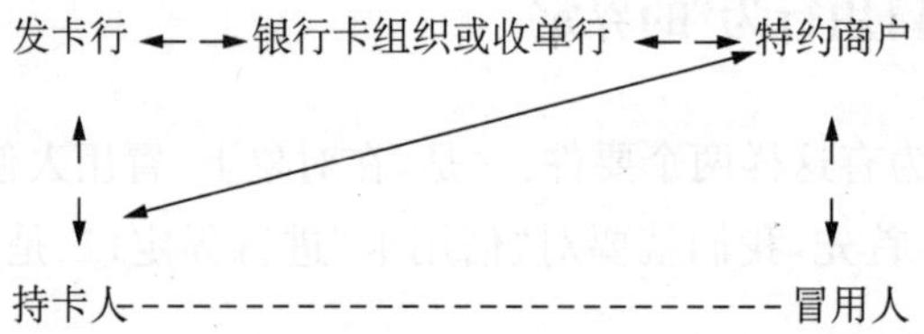

三、关于特约商户注意义务标准的实证统计分析

关于特约商户的注意义务的内容，有以下的案例统计[①]：

① 案件编号取自附录中的案件编号。

表 1　特约商户注意义务内容的案例统计

信用卡类型	注意义务内容	案件编码
有彩照信用卡	审查签名＋核对其他的身份证件	1、8
	审查签名＋存在短期大额消费的存疑情况	5、30、36
	审查签名＋违反“大额不得分次交付”的规定	2
无彩照信用卡	审查签名＋核对其他的身份证件	26、27、28、32、33
	审查签名＋核对彩照与消费人面相	29
	审查签名＋存在短期大额消费的存疑情况	12

由此我们可以得出这样的结论：在 30 个诉讼当事人为持卡人与特约商户的案件中，有 13 个案件其对特约商户的注意义务不仅局限于审查签名义务，也就是说有 17 个案件默认特约商户的注意义务仅限于审查签名义务。而且从表 1 中，我们可以看出，在所有的 30 个案件中，存在着一个公因式，即审查签购单上的签名与信用卡背面的预留签名的一致性，那么审查签名一致性的标准如何，且请看以下的统计：

表 2　特约商户审核标准与审核内容的案例统计

审核标准	审核内容	案件编码
相似		3、21
明显不一致	审判词中仅写明“签购单与持卡人签名不一致”	4、10、22、23、24
	字迹	30、36
	字体	1
	字体、运笔习惯	9、12、31
	笔体、字样	2
	笔体、笔画	8
	字体、笔画、布局	11
	签购单上当事人姓名书写不规范，两次签购单上书写不一致	13
	签购单上签名与持卡人名字不同	18、29
	签购单上签名与持卡人签名繁简体不同	34
	签购单上的签名有涂改	35

续　表

审核标准	审核内容	案件编码
证据上无法证明	持卡人无法证明签购单上签名与本人签名不同	5、7、33
	商户无法证明签购单上签名与本人签名相同	19
	商户拒不提供签购单，故推定签购单上签名与持卡人不同	25
其他情况	法院未审查	26、27、28
	监控录像证实商户工作人员已对签名进行比对	32

由上述的统计中，我们可得出如下的几个结论：一、法院对签名的认定标准非常多样化，而且各种标准在表述上也不同，比较明显的两类标准的用词是"相似"与"明显不一致"，但这两种说法其实并不周延，也就是说，相似对应的另一半是"不相似"，"明显不一致"对应的另一半是"明显一致"，"相似"却不能对应"明显不一致"，说明这两种标准尺度是两个不同的标准，究竟应用哪种标准更好，将在以下的理论研究中予以分析；二、在界定签购单上签名与持卡人预留签名的一致性时，法院的判词中具体地比较二者签名，除较容易看出的字迹内容方面的不同外，对于字迹形式上的比较也有很多种说辞，比如"字迹、字体、运笔习惯、字样、笔体、笔画、布局"，中国语言的用词中，每个词似乎都有着不同的涵义，要求法院均以同样的角度去鉴定签名字迹形式恐怕有些勉强，但这些鉴定的角度倒是可以被后案所借鉴；三、有些法院的判词中，跳过鉴定的理由，而直接说出"签购单与持卡人签名不一致"的结论，这恐怕难以使如笔者等案外人信任结论产生的过程与鉴定态度的严谨性，亦希望法院能够在之后的判决书中多一些细致与理由的支撑。

冒用信用卡行为能够成功的其中一个环节在于特约商户的工作人员将签购单上的签名与信用卡背面的签名进行核对并认为其一致，以上是对签名对比标准的实证研究，但在现实中，我们可以看到，持卡人失去其对信用卡的控制主要在于丢失或被盗，而在大多数无法找到冒用人的情况下，相当于无法找到当时对签购单进行对比所使用的信用卡背面的签名。

在此种情况下，法院如何去认定签购单上的消费人签名与信用卡背面签名的一致性呢？在选取的案例中，涉及签购单与持卡人签名对比鉴定的案件有 19 例，签购单上签名的对比样本如下：

表 3 签购单与持卡人签名对比样本的案例统计

对比样本	案件编号
申办信用卡时的申请表上的预留签名	1、9、11、19、20、21、24、31
申办信用卡时的申请表上的预留签名＋持卡人的近期消费签购单	2、12、22
申办信用卡时的申请表上的预留签名＋持卡人的近期消费签购单＋信用卡相关的银行文件上的签名	36
申办信用卡时的申请表上的预留签名＋诉讼司法文书上的签名	30
申办信用卡时的申请表上的预留签名＋信用卡相关的银行文件上的签名	34
信用卡相关的银行文件上的签名	4
持卡人近期的消费签购单	3、10、23
持卡人近期的消费签购单＋诉讼司法文书上的签名	8

并由上一个表格，若将每种对比样本进行统计，便可得出下面的统计数据：

表 4 签购单与持卡人签名对比样本使用次数的案例统计

对比样本	使用次数①
申办信用卡时的申请表上的预留签名	15
持卡人的近期消费签购单	8
信用卡相关的银行文件上的签名	3
诉讼司法文书上的签名	2

由上面两个表格，我们可以从实证统计中得出这样的几个结论：一、几乎每个案件，都以申办信用卡时的申请表上持卡人所预留的签名为鉴定样本；二、有接近一半的签名鉴定中，仅以申办信用卡时的申请表上的签名作为了对比样本；三、除申办信用卡时申请表上持卡人所预留的签名，持卡人的近期消费签购单作为了举证最多的样本；四、除申办信用卡时申请表上持卡人所预留的签名、持卡人的近期消费签购单作为样本之外，经常使用的样本还有信用卡相关的银行文件上的签名与诉讼司法文书上的签名；五，有 12 个案件(12/19)仅利用一种对比样本就得出了鉴定结论。

---

① 由于每个案件使用的样本可能多于一件，故样本使用次数的统计总数将大于案件数 19。

另外，对于特约商户的工作人员所必需具备的能力，有两种观点：一种认为，要求特约商户的工作人员具有超于常人的辨识能力过于苛刻，也与信用卡方便快捷的使用性能不符，故特约商户的工作人员只需达到一般人所具有的辨识能力即可[①]；另一种观点认为，特约商户工作人员作为特约商户的代表者，应具有与特约商户高于一般人标准的注意义务一样，需要经过培训而具有高于常人的鉴别能力，但不需要具有专家一样的能力[②]。

在涉及特约商户工作人员签名鉴别能力的27个案件中，在审判词中明确写明"只要求特约商户工作具有常人的辨识能力"的案件共有3件[③]，明确提出"特约商户工作人员应具有高于普通人的鉴别能力"的案件共有3件[④]。其他的21个案件中，并未明确地提出特约商户工作人员应具有怎样标准的鉴别能力，但它们都利用了这样的逻辑：法院直接认定签购单的签名与持卡人签名是否相符，并且通过其签名的相似性去认定特约商户的工作人员是否履行了注意义务。这种逻辑直接地带来了这样一个问题，那就是，法院以自己的认定标准去潜在地界定了特约商户工作人员应具有怎样的鉴别能力，却绕过了这个问题本身。那么法院又在以什么样的标准去认定签名是否相似呢？笔者将在下文中予以叙述。

以上是对诉讼当事人为持卡人与特约商户的案件的实证研究，根据以上统计所得出的一些问题笔者将在理论研究部分予以解决。

四、关于特约商户注意义务标准的理论分析

根据上述的实证统计，我们可以发现在确定特约商户注意义务的外延上的这样几个问题：一、特约商户所应承担的注意义务概括来讲，其标准是应高于一般人标准，还是应相当于一般人标准；二、特约商户工作人员对签购单上的签名与持卡人签名是否一致的鉴别能力标准，是应高于一般人标准，还是应相当于一般人标准；三、最终鉴定签购单上的签名是否与持卡人签名一致时，应采用怎样的标准，由谁认定，以什么签名为对比模板来认定；四、在各个法院对特约商户的注意义务的不同界定中，特约商户的注意义务的外延究竟应怎样界定。

（一）特约商户的注意义务标准

笔者认为特约商户的注意义务标准应高于普通人标准，理由如下：一、在特约

① 见第3案莫永辉与广东省烟草综合服务公司金叶商场侵权纠纷上诉案的审判词。

② 见第4案邓艺峰与佛山市信和超级商场有限公司等信用卡消费纠纷上诉案的审判词。

③ 第1、3、5案。

④ 第4、10、21案。

商户与收单行或银行卡组织签订的《受理银行卡协议》中约定特约商户具有审查消费人是否为真正持卡人的义务,《银行卡联网联合业务规范》第三章 3.3 条也规定了特约商户的审查义务,所以,特约商户基于合同的约定及法律的规定都存在着对消费人的审核义务,其必然不等同于普通的法律主体地位;二、如果特约商户的注意义务标准等同于一般普通人的标准的话,将会引起特约商户利用其等同于其他普通人的义务标准进行不合理的抗辩,这样既不符合公平原则,也容易造成特约商户的道德风险。所以,无论从正面而言,还是从反面去考虑,特约商户都应概括性地具备比普通人更高的注意义务标准。

但要求特约商户具有高于普通人标准的注意义务,并不意味着其需要具有专家或是专业人员的水平。具有专家或专业人员的能力固然更能保护真实持卡人的利益,但这种要求对于特约商户而言显然是不现实的。

所以,对于特约商户的注意义务标准区间应是高于普通人,并低于专家或专业人员能力之下的。

(二) 特约商户的工作人员的签名鉴别能力标准

根据表 2 的统计,特约商户工作人员对签名的鉴别标准,一种是"相似"与否,一种是"一致"与否。从理论上讲,持卡人使用信用卡消费,其在签购单背面的签名应达到与其在信用卡背面签名"一致"的程度。但这毕竟是一种理想化的假设,纵使是同一个人,其签名也会随着时间、环境、心情的变化而变化。这样一来,要求绝对性的"一致"并不现实。更何况特约商户的工作人员也只是本质上的普通人,笔者认为,在要求特约商户工作人员对签名一致性的程度上来讲,达到"相似"即可,而不需要达到"一致"。

所以,综合上面几点理由,笔者认为,不应要求特约商户的工作人员去拥有超于常人的鉴别能力,只应要求其对签名的鉴别能力达到"相似"的标准即可。也就是说,在特约商户概括性地应具有高于普通人的注意义务标准的情况下,特约商户工作人员可具有等同于常人的鉴别能力,但需要具有高于普通人的鉴别经验与多于普通人的培训经历,以达到特约商户高于普通人注意义务的要求。

(三) 签购单上消费人签名与持卡人签名的鉴定

在信用卡丢失之后,证明特约商户是否履行了注意义务的很大一部分在于其是否履行了核对签名的一致性的义务。而持卡人会觉得签购单上的签名并非出自自己之手,特约商户会觉得自己对签购单进行了审查,并且认为二者签名一致。那么在这种时候,就需要一个公平的第三方去鉴定签购单上的签名与持卡人签名的一致性。在诉讼纠纷中,这样的角色往往是法院。

法院是怎样对签购单上的签名与持卡人的签名进行同一性认定的呢？根据表2与表3，持卡人申请信用卡时申请表上的签名被使用得最多，其他的对比样本还有信用卡丢失前的近期消费签购单、信用卡相关的银行文件上的签名与诉讼司法文书上的签名。持卡人申请信用卡时申请表上的签名一般被推定为与信用卡背面的预留签名一致，一是因为信用卡申请表上的签名必定为本人所签，二是因为这是持卡人在该信用卡最初使用的签名样本，故使用信用卡时申请表上的签名作为对比样本，是具有合理性的。且信用卡申请表在银行留有存根，当事人举证也具有可行性。故笔者认为，信用卡申请表上的签名作为对比样本是最具有说服力的证据。而信用卡相关的银行文件上的签名，如信用卡的现金存款单、取款单等银行的事务性文件上的签名，也具有一定的证明力，但必定次于与信用卡背面预留签名最接近的申请表上的签名的证明力。诉讼司法文书可作为对比样本的合理性在于，其推定每个人都有着一贯的字体风格与写字习惯，且诉讼司法文书上的签名由于其具有法律上的意义而会得到当事人态度上的重视，并且一般不会由他人代签。而且取用诉讼司法文书上的签名还有另一个好处，在于其会简便地取得持卡人未经伪造过的真实签名样本，但其依然弱于信用卡申请表上的签名样本的证明力。还有一种被使用较多的签名样本是持卡人在未失去信用卡之前消费成功的签购单样本，但笔者认为之前消费成功的签购单样本并不具有非常大的证明力，原因在于，在现实生活中，家人间互相使用信用卡的情况非常普遍，可能会存在妻子使用丈夫信用卡时在签单时签上丈夫的名字的情况，但这种情况并不会引起法律纠纷。也就是说，信用卡丢失前成功的消费未必是持卡人的消费，其签名也未必是持卡人本人所为。故笔者认为，在使用消费成功的签购单作为对比样本时，其证明力比较低。或者，将之前的消费签购单样本与上述三种证据结合起来，以互相证明增加其证明力。

但法院承担起公平的鉴定第三人的角色是否真正地符合公平的原则呢？笔者认为答案是否定的。法院对签名进行鉴定的主体往往有两种，第一种是法院内部的鉴定部门，第二种是合议庭成员或是独审案件中的独审法官。首先，法院内部的鉴定部门是专业的鉴定机构，其鉴定人员经过专业的培训，具有先进的知识储备与深厚的经验积累，其鉴定结果具有公认力，但这对于一个普通的商户工作人员来讲，显然是无法达到的，而以这种标准去要求商户工作人员的话，注意义务的门槛就会高不可攀，特约商户承担不公平民事责任的可能就会非常高。而如果案件的合议庭成员或独审案件的法官去对签名进行鉴定的话，相对专业的鉴定机构而言，注意义务的门槛相对降低，但却未必达到公平的效果。因为作为我国法院的法官，其一般经过良好的教育，对事物的洞察力与鉴别力也相对于一般人来说较高，所以，其鉴别能力要高于身为普通人的商户工作人员。所以，笔者认为，像以上的案例采取以上方法的鉴定是不妥当的，对于特约商户来说是不公平的。笔者认为采取这样的办法比较好：首先，如果特约商户能够和持卡人就签名是否一致的问题达成一致，如果双方当事人能就此问题达成一致，便可省略他人的鉴定环节从而节约成本；如果特约商户和持卡人就签名问题达不成一致，那么由谁来作公平的第三鉴定人的身份呢？笔者认为，在必须要进行鉴定的情况下，可随机选取在案外的普通人作为鉴定的主体，并为了降低因个体差异而结果不公的情况，可选择多个调查样本以使鉴定结论更具有说服力。

所以，综上而言，笔者认为鼓励采用的对比样本应是信用卡申请表上的签名、信用卡相关的银行文件上的签名与诉讼司法文书上的签名，对样本与签购单上签名的对比主体不宜是法院或其他鉴定性机构，而应该是以普通人作为统计基数。

（四）特约商户的注意义务的外延

我们先看以下的几种文本对特约商户注意义务外延的注释：一、在《银行卡联网联合业务规范》中的第三章第 3.3 条中，规定消费时审卡内容为“卡片签名条上无样卡或专用卡等非正常签名的字样；卡片无打洞、剪角、毁改或涂改的痕迹；信用卡还需审查卡的有效期、照片卡上的照片”；二、《特约商户受理广东省银行卡网络服务中心 POS 业务协议书》中规定，特约商户的注意义务包括“持卡消费人身份（姓名、性别、相貌等）和彩照卡上的相关内容相符、持卡人在签购单上的当面亲笔签名应与其信用卡背面预留签名的名字相符，如信用卡背面无持卡人签名或有怀疑或签名不清、有涂改，应拒绝受理等”；三、在第 21 案，即袁亮诉成都迪信通科技有限公司等信用卡消费合同案的判词中，说明了收银员的注意义务范围“第一，审查持卡人签名的拼音与信用卡正面的拼音是否一致；第二，审查持卡人所签汉字与卡背面的签名汉字是否一致；第三，审查持卡人签名与卡背面签名的字形书写形态是否有显而易见的重大差异”。

但以上本文中的列举显然与现实案件中发生的情况及认定标准有很大的差别，或者只能说以上的列举仅仅只是对特约商户注意义务的最基本要求。由表 1 的总结中，我们可以看出，在现实生活中发生的情况往往对特约商户要求更多。对于“在审查签名的同时，是否必须要求消费人出示相关的身份证件”这个问题，值得我们商榷。笔者认为，在一般的消费情况下，不需要对消费人的身份证件予以查看，这一方面是出于对信用卡便捷性的考虑，一方面涉及消费人的隐私问题，另一方面，在现实生活中信用卡消费时也并无此种惯例。但在签名或其他相关问题中存疑的情况下，特约商户工作人员有权利要求消费人出示身份证件以维持交易的正常运行。

结论

综上所述，笔者认为可以将特约商户的注意义务作如下总结：一、应最先审查信用卡本身，其签名条上有无样卡或专用卡等非正常签名的字样，卡片有无打洞、剪角、毁改或涂改的痕迹；二、审查签购单上签名与信用卡背面签名的相似性，需要审查签名的汉字是否一致、书写形态是否有重大差异、签名是否有涂改；三、对于有彩照的信用卡需要对比消费人与信用卡上彩照肖像的相貌；四、对于签名严重不符、肖像严重不似等情况，特约商户有权要求消费人出示相关的身份证明文件，否则可中止交易。

由此可见，我国对于特约商户在信用卡交易中的注意义务的范围规定不明，这对我国的司法实践造成了判决尺度不一、理由不详的后果。因此，希望我国的信用卡业蓬勃发展之时，相应的信用卡制度也能够追得上其发展的脚步。

附录：案件目录

1. 广州市新佳信通讯连锁服务有限公司正佳综合营业部等与李荔信用卡侵权纠纷上诉案，(2007)穗中法民二终字第158号，2007.06.28。

2. 广州大天行通信技术有限公司中华广场分公司等与宋小东信用卡侵权纠纷上诉案，(2006)穗中法民二终字第141号，2006.03.20。

3. 莫永辉与广东省烟草综合服务公司金叶商场侵权纠纷上诉案，(2005)穗中法民二终字第1918号，2005.05.05。

4. 邓艺峰与佛山市信和超级商场有限公司等信用卡消费纠纷上诉案，(2004)佛中法民一终字第156号，2004.4.12。

5. 江志诚与广州市好又多广雅百货商业广场有限公司信用卡纠纷上诉案，(2005)穗中法民一终字第64号①。

6. 许剑锋与中国工商银行广州市万通支行信用卡纠纷上诉案，(2005)穗中法民二终字第1813号。

7. 广州市金满堂珠宝有限公司与张亚晖信用卡纠纷上诉案，(2005)穗中法民二终字第238号。

8. 刘振基与谢信浩信用卡纠纷上诉案，(2007)穗中法民一终字第505号。

9. 广州壹号通电讯设备有限公司与吴军信用卡纠纷上诉案，(2005)穗中法民二终字第1617号。

10. 华润万家生活超市(广州)有限公司等与叶松涛财产损害赔偿纠纷上诉案，(2006)穗中

① 此案及以下未注明具体审判日期的案件为数据库判决书中未标明日期的案件。

法民二终字第 389 号。

11. 广州市好又多(广源)百货商业广场有限公司与张镇军信用卡纠纷上诉案,(2007)穗中法民二终字第 948 号。

12. 广州市佳氏珠宝有限公司与周进信用卡纠纷上诉案,(2007)穗中法民二终字第 1018 号。

13. 广州品高贸易有限公司与彭道斌信用卡纠纷上诉案,(2008)穗中法民二终字第 119 号。

14. 中国工商银行股份有限公司广州增城支行与刘伟奇信用卡纠纷上诉案,(2010)穗中法民二终字第 1903 号,2010. 11. 24。

15. 谢国材(TSE. KWOK CHOI)与交通银行股份有限公司广东省分行信用卡纠纷上诉案,(2010)穗中法民四终字第 33 号,2010. 07. 07。

16. 黎婉莉与中国工商银行股份有限公司广州万通支行信用卡纠纷上诉案,(2010)穗中法民二终字第 430 号,2010. 05. 13。

17. 中国工商银行股份有限公司台州分行诉郑丹丹信用卡纠纷案,(2009)台椒商初字第 830 号,2010. 02. 02。

18. 绍兴话机世界数码连锁有限公司与丁迎春信用卡纠纷上诉案,(2009)浙绍商终字第 249 号,2009. 06. 04。

19. 梁志高诉张育勤等信用卡纠纷案,(2009)天法民二初字第 366 号,2009. 04. 13。

20. 中国农业银行广东省分行营业部诉张伟信用卡纠纷案,(2008)天法民二初字第 2028 号,2008. 12. 17。

21. 袁亮诉成都迪信通科技有限公司等信用卡消费合同案,(2008)成民终字第 719 号,2008. 03. 14。

22. 薛晶华与广东金达珠宝金行有限公司等信用卡纠纷上诉案,(2007)穗中法民二终字第 336 号,2007. 10. 17。

23. 曹亚恒诉珠海百货广场有限公司信用卡纠纷案,(2007)香民二初字第 635 号,2007. 06. 29。

24. 广州禾成数码科技有限公司与李章辉信用卡纠纷上诉案,(2006)穗中法民二终字第 35 号,2006. 05. 16。

25. 赵精雄诉中山市壹加壹商业连锁有限公司珠海吉大超级商场等信用卡纠纷案,(2006)香民一初字第 681 号,2006. 04. 20。

26. 刘银桥与佛山市信和超级商场有限公司南海分公司等信用卡纠纷上诉案,(2006)佛中法民一终字第 136 号,2006. 02. 27。

27. 刘银桥与佛山市南海区惠雅商场有限公司信用卡纠纷上诉案,(2006)佛中法民一终字第 18 号,2006. 01. 24。

28. 刘银桥与佛山市南海区惠雅货仓商场等信用卡纠纷上诉案,(2006)佛中法民一终字第 19 号,2006. 01. 24。

29. 叶金祥与珠海市惠发百货有限公司信用卡纠纷上诉案,(2004)珠法民二终字第 254 号,2004. 09. 24。

30. 肖阳诉北京蓝岛大厦信用卡被冒用赔偿案,(1996)二中民终字第 1647 号,1996. 12. 02。

31. 广东保利祝福你大药房连锁有限公司与李章辉信用卡合同纠纷上诉案,(2006)穗中法民二终字第 4 号。

32. 广州市荔湾区福麟珠宝行与杨复裕信用卡纠纷上诉案,(2004)穗中法民二终字第

1111 号。

33. 广东莱宝珠宝有限公司中华广场金行与黄敢忠信用卡纠纷上诉案，(2006)穗中法民二终字第 1300 号。

34. 广州友东贸易有限公司与郑国华信用卡纠纷上诉案，(2005)穗中法民二终字第 1459 号。

35. 卢汉华与广州市国美电器有限公司信用卡纠纷上诉案，(2004)穗中法民二终字第 1833 号。

36. 广州市长一虹珠宝有限责任公司与宋良富信用卡纠纷上诉案，(2003)穗中法民一终字第 3748 号。

回归信用卡余额计息规则

王　洪*

一、问题的提出

2008年7月，艾先生在民生银行提供的《中国民生银行信用卡（个人卡）领用合约》上签名，申请并领取了民生银行提供的VISA金卡。双方在合约中约定"除章程或本合约另有约定的情形之外，对持卡人的非现金交易，从记账日起至最后还款日之间的日期为免息还款期，持卡人在免息还款期内偿还全部应还款项的，无需支付当期刷卡消费交易款项的利息，免息还款期的最长期限由本行在有关金融规章许可的范围内确定。持卡人未能于最后还款日前（含当日）足额偿还全部到期应还款项的，不享受免息待遇，并且所有交易和应付费用改为自记账日起按透支利率计算利息。"2008年11月，艾先生使用上述信用卡透支消费1861.76元。在该月账单最后还款期前，艾先生还款1800元，余款61.76元未还。2008年12月，民生银行扣取艾先生2008年11月账单逾期利息34.72元。该罚息系以艾先生2008年11月实际透支额1861.76元计算，并非以实际逾期金额61.76元计算。双方因此产生争议。①

原被告争议的焦点在于《信用卡领用合约》中约定的透支利息计算规则（格式条款）的效力，并且由此形成的透支利息的计算该以何为标准。一审认为"该条款并没有免除民生银行责任，或加重原告责任、排除原告权利的内容，故不属于法定无效的条款"。同时，二审法院在此基础上还认为"上述约定符合银行业的行业惯例，不构成加重持卡人的责任"。换言之，一审、二审法院均从合同效力的角度认定

* 王洪，北京大学法学院金融法研究中心2011级硕士。

① 该案被认为是持卡人因透支利息计算诉发卡银行的第一案，具体参见（2009）一中民终字第6525号民事判决书。

该《信用卡领用合约》的效力，从而支持被告的主张。①

然而，若以《信用卡领用合约》约定的方式计息，虽然只有61.76元未偿还，但由于艾先生并未偿还全部透支款，不符合免息期的规定，因而需要支付从记账日起全额透支款项的利息(利率为日万分之五计收复利，下同)，也即34.72元；若按实际逾期还款的60元计算，应交付的罚息为0.02元。上述两种计息方式相差1735倍。两者之间的差距在于利息计算的基数不同，基数的不同源自对已偿还部分是否需要计算利息的态度不同。简而言之，前者的计息方式采取的是全额计息规则，后者采取的是余额计息规则。

由于上述两种计息方式的迥异，学术界从两个角度展开，分析发卡机构在其信用卡章程中确定的透支利息的计算方式：一是站在《信用卡领用合约》的角度，分析该合约的效力②；二是跳出合同关系，从透支利息的计算角度出发，分析发卡机构该采取何种计息规则③。总之，学术界对于全额计息规定持否定态度，更多的是倾向于采取余额计息的规则。然而，上述研究的角度有限，例如缺乏从信用卡计息规则的历史发展角度出发，分析现行计息方式的过去，就不能全面理解现行信用卡计息规则的构造原理，更谈不上计息规则的未来发展。

同时，虽然在2009年工商银行已经开始采取余额计息规则，但是目前多数的发卡机构仍然继续沿用全额计息规则，以及日息万分之五(年利率约为18.25%)，使得持卡人怨声载道，持卡人与发卡机构之间的矛盾有增无减。因此，研究信用卡计息规则具有现实的意义。

因此，本文在研究境外的信用卡计息规则的基础上，明确"全额计息规则"是否为"国际惯例"，检视国内信用卡透支利息的计算规则。为此，本文将在阐释全额计息与余额计息规则的内涵后，从信用卡计息的历史以及其他国家或地区信用卡计息规则两个角度进行分析，在此基础上，揭示信用卡计息规则未来的发展趋势。

---

① 总体而言，根据对已有判决书的实证分析看，法院对《银行卡业务管理办法》和信用卡章程的法律效力是尊重的，但是对于是否过高的透支利息则有不同的态度，法院是否应主动调整透支利息以及调整的幅度，尚未有统一的认识。彭鹏：《信用卡透支利息计算的法律思考》，载《金融法苑》2009年第2期。

② 例如，在取得有关透支利息计算的条款属于格式条款的共识下，或认为发卡机构与持卡人是在平等自愿的基础上订立的合同，其并未显失公平，因而全额罚息条款有效。如参见周德洋、陈志君：《商业银行信用卡全额罚息问题研究》，载于《银行家》2009年第5期。或认为因违反"提醒对方注意义务"、"加重对方当事人责任"，所以全额罚息条款违反了我国《合同法》上关于格式条款的特别规制要求，是无效格式条款。如参见贺娟：《信用卡领用合约中全额罚息条款法律效力研究》，9—22页，湘潭大学2011年硕士论文。

③ 全额罚息规则具有不合理性，银行应当在寻求信贷安全与客户利益的均衡保护时，把余额计息规则作为次优选择。参见柯航峰：《透析银行信用卡全额罚息规则：寻求利益的均衡保护》，载《金融法苑》，2009年第2期。

二、我国现行的计息方式

(一) 我国现行计息方式

在我国现行的商业银行信用卡[①]章程中,其规定的透支利息的计算方式主要包括:全额计息和余额计息。

所谓全额计息,是指到期还款日经过以后,只要持卡人当期未能全额偿还应还款项,就不能享受免息还款期的待遇,那么发卡人将以全部应付款项为基数,从银行记账日起至款清之日止为期限,逐笔计算透支利息;所谓余额计息,是指发卡机构只对到期还款日之前未清偿部分即实际欠款计收从银行记账日起至还款日止的透支利息。

此外,现行信用卡计息方式中,还存在"容差计息"方式,即把账单内到期欠款的小额零头自动滚入下期账单中,不对其进行全额罚息。例如,民生银行信用卡推出的"容差还款"功能,即当持卡人没有全额还款,但其未还部分的差额少于 10 元时,将视同该持卡人全额还款,不再计收利息。发卡人意图通过推行"容差计息"的方式,缓解社会对信用卡全额计息的质疑。但实际上,该计息方式"只是全额罚息规则在适用时的一种特殊安排"[②],其适用的前提仍为全额计息规则。

(二) 全额计息与余额计息的比较

继 2009 年中国工商银行实施《牡丹信用卡章程》,取消全额计息规则,并开始余额计息规则至今,虽有民生银行、建设银行、招商银行等采用"容差计息"规定,然而,其余大部分发卡机构仍然采用全额计息的方式计收信用卡透支利息。为什么多数银行不愿实行余额计息规则,余额计息规则与全额计息规则之间有哪些不同之处?

对于取现和转账透支,从透支之日起计算透支利息,这不存在争议;其他包括消费透支、透支扣收等情况下的透支时,只要持卡人到期全额缴清了应付款项就可以享受免息待遇,此种情况不会涉及利息的计算;因此,本文只讨论非取现或转账透支时未能到期全额偿还应付款项的情形。在此先举例说明全额计息与余额计息方式的不同。

第一,全额计息规则。按照《建设银行龙卡信用卡章程》第 21 条之规定:持卡

---

① 《银行卡业务管理办法》规定,信用卡可分为贷记卡、准贷记卡两类。由于《办法》对贷记卡和准贷记卡作了不同规定,因而,出于讨论的方便,本文仅讨论贷记卡。所谓贷记卡,是指发卡银行给予持卡人一定的信用额度,持卡人可在信用额度内先消费、后还款的信用卡。

② 柯航峰:《透析银行信用卡全额罚息规则:寻求利益的均衡保护》,载《金融法苑》,2009 年第 2 期。

人在到期还款日(含)前不能或不愿偿还全部应还款额的,可按不低于最低还款额的任意金额还款,但应还款中的消费交易款项不再享受免息还款待遇;本行对持卡人不符合免息还款条件的交易款项从银行记账日开始计算利息。在下图案例中,持卡人需支付的利息为:(10000 元 * 35 天 * 0.05%)+(500 元 * 11 天 * 0.05%)=177.5 元。

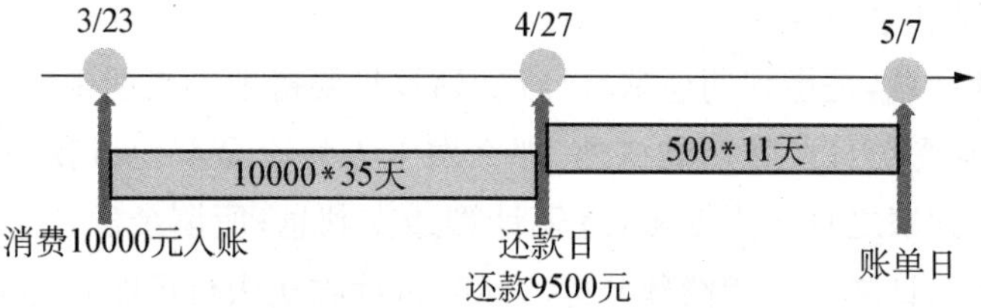

我国现行全额计息的示意图(图 1)①

第二,余额计息规则。按照已采取余额计息规则的《中国工商银行牡丹信用卡章程》(2011)第 21 条之规定:持卡人按照最低还款额规定还款,或逾期还款时,发卡机构只对未清偿部分计收从银行记账日起至还款日止的透支利息。在图 1 案例中,若按照余额计息规则计算,持卡人需支付的利息为:500 元 *(35 天+11 天)* 0.05%=11.5 元。

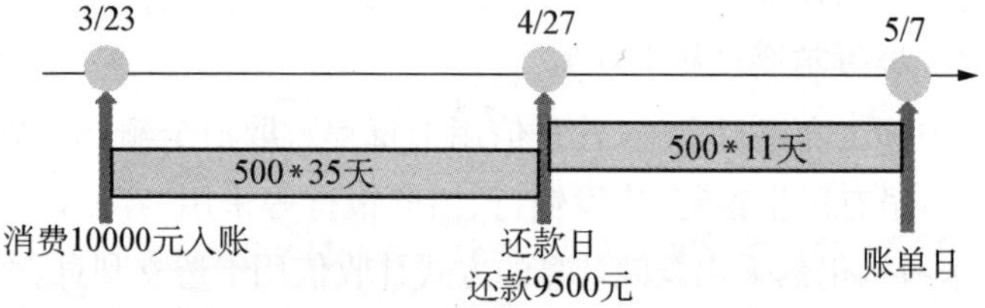

我国现行余额计息示意图(图 2)

第三,已还款项在记账日至还款日之间的期限内产生的利息即为上述图 1 与图 2 之间的利息差。上述两种利息的差额为 166 元,也即在不同的计息规则下,利息差距是较大的,并且随着计息之基数变大,利息差也会随之变大。

因此,全额计息规则与余额计息规则争议的焦点在于计息的本金到底应不应该包含已还款项,全额计息规则是否具有合理性。两种计息规则的本质区别在于,对于未全额还款的情况下,持卡人的已还款项能否享受免息还款期的待遇:在全额计息规则中，只有在持卡人全额还款时才能享受免息还款期的待遇，否则已经偿还的部分也需要计算利息；在余额计息规则中，除全额还款外，持卡人只要偿还了一部分，那么该偿还之部分即不再计息，发卡机构仅对未偿还部分计算利息。

三、信用卡计息的历史：从余额计息到全额计息

回顾信用卡发展历程，可以了解在不同历史环境下，信用卡计息规则的演变过程，从而发现现行计息规则的制度逻辑。美国是世界上信用卡的发源地，其信用卡业务的发展也一直处于世界领先地位。因此，以美国信用卡[①]计息规则的演变历史为研究对象是必然的选择。

结合美国20世纪经济、法律等特定历史环境，综合分析其计息规则的演变具有重要意义。正如骆宁在《信用卡出世：并非历史必然》一文中指出[②]：

> 如果我们仔细研究美国银行发展的历史，就会发现，美国银卡业务今天的许多重要特点，都是在特定的历史条件下，由当时的当事人发挥想象力所创造出来的，很难说是历史的必然。因此，重要的不是外国银卡业务今天有什么，而是为什么当事人当初那么想那么做，今天才会有这些特点。有了历史的角度，才能吸取到先进的精髓。

（一）余额调整法(adjusted balance)

1958年，美国银行(Bank of American)市场测试主管威廉在仔细研究以往各发卡机构的失败教训和Diners Club的成功经验之后，设想出了具有滚动信贷性能的信用卡方案。即持有这种信用卡的人，不仅可以像持有Diners Club那样付账，而且还可以在月底收到账单时不必全部付清，余额滚入下个月，银行则开始在余额上收取利息。[③] 换言之，从美国银行卡开始，信用卡不仅具有付账功能，而且还具有消费信贷功能，也即，从这时开始了循环信用利息计算的历史，更确切地说，信用卡透支计息规则的历史是从余额计息开始的。

---

① 信用卡的种类很多，由于美国允许非银行机构成为发卡机构，不同发卡机构发行的信用卡的目的是不同的：零售商、石油公司发行的信用卡旨在促进其主营业务的，并不追求信用卡本身的回报；而T&E、银行信用卡则必须靠信用卡业务赚钱。因此，下文讨论通过信用卡获利，主要是指T&E、银行的信用卡。

② 骆宁：《信用卡出世：并非历史必然》，载《数字财富》，2003年第8期。

③ 骆宁：《信用卡出世：并非历史必然》，载《数字财富》，2003年第8期。

所谓余额调整法，是指期初透支余额减去当期内的还款额即为透支余额，且不包括持卡人当期的透支消费额，且从还款期日起计算透支期限。换言之，银行只向在超过还款期时未付的欠款的客户征收利息。如图 3 所示：

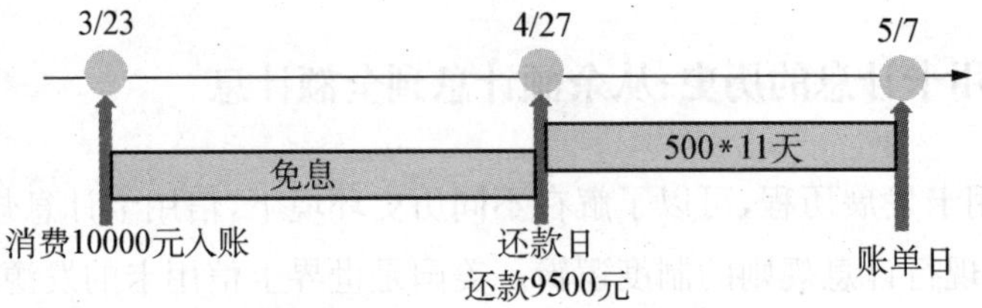

美国早期计息的规则(图 3)

因此，从上述史实可知，在循环信贷产生伊始，余额调整法即成为美国信用卡透支利息的计算规则。同时，余额调整法与我国现行的余额计息规则虽然在具体的计息方式上存在一定的差异，但两者本质上是一致的：计算基础均以未偿还的余额为计算标准。

(二) 平均每日余额法(average daily balance)

在美国银行推出信用卡的循环信用功能后，其亏损也很严重，甚至达到了上千亿美元，这迫使发卡机构反思其原因，并寻找获利的突破点。

发卡机构最初的设想是从未付款中获得利息收入，然而，这一收入受到两个因素的影响：消费习惯(主要是消费贷款)与利息水平①的限制。银行最初预期会有70%的客户会延迟付款，由此产生大量的未付欠款可以带来 1.5%的月息，但是他们所经历的情形正好相反：只有大约 30%的客户利用信用卡来进行分期付款，甚至在美国的一些地方，让银行有利可图的持卡人仅有 20%。② 与此同时，发卡机构还需要为那些没有带来利息收入的持卡人承担免息期内的未付款。此外，当时信用卡利率受到各州高利贷法(Usury Law)的限制③，发卡机构无法通过提高利息率获得利息收入。

因此，包括大规模邮寄免年费信用卡的销售模式、宏观经济通胀等原因在内，

① 本文只讨论透支利息计算中的本金问题，故不详细讨论利率问题。

② 林功实、林健武：《信用卡》，163 页，清华大学出版社，2006 年版。

③ 直到 1978 年美国最高法院在马凯特国民银行诉奥马哈第一国民银行案中，确认了“银行对任何一笔信贷收取符合其银行所在地州(银行注册所在地)法律规定的利率”的规则，各州开始放松利率的限制，为发卡机构通过提息获利提供了可行性。参见 *Marquette Nat'l Bank v. First of Omaha Service Corp.*，439 U.S. 299。

20 世纪 70 年代初，信用卡行业出现了大量的亏损。1970 年银行业信用卡业务的全部亏损比 1969 年增加 50%，达到 4.4 亿美元，相当于信用卡未偿还余额的 3.4%。[①] 虽然银行发卡机构在 1972 年开始摆脱亏损，但是与房地产贷款、商业贷款等信贷业务相比，作为无担保贷款的信用卡信贷业务的风险更大，资产回报率却更低。因此，此时银行改变获利策略，开始采取一些难以察觉的手段作为补救措施以获得利润——改变计算透支利息的方法。

1975 年 3 月，当美国银行最终决定采用平均每日余额计息规则时，大部分的发行信用卡的银行也采用了该计息规则。所谓平均每日余额计息法，是指发卡机构把账单周期内每天的透支余额相累加（发卡机构可选择是否累加计算当期发生的消费透支额），算出账单周期内的日均透支余额，接着再乘以从透支日起算的账单周期天数、日利率来计算利息。据估计，从余额调整法变为平均每日余额法后，该计息规则能够为发卡机构带来 15%～20%的额外收入。[②]

运用上述计息规则，在极端的情况下，如果持卡人在支付周期的第一日透支了 10000 美元，并且在到期还款日仅少还了 1 美元，那么他会被征取一个周期内的全部 10000 美元的利息。因此，虽然平均每日余额法是以透支总额为计息的基准，与我国现行全额计息规则有一定的差异，但其本质上是一种全额计息规则。

综上，从信用卡具有循环信用功能开始，其透支利息的计算规则即以余额为计息的基准。然而，由于发卡机构为了弥补亏损、增加获利，其通过改变透支利息计算的方法，转而采用全额计息规则。换言之，从余额计息规则向全额计息规则的转变，与发卡机构的获利情况紧密相关，因此，此种转变并不能用“合理”来解释。

四、境外计息规则的比较

我国银行实行全额计息规则并拒绝改变计息规则的一个重要抗辩，就是“全额计息规则为国际惯例”[③]。在这个意义上，实际上更准确的表述应为国际上信用卡计息的“行业惯例”。所谓行业惯例是指经过长期实践而形成的一些比较有效率的制度，它虽然与契约自由的原则相悖，但符合现代社会经济生活的要求，因此法律

---

① [美]戴维·S.埃文斯、理查德·斯默兰著，中国银联战略发展部译：《银行卡时代——消费支付的数字化革命》（第二版），79 页，中国金融出版社，2006 年版。

② 林功实、林健武：《信用卡》，163 页，清华大学出版社，2006 年版。

③ 例如，在上述艾陆与中国民生银行股份有限公司信用卡纠纷案中，民生银行在一审中答辩称“全额罚息的规则是一项国际惯例”。参见（2009）一中民终字第 6525 号民事判决书。

承认其对银行与客户之间的关系具有约束作用。[①] 至于全额计息规则是否为其他国家或地区信用卡行业的计息惯例，还有待进一步说明。

（一）美国现行的计息规则

正如上文所述，美国信用卡不仅是世界信用卡的发源地。时至今日，美国拥有全球规模最大、实力最雄厚、体系最完善的信用卡产业，“美国10大银行卡公司的每一家在规模上都远远超过欧洲和加拿大任何一家银行卡公司”[②]。因此，除研究美国信用卡计息历史外，对于美国信用卡计息的现状的分析也有必要。

美国拥有体系较为完整的规制信用卡规范，包括《公平信用卡报告法案》、《公平信用和贷记卡披露法》等，其中与计息规则紧密相关的有《真实信贷法》和《信用卡问责及披露法》。根据《真实信贷法》第226.5a[③] 的相关规定，其中(g)规定了余额计算的方法，包括起算日期、宽限期(grace period)的长短等，其中明确了信用卡发卡机构采取的透支额计算方式至少有四种：平均每日余额法、余额调整法、前期余额法(Previous Balance)[④]、双周期余额法(Double cycle Balance)[⑤]。

同时，在2009年的《信用卡问责及披露法》中规定，除了下述两种情况外，发卡机构不得对上一账单周期内的透支额重复计息，即禁止发卡机构“双周期计息”，也不得对账单周期内及时偿还的当期透支款收取任何利息及费用：(1)解决账单争议后，发卡机构对利息进行调整的；(2)发卡机构因向持卡人返还“不足额还款”而对利息进行调整的。

平均每日余额法是美国信用卡计息时最常用的计息方法[⑥]，辅之以余额调整法、前期余额法等其他计息规则。例如，在花旗银行(美国)的信用卡协议中公布的计息方式均为平均每日余额法。[⑦] 因此，在适用平均每日余额法时，只要持卡人未在信用卡宽限期内还清欠款，那么该持卡人将被按透支日的全额计算利息。

（二）中国香港

我国香港地区信用卡业务源于20世纪70年代，其立足于完全开放的市场环

① 吴志攀、刘燕：《金融法》，121页，北京大学出版社，2008年版。

② 骆宁：《读别人的历史学什么?》，载《数字财富》，2003年第8期。

③ 12 CFR 226.5a.

④ 持卡人在某账单周期内的透支款是前一账单周期的余额，完全剔除了该期内发生的所有还款、借用现金、透支消费等交易。

⑤ 如果持卡人在上一账单期内未能全额偿还上期透支款的，上一账单期的透支额将列入本账单期的透支额。

⑥ 丁康吉：《美国〈2009信用卡问责、责任和信息披露法〉述评》，载《中国信用卡》，2009年第14期。

⑦ 花旗银行(美国)：https://www.citicards.com/cards/acq/cma.do?screenId=13461&locale=en_US，2012年7月20日最后访问。

境，依靠完全市场化的经营机制，信用卡产业已经相当的发达和成熟了。根据香港金融管理局公布的2011年第4季度的数据，其信用卡账户数超过了1500万个，期末应收账款总额已超1000亿港元。[①] 因此，我国香港地区立足于完全开放的市场环境，依靠完全市场化的经营机制，形成了借记卡依靠本地网络、信用卡依靠国际组织的格局。[②] 同时，作为国际金融中心之一的香港，其金融体系与法律制度传承了英国法的规定，具有一定的代表性。

香港在规制信用卡透支利息方面的规范主要包括如“放债人条例”、“银行运营守则”以及香港金融管理局颁布的其他规范性文件。在“银行营运守则”的25.4(l)条要求发卡机构应当公布的数据之一为有关“因使用信用卡进行交易(包括现金贷款)而产生的未偿还余额开始累计利息或财务费用的时间”；此外，第26.1(c)要求发卡机构应按照业内公会的有关指引所载的方法计算年利率。同时，香港金融管理局发布了《信用卡产品年利率的计算方法》，明确了信用卡透支的计息规则[③]。其中第4点提出：“就信用卡方面，指引只作出一般性建议，……年利率应反映就未偿还的结余所征收的利率。”

在具体的信用卡章程方面，例如，在花旗银行的《Shell私人客户卡(设有循环信用额)合约》(2011)中，其4.3(c)约定了财务费用的计算方式：若该账户显示上期月结单所述的月结单结欠未能如期缴付，发卡公司将由上期月结单日起至款项全数存入账户为止，就其上期月结单未付之结欠收取财务费用。

因此，从上述分析可知，香港地区信用卡透支的计息规则是以“未付之结欠”作为计息的基数，也就是采用的余额计息规则。

(三) 中国台湾

我国台湾地区的信用卡产业始于20世纪70年代，在当局的推动下，充分发挥市场机制作用，在发展迄今40年后，台湾地区已形成了成熟的信用卡产业。正如台湾“行政院金融监督管理委员会”披露的资料显示：截至2012年2月份，台湾地区的信用卡账户数近3300万个，签账金额达1300亿新台币。[④] 台湾模式的特点在于，除了市场化程度高以外，还有重要的原因在于台湾地区当局强有力的

---

① 香港金融管理局：《2011年第4季信用卡贷款调查结果》，http://www.hkma.gov.hk/chi/key-information/press-releases/2012/20120217-4.shtml，2012年5月27日访问。

② 虞月君：《世界主要国家和地区信用卡产业发展模式比较(续)》，载《中国信用卡》2004年第8期。

③ 该计息公式源自英国《消费者信贷法案》，部分假设的参数有变化。

④ 台湾“行政院金融监督管理委员会”网站，http://event.fsc.gov.tw/fsd/fncl_mp.asp，2012年5月27日访问。

推动和管理[1]。因此,台湾地区对信用卡业务的监督和管理的经验也可资借鉴。

台湾地区在规制信用卡方面的规范,除"民法典"、"金融消费者保护法"等法律外,还包括台湾"行政院消费者保护委员会"发布的行政指导,其中"信用卡定型化契约范本"第1条第(6)明确将"得计入循环信用本金之账款"定义为"所有入账之每笔信用卡消费款项与预借现金金额之未清偿部分"。此外,"信用卡定型化契约应记载及不得记载事项"第4点还确定了在"持卡人于当期缴款截止日前缴款后剩余未付款项不足新台币1000元,则当期之循环信用利息,不予计收"的优惠措施。

在具体的信用卡章程方面,例如,花旗银行(台湾)在其《花旗银行信用卡约定条款》中第1条第(六)项规定:自各笔账款入账日起至全部应付账款结清之日止、所有入账之每笔信用卡消费款项与预借现金金额之未清偿部分,但不包括……同时,第15条更进一步确定了循环信用计息的基数:持卡人就剩余未款项延后付款……并在依据该《条款》第14条抵充之后,计付循环信用利息。

因此,从上述分析可知,台湾地区信用卡透支的计息规则是以"未缴清之应付款项"作为计息的基数,也即采用的是余额计息规则。

不同国家或地区花旗银行比较[2]

	花旗银行(美国)	花旗银行(中国香港)	花旗银行(中国台湾)
起算点	账单日	交易日	账款入账日
计息基数	平均每日余额	上期月结单未付之结欠收取财务费用	得计入循环信用本金之账款

综上,本文通过对部分具有典型代表的国家或地区的信用卡计息规则的介绍发现:一方面在充分竞争的市场环境中,形成了较为合理的信用卡方面的行业惯例;另一方面,基于信用卡业务的特性,以及可能或已经发生的因信用卡造成的风险,法律或规章往往也对信用卡计息规则进行特别规制。基于信用卡业务的营运成本、资金成本或风险损失以及发卡机构的竞争策略等,不同的国家或地区,或采用全额计息规则,或采用余额计息规则,甚至在一个国家内可能存在兼采两种计息规则的情形。换言之,上述分析否定了"全额计息规则确实是一种国际惯例"[3]的

① 台湾地区当局从1976年就开始对信用卡进行统一管理,2002年韩国金融风暴以及2005年卡债风暴后,台湾当局采取了更为严格的措施。

② 虽然花旗银行在中国大陆已获得中国银监会的批准(《中国银监会关于花旗银行(中国)有限公司开办信用卡发卡业务的批复》),可在大陆独立发行信用卡,但是截至论文写作之时,其尚未开办信用卡业务,因此,故不将大陆纳入上述比较。

③ 柯航峰:《透析银行信用卡全额罚息规则:寻求利益的均衡保护》,载《金融法苑》,2009年第2期。

观点。

五、回归余额计息规则

从信用卡发展历史以及其他国家或地区信用卡计息的规则两个角度分析可知，信用卡透支利息的计算规则始于余额计息法，且目前世界上现行的计息规则的现状为全额计息和余额计息两种规则并存。我国现行信用卡计息规则的现状则是其他国家或地区的一个缩影。然而，在以市场为导向、强调保护持卡人利益以及关注金融市场安全三条主线的综合影响下，我国信用卡计息规则该走向何方？

（一）回归余额计息规则

首先，在历史上，现行信用卡计息规则源自余额计息规则。发卡机构最初采用的即为要求持卡人对未偿还部分支付计息，在信用卡市场尚未成熟时，发卡机构为了弥补损失、获取更多利润，转而采用全额计息规则。然而，被代替的并非一定就是不合理的，余额计息规则反映了发卡机构最初意图对持卡人收取利息的计算基准，这恰恰说明余额计息规则具有一定的合理性。但是，随着信息技术以及经济的发展，信用卡产业也得到了长足的发展，随着资产回报率的提高，已不具备从余额计息规则变更为全额计息规则的客观条件。

其次，全额计息规则并非为国际上信用卡行业计息的惯例。不可否认，确实有些国家或地区的发卡机构采用了全额计息规则，但也不可否认的是，也有部分国家或者地区采用的是余额计息规则。然而，我国部分银行为了维护其既得利益，使全额计息规则得以继续实施，而仅仅援引有利于其主张的部分国家或地区的做法。因而，某些银行的这种主张具有误导性，其做法也是令人质疑的。

最后，与全额计息规则相比，余额计息规则更具合理性。从社会公众对信用卡的抱怨看，其主要集中在全额计息规则。而余额计息规则更能够反映持卡人占用发卡机构的资金所需要支付的成本，也更符合公众的一般理解；与此同时，发卡机构只是可能会减少因全额计息带来的不合理的利息收益，事实上并未影响其本来应有的收益，甚至可能因此增强了其在信用卡市场中的竞争力。因此，从权衡发卡机构、持卡人甚至是社会利益的角度看，余额计息规则为应有的计息规则。

综上，摒弃全额计息规则，回归余额计息规则是我国信用卡产业发展的必然趋势。

（二）有限回归余额计息

回归余额计息规则，是权衡发卡机构与持卡人两种不同利益的结果。因此，在回归余额计息的路径上，一方面在坚持信用卡市场化的同时，加强立法规制，完善信用卡市场竞争机制；另一方面，还需要兼顾持卡人与发卡机构两者的利益。具体而言，包括以下两点：

第一，市场化与市场规制。一方面，自 20 世纪 70 年代后，越来越多的国家开始摒弃金融管制或者金融压抑[①]的做法，促进金融自由化。在此种政策倾向的推动下，信用卡市场化进程也在不断推进。虽然在这个过程中出现了诸如银行之间的信用卡竞争无序、乱收费等问题，但是若需要发展信用卡市场，仍须坚持以市场为导向，坚持信用卡市场化。

另一方面，在立法上，“适应我国信用卡市场开放趋势，规定信用卡发行的市场准入，保障公平和充分的竞争”[②]，最终通过竞争，打破信用卡市场的垄断，促使信用卡计息规则从全额计息规则向更有利于均衡持卡人与发卡机构利益的余额计息规则的转变。

第二，有限的回归。在不同的历史时期，持卡人与发卡机构之间的力量对比并非是一成不变的。随着信用卡从精英阶层走向普通大众，随着信用卡发卡数量的增加，发卡机构面临的“逆向选择”和“道德风险”更为严峻：最渴望获得贷款的往往是信用最差的人，而发卡机构则没有充分的信息准确判断申请人的真实信用程度；道德风险也就意味着持卡人违约可能性的增加。因此，在这个意义上，发卡机构在一定程度上而言是“弱者”，其利益也需要得到法律或政策的关注。

此外，应当允许发卡机构收取自记账日至还款日止的未偿还余额的利息。从上述我国现行余额计息（图 2）与美国早期的余额计息规则（图 3）的对比，我们注意到，美国早期的余额计息规则与我国现行的余额计息规则两者之间在计息期间上仍然存在差异，美国早期的余额计息是从到期还款日起算计息期间，而我国现行的余额计息规则是从银行记账日起算计息期间。这两种计息规则最大的区别在于，持卡人在银行记账日至还款日的期限内是否可以享受所有透支额的免息待遇。

在这段免息期内，发卡机构不仅要承担未偿还资金的时间成本，还要承担由于该未偿还余额因占用银行贷款余额的额度而产生的成本。对于这段期间的资金是否要计算利息，出于发卡机构的实际成本考量，在权衡持卡人与发卡人之间的利益后，采取我国目前发卡机构采用的余额计息规则更为公平，是为有限回归。

---

① 例如，设置利率上限、对优先发展部门的指令性贷款、设定银行准入门槛、实施金融部门国有化，限制资本流动等。

② 洪艳蓉：《信用卡危机的法律治理与启示——以美国〈2009 年信用卡问责及披露法〉为例》，载《金融法学家》（第一辑），王卫国主编，法律出版社，2010 年版。

总之，信用卡计息规则是一个不断发展的过程，其经历了从余额计息到全额计息的历史过程，同时也将从全额计息走向余额计息。前者是发卡机构为减少损失、增加获利而采取的主动措施，而后者则会减少发卡机构的利润，更多的是一个被动的过程。这也正说明了，为何从 2009 年中国工商银行首次采用余额计息规则至今，仍未有其他银行紧跟其后[①]。因此，在信用卡市场化过程中，回归余额计息是一个漫长的过程。

---

① 当然，这与其他因素有关，如信用卡市场份额、信用卡业务获利情况、利息占其获利比例等。

第六辑

民间金融

非法集资行为的界定*

——评最高法关于非法集资的司法解释

彭 冰**

2010年11月22日,最高人民法院审判委员会通过《最高人民法院关于审理非法集资刑事案件具体应用法律若干问题的解释》(法释[2010]18号,以下简称《解释》),于2011年1月4日起实施,为实践中一直存在争议的非法集资刑事案件的审理工作提供了明确指导。《解释》定义了非法集资行为,列举了10种非法集资行为的类型,并明确规定了相关行为定罪和量刑的标准,甚至还规定了一些类似"安全港"的豁免规则,不但有助于法院审判工作,实际上也有助于民间融资活动的合法开展。

限于角色定位,司法解释不能突破现有的立法框架,只能在现行法的局限内做些完善和修补的工作。① 就此而言,《解释》已经作出了相当程度的努力。它明确规定了相关行为定罪和量刑的标准,并且通过一些明确的豁免规则,对民间融资采取了较为宽容的立场。但《解释》中仍然存在诸多问题值得讨论,其中最为重要的是其在定义非法集资活动时对两个关键因素(集资性和公众性)的界定仍然不够明确,可能导致实践中对非法集资活动的性质仍然认识不清。同时,其提供的一些豁免规则也存在可议之处,有被滥用的可能。

本文作者曾经建议变革现行规制非法集资活动的刑法框架,并提出过一个理想模式。② 由于此建议牵涉多部法律的修改,显然只能供立法机关未来参考,不能据以批评《解释》。但即使如此,在现有法律框架和司法解释的权限范围内,对《解释》的理解、适用和完善仍有值得讨论之处。本文拟通过以下几部分的分析来完成这一工作:首先介绍一下《解释》的基本内容(第一部分);然后分别讨论非法集资的

---

* 原文发表于《法学家》2011年第6期。

** 彭冰,北京大学金融法研究中心1997级博士,工作单位:北京大学法学院。

① 参见《最高人民法院关于司法解释工作的规定》(法发[2007]12号)。

② 参见彭冰:《非法集资活动的刑法规制》,载《清华法学》2009年第3期,第120—130页。

集资性质如何认定(第二部分)和公众性如何界定(第三部分)这两个关键问题,接下来再讨论《解释》对于两类特殊融资行为(公开转股和擅自发行基金份额)的定罪问题(第四和第五部分),最后是一个简短的结论。

一、《解释》的主要内容及其问题

多年来,尽管我国相关政府机构和司法机关一直严厉打击非法集资活动,但收效甚微。[①] 非法集资活动在中国现实生活中一直层出不穷,据称:从 2005 年至 2010 年 6 月,非法集资类案件以每年约 2000 起、集资额 200 亿的规模快速增加。[②] 鉴于现行《刑法》对于非法集资的相关规定不够明确、具体,实践中政策法律界限不易把握,《解释》试图通过明确定义非法集资活动、规定相关罪名的定罪和量刑标准等方法,统一执法标准,加强打击的力度和精确度。同时,如果《解释》能够准确界定非法集资活动,也为合法民间金融活动提供了保障。

《解释》一共 9 条,分别规定了非法集资活动的定义(第 1 和第 2 条)、非法吸收公众存款罪的量刑情节(第 3 条)、集资诈骗罪的定罪标准(第 4 条)和量刑情节(第 5 条)、股权公开转让活动的定罪(第 6 条)、擅自发行基金份额活动的定罪(第 7 条)和相关广告经营者和广告发布者的定罪(第 8 条)以及本司法解释的效力问题(第 9 条)。

(一)《解释》的主要内容

1. 非法集资活动的罪名适用

尽管“非法集资”这个词被广泛使用,甚至国务院和最高人民法院在多份文件和本司法解释的标题中也都将其作为一个专有名词来使用,但通观《刑法》,实际上并没有一个被称为“非法集资罪”的罪名。习惯上经常用来处理非法集资活动的罪名是“非法吸收公众存款罪或者变相吸收公众存款罪”(《刑法》第 176 条,以下简称:“吸收存款罪”)和“集资诈骗罪”(《刑法》第 192 条)。[③] 不过,《解释》的起草者认为,《刑法》中涉及非法集资的罪名一共有 7 个,除了上述的“吸收存款罪”和“集资诈骗罪”之外,还包括“欺诈发行股票、债券罪”(《刑法》第 160 条)、“擅自发行股票、

---

① 参见彭冰:《非法集资活动规制研究》,载《中国法学》2008 年第 4 期,第 43—45 页。

② 参见新闻报道:《最高人民法院出台司法解释,明确非法集资法律界定及适用》,载《人民法院报》2011 年 1 月 5 日 1 版。

③ 参见《解释》第 1 条和第 4 条。

债券罪”(《刑法》第 179 条)、“组织、领导传销活动罪”(《刑法》第 224 条)、[①]“非法经营罪”(《刑法》第 225 条)、[②]“擅自设立金融机构罪”(《刑法》第 174 条第一款)。[③]

那么,针对某个非法集资行为如何定罪呢?《解释》以“吸收存款罪”作为非法集资活动的基础罪名,其余罪名则为非法集资活动的特殊罪名。《解释》第 1 条规定:(非法集资活动)“同时具备下列四个条件的,除刑法另有规定的以外,应当认定为刑法第 176 条规定的‘非法吸收公众存款或者变相吸收公众存款’”。换句话说,根据特别法优于一般法的原则,如果某个非法集资活动符合了刑法上规定的其他罪名,就直接以这些罪名定罪,但如果不符合这些具体罪名,则就适用“吸收存款罪”。其中比较特殊的是集资诈骗罪。该罪的两大核心要件是从事了非法集资活动和“以非法占有为目的”,因此,即使其非法集资活动从表面看好像符合了上述某个具体罪名,例如擅自发行股票,但一旦具有“以非法占有为目的”这一因素,就不以擅自发行股票、债券罪来处罚,而只能以集资诈骗罪来处罚。因此,起草人认为“集资诈骗罪是非法集资犯罪的加重罪名”。[④]

2. 非法集资活动的定义

既然刑法中并无非法集资罪的罪名,那为什么需要将上述 7 个罪名都放入“非法集资”的名下,并用一个司法解释来统一解释呢?显然是因为这些罪名都具有某些共同的特性,放在一起可以对这些共性进行统一解释,节约了立法成本,也方便大家对这些罪名的理解和适用。从这个角度来说,对这些罪名共性的认识是《解释》应当主要解决的问题。《解释》开篇就用了两个条款来规定这个问题,可见也非常重视。

《解释》第 1 条从两个角度定义了非法集资活动。首先,非法集资活动应当是“违反国家金融管理法律规定,向社会公众(包括单位和个人)吸收资金的行为”;其次,非法集资活动还应当同时具备四个条件:

> (一) 未经有关部门依法批准或者借用合法经营的形式吸收资金;
> (二) 通过媒体、推介会、传单、手机短信等途径向社会公开宣传;
> (三) 承诺在一定期限内以货币、实物、股权等方式还本付息或者给付

---

① 参见《解释》第 8 条第二款。
② 参见《解释》第 7 条。
③ 参见刘为波:《〈关于审理非法集资刑事案件具体应用法律若干问题的解释〉的理解与适用》,载《人民司法—应用》2011 年第 5 期,第 26 页。
④ 参见刘为波:《〈关于审理非法集资刑事案件具体应用法律若干问题的解释〉的理解与适用》,载《人民司法—应用》2011 年第 5 期,第 26 页。

回报；

（四）向社会公众即社会不特定对象吸收资金。

起草人将其概括为“非法性、公开性、利诱性、社会性 4 个特征”。[①] 在适用时，需要先根据本条的规定，认定相关涉嫌非法集资的活动是否符合上述条件，然后再具体讨论其是否符合某个具体的罪名要件，从而适用该具体罪名，否则就直接认定为“吸收存款罪”。

不过，现实生活中非法集资者往往采用各种花样翻新的手段，以生产经营、商品交易等形式掩盖非法集资的目的，手法隐蔽，且可能涉及诸多专业性知识，很难识别。因此，通过对各种多发、易发的非法集资行为进行甄别分类、并结合具体发生领域和行为特征，《解释》第 2 条列举了 10 种应以“吸收存款罪”定罪处罚的具体情形，包括：

（一）不具有房产销售的真实内容或者不以房产销售为主要目的，以返本销售、售后包租、约定回购、销售房产份额等方式非法吸收资金的；

（二）以转让林权并代为管护等方式非法吸收资金的；

（三）以代种植（养殖）、租种植（养殖）、联合种植（养殖）等方式非法吸收资金的；

（四）不具有销售商品、提供服务的真实内容或者不以销售商品、提供服务为主要目的，以商品回购、寄存代售等方式非法吸收资金的；

（五）不具有发行股票、债券的真实内容，以虚假转让股权、发售虚构债券等方式非法吸收资金的；

（六）不具有募集基金的真实内容，以假借境外基金、发售虚构基金等方式非法吸收资金的；

（七）不具有销售保险的真实内容，以假冒保险公司、伪造保险单据等方式非法吸收资金的；

（八）以投资入股的方式非法吸收资金的；

（九）以委托理财的方式非法吸收资金的；

（十）利用民间“会”、“社”等组织非法吸收资金的；

（十一）其他非法吸收资金的行为。

---

① 参见刘为波：《〈关于审理非法集资刑事案件具体应用法律若干问题的解释〉的理解与适用》，载《人民司法—应用》2011 年第 5 期，第 25 页。

起草人指出:“上述列举的诸种情形重在揭示非法吸收公众存款的行为方式,在表述上未必全面完整,实践中,仍需根据《解释》第1条关于非法集资的概念和四个特征要件进行具体认定”。①

3. 相关罪名的定罪量刑标准

《解释》规定了两类罪名的定罪量刑标准,并对三类行为如何定罪作出了明确的规定。包括:

非法吸收公众存款罪的定罪和量刑标准。《解释》第3条对非法吸收公众存款罪的量刑标准作出了明确规定,并界定了所谓“数额巨大或者有其他严重情节”的标准,包括非法吸收存款的金额、涉及的存款对象的数量、造成的损失和社会影响等几个标准,并区分个人和单位犯罪而设定了不同的标准。

集资诈骗罪的定罪和量刑标准。《解释》第4条专门规定了如何认定“以非法占有为目的”。该要件为认定集资诈骗罪的关键,也是区分集资诈骗罪和其他非法集资罪名的核心因素,但犯罪分子的主观目的只能通过客观表现予以认定或者推定。该条明确列举了可以进行认定的七种情况,对于指导办案很有意义。《解释》第5条规定了集资诈骗的量刑标准,区分个人和单位犯罪,分别规定了“数额较大”、“数额巨大”和“数额特别巨大”的标准,以及如何计算上述数额(以实际骗取的数额计算,案发前已经归还的应当扣除)。

公开转让股权的定罪。《解释》第6条规定:未经批准,向社会不特定对象发行、以转让股权等方式变相发行股票或者公司、企业债券,或者向特定对象发行、变相发行股票或者公司、企业债券累计超过200人的,构成犯罪的,应当以擅自发行股票、公司、企业债券罪定罪处罚。

擅自发行基金份额的定罪。《解释》第7条规定:违反国家规定,未经依法核准擅自发行基金份额募集资金,情节严重的,以非法经营罪定罪处罚。

非法集资活动中的虚假广告行为的定罪。《解释》第8条规定:广告经营者、广告发布者违反规定,利用广告为非法集资活动相关的商品或者服务提供虚假宣传的,应当以虚假广告罪定罪处罚。该条并进一步规定了定罪标准。

4. 一些豁免规则

《解释》秉承刑法宽严相济的原则,在明确非法集资定罪量刑标准的同时,也给出了一些类似“安全港”的豁免规则,明确某些情况不属于非法集资活动或者免于刑事处罚。包括:

---

① 参见刘为波:《〈关于审理非法集资刑事案件具体应用法律若干问题的解释〉的理解与适用》,载《人民司法—应用》2011年第5期,第26页。

> 未向社会公开宣传，在亲友或者单位内部针对特定对象吸收资金的，不属于非法吸收或者变相吸收公众存款。[①]
>
> 非法吸收或者变相吸收公众存款，主要用于正常的生产经营活动，能够及时清退所吸收资金，可以免予刑事处罚；情节显著轻微的，不作为犯罪处理。[②]

实际上，这些豁免规则不仅仅对于案件审理有指导意义，民间融资者如果能够在上述豁免规则内行动，其合法性将得到保障，因此，这些"安全港"对于民间融资活动的合法开展，可能具有更大的意义。

（二）《解释》中存在的问题

《解释》明确非法集资类案件审理的定罪和量刑标准，有助于此类案件的审理工作，同时通过提供豁免规则，也为民间融资者提供了合法运作的空间。从这些方面来说，《解释》将为中国民间金融活动的合法生长提供更为宽松的"生态环境"，为中国经济的健康发展提供更为有利的保障。

不过，在其最核心的任务——非法集资活动的定义方面，《解释》虽然也作出了巨大努力，却成效不显，颇有值得商榷之处。《解释》以四个具体条件界定非法集资活动，包括了非法性、公开性、利诱性、社会性四个特征。尽管《解释》将原有文件中定义非法集资的要件修改了两处：一处是将原有的未经有关部门批准和以合法形式掩盖其非法集资性质两个要件合并为"非法性"要件，另一处是增加了公开性要件。[③] 但实际上，非法性要件只是认定非法集资活动的辅助要件，并不重要，因为只有在相关交易活动被认定为构成公开集资行为时，才需要讨论该行为是否经过有权机关批准，或者是否合法。按照我国法律，公开集资的行为都是必须经过有权机关批准的，[④]因此必须首先讨论的是相关争议活动是否构成了公开集资活动，然后才谈得上其是合法还是非法。

对于认定相关争议活动是否构成公开集资，最重要的是两个关键因素：该活动是否具有集资性质，以及该集资是否面向社会公众，具有公开性。《解释》恰好在这两个关键因素上含糊其词，没有明确的界定。

对于集资性质，《解释》使用了"吸收资金"的概念，并在第1条的第（三）项用所

---

① 《解释》第1条第二款。

② 《解释》第3条第四款。

③ 参见刘为波：《〈关于审理非法集资刑事案件具体应用法律若干问题的解释〉的理解与适用》，载《人民司法—应用》2011年第5期，第25页。

④ 参见彭冰：《非法集资活动规制研究》，载《中国法学》2008年第4期，第44页，注释3。

谓的“承诺在一定期限内……还本付息或者给付回报”的所谓“利诱性”作为辅助界定条件，实际上仍然是沿用原有界定方法中“还本付息承诺”的条件，①不过增加了“给付回报”的说法，使其不再局限于固定回报承诺。② 不过，这种界定仍然不够清晰。例如，一些加工厂将其工作外包，工人提交保证金后可以领取原材料自己回家加工，然后交货并领回保证金和劳务报酬，这种交易模式是否构成向公众集资?

实践中，非法集资者多采用伪装的商品销售或者生产经营的方式吸取资金，花样翻新，不胜枚举。在这些交易中，回报多被伪装成商品销售或者生产经营的利润。如何将这些伪装的交易与正常的商品销售或者生产经营活动区别开来?这正是定义要解决的核心问题。但《解释》在这一点上却缺少作为，反而在第 2 条通过列举的方式列出了 10 类交易，试图为案件审理提供指导。这显然是刻舟求剑的做法，只能徒劳无功。像武林高手飞花摘叶皆可伤人一样，聪明的非法集资者也是“万物皆备于我”，任何东西均可成为集资载体。2000 年中国人民银行归纳的非法集资形式还只有 7 种，③到 2007 年，国务院法制办公室已经将其归纳为 4 大类、12 种类型，④其中有许多都是《解释》第 2 条没有包括的。花样翻新的集资类型岂是《解释》所能穷尽?而且一旦《解释》列明了某些具体的集资载体或者集资形式，非法集资者恰好可以避开，更具有迷惑性。

对于公开性，《解释》实际上使用了两个条件来进行界定，即第 1 条的第(二)项和第(四)项，前者是对公开宣传方式的规定，后者才是对公开性的界定。只要采用了公开宣传的方式，无疑就满足了集资的公开性要求。但将该因素作为界定非法集资活动的必备条件，却缩小了定义的范围，也因此带来所谓的口口相传如何认定的困难。⑤ 如果不采取公开宣传的方式，是否就一定不涉及社会公众，是否就一定不需要法律特别保护?显然并非如此，否则《解释》也就不需要用第(四)项再对公开性进行限定了。

但《解释》第(四)项对于公开性的界定仍然延用了原有界定方法中“不特定对象”的说法，继承了该说法的模糊性和误导性，也由此导致在第 1 条第二款设置了

---

① 参见彭冰:《非法集资活动规制研究》，载《中国法学》2008 年第 4 期，第 45 页。

② 参见刘为波:《〈关于审理非法集资刑事案件具体应用法律若干问题的解释〉的理解与适用》，载《人民司法—应用》2011 年第 5 期，第 25 页。

③ 参见中国人民银行:《关于进一步打击非法集资等活动的通知》(银发[1999]289 号)。

④ 参见《关于防范和打击非法集资等违法犯罪活动——全国人大常委会法制工作委员会和国务院法制办公室负责人答新华社记者问》(2007 年 7 月 10 日)。

⑤ 参见刘为波:《〈关于审理非法集资刑事案件具体应用法律若干问题的解释〉的理解与适用》，载《人民司法—应用》2011 年第 5 期，第 25 页。

一个很可能被滥用的豁免规则：在亲友和单位内部集资的，不构成非法集资。[①] 该豁免显然是来自对所谓特定和不特定对象的区分。正是由于起草者认为亲友或者单位内部人员是所谓的特定对象，认为该集资行为不涉及公众，不具有公开性，因此才会豁免该类集资行为，认为其不属于非法吸收公众存款。然而这显然与立法上界定集资对象是否特定的意图相违背，也与非法集资的实践并不相符。无论是亲友还是单位内部人员，其与非法集资者的关系亲疏并不相同，虽然这些关系可能成为豁免的一个理由，[②]但显然需要具体情况具体分析，而不能一概豁免。在传销实践中我们已经熟悉的所谓"杀熟"，以及某些带有强迫性的单位集资活动，都说明该豁免范围过大，存在被滥用的可能性。《解释》的这一误设源于对公开性没有精确清楚的认识。

实际上，本文认为：《解释》的另一个重要豁免规则——用于正常生产经营并能及时清退资金的，免于处罚或者不作为犯罪处理——也存在过于宽松的可能，而这恰好是来自对于集资性质的某种误解。

因此，本文以下将分别讨论非法集资界定的这两个关键因素：集资性质和公开性。

二、非法集资的集资性质

某项交易活动是否具有集资性质，而与一般的商品交易或者生产经营活动不同，是个很难判断的问题。必须抓住集资活动的某些本质特性，才能准确将其界定出来。《解释》以"吸取资金"和"给付回报"作为界定集资性质的关键因素，但这两个因素其实都很难清楚界定出某个行为的集资性质。

1. 吸取资金——投资性

以"吸取资金"作为界定集资性质的关键因素，虽然好像说到了问题的本质，但实际上并不具有可操作性，因为没有抓住问题的关键。对于卖方来说，出售任何东西，不论是一般的商品，还是某项投资权益，谁不以"吸收资金"为目的？任何商品制造者，除了从事慈善事业之外，当然都以销售商品、回笼资金、赚取利润为目标。吸取资金的目的（传统上表述为"集资目的"）虽然是集资交易的一个部分，甚至从理论上来说，是集资交易能够发生的启动因素，但由于其为集资者的主观感受、内心思量，因此很难准确界定。并且，仅仅具有集资目的，也不具有可归责性。

---

① 参见《解释》第1条第二款。

② 参见下文第三部分的相关讨论。

集资活动有交易双方,分别为资金稀缺方和资金提供方。既然从资金稀缺方的集资目的不能区别出此类交易,从资金提供方呢?在典型的集资活动中,资金提供方的目的和其他类型的交易并不相同。在其他类型交易中,购买者以获取交易标的为目的,例如在一般的商品交易中,购买者的目的是获取商品或者服务。但在集资活动中,无论交易载体为何,买方(资金提供方)的目的是为了获取未来的收益。这才是区分集资交易与其他类型交易的关键因素:投资性。

什么是获取未来的收益?《解释》中规定的"承诺在一定期限内以货币、实物、股权等方式还本付息或者给付回报"是否已经涵盖了该因素?应该说,《解释》中规定的这一"利诱性"因素已经包含了资金提供者以获取收益为目的这一内容,因为正是集资者以未来给付回报为利诱,才诱使他们提供资金。《解释》的起草者认为利诱性包含有偿性和承诺性两个方面的内容,[1]其中有偿性说的就是资金提供者提供资金的目的。不过,《解释》对这一条件的表述还是不太清楚,容易产生误解。在商品预售时,卖方接受预售款时也是"承诺在一定期限内"交付实物作为对价,购买人支付预售款当然是有偿支付,但并不具有投资目的。实践中大量存在的各种预付卡,包括"公交一卡通"、商场"购物卡"表面看都符合《解释》中所谓"承诺一定期限内……给付回报"的特征,但显然不宜被认为构成非法集资。

因此,对于作为投资目的的"获取未来收益",还需要进一步明确其内涵。一般认为,投资所期待获取的收益,与购买商品或者服务不同,不在于交易载体本身,而在于投资所产生的利润。对此,美国最高法院界定为"对初始投资的运用导致的资本增值"或者"对投资者资金运用获得的收益分享",换句话说,利润是投资的收益或者投资后的资本增值。[2]《解释》中"还本付息"的表述明确具有上述内容,但"给付回报"的表述则过于模糊,不能明确表明上述涵义。这是因为所谓利诱性因素是从集资者角度来表述概念的,没有直接指向资金提供方的交易目的。这种间接界定的方法甚至可能产生误导。例如对于某些商品,虽然集资者以给付回报作为利诱,但购买者的目的就是获取商品消费。

有时资金提供者的目的可能是多重的,这时法院就需要在其中区分其主要目的。在美国著名的 Forman 案中,[3]纽约市政府补贴的某个房屋合作公司建立廉租房对外出租。该房屋公司向社会公开出售股票,规定只有购买股票的人才有低价租

---

① 参见刘为波:《〈关于审理非法集资刑事案件具体应用法律若干问题的解释〉的理解与适用》,载《人民司法—应用》2011 年第 5 期,第 25 页。

② *United Hous. Found., Inc. v. Forman*, 421 *U. S.* 837, p. 855(1975).

③ *United Hous. Found., Inc. v. Forman*, 421 *U. S.* 837, p. 855(1975).

房的资格。在该房屋公司被以未经注册发行股票起诉后,法院审查认为:该股票并不具有典型股票的一般特征,而是购买者获得低价租房资格的前提条件。美国最高法院认为,在该案中,投资者购买房屋合作公司股份的主要目的是为了获得廉价租房。尽管该房屋合作公司经营住宅小区的商业设施、停车空间以及商业性洗衣机有所收益,并形成了利润,但是最高法院认为这些利润是附属性的,其目的不过是为了减少政府的补贴成本。购买人购买股票的目的也不是为了获取这些利润。美国最高法院认为:当利润的产生只是附属性的时候,购买者显然并非以获取利润为目的。[①] 当购买者以使用或者消费购买产品为目的时,该交易也不会构成投资合同。[②]

因此,所谓集资型交易和其他类型交易如商品交易的不同,在于交易的性质。一般的商品交易尽管也面向社会公众,但公众完全可以通过《合同法》、《产品质量法》和《消费者权益法》等得到保护。但在集资型交易中,交易的载体尽管可能表现为某种商品,但交易的实质是买方对未来收益的期待,即交易具有所谓投资性。打击非法集资活动的理由就是这些公众投资者需要通过许可制度得到特别保护。因此,只有涉及公众投资者的交易,才应当被认定为集资交易,换句话说,将界定交易的投资性作为辨别集资交易的关键因素,符合立法目的。

2. 承诺回报——投资的被动性

实际上,仅仅认定交易具有投资性,并没有完全完成界定集资行为的任务。例如,房屋既是消费品也有投资价值。在中国目前房价高涨和通货膨胀的环境下,很多城市居民购买第二套或者第三套住房的目的并非居住而是投资。[③] 那房屋开发商出售房屋的交易是否具有了集资性质?

一方面这需要看总体房屋购买人的购房目的,即上文所讨论的要区分主要目的;另一方面,即使某个小区的房屋购买人大多以投资为目的购房,似乎也不应该将该项交易视为集资活动。这主要是因为这些购房人的投资主要依赖于市场房价的波动,采用风险自担原则就好。但如果房屋开发商不但销售房屋,而且还为这些房产投资者提供包租、回购等附属服务,则问题又有所不同。《解释》第 2 条明确列举"不以房屋销售为主要目的,以返本销售、售后包租、约定回购、销售房产份额等方式",为非法集资的类型。这又是为什么呢?

实践中类似的做法有很多。例如,蚂蚁养殖。在《最高人民法院公报》中公布

---

① *United Hous. Found., Inc. v. Forman*, 421 *U. S.* 837, pp. 855 - 856.

② *United Hous. Found., Inc. v. Forman*, 421 U. S. 837, pp. 852 - 853. "投资合同"是美国法院在股票(stock)、票券(note)之外,用来涵盖所有非典型证券的兜底概念。

③ 这也正是许多城市为了平抑房价,出台房屋限购政策的主要理由。

的"许官成等集资诈骗案"中,[1]法院认定:被告人与客户签订特种药蚁销售合同、特种药蚁委托养殖合同、特种药蚁回收合同等三种系列合同,承诺客户每窝蚂蚁投资人民币 460 元,1 年后返还人民币 640 元,年回报率为 39.13%。法院认为这构成了非法集资。[2]

我们可以想象,在该案中,如果被告人仅仅出售药蚁,没有附属的委托养殖合同和回收合同安排,该交易也许就不会被界定为非法集资。尽管该交易仍然具有明显的投资性质——公众显然不是为了消费药蚁而购买,而是为了养殖成熟后出售获益。这和农村养殖户购买鸡崽、猪崽养殖出售性质一样。但从来没有人认为农村这些专门出售鸡崽、猪崽的人构成了违法集资。为什么?

我认为,这主要是因为在此类养殖活动中,养殖户自己付出了辛苦的劳动,将蚂蚁、家畜从小养大。尽管存在市场价格波动的风险,但养殖户的收益主要来自辛苦劳动的回报,虽然这仍然是投资利润,但主要在养殖户的掌控之中。关于集资的法律实际上也无法给他们提供更多的保护。

因此,对于集资性质的另一个因素,可以称之为"被动投资",美国最高法院将其表述为利润主要"依赖于发起人或第三人努力"。[3] 采用这一因素,可以将上述完全依赖于市场风险的房产投资、主要依赖自己劳动的养殖活动都区别开来。这主要是因为,当投资者的利润主要依赖于他人的努力时,该人的诚信、对其的监控都变得非常重要。但在集资活动中,由于投资者人数众多,存在集体行动的困难,这两者都很难做到,因此需要法律的特别保护。

不过需要注意的是,有时交易会被伪造成主动投资的结构,这时就需要区分利润的主要来源。例如,在蚁力神案件中,蚁力神公司曾经因为类似上述许官成案的代养安排被认定为非法集资。此后它改变了交易模式,蚁力神公司不再向社会公众出售蚂蚁再代为养殖,而是委托社会公众为公司养殖蚂蚁,但是养殖户需要向公司交纳很高的保证金,在养殖期满后,保证金退还,同时公司向养殖户支付较高的劳务费,作为养殖的代价。两种交易模式导致的现金流向一样,区别在于养殖的主体不同,社会公众获取利润的名目不同。正是这种不同,导致中国人民银行曾经认为后一种模式并不构成非法集资。中国人民银行在一份批复中认为:"该公司以'租养'方式养殖蚂蚁的行为,因养户是通过提供劳务而取得回报,不宜认定为非法

---

① "江苏省南京市人民检察院诉许官成、许冠卿、马茹梅集资诈骗案",载《最高人民法院公报》2009 年第 10 期,第 38—43 页。

② 同注 29,第 42 页。

③ *SEC v. W. J. Howey Co.*, 328 U. S. 293, p. 299 (1946).

集资,其合法性可由工商行政管理部门认定。"[①]

是什么导致中国人民银行对这两种蚂蚁养殖模式作出不同性质的认定?中国人民银行在批复中认为,如果投资者的回报来自其自己的努力(例如提供劳务),就不构成非法集资。这个出发点是正确的,但如果不仔细考量回报与自己努力之间的关系,仍然可能存在缺漏。在蚁力神的上述租养安排中,尽管看起来养殖户的利润来自为养殖蚂蚁提供的劳务,但实际上蚁力神支付的的劳务费标准大大高于市场上类似劳务的标准。劳务费的支付只是一个幌子,租养的实质仍是以保证金方式收取本金然后支付固定回报的非法集资行为。[②]

如何界定被动投资?这既可以从上述的利润来源来区分,也有学者提出可以从交易建构的主动权安排来区分。有学者提出,可以从交易前信息的获取、交易结构的确定(回报率、期限、形式等的因素的确定)和交易中哪方有权提前终止三个方面来确定交易的投资性,如果是资金获取方主动提供信息并确定交易结构,而资金提供方只有提前终止交易权的,就具有证券的投资性,实际上就是被动投资。[③] 我以为这也有一定的道理,至少可以用来区分民间借贷、商业银行存款和企业(公司)债券的不同,这些虽然都是还本付息的安排,但后两者更符合上述被动投资的条件。

《解释》中利诱性要素中具有承诺性条件,即"承诺在一定期限内……给付回报",这个承诺性其实可以解释为隐含了上述被动投资的性质,因为既然集资者承诺回报,说明该利润并非来自投资者自己的努力,而是来自集资者。不过,起草人将承诺性解释为"不是现时给付回报,而是承诺将来给付回报",[④]仅从时间限度上来理解承诺性,显然并不足以揭示集资活动中投资的被动性。

3. 资金用途

综合上述讨论,集资活动中的集资性质可以概括为一个重要因素:被动投资性。具体如何认定,则可以从两个方面来考量:(1)资金提供方以获取利润为目的;

---

① 《中国人民银行办公厅关于沈阳长港蚁宝酒业有限公司集资活动性质认定的批复》(银办函[2001]178号)。

② 按照相关报道,养殖户需要向蚁力神公司交纳蚁种保证金最低1万元,领取两大一小三箱蚂蚁。14个半月后,公司回收养殖好的蚂蚁,返还全部保证金并支付3250元劳务费。参见钱昊平、高爽:《蚁力神投资神话》,载《新京报》2005年1月21日。2007年8月蚁力神资金链断裂,同年11月29日,蚁力神公司向法院提出破产申请。此时,蚁力神持有78.8万份养殖合同,涉及保证金228.33亿元(人均3万元)。参见《南方周末》2011年4月21日的相关报道。

③ 参见 Dennies S. Corgill, Securities As Investments At Risk, 67 *Tulane Law Review* (1993), p. 861.

④ 参见刘为波:《〈关于审理非法集资刑事案件具体应用法律若干问题的解释〉的理解与适用》,载《人民司法—应用》2011年第5期,第25页。

(2)该利润主要来自他人的努力。相比《解释》以“吸取资金”和“承诺给付回报”作为界定标准,以“被动投资性”作为界定标准更为准确,操作起来也更简单。

在这种集资性质的界定中,集资者集资之后的用途并不重要,其是否用于生产经营活动,只能影响到对于是否具有“非法占有目的”的认定,并不能影响到对集资性质的认定。《解释》将“用于正常生产经营活动”放入了量刑情节的考量上,而没有放入定罪情节的考虑上,是正确的选择。[①] 不过,《解释》给予的这个豁免却可能让人误解:如果用于正常的生产经营活动,并且能够及时清退资金的,就免于刑事处罚甚至不作为犯罪处理,则界定非法集资活动还有什么意义?

之所以认定非法集资活动,就是因为该类集资活动需要经过许可才可从事。法律所以规定集资活动需要经过事前许可,是出于保护投资者的目的。虽然由于存在间接融资和直接融资的不同,存款主要表现为一种间接融资安排。[②] 但既然《解释》试图用吸收存款罪处理所有的一般非法集资活动,则对于存款的这种间接融资性质倒不宜做过多强调。那些将集资款主要用于“正常生产经营活动”的集资活动,也许只是证明了其具有直接融资的性质,但就非法集资罪本身来说,其在非法性上没有任何减轻,不宜将其作为减轻情节予以考虑。[③] 当然,将“能够及时清退所吸收资金”作为减轻情节是合理的,因为没有造成社会损失,减少了社会危害性。

三、非法集资的公开性

实际上,我国金融法律并不要求所有的融资活动都必须经过批准。《证券法》第 10 条第一款仅要求“公开发行证券,必须经过国务院证券监督管理机构核准”。《商业银行法》第 11 条也仅仅规定“未经国务院银行监督管理机构批准,任何单位和个人不得从事吸收公众存款等商业银行业务”。甚至作为非法集资最主要罪名的“吸收存款罪”,规定的也是非法吸收或者变相吸收公众存款罪。因此,公开、公众就成为界定非法集资活动的另一个重要因素。

---

① 《解释》第 3 条第四款规定:“非法吸收或者变相吸收公众存款,主要用于正常的生产经营活动,能够及时清退所吸收资金,可以免予刑事处罚;情节显著轻微的,不作为犯罪处理。”

② 有刑法学者一直强调应当区分集资的用途,认为:如果吸收的资金是用来从事资本、货币经营的,就构成吸收存款,如果不作资本、货币运营的,则不能认定。参见张明楷:《刑法学》(第二版),法律出版社 2003 年版,第 615 页,注释 34;代波、齐沁霞:《非法吸收公众存款罪的理论缺陷及完善》,载《新疆警官高等专科学校学报》2005 年第 1 期。对这个观点的批评,参见彭冰:《商业银行的定义》,载《北京大学学报哲学社会科学版》2006 年第 1 期。

③ 不过,这是认定是否具有非法占有目的的重要因素,参见《解释》第 4 条第二款第(一)项。

但对于公开性的界定，我国立法和司法机关一直都采取一种让人误导的表述，以“特定”或者“不特定对象”作为是否涉及公众的核心界定要素。《解释》仍然沿用了这一标准，在第1条第1款规定“向社会公众即社会不特定对象吸收资金”作为认定非法集资的条件，不过也许是考虑到这一标准的模糊性，该条还增加了另一项必要条件，即“通过媒体、推介会、传单、手机短信等途径向社会公开宣传”。这存在两个方面的问题，下面分别讨论。

第一个问题是：以宣传方式作为界定非法集资的必要条件，无疑缩小了认定非法集资的范围。以公开宣传手段开展非法集资活动，无疑涉及了社会公众。但反过来推导，认为非法集资的公开性就一定具备公开宣传方式，则并不成立。实践中，固然有很多采用各种公开宣传手段的非法集资活动，但也有很多在地下通过熟人口口相传的集资安排，后者如各类非法传销活动。实际上，在最近热议的浙江东阳吴英案中，被告人吴英以集资诈骗罪被一审判处死刑，但一审法院认定吴英所直接集资的对象不过11人，吴英也并没有采取公开宣传的方式去集资，而是以这11人作为“集资管道”。①

公开宣传只是认定非法集资公开性的一种辅助手段或者充分条件，但并不是必要条件。有之，则必具有公开性；无之，则并不一定不具有公开性。这一点在《证券法》第10条对证券公开发行的界定中表现得特别明显。该条第二款规定：“有下列情形之一的，为公开发行：(一)向不特定对象发行证券的；(二)向特定对象发行证券累计超过二百人的；……”同时，该条第三款又规定：“非公开发行证券，不得采用广告、公开劝诱和变相公开方式”。可见，《证券法》在界定公开发行时，并未将宣传方式作为必要条件，而是作为并列的补充条件。

因此，《解释》将公开宣传方式作为认定非法集资公开性的一种并列条件，而不是作为必要条件之一，比较合适。

第二个问题是如何界定特定对象和不特定对象。

“特定对象”的说法实际上具有很强的误导性。特定还是不特定，只是一个相对的说法。对特定还是不特定的考量，往往着重于交易对象是否为事前根据某一标准能否限定的群体，《解释》对于单位内部的强调就符合这一观念。但这其实是错误的观点。例如，某一时刻全上海市的年满18岁的市民，一定是一个可以确定的群体，他们是否构成了特定对象？向他们集资是否构成了向社会公众筹资？仅仅向不超过200人的年满18岁的上海市民集资是否就不构成向公众集资？

---

① 参见“浙江女富豪吴英非法集资7.7亿元一审获死刑”，载 http://news.sina.com.cn/c/2009-12-18/160019290322.shtml，2011年5月16日访问。

美国最高法院在 Ralston Purina 案中对此观点的批判颇为精彩，引用如下：

> 就其最广泛的意义而言，“公开”意指一般大众，与共同具有某些利益或者特征的个人群体不同。不过，从实践角度来看，这种区分意义不大；很明显，向所有红头发的人、向芝加哥或者旧金山的所有居民、向通用汽车公司或者美国电报电话公司的所有现存股东发出证券要约，其“公共性”——就这个词的任何现实意义来说——并不比不受限制地向全世界发出要约要少。这种要约虽然并非任何人都可以自由接受，但从性质上来说完全具有“公共性”，因为用来挑选特定受要约人的方法与挑选的目的之间并无合理的关联……在任何特定情况下区分“公开”与“特定”(private)，都应当考量用来建立区别的决定因素和寻求建立这种区别的目的。①

由此可见，界定某一交易群体是否特定，并不在于该群体是否事前能够确定范围，而在于划定该范围的方法与界定其是否公开的目的之间是否相关。简单说，就是将交易对象范围特定化的方法是否符合界定公开性之立法目的。

前面已经讨论过，法律界定非法集资的目的在于保护投资者，因此，投资者的身份和资质显然是用来界定非法集资公开性的最为重要的标准之一。一般认为，那些富有经验的投资者可以自己保护自己，因此不需要法律给予的特别保护。各国往往通过对投资者资质的要求限定私募对象的范围。例如，美国《证券法》中就使用了“获许投资者”(accredited investor)、《证券交易法》中使用了“合格投资者”(qualified investor)、《投资公司法》中使用了“合格购买人”(qualified purchaser)等概念来界定私募中的交易对象范围。

从各国经验来看，界定私募中的交易对象范围，不外乎三个标准：(1)投资经验：主要是金融机构和机构投资者；(2)特殊关系：例如集资者的高级管理人员或者亲友；(3)财富标准：有钱人。机构投资者有丰富的投资经验，显然不需要法律的保护；集资者的高级管理人员和亲友基于与集资者的关系，熟悉集资者的情况，有能力保护自己；基于财富标准的理由则在于：这些投资者即使没有足够的投资经验作出明智的投资判断，他们也有财力聘请专业机构帮助他们投资，另外，足够的财富也使得他们有能力承担投资风险。

目前中国实践中采用类似标准限定交易对手范围的，主要是银监会在《信托公司集合资金信托计划管理办法》中的规定。《管理办法》要求信托计划的委托人全

---

① 346 U.S. 119(1953), p. 124.

部为合格投资者，并且单个信托计划的自然人人数不得超过50人，合格的机构投资者数量不受限制。《管理办法》进而界定：

前条所称合格投资者，是指符合下列条件之一，能够识别、判断和承担信托计划相应风险的人：

(1) 投资一个信托计划的最低金额不少于100万元人民币的自然人、法人或者依法成立的其他组织；

(2) 个人或家庭金融资产总计在其认购时超过100万元人民币，且能提供相关财产证明的自然人；

(3) 个人收入在最近三年内每年收入超过20万元人民币或者夫妻双方合计收入在最近三年内每年收入超过30万元人民币，且能提供相关收入证明的自然人。

可能是限于信托计划的特点，银监会在本《管理办法》中只采用了财富标准作为限定的主要手段。对于投资经验和特殊关系都没有特别要求。尽管具体的财富数量是否合适(过高或者过低?)还可以讨论，甚至在金融危机之后，财富标准是否应当作为界定私募的重要标准也出现争议。但银监会在该《管理办法》中的思路无疑是正确的，比在"哲学层面"抽象的讨论所谓集资对象是"特定还是不特定"，不知要高明多少倍。

《解释》的起草人无疑也认识到了这一问题，因此提出应从集资参与人的抗风险能力和集资行为的社会辐射力两个方面来判断是特定还是不特定对象。[①] 这一解释当然值得赞同。不过，《解释》设置的亲友和单位内部集资豁免的条款，则表明其仍然陷在"特定对象"还是"不特定对象"的哲学思路下不能解脱。

亲友、单位内部，确实在某种程度上意味着集资者可能和集资对象之间有某种特殊的关系。但亲友之间的关系远近亲疏不同，单位内部不同员工所处位置也各不相同，其与集资者之间的特殊关系是否足以为其提供保障，需要在个案中具体认定。例如，某个集资对象尽管与集资者有亲友关系，但已经多年不来往，其关系并不足以帮助其获得足够的信息，对集资的风险进行判断。实际上，非法传销中盛行的所谓"杀熟"技巧，正是利用这种亲友关系造成的信任骗取集资对象的钱财。[②]

---

① 参见刘为波：《〈关于审理非法集资刑事案件具体应用法律若干问题的解释〉的理解与适用》，载《人民司法—应用》2011年第5期，25—26页。

② 参见慕容雪村：《中国少了一味药》，中国和平出版社2010年版。

这种情况在单位内部同样存在。同一单位内，不同人由于职位的不同，对本单位的信息获得程度并不相同。相比高管人员，低层职员不仅具有信息获取的劣势，还更容易受到集资者的强迫。因此，不去一一查实某个具体集资对象和集资者之间的实际关系如何，以一个笼统的概念将其豁免在非法集资的范围之外，显然并不妥当。

四、公开转股的定罪

《解释》第6条规定了非法公开发行和公开转股行为构成了“擅自发行股票、公司、企业债券”罪。该条具体包括了三类未经批准的行为：(1)向社会不特定对象发行股票或者公司、企业债券的；(2)向社会不特定对象以转让股权等方式变相发行股票或者公司、企业债券的；(3)向特定对象发行股票或者公司、企业债券累计超过200人的。其中第一和第三种行为，都有法律的明文规定，[①]在此不再讨论。值得争议的是第二类行为，即所谓公开转股的定罪问题。

公开转股被界定为变相公开发行，首先规定在《《国务院办公厅关于严厉打击非法发行股票和非法经营证券业务有关问题的通知》(国办发[2006]99号，以下简称：《国办99号文》)文中。该通知规定：

> (二) 严禁变相公开发行股票。……非公开发行股票及其股权转让，不得采用广告、公告、广播、电话、传真、信函、推介会、说明会、网络、短信、公开劝诱等公开方式或变相公开方式向社会公众发行。严禁任何公司股东自行或委托他人以公开方式向社会公众转让股票。……

此后，最高人民法院、最高人民检察院、公安部、中国证监会联合发布的《关于整治非法证券活动有关问题的通知》(证监发[2008]1号)对此加以确认，并进一步规定：

> (一) 关于公司及其股东向社会公众擅自转让股票行为的性质认定。……公司、公司股东违反上述规定，擅自向社会公众转让股票，应当追究

① 《证券法》第10条第二款在界定公开发行时，包括了向不特定对象发行和向特定对象发行累计超过200人。对于证券法该条的解释和争议，参见彭冰：《构建针对特定对象的公开发行制度》，载《法学》2006年第5期。

其擅自发行股票的责任。公司与其股东合谋,实施上述行为的,公司与其股东共同承担责任。

《解释》第6条的规定,不过是对上述规定的再次确认,只是将原来规定中的"社会公众",更换为"社会不特定对象"。上文已经说过,我国立法和司法机关习惯上用"不特定对象"来解释"社会公众",因此这两个概念基本上是同义词,可以互用。不过,《国办99号文》对公开转股的界定本身就存在问题,值得进一步讨论。

首先,对公开转股的限制确有其理由。对公开转股限制的理由来自法律上对于公开发行的许可要求。《证券法》第10条明确规定公开发行证券,必须符合法定条件,并且要经过国务院证券监督管理机构或者其他机构的核准。该条同时还界定了公开发行的概念。不过,发行和交易的概念实际上很难明确区分。最为明显的就是发行人很容易通过某个中介管道,从非公开发行转换为公开转售,间接实现其公开发行的目的。举例来说,发行人A可以向某个特定对象B发行一亿元股票,该交易很容易被认定为非公开发行。但B购入股票后,不是自己持有获利,而是立刻向社会公开发售。后一种交易由于不是发行人在出售股票,往往被认定为股票转让,不适用《证券法》第10条对公开发行的界定。但这两个交易合并在一起,实际上实现了A向社会公开发行股份的目的,B不过是A公开发行股票的管道而已。因此,各国在界定公开发行时,往往还需要考虑对转售的限制。① 美国证券法上干脆就没有发行的概念,而是采用出售(sale)和要约(offer)的概念。要求所有的证券交易都必须注册,然后再通过豁免的方式,将那些正常的证券交易和转让排除在注册之外。②

《证券法》明确采用了发行和交易的概念,并且界定公开发行时没有对转售限制作出规定,造成的结果就是这一方式在我国已经成为非公开发行证券的常用规避手段。③ 实践中经常遇到的所谓"原始股推销",除了赤裸裸的诈骗之外,多是此类。《国办99号文》就是对这一漏洞的补充。

但是,对公开转股的限制也不能一味禁止。表现为公开转股的转售虽然可能

---

① 彭冰:《证券公开发行之研究》,载《月旦民商法》总第11辑,清华大学出版社2006年版。

② 参见Rutheford B. Campbell, Jr., Resales of Securities Under The Securities Act of 1933, 52 *Washington & Lee Law Review* (1995), p. 1333.

③ 坊间争议颇大的太平洋证券离奇上市,其实就是采用的这种方式。2007年,太平洋证券先向四个股东定向发行股份(非公开发行),这四个股东再用这些股份和当时的上市公司云大科技的所有股东换股(股份公开转让),交易完成后,云大科技股权分布不符合上市条件而退市,太平洋证券的股东人数增至上万人,得到交易所的许可上市。按照当时已经生效的《国办99号文》,四股东换股的交易实际上构成了变相公开发行。参见李德林:《太平洋证券上市路径》,载《证券市场周刊》2008年第8期。

成为规避公开发行界定的渠道，但像《国办 99 号文》那样严禁任何股东自行或者委托他人向社会公开转让股票，无疑又太矫枉过正。股权投资者不能在公司存续期间撤回投资，只能通过股权转让实现其流动性。限制只有上市公司的股东才能公开转让股票，对于非上市公司的股东太为严苛。由于缺乏股票公开交易市场，这些公司的股权本来就缺乏流动性，还不允许其公开转让，岂不是雪上加霜。实际上，该条也根本没有得到认真执行。目前各地盛行的产权交易所都交易非上市公司的股权，在产权交易所挂牌交易，难道不也是构成了股东委托他人向社会公开转让股票？有些产权交易所甚至还在媒体上刊登股权转让信息，这难道不也是构成以广告方式向社会公开转让股权？甚至《企业国有资产法》第 54 条就明确规定："国有资产转让应当在依法设立的产权交易所公开进行"，其中的国有资产就主要为未上市企业的国有股权。

本来限制公开转股的目的不过是要限制那些逃避公开发行监管的避法行为，因此，只要能够区分开真正的股权转让和虚假的股权转让即可，没有必要采取"一刀切"的禁止方式。虽然这种区分可能比较复杂，但相对于一律禁止所带来的成本，还是值得尝试。美国证券法上通过对"承销商"(underwriter)概念的界定来解决这个问题。按照美国 1934 年《证券交易法》的规定，任何从发行人处购买证券时意图分配该证券的人都可能被认定为承销商，①由此其转售行为也被认定为构成发行，需要注册。只有通过利用 SEC 发布的豁免规则(安全港)或者自己举证证明其不构成承销商，才能安全转让证券。SEC 通过规则 144 规定了转售的安全港规则，主要包括几个方面：公共信息的可获得性、持有时间的限制(公众公司为 6 个月，其他公司为 1 年)、出售数量限制(主要针对发行人的关系人)、出售方式(通过经纪人或者做市商转让以及不能公开宣传)和备案要求等。② 其中对市场影响比较大的是持有期限限制。SEC 认为，股东持有股权达到一定期限，就可以推定其最初购买股票时并无分配的意图，因为其在持有期间已经承担了投资风险。这一期限从最初的 2 年，慢慢缩短为一年，2008 年 SEC 进一步修订，将公众公司的股东持股期限缩短为 6 个月。除了明确的期限限制可以适用，美国法院还承认所谓的情事变更原则(there has been an unforeseeable change in circumstances of the

---

① 原文为 any person who has purchased from an issuer with a view to, or offers or sells for an issuer in connection with, the distribution of any security, or participates or has a direct or indirect underwriting of any such undertaking.

② 关于对美国 SEC 转售的各种规定，参见郭雳：《美国证券私募发行法律问题研究》，北京大学出版社 2004 年版，第 142—173 页；对相关规定的批评，参见 Rutheford B. Campbell, Jr., Resales of Securities Under the Securities Act of 1933，52 *Washington & Lee Law Review* (1995), p. 1333.

holder),股东也可以用环境变化来证明自己现在转售股份是迫不得已,并非因为购买时就有转售意图。[①]

美国的上述经验值得借鉴。实际上,我国目前对于上市公司非公开发行股票的出售期限限制就已经部分体现了上述思想。因此,对于非上市公司股票的转售问题,有关机构还应当作出更为精细的规划,才能达到保护投资者的目的,并且为中国今后多层次资本市场的发展打下基础。《解释》沿袭了《国办 99 号文》的粗糙禁止的做法,限于中国目前的政治体制和司法解释的功能,可能也是迫不得已。

五、擅自发行基金份额的定罪

《解释》第 7 条规定:“违反国家规定,未经依法核准擅自发行基金份额募集基金”,构成犯罪的,以非法经营罪定罪处罚。按照起草人的解释,这里的国家规定是指《证券投资基金法》第 36 条的规定。[②] 该法第 36 条要求基金管理人发行基金份额募集基金,必须经过国务院证券监督管理机构核准。

但仔细研究,《解释》的该条规定与《刑法》第 225 条关于非法经营罪的精神并不符合。非法经营罪是针对那些需要国家许可才可从事的经营行为,而发行基金份额则是募集资金的行为,与本《解释》重点针对的具有集资性质的交易相同,而与基金管理的经营行为并不一致。用非法经营罪处理擅自发行基金份额的行为,不如用吸收存款罪处理更符合《解释》的一贯立场。

作为公募基金的证券投资基金,其实和商业银行一样,都是间接融资的一种安排。基金管理人通过发售基金份额,募集基金,并将其投资于证券市场,沟通资金富余方和资金稀缺方。虽然基金份额持有人和基金管理人的合约安排与商业银行不同,基金的运用方式也和商业银行迥异,[③]但从间接融资的性质上来说,两者并无明显不同。不过,和商业银行不同的是,商业银行的正常经营只需要获得一次许可,即设立商业银行的许可,就自然可以经营吸收公众存款的业务,而基金管理人从事公募基金活动,则需要获得至少两次许可,一次是获得基金管理人资格必须经

---

① 参见 Rutheford B. Campbell, Jr., Resales of Securities Under The Securities Act of 1933, 52 *Washington & Lee Law Review* (1995), p. 1333.

② 参见刘为波:《〈关于审理非法集资刑事案件具体应用法律若干问题的解释〉的理解与适用》,载《人民司法—应用》2011 年第 5 期,第 30 页。

③ 参见吴志攀:《金融法概论(第五版)》,北京大学出版社 2011 年版,第 374—376 页。

过国务院证券监督管理机构核准，[①]另一次则是公开发售基金份额仍然需要经过国务院证券监督管理机构的核准。[②]

未经批准吸收公众存款，实际上就是擅自从事了商业银行业务，如果严格按照法律解释精神，《刑法》第 176 条规定的吸收存款罪应当取消，非法吸收公众存款具有非法经营罪的性质，应当归入擅自设立金融机构罪。[③] 但基于现有的法律架构，《解释》对吸收存款罪做了扩大解释，不局限于存款的特定性质，将该罪名普遍适用于非法集资行为。这样做当然也有一定的道理和可行性。

但对于证券投资基金，则管理人获得经营资格和获得公募许可是明确分离的两件事情。违反前者，才涉及非法经营；[④]违反后者，是典型的非法集资行为。虽然基金份额的募集和基金管理人管理基金往往密切联系，就像商业银行吸收存款往往和其发放贷款密切相连一样，但既然《解释》扩大解释存款的概念，将吸收存款罪一般性适用于非法集资行为，为什么对于擅自发售基金份额的行为，要特别对待?

《解释》的这种做法在逻辑上也说不通。既然基金管理公司已经取得证监会的核准得以设立，获得了经营资格，而基金管理人的职责本来就包括募集和管理基金，只是因为其未经批准募集基金，就以非法经营罪予以处理，道理上不太说得通。这个道理就和非银行类金融机构却从事吸收存款业务一样，由于吸收公众存款是商业银行的专属业务，其他类金融机构，例如证券公司、信托公司都不能从事吸收公众存款业务。对于这些非银行金融机构从事吸收公众存款业务的行为，目前法律上也一般是以吸收存款定罪，并不以非法经营定罪。[⑤]

《解释》对擅自发售基金份额的特别对待还可能带来打击范围狭窄的问题。《证券投资基金法》第 36 条明确规定的是基金管理人发售基金份额需要经过核准，因此只能适用于那些基金管理公司没有经过核准，擅自设立基金的情况，对于本身

---

① 《证券投资基金法》第 12 条第二款规定："担任基金管理人，应当经国务院证券监督管理机构核准"；同时本条第一款又规定："基金管理人由依法设立的基金管理公司担任"。第 13 条则规定，设立基金管理公司应当经国务院证券监督管理机构批准。加上公开发售基金份额还需要经过核准，看起来发售一次基金份额需要经过三次核准。不过实际上并非如此，一家基金管理公司可以发起和管理多家基金，因此，实际上，当某家基金管理公司希望设立一家基金并通过发售份额募集基金时，只需要按照第 36 条提交申请，就可以同时获得证监会同意其担任基金管理人和同意其发售基金份额的两份核准。因此，基金管理的一般性业务资格其实是通过基金管理公司的设立批准获得的。

② 参见《证券投资基金法》第 36 条。

③ 参见彭冰：《非法集资活动的刑法规制》，载《清华法学》2009 年第 3 期，第 120—130 页。

④ 如果基金管理公司能够被认定为其他金融机构，则也可直接适用《刑法》第 174 条，认定为擅自设立金融机构罪。

⑤ 例如德隆案中涉及信托公司以委托理财的名义吸收资金，最终相关人等都以吸收存款定罪。

就非基金管理人擅自通过公募方式发售基金份额的,《解释》第 7 条就无适用余地,或者要经过更为复杂的法律解释才能适用。那为什么要限制自己或者搞得这么复杂呢?

尽管非法经营罪和吸收存款罪在处罚程度上基本相当,非法经营罪似乎还处罚程度稍重,[①]但《解释》对擅自发售基金份额的特殊处理并不符合其自身的法律解释逻辑。合适的做法是,《解释》第 7 条只对未经批准擅自设立基金管理公司的行为作出规定,界定其为非法经营或者擅自设立金融机构罪,对于擅自公开发售基金份额的不做规定,实际上按照《解释》的逻辑,就会直接按照吸收存款罪处理。

六、结论

非法集资活动在中国现实中一直层出不穷,屡禁不止。这主要是经济体制方面的原因。不过,相关立法和司法一直不能明确清晰地界定非法集资活动,也有一定的责任。2010 年底,最高人民法院出台《解释》,为实践中一直存在争议的非法集资刑事案件的审理工作提供了明确指导。《解释》定义了非法集资行为,列举了 10 种非法集资行为的类型,并明确规定了相关行为定罪和量刑的标准,甚至还规定了一些类似"安全港"的豁免规则,不但有助于法院审判工作,实际上也有助于民间融资活动的合法开展。

但《解释》中仍然存在诸多问题值得讨论,其中最为重要的是其在定义非法集资活动时对两个关键因素(集资性和公开性)的界定仍然不够明确,可能导致实践中对非法集资活动的性质仍然认识不清。本文重点讨论了如何界定非法集资的集资性质(主要表现为被动投资性)以及公开性,并在此基础上讨论了《解释》提供的两个安全港规则的不足:对用于正常经营活动的集资活动的豁免和对在亲友和单位内部进行集资活动的豁免。基于相同的逻辑,本文还讨论了对于公开转股行为和擅自发售基金份额行为如何定罪的问题。

应该承认,《解释》已经为明确界定非法集资活动作出了相当程度的努力。它明确规定了相关行为定罪和量刑的标准,并且通过一些明确的豁免规则,对民间融资也采取了较为宽容的立场。本文对《解释》的批评不过是学者在理论上的吹毛求疵而已。

---

① 非法经营罪的最高刑期是有期徒刑 15 年,吸收存款罪的最高刑期为有期徒刑 10 年。

麦克米伦"金融缺口"治理：中国经验及其法律与金融含义

张建伟*

一、问题的提出：中小企业世界性"麦克米伦融资缺口"难题

1931年，英国政治家麦克米伦在调研了英国金融体系和企业后，提交给英国政府一份报告——《麦克米伦报告》，该报告指出，中小企业在筹措其所需的长期资本时，由于信息不对称等原因，尽管有担保机制作为支撑，仍存在诸多融资困难，即存在"金融缺口"，需要政府采取某种战略或措施来弥补与治理这个缺口，麦克米伦的观点得到学界和实务界同仁的普遍认同，而"中小企业融资难"这一世界性问题也就被称为"麦克米伦缺口"(Macmillan Gap)难题。

就中国的情况而言，改革开放后，随着中小企业与民营经济的不断发展壮大，"麦克米伦缺口"问题也逐步凸显。① 据上海城市合作银行对2700户中小企业的调查，在生产经营中融资比较困难的企业占68%，很困难的企业占14%，在企业停产原因方面，资金短缺占47%。② 中国长期存在的金融抑制政策使官方利率一直比非正式信贷市场的利率低约50%—100%，这使中国的中小企业从民间非正规市场获得资金的成本也相当高昂。③ 另一方面，中国长期存在的国有银行垄断态势

---

* 张建伟，北京大学金融法研究中心2001级博士后，工作单位：复旦大学法学院。

① 国家统计局和国家发改委的统计表明，2004年中国注册的中小企业有360万家，加上3000万个个体工商户，约占全国企业总数的99.6%。中小企业创造的产值约占中国GDP总量的55.6%，上缴税收占46.2%，提供的就业岗位占农业以外就业总人数的75%以上，可见劳动力剩余、资本稀缺的中小企业对中国经济整体来说非常重要，但其又在融资、人才等方面居于弱势(得到的贷款只占社会贷款总额不到20%)。参见李华云：《从战略高度认识发展民营中小银行的意义——对中国金融结构和经济结构问题的深层思考》，http://www.dajunzk.com/xiaoyh.htm，2012年11月5日访问。

② 梅强、谭中明等著：《中小企业信用担保理论、模式及政策》，经济管理出版社2002年版，第69—70页。

③ Garnaut, Ross, Ligang Song, Yang Yao, and Xiaolu Wang (2000). *The Emerging Private Enterprise in China*. Canberra: The National University of Australia Press.

也造成了银行业对中小企业及其严重的信贷歧视，使其更难得到大银行的贷款支持。[①] 就融资结构而言，中国中小企业存在着比国外中小企业更严重的“麦克米伦金融缺口”问题。单以 1995 和 1998 年为例，彼时的中国私营企业融资的绝大部分仍然主要依赖于业主的自有资本和内部留存收益，其中业主自有资本分别占 21.9%和 35.8%，内部留存收益则分别占 30.2%和 26.2%，而从信用社等金融机构所获得的贷款则只占 25%左右，公墓资本市场如公司债券和外部股权融资比例则不到 1%，民间非正式融资则分别占 12.6%和 9%。[②]（见下图）另据温州市金融办对 350 家企业进行的抽样调查，2011 年一季度末企业运营资金构成中，自有资金、银行贷款、民间借贷三者比例为 56:28:16。[③] 这两组数据基本反映了中国中小企业融资结构之现实。

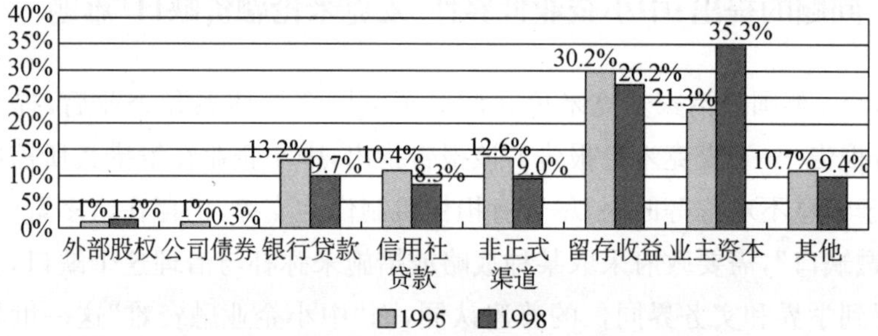

图 1　1995 年和 1998 年中国私营企业融资来源分布情况

Resource：World Bank：China's Emerging Private Enterprisezs— Prospects for the New Century，Table 5. 5. Sources of Finance in Surveyed Firms，1995 and 1998，PP58，http://www.ifc.org/publications/china-private-ent.pdf.

中国中小企业在体制内很难得到融资，但却在体制外的“关系融资”框架下从亲友间借贷、职工内部集资等民间借贷非正式金融安排中蓬蓬勃勃地发展了起来。不过，对于这种基于关系、声誉和人格化信任基础之上的非正式金融治理机制是如何发生作用的，仍然是一个“黑箱”，有待我们去进一步探索与研究。从宏观法律治理的环境来看，中国近十几年发布了许多促进中小企业发展的法律、法规，从 1997

① Garnaut，Ross，Ligang Song，Yang Yao，and Xiaolu Wang（2000）. *The Emerging Private Enterprise in China*. Canberra：The National University of Australia Press.

② 由于中国的中小企业大多为私营企业，而私营企业中就数量而言又大多为中小企业，因此这个数据也可以基本上反映中小企业融资结构的构成。另一组来自全国工商联的《我国中小企业发展报告》数据似乎更加触目惊心：90%以上的中小企业反映无法从银行得到贷款，全国家族企业和民营企业 62.3%的融资来自民间借贷。参见刘诗平、姚玉洁：《改善金融资源分配的“嫌贫爱富”破垄断是关键》，http://news.zynews.com/2012-04/20/content_2290610.htm，2012 年 11 月 6 日访问。

③ 罗培新主持：《温州金融实践与危机调研报告》，2012 年 10 月。

年算起几乎平均每年一部，尤其是从2002年全国人大颁布的《中华人民共和国中小企业促进法》，到国务院发布《关于鼓励支持和引导非公有制经济发展的若干意见》，再到人民银行发布的一系列有关中小企业融资支持的诸多文件，可以说是应接不暇，但具有讽刺意味的是，1997年以后中小企业的贷款满足率却呈不断下降趋势。这说明中国对"麦克米伦金融缺口"的治理不是靠出台多少中小企业融资的专项法律就能有效解决的，它可能还更多的与中国包括民间金融在内的宏观金融治理的大环境比如制度化信任等社会资本的缺失有密切关系。由于民间信用体系的内生性缺陷，中国的"麦克米伦金融缺口"实质上更多地表现为制度化信任等"社会资本缺口"——正是"社会资本缺口"才导致民间金融关系主义私人秩序自发演进过程中出现的"阴暗面"(dark side)，致使该领域金融风险不断累积(表现为近些年温州等地区域性民间金融困局与危局)，值得警惕。[①] 这就需要我们从中国中小企业"麦克米伦金融缺口"化解与民间金融治理的制度化、法律化信任基础整体的视角来重新思考这个世界性金融难题，并在此基础上总结中国的经验与教训，从而探寻未来的中国式"麦克米伦金融缺口"治理之道。

二、中小企业"麦克米伦金融缺口"治理：法律的经济社会学分析

一般来说，中小企业融资"麦克莱伦缺口"存在的主要原因在于信息不对称，在信息不对称条件下，银行与企业之间的博弈表现为静态博弈过程，给定中小企业信息不透明或未来业绩不确定而又急于得到贷款并有可能有更多的道德风险的现实，大银行的最优融资安排必然是贷款给大企业而不是小企业，因为在天生就"嫌贫爱富"的大银行眼中"大即是美"、"小的就是不好的"，中小企业和金融中介之间呈现的这种不合作态度说明中小企业信贷市场失灵了。中小企业股权融资安排的经济逻辑也是一样的。当股权和债权市场均失灵时，中小企业现实中的融资安排往往表现为"权益融资"和"债务融资"的"麦克米伦缺口"双缺口模型。

关于这种"双缺口"问题的治理方式，可以由融资当事双方通过较密切的关系网络和重复博弈机制来解决信息不对称问题，比如可以通过银企之间的私人关

---

① 中信证券的研究报告称，中国民间借贷市场总规模有4万余亿，2011年温州民间金融出现了一系列"高利贷崩盘"、"私企老板欠债逃跑"、债务人遭非法拘禁等恶性事件。民间借贷纠纷案也在不断上升，仅2011年全国法院系统受理的民间借贷纠纷案件就达608477件，比上一年上升了38.27%。参见辜胜阻：《立法赋予民间金融合法地位》，《法制日报》2012年3月27日。

系[①]或私募股权和私募债权市场来缓解信息不对称。私募融资的优势在于资金盈余方与用资人之间有密切参与机制，因此，其监督代理人的成本也就往往比较低，而且也不容易有严重的第三方效应。[②] 但对公募融资来说，由于涉及不特定的融资对象，则往往需要政府的强制性信息披露制度作为支撑，以减轻信息不对称所导致的公众欺诈负面效应。当然，中小企业在起步初期，就资本结构而言，债务融资还是优于外部股权融资的，因为债务融资可以减少外部所有权和控制代理成本和逆向选择（adverse selection）等问题。[③] 但由于信息不对称也往往使得大银行形成“大企业”贷款偏好，中小企业从大银行那里仍然无法获得“关系型融资”。针对这种融资缺口的治理安排可以是中小企业团体融资（比如企业联保贷款）安排，通过中小企业“团体间对称信息”来治理“银企之间的信息非对称”可以在某种程度上解决由信息不对称所导致的逆向选择和道德风险问题，最终实现信贷市场中银企之间的博弈均衡，成为治理“麦克米伦缺口”的一个可选制度安排。

其实，在笔者看来，就本质上来说，麦克米伦“金融缺口”的实质并非仅仅是简单的“资金缺口”，而是信任等“社会资本缺口”，解决和治理这个问题的关键还是要先解决“信任”的制度基础问题。中国历来注重人的担保信任机制，以人质或者在团体之间形成“连环保”及其连带而来的责任连锁来建构人际之间的信任结构。[④] 不过，就传统中国而言，这种信任结构又更多地是以儒家的“礼”为基础来构建的。[⑤] 在现代社会却更加重视“质”的担保，在更大的范围内，信任不是来源于“礼”的秩序，而是更多地取决于“质”（抵押物）的理性计算。除了担保机制以外，自发生

---

① 当然，中国《商业银行法》规定，限制银行向关系人贷款（第 43 条）；禁止对亲属和朋友贷款（第 52 条第 3 款）。

② 私募本身具有人格化或关系性特征，金融当事人双方信息比较对称，比较适合民间金融生长之初的治理结构，但即使对于比较成功的公众公司而言，私募融资也常常具有不可替代的功能与作用。关于私募融资方面的理论探讨，可以参见郭雳：《证券私募发行法律制度研究》，北京大学出版社 2005 年版。

③ Allen N. Berger and Gregory F. Udell："Small Business and Debt Finance", http://www.bus.indiana.edu/Finance/workingpapers/debtfin.v76.PDF; Allen N. Berger and Gregory F. Udell: The Economics of Small Business Finance: The Role of Private Equity and Debt Markets in the Financial Growth Cycle, http://www.federalreserve.gov/pubs/feds/1998/199815/; The Ability of Banks to Lend to Informationally Opaque Small Businesses, http://www.chicagofed.org/newsandecents/bankstructureconference/2001/BergerklapperandUdellpaper.pdf。

④ 黄国光将中国社会的人际关系分为情感性关系、混合性关系、工具性关系三种类型，参见黄光国《人情与面子：中国人的权力游戏》，物的担保更多地体现了一种人际之间的理性计算关系或工具性关系，而“人保”则更多地体现出情感性关系。

⑤ 中国儒家的基本观念就是“礼以待君子，刑以威小人”。荀子也曾指出：“君子处仁以义，然后仁也；行义以礼，然后义也；制礼反本成末，然后礼也。三者皆通，然后道也。”参见：《荀子·大略》）。

长的金融中介作为节约分散金融交易成本的制度安排，也可以发挥其信息搜集的规模经济优势以及声誉机制载体优势解决信任等“社会资本缺口”问题。总之，具体而言，政府的政策性金融、正式的中小金融机构、非正式民间金融、国有银行的关系融资及担保贷款与团体互助、互保融资安排、风险资本、天使资本都有其治理麦克米伦缺口的内在逻辑，关键是看哪一种安排在解决中小企业融资信任机制方面更具交易成本节约的优势。从比较制度分析的视角来看，我们也可以说，中小企业“麦克米伦金融缺口”的治理制度组合方案将有无穷多个解，这些组合能否最终发挥作用更多的还在于法律是否能够提供这种组合的“缝合”与“焊接”机制，以确保资金盈余方的资金通过信任机制的润滑作用顺畅地流入中小企业，从而从根本上解决“麦克米伦金融缺口”问题。

具体而言，治理金融缺口中“社会资本匮乏”的方略可以表现为“私人秩序”与公共秩序的某种最优组合。就私人金融秩序来说——非正式金融治理制度，包括以声誉为基础的自我实施治理、非正式的第三方实施治理和自治性质的金融组织，这些私人金融秩序多是经济当事人基于自发的自利行为而形成的个人关系网或自愿加入到某自治性组织团体中所达成的、并被社区成员内部认可和自愿遵守的自我约束机制。对于麦克米伦金融缺口的非正式金融治理(各种灰色金融或黑色金融，如温州的台会、标会等以及民间的自由借贷、各种基金会、私人钱庄、典当行、非法集资安排等制度安排或金融行为)，由于其融资合约的内生交易费用比较低，可以借助社区内的声誉等人格化重复博弈、关联博弈等特殊主义信任机制减少交易费用，使得民间信用契约通过自我实施的内在机制来增进信任等社会资本，进而缩小中小企业“麦克米伦金融缺口”。不过由于有一定地域因素的限制，这种融资安排治理中的信任机制或社会资本分布却先天带有封闭性和“特殊主义”气质，一旦超出特定地域范围或人际圈子，随着金融交易的人格化因素将减小，其信任结构很难由“特殊主义信任”自动转化为“普遍主义”信任，这又必然会导致融资交易的内生交易成本逐渐加大，而信任等社会资本却有逐渐减小的趋势。① 另一方面，民间金融由于缺乏明确的法律治理机制作制度支撑，就经常会与政治权力和黑帮势力纠结在一起，形成“金融-政治权力-黑恶势力-关系网的纽结”，这时金融产权界定与保护以及契约履行过程中独立监管部门的监管或独立法院的司法审判就对减少

① 郑也夫把这种特殊主义信任的缩减趋势表述为“走向杀熟之路”，参见郑也夫：《信任论》，中国社会出版社。

这种“组结”在一起的外生交易费用起着重要的解构作用。[①] 这说明，中国民间金融的信任结构表现为礼治、德治以及关系治理等的混合秩序治理结构，需要制定引导民众稳定预期的“明线”规则（适当的制裁与责任安排）以及相对独立的事后司法机制与独立的事前监管机制对破坏交易安全的不守信行为提供必要的治理机制安排，“挤出”腐败官员和黑恶势力这些“关系规则企业家”对普遍主义的制度化信任基础的腐蚀与破坏，投资并保护制度化“信任”等社会资本，并防其耗散与流失。这说明非正式金融（灰色金融或黑色金融）是内生地要求政府监管与法律治理的，这也往往是民间私人金融秩序自发演进中的“阴暗面”的一个有效应对，而其作用是否能有效发挥，则取决于外生交易成本与内生交易成本之间的比较。这就要求注意民间金融过程中信任要素的变化与法律组件之间的因果系列以及它们之间适当的搭配方式。[②] 就法律系统与民间金融内生秩序或内部系统的匹配方式来讲，可以主要有合同法、代理法或公司法或私募市场法律等来治理，[③]这些金融私法可以通过润滑交易而使金融私人秩序扩展为自发的合作秩序；而对于私人秩序的“阴暗面”[④]以及由此连带的金融“无序”，[⑤]或者那些有严重第三方效应（尤其是面对不特定对象的公募融资）的金融交易或金融行为则由金融公法、金融刑法来治理，以形成某种金融公共秩序，但必须注意的是，金融公法和金融刑法对金融的治理必须符合金融有机体本身的内生适应性要求，从而带有一种谦抑、谨慎的精神气质（“法律宪政主义”气质），否则，如果因一些局部危机而贸然对金融有机体动手术，则有可能会伤及其本身成长的元气与活力，甚至有可能将民间金融扼杀在摇篮之中。这

---

① 传统中国的治国者总是把社会信任与国家信任结合起来保存社会资本，促进社会合作。诚如北宋司马光指出的：“夫信者，人君之大宝也。国保于民，民保于信；非信无以使民，非民无以守国。是故古之王者不欺四海，霸者不欺四邻，善为国者不欺其民，善为家者不欺其亲。不善者反之：欺其邻国，欺其百姓，甚者欺其兄弟，欺其父子。上不信下，下不信上，上下离心，以至于败。所利不能药其所伤，所获不能补其所亡，岂不哀哉！”参见：《资治通鉴周记》（卷二）。

② 参见季卫东：《法治与普遍信任——关于中国秩序原理重构的法社会学视角》，《法哲学与法社会学论丛》2006年第1期。

③ 吴志攀教授则用金融法的内部系统和外部系统来描述金融法所调整的金融关系的交易结构，并用“地图学”的比喻来形容该结构，对本文具有启发意义，具体论述参见吴志攀：《金融法的“四色定理”》，《金融法苑》，第38期，法律出版社，2000年9月。

④ 私人秩序的“阴暗面”往往是国家公共法律缺失时的替代性反应机制，这些负面效应有些反映的是私法治理本身方面的缺陷；有些反映的则是金融私法与与金融公法的关系处理过程中衔接机制或互补机制出了问题，或者说私法与公法之间在治理民间金融问题方面的法律“接口”部分出了问题。

⑤ 金融私序组织中有时会存在权力滥用行为。私序中的这种金融权力往往由强势的金融当事人所掌握，他们很可能在追求自己利益时忽视乃至损害其他当事人的利益，造成严重的第三方效应，而使“私序”变为“无序”，关于私人秩序的一些基本原理，参见：Dr. Michael Birnhack (1991), “Principle of private ordering”, from “Tort law and private ordering”, *Saint Louis University Law Journal*.

就要求我们在未来的立法战略上注意以金融法律的动态适应性效率价值观为基础，探寻金融私法治理、金融公法治理以及金融刑法治理的接口与断裂之处，探寻缝合与焊接的互补性治理结构框架[①]的构建，同时以此为基础反思主流的法律金融学的"静态效率观"和"法律起源决定论"，追寻一种新的以中国经验为基础的动态法律金融学理论框架。

三、"麦克米伦金融缺口"治理的中国经验：法律表达与地方实践

（一）中国麦克米伦"融资缺口"治理的法律表达："法律父爱主义"、"法律母爱主义"治理逻辑[②]

中国的中小企业在融资时会遭遇三个层次的金融行为：白色金融、灰色金融和黑色金融。所谓的白色金融就是晾晒在法律阳光下的合法融资渠道，在我国目前的法律框架内，可以合法集资的渠道比较有限，主要有：[③]

(1) 依据《证券法》，经过中国证监会批准，公开发行证券，包括股票和公司债券；

(2) 依据《企业债券管理条例》，经过发改委等机构批准，公开发行企业债券；

(3) 依据《企业短期融资券管理办法》，经过中国人民银行批准，在银行间债券市场，发行企业短期融资券；

(4) 依据有关规定，金融机构可以发行金融债券，包括次级债券；

(5) 依据《证券投资基金法》，经过中国证监会批准，公开发行证券投资基金；

(6) 依据《信托法》和银监会的有关规定，信托公司可以吸收信托存款；经过中国银监会批准，信托公司可以设立集合信托计划；

---

① 无论是金融组织还是商事组织，其治理结构除具有经济逻辑基础以外，从法律或法学的视角来看，其内生地也需要一种法律构造来稳定组织内当事人的理性预期，并对组织内的关系契约具有一种固化作用，对组织外的竞争性市场契约具有保护作用。关于商事组织法律构造的分析，参见李清池：《商事组织的法律构造》，法律出版社 2008 年版；关于商事组织法的经济结构或经济分析，参见罗培新：《公司法的合同解释》，北京大学出版社 2004 年版；伊斯特布鲁克、费希尔：《公司法的经济结构》，张建伟、罗培新译，北京大学出版社 2005 年版。

② 关于"法律父爱主义"的提法，参见孙笑侠、郭春镇：《法律父爱主义在中国的适用》，《中国社会科学》，2006 年第 1 期。

③ 彭冰：《非法集资活动规制研究》，《中国法学》2008 年第 4 期。

(7) 依据《商业银行法》，商业银行等存款类金融机构可以吸收公众存款；

(8) 依据《证券法》和中国证监会的有关规定，经过中国证监会批准，证券公司可以设立集合性的客户资产管理计划；

(9) 依据《保险法》，保险公司可以通过出售保单的方式，获得公众资金。

其中(1)—(3)均为直接融资方式；(4)—(9)则是通过金融中介机构进行融资的间接金融方式，与此相对应的是中国"一行三会"的金融监管架构。如果一项融资决策被纳入到中国监管框架之内或向国家交了税，那么该种金融就可以说是白色金融了，在此范围之外的可以界定为灰、黑色金融。很明显，对中小企业来说，在这个"白色金融"框架下，其融资成本是高昂的，中小企业很难获得融资，就只好另辟蹊径，剑走偏锋，在灰色或黑色的民间金融空间里寻求突围。而正是在这个空间里，中国的相关法律却是高度不完备的，存在诸多盲点和禁区。

首先从金融刑法治理的角度来看，中国的黑色金融活动在法律上的投射主要体现在非法集资等法律安排方面。中国刑法上的三种非法集资罪与中国"一行三会"监管架构又密不可分，每一类集资行为都有明确的监管机构作为行政处罚的归口管制机关，中国的民间金融活动就是在严格刚性的行政处罚和严厉的刑事政策治理的制度夹缝中倔强地生长起来的。回溯历史，中国对非法集资活动给予某种程度的治理大抵是从1989年开始的。最初企业的融资活动大多表现为面向内部职工的定向募集集资行为，后来这种行为由于搞不清私募与公募之间的界限而被治理当局粗暴地禁止——理由是"法无明文规定不可为"[①]："未经依法批准，以任何名义向社会不特定对象进行的集资活动"。以此为起点，中国开始了对民间融资"自上而下"的刚性、取缔性、打击性立法与治理运动。1995年《商业银行法》再次体现了这种立法精神，将其写入该法，并在紧接着的一个全国人大的立法决定中上升到刑事处罚的高度，正式确立了"非法吸收公众存款"和"集资诈骗"两项罪名。[②]

---

① 这实际上与中国刑法中的"罪刑法定"("法无明文规定不为罪")原则相冲突。

② 1995年，中国《商业银行法》首次规定了"非法吸收公众存款"的违法行为及其法律责任(行政取缔与刑事责任处罚并重)。该法第79条还规定："未经中国人民银行批准，擅自设立商业银行，或者非法吸收公众存款，变相吸收公众存款的，依法追究刑事责任，并由人民银行取缔。"紧接着，全国人大常委会通过了《关于惩治破坏金融秩序犯罪的决定》，其第7条规定："非法吸收公众存款或者变相吸收公众存款，扰乱金融秩序的，处三年以下有期徒刑或者拘役，并处或者单处二万元以上二十万元以下罚金；数额巨大或者有其他严重情节的，处三年以上十年以下有期徒刑，并处五万元以上五十万元以下罚金。……"这标志着中国的这个被称为是集资行为的"无限大口袋罪"罪名得以确立。在该《决定》中，全国人大常委会还确立了"集资诈骗罪"罪名——以非法占有为目的，采取各种诈骗方法进行集资的行为。

1997年新《刑法》又在此基础上增加了“擅自发行股票、公司、企业债券罪”的规定，该罪名与“集资诈骗罪”和“非法吸收公众存款罪”一起成为悬在中国民间金融生长过程中的“达摩克利斯之剑”。与中国民间金融迅速发展的现实相比，全国人大的相关立法仍显粗陋与不完备，这就需要行政部门以及其他执法部门进行剩余立法与执法进行补充。1998年，国务院发布《非法金融机构和非法金融业务活动取缔办法》（国务院令第247号）并转发中国人民银行《整顿乱集资乱批设金融机构和乱办金融业务实施方案》。这些规章仅仅强调“未经依法批准”和“向不特定对象集资”两个要件，对于非法集资行为的打击主要是通过取缔任何未经批准的集资活动和在刑罚上以非法吸收公众存款罪作最严厉的处罚来达到控制金融风险和“社会维稳”的目的。就公、检、法系统的剩余执法与立法而言，2000年，最高人民法院下发《全国法院审理金融犯罪案件工作座谈会纪要》；2001年，最高检、公安部又联合发布《关于经济犯罪案件追诉标准的规定》，对“非法吸收公众存款罪”的立案、定罪、量刑标准及审理程序都予以比较具体的规定；2004年，最高院发布《关于依法严厉打击集资诈骗和非法吸收公众存款犯罪活动的通知》，决定加大对这两种犯罪活动的打击力度，全国司法机关掀起严打热潮，浙江省仅在2008年就查处非法吸收公众存款案近200起，集资诈骗案20多起。中国治理当局对民间金融的治理的严打思路和金融刑法治理理念并非是来自中国治理当局与底层民众之间的社会契约，而更多是依据中国转型期的“维稳”作风以及极强的风险厌恶型政治伦理，并以“乱世用重典”的金融无序假定作为制度设计的前提，实质上体现的是金融治理当局对当时风声鹤唳的亚洲与拉美金融危机阴影下“金融风险假想敌”的戒惧，这决定了其治理的基本方略必然是“外科手术式”的西医疗法和“运动式、严打式”执法。可以说，这与中国治理当局对其“亲儿子”——国有金融部门的“法律家长主义”（“法律父爱主义与母爱主义”相结合的治理模式）治理风格形成鲜明对照，而更多地体现为一种“法律继父主义”金融伦理与治理法律逻辑。

2010年之后，中国治理民间金融的“家风”似乎有了一些转变，执法态度转为相对“温和”。以2011年1月5日最高院出台的《最高人民法院关于审理非法集资刑事案件具体应用法律若干问题的解释》为标志，司法机关对非法吸收公众存款罪、集资诈骗罪、非法擅自募集基金行为、非法集资活动中虚假广告行为性质做了更为具体的认定，并确立了非法集资需要同时满足的四个构成要件，尤其难能可贵的是规定了一些“私募”例外的情况，体现了金融治理当局对民间关系契约、信息相对对称、集资对象封闭且人数少、负外部性小的融资行为网开一面的宽容情怀。[①]从最近几年有关集资的法律文件以及司法实践来看,“严中有爱”的法律弹性艺术和宽严相济的“父爱主义”原则得到了淋漓尽致的体现,尤其是“孙大午案”和“吴英案”两个非法集资案“判三缓四”和“死缓”的典型判例,更是表明中国金融刑事法律治理正在从“法律继父主义”到法律“父爱主义”治理逻辑转变,或者说,中国金融治理当局对民间金融的刑事治理正在从取缔型刚性严苛的治理模式向刚柔并济型治理模式迈进。

尽管中国的治理当局面对凶如潮水的非法集资案竭尽严苛立法之能事,但面对蓬勃发展的民间金融现实,最高治理当局的“难得糊涂”使既有法律本身的高度不完备性还是凸显了出来,这时就需要有机构充当剩余立法与剩余执法者的角色,来保护民间的信任等社会资本。从过去中国对民间金融的行政监管和执法来看,面对民间金融领域法律不完备甚至缺失的状况,中国更多地将剩余立法权和剩余执法权配置给了多个行政部门的联合执法,存在监管协调成本过高以及监管失灵问题,结果造成对民间非法集资的治理存在“阻吓不足”与“阻吓过度”并存的负面效果。按照1993年国务院发布的《关于清理有偿集资活动,坚决制止乱集资问题的通知》对非法集资的监管往往涉及多个行政部门,比如:中国人民银行、公安机关、当地的市政府、工商部门等多个行政机关,尽管1998年的《取缔办法》将取缔非法金融机构和非法金融业务的监管权力赋予了中国人民银行,但实际的非法集资治理活动中,却总是表现为多个部委联合采取行动的执法模式,比如,1999年,面对当时的果园集资热潮,国土资源部、司法部、中国人民银行、国家工商行政管理局联合发出的《关于加强对“果园、庄园”等农林开发管理的通知》对该项活动予以刚性管制与取缔。2003年银监会从央行独立出来以后,该监管权就自然转移到了银监会手中。2004年以来,面对非法集资活动日益猖獗的现实,由银监会牵头、多部委联合协同打击非法集资的体制开始酝酿——中央编办最终在2005年(中编办发

---

① 该《解释》将个人非法吸收或者变相吸收公众存款,数额在20万元以上的,单位非法吸收或者变相吸收公众存款,数额在100万元以上的融资行为作为追究刑责的标准。个人非法吸收或者变相吸收公众存款对象如果超过30人,单位非法吸收或者变相吸收公众存款超过150人,均可入罪。《解释》也规定了一些例外原则,比如,如果未向社会公开宣传,在亲友或者单位内部针对特定对象吸收资金的,则不属于非法吸收或者变相吸收公众存款,并且规定,该非法吸收或者变相吸收公众的存款,如果主要用于正常生产经营活动,并能够及时清退所吸收资金,也可以免予刑事处罚,情节显著轻微的,可以不作为犯罪处理。该《解释》第6条也明确规定,“未经国家有关主管部门批准,向社会不特定对象发行、以转让股权等方式变相发行股票或者公司、企业债券,或者向特定对象发行、变相发行股票或者公司、企业债券累计超过200人的”,应认定为刑法上规定的擅自发行股票、公司、企业债券行为;可能构成“擅自发行股票、公司、企业债券罪定罪处罚。”

10号)确认了银监会的有关非法集资认定、查处和取缔权。2007年,银监会牵头的18个部委和单位参加的处置非法集资部际联席会成立,并进行了建制,确立了"疏堵并举、防治结合"的治理原则,标志着中国民间治理的理念出现了中医的治理理念与刚柔并济风格。但理念虽好,奈何"多龙治水",即使有多位"专家会诊",终因协调成本与交易成本过高,而使其对民间金融的行政性治理疗效不彰。

从金融私法方面来看,中国对民间融资的私法治理的原始立法分散于《民法通则》、《合同法》、《公司法》、《证券法》中,剩余立法与执法则体现于最高法院针对中国民间借贷审判实践所出台的司法解释中。虽然中国的《民法通则》第84条在20世纪80年代中期就规定"合法的借贷关系受法律保护";中国《公司法》第116条也规定:公司不得直接或者通过子公司向董事、监事、高级管理人员提供借款;第149条3款规定:违反公司章程的规定,未经股东会、股东大会或者董事会同意,不得将将公司资金借贷给他人或者以公司财产为他人提供担保,由此也可以看出中国的公司法也是隐含着对公司之间借贷合法性的承认。但从1996年《贷款通则》第2条、第61条、[①]《合同法》第52条来看,非金融机构企业间的借贷则是非法的。[②] 关于利息问题,法律以及司法解释间的含混与冲突仍然很明显。中国《合同法》第207条规定"借款人未按照约定的期限返还借款的,应当按照约定或者国家有关规定支付逾期利息";该法第211条又规定"自然人之间的借贷合同对支付利息没有约定或者约定不明的视为不支付利息";《人民法院关于审理借贷案件的若干意见》第10条则规定:"一方以欺诈、胁迫等手段或者乘人之危,使对方在违背真实意思的情况下所形成的借贷关系,应认定为无效。借贷关系无效由债权人的行为引起的,只返还本金;借贷关系无效由债务人的行为引起的,除返还本金外,还应参照银

---

① 《贷款通则》第六十一条规定"企业之间不得违反国家规定办理借贷或者变相借贷融资业务"。该通则第73条则规定"企业之间擅自办理借贷或者变相借贷的,由中国人民银行对出借方按违章收入处1倍以上5倍以下罚款"。

② 《人民法院关于审理借贷案件的若干意见》第11条规定"出借人明知借款人是为了进行非法活动而借款的,其借贷关系不予保护。对双方的违法借贷行为,可按照民法通则第34条第3款及第163条、第164条的规定予以制裁";最高院《关于如何确认公民与企业之间借贷行为效力问题的批复》则规定,"只要双方当事人表示真实即可认定有效。但是,企业以借贷名义向职工非法集资、企业以借贷名义非法向社会集资、企业以借贷名义向社会公众发放贷款则无效。借贷利率超过银行同期同类贷款利率四倍的,按照最高人民法院法(民)发(1991)21号《关于人民法院审理借贷案件的若干意见》的有关规定办理"。而《最高人民法院关于对企业借贷合同借款方逾期不归还借款的应如何处理问题的批复》又明确规定:"企业借贷合同违反有关金融法规,属无效合同。"从这些规定可以看出,企业之间的借贷是违法的。最高人民法院在《关于人民法院审理借款案件的若干意见》中还规定:"民间借贷的利率可以适用高于银行的利率,但最高不得超过银行同类贷款利率的4倍;4倍之内的利息,依法受法律保护,超出部分则不受法律保护。"

行同类贷款利率给付利息”。而《关于贯彻执行〈中华人民共和国民法通则〉若干问题的意见》第8条则规定：“借贷双方对有无约定利率发生争议又不能证明的，可参照同类贷款利率计息。借贷双方对约定的利率发生争议又不能证明的，可参照第6条规定计息”。可见，从最高院的司法解释来看，在利率不明时按同类贷款计算利息；而按《合同法》的规定则不计息，这种法律间的含混与矛盾，给现实中的执法造成了诸多不确定性，而这又势必不利于民众预期的稳定性以及信任等社会资本的累积，进而造成民间金融危局。另外，中国《证券法》虽然涉及直接融资渠道的治理，但其所治理的主要是公募资本市场上的融资行为，无法惠及中小企业，中小企业融资更多地涉及私募融资，而这方面的法律还比较稀缺，已有的法律和法规又不统一而且相互矛盾，这造成了司法机构法律适用上的混乱和民间经济当事人行为预期的不确定性，也无法为中国的“麦克米伦金融缺口”治理提供制度化社会资本支撑。

就中小企业融资的专门立法来说，中国的金融治理当局已经逐渐认识到中小企业对国民经济的重要性，从2002年6月份的《中小企业促进法》，到2005年的《非公经济36条》，2008年的《小贷试点的指导意见》，2009年9月份的《关于进一步促进中小企业发展的若干意见》，然后到2010年的新《非公经济36条》(鼓励、引导民间投资)，以及2011年的“银十条”和“国九条”(减税等)，都在试图以政策鼓励、扶持、劝说、促进、补贴、减税、担保(实际上是一种政府公共社会资本的直接注入)等方式帮助中小企业来解决融资难的问题，这些中小企业融资缺口法律治理策略所体现的是“法律母爱主义”特征，当然其是否起到效果，最终还是要由融资市场的基本规律来检验。

中国金融法律治理的另一个突出特征是国家以所有权或股东的身份长驱直入银行业治理结构内部要求中国的商业银行承担普遍服务的义务，并对货币资本的价格即利率进行比较严格的管制，对国有金融部门的偏爱，更显示出了中国金融治理实践中的“法律父爱主义逻辑”(毕竟国有金融机构和国有上市公司是政府的“亲儿子”)。其实，中国的非法集资、民间借贷乃至高利贷，在某种意义上说，都是金融抑制政策逼出来的。如果利率由供求关系的市场规律决定，那么民间对资金的过度需求就会减弱，非正规的民间借贷乃至高利贷也就失去了赖以生存的基础，这些银行之外的融资渠道也就能够比较容易地纳入正规体系之中。因此，从这个意义上说，中小企业“融资缺口”难题在很大程度上并非是市场选择的结果，而是与中国金融的高度国家所有权控制治理结构有密不可分的关系。归根结底，若不解决所有制身份歧视问题，中国的中小企业融资难题势将无从破解，在这方面，中国的《非公经济36条》以及《新非公经济36条》为该难题提供了治理指引。

鉴于2011年以来不断出现的区域性民间借贷危机，2012年2月19日，最高人民法院下发《关于当前形势下加强民事审判切实保障民生若干问题的通知》，要求各级人民法院妥善审理民间借贷案件，维护合法有序的民间借贷关系。2002年2月22日，最高人民法院又发布《关于人民法院为防范化解金融风险和推进金融改革发展提供司法保障的指导意见》，将民间金融问题上升到化解金融风险以及“维稳”的高度去治理，体现了中国最高司法机构对中国民间金融危局的整体性忧虑，同时也显示了民间金融发展现实对新型治理理念的呼唤。

其实，就金融监管的内在逻辑来说，主要就是风险防范——通过各种治理制度安排的巧妙组合来控制、防范金融市场中的风险，维持金融市场的良好秩序，保护所有市场主体(也包括普罗大众)的合法权益。① 但就更广泛意义上的金融治理而言，经济要发展，中小企业要得到融资，麦克米伦缺口需要化解，所以就需要放松管制以促进民间金融的发展，从理论上来说，发展所要求的格局是：事后法院治理＋私人秩序(市场机制)治理模式，但是，对中国来说，稳定在中央治国者看来仍是第一位要考虑的要素，最高法院“讲政治”的结果便是，坚定地与各监管部门站在一起，高举《刑法》“集资诈骗罪”、“非法吸收公众存款罪”、“擅自发行股票、债券罪”三把利剑，再加上金融的国家所有权架构、不断加强的行政监管以及资金价格(利率)管制措施，构筑了一个“维稳“与金融风险防范并重的防火墙，同时将改革与发展所可能引致的政治风险下放到地方，自己则站在幕后做”仲裁人”。温州模式就是在这样的政治格局下产生的。从全国不断攀升的民间借贷纠纷案及其连带的区域性民间金融无序状态来观察，中国既有的民间金融治理的法律框架仍比较粗糙而且含混、矛盾，法律之间存在断裂、盲点和禁区并存的现象，势必最终难以为中小企业麦克米伦金融缺口提供可持续的“社会资本”支持，这使得中国在具体的金融治理结构上体现为政治庇护与团体基于连带责任基础上复合生长的“关系主义私人金融秩序”，正是这种秩序演进的潜流正在对中国未来的金融治理与金融法律框架提出了强有力的挑战。

(二) 政治庇护、团体互助的“关系主义私人金融秩序”

中国特有的金融法律治理结构缺陷(法律继父主义、法律父爱主义与法律母爱主义的混合秩序)使中小企业在融资过程中千方百计地寻找“干爹”的政治庇护(或者自身曾经戴过“红顶帽子”)，体现了中国“麦克米伦金融缺口”治理极强的政治色彩。有学者根据2002年全国第五次私营企业问卷调查的数据，对中国私营企业主

---

① 刘燕：《金融监管的制度逻辑》，《法学家》，2004年第3期。

的阶层意识和政治——社会参与进行了实证分析，发现有 3.3%的私营企业主均来自政府机关、事业单位并曾担任负责人，因此他们有广泛的人脉关系资源可资动员；从私营企业主开办企业之前的职务来看，有 21.3%的私人企业主曾担任过从厅局级干部到村干部等各级别的领导职务。①

表 1 私营企业主开办本企业前的最后职业

类 别	频 数	百分比(%)
专业技术人员	210	6.7
机关、事业单位负责人	103	3.3
企业负责人	1738	55.4
办事人员	126	4.0
普通工人	152	4.8
商业、服务业员工	125	4.0
务农农民	59	1.9
个体户	478	15.2
军人	15	0.5
其他职业	114	3.6
无职业	15	0.5
合计	3135	100.0

表 2 私营企业主开办本企业前的最后职务

类 别	频 数	百分比(%)
一般干部	231	7.7
股级干部	61	2.0
科级干部	208	7.0
县处级干部	55	1.8
厅局级干部	6	0.2
乡镇(公社)负责人	15	0.5

① 陈光金:《私营企业主的社会来源、阶层意识与政治——社会参与分析》,《中国私营企业发展报告 No.4 (2002)》,社会科学文献出版社 2003 年版。

续 表

类 别	频 数	百分比(%)
村(大队)主要干部	64	2.1
国有(集体)企业单位承租人	462	15.5
企业供销人员	136	4.6
军官	10	0.3
其他职务	1565	52.4
无职务	174	5.8
合计	2987	100.0

数据来源：陈光金：《私营企业主的社会来源、阶层意识与政治——社会参与分析》，《中国私营企业发展报告 No.4(2002)》，社会科学文献出版社 2003 年版。

我们也可以从孙大午案看出私人与政府之间的关系运作以及政治庇护对中小企业融资缺口的治理作用。[①] 孙大午在担任县人大代表时，其在当地吸收私人存款集资的行为是被默许的；但当孙大午不再担任县人大代表时，很快就遭到检察院的起诉。这说明，县人大代表这一政治职务对孙大午的民间融资活动是一个有力的庇护。[②] 由此可见，我们在观察民间金融问题时，不能单单看融资的法律约束，而更应该观察中小企业融资中的内生私人秩序以及由此连带的中国官场及人情社会里特有的潜规则——即在个人关系网络基础上，通过“关系运作”和利益交换依靠建立与政府官员的个人关系网作为其“合同实施”的保证。在某种意义上说，这在中国经济与金融现实中有时是比较有效的治理机制，我们经常能够看到，有政治关系的企业比无政治关系的企业更能获得银行贷款和更长的贷款期限。而且金融发展越落后、法治水平越低、私人产权侵害越严重的地区，政治关系的这种贷款效应就越显著。从这种意义上说，政治关系可以作为一种替代性的非正式机制，帮助中小企业获得银行的信贷支持，从而解决麦克米伦金融缺口中的“社会资本缺口”问题。不过这样做也未必有可持续性，因为把自己和政治人物绑定在一起，实际上等于把市场中的政治风险转化成政治权力斗争中的风险，一旦所绑定的政治人物倒台，接踵而来的后果就有可能对该企业家造成毁灭性打击，靠该政治人物所累积的“社会资本”也会随之耗散。

① 据记者邱伟报道中的描述：“孙萌对父亲（即孙大午）被捕的质疑是：‘我们这样借款借了好多年了，为什么以前不来管，偏偏现在来管？’在孙萌看来，孙大午在 2003 年初刚刚不是县人大代表，这也是一个重要因素。”参见邱伟：《亿万富豪孙大午被捕事件》，《21 世纪经济报道》，2003 年 7 月 21 日。

② 张军等：《金融歧视、腐败与中国私人企业增长》，《世界经济文汇》，2006 年第 2 期。

除了寻求政治庇护，人格化信任、连带责任以及声誉机制在民间金融治理中也很重要。温州的民间金融最早的时候其实就是滥觞于亲友互助性质的“会”(比如“抬会”、“标会”等)，这些“资金互助会”借助于人格化信任机制拓展其商业网络，后来这些资金互助会发展成为民间借贷组织，涉及很多家庭。据统计，1985 年，仅温州乐清一地，就累积了 12 亿元的会款，5 万多户家庭入会，占全县总户数的 23%。但需注意的是，这种鉴于人格化信任为基础的民间金融治理模式并不具有可持续性，往往很脆弱，1986 年的温州倒会风波就反映了这个现实。①

对于中小企业通过银行融资而言，由于信息不对称也是形成“麦克米伦缺口”的重要原因之一，治理麦克米伦缺口的一大难关，就是如何解决信息不对称难题，已经“被招安”的台州市商业银行采用的是“5C”原则：即从中小企业主的品德(Character)、才能(Capacity)、资本(Capital)、担保品(Collateral)和企业的持续性(Continuity)五个方面进行信用分析，以辨认其实力和信用能力。② 而浙江泰隆商业银行采用的破解之策是，不依赖抵押担保，把重点放在保证人的设置上，使用道义担保方式，对贷款对象形成人格化约束。③ 中小企业还可以通过所谓“网商融资”模式——传统银行与网络合作，通过网络自愿联合担保使原本势单力薄的小企业成为一个整体或联合体，进行“抱团式”贷款融资。这种融资方式(如：团体互助担保、团体贷款、供应链信用金融、网络联保)的共同特点在于，都是基于连带责任和声誉机制等共性机制而建立的，团体中各企业成员通过建立长期重复博弈和声誉担保、连带责任等机制以使各成员之间保持长期合作，虽然没有直接改善银企间信息分布结构，但是通过“三位一体”的关联博弈，以“团体企业间对称信息”化解了“银企间信息不对称”，改善了中小企业信贷的信息可获性与信贷条件，在某种程度上化解了“麦克米伦缺口”难题中的“社会资本缺口”问题。不过，虽然这种互保、联盟制度作为一种私序治理安排能够填补社会资本缺口，但如果缺乏持续性的制度保证，则该治理安排就有可能表现出极度不稳定的状况。目前，“互保危机”问题已经相继在杭州、宁波、台州、温州等地区集中爆发，其中杭州发生的互保危机最为典型，有 600 多家企业被拖入债务黑洞。就温州来说，其出现的民间金融危机还被发现与在“反腐”行动中一些官员的“落马”具有同步性，④这也说明民间融资如果过

---

① “抬会”资金链条在 1986 年春出现断裂，短短 3 个月，全市有 63 人自杀，200 人潜逃，近 1000 人被非法关押，8 万多户家庭破产。

② 柴世品：《台州民营中小企业和和筹资渠道浅析》，《科协论坛》，2008 年第 1 期。

③ 刘星：《“麦克米伦缺口”的中国解答》《光明日报》，2010 年 8 月 18 日。

④ 章奇：《温州的危与机》，http://blog.caijing.com.cn/expert_article-151510-26186.shtml，2012 年 11 月 5 号访问。

度寻求政治庇护并依赖于其脆弱的社会关系网络而进行融资的话，一旦政治关系或“风向”发生逆转，政治风险很快就会传导到民间借贷市场上去，进而引发资金链断裂。这也说明依靠政治庇护来保护社会资本弥合“信任缺口”以治理中小企业“麦克米伦金融缺口”，并不是一个最优的、可持续性的选择。

（三）民间金融企业家与地方政府“制度企业家”的创新行为：温州经验

中国的金融治理当局并没有进行大规模的民间金融立法设计或对原有的金融体系进行大刀阔斧的改革，而是通过建立温州民间金融试验区的方式，将改革与发展民间金融的潜在政治风险转移到地方政府，由地方利用其地方性知识优势来发展民间金融以治理中小企业“麦克米伦金融缺口”问题。现实中，无论是中小企业还是民间金融毕竟都是从地方起步并发展起来的。地方政府之所以承担起改革国有金融格局、发展民间金融，化解“麦克米伦金融缺口”的重任，并承担起“制度企业家”的角色，与中国特有的政治治理结构有密不可分的联系。中国政治治理结构中“淘汰式”的地方官员考核机制激励了地方官员由于关心其职位晋升，常处于一种“政治锦标赛”中。[①] 中央牢牢掌握地方政府（省级）的人事任免权，并在官员的任用问题上较为严格地遵循政绩，即地方 GDP 指标作为考核标准（当然，社会稳定以及绿色经济等指标也可能是重要参数），激励地方官员去努力追求地方经济的快速发展。[②] 这说明，地区之间的分权竞争必然使地方政府有激励以经济发展为目标，重视中小企业的融资问题以及与此密切相关的体制外民间金融的发展。因此，1980 年 10 月，当温州苍南县金乡农村信用社实行存贷款浮动利率、1984 年“方兴钱庄”——中国第一家由私人金融机构成立并运营时，温州市政府的态度经常处于一种“难得糊涂”的状态。直到 1986 年初，国务院颁布《银行管理暂行条例》，规定“私人不得设立银行或其他金融机构，不得经营金融业务”，方兴钱庄才关门大吉，营业执照也被收回。[③] 在温州民间金融发展初期，尽管其正规金融部门对非正式金融持敌对态度，但温州地方政府总体上还是对其持支持态度的。[④] 到 2011 年前后，中央政府越来越重视中小企业的发展及其融资问题，并在一系列文件中上升到国策的高度。这时，当温州市政府“恳请国务院给予温州试验区‘有限立法’权，“恳请国

① 周黎安：《中国地方官员的晋升锦标赛模式研究》，《经济研究》2007 年第 7 期。

② 周黎安：《晋升博弈中政府官员的激励与合作：兼论我国地方保护主义和重复建设问题长期存在的原因》，《经济研究》2004 年第 6 期。

③ 参见徐益平：《温州民间金融体制外抗争史：最后始终是“输家”》，http://www.sina.com.cn2012 年 11 月 6 日访问。

④ 张军：《改革后中国农村的非正规金融部门：温州案例》，载《中国制度变迁的案例研究》（第 2 集），中国财政经济出版社，1999 年版。

家发改委、商务部、银监会、证监会、保监会等有关部委梳理现有政策，把部分审批权限下放给温州金融综合改革试验区”时，国务院很快就给予了肯定性答复。于是，2012年3月28日，温州市金融综合改革试验区终于成立，《浙江省温州市金融综合改革试验区总体方案》开始获准实施，以破解中小企业的“麦克米伦金融缺口”难题。

2011年9月，由于资金链断裂，温州“眼镜大王”胡福林出国躲债、老板“跑路现象”引发民间债务危机，社会稳定和金融稳定遂成为温州乃至全国关注的焦点。2011年11月，温州成立地方金融监管服务中心，对全市1900多家创新型金融类市场主体进行分类监管，并初步形成了省市两级相衔接、“一办一行两局”相配合的金融联合监管协作体系。针对非法集资等涉及公众比较多的大型案件，各县、市、区则建立了“打击和处置非法集资工作领导小组”，抽调政法委、检察院、法院、公安等部门骨干实行联合办公，同时，法院、公安、仲裁等相关部门也成立了民间金融纠纷协调组织。[①] 2012年1月，温州市政府办公室下发《关于规范引导民间借贷市场健康有序发展的实施意见》，试图通过建立健全服务中小企业的金融服务组织体系、开展民间资本管理公司的试点工作，同时建立民间融资登记、备案制度，增强信息交流与沟通，加强信息披露制度基础设施等措施解决中小企业融资信息不对称的问题。[②] 在事后的治理方面，设立温州市金融犯罪侦查支队，并在法院系统建立金融法庭，建立专业化队伍应对民间借贷纠纷与危局。

2012年8月7号，为配合温州综合改革试验区的改革与创新，温州中院充当了“司法企业家”的角色，出台了《关于民间借贷的审理意见》为这种温州政府“制度企业家”的创新行为提供司法保障。首先，温州中院扩张了民间借贷的范围，将非金融企业之间的借贷认定为合法的民间借贷(第1条和第4条)，这就直接挑战了中国《贷款通则》第61条关于企业间借贷不合法的规定；除此之外，确立了单位内部集资的法律效力，对于那些非金融企业之间为生产经营所需，向其他企业借款且未违反法律、行政法规强制性规定的行为也予以法律认可。在民间借贷利息的认定上，若借款人已经支付的利息超过四倍利率标准的，该意见规定超出部分可以冲抵借款本金；而对于那些融资主体是法人而且在温州民间借贷登记服务中心备案、登记过的经济当事人，其相关证据材料则将受到该司法意见的保护。《民间借贷案件审理指导意见》的出台，体现了温州地方政府对民间金融的“司法能动主义”治理理

① 徐齐：《温州市金融综合改革试验区总体方案获批“满月”》，http://news.hexun.com/2012-04-27/140851315.html，2012年11月6日访问。

② 针对民间借贷危局，鄂尔多斯市政府也于2012年6月5日下发了《关于公布〈鄂尔多斯规范民间借贷暂行办法〉的通知》，《暂行办法》同温州一样也强调了对民间借贷逐笔登记，逐笔备案，规定借贷合同一旦签订并履行，放贷人都应到所在旗区民间借贷登记服务机构进行登记和备案。

念，该地方“司法企业家”的司法先行、试错行为，必将为地方监管部门乃至全国的立法与监管提供“麦克米伦金融缺口”以及民间金融的良好治理经验。[①]

温州经验表明，如果地方政府对民间融资安排的认可以及对融资合同的履行提供司法保障，则融资的成本将会因外生交易成本的降低而下降，融资过程中的关系网络也将有可能延伸至陌生人之间，并促使当事人超越其封闭关系圈的人格化信任，形成普遍主义的信任或制度化信任基础，在此基础上，市场信誉中间人和金融声誉载体也有可能产生，那么金融欺诈和其他道德风险也将会减轻。[②] 中国使相当一部分非正式金融正式化的努力将有可能有效地挤出非正规金融活动，中小企业必将由此得到正规的阳光化中小金融机构的资金支持，这种“招安式”麦克米伦金融缺口”的中国式治理，意味着中国金融业已经正在和必将跨入“普惠金融”时代。

四、未来的法律治理与战略：中国经验的法律与金融含义

中国的金融改革同经济改革一样，有赖于法律本身对经济与金融现实的适应性效率，在过去三十年余年改革过程中，中国的改革者已经熟悉和掌握了这种地方试验和试错的改革技巧。就金融改革来说，正式金融与非正式金融之间的合作与转化机制的构建非常重要，通过非正式的方式进行金融创新，然后再阳光化转化为正式金融，已经成为金融发展的不二路径。当然，对中国的民间借贷来说，要阳光化，必然需要利率市场化这样一个基础性价格工具的支持，虽然这项改革是一个必然的方向，但债权人的法律保护依然很重要。另外，要想形成一个有效率的市场价格，正式的金融组织建设也可能更重要，因此，有必要培育各种关系契约使其发展成为注册登记的有声誉的组织，借助于声誉机制和关系网络来拓展私人秩序。就温州经验来说，这种适应于熟人关系社会的金融制度，假以时日，本来是可以自发演进成适应陌生人社会的交易环境的普遍主义法律秩序的，但中国扭曲的金融管

① 2010年6月11日，浙江省高级人民法院发布《关于为中小企业创业创新发展提供司法保障的指导意见》，引导和支持民间资本参与解决中小企业“麦克米伦金融缺口”难题。关于非法集资问题，《意见》明确规定：未经社会公开宣传，在单位职工或亲友内部针对特定对象筹集资金的，一般不作为非法集资；资金主要用于生产经营及相关活动，行为人有还款意愿，能够及时清退集资款项，情节轻微，社会危害不大的，可以免予刑事处罚或者不作犯罪处理。关于企业间借贷，《意见》明确：中小企业之间自有资金的临时调剂行为，可不作无效借款合同处理。以投资公司、咨询公司等名义进行非法资金拆借活动的，仍要依法制裁。浙江高院的这一“司法企业家”的“试错行动”，直接推动了2011年最高院《最高人民法院关于审理非法集资刑事案件具体应用法律若干问题的解释》的出台，并以地方经验融入最高院的司法解释法律框架。

② Douglas North, *Institutions, Institutional Change and Economic Performance*, Cambridge: Cambridge University Press, pp34－35.

制以及严苛的金融刑事政策制度依然在阻塞民间金融制度的自发演进之路，使温州等地的民间金融的组织化程度仍然很低，甚至在特定情况下还有可能激发金融私人秩序的“黑暗面”，为地下黑帮势力介入民间金融提供推动力，在民间金融是非法的情况下，如果借贷双方发生债务纠纷，债权人从法院讨债不成，黑帮就会挤占“正义市场”而与中国的法院相竞争了。

这说明，对金融发展而言，法律治理无疑是重要的，La Porta 等人(1998)通过一系列实证研究发现，发现法律起源更重要；具体表现在保护投资者方面，英国判例法为起源的国家表现得最好，以法国成文法为起源的国家表现最差，以德国、北欧各国法律系为起源的国家则表现居中。[①] La Porta 等人的结论非常重要。一般而言，习惯法国家和地区能够给居民更多参与机会、更多的自由选择权再加上更强和更独立的司法体系，法官的自由裁量多表现为“模拟市场”以及民间关系契约的“亲市场”行为。通过自由裁量，法官发现居民一致同意的惯例，予以采纳通过判例形式固定下来，然后加以推广或被其他司法机构引用和沿袭。这样，一致同意规则就通过习惯法的特定机制扩展为一种自发的合作秩序。但这种理想化的法律秩序自然扩展机制在中国这样的大陆法系国家而言，却并不一定行得通，中国的政治结构和文化传统都在制约着这种自发演进过程，从而使得中国金融演进与治理的故事更加扑朔迷离。如果按照“华盛顿共识”所开出的药方，发展中国家应该采取的模式应该是普通法法治国模型，相应的在经济治理方面，采用私人经济秩序加上事后的法院私人诉讼治理的组合模式。然而，对于金融缺口或民间金融治理来说，尽管法律很重要，但中国司法机构由于其独立性不强，法律实施的效果与能力比较令人怀疑。[②] 单以银行涉讼问题而论，中国的银行胜诉案件的执行率不论是案件个数还是涉案金额都低于 20%。这对于民营中小金融机构来说，其发展处境及权益保护可能比国有金融中介更加艰难，对强大而独立的司法机构保障的要求可能更加迫切。[③] 司法独立性指标(比如：最高法院法官的任期、行政法院法官的任期、判

---

① La Porta, Ratael, Florencio Lopez-de-Silanes, Andrei Shleifer, and Robert Vishny (1998). “Law and Finance.” *Journal of Political Economy*, 106(6):1113 - 55.

② Clarke, Murrell, and Whiting, 2008, Murrell, Peter, ed. (2001). *Assessing the Value of Law in Transition Countries*. Ann Arbor: University of Michigan Press.

③ 司法独立涉及该国政治体制以及判例法在司法判决中的作用两个方面。法官的自由裁量与民间的私人秩序与关系契约相契合，这种“一致同意”的规则和判例比较容易被民众所遵守并形成演进的扩展秩序。另一方面，任何法系国家的法律执行都面临着被私人强势集团(比如黑帮)贿赂、绑架、瓦解和被政治控制两个问题之间的权衡与取舍。普通法系国家的司法独立程度较强；民法系国家，尤其是法国法系国家的司法独立程度较低。法律起源的不同很大程度上决定了各国司法独立程度上的差异。参见：La Porta、Lopez-de-Silanes、Pop-Eldches 和 Shleifer, Judicial Checks and Balances. NBER Working Paper, 2003,9775。

例法的作用)对私有产权保护具有正面促进效应,一般而言,司法独立性越强,司法机构越强大,私人产权保护程度就越高,金融就发展得越好,从这种意义上说,司法独立是促进金融发展的一种重要“基因”。中国目前在司法独立方面,仍有很长一段路要走,私人产权和债权人的保护之路也依然“路漫漫其修远兮”,因此民间金融的发展需要强而独立的司法保障,中国在这方面未来面临的任务仍很艰巨。

表3　各国司法独立与私人财产权利保护状况

国　家	财产权保证	最高法院	行政法院	判例法	司法独立
阿尔及尼亚	3	0	0	0	0.00
阿根廷	4	2	2	1	1.00
澳大利亚	5	2	2	1	1.00
奥地利	5	2	2	0	0.67
孟加拉国	2	2	2	1	1.00
比利时	5	2	2	0	0.67
巴西	3	2	2	0	0.67
加拿大	5	2	2	1	1.00
智利	5	2	2	0	0.67
哥伦比亚	3	1	1	0	0.33
古巴	1	0	0	0	0.00
丹麦	5	2	2	1	1.00
埃及	3	2	2	0	0.67
埃塞俄比亚	2	2	2	0	0.67
芬兰	5	2	2	1	1.00
法国	4	2	0	0	0.33
德国	5	2	2	1	1.00
加纳	3	2	2	1	1.00
希腊	4	2	2	0	0.67
海地	1	1	1	0	0.33
洪都拉斯	3	0	0	1	0.33
冰岛	5	2	2	1	1.00
印度	3	2	2	1	1.00

续 表

国　家	财产权保证	最高法院	行政法院	判例法	司法独立
印尼	3	2	2	1	1.00
伊朗	1	2	0	0	0.33
伊拉克	1	0	0	0	0.00
爱尔兰	5	2	2	1	1.00
以色列	4	2	2	1	1.00
意大利	4	2	2	0	0.67
日本	5	1	1	1	0.67
约旦	4	2	2	1	1.00
肯尼亚	3	2	2	1	1.00
科威特	5	2	2	0	0.67
黎巴嫩	3	2	2	0	0.67

资料来源：La Porta、Lopez-de-Silanes、Pop-Eldches 和 Shleifer，Judicial Checks and Balances. NBER Working Paper，2003，9775。

关于金融治理，我们可以借鉴 Djankov，Glaeser，La Porta，Lopez-de-Silanes，Shleifer 发展的新比较经济学分析框架来说明中国问题。[①] Djankov 等以不带价值判断的专制和无序作为分析起点，论述四种治理专制和无序的策略：私人秩序、私人诉讼、监管和国家所有制，说明了这四种策略在控制专制和无序时的不同效率（如下图所示），可以用来分析中国式麦克米伦金融缺口的治理经验与战略。

在这个理论框架中，无序是指个人以及财产遭受谋杀、盗窃、违约、民事侵权以及垄断定价等形式的私人侵占的危险。无序还表现为个人通过行贿、盗窃来扰乱法院等公共机构，从而使进行侵占的个人逃脱惩罚。所谓专制，是指个人以及其财产被政府机构及其代理人通过谋杀、征税、财产侵害等形式来侵占的危险。专制还表现为通过国家以及利用监管者来限制竞争对手的进入。当法治失灵，整个社会接近霍布斯丛林状态的无序，经济、金融无法发展；当管制滥用再加上法院和其他执法机关如动用刑事重典来压制民间金融，接近专制，社会的经济活力就被窒息。Djankov 等人给出了私人合同、法律、管制和国有化这四种典型的治理机制，并指

① Andrei Shleifer & Simeon Djankov & Edward L. Glaeser & Rafael La Porta & Florencio Lopez de Silanes，2003. "The New Comparative Economics," *Yale School of Management Working Papers ysm*355，Yale School of Management.

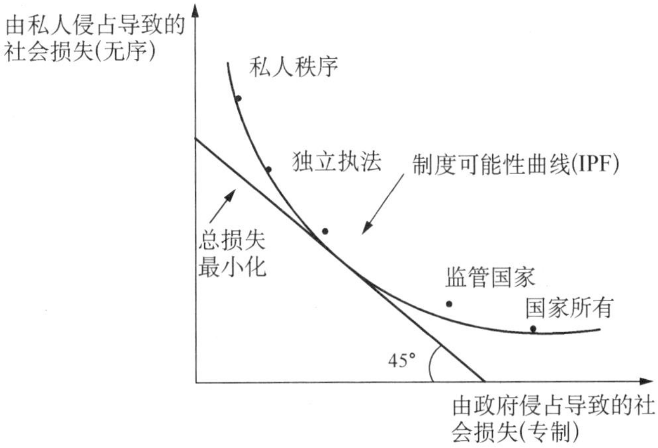

图2　治理机制比较

参见：Andrei Shleifer & Simeon Djankov & Edward L. Glaeser & Rafael La Porta & Florencio Lopez de Silanes，2003. "The New Comparative Economics," Yale School of Management Working Papers ysm355，Yale School of Management.

出不同的交易会对此做出权衡，从而寻找交易成本最小的治理机制组合。但是，这些机制之间的关系究竟如何，还需要从法律多元主义的角度来进行论述，而且这种多元治理机制的框架也完全适用于金融市场的情形。最优的民间金融治理制度的设计在于权衡金融专制和金融无序带来的双重危险——寻找二者成本最小化的法律治理组合。在控制金融无序成本和国家金融专制成本中，一个至关重要的问题是监管型国家模式是"帮助之手模式"还是"掠夺之手模式"。在这两种模式中，政府代理人是裁决许多商业纠纷的决定性因素，而不是法院或法官。然而，在帮助之手模式中，政府官僚较为廉明，可以在很大程度上促进民营经济活动。在掠夺之手模式中，腐败的官僚行使自由裁量权，把自己的意志强加在金融纠纷中，并制定各种掠夺性的法规寻求租金。① 一般来说，金融发展越落后、法治效率越低下、政府掠夺越严重的地区，政治关系的贷款效应就越显著。

针对金融无序，中国的金融刑事政策治理体现的是乱世用重典的勇气与方略，明显表现出对金融秩序、有形利益、分配秩序等方面的高度重视，相对破坏经济和金融秩序的犯罪而言，危害安全价值的犯罪配刑偏轻的概率明显偏大，被迫被害犯罪配刑偏轻的比例大于缺席被害犯罪和交易被害犯罪。② 政府对风险的这种恐

① Frye, Timothy & Shleifer, Andrei, 1997. "The Invisible Hand and the Grabbing Hand," *American Economic Review*, American Economic Association, vol. 87(2), pages 354 - 58, May.

② 白建军：《罪刑均衡实证研究》，法律出版社 2004 年 2 月版。

惧,可能无法扶起金融有机体中的正气:合法与合理的金融交易行为及其连带的私人秩序,这导致不该动手术的动了手术,该动手术时却又延误了手术的最佳时机。也就是说,政府不知道何时对金融有机体伸出“援助之手”,何时伸出“无为之手”,何时却又探出“专制与掠夺之手”;具体在量刑上,以非法吸收或者变相吸收公众存款来统领非法集资行为,缺乏对非法集资行为的具体分析,导致混淆了不同性质的集资行为,从而粗暴禁止所有未经批准的集资行为,无法应对我国经济持续发展所导致的合理资金需求,也无法为今后将民间融资合法化预留空间和余地。① 金融的治理并不会涉及更多的生命权和健康权等基本人权底线问题,因此与强奸、抢劫、盗窃等传统犯罪的处罚不宜相提并论,刑法应当止于道德的边缘,应当主要用于治理道德秩序,非暴力的职责犯罪应当次之,经营型犯罪的处罚则应当最为宽宥。② 易言之,市场秩序和金融秩序应当主要依靠其他相应的金融私法来治理,金融刑法治理机制则作为后备选择。

金融良好治理的关键是处理好监管、市场、法院、关系契约等之间的关系。由于法律是不完备的,在当初制定法律时,有许多事件是无法完全清楚地预见到的,因此只能用近似的描述来替代,这样,当初制定的法律并不能完全反映后来发生的事件,法律也就丧失了其最优的阻吓作用。③ 法律不完备时,在均衡状态下,会发生阻吓失灵。为了解决阻吓失灵问题,引入监管者可能是明智的,监管者可以在事前执法,但在信息不可靠的环境中,监管者缺乏可靠信息去实现有效的主动式事前执法。④ 因此,此时信息就很重要,通过强制要求获取资金的机构充分披露信息,建立信息采集制度把握民间借贷的交易规模与发展动向,以注册与备案制对中小金融中介进行风险监管、资本充足率要求以及存款保险制度等制度设计,由投资者

---

① 基于金融法律本身的不完备性,从制度建设的意义上说,我们可以缩减对所谓非法吸收的“存款”的界定,将更多非法集资活动划入直接融资领域,扩大《证券法》的适用范围,对证券的界定可以学习美国证券法的相关立法技术,加入“投资合同”的概念,并使得证券的定义更加灵活宽泛,从而能够应对现实中花样翻新的各类金融产品创新活动。参见彭冰:《非法集资活动规制研究》,《中国法学》2008 年第 4 期。

② 白建军教授对 1949 年以来我国全部刑事犯罪问题的司法解释共 561 个进行了全样本实证分析发现:按理说,悖德性越严重的犯罪,越应当受到苛厉的惩罚,悖德性越轻微的犯罪,越应当受到宽宥的对待。参见白建军:《两类地下金融的刑事政策观察》,《金融法路径》,北京大学出版社 2005 年版。诚如加罗法洛指出的:“犯罪一直是一种有害行为,但它同时又是一种伤害某种被某个聚居体共同承认的道德情感的行为”。从这句话可以看出,加罗法洛认为,刑事制裁要治理的是不道德的行为,刑法应该是道德的护卫神。参见加罗法洛著,耿伟、王新译:《犯罪学》,中国大百科全书出版社 1996 年 1 月版,第 22 页。

③ 许成钢:《法律、执法与金融监管——介绍“法律的不完备性”理论》,《经济社会体制比较》,2001 年第 5 期。

④ Pistor, Katharina, and Chenggang Xu 2002, Incomplete Law, Columbia Law and Economics Working Paper No. 204.

自己通过已披露信息去做出自己的风险判断和风险决策，自己承担风险和收益，就很重要。这样就比严肃打击和取缔方式要好一些，在信息披露制度支持下，私人金融交易也会有一个自发演进的新空间，这时声誉机制和关系网络也能成为自我实施的机制来帮助履行民间借贷企业，由此也节约了监管的成本。Allen, Qian and Qian 采用 La Porta 等人(1998)的法律指标来研究中国的法律与金融时，也发现了中国的非正式金融部门发展过程中该非正式治理机制所起的重要作用。① 中国麦克米伦金融缺口治理经验也表明，法律并不是决定性的治理力量，在转型中国，声誉机制和关系治理的私人秩序在中国民间金融发展过程中扮演了极为重要的角色。法律制度并非是不变的、外生性要素，它往往以民间行为主体自我约束性的博弈均衡形式内生地生成，并对上述均衡与行为模式加以强化和巩固。②

对于民间金融的立法者来说，这蕴含了极为重要的法律政策含义，它启示我们，中国民间金融治理最重要的任务是——发现"人民的法律"，而不是创制"人民不需要的法律"。③ 因为这样更容易让法律成为与民间金融当事人的激励相容的机制安排，守法成本也更低。当然，在民间金融发展过程中，新的治理制度不能被期望短期内就能达到完备的程度，可能需要经历一个试验和学习的试错期。对司法机构来说，因应民间金融发展的需要，应更多地积极回应民间秩序发展的客观要求，并为其留下充足的成长空间。为此，在金融交易成本足够低的前提下，司法应充分发挥其能动性——主要模拟"市场之手"、模拟"关系契约之手"、模拟"协会之手"去因势利导地治理民间金融，而不是模拟政府之手去强力打压。

五、结语

金融发展的历史就是一部金融战争与和平史，要消除战争实现和平就需要法律与治理。对金融发展来说，主流法律与金融理论认为，法律起源很重要，但是一个国家的法律起源在多个世纪以前就被决定，因而有极强的宿命论色彩。麦克米伦金融缺口的中国式治理经验表明，在中国，治理和私人秩序自发演进在金融发展

---

① Allen, Franklin, Jun Qian, and Meijun Qian (2002). "Law, Finance, and Economic Growth in China." Working paper, University of Pennsylvania.

② 鹤・光太郎：《用内生性法律理论研究法律体系》，吴敬琏主编：《比较》，中信出版社。

③ 国家最好按照自然法的原则去行事，这意味着经过自愿谈判和交换的权利结构往往是更合理的权利构造，按照自然法原则去发现现实中人民一致同意后交换达成的规则，比较容易被人民认同和遵守，政府的统治成本也就比较低，否则政府就要用更多的强力来保持权力的合法性。关于自然法优越性的论述，参见陈舜：《权利及其维护——一种交易成本观点》，中国政法大学出版社 1999 年版，第 244—245 页。

的初期很重要，尤其是在市场制度不健全的情况下，中小企业有可能通过建立政治庇护关系来缓解因制度缺陷而导致的中国式“麦克米伦金融缺口”问题，这种基于“关系”的契约也有可能在短期有助于“金融缺口”的化解，但由于其内在地具有“双刃剑效应”以及其带来的“黑暗面”，法治在金融发展的可持续发展方面则可能发挥更重要的作用。不过，尽管加强金融法治是终极目标，但却可能并不是中国目前金融发展的当务之急，当金融法律的治理结构存在多重缺陷时，如果我们能够给非正式的关系主义私人金融治理机制留出足够的空间，私人或许能够找到一些方法来克服这些制度上的缺陷，使整个经济接近社会最优水平。①

因此，就中国的金融发展而言，中央政府将改革与发展的政治风险下放，让地方承担金融改革的重任，通过地方的试错、立法或司法的先行先试，改革现行银行体制与金融结构、在增量上发展中小金融机构、社区银行、甚至进一步推进利率市场化改革所带来的收益可能远远超过大规模立法、变法以及司法独立和宪政改革所带来的收益。法律毕竟是内在不完全的社会契约，人类的有限理性决定了我们不可能准确无误地制定一个包罗万象、能够预测到所有潜在损害行为的完备法律，因此我们所需要的是一种时时“在路上“的感觉。也就是说，我们应该有一个动态的法律与金融观：与其把法律看作是外生于金融体系的制度环境，不如把法律看作金融体系或金融发展过程中的“内生变量”，先看清民间金融行为模式在无约束情形下的自我约束性最优均衡是否形成，如果形成法律该对民间的最优反应如何做出适应性调整。原因在于均衡作为民间金融自身演进的最优行为模式，常常与既有的法律监管框架发生背离，如果我们为了某种伦理或政治目标试图强行地通过改变法律制度，并以此改变人们的金融行为模式，其结果往往是“强扭的瓜不甜”。② 因此，对于民间金融，我们不需要太多动辄“做手术”的“金融外科医生”，我们需要呼唤更多的“金融养生专家”。为了解决金融无序中的黑帮治理、私权力滥用以及“政治关系与金融关系的纽结”问题，金融的监管治理、诉讼治理、关系契约治理与市场治理需要一种互补的“无缝焊接”的法律治理结构。中国私人产权保护力度的不足，私法治理的薄弱以及刑事法律政策方面的过于刚性，恰恰说明中国的国家与社会没有能够很好的互动与沟通，具体体现在国家的宪政治理与社会治理没有很好的融合。因此，我们需要在未来重构国家与社会之间的社会契约，树立

---

① Hay, Jonathan, and Andrei Shleifer (1998). “Private Enforcement of Public Laws: A Theory of Legal Reform.” *American Economic Review*, 88(2):398 - 403.

② 鹤·光太郎:《用内生性法律理论研究法律体系》，吴敬琏主编:《比较》，中信出版社。

“阴性国家”理念，[①]在国家与社会共同搭建的金融舞台上实现“国家与社会治理的双人舞”。在这种关系重构中，我们需要一种从“法律继父主义”到“法律父爱主义”、“法律母爱主义”再到“法律宪政主义”的深刻转型。但我们也深深地知道，这必将经历一个凤凰涅槃式的痛苦过程。然而，因为有未来，必然有期望——所以“痛并快乐着”。在现实来看，法律父爱主义与母爱主义对中国的金融发展与治理仍很重要，将来的中国民间金融——这个中国金融的新生儿长大成人了，“父母”就该放手了，其金融权力制衡与分权、司法独立、司法审查与监管独立性、透明度建设方面的“法律宪政主义”制度设计就很重要了，这是未来中国金融法律治理制度发展与演进的方向。

《孙子兵法》云：“兵者，国之大事，死生之地，存亡之道，不可不察也。”其实，金融也一样，是关系到国家兴衰成败、生死存亡的大事。从 1997 年的亚洲金融危机，到华尔街次贷危机再到欧债危机，我们认识到，一个国家要生存要发展，就必须高度重视金融能力的建设，确保金融安全，特别是要处理好金融体系中法律规制和伦理规制的关系。[②] 在治理金融方面，中国有极其丰富的伦理资源。良好的金融治理是一个国家金融能力的重要源泉，对于一个国家来说，如果驾驭不了金融，那就极有可能被金融所驾驭，历史上已经有了多次血的教训。通过解读中国中小企业的“麦克米伦金融缺口”治理的经验智慧和教训，我们似乎也能依稀解读出中国未来金融良好治理的兵道、治道、法道与伦常之道。

---

① 参见张建伟：《地方债治理的宪政经济学分析》，《法学》，2012 年第 10 期。

② 吴志攀：《金融伦理学》序，http://www.cenet.org.cn/article.asp? articleid=56789。

民间金融市场的监管逻辑及规范路径

余　峰*

一、问题的提出

2008年11月，央行牵头修订《贷款通则》，初步起草了《放贷人条例(草案)》并提交国务院法制办，此举被定义为民间金融"阳光化"的里程碑事件；2012年初，新设立的温州市金融综合改革试验区，更是向外界传递出国家进一步推进金融改革、构建多元化金融体系的信号，从理念转化为实践。一时间，民间金融"阳光化"、"合法化"的口号响彻南北。

一个硬币总有两面，合法即意味着规范。当各方均将视角锁定在民间金融合法化的必要性和迫切性时，从另一面来观察，需要提出的问题是：首先，为什么需要对民间金融进行监管？除了限制不合理的高利贷外，是否还有多元的监管目标和风险因素？其次，应以怎样的标准和方式来规范多维度的民间金融市场？民间金融(或民间借贷)的概念涵盖范围极广，其中相当一部分行为，如自然人之间的借贷等并无法律法规加以禁止，《合同法》对借款合同也有相关的规范。清晰合理的定位多层次、多维度的民间金融市场，是其合法化和监管的前提和基础。

民间金融并非一个纯理论创设的概念，而是对社会现象的概括：民间金融可以理解为民间经济融通资金中所有非公有经济成分的资金运动。目前针对这一新兴的研究领域，法学和经济学界没有统一的认识，已有的文献也未形成清晰的界限[①]。民间金融的划分标准因研究视角的不同而存在差异，对其称谓纷繁复杂：民间借贷、体制外金融、民间融资、民有金融、非正规金融等。

---

* 余峰，北京大学法学院金融法研究中心2011级硕士。

① 参见陈蓉：《"三农"可持续发展的融资拓展》，法律出版社，该文作者查阅了《新帕尔格雷夫货币金融大辞典》和《帕尔格雷夫经济学大辞典》，其中都没有相关的定义。

从国内外研究来看，Atieno 认为民间金融是游离于正规金融体系之外的，不受国家信用控制和中央银行管制的内生存款、贷款以及其他金融交易(2001)。Anders Isaksson(2002)将民间金融描述为发生于官方监管之外的金融活动①。Kropp(1996)认为，民间金融和正规金融是同一国家中同时并存，相互割裂的，正规金融处于国家信用和相关金融法律控制下，而民间金融则在这种控制之外进行运转，二者利率不同、借款条件不同、目标客户不同，更为重要的是，借贷资金不能跨市场流动。

在综合了有关结论后，本文中所谓的民间金融一般是指不受政府金融监管机构(一般指中央银行)控制，以私人借贷、合会、私人钱庄为代表的传统金融组织及其资金融通活动的总和。其特点是以个人信用为基础，参与主体私人性(狭义的概念不包括金融机构或行政机构)。

二、民间金融的监管逻辑

明确民间金融的监管逻辑，就需要去认识民间金融市场现有的特征及风险。笔者于 2011 年、2012 年先后多次前往温州实地调研，温州是中国民营经济最活跃的地方，当地的民间金融以隐蔽的形式长期为温州的民营经济提供信贷支持，其民间金融市场的规模和层级的复杂性，在全国都是独树一帜的，温州民间借贷近期呈现出以下几个特征：

1. 放贷主体的多元化，参与人员越来越广。已经从传统的民间人士扩展到小额贷款公司、私人钱庄、典当行、民营企业、上市公司，包括国有企业、央企，甚至一些正规金融机构现在也加入放贷的行列，搞转贷，当然这不仅仅是温州的情况，别的地区也出现了相类似的情况。

2. 资金来源越来越多。已经从民间自有资金、企业闲置资金，扩展到了商业银行转贷。二手资金、三手资金，资金的链条越来越长。从中国人民银行浙江省分行的数据来看②，关于温州民间借贷的资金来源，大概有以下几个方面：一是来源于当地企业，即实体经济，大约占 30%；二是来自当地居民，大约占 20%；三是来自全国各地和世界各地，也都分别占到大约 20%左右，其余 10%是银行信贷资金的间接流入，其中包括公务员利用自己良好的信用，用公务员身份到银行借钱，一些银行职员也做同样的事情，借了钱之后转手发放高利贷。

---

① 参见 Anders Isaksson, 2002,"The Importance of Informal Finance in Kenyan Manufacturing", The United Nations Industrial Development Organization Working paper, No5, May.

② 数据来源：中国人民银行浙江省分行、中金公司研究部，《中金公司》行业动态(2011)。

在这些来源中，值得注意的是实体企业。在温州存在一些中小企业主，将其企业本身作为“融资平台”向银行贷款，取得资金后，将其中很少一部分用于维持实体生产部门的基本运转，其余资金则投入到房地产市场和民间金融市场中，因此，银行信贷资金间接流入的真实比例将远高于所列数据。

3. 利率水平越来越高，从中国人民银行浙江省分行调研公布的2011年温州民间借贷的利率来看，2011年下半年温州民间借贷利率水平是24.4%，月息超过2分，比2010年同期上升3.4个百分点。而且不同的中介有不同的放贷利率，社会融资中介放贷利率是40%左右，小额贷款公司放贷利率是20%左右，一般社会主体之间的普通借贷利率平均是18%[①]。较高的利率水平也导致了非法集资案件的高发，特别是高利贷的现象。温州当地高利贷月息3—5分，折合年息达30%—60%；短期过桥资金月息是0.1—0.15角，甚至更多。

针对这些已存的、及新出现的特点，对民间金融的风险我们可以做出如下基本判断。民间金融风险主要来自两个方面：

一是经营风险，特别是贷款的呆坏账，民间金融市场本身就缺乏类似于资本充足率、杠杆率等有效的监管指标和工具，同时担保制度和会计规则不完善，甚至有大量非抵押的信用担保，民间借贷利率长期处于高位运行，企业倒闭、企业主逃债导致资金链断裂事件不断增多，风险正在快速聚集。同时由于没有类似存款保险机制作为保障，一旦资金链断裂就将引起连锁反应，这种连锁反应在放贷主体不断多元化、资金来源和参与人员越来越多的情况下，很容易从个体资金安全上升到影响地区金融市场秩序，甚至地区社会稳定的层面。

二是被政府取缔的政策风险。一方面，国家对有些民间金融活动没有承认其非法也没有承认其合法，另一方面，当经济出现一些波动时或者民间金融的借贷方发生违约导致司法介入时，国家就有敌视民间金融活动的倾向，认为民间金融易造成经济混乱，对民间金融可能就会采取取缔的方式加以打压。这不仅造成其经营机制的彻底崩溃，且成本损失巨大，所以民间金融市场的呆坏账风险虽然更大，但通过正规途径获得解决的可能性却很小，也催生了后续暴力追债的非法行为。

民间金融的“阳光化”，更多是国家对民间金融活动的合法认可，旨在降低其政策风险，而民间金融市场的有效监管则直指其经营风险。自然人之间的借贷并无需特殊监管，可利用《合同法》对借款合同作相关规范，这是因为其私人性和临时性，既不涉及金融市场秩序，又无碍社会稳定，可通过民事法律予以微观调整；但当放贷主体、资金来源、参与人员越来越多，由私人间的临时民间借贷，转变为组织化

---

① 数据来源：中国人民银行浙江省分行、中金公司研究部，《中金公司》行业动态(2011)。

的、涉及大量公众资金的民间金融市场时，就需要政府实施宏观监管，以便保障公众的资金安全和维护金融秩序的稳定。因此，民间金融市场的监管逻辑更多在于对“组织化”和“影响公众资金安全”等放贷主体的规范。

三、多维度民间金融市场的分层与归类

影响公众资金安全，是一个较为抽象的概念，有直接和间接两个层面，其中“吸收公众存款”的民间金融主体是对公众资金安全产生直接影响最大的，故在明晰了民间金融监管的逻辑之后，笔者试图以是否组织化、是否吸收存款（见下图）两个因素，对部分民间金融市场做一个分层和归类。

是否组织化 是否吸收存款	组织化	非组织化
吸收公众存款	私人钱庄	企业集资
不吸收公众存款	合会 典当行 贷款公司	民间借贷（狭义） 企业连接借贷①

（一）私人钱庄

按上图所示，私人钱庄是有组织化并且吸收公众存款的民间金融形式。钱庄（亦称银号）在明代就有了一个大的发展，改革开放以来产生了新式钱庄。新式钱庄在浙江温州一带的兴起是商品经济发展的结果。当地个体经济发展雄踞全国第一，产生了个体工商业对资金要求的猛增。一方面，原有的国家银行和信用社已经无法满足或不愿意向个体贷款；另一方面，先富裕起来的人们在资金富余的情况下追求价值增值，不满足于较低的银行利率和低迷的股票市场，于是将目光投向了民间资金市场。恰恰私人钱庄具有吸收存款、集中资金和发放贷款的双重功效，逐渐打开了新的融资渠道。

随着经济的发展，这种地下状态的钱庄实际上已经被人们普遍接受，甚至可以说得到政府的默许成为既定的存在。这可以从最高人民法院 1991 年的司法解释

① 学者陈蓉提出一种“连接贷款（贸易信贷或商业信用）”的概念，即把商业关系和信贷关系相结合，在两个层面上交易双方的信息对称性较高，是一种非常有效的、重要的民间信用安排。如蒙牛乳业（集团）股份有限公司向养牛户提供贷款，养牛户以交奶形式还款。参见陈蓉：《“三农”可持续发展的融资拓展》，法律出版社，第 59—60 页。本文列出此种分类方法仅作为参考，因其可以包含在民间借贷等概念之中，在此并不进行深入讨论。

《关于人民法院审理借贷案件的若干意见》中初见端倪，时任中国人民银行温州分行副行长的应健雄说，“总行三令五申要清理这个问题，考虑到方兴钱庄在当地的影响，如予以强制手段取缔，肯定会造成客户的损失而产生社会混乱。所以，要通过银行自身的改革来取缔它，减少震动[①]”。

私人钱庄的主要风险不在于非法的高利贷行为，曾经一度公开挂牌的私人钱庄由于有了合理的管控[②]，甚至能有效抑制高利贷的存在，但其发展中存在盲目贷款的倾向，相对于一般个体，私人钱庄虽然具有一定的专业知识判断，但缺乏存款保证金和抵押担保的制度管理，特别是对贷款坏账资产的有效处理，在盲目追求信贷规模的道德风险下，出现了很多破产、倒闭及挪用储户资金的信用风险。

既吸收公众的存款，具有大规模影响公众资金安全的信用风险，又具有组织化的形式，更容易受到政府的监控和管制，私人钱庄理应成为改革的切入点。从笔者走访来看，虽然中央逐渐放松口风，温州等地也在默认私人钱庄的发展，并试图进行试点化的管理，但对于经营者来说，“挂牌”的成本较大，面临着失去“地下经济”某些优势的可能，而且要受到政府更多的自由限制，因此私人钱庄的“阳光化”本身就是一个比较大的难题。这实际是一个两难的矛盾，私人钱庄要祛除自己存在的不良“黑色素”，否则就是对金融秩序和社会秩序的潜在威胁；但即使“阳光化”成功，私人钱庄也会丧失原先与正规金融竞争的优势，存在着生存危机。

（二）合会组织

组织化的民间金融形式还有合会、典当行和贷款公司，但与私人钱庄不同的是，这三者看似并不吸收公众存款，对公众金融安全不存在太大的威胁。也正是如此，国家采取了相对宽容的态度。

合会是一种特殊的组织形态，根植于我国传统乡土文化之中，有着久远的发展历史。李庚寅、曾林阳认为：“近代合会是一种存在于多个乡邻和亲友之间，建立在信用基础上，低成本而未得到法律法规认可的小规模互助性民间金融组织。”其基本特点是基于血缘、地缘的人际网络为基础，以人际间相互信任为前提，以互助为基本使命，而非基于法律，基于传统社会的习惯和风俗而存在[③]。

传统意义上的合会组织，其社会意义大于其经济意义，作为一种国家救助之外

---

① 参见《金融市场的“吃螃蟹者”：首家私人钱庄的峥嵘岁月》，摘自新华网，http://www.xinhuanet.com/chinanews/2008-08/22/content_14197563.htm，访问日期 2012－04－22。

② 据中国人民银行金融研究所 1985 年的调查，80 年代在温州地区曾存在过三家公开挂牌营业钱庄，这三家钱庄都是在当地工商行政部门批准登记注册的私人钱庄。1986 年颁布的《中华人民共和国银行管理暂行条例》开始明令禁止私人涉足金融业。

③ 参见李庚寅，曾林阳：《民间金融组织——合会的变迁及其思考》，载《经济问题探索》，2005 年第 2 期。

的一定群体内部的自我救助和保险。这种局限于一定地缘和血缘范围内的合会建立在人际信用基础之上,设立的出发点也是解决群体内部个别人员的紧急用途或婚丧嫁娶,一般不涉足风险投资领域,现在仍然存在于南方一些村落、机关单位内部或其他组织机构之中。而改革开放之后,出于对大规模资金的需求,一些打着“合会”名义的集资组织出现,这些组织往往集中资金投资风险产业,组织规模不稳定,往往带有营利性、临时性,内部关系只是建立在投资之上,有所谓的“转轮”运作方法。这样的合会组织具有资本收益性的功能,甚至可以在短时间内集中资金,谋取暴利,而且由于其运行隐蔽,往往出现“倒会”风波时才会引起社会广泛的注意,比如 1985 年乐清台会风波、1987 年福建省平潭县的“标会”风波、2004 年福建省发生的民间“标会”崩盘事件,都令人深思。

合会的边界是最模糊的,随之潜在风险也是最大的。原本局限在一定地缘和血缘范围内的合会,目前甚至扩大到地方商会的层面,具有组织化特征,却组织松散,没有外部审批或指导机构,内部也缺乏基本的内控管理,名义上虽不广泛从公众吸收存款,但资金规模巨大,资金用途上也并不局限在解决债权融资,同时用于高风险项目的股权投资回报。特别是“转轮”的运作方法,透过地缘、人脉吸引大量的闲散资金,短时投向高风险回报项目,一旦出现问题,就会引起连锁的社会不稳定事件。

(三) 典当行

典当行曾在我国传统民间金融扮演过重要角色,与钱庄、票号并列为中国传统金融的三大支柱。在我国新时期市场经济的环境下,典当业再次复兴。典当更多是指当人将其拥有所有权的物品作为抵押,从当铺取得一定的当金,并在一定时期内连本带息赎回原物的一种融资行为①。虽然当铺理论上应该属于金融机构,但根据我国现行法律规定,其属于商业机构,由商务部门管理。

典当业的复兴以 1992 年颁布的《典当拍卖法》为代表,该法对当铺行业的经营和管理做出了更加详细、明确的规定。除了受到商品经济的影响之外,典当业复兴的独特之处是其超越了普通民间金融对于乡情、亲情、血缘和地缘关系的过度依赖,通过实物的抵押贷款改变传统信用模式,也更能适应中小企业的需求。

与其他众多民间金融相比较,典当业安全系数大,社会震荡小,且较少干扰国家产业政策。因为有抵押品的存在且抵押品的价值一般高于贷款本息额,即使借款人将来出现经营风险,典当业主的风险也较小;由于典当是将风险预先评估,借

---

① 参见胡金焱、卢立香:《中国民间金融研究的理论综述》,载《教学研究》,2005 年第 9 期。

款人也能更加理性的进行选择[①]。

目前典当业存在的最大问题是上位法律的缺失和监管部门的混乱，2007 年的《物权法》删去了典权的相关内容，实践中更多是使用《担保法》或参照抵押权、质权的操作。而对于典当行的规范管理，无需办理人民银行的"经营金融许可证"，交由地方商务部门管理。也正因为此，很多典当行打"擦边球"，超越经营范围而成为私人钱庄，或以超越法律所许可的利率发放质押贷款，缺乏有效监管。

（四）小额贷款公司

与传统民间融资形态略有区别，近几年随着国家放宽金融业政策，贷款公司或小额贷款公司逐渐出现，前者是由银行业监督管理委员会 2007 年颁布的《贷款公司管理暂行规定》所确立，后者由银监会、央行发布的《关于小额贷款公司试点的指导意见》所明确。二者都是以有限责任公司（小额贷款公司可为股份有限公司）形态存在的非银行业金融机构，都是为了解决农村、偏远地区或小微型企业的融资问题而设置的。实际上，这一规定是对各地方近几年金融实践的肯定，也是力图通过这一融资渠道的拓展在一定程度上规范民间金融市场，改变中小企业融资难和农村地区金融产品过于匮乏的局面。

小额贷款公司可以由自然人、企业法人或其他社会组织设立，但是不能吸收公众存款，其审批应向省级政府主管部门提出正式申请，经批准后到当地工商行政管理部门申请办理注册登记手续并领取营业执照。为了提高其资金实力，小额贷款公司目前能够吸收银行业金融机构的资金[②]。短短几年，在政策引导和鼓励下，小额贷款公司已经在全国遍地开花，受到了民间和地方政府的双方热捧。

现阶段最大的障碍在于贷款公司的行政许可。小额贷款公司的设立许可，无全国人大立法和国务院的行政法规，按银监会规定的行政许可，是由省级政府主管部门实施。但各地的省级政府、省级政府主管部门、省会市、国务院规定的较大的市、其他设区市甚至县级政府对此相继出台文件，审批权规定不一。或者是因为省级政府或其主管部门为减轻本级政府和主管部门审批、监管、风险处置压力，下放了审批权；或者是由于省会市、国务院规定的较大的市甚至其他设区市争得了审批权。由此一来，省会市，较大的市甚至设区市都可以实施这一行政许可。虽处于试

---

① 参见姜旭朝：《中国民间金融研究》，山东人民出版社，第 113—116 页。

② 根据银监会发(2008)23 号《关于小额贷款公司试点的指导意见》，在法律法规规定的范围内，小额贷款公司从银行业金融机构获得融入资金的余额，不得超过资本净额的 50%。融入资金的利率、期限由小额贷款公司与相应银行业金融机构自主协商确定，利率以同期"上海银行间同业拆放利率"为基准加以确定。

点阶段，但有的一个市就有十来家小额贷款公司[①]。

我们不能期望面对如此巨大的融资诱惑和金融资源，地方政府会有余暇顾及全国的金融秩序和风险，但是现行的法律法规并未统一规定"谁来监管、如何监管、违法经营的处罚措施、风险如何处置等"问题。如果是管法人的思路，即承认并明确各种放贷人的法律地位，那么应符合什么条件才能成为放贷人(符合不同条件的放贷人可以具有不同的权限)需要制定统一的标准，应如何设定各种风险监管指标，是现实中需要考虑的问题。

(五) 企业集资和其他狭义的民间借贷

非组织化的民间集资活动，特别是企业集资有很长的一段历史，在我国 20 世纪 80 年代集资初期，企业集资孕育了债券、股票等金融资产的初始形态，也创造了合伙制和股份制的萌芽，对于人们金融意识的觉醒产生过重要作用[②]。但是 80 年代末期到 90 年代频发的一系列巨额集资诈骗案件为人们敲响了警钟，使人们意识到这一领域监管的困境和易产生的金融风险。当下，企业如果想要集资，就需要证监会、央行的事前批准，通过上市发行股票、债券等正式途径融资，受到企业规模、资金多少、盈利状况等硬性要求的约束。目前的政策讨论应更多集中于发展强大的企业债券市场，特别是在上市发行股票的高门槛条件下，拓宽中小企业融资的合法路径，而不是一味从金融安全、打击非法集资的视角下去严格规制企业集资。

非组织化、不吸收公众存款的民间金融形式具有隐蔽性，这其中以狭义民间借贷为典型。民间借贷的概念本身非常混乱，有时民间借贷囊括整个民间金融，有时仅指自然人与自然人之间的借贷。本文将民间借贷定义为个体与个体(自然人与其他组织)之间，非组织化，不具有重复性或延续性的借贷行为。

民间借贷主要发生在自然人与自然人之间，或者中小企业和私人之间[③]。由于这种借贷行为非组织化、不大规模影响公众资金安全，因此主要由《合同法》等民事法律进行调整(对部分高利贷及相伴违法行为，通过刑事政策管控)，而非民间金融监管的主要对象。目前有关高利贷和民间非法集资案件已有很多深入的探讨[④]，就私人之间的高利贷借款，一律否定或重罚并非治本的方法，国家政策能够

---

① 参见苏跃龙:《小额贷款公司行政许可立法无据，实施状况堪忧》，摘自北大法律信息网 http://www.chinalawinfo.com/，访问日期 2011－11－2。

② 参见姜旭朝:《中国民间金融研究》，山东人民出版社，第 126—127 页。

③ 企业之间的"拆借"行为虽然在融资实践中已经非常普遍，但因为已被法律法规所禁止，在合法金融行为的语境下不予讨论。

④ 参见许德风:《论利息的法律管制——兼议私法中的社会化考量》，载《北大法律评论》，2010 年第 1 期，彭冰:《非法集资行为的界定—评最高人民法院关于非法集资的司法解释》，载《法学家》，2011 年第 6 期。

做到的是“疏导”而不是简单的“围堵”，如果中小企业主有足够多的融资渠道、获得利息相对合理的借款，如果能够抑制一些短期投资获取暴利的冲动，那么高利贷也只会零星的存在于一些“乘人之危”的领域，届时法律再予以严厉的制裁，既符合产业政策、人们需求，也能够保证金融稳定、社会秩序。

四、可能的规范路径及展望

在民间金融“阳光化”的讨论中，一些学者主张制定《民间金融法》或《放贷人条例》等法律法规，建立以市场准入为依托，以登记制为核心，事前预防、事后行为监督的一体化金融市场规范体系，削弱其政策风险。笔者基于监管的视角，对于降低其经营风险，一个更具有可操作性的进路，则是改革现有正式金融体系，促进现有民间金融的演进来实现对其治理，特别是“组织化”和“吸收公众存款”的主体，即在维持现有监管框架不变的情况下，鼓励和引导民间资本进入到银行业中予以规范。

在具体分析规范路径之前，一个需要达成的基本共识，是利率市场化改革。有关其立论和研究已有很多①，切入点各不相同。就民间金融而言，所以在这一时期突飞猛进、备受关注，其形成的重要原因之一是，在上一轮为压通胀的紧缩过程中，央行不断地提高存款准备金率却有限度的加息，导致流动性趋紧而实际利率却是负的，结果把大量资金从正规金融体系赶到了非正规金融体系之中。因此，当务之急是赶紧推进利率市场化，否则，即使降低民间资本入股银行的门槛，也无法从根本上解决问题。

所以鼓励和引导民间资本进入银行业，除了打破国有金融垄断，让民间资本分享利润外，一个需要关注的问题在于：伴随着利率市场化的推进，而不同时加强各类金融机构的财务约束，就有可能会出现金融机构高息揽存、恶意竞争的现象，酝酿更大的风险。因此，在放开金融管制，利率逐步市场化，更需要加强金融监管，统一放入银行业规范。民间资本进入银行业有两种路径，一是从组织形式上直接改制成民办银行，另一种是个人或民营企业通过入股的形式参与村镇银行或社区银行的发起设立或增资扩股。

就组织化形式的私人钱庄和小额贷款公司而言，一个可行的方案是按规定改制设立为村镇银行或社区银行，符合资本充足率、存款准备金率和各项监管指标、工具的要求，强化资本约束机制，具备更高的资本吸收损失能力和更完善的流动性

---

① 参见邵伏军：《利率市场化改革的风险分析》，载《金融研究》，2004 年第 6 期；王国松：《中国的利率管制与利率市场化》，载《经济研究》，2001 年第 6 期。

管理能力。

对于较为复杂的合会组织，理论上，可参考台湾地区的做法，对民事法律所未规定者，依习惯，无习惯者，依法律；对于与地下经济金融相融合，异化为非法集资、金融诈骗类合会应坚决予以取缔。而对于一些组织较为完善，运作相对规范，资本实力较强的合会组织应加以引导，使其从“地下”走到“地上”，向规范化、组织化的小额信贷组织或民营中小银行发展，逐步纳入到国家金融监管当局的监管视野内，以避免其不规范而诱发的金融风险。

而就典当业而言，则需要更多纳入到金融监管体制中来，与商务、税务部门等联合监管（典当业也存在着一定非法避税、扭曲价格转移资产的违法行为），同时严格规范超越经营范围的行为，坚持通过实物的抵押贷款方式，可以在一定程度上扩充其资金实力，即吸收银行业金融机构的资金，但严格控制其向公众吸收存款，避免影响公众资金安全。

就部分民间借贷中放贷个人和民营企业，并未形成组织化形式，应更多支持这类民间资本以入股的形式参与村镇银行或社区银行的发起设立或增资扩股。虽然不应对民间资本入股银行设置额外的限制条件，但应审慎考虑投资者对拟投资银行业金融机构稳健经营可能产生的影响，特别是避免公司治理结构存在明显缺陷，现金流量受经济景气影响较大，资产负债率、财务杠杆率畸高的企业投资银行业金融机构。特别需要规范关联交易行为，控制关联交易风险。对导致银行业金融机构违反审慎经营规则的股东（社员），银行业监督管理机构应当采取相应的监管措施。

另一个需要讨论的问题，是在民间金融组织改制成为民办银行后，它们的比较优势和生存空间。从理论上看，社区银行或村镇银行能更多根据民间投资特点，积极开展融资模式、服务手段和产品创新，提供多层次金融服务，支持民营企业发展。但是回归现实的争议问题，如试点过程中所出现的讨论，私人钱庄祛除自己存在的不良“黑色素”，被“招安”后，也会丧失原先与正规金融竞争的优势。我们有必要检讨改制后的社区银行或村镇银行保留的活力。

在改制前，因自有资金不足所导致的担保缺失和信息风险较高，以及中小企业的贷款急迫性和短期性等，都与民间金融的灵活性、快捷性和相对较高的风险承担性相匹配，特别是规模的相当，使得两方有了更多谈判和博弈的机会。在改制后，我们仍应给予此类民办银行更多的制度倾斜，特别是在灵活性和相对较高的风险承担性上。例如银监会新近推出的“四单原则”（单列信贷计划、单独配置人力和财务资源、单独客户评定与信贷评审、单独会计核算），便可加大专营机构管理和资源配置力度，支持作为小型微型企业金融服务专业社区行或村镇分行的发展，充分发挥专业化经营优势。

同时,鼓励和引导民间资本进入到银行业中予以规范,也是考量在实业越做越难的大背景和周期下,将部分民间金融组织予以改制,同时降低民间资本入股银行的门槛,规模和进度大致还是可预期和可控的,从长期来看,也可以和国有商业银行展开良性的竞争,彼此控制规模。若出台《民间金融法》,大量的民间资本可直接进入到民间金融或借贷资金市场中,基于金融行业短时间的高回报和相对较低的成本和风险(与实体经济相比较),会更加减弱中小民营企业创新的动力和生产方式的转变,也不利于虚拟经济回归、服务实体经济的大方向。

五、结语

本文首先通过对民间金融市场的观察,分析其特征,归纳出民间金融市场的两大风险:经营风险和政策风险,民间金融的“阳光化”旨在降低其政策风险,而民间金融的有效监管则是控制其经营风险;在明晰了民间金融市场的监管逻辑之后,以“组织化”和“吸收公众存款”两项因素对现存民间金融市场主体作了分层和归类,主张改革现有正式金融体系,促进现有民间金融的演进来实现对其治理,即在维持现有监管框架不变的情况下,鼓励和引导民间资本进入到银行业中予以规范,并依据上诉分类对不同主体给出不同的规范路径。

最后,笔者想强调,相比于政策风险降低的迫切性,经营风险的控制则是更持久和基础的,需要避免“一放就乱”的出现;同时,融资主体组织形式的多样化与融资渠道和方式的多样化是两个问题,将部分民间金融市场主体放在银行业下统一监管,并非“一管就死”,而是力图促进已有正式和民间金融双方的演进,尤努斯的孟加拉乡村银行作为小额信贷银行,就是正式金融学习民间金融最为成功的范例①,这或许也是中国未来多元金融体系的方向。

① 尤努斯在短短的30年中,从27美元(借给42个赤贫农妇)微不足道的贷款艰难起步,发展成为拥有近400万借款者(96%为妇女)、1277个分行(遍及46620个村庄)、12546个员工、还款率高达98.89%的庞大的乡村银行网络,2006年荣获诺贝尔和平奖。

图书在版编目(CIP)数据

弱冠临风:北京大学金融法研究中心二十周年纪念文集/ 吴志攀,白建军主编. —上海:上海三联书店,2013.10
ISBN 978 - 7 - 5426 - 4397 - 1

Ⅰ.①弱… Ⅱ.①吴…②白… Ⅲ.①中国经济—文集②金融学—中国—文集③经济法—中国—文集 Ⅳ.①F12 - 53②F832 -53③D922.290.4 - 53

中国版本图书馆 CIP 数据核字(2013)第 229513 号

弱冠临风——北京大学金融法研究中心二十周年纪念文集

主　　编 / 吴志攀　白建军

责任编辑 / 王笑红
特约编辑 / 张向玲
装帧设计 / 豫　苏
监　　制 / 李　敏
责任校对 / 张大伟

出版发行 / 上海三联书店
(201199)中国上海市都市路 4855 号 2 座 10 楼
网　　址 / www.sjpc1932.com
邮购电话 / 021 - 24175971
印　　刷 / 上海肖华印务有限公司

版　　次 / 2013 年 10 月第 1 版
印　　次 / 2013 年 10 月第 1 次印刷
开　　本 / 710 × 1000　1/16
字　　数 / 520 千字
印　　张 / 33.25
书　　号 / ISBN 978 - 7 - 5426 - 4397 - 1/F · 656
定　　价 / 98.00 元